HISTÓRIA
no vestibular

Antônio César Esteves Falcão

Copyright© 2003 Editora Ciência Moderna Ltda.

Todos os direitos para a língua portuguesa reservados pela EDITORA CIÊNCIA MODERNA LTDA.

Nenhuma parte deste livro poderá ser reproduzida, transmitida e gravada, por qualquer meio eletrônico, mecânico, por fotocópia e outros, sem a prévia autorização, por escrito, da Editora.

Editor: Paulo André P. Marques
Supervisão Editorial: Carlos Augusto L. Almeida
Produção Editorial: Tereza Cristina N. Q. Bonadiman
Capa: Cleber Goulart
Diagramação: Érika Loroza
Digitação: Hélio Vasconcelos Ayres / Laís do Nascimento Vicira / Patrícia Seabra
Copydesk: Eliana Rinaldi / João Luís Fortes
Revisão de provas: Sandra Valéria Ferreira de Oliveira
Assistente Editorial: Daniele M. Oliveira

FICHA CATALOGRÁFICA

Falcão, Antônio César Esteves
História no Vestibular
Rio de Janeiro: Editora Ciência Moderna Ltda., 2003.

História
I — Título

ISBN: 85-7393-249-X   CDD 900

Editora Ciência Moderna Ltda.
Rua Alice Figueiredo, 46
CEP: 20950-150, Riachuelo – Rio de Janeiro – Brasil
Tel: (021) 2201-6662/2201-6492/2201-6511/2201-6998
Fax: (021) 2201-6896/2281-5778
E-mail: lcm@lcm.com.br

SIGLAS

- ENEM: Exame Nacional para o Ensino Médio
- CESGRANRIO-RJ: Centro de Seleção de Candidatos do Grande Rio (Rio de Janeiro)
- MACK: Universidade Mackenzie – SP
- UFRJ: Universidade Federal do Rio de Janeiro (RJ)
- UERJ: Universidade do Estado do Rio de Janeiro (RJ)
- UNI-RIO: Universidade do Rio de Janeiro (RJ)
- UnB: Universidade de Brasília (DF)
- UFMG: Universidade Federal de Minas Gerais (MG)
- UFF: Universidade Federal Fluminense (RJ)
- UFJF: Universidade Federal de Juiz de Fora (MG)
- UFPE: Universidade Federal de Pernambuco (PE)
- UFV: Universidade Federal de Viçosa (MG)
- UFSCar-SP: Universidade Federal de São Carlos (SP)
- UFMS: Universidade Federal do Mato Grosso do Sul (MS)
- UNICAMP: Universidade Estadual de Campinas (SP)
- UFGO: Universidade Federal de Goiás (GO)
- UFPB: Universidade Federal da Paraíba (PB)
- UFPR: Universidade Federal do Paraná (PR)

- UFES: Universidade Federal do Espírito Santo (ES)
- UFU: Universidade Federal de Uberlândia (MG)
- UCGO: Universidade Católica de Goiás (GO)
- FUVEST: Fundação Universitária para o Vestibular (SP)
- UFSC: Universidade Federal de Santa Catarina (SC)
- UESA: Universidade Estácio de Sá (RJ)
- PUC-CAMP: Pontifícia Universidade Católica de Campinas (SP)
- PUC-RJ: Pontifícia Universidade Católica do Rio de Janeiro (RJ)
- PUC-RS: Pontifícia Universidade Católica do Rio Grande do Sul (RS)
- PUC-MG: Pontifícia Universidade Católica de Minas Gerais (MG)
- CEFET-PR: Centro Federal de Educação Tecnológica – Paraná (PR)
- FGV: Fundação Getúlio Vargas (SP)
- UECE: Universidade Estadual do Ceará (CE)
- UFBA: Universidade Federal da Bahia (BA)
- FISS: Faculdades Integradas Severino Sombra (RJ)
- VUNESP: Vestibular da Universidade do Estado de São Paulo (SP)
- UFFS: Universidade Federal de Feira de Santana (BA)
- UFAC: Universidade Federal do Acre (AC)
- UFAP: Universidade Federal do Amapá (AP)
- UFRN: Universidade Federal do Rio Grande do Norte (RN)
- UCDB: Universidade Católica Dom Bosco (MT)
- PUC-MG: Pontifícia Universidade Católica de Minas Gerais (MG)
- UAM: Universidade do Estado do Amazonas (AM)
- UEM: Universidade do Estado do Maranhão (MA)
- UFPI: Universidade Federal do Piauí (PI)
- UESPI: Universidade Estadual do Piauí (PI)
- UEL: Universidade Estadual de Londrina (PR)
- UNEB: Universidade Estadual da Bahia (BA)
- FURG: Fundação Universidade do Rio Grande (RS)

Sumário

Prefácio XXI

Unidade 1 - Pré-história 1
    Sinopse teórica 1
    Origem do homem 1
    Períodos pré-históricos 2
    Leituras complementares 4
    Questões resolvidas 5
    Questões propostas 6
    Gabarito das questões propostas 9
    Complementando os estudos 9

Unidade 2 - O Egito 11
    Sinopse teórica 11
    Período Pré-Dinástico 12
    Período Dinástico 12
        1 - Antigo Império 12
        2 - Médio Império 12
        3 - Novo Império 13
    Economia 13
    Sociedade e cultura 14
    Leitura complementar 15
    Questões resolvidas 16
    Questões propostas 17
    Gabarito das questões propostas 19
    Complementando os estudos 19

Unidade 3 - A Mesopotâmia 21
   Sinopse teórica 21
      Sumérios (3.500 – 2.300 a.C.) 22
      Acádios (2.300 – 2.000 a.C.) 22
      1º Império babilônico (2.000 – 1.300 a.C.) 22
      Império assírio (1.300 – 612 a.C.) 22
      2º Império babilônico (612 - 539 a.C.) 22
   Economia e sociedade 23
   Religião e cultura 23
   Leitura complementar 23
   Questões resolvidas 24
   Questões propostas 25
   Gabarito das questões propostas 28
   Complementando os estudos 29

Unidade 4 - Hebreus, fenícios e persas 31
   Sinopse teórica 31
   Hebreus 31
   Fenícios 32
   Persas 33
   Leitura complementar 34
   Questões resolvidas 35
   Questões propostas 36
   Gabarito das questões propostas 40
   Complementando os estudos 40

Unidade 5 - Os gregos 43
   Sinopse teórica 43
   Período homérico (1.200 – 800 a.C.) 43
   Período arcaico (séc. VII – V a.C.) 44
   Período clássico (séc. V – IV a.C.) 45
   Período helênico (séc. III – II a.C.) 45
   Religião e cultura 46
   Leitura complementar 46
   Questões resolvidas 47
   Questões propostas 49
   Gabarito das questões propostas 54
   Complementando os estudos 54

Unidade 6 - Os romanos 57
   Sinopse teórica 57
   Monarquia (fundação de Roma – 509 a.C.) 58
   República (509 a. C. – 27 a.C.) 58
   Império (27 a. C. – 476 d.C.) 59
   Religião e cultura 60
   Leitura complementar 61
   Questões resolvidas 62
   Questões propostas 64
   Gabarito das questões propostas 68
   Complementando os estudos 68

Sumário | **VII**

Unidade 7 - Alta Idade Média: francos, bizantinos e árabes 71
   Sinopse teórica 71
   Alta Idade Média: As invasões bárbaras 71
   Os francos 72
   Os bizantinos 73
   Os árabes 75
   Leitura complementar 76
   Questões resolvidas 76
   Questões propostas 79
   Gabarito das questões propostas 82
   Complementando os estudos 82

Unidade 8 - O feudalismo 83
   Sinopse teórica 83
   Sociedade 84
   Organização do feudo 85
   A Igreja 85
   A cultura medieval 86
   Leitura complementar 87
   Questões resolvidas 88
   Questões propostas 90
   Gabarito das questões propostas 94
   Complementando os estudos 94

Unidade 9 - As transformações ocorridas na sociedade feudal 97
   Sinopse teórica 97
   A Baixa Idade Média 98
   A crise do feudalismo 101
   Leitura complementar 101
   Questões resolvidas 102
   Questões propostas 103
   Gabarito das questões propostas 106
   Complementando os estudos 106

Unidade 10 - A revolução política: o absolutismo 109
   Sinopse teórica 109
   A aliança do rei com a burguesia 109
   Fatores que auxiliaram a centralização do poder 110
   Os exemplos nacionais 111
   Leitura complementar 113
   Questões resolvidas 114
   Questões propostas 116
   Gabarito das questões propostas 121

Unidade 11 - A expansão marítima e comercial 123
   Sinopse teórica 123
   A primazia portuguesa 124
   As etapas da expansão 124
   E o Brasil, foi descoberto por acaso ou intencionalmente? 125
   A expansão espanhola 127

A expansão marítima da França, da Inglaterra e da Holanda 127
Principais viagens 128
    França 128
    Inglaterra 128
    Holanda 129
    Principais realizações 129
    Conseqüências 130
A decadência de Portugal 130
A decadência espanhola 130
A decadência holandesa 131
Leitura complementar 131
Questões resolvidas 132
Questões propostas 135
Gabarito das questões propostas 138
Complementando os estudos 140

Unidade 12 - O mercantilismo 141
    Sinopse teórica 141
    Leitura complementar 143
    Questões resolvidas 143
    Questões propostas 146
    Gabarito das questões propostas 150

Unidade 13 - O Humanismo e o Renascimento 153
    Sinopse teórica 153
    Humanismo 155
    Renascimento 155
    Nomes e obras mais conhecidos do Renascimento 156
    Etapas 159
    Leitura complementar 160
    Questões resolvidas 160
    Questões propostas 163
    Gabarito das questões propostas 167
    Complementando os estudos 167

Unidade 14 - A revolução religiosa: A Reforma 169
    Sinopse teórica 169
    As causas da revolução protestante 170
        a) Religiosas 170
        b) Políticas 171
        c) Econômicas 171
    Por que a Reforma teve início na Alemanha? 171
    A Revolta de Lutero na Alemanha 171
    As Doutrinas de Lutero 172
    A Revolta dos Camponeses 173
    A expansão da Reforma 173
        a) Suíça 173
        b) Inglaterra 174
    Contra-reforma ou reforma católica 174
    Complementando os estudos 175
    Leitura complementar 175
    Questões resolvidas 176

Questões propostas 177
Gabarito das questões propostas 180

Unidade 15 - O impacto europeu sobre a América 183

Sinopse teórica 183
   a. O impacto europeu sobre a América 183
   b. A colonização espanhola 183
   c. O antigo sistema colonial 183
Tipos de colônias 184
   a) Colônia de exploração 184
   b) Colônias de povoamento ou enraizamento 185
O sistema espanhol de colonização 185
A conquista espanhola 186
Características da colonização espanhola 188
Leitura complementar 190
Questões resolvidas 190
Questões propostas 192
Gabarito das questões propostas 196

Unidade 16 - A colonização portuguesa 199

Sinopse teórica 199
Os interesses portugueses na época da chegada ao Brasil 199
O período pré-colonial 200
A expedição de Martim Afonso de Souza 201
As capitanias hereditárias no século XVI 201
O Governo Geral 203
O Governo de Tomé de Souza (1549 – 1553) 203
Duarte da Costa (1553 – 1558) 203
Governo de Mem de Sá (1558 – 1572) 204
A divisão do Brasil em dois governos 204
O Governo de Lourenço da Veiga 204
O Governo de Manuel Teles Barreto 204
Governo de Dom Francisco de Souza 204
Os franceses no Rio de Janeiro e no Maranhão 205
A administração portuguesa no século XVII 205
A administração no século XVIII: os vice-reis 205
A fixação das fronteiras 206
A formação social da colônia 208
   A etnia brasileira 208
   O índio 208
   Principais nações indígenas brasileiras 209
   Contribuições indígenas 210
   O negro 211
   O branco 211
Leitura complementar 212
Questões resolvidas 213
Questões propostas 215
Gabarito das questões propostas 219
Complementando os estudos 220

Unidade 17 - A economia colonial brasileira 221

Sinopse teórica 221

    Pau-brasil 221
    Cana-de-açúcar 222
    Os holandeses no Brasil 225
    Pecuária 227
    Entradas e Bandeiras 228
    Ciclo do ouro e diamantes – século XVIII 230
    O Distrito Diamantino 232
    E o ouro, onde parou? 232
    O comércio 233
    Outras atividades econômicas 234
    Leitura complementar 234
    Questões resolvidas 235
    Questões propostas 238
    Gabarito das questões propostas 242
    Complementando os estudos 243

Unidade 18 - A colonização inglesa 245
    Sinopse teórica 245
    Fatores que impulsionaram a colonização 245
    O início da colonização 246
    A administração das colônias 247
    Leitura complementar 248
    Questões resolvidas 249
    Questões propostas 251
    Gabarito das questões propostas 255

Unidade 19 - A colonização francesa 257
    Sinopse teórica 257
    A conquista do Extremo Norte 257
    A colonização das Antilhas 258
    Leitura complementar 258
    Questões resolvidas 259

Unidade 20 - O Iluminismo 261
    Sinopse teórica 261
    Estados 263
    O Iluminismo na França 264
    Economia política 265
    Fisiocracia 265
    O Liberalismo econômico 265
    O despotismo esclarecido 266
    Conclusão 266
    Leitura complementar 267
    Questões resolvidas 267
    Questões propostas 269
    Gabarito das questões propostas 272
    Complementando os estudos 273

Unidade 21 - A Revolução Industrial 275
    Sinopse teórica 275
    O início na Inglaterra 276
    Conseqüências 278

Leitura complementar 279
Questões resolvidas 280
Questões propostas 282
Gabarito das questões propostas 287
Complementando os estudos 288

Unidade 22 - A independência dos EUA 289

Sinopse teórica 289
A situação das colônias no século XVIII 289
A mudança de atitude da Inglaterra em relação às colônias 290
Leitura complementar 292
Questões resolvidas 293
Questões propostas 296
Gabarito das questões propostas 300
Complementado os estudos 301

Unidade 23 - A Revolução Francesa 303

Sinopse teórica 303
    Introdução 303
A situação do antigo regime no século XVIII 304
Primeiro estado 305
Segundo estado 305
O terceiro estado 305
O início da revolução 306
As fases da revolução 307
    Assembléia nacional (1789 – 1792) 307
    Fase da Convenção Nacional (1792-1795) 309
    Fase do diretório (1795 – 1799) 310
Leitura complementar 311
Questões resolvidas 312
Questões propostas 314
Gabarito das questões propostas 318
Complementando os estudos 319

Unidade 24 - A era napoleônica (1799 – 1815) 321

Sinopse teórica 321
O Consulado (1799 – 1804) 321
O Império (1804 – 1815) 322
Leitura complementar 325
Questões resolvidas 326
Questões propostas 327
Gabarito das questões propostas 330
Complementando os estudos 331

Unidade 25 - O Congresso de Viena (1814 – 1815) 333

Sinopse teórica 333
Leitura complementar 335
Questões resolvidas 335
Questões propostas 337
Gabarito das questões propostas 339
Complementando os estudos 340

Unidade 26 - A independência da América espanhola 341
Sinopse teórica 341
A situação do Império colonial espanhol 341
A Guerra da Independência 343
América do Sul 345
América Central 345
Leitura complementar 347
Questões resolvidas 348
Questões propostas 349
Gabarito das questões propostas 353
Complementando os estudos 354

Unidade 27 - O Brasil independente 357
Sinopse teórica 357
A Independência do Brasil 357
Introdução 357
O declínio do mercantilismo 357
Portugal e a resistência do sistema colonial 358
Os movimentos nativistas 358
Aclamação de Amador Bueno (São Vicente – 1641) 359
A Revolta de Beckman (Maranhão – 1684) 360
A Guerra dos Emboabas (Minas Gerais – 1709) 360
A Guerra dos Mascates (Pernambuco – 1710) 360
A Revolta de Felipe dos Santos (Vila Rica – 1720) 361
Os movimentos precursores 361
   A Conjuração Mineira (1789) 361
   A Conjuração Baiana ou Revolta dos Alfaiates (Bahia – 1798) 363
Leitura complementar 365
Questões resolvidas 366
Questões propostas 368
Gabarito das questões propostas 373
Complementando os estudos 374

Unidade 28 - A transmigração da família real portuguesa para o Brasil 377
Sinopse teórica 377
O início do processo de independência 377
O governo Joanino no Brasil 378
A Revolução Pernambucana de 1817 381
A Revolução Constitucionalista do Porto e o retorno da família real portuguesa 382
A Regência de D. Pedro I e o sete de Setembro 383
Leitura complementar 384
Questões resolvidas 386
Questões propostas 387
Gabarito das questões propostas 390
Complementando os estudos 391

Unidade 29 - O Primeiro Reinado (1822 – 1831) 393
Sinopse teórica 393
As Guerras de Independência 393
O reconhecimento externo 393
A guerra da Cisplatina (1825 – 1828) 394

A política interna 394
A organização constitucional do Império 394
A Confederação do Equador (Pernambuco – 1824) 397
A política econômica e as características sociais 399
A abdicação de D. Pedro I 400
Leitura complementar 401
Questões resolvidas 402
Questões propostas 404
Gabarito das questões propostas 408
Complementando os estudos 409

Unidade 30 - O Período Regencial (1831 – 1840) 411

Sinopse teórica 411
Restauradores ou caramurus 412
A Regência Trina Provisória 413
A Regência Trina Permanente 413
Ato Adicional de 1834 414
A Regência Una de Feijó 415
As Revoltas Regenciais 415
Cabanagem (Pará 1835 – 1840) 415
Sabinada (Bahia 1837 – 1838) 416
Balaiada (Maranhão 1838 – 1841) 417
A Guerra dos Farrapos ou Farroupilhas (Rio Grande do Sul 1835–1845) 417
A Regência Una de Araújo Lima (1837 – 1840) 419
O Golpe da Maioridade 419
Leitura complementar 419
Questões resolvidas 421
Questões propostas 422
Gabarito das questões propostas 426
Complementando os estudos 427

Unidade 31 - As Revoluções liberais de 1830 e 1848 429

Sinopse teórica 429
As Revoluções de 1848 431
Leitura complementar 433
Questões resolvidas 434
Questões propostas 435
Gabarito das questões propostas 439
Complementando os estudos 440

Unidade 32 - Os movimentos liberais e nacionais 441

Sinopse teórica 441
O Nacionalismo idealista e xenófobo 441
A unificação italiana 442
Etapas da unificação 443
A unificação alemã 444
etapas da unificação 444
Leitura complementar 446
Questões resolvidas 447
Questões propostas 450
Gabarito das questões propostas 453
Complementando os estudos 455

Unidade 33 - O Segundo Reinado no Brasil (1840 – 1889) 457
   Sinopse teórica 457
      A política interna 457
   As disputas entre Liberais e Conservadores 458
   A Revolta Praieira (1848 – 1850) 460
   A política externa 461
      A questão Christie 461
   Os conflitos na região Platina 461
      A Guerra contra Oribe e Rosas (1851 – 1852) 461
   A Guerra contra Aguirre (1864 – 1865) 462
   A Guerra do Paraguai (1865 – 1870) 462
      O café 464
      O final do tráfico de escravos 465
      Os imigrantes 467
   O surto de industrialização 468
   Leitura complementar 470
   Questões resolvidas 471
   Questões propostas 473
   Gabarito das questões propostas 477
   Complementando os estudos 478

Unidade 34 - A América Latina no século XIX 481
   Sinopse teórica 481
   O Populismo 481
      a) Bolivarismo 482
      b) O Monroísmo 483
   O Caudilhismo 484
   A Argentina 485
   A formação da República Argentina 486
   O México 486
      A formação do Estado Mexicano 487
      Os Anos Liberais e o Império de Maximiliano 487
      O governo Juarez e a ditadura de Porfírio Diaz 487
   Leitura complementar 488
   Questões resolvidas 488
   Questões propostas 491
   Gabarito das questões propostas 495

Unidade 35 - A América Latina no século XIX 497
   Sinopse teórica 497
   A expansão dos Eua no século XIX 497
      A Consolidação da Independência (1789-1823) 497
   A Expansão Territorial (1823 – 1860) 498
   A Guerra contra o México 499
      Conseqüências 500
   A Guerra de Secessão 501
   O Início da Guerra Civil 502
   Leitura complementar 503
   Questões resolvidas 503
   Questões propostas 505
   Gabarito das questões propostas 508
   Complementando os estudos 509

Sumário | XV

Unidade 36 - A 2a. fase da Revolução Industrial 511

Sinopse teórica 511
1815 – 1870: Primeira fase 511
1870 – 1914: Segunda fase 512
Principais inventos da Segunda Revolução Industrial 513
O apogeu do Capitalismo: capitalismo financeiro e oligopólio 514
A reação contra o Capitalismo: o socialismo e a doutrina social da Igreja 514
Os socialismos 516
O sindicalismo 517
O anarquismo 518
A doutrina social da Igreja 518
Leitura complementar 518
Questões resolvidas 519
Questões propostas 521
Gabarito das questões propostas 527
Complementando os estudos 528

Unidade 37 - O imperialismo colonialista 529

Sinopse teórica 529
A partilha da África 530
A ocupação da Ásia 532
Conseqüências 533
Leitura complementar 534
Questões resolvidas 534
Questões propostas 537
Gabarito das questões propostas 542
Complementando os estudos 543

Unidade 38 - A decadência do Império brasileiro 545

Sinopse teórica 545
O Movimento Abolicionista 545
Conseqüências da Abolição 547
O Movimento Republicano 547
As Questões 548
A Questão Religiosa 548
A Questão Militar 548
A Queda da Monarquia 549
Leitura complementar 550
Questões resolvidas 552
Questões propostas 554
Gabarito das questões propostas 558
Complementando os estudos 559

Unidade 39 - A Primeira Guerra Mundial (1914 – 1918) 561

Sinopse teórica 561
Causas 561
O sistema de alianças 562
A guerra 563
Os Tratados de Paz 565
Tratados complementares 566
Conclusão 567

Leitura complementar 567
Questões resolvidas 568
Questões propostas 570
Gabarito das questões propostas 576
Complementando os estudos 576

Unidade 40 - A Revolução Russa de 1917 579

Sinopse teórica 579
A Rússia pré-revolucionária 579
A Revolução de Novembro de 1917 582
O aprofundamento da Revolução e a organização da URSS 582
    A Contra-revolução e o Comunismo de Guerra (1918-1921) 582
    A Nova Economia Política – NEP (1921 – 1928) 583
A Revolução após Lênin 584
Leitura complementar 584
Questões resolvidas 585
Questões propostas 587
Gabarito das questões propostas 592
Complementando os estudos 593

Unidade 41 - Nazi-fascismo 595

Sinopse teórica 595
Os Estados totalitários: o fascismo e o nazismo 595
A Revolução Fascista na Itália 595
    Causas 595
A primeira etapa do fascismo 596
O Estado Corporativo 596
A filosofia fascista 597
Realizações do Regime Fascista 597
O Nacional Socialismo Alemão 597
A Revolução Nazista 599
O fascismo alemão comparado com o italiano 599
O Totalitarismo na Península Ibérica 600
Leitura complementar 602
Questões resolvidas 603
Questões propostas 606
Gabarito das questões propostas 612
Complementando os estudos 612

Unidade 42 - A crise econômica de 1929 615

Sinopse teórica 615
A crise do Pós-Guerra (1920 – 1923): 616
A difícil reconversão 616
"A grande ilusão" (1924 – 1929) 617
A crise de 1929 617
As soluções nacionais 618
Leitura complementar 618
Questões resolvidas 619
Questões propostas 622
Gabarito das questões propostas 625
Complementando os estudos 626

Unidade 43 - A América no início do século XX 627

Sinopse teórica 627
    A diplomacia dos EUA 627
    Os EUA e a América Latina no século XX 628
    A política da boa vizinhança 628
    O TIAR e a OEA 629
    Da aliança para o progresso aos direitos humanos 630
    A questão do Canal do Panamá 631
    Aspectos do subdesenvolvimento latino-americano 631
Leitura complementar 633
Questões resolvidas 633
Questões propostas 636
Gabarito das questões propostas 640

Unidade 44 - A revolução mexicana 643

Sinopse teórica 643
    A Ditadura de Diaz e seus aliados (1876 – 1911) 643
    A agitação política 643
    A agitação social 644
    A etapa Maderista 644
    A Revolução Constitucionalista 645
    O Período Carrancista 646
Leitura complementar 647
Questões resolvidas 647
Questões propostas 649
Gabarito das questões propostas 652

Unidade 45 - A República Velha ou Primeira República ou República do Café 655

Sinopse teórica 655
Deodoro da Fonseca (1889 – 1891) 655
A Constituição de 1891 656
Floriano Peixoto (1891 – 1894) 657
A Revolta Federalista e a Revolta da Armada 657
A República Oligárquica 658
    Prudente de Morais (1894 – 1898) 658
    Manuel Ferraz de Campos Sales (1898 – 1902) 660
    Francisco de Paula Rodrigues Alves (1902 – 1906) 662
O Convênio de Taubaté 663
    Afonso Augusto Moreira Pena (1906 – 1909) 663
O Cangaço 663
    Nilo Peçanha (1909 – 1910) 664
    Hermes da Fonseca (1910 – 1914) 664
    Venceslau Brás (1914 – 1918) 665
    Epitácio Pessoa (1919 – 1922) 666
    Arthur Bernardes (1922 – 1926) 666
Economia e finanças na República Velha 668
Leitura complementar 669
Questões resolvidas 670
Questões propostas 672
Gabarito das questões propostas 677
Complementando os estudos 678

Unidade 46 - A era Vargas no Brasil (1930 – 1945) 679
   Sinopse teórica 679
   A Revolução de 1930 679
   O Movimento Operário 679
   O tenentismo 680
   O movimento cultural de 1922 680
   O governo de Washington Luis e a crise da política do café-com-leite 680
   O Governo Provisório (1930 – 1934) 682
   A Constituição de 1934 684
   O governo constitucional (1934 – 1937) 685
   Integralismo 686
   A Constituição de 1937: Polaca 686
   O Estado Novo (1937 – 1945) 686
   Leitura complementar 689
   Questões resolvidas 689
   Questões propostas 692
   Gabarito das questões propostas 696
   Complementando os estudos 697

Unidade 47 - A Segunda Guerra Mundial 699
   Sinopse teórica 699
   A política do apaziguamento 699
   Leitura complementar 703
   Questões resolvidas 704
   Questões propostas 707
   Gabarito das questões propostas 712
   Complementando os estudos 712

Unidade 48 - O mundo após a guerra 715
   Sinopse teórica 715
   Os EUA como potência mundial 715
   Macarthismo 716
   A Era Eisenhower 716
   O governo Kennedy 717
   Lyndon Johnson 718
   O governo Nixon 718
   Jimmy Carter 718
   Reagan 719
   George Bush 719
   Bill Clinton 720
   A União Soviética como Potência Mundial 720
   Kruschev 721
   Brejnev 721
   Gorbatchov 721
   Leitura complementar 723
   Questões resolvidas 723
   Questões propostas 726
   Gabarito das questões propostas 730
   Complementando os estudos 731

Unidade 49 - Da Guerra Fria à coexistência pacífica 733
    Sinopse teórica 733
    A coexistência pacífica 736
    A Guerra nas Estrelas 737
    Leitura complementar 737
    Questões resolvidas 737
    Questões propostas 740
    Gabarito das questões propostas 744
    Complementando os estudos 745

Unidade 50 - Descolonização 747
    Sinopse teórica 747
    A descolonização da África 748
    Conferência de Adis-Abeba (Etiópia – 1963) 749
    A descolonização da Ásia 751
    A independência da Índia 751
    A revolução islâmica 752
    Leitura complementar 752
    Questões resolvidas 753
    Questões propostas 756
    Gabarito das questões propostas 761
    Complementando os estudos 762

Unidade 51 - A América Latina após a guerra 763
    Sinopse teórica 763
    Argentina 763
    O primeiro governo de Perón 763
    O segundo governo Perón 764
    A Argentina entre 1955 e 1973 764
    A Ditadura Militar 765
    O governo de Raul Alfonsin 765
    O governo de Carlos Menem 766
    A revolução cubana 766
    Chile: De Allende a Pinochet (1970 – 1989) 767
    O governo da Unidade Popular (1970 – 1973) 768
    A Ditadura Militar de Pinochet (1973 – 1989) 768
    A revolução sandinista (Nicarágua – 1979) 768
    O surgimento da Frente Sandinista de Libertação Nacional e o fim do Somozismo 769
    A Nicarágua sandinista 770
    Leitura complementar 770
    Questões resolvidas 771
    Questões propostas 774
    Gabarito das questões propostas 778
    Complementando os estudos 779

Unidade 52 - O Brasil de 1945 a 1964 781
    Sinopse teórica 781
    O governo Dutra (1946-1951) 781
    O governo Getúlio Vargas (1951 – 1954) 782
    O governo Juscelino Kubitschek (1956 – 1961) 784
    O governo Jânio Quadros 785

O governo João Goulart (1961 – 1964) 786
Leitura complementar 788
Questões resolvidas 789
Questões propostas 792
Gabarito das questões propostas 796
Complementando os estudos 798

Unidade 53 - Os governos militares 799

   Sinopse teórica 799
   O governo Castelo Branco (1964 – 1967) 799
   A Constituição de 1967 800
   O governo Costa e Silva (1967 – 1969) 800
   O governo Médici (1969 – 1974) 802
   O governo Geisel (1974 - 1979) 803
   O governo Figueiredo (1979 – 1985) 804
   A Nova República 806
      O governo Sarney (1985 – 1990) 806
   A Constituição de 1988 806
      O governo Collor 807
      O governo Itamar Franco 807
      O governo Fernando Henrique Cardoso 808
   Leitura complementar 809
   Questões resolvidas 811
   Questões propostas 813
   Gabarito das questões propostas 818
   Complementando os estudos 819

Unidade 54 - As novas relações internacionais 821

   Sinopse teórica 821
   A Guerra do Golfo 821
   A Igreja no mundo atual 821
      Concílio do Vaticano II: 821
   O Neoliberalismo 822
   Globalização 823
      Introdução 823
      O que é Globalização? 823
      Características da globalização 824
      Globalização e o mercado financeiro 824
      Globalização e a questão do desemprego 825
      Tecnologia na globalização 825
   Questões resolvidas 826
   Questões propostas 829
   Gabarito das questões propostas 835

PREFÁCIO

Procuramos, com este livro, elaborar uma síntese histórica voltada para atender os alunos de todo o Brasil que se preparam para o Vestibular. Em momento algum tivemos a pretensão de fazer uma análise histórica ou historiográfica dos temas apresentados neste volume.

Tendo como ponto de partida do trabalho a observação de livros didáticos de ampla circulação nos ensinos fundamental e médio, constatamos a carência de uma obra específica para o Vestibular e, com esse objetivo, norteamos o nosso trabalho.

Cada unidade apresenta uma síntese do conteúdo histórico, questões resolvidas e propostas, além de um texto complementar que privilegia um aspecto importante de cada unidade.

Esperamos, assim, atender satisfatoriamente aqueles que disputam uma vaga na Universidade.

Atenciosamente,
Os autores

UNIDADE 1

PRÉ-HISTÓRIA

SINOPSE TEÓRICA

Pré-História é o nome dado ao período de tempo compreendido entre o surgimento do homem e a invenção da escrita por sumérios e egípcios por volta de 4.000 a.C. O conhecimento deste período só é possível através da análise de fósseis e de outros vestígios como restos de habitações, utensílios de pedra, osso e madeira, além de pinturas em cavernas (pinturas rupestres). Para a reconstituição deste período, a História conta com a ajuda de outras ciências como a Arqueologia, a Paleontologia, a Geologia e a Antropologia.

ORIGEM DO HOMEM

A hipótese mais aceita pelos cientistas para a origem do homem é a de que toda a humanidade descende de um único ancestral que os mais recentes achados arqueológicos indicam ter surgido no continente africano. O processo de evolução humana foi lento e gradual, e em muitos aspectos ainda é obscuro aos cientistas.

O *Australopithecus*, que viveu há cerca de 3 milhões de anos, é o mais antigo ancestral humano já encontrado. Já andava sobre dois pés e seu esqueleto é igual ao do homem atual. Provavelmente não falava.

O *Homo habilis* viveu há aproximadamente 2 milhões de anos, tendo sido o primeiro a dominar o fogo e a fabricar utensílios. O *Homo erectus* possuía a altura de um homem moderno. Foram encontrados fósseis desde a África (local onde acredita-se que apareceu primeiro) até a Indonésia na Oceania, Ásia e Europa. Os *Homo erectus* que migraram para a Europa passaram por adaptações ao frio e acredita-se deram origem ao *Homo neanderthalensis*. Já o *Homo sapiens* surgiu há cerca de 150 mil anos atrás, provavelmente na África, e daí espalhando-se pelos outros continentes.

Períodos pré-históricos

A Pré-História é dividida em dois grandes períodos: Paleolítico ou Idade da Pedra Lascada; e Neolítico ou Idade da Pedra Polida.

O Paleolítico compreende o primeiro estágio da evolução humana, abrangendo o longo período entre o surgimento do homem e aproximadamente 10.000 a.C. Neste período, o homem era inteiramente dependente da natureza, o que o obrigava a deslocar-se constantemente em busca de alimentação e abrigo. Consumia frutos e raízes, e, com instrumentos lascados de pedra, ossos e pedaços de madeira, obtinha caça e pesca.

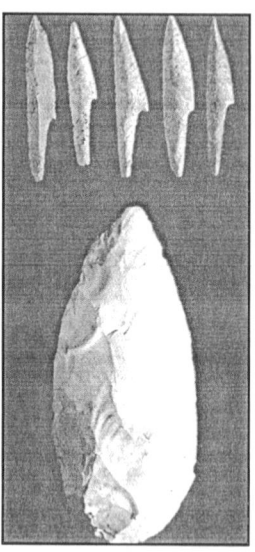

Instrumentos feitos em pedra talhada: pontas de flechas utilizadas para a caça.

O homem do Paleolítico habitava em cavernas, e em muitas delas registrou momentos de seu cotidiano. Sepultava seus mortos, mas não possuía sistema religioso. Aprendeu a dominar o fogo.

No fim do Paleolítico o crescimento populacional tornou insuficiente as atividades de caça e coleta. O homem fixou-se à margem de rios e lagos e passou a desenvolver atividades agrícolas. Era o início do período neolítico.

O Neolítico durou aproximadamente de 10.000 a 4.000 a.C.. Nesta época a sedentarização se acentuou. O homem passou a dominar técnicas agrícolas e a domesticar animais. Não mais habitava em cavernas, mas em construções próprias, como as palafitas. Surgiram assim as primeiras povoações.

Interior de uma casa construída durante o Neolítico, encontrada na atual Escócia. O espaço interno da casa era dividido com paredes feitas de pedra.

O homem do Neolítico, aperfeiçoou seus instrumentos através do polimento, confeccionou objetos de cerâmica e construiu as primeiras embarcações. O culto aos mortos ganhou destaque e princípios religiosos foram desenvolvidos.

Ao final do Neolítico o homem passou a desenvolver utensílios e armas de metal. Foram sucessivamente utilizados o cobre, o ouro e o estanho, e, com a fusão do cobre e do estanho, o bronze. A utilização do metal permitiu que algumas comunidades se sobrepusessem a outras e dominassem as terras mais férteis.

A sociedade tornou-se mais complexa, tendo os primeiros Estados surgido neste período. Esta época é denominada Idade dos Metais, e coincide com o surgimento da escrita e o fim do chamado período pré-histórico, tendo início a História Antiga. As primeiras civilizações surgiram na região do crescente fértil, às margens dos rios Tigre, Eufrates, Nilo e Jordão.

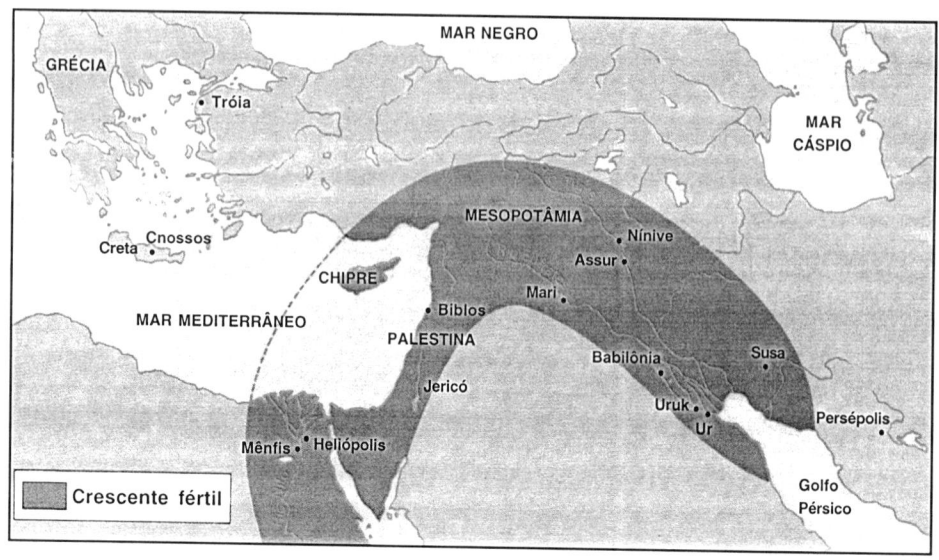

Leituras complementares

1. "Acredita-se que o homem alcançou o continente americano há aproximadamente 100.000 de anos atrás. A hipótese mais aceita de sua chegada à América é a que supõe-se que tenha entrado através do Estreito de Bering. No entanto, há quem admita que sua entrada na América tenha ocorrido pelas ilhas do oceano Pacífico ou via Austrália. Vale observar, contudo, que o homem pode ter alcançado a América por vários caminhos, englobando todas as hipóteses anteriores." (Vicentino, Cláudio. História Integrada: da pré-história à Idade Média. São Paulo: Ed. Scipione, 1995, p. 16)

Há entre os pesquisadores consenso quanto à forma como os primeiros homens chegaram à América?

Resposta: Não, os pesquisadores admitem várias hipóteses embora a mais aceita seja a de que os primeiros grupos humanos chegaram à América atravessando o Estreito de Bering.

2. "Nunca a arqueologia, a genética, a biologia e a antropologia foram tão longe na escala do tempo em busca dos ancestrais humanos. Desde 1994, quatro novas espécies de hominídeos foram acrescentadas à árvore da evolução, entre elas a mais antiga já encontrada, a do *Ardipithecus ramidus*, de 4,4 milhões de anos. Testes de DNA contabilizaram as variações genéticas entre homens e chimpanzés no decorrer do tempo e apontaram que a humanidade se separou dos macacos num período entre 4 e 6 milhões de anos atrás. Descobriu-se o mais antigo sítio de ferramentas, na África, datado de 2,5 milhões de anos, e também que entre 1 milhão e 2 milhões de anos atrás, o cérebro dos possíveis ancestrais humanos cresceu drasticamente, devido à introdução de uma dieta mais rica em proteínas na alimentação." (Revista Veja, ed. 1612, ano 32 n° 34 de 25/08/99 p. 87)

O mais recentes achados arqueológicos confirmam ou refutam a hipótese de que os primeiros hominídeos teriam surgido na África?

Resposta: Confirmam na medida em que o mais antigo sítio de ferramentas, de 2,5 milhões de anos, foi encontrado em território africano.

QUESTÕES RESOLVIDAS

1. Explique por que na Pré-História viver em grupos era garantia de sobrevivência.

Resposta: A natureza era muito perigosa e a obtenção de alimentos difícil. Viver em grupo significava apoio mútuo quando eram atacados, e divisão de tarefas, para ter alimentos e cuidar das crianças.

2. "A conquista do fogo foi muito importante para a evolução do homem." Você concorda com esta afirmação? Por quê?

Resposta: Sim, porque lhe permitiu se proteger mais, ver à noite, aquecer-se, cozinhar os alimentos e mais tarde trabalhar os metais.

3. Explique os motivos que definiram o fim do período Paleolítico.

Resposta: A retração das geleiras e as grandes mudanças climáticas de correntes e de vegetação, de vida do homem, obrigando-o a uma nova adaptação.

4. Quais foram as grandes conquistas do período Neolítico?

Resposta: O desenvolvimento da agricultura que garantiu a sobrevivência da espécie e o estabelecimento de aldeias e cidades, e com os excedentes alimentares, permitiu-se o início do comércio.

5. Imagine esta cena: Os caçadores acabaram de pegar duas ovelhas, mas, ao invés de matá-las logo para comer, cuidam delas, dão comida e esperam que fiquem mais gordas. Por que os homens pré-históricos começaram a criar o seu rebanho?

Resposta: Por que perceberam que poderiam obter dos animais muito mais do que carne, lã, leite, couro, montaria, tração etc.

QUESTÕES PROPOSTAS

1. (ENEM) Se compararmos a idade do planeta Terra, avaliada em quatro e meio bilhões de anos ($4,5 \times 10^9$ anos), com a de uma pessoa de 45 anos, então, quando começaram a florescer os primeiros vegetais, a Terra já teria 42 anos. Ela só conviveu com o homem moderno nas últimas quatro horas, e há cerca de uma hora, viu-o começar a plantar e a colher. Há menos de um minuto percebeu o ruído de máquinas e de indústrias e, como denuncia uma ONG de defesa do meio ambiente, foi nesses últimos sessenta segundos que se produziu todo o lixo do planeta!

O texto permite concluir que a agricultura começou a ser praticada há cerca de:
- a) 365 anos
- b) 460 anos
- c) 900 anos
- d) 10.000 anos
- e) 460.000 anos

2. São fatos ligados à Revolução Neolítica:
- a) Vida nômade e organização em tribos.
- b) Terras pertencentes ao Estado e escravismo.
- c) Domínio de técnicas agrícolas, domesticação de animais e sedentarização do homem.
- d) Escravidão, impostos em trabalho e vassalagem.
- e) Pintura em cavernas, vida nômade, caça e coleta de vegetais.

3. As pinturas rupestres no Paleolítico, tinham um significado mágico porque:
- a) expressavam o culto aos deuses
- b) expressavam os valores religiosos
- c) expressavam deuses antropozoomórficos
- d) possuíam um caráter expressionista
- e) ao representar cenas de caça e animais, os homens primitivos desejavam sucesso na caça.

4. (UFPE) "Já se afirmou ser a Pré-História uma continuação da História Natural, havendo uma analogia entre a evolução orgânica e o progresso da cultura".

Sobre a Pré-História, qual das afirmativas a seguir é incorreta?

a) Várias ciências auxiliam o estudo, como a Antropologia, a Arqueologia e a Química.
b) A Pré-História pode ser dividida em Paleolítico e Neolítico, no que se refere ao processo técnico de trabalhar a pedra.
c) Sobre o Paleolítico, podemos afirmar que foi o período de grande desenvolvimento artístico, cujo exemplo são as pinturas antropomorfas e zoomorfas realizadas nas cavernas.
d) O Neolítico apresentou um desenvolvimento artístico diferente do Paleolítico, através do traços geométricos do desenho e da pintura.
e) Os primeiros seres semelhantes ao homem foram os Australopitecus e o Homem de Java que eram bem mais adaptados que o Homem de Neanderthal.

5. (UFPE) Todas as alternativas correspondem a atividades desenvolvidas durante o Neolítico. Assinale aquela que sofreu solução de continuidade quanto ao seu desenvolvimento.

a) A procura dos homens do Neolítico pelas margens dos rios para se fixarem devido à secura do clima e à escassez de água.
b) A sedentarização do homem, o desenvolvimento do cultivo do solo, de técnicas de caça e a domesticação de animais.
c) A cultura dolmênica desenvolvida em parte da Europa.
d) O surgimento dos primeiros aglomerados urbanos devido à necessidade dos indivíduos se defenderem de saques e agressões.
e) O aparecimento dos primeiros trabalhos em metal, em barro e em lã.

6. (UFPE) "Revolução Neolítica" é uma expressão criada pelo arqueólogo Gordon Childe, nos anos 60. Essa revolução implicou numa série de mudanças. Com base na afirmativa, use (V) para verdadeiro e (F) para falso.

( ) mudanças econômicas
( ) mudanças nas estruturas sociais
( ) mudanças tecnológicas
( ) mudanças ideológicas
( ) aumento demográfico

7. **(UFPE)** Sobre os ancestrais do homem moderno, é falso afirmar que:
   a) No Paleolítico inferior, viveram os primeiros bandos de 'Australopitecos', 'Pithecantropus', 'Sinantropus' e 'Paleontropus', todos pertencentes à família dos homínidas.
   b) Os homínidos do Plistoceno, ao contrário dos homínidos do Paleolítico Inferior, se constituíram em uma única espécie.
   c) Com base nos estudos dos artefatos produzidos pelos homínidos, foram classificadas duas culturas: a cultura do núcleo e a cultura das lascas.
   d) Vivendo em bandos, os homínidos desenvolveram cooperação, produção e transmissão de conhecimento.
   e) Segundo estudos geológicos, e paleontológicos, os ancestrais do 'Homo Sapiens', última espécie homínida, surgiram no Plistoceno.

8. **(UFPE)** Em relação ao momento em que homens e mulheres se colocaram como seres históricos no mundo, é correto afirmar:
   a) A invenção da escrita, da roda e do fogo é o que caracteriza os povos, considerados como história, que se estabeleceram às margens do rio Nilo, há milhões de anos.
   b) A história da humanidade teve início na região conhecida na Antiguidade como Mesopotâmia, quando se inventou a escrita.
   c) As pesquisas arqueológicas vêm apontando que a história humana teve início há um milhão de anos, em várias regiões do globo, simultaneamente.
   d) Entre 4 e 6 milhões de anos atrás, surgiram na África os primeiros antepassados do ser humano, com os quais teve início a história da humanidade.
   e) O elemento preponderante no reconhecimento dos homens e mulheres como seres históricos é a invenção da linguagem, há 2 milhões de anos, no continente europeu.

9. **(UFPE)** Alguns historiadores afirmam que a História iniciou quando a humanidade inventou a escrita. Nessa perspectiva, o período anterior à criação da escrita é denominado Pré-História. Sobre esse assunto assinale a alternativa correta.
   a) A História e a Pré-História só podem se diferenciar pelo critério da escrita. Logo, aqueles historiadores que não concordam com esse critério estão presos a uma visão teológica da História.
   b) Esta afirmação não encontra qualquer contestação dos verdadeiros historiadores, pois ela é uma prova irrefutável de que todas as culturas evoluem para a escrita.
   c) Os historiadores que defendem a escrita como único critério que diferencia a História da Pré-História reafirmam a tradição positivista da História.
   d) A escrita não pode ser vista como critério para distinguir a História da Pré-História, pois o aspecto econômico é considerado um critério muito mais importante.

e) Os únicos historiadores que defendem a escrita como critério são os franceses, em razão da influência da filosofia iluminista.

10. Por que com a escrita surgiu o nascimento da História?

Gabarito das questões propostas

Questão 1 - Resposta: D

Questão 2 - Resposta: C

Questão 3 - Resposta: E

Questão 4 - Resposta: E

Questão 5 - Resposta: C

Questão 6 - Resposta: V V V F V

Questão 7 - Resposta: B

Questão 8 - Resposta: D

Questão 9 - Resposta: C

Questão 10 - Resposta: A partir da escrita, o homem pôde registrar os acontecimentos, garantindo assim a transmissão dos fatos que marcaram a passagem do homem pela Terra.

Complementando os estudos

Vídeos

A Guerra do Fogo (FRA/CAN, 1981). 100'. Dir. Jean-Jacques Annaud

2001 – Uma Odisséia no Espaço. Dir. Stanley Kubrick

Livro

Oliveri, Antonio Carlos. *A Pré-História*. São Paulo: Ed. Ática, 1996.

Página eletrônica

www.avph.hpg.ig.com.br (Atlas Virtual da Pré-História)

AS GRAVURAS FORAM ADAPTADAS DE:

Cotrim, Gilberto. *Saber e Fazer História, 5ª série*. São Paulo: Ed. Saraiva, 1999.

Lucci, Elian Alabi. *História Geral, 1º Grau*. São Paulo: Ed. Saraiva, 1984.

UNIDADE 2

O EGITO

SINOPSE TEÓRICA

Às margens do rio Nilo, na África Oriental, floresceu uma das civilizações que mais despertam o interesse do homem contemporâneo, a civilização egípcia.

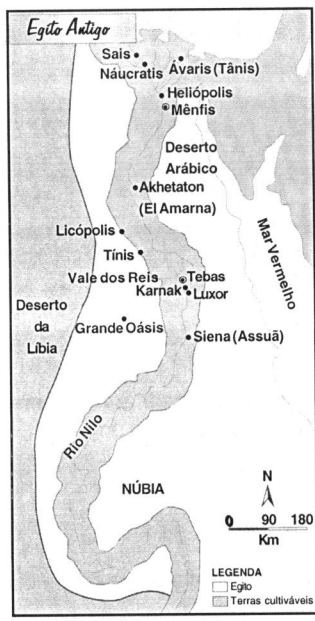

O conhecimento de sua cultura e de sua forma de organização social só foi possível porque em 1822 o estudioso francês Jean François Champollion decifrou a escrita egípcia. Os egípcios deixaram um grande número de documentos, o que permite que sua história política seja razoavelmente conhecida.

A história egípcia é dividida pelos historiadores da seguinte forma:
- Período Pré-Dinástico (4.000 até 3.200 a.C.)
- Período Dinástico (3.200 até 525 a. C.), subdividido em:
Antigo Império (3.200–2.300 a.C.)
Médio Império (2.000–1.580 a.C.)
Novo Império (1.580–525 a.C.)

Período Pré-Dinástico

Ainda no período Neolítico fixaram-se às margens do Nilo os primeiros grupos humanos. Reuniram-se em comunidades autônomas, os nomos (primeira forma de unidade política), onde aperfeiçoaram técnicas agrícolas. Em aproximadamente 3.500 a.C., por razões não totalmente esclarecidas, os nomos uniram-se em dois reinos: o Baixo Egito ao norte, e o Alto Egito ao sul.

Por volta de 3.200 a.C., Menés, chefe político do reino do Norte, promoveu a unificação dos dois reinos. Subordinou à sua autoridade 42 nomos e se tornou o primeiro faraó do Egito, sendo ao mesmo tempo chefe político, religioso, militar e administrativo.

Período Dinástico

1 - Antigo Império

O Antigo Império foi caracterizado por uma forte centralização política, onde o faraó era considerado divino. Foi um período de relativa paz, não possuindo o governo um exército permanente. Menés estabeleceu a cidade de Tinis no Alto Egito como a primeira capital do Egito faraônico, e Mênfis como a segunda.

Por volta de 2.300 a.C. o poder político dos nomarcas (representantes do faraó nos nomos) cresceu e promoveu uma fragmentação política, que duraria cerca de 300 anos.

2 - Médio Império

Em aproximadamente 2.000 a.C., houve uma luta entre os vários nomos que restabeleceram a unidade política, passando a ser capital a cidade de Tebas. Por volta de 1.800 a.C. o Egito foi invadido pelos hicsos, povo de origem semita proveniente da Ásia, que utilizavam armas de guerra até então desconhecidas pelos egípcios como cavalos e carros de batalha. O domínio hicso durou até 1.580 a.C. quando foram expulsos do vale do Nilo sob a liderança do faraó Amósis I.

3 - Novo Império

O longo período de dominação estrangeira desenvolveu um forte sentimento nacionalista nos egípcios, além de ter propiciado o aperfeiçoamento de técnicas de guerra. O novo Império caracterizou-se principalmente pela conquista de regiões vizinhas. Em seu momento máximo de expansão, o Império foi estendido até às margens do rio Eufrates.

A instabilidade política fez com que a partir do século VII a.C., o Egito fosse sucessivamente invadido por povos estrangeiros, até que em 525 a.C. foram conquistados pelos persas.

Economia

O historiador grego Heródoto assim resumiu a importância do rio Nilo para a civilização egípcia: "O Egito é a dádiva do Nilo". De fato, foi em torno do rio que se centrou a economia egípcia. A agricultura foi a principal atividade econômica, sendo o período de plantio e colheita determinados pelas cheias periódicas do Nilo. O Egito foi considerado o 'celeiro do mundo antigo', sendo grande produtor de trigo, cevada e lentilha, além de linho e algodão.

Servo arando a terra.

O faraó era possuidor de quase todas as terras férteis do Egito, devendo os camponeses pagar-lhe impostos. Os tributos poderiam ser pagos com parte da colheita ou com trabalhos em obras públicas. Este tipo de organização econômica é conhecida como servidão coletiva.

SOCIEDADE E CULTURA

A sociedade egípcia era profundamente estratificada, sendo rara a mobilidade social. No topo da pirâmide social encontram-se o faraó e sua família, que detinham todos os privilégios. Logo a seguir, vinham os sacerdotes, os chefes militares e os nobres (nomarcas e suas famílias). Em seguida os escribas, e, na base da pirâmide camponeses e escravos. Os escravos eram prisioneiros de guerra e não constituíam uma classe numerosa.

A religião ocupou papel preponderante na sociedade. Os egípcios eram politeístas e representavam seus deuses sob forma humana (antropomorfismo), animal (zoomorfismo), ou um misto das duas (antropozoomorfismo).

Osíris, Ísis e Hórus, alguns dos mais importantes deuses egípcios.

Foram notáveis os progressos egípcios na arquitetura, marcada esteticamente pela imponência de seus monumentos, dos quais podemos destacar as pirâmides de Gizé, construídas no Antigo Império como túmulos dos faraós Quéops, Quéfren e Miquerinos.

Pirâmides dos faraós Quéops, Quéfren e Miquerinos. As pirâmides menores eram mastabas, construídas para abrigar os corpos dos funcionários mais próximos ao faraó.

A escultura e a pintura tinham na religião ou no faraó sua principal fonte de inspiração.

São influências egípcias a Astronomia (criaram o primeiro calendário) e a Matemática (sabiam somar, diminuir e dividir).

Leitura complementar

"A religião egípcia, de grande influência na vida econômica e social do povo, caracterizava-se pelo politeísmo, isto é, a adoração de vários deuses (...)

Durante o período Dinástico, como em toda a história do Egito, as forças da natureza, demonstrando poder e causando certo temor, eram adoradas na forma de deuses. É o caso das inundações periódicas do Nilo, interpretadas como sendo resultantes das lágrimas derramadas pela deusa Ísis, esposa do deus Osíris, por ter sido ele assassinado pelo próprio irmão, o deus Set. Colocando-se na nascente do Nilo, Ísis, derramava suas lágrimas na corrente das águas que, por isso, transbordavam. (...)

Os egípcios acreditavam na imortalidade da alma. Para sobreviver, no entanto, a alma teria que contar com o próprio corpo para moradia. Por isso, os egípcios mumificavam ou embalsamavam seus mortos".

(Lucci, Elian Alabi. História Geral. São Paulo: Ed. Saraiva, 1984, p. 29)

Pode-se dizer que no Antigo Egito a religião estava diretamente associada à vida cotidiana?

Resposta: Sim. Fenômenos naturais como as cheias periódicas do Nilo eram explicados através de mitos religiosos.

QUESTÕES RESOLVIDAS

1. Por que as cheias do Nilo eram esperadas com ansiedade pelos egípcios?

Resposta: Porque as cheias vinham carregadas com um limo extremamente fértil, proveniente de regiões distantes, que permitiam a agricultura.

2. Como estava dividida a sociedade egípcia?

Resposta: No topo da hierarquia social estava o faraó. Abaixo estava uma casta burocrática de funcionários de Estado, a nobreza e os sacerdotes. O resto da população se dividia em camponeses, artesão e escravos.

3. Os impostos cobrados da população eram destinados para quais finalidades?

Resposta: Prover o Estado de recursos para realizar as grandes obras de controle das águas, garantir o estoque e a distribuição de alimentos, sustentar o corpo de funcionários do Estado, manter um exército.

4. Qual a importância da religião para os egípcios?

Resposta: Toda a vida dos egípcios foi marcada pela religião. A dependência do rio Nilo aliada à incapacidade de dar explicações naturais aos processos da vida, os levaram a deificar a natureza. Eram, portanto, politeístas e antropozoomórficos.

5. Qual o motivo dos faraós serem mumificados?

Resposta: A crença na vida após a morte fez com que os egípcios mumificassem os corpos para que mais tarde o espírito pudesse encontrar o corpo para servir-lhe de morada.

Unidade 2 - O Egito | 17

QUESTÕES PROPOSTAS

1. (FGV) Um império teocrático, baseado na agricultura, na arregimentação de camponeses para grandes obras e profundamente dependentes das águas de um grande rio.
Esta frase se refere aos:
a) fenícios e a importância do Tigre;
b) hititas e a importância do Eufrates;
c) sumérios e a importância do Jordão;
d) cretenses e a importância do Egeu;
e) egípcios e a importância do Nilo.

2. (PUC-PR) Relacione o texto às proposições a seguir colocadas, assinalando a correta:

"Ó senhor de todos! Rei de todas as casas. Nas decisões mais distantes fazes o Nilo celeste para que desça como chuva e açoite as montanhas, como um mar para regar os campos e jardins estranhos. Acima de tudo, porém, fazes o Nilo do Egito que emana do fundo da terra. E assim, como os teus raios, cuidas de nossas hortas. Nossas colheitas crescem, e crescem por ti (...). Tu estás em meu coração. Nenhum outro te conhece, a não ser teu filho Aknaton."

a) Destaca a função geradora da vida do deus Amon e do faraó, responsáveis por tudo que existia no Egito.
b) Mostra que o Sol, Áton, era encarnado na terra do faraó Aknaton.
c) Evidencia que o alimento e a vida do homem dependiam do grande deus tebano.
d) O texto acima assinala o caráter ideológico na sociedade egípcia, destacando a figura do faraó ligada ao deus principal e reforçando seu papel político.
e) Mostra a profunda ligação mística entre o faraó e o deus que dominou o Egito no Médio Império.

3. (UEL) A arquitetura dos templos do Antigo Egito forneceu para a posteridade a mais fértil e expressiva documentação sobre a cultura egípcia. Entre suas principais características pode-se indicar a:
a) ausência de telhados, uma vez que a chuva era muito rara.
b) utilização de tijolos de argila queimada na construção de paredes, escadarias e de colunas.
c) grandeza nas dimensões e construções sólidas.
d) adoção de diversos tipos de materiais, conforme as figuras retratadas.
e) preocupação em atrelar arte e ciência em uma mesma construção.

4. (UFPE) Em relação à arte do Antigo Egito, assinale a alternativa correta.
a) Visava a valorização individual do artista.
b) Manifestava as idéias estéticas com representações da natureza, evitando a representação da figura humana.
c) Estava destinada à glorificação do faraó e à representação da vida além-túmulo.
d) Aproveitava os hieróglifos como ornamentação.
e) Era uma arte abstrata de difícil interpretação.

5. (UFPE) Em relação à religião no Antigo Egito, pode-se afirmar que:
a) A religião dominava todos os aspectos da vida pública e privada do Antigo Egito. Cerimônias eram realizadas pelos sacerdotes a cada ano, para garantir a chegada da inundação e, dessa forma, boas colheitas, que eram agradecidas pelo rei em solenidades às divindades.
b) A religião no antigo Egito, como nos demais povos da Antiguidade, não tinha grande influência, já que estes povos, para sobreviverem, tiveram que desenvolver uma enorme disciplina no trabalho e viviam em constantes guerras.
c) A religião tinha apenas influência na vida da família dos reis, que a usava como forma de manter o povo submetido a sua autoridade.
d) O período conhecido como Antigo Egito constitui o único em que a religião foi quase inteiramente esquecida, e o rei como também o povo dedicaram-se muito mais a seguir a tradição dos seus antepassados, considerados os únicos povos ateus da Antiguidade.
e) A religião do povo no Antigo Egito era bastante distinta da do rei, em razão do caráter supersticioso que as camadas mais pobres das sociedades antigas tinham sobretudo por não terem acesso à escola e a outros saberes só permitidos à família real.

6. (VUNESP) O historiador grego Heródoto (484–420 a.C.) viajou muito e deixou vivas descrições com reflexões sobre os povos e as terras que conheceu. Deve-se a ele a seguinte afirmação: "O Egito, para onde se dirigem os navios gregos, é uma dádiva do rio Nilo".

A partir da afirmação, ofereça subsídios adequados à compreensão da realidade meio físico/ação humana na formação da civilização egípcia.

7. Qual a importância do rio Nilo para a história do povo egípcio?

8. Por que alguns faraós construíram as pirâmides do Egito?

9. As pirâmides também eram vistas como um símbolo de grande poder? Explique.

10. Qual a base da economia egípcia?

Gabarito das questões propostas

Questão 1 - Resposta: E

Questão 2 - Resposta: D

Questão 3 - Resposta: C

Questão 4 - Resposta: C

Questão 5 - Resposta: A

Questão 6 - Resposta: O rio Nilo possibilitou a fixação de uma população que desenvolve técnicas de produção, contribuindo para o desenvolvimento da civilização egípcia.

Questão 7 - Resposta: O rio Nilo fertiliza o solo de suas margens graças a enchentes e vazantes. Os egípcios se alimentavam do que plantavam nas margens deste importante rio africano.

Questão 8 - Resposta: Possuíam um significado político e religioso, sua construção era um ato de fé que exprimia a estabilidade. O fato de serem construídas para serem indestrutíveis representaria a imortalidade do povo através da imortalidade do faraó que representava a todos. Eram símbolos, também, da adoração ao Sol.

Questão 9 - Resposta: Sim, pois sua grandiosidade e esplendor ressaltava a grandiosidade e o esplendor do faraó que abrigava.

Questão 10 - Resposta: A agricultura.

Complementando os estudos

Livro
    Millard, Anne. *Os Egípcios*. São Paulo: Melhoramentos, 1982.

Página eletrônica
    www.geocities.com/Athens/Agora/5555

As gravuras foram adaptadas de:
    Cotrim, Gilberto. *Saber e Fazer História*. São Paulo: Saraiva, 1999.

UNIDADE 3

A MESOPOTÂMIA

SINOPSE TEÓRICA

Por volta de 4.000 a.C., fixaram-se na região entre os rios Tigre e Eufrates na Ásia ocidental povos vindos do planalto do Irã. Esta região é conhecida como Mesopotâmia (região entre rios). Passagem natural entre Ásia, África e Europa, e não contando com nenhuma proteção natural, esta região foi durante a Antiguidade palco de inúmeras guerras.

Vários povos se sucederam em busca das terras férteis às margens dos rios.

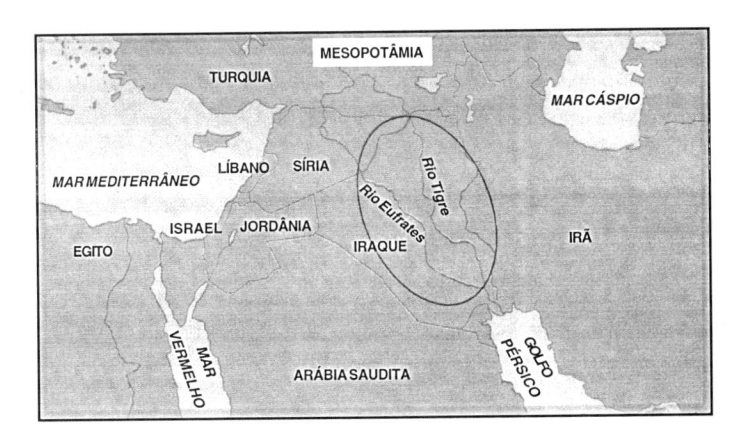

Localizada na região entre os rios Tigre e Eufrates, a Mesopotâmia foi, várias vezes, palco de grandes civilizações na Antiguidade.

Sumérios (3.500 – 2.300 a.C.)

Entre 4.000 e 3.000 a.C., os sumérios estabeleceram-se na região e estabeleceram a primeira forma de organização política, as cidades-estado independentes que viviam em constante guerra pelo domínio da região. As principais cidades sumerianas foram Ur, Uruk e Lagash. As cidades foram dominadas por volta de 2.300 a.C. pelos acádios.

Acádios (2.300 – 2.000 a.C.)

Semitas (povos que se consideram descendentes do personagem bíblico Sem) da região norte da Mesopotâmia unificaram as cidades-estado sob o comando de Sargão I (considerado o 1º monarca da Mesopotâmia). Uma onda de invasores asiáticos depôs o poderio arcadiano e possibilitou um rápido retorno dos sumérios, definitivamente conquistados por um povo vindo da Síria, os amoritas.

1º Império Babilônico (2.000 – 1.300 a.C.)

Os amoritas fundam a cidade da Babilônia e passam a ser conhecidos como babilônios. Dominaram todas as cidades da Mesopotâmia, mantendo-as sob rígida centralização. O monarca mais importante foi Hamurabi. Durante seu governo foi elaborado o Código de Hamurabi, o mais antigo código de leis conhecido. As leis regulavam questões sociais e econômicas. Foram conquistados pelos assírios.

Império Assírio (1.300 – 612 a.C.)

Provenientes das montanhas de Assur, norte da Mesopotâmia, os assírios expandiram o Império. Os assírios são conhecidos pela crueldade com a qual tratavam os povos derrotados. Conflitos internos enfraqueceram o Império, que em 612 a.C. foi conquistado pelos caldeus.

2º Império Babilônico (612 – 539 a.C.)

Também conhecido como Império Caldeu. Nabucodonosor foi o monarca mais importante, pois em seu reinado a Babilônia se tornou a cidade mais importante do Oriente. Expandiu as fronteiras do Império até o Egito. Revoltas internas enfraquecem o Império e facilitam a vitória dos persas em 539 a.C.

Economia e sociedade

A base da economia mesopotâmica foi a agricultura, sendo o trigo e a cevada seus gêneros mais importantes. As cidades produziam atividades artesanais que eram comercializadas para além dos limites do Império.

A sociedade era estratificada. No topo da pirâmide social encontravam-se a família real e os sacerdotes. Burocratas, militares, comerciantes e artesãos intermediavam esta organização social que tinha como camadas menos privilegiadas camponeses e escravos.

Religião e cultura

Os povos mesopotâmicos eram politeístas. Seus principais legados culturais foram seus conhecimentos astronômicos e algébricos, além da escrita cuneiforme inventada pelos sumérios.

Nesta placa sumeriana produzida por volta do ano 2360 a.C., podemos ver como era o formato da escrita cuneiforme utilizada na antiga Mesopotâmia. Museu do Louvre, Paris, França.

Leitura complementar

"Quase toda a cultura mesopotâmica descendia dos sumérios, incluindo a religião. (...) Os sumérios explicavam a origem do mundo através do mito de Marduk e da lenda do Dilúvio, muito semelhante à história cristã da Arca de Noé (...) Os povos mesopotâmicos viam a religião como meio de obter recompensas terrenas, imediatas, não acreditando na vida após a morte.(...)

Foi, porém, no campo científico que os mesopotâmios... alcançaram maior destaque. Através da observação do céu, visando decifrar a vontade dos deuses, os sacerdotes acumularam informações a partir das quais foi elaborado, pouco a pouco, um conhecimento exato dos fenômenos celestes. Eles aprenderam a prever os eclipses, a distinguir o movimento das estrelas e dos planetas.

Criaram, ainda, um calendário no qual o ano achava-se dividido em 12 meses lunares e estes em semanas de 7 dias. (...)"

(Vicentino, Cláudio. História Integrada: da pré-história à Idade Média. São Paulo: Ed. Scipione, 1995, p. 37 e 38)

A partir da leitura do texto pode-se afirmar que a religião tinha um importante papel para os mesopotâmios? Por quê?

Resposta: Sim. A religião era importante por ser um meio de se obter recompensas imediatas. A religião estava ligada a vários aspectos da vida social. Por exemplo, as descobertas feitas pelos mesopotâmios no campo científico visavam primeiramente a agradar os deuses.

QUESTÕES RESOLVIDAS

1. Qual o significado da palavra Mesopotâmia?

Resposta: Significa 'entre rios'.

2. Por que a Mesopotâmia era um bom local para a prática comercial?

Resposta: Por que era um elo natural de ligação entre o Ocidente e o Oriente.

3. O que foi o Código de Hamurabi?

Resposta: O primeiro código de leis escritas que se conhece.

4. Quais os povos que habitaram a Mesopotâmia e quais os vizinhos ao leste e ao oeste?

Resposta: Sumérios, como vizinhos tinham os assírios ao norte e os caldeus ao sul.

5. O que quer dizer escrita cuneiforme?

Resposta: Escrita desenhada com objetos na forma de cunhas.

Questões propostas

1. (UFPE) Com base no estudo sobre a escrita, escreva nos parênteses a letra (V) se a afirmativa for verdadeira ou (F) se for falsa.

( ) Na sua fase inicial, 3.500 a. C., era um desenho estilizado de um objeto, hoje denominado de pictograma.

( ) O ser humano, para exprimir graficamente suas ações, criou símbolos representativos a que chamamos de ideogramas, cuja invenção data mais ou menos de 3.200 a. C.

( ) As sociedades ágrafas encontravam-se na fase da História Antiga; o conceito de civilização não está relacionado com as sociedades que apresentam um sistema de escrita.

( ) Antes da invenção da escrita, a humanidade já conhecia o conceito de propriedade privada de Estado e de classes sociais.

( ) Uma das primitivas formas de representação gráfica – a escrita cuneiforme – surgiu entre os sumérios, povos que habitavam a Mesopotâmia.

2. (FUVEST) A partir do III milênio a. C. desenvolveram-se nos vales dos grandes rios do Oriente Próximo, como o Nilo, o Tigre e o Eufrates, Estados teocráticos, fortemente organizados e centralizados e com extensa burocracia. Uma explicação para seu surgimento é:

a) A revolta dos camponeses e a insurreição dos artesãos nas cidades, que só puderam ser contidas pela imposição dos governos autoritários.

b) A necessidade de coordenar o trabalho de grandes contingentes humanos, para realizar obras de irrigação.

c) A influência das grandes civilizações do Extremo Oriente, que chegou ao Oriente Próximo através das caravanas de seda.

d) A expansão das religiões monoteístas, que fundamentavam o caráter divino da realeza e o poder absoluto do monarca.

e) A introdução de instrumentos de ferro e a conseqüente revolução tecnológica, que transformou a agricultura dos vales e levou à centralização do poder.

3. (UECE) "...Se um arquiteto constrói uma casa para alguém, porém não a faz sólida, resultando daí que a casa venha a ruir e matar o proprietário, este arquiteto é passível de morte.
Se, ao desmoronar, ela mata o filho do proprietário, matar-se-á o filho deste arquiteto."

O preceito legal anterior pertence ao seguinte Código:
a) Corpus Juris Civilis.
b) Código de Hamurabi.
c) Código de Direito Canônico.
d) Código Napoleônico.

4. (UFRS) O mapa a seguir apresenta a região da Mesopotâmia.

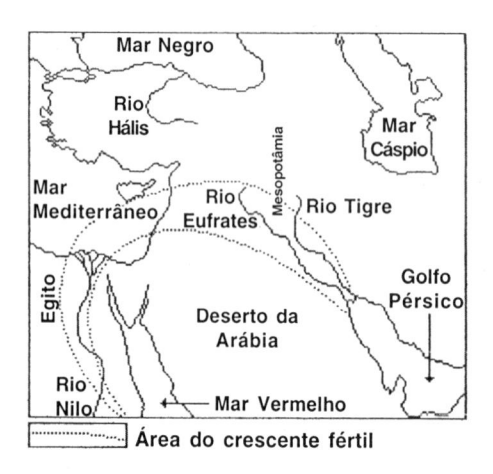

A planície do Eufrates e do Tigre não constitui, como o vale do Nilo, um longo oásis no meio do deserto. Ela tem fácil comunicação com outras terras densamente povoadas desde tempos remotos. Por isso, a história da civilização mesopotâmica está marcada por uma sucessão de invasões violentas e de migrações pacíficas que deram lugar a um contínuo entrecruzamento de povos e culturas.

Entre esses povos, destacam-se:
a) egípcios, caldeus e babilônios.
b) fenícios, assírios e hebreus.
c) hititas, sumérios e fenícios.
d) sumérios, babilônios e assírios.
e) hebreus, egípcios e assírios.

5. Surgido na Antiga Mesopotâmia, é considerado o mais antigo código de leis escritas da humanidade:
   a) Lei das Doze Tábuas.
   b) Leis Draconianas.
   c) Dez mandamentos.
   d) Código de Hamurabi.
   e) Lei Tessalônica.

6. (FUVEST) No Antigo Egito e na Mesopotâmia, assim como nos demais lugares onde foi inventada, a escrita esteve vinculada ao poder estatal. Este, por sua vez, dependeu de um certo tipo de economia para surgir e se desenvolver.
Considerando as afirmações acima, explique as relações entre:
   a) escrita e Estado.
   b) Estado e economia.

7. (UFRN) As sociedades que, na Antiguidade, habitavam os vales dos rios Nilo, Tigre e Eufrates tinham em comum o fato de:
   a) Terem desenvolvido um intenso comércio marítimo, que favoreceu a constituição de grandes civilizações hidráulicas.
   b) Serem povos orientais que formaram diversas cidades-estado, as quais organizavam e controlavam a produção de cereais.
   c) Haverem possibilitado a formação do Estado a partir da produção de excedentes, da necessidade do controle hidráulico e da diferenciação social.
   d) Possuírem, baseados na prestação de serviço dos camponeses, imensos exércitos que viabilizaram a formação de grandes impérios milenares.

8. (FEI) Podem ser consideradas características das civilizações da Antiguidade oriental:
   a) O monoteísmo e uma rígida divisão social.
   b) O politeísmo e uma sociedade organizada de maneira igualitária.
   c) O politeísmo e uma rígida divisão social.
   d) O monoteísmo e uma sociedade organizada de maneira igualitária.
   e) O politeísmo e uma sociedade de classes.

9. (UFSCAR) Entre as transformações havidas na passagem da Pré-História para o período propriamente histórico, destaca-se a formação de cidades em regiões de:
a) Solo fértil, atingido periodicamente pelas cheias dos rios, permitindo grande produção de alimentos e crescimento populacional.
b) Difícil acesso, cuja disposição do relevo levantava barreiras naturais às invasões de povos que viviam do saque de riquezas.
c) Entroncamento de rotas comerciais oriundas de países e continentes distintos, local de confluência de produtos exóticos.
d) Riquezas minerais e de abundância de madeira, condições necessárias para a edificação dos primeiros núcleos urbanos.
e) Terra firme, distanciada de rios e de cursos d'água, com grau de salubridade compatível com a concentração populacional.

10. Quais os dois rios mais importantes que formam os limites da Mesopotâmia?

Gabarito das questões propostas

Questão 1 - Resposta: V V F F V

Questão 2 - Resposta: B

Questão 3 - Resposta: B

Questão 4 - Resposta: D

Questão 5 - Resposta: D

Questão 6 - Respostas:
a) Na Antiguidade, a escrita foi um dos fatores que permitiu organizar a estrutura burocrática do Estado. Por meio dela, foi possível ter controle sobre as propriedades e os benefícios gerados pelos trabalhadores de uma sociedade rigorosamente hierarquizada.
b) O Estado se constituiu numa forma complexa de organização social, que empreendeu junto a rios grandes obras de irrigação, aumentando as áreas agricultáveis.
Favoreceu ainda o comércio, regulamentando-o e, por ação militar, garantindo a sua segurança.

Questão 7 - Resposta: C

Questão 8 - Resposta: C

Questão 9 - Resposta: A

Questão 10 - Resposta: Tigre e Eufrates.

COMPLEMENTANDO OS ESTUDOS

LIVRO

Ferreira, Olavo Leonel. *Mesopotâmia: O Amanhecer da Civilização*. São Paulo: Ed. Moderna, 1993.

PÁGINA ELETRÔNICA

http://www.hystoria.hpg.ig.com.br/meso.htm

AS GRAVURAS FORAM ADAPTADAS DE:

Cotrim, Gilberto. *Saber e Fazer História*. São Paulo, Ed. Saraiva: 1999.

Vicentino, Cláudio. *História Integrada. Da Pré-História à Idade Média*. São Paulo: Ed. Scipione, 1995.

UNIDADE 4

HEBREUS, FENÍCIOS E PERSAS

SINOPSE TEÓRICA

HEBREUS

Os Hebreus são um povo de origem semita que por volta de 1.900 a.C. teriam se estabelecido na região da Palestina, que recebia à época o nome de Canaã. A Bíblia (o Antigo Testamento) é a fonte mais importante para o estudo da história do povo hebreu. No entanto, deve-se ter em consideração ser esse um livro de caráter religioso, cuja maior preocupação é a instrução doutrinária, e não a realidade histórica.

Politicamente, a história hebraica na Antiguidade pode ser dividida em três períodos: patriarcado, juizado e monarquia. Somente durante o período monárquico (1.052–935 a.C.) os hebreus tiveram unidade política. Até então tinham vivido em tribos lideradas primeiramente pelos patriarcas e depois pelos juízes (espécie de chefe religioso e militar).

A unidade política não durou muito tempo, e em 935 a.C. dividiram-se em dois reinos Israel ao norte e Judá ao sul. Divididos e enfraquecidos, os hebreus não resistiram por muito tempo aos poderosos exércitos vizinhos. Israel foi conquistada pelos assírios em 722 a.C. e Judá pelos babilônios em 587 a.C., sendo ambas as populações deportadas. O povo de Judá (os judeus) puderam retornar à Palestina em 539 a.C., quando a Babilônia foi conquistada pela Pérsia. O exílio babilônico é conhecido como Primeira Diáspora (dispersão) judaica.

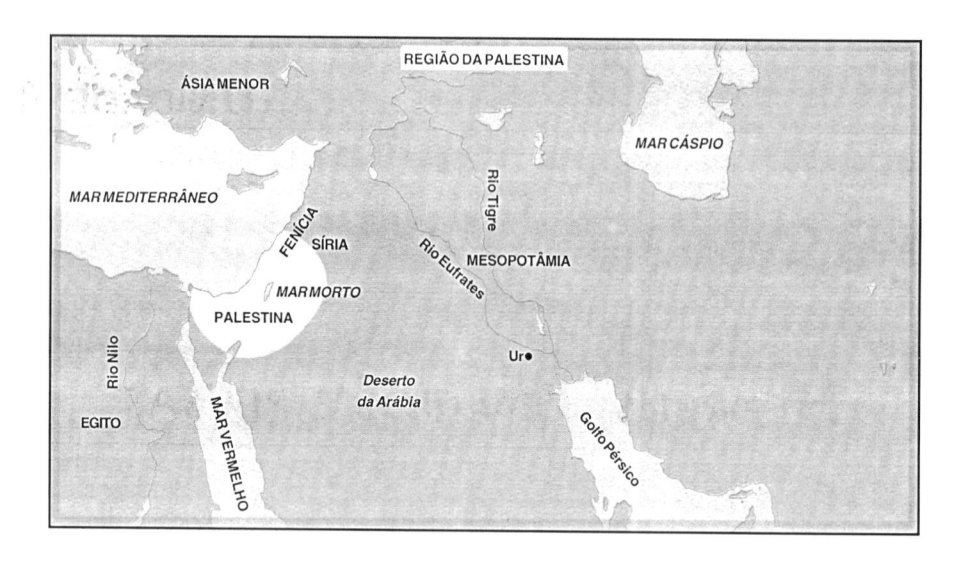

Situada entre o Egito e a Mesopotâmia, a Palestina era passagem quase obrigatória das caravanas comerciais que interligavam as grandes civilizações da Antiguidade.

Retornando do exílio os judeus não mais conseguiram estabelecer sua independência política, ressalvando um pequeno período, sendo dominados seguidamente por persas, gregos e romanos.

A principal característica do povo hebreu, e seu maior legado às civilizações posteriores foi o monoteísmo religioso, ou seja, acreditavam na existência de um único Deus, criador de todas as coisas.

Fenícios

A Fenícia se localizava ao norte da Palestina, no litoral da Síria. Ocupando uma região montanhosa e árida, cujo solo não era propício à agricultura nem à criação de gado, os fenícios destacaram-se por suas atividades comerciais. Exportavam principalmente cristal transparente, madeira, tecidos, espelhos e estatuetas. Além do comércio, investiram no cultivo de cereais, oliveiras e vinhas, que também exportavam.

Comercializavam com gregos e egípcios, e seus navios chegaram até o litoral da Grã-Bretanha, onde buscavam estanho. Navegaram também pelo Mar do Norte e oceano Índico, além de terem margeado o litoral africano. Controlavam o Mediterrâneo e mantiveram por muitos séculos suas rotas marítimas em segredo.

Unidade 4 - Hebreus, fenícios e persas | 33

Nunca tiveram unidade política. Possuíam cidades independentes, com governos próprios. Dentre as cidades-estado fenícias destacam-se a de Biblos (mais antiga), Sídon e Tiro (que no período de maior esplendor fundou uma colônia em Cartago, ao norte da África em 894 a.C.). Por volta de 800 a.c. as cidades-estado entraram em decadência, e os fenícios foram sucessivamente conquistados por assírios, babilônios, persas e macedônios, até fazer parte da província romana da Síria.

Eram politeístas e admitiam alguns rituais com sacrifícios humanos, principalmente de crianças. A maior contribuição cultural fenícia foi o alfabeto.

Primeiro alfabeto conhecido, originário da cidade de Ugarit, na Fenícia.

PERSAS

A Pérsia localizava-se a leste da Mesopotâmia, onde hoje se encontra o Irã. Essa região é montanhosa e possui o clima seco, sendo poucas as terras férteis. Por volta de 2.000 a.C., a região foi ocupada por povos de origem indo-européia. Os medos ocuparam o norte do planalto iraniano e os persas a parte sul. Medos e persas foram dominados pelos assírios no século VII a.C.

Em 708 a.C. os medos se uniram e conseguiram derrotar o invasor, e subjugar os persas. Estenderam seu domínio do planalto do Irã à cidade de Nínive, na Mesopotâmia.

Os persas puseram fim à liderança dos medos em 559 a.C., quando Ciro, o grande, tornou-se rei. Ciro é o fundador do Império Persa, que em seu momento de maior esplendor abrangia uma área do rio Indo ao Mediterrâneo. Outro importante rei persa foi Dario I, que para melhor administrar o império, dividiu-o em 20 províncias ou satrapias, cada uma delas governada por um sátrapa (vice-rei).

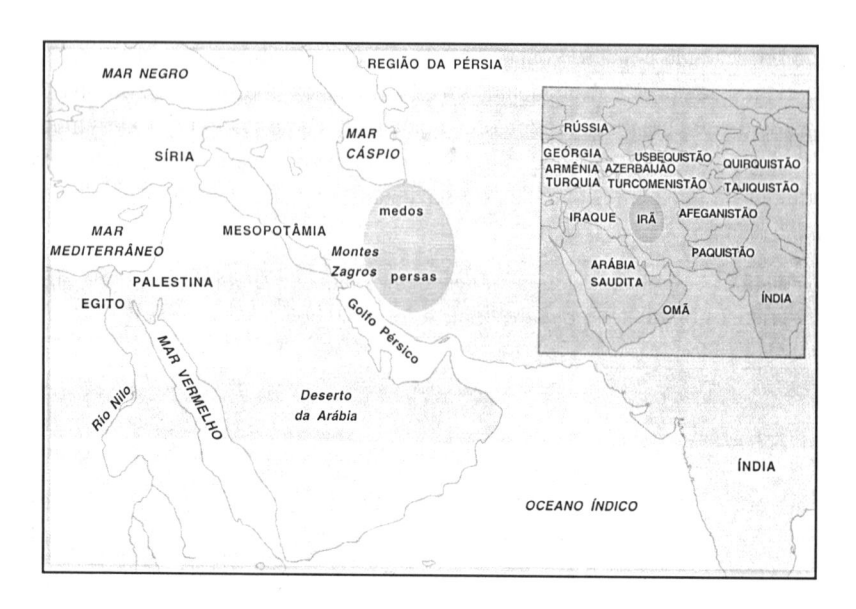

A civilização persa desenvolveu-se na região atualmente ocupada pelo Irã.

Dario I também desenvolveu um eficiente sistema de correio, além de promover a construção de estradas que ligavam as principais cidades do império e estabelecer uma moeda nacional, o dárico. Foi durante este reinado que tiveram início as guerras entre persas e gregos pelo domínio da Ásia Menor, as chamadas Guerras Médicas. Derrotados, os persas entraram em processo de decadência econômica e militar, sendo derrotados em 330 a.C. pela Macedônia.

Agricultura e comércio foram as principais atividades econômicas dos persas. Fabricavam tapetes, jóias, tecidos e móveis finos, que comercializavam com outras regiões.

A religião persa foi o maior legado desta civilização, na medida em que influenciou o judaísmo. O zoroastrismo ou masdeísmo era uma religião revelada a Zoroastro (também conhecido como Zaratustra). Era dualista, acreditando na existência de duas divindades opostas – Ormuz- Mazda – bem e Arimã – mal. Da batalha entre os dois, o bem sairia vitorioso. Acreditavam na imortalidade da alma, na ressurreição dos mortos e no juízo final.

LEITURA COMPLEMENTAR

"No campo cultural, a maior contribuição dos fenícios foi a criação do alfabeto. (...)

No contato com egípcios e babilônios, os fenícios absorveram alguns elementos da primitiva escrita destes povos, aperfeiçoando-os de tal maneira que a sua escrita tornou-se compreensível a todos os povos. Por meio da utilização de um alfabeto bastante simples, composto por 22 sinais, os fenícios destacaram-se ainda mais em suas atividades comerciais.

O alfabeto fenício, posteriormente assimilado pelos gregos, foi transmitido por esses aos demais povos ocidentes..."

(Lucci, Elian Alabi. História Geral. São Paulo: Ed. Saraiva, 1984, p. 74)

É possível afirmar que a criação do alfabeto auxiliou os fenícios em suas atividades comerciais? Por quê?

Resposta: Sim. Porque a escrita fenícia era de fácil compreensão, por isso facilitava a comunicação com outros povos e conseqüentemente, as trocas comerciais eram favorecidas.

QUESTÕES RESOLVIDAS

1. O que é uma religião monoteísta?

Resposta: Religião que admite a existência de um único Deus e que tudo no Universo deriva dele.

2. Qual o significado da "Terra Prometida" para o judeu?

Resposta: Que é a terra reservada pelo deus judeu ao povo de Israel por sua devoção ao todo-poderoso.

3. De que maneira a religião persa influenciou religiões importantes do mundo, como o judaísmo, o cristianismo e o islamismo?

Resposta: Através da crença no Juízo Final e da anunciação da vinda de um Messias, profetizadas por Zoroastro ou Zaratustra.

4. Dario I da Pérsia, dividiu seu vasto império em províncias administrativas chamadas _____, sendo cada uma delas governada por um _____, que eram vigiados pelos _____.

Completam a frase:
    a) Tribos – patriarcas – mercenário
    b) Satrápias – sátrapas – "olhos e ouvidos do rei"

c) Marcas e condados – marqueses e duques – missi dominici
d) Imperiais e senatoriais – pretores – censores
e) Cidades-estado – patesi – monarcas

Resposta: B

5. Relaciona-se aos fenícios na Antiguidade, EXCETO:
   a) comércio como principal atividade econômica.
   b) invenção do alfabeto fonético.
   c) organização política em cidades-Estado.
   d) estabelecimento de colônias no Mediterrâneo.
   e) dualismo religioso, baseado no culto aos deuses Ahriman e Aura Mazda.

Resposta: E

QUESTÕES PROPOSTAS

1. (VUNESP) Alguns povos da Antiguidade foram mercadores que viveram do comércio marítimo. Cite três cidades-Estado fenícias e indique a principal contribuição que os fenícios legaram às civilizações posteriores.

2. (UFRS) Relacione a coluna II, que apresenta afirmações relativas a povos da Antiguidade, com a coluna I, que identifica os mesmos.

COLUNA I
   (1) Fenícios
   (2) Hebreus
   (3) Babilônios
   (4) Egípcios
   (5) Persas

COLUNA II
   ( ) Os sinais de sua escrita sagrada são conhecidas como hieróglifos.
   ( ) Buscavam e levavam mercadorias por toda a bacia do Mediterrâneo.
   ( ) Seu império era controlado pelo sistema de satrapias.
   ( ) Os invasores de seu território provocaram a diáspora.
   ( ) Hamurabi unificou o império, desde a Assíria até a Caldéia.

A seqüência numérica correta, de cima para baixo, na coluna II é:
a) 1 – 2 – 5 – 4 – 3
b) 1 – 4 – 3 – 2 – 5
c) 4 – 1 – 5 – 2 – 3
d) 4 – 2 – 5 – 1 – 3
e) 5 – 1 – 3 – 4 – 2

3. **(VUNESP)** É certo que as civilizações da Antiguidade legaram à posteridade um respeitável acervo cultural. No entanto, para superar o equívoco, assinale a alternativa INCORRETA.

   a) A pintura egípcia revela belos exemplos de descrição de movimento, sendo a figura humana representada com a cabeça e os pés de perfil.
   b) Entre as Civilizações Mesopotâmicas que se desenvolveram no vale dos rios Tigre e Eufrates, predominou, durante certo tempo, a forma asiática de produção.
   c) No período denominado Homérico, houve a dissolução das comunidades gentílicas e a formação gradativa das cidades-Estado da Grécia.
   d) A escrita egípcia era em caracteres cuneiformes.
   e) O Direito Romano, sujeito a novas interpretações, tornou-se parte importante do Código de Justiniano, influenciou juristas da Idade Média e até das fases históricas subseqüentes.

4. **(UFG)** "Apoiado num oráculo favorável dado por Ashur, meu senhor, eu lutei contra eles e infrigi-lhes uma derrota. No calor da batalha, eu pessoalmente capturei vivos os aurigas egípcios com seus príncipes e também os aurigas da Etiópia. Ataquei Ekron e matei os oficiais e patrícios que haviam cometido o crime e pendurei seus corpos com estacas circundando a cidade." (Do Prisma de Senaqueribe) Jaime Pinsky. "100 Textos de História Antiga." São Paulo: Ed. Global, 1980, p. 125.

Sobre as guerras que envolveram as civilizações do Mundo Antigo, pode-se afirmar que:
   ( ) Por volta de 1.750 a. C., o Egito foi dominado pelos hicsos, povo asiático de origem semita que conseguiu impor-se por causa de novas técnicas guerreiras, como o carro de guerra e as armas de bronze.
   ( ) Sumérios, babilônicos e assírios sucederam-se como povos hegemônicos na Mesopotâmia; posteriormente, a região caiu sob domínio persa e macedônio.
   ( ) Os hebreus consolidaram-se como povo comerciante e navegador: fundaram colônias em todo o Mediterrâneo e sua política expansionista foi denominada talassocracia.
   ( ) As Guerras Médicas, Púnicas e do Peloponeso são indícios das tensões e dos conflitos que dividiam as civilizações da Antiguidade.

5. (UFRS) Em relação aos povos da Antiguidade, é correto afirmar que:
   a) Os assírios foram submetidos por Nabucodonosor, originando o episódio conhecido como o Cativeiro da Babilônia.
   b) Os fenícios foram os criadores do alfabeto, posteriormente aperfeiçoado pelos gregos e latinos.
   c) Os hebreus criaram um quadro religioso caracterizado pelo politeísmo e a mumificação.
   d) Os egípcios estabeleceram, em 300 a. C., o importante Código de Hamurabi, um dos primeiros códigos jurídicos escritos.
   e) Os persas, após derrotarem as tropas de Alexandre, conseguiram anexar o território grego ao seu império.

6. (VUNESP) Os clamores da revolta e da destruição de Nínive, registrados na Bíblia, devem-se:
   a) Ao pacifismo do povo assírio.
   b) Às soluções arquitetônicas dos sumérios.
   c) Ao modo de produção asiático dos caldeus.
   d) Aos atos despóticos e militaristas dos assírios.
   e) À religião politeísta dos mesopotâmicos.

7. (UFPE) Entre os povos do Oriente Médio, os hebreus foram os que mais influenciaram a cultura da civilização ocidental, uma vez que o cristianismo é considerado como uma continuação das tradições religiosas hebraicas.
A partir do texto anterior, assinale a alternativa correta.
   a) Originários da Arábia, os hebreus constituíram dois reinos: o de Judá e o de Israel na Palestina.
   b) As guerras geraram a unidade política dos hebreus. Esta unidade se firmou primeiro em torno de juízes e, depois em volta dos reis.
   c) Os profetas surgiram na Palestina por volta dos séculos VIII e VII a. C., quando ocorreu uma onda de protestos dos trabalhadores contra os comerciantes.
   d) A religião hebraica passou por diversas fases, evoluindo do politeísmo ao monoteísmo difundido pelos profetas.
   e) Os hebreus se organizaram social e economicamente com base na propriedade da terra, o que deu início a Diáspora.

8. (UFBA) Sobre as civilizações da Antiguidade Oriental, some as alternativas verdadeiras:

01) Entre os egípcios, embora a prática de mumificar cadáveres tivesse contribuído para o estudo do corpo humano, o respeito que essa civilização tinha pelos mortos proibia a dissecação de cadáveres unicamente para estudos.

02) Entre os hebreus, os escribas constituíram-se num grupo social, que aprendendo a ler e a escrever, desempenhou importantes funções religiosas, na conversão de fiéis ao monoteísmo.

04) Os persas acreditavam que o bem e o mal viviam em incessante luta até o dia do juízo final, quando todos os homens seriam julgados por suas ações.

08) A invenção do alfabeto pela civilização fenícia esteve ligada à necessidade que seus mercadores tinham de firmar contratos com povos distantes.

16) Hamurabi foi um rei babilônico que se tornou famoso por mandar elaborar o primeiro código jurídico com leis escritas.

Soma: ( )

9. (UEL) "... essencialmente mercadores, exportavam pescado, vinhos, ouro e prata, armas, praticavam a pirataria, e desenvolviam um intenso comércio de escravos no Mediterrâneo..."

O texto refere-se a características que identificam, na Antiguidade Oriental, os:
a) Fenícios.
b) Hebreus.
c) Caldeus.
d) Egípcios.
e) Persas.

10. (UFBA) Assinale as proposições corretas, some os números a elas associados e marque no espaço apropriado.

Sobre as civilizações da Antiguidade – Oriental e Clássica –, some as alternativas verdadeiras:

01) A base da religião era o culto local, o que colocava cada cidade sob a proteção de um deus e fazia dos sacerdotes o grupo de maior poder e prestígio na sociedade.

02) A consulta aos signos do zodíaco, tão em voga nas sociedades contemporâneas, foi uma prática intensamente desenvolvida entre os povos mesopotâmios.

04) O Zende-Avesta, o Livro dos Mortos e o Velho Testamento foram textos considerados sagrados, respectivamente, pelos persas, egípcios e hebreus.

08) A civilização fenícia, estruturada em bases agrárias, construiu a sua unidade política, submetendo à autoridade do Imperador o poder dos dirigentes das satrapias.

16) Os atenienses estruturaram a prática educacional, objetivando a desenvolver no cidadão um conjunto harmonioso das qualidades do espírito e do corpo.

32) Os gregos legaram à civilização ocidental uma grande produção nos campos do Teatro, da Teoria do Conhecimento e da História.

64) Os princípios de igualdade, de autogestão, de soberania popular e de autodeterminação dos povos foram desenvolvidos na República Romana e constituíram uma grande contribuição cultural dos romanos para a civilização ocidental.

Soma: (   )

GABARITO DAS QUESTÕES PROPOSTAS

Questão 1 - Resposta: Biblos, Sidon e Tiro. A principal contribuição foi o alfabeto fonético.

Questão 2 - Resposta: C

Questão 3 - Resposta: D

Questão 4 – Resposta: V V F V

Questão 5 – Resposta: B

Questão 6 – Resposta: D

Questão 7 – Resposta: E

Questão 8 – Resposta: 28 (04+08+16)

Questão 9 – Resposta: A

Questão 10 – Resposta: 55 (01+02+04+16+32)

COMPLEMENTANDO OS ESTUDOS

FILMES

O Príncipe do Egito

Os Dez Mandamentos

PÁGINA ELETRÔNICA

http://www.consulteme.com.br/histgeral/persia.htm

AS GRAVURAS FORAM ADAPTADAS DE:

Vicentino, Cláudio. *História Integrada: Da Pré-História à Idade Média*, São Paulo: Ed. Scipione, 1995.

Lucci, Elian Alabi. *História Geral.* São Paulo: Ed. Saraiva, 1984.

UNIDADE 5

OS GREGOS

SINOPSE TEÓRICA

A civilização grega se desenvolveu na Península Balcânica entre os mares Egeu, Jônico e Mediterrâneo. Do século XX ao século XII a. C., foram invadidos por tribos seminômades de origem indo-européia (aqueus, eólios, jônios e dórios), que se misturaram aos primitivos habitantes da península. Os gregos chamavam-se de helenos, e a Grécia era por eles chamada Hélade. Grego é um nome posterior, que foi dado pelos romanos a esse povo.

Os gregos nunca constituíram na Antiguidade um Estado unificado. Organizavam-se em cidades-Estado independentes (*polis*), que possuíam população e área reduzidas. As polis uniam-se em momento de perigo extremo, em jogos e em eventos religiosos.

A história grega pode ser dividida em 4 grandes períodos: Período Homérico, Período Arcaico, Antiguidade Clássica e Período Helenístico.

PERÍODO HOMÉRICO (1.200 – 800 a.C.)

O período tem início com a invasão dos dórios. A base da sociedade é o *oikos* ou grupo familiar. As atividades econômicas resumiam-se à agricultura e pecuária, sendo o comércio pouco desenvolvido. Com o desenvolvimento do *oikos*, pequenos grupos familiares passaram a se apossar das terras férteis, dando origem à aristocracia grega.

Por necessidade de defesa, esses proprietários se uniram em fatrias (irmandades). A reunião de várias fratrias deu origem às tribos, que reunidas deram origem às primeiras polis.

Período Arcaico (séc. VII – V a.C.)

Nesta fase há um desenvolvimento da polis. Primeiramente eram governadas por monarcas. A monarquia grega no entanto não foi absoluta, sendo os poderes reais limitados pelo Conselho de Aristocratas e pela Assembléia de Guerreiros. Progressivamente, as polis adotaram outro sistema de governo, a oligarquia (que significa governo de poucos). Algumas cidades evoluíram do sistema oligárquico para a democracia no período clássico.

O crescimento populacional das polis levou famílias menos favorecidas a colonizarem outras regiões. Os gregos colonizaram praticamente toda a costa do Mar Negro, além do Mediterrâneo Ocidental. As colônias permaneciam ligadas à cidade-mãe, embora tivessem autonomia política.

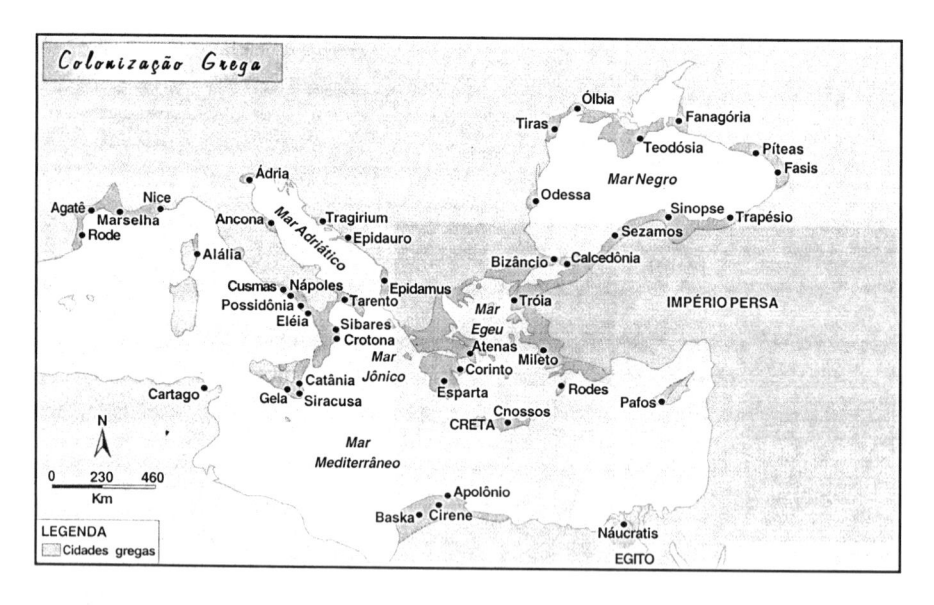

A fundação de colônias auxiliou o desenvolvimento do comércio. Sendo o solo grego pouco fértil, e contando a costa com muitos portos naturais, as atividades comerciais foram favorecidas. Azeite, vinho e cerâmica eram os principais produtos exportados. O desenvolvimento do comércio fez surgir uma poderosa classe comercial.

A pintura do vaso grego mostra o trabalho de escravos urbanos.

PERÍODO CLÁSSICO (SÉC. V – IV a.C.)

O período clássico representa o apogeu da civilização grega. As mais importantes cidades-estado gregas do período foram Atenas e Esparta. Atenas foi o berço da democracia, que atingiu seu ponto máximo durante o governo de Péricles (séc. V a. C.). A sociedade ateniense encontrava-se dividida em: cidadãos, homens livres nascidos em Atenas e que possuíam todos os direitos políticos; metecos, estrangeiros sem direitos políticos; e escravos, que poderiam encontrar-se nesta condição por captura, nascimento ou compra.

Ao contrário de Atenas, Esparta manteve o sistema oligárquico de governo. Toda a educação espartana era voltada para a guerra. A sociedade espartana estava dividida em: espartanos, que eram os membros da aristocracia; periecos, que eram os trabalhadores livres; e hilotas, prisioneiros de guerra feitos servos do Estado que eram tratados de forma cruel pelos espartanos.

Em 490 a. C., os persas tentaram invadir a Grécia. As cidades uniram-se sob a liderança ateniense para enfrentar os persas. Foi o início das Guerras Médicas. A vitória nas guerras aumentou o prestígio ateniense, desagradando a outras cidades, que sob a liderança de Esparta entraram em guerras contra os atenienses. Foi o início da chamada Guerra do Peloponeso que durou cerca de 30 anos e enfraqueceu os gregos, que foram conquistados pelos macedônios em 338 a. C.

PERÍODO HELÊNICO (SÉC. III – II a.C.)

Em 338 a. C., Filipe da Macedônia (região montanhosa ao norte da Grécia) unificou os povos gregos e deu origem ao Império Macedônico. Seu filho, Alexandre, conhecido como Alexandre, o Grande, conquistou a Pérsia e estendeu os domínios do Império até a Índia.

O Império Macedônico se esfacelou após a morte de Alexandre, sendo dividido entre seus generais.

Da interação entre a civilização grega e as civilizações orientais, sobretudo a persa e a egípcia, teve origem a cultura helenística, que muito influenciou os romanos, povo que dominou a Grécia a partir do século II a. C.

Religião e cultura

A influência cultural grega para as civilizações posteriores é incontável. Artes, filosofia, teatro, literatura, escultura, arquitetura, foram alguns dos setores que mais sofreram a influência da cultura grega e da cultura helenística.

Os gregos eram politeístas, e possuíam deuses semelhantes ao homem em forma e sentimento. Zeus, Hera, Apolo, Afrodite e Atena foram os principais deuses gregos.

Do conjunto de fábulas sobre deuses e semideuses formou-se a Mitologia grega.

Ocupando uma área de aproximadamente 2000m² e construído em mármore branco, o Partenon era o templo da deusa Atena.

Leitura complementar

"Os gregos apresentaram notável desenvolvimento artístico-cultural na Antiguidade. Seus valores intelectuais fundamentam a mentalidade ocidental dos nossos dias. O século de Péricles (séc. V a. C.) foi o momento áureo da cultura grega. Os principais teatrólogos, filósofos, arquitetos, artistas em geral do mundo grego viveram nessa época. O pensamento grego tinha por base a razão humana e, por isso, supervalorizava o homem (antropocentrismo), influenciando grandemente o racionalismo ocidental. As palavras do teatrólogo Sófocles atestam a importância atribuída ao homem na cultura grega. Afirma ele:

"Há muitas maravilhas, mas nenhuma é tão maravilhosa quanto o homem." Só não se pode esquecer que os artistas e pensadores que fizeram da cultura grega uma das mais imponentes pertenciam, em geral, a uma elite sustentada por uma massa de escravos e pequenos camponeses."

(Vicentino, Cláudio. "História integrada: Da Pré-História à Idade Média". São Paulo: Ed. Scipione.1995, p. 70)

Que importância os gregos atribuíam à razão humana?

Resposta: Os gregos atribuíam grande importância à razão humana. A cultura grega era antropocêntrica, e o pensamento grego tinha por base a razão.

QUESTÕES RESOLVIDAS

1. (FUVEST) A cidade e o Estado não surgiram na Grécia Antiga. Mas a polis, entre os séculos VIII e III a. C., foi uma criação especificamente grega.
   a) Indique as instituições básicas da polis.
   b) Comente sua especificidade e sua importância histórica.

Respostas:
   a) A questão faz referência a polis ateniense onde nasceu a democracia que assegurava a igualdade de direitos políticos aos cidadãos (somente os homens livres, adultos e nascidos na cidade). A Eclésia (Assembléia dos Cidadãos) e o Ostracismo (exílio temporário dos maus cidadãos) eram fundamentais à democracia.
   b) A falta de unidade política entre as cidades-Estado gregas, resultou da dificuldade de comunicação entre as comunidades ainda no período de formação da civilização grega, devido às condições geográficas (relevo acidentado e inúmeras ilhas). As realizações culturais da polis grega, são consideradas alicerces da civilização ocidental.

2. (UFSCAR) Os conflitos sociais do período arcaico da Grécia Antiga resultaram, na cidade de Atenas, no aparecimento de uma nova forma política no transcurso do século V a. C.
   a) Qual o nome da nova organização política ateniense?
   b) Quais são as suas características mais importantes?

Respostas:
a) A democracia.

b) A democracia ateniense restringia-se aos homens nascidos na cidade, excluindo dos direitos políticos as mulheres, os escravos e os metecos (estrangeiros). Como mecanismo de proteção à democracia, o ostracismo condenava ao exílio por dez anos, sem a perda dos bens, aqueles que ameaçavam a ordem.

3. (UECE) Considerando a arte egípcia e grega, na Antiguidade, especialmente a escultura, podemos afirmar corretamente:
a) O Mediterrâneo, situado entre a Europa e a Ásia, impediu qualquer influência artística entre essas sociedades.
b) A escultura egípcia configurava uma visão idealizada do homem.
c) Os egípcios, assim como os gregos, rejeitavam associar a arte às concepções religiosas e ao poder.
d) Os egípcios foram professores dos gregos na arte da escultura, fornecendo-lhes a inspiração e, mais importante, a técnica.

Resposta: D

4. (FAAP) As conseqüências das conquistas de Alexandre, entre outras, foram:
1 – Formação de grandes focos da cultura helenística. Alexandre fomentou a fusão entre vencedores e vencidos. Dez mil soldados gregos e macedônios casaram-se com mulheres persas. Ele mesmo desposou a filha do rei Dario III, Estátira.
2 – Difusão da cultura grega: a língua grega foi assimilada por muitos povos. A escrita grega substituiu a escrita cuneiforme e demótica. A indumentária grega e o mobiliário foram adotados pelos vencidos, bem como as cerimônias, danças e canções.
3 – Progresso econômico: com o desenvolvimento do comércio e o renascimento da agricultura. O tráfico da seda e da porcelana intensificou-se. As cidades tornaram-se grandes centros mercantis. Os portos foram restaurados. Estradas foram abertas. Levantaram-se fortalezas para proteger as caravanas de mercadores.

Responda com apoio no seguinte código:
a) Desde que apenas 1 esteja correta.
b) Desde que apenas 2 esteja correta.
c) Desde que apenas 3 esteja correta.
d) Desde que todas estejam corretas.
e) Desde que todas estejam erradas.

Resposta: D

5. (FAAP) Os gregos, quando decidiam partir, organizavam-se em grupos ao redor de um chefe. Consultavam os deuses, principalmente o oráculo de Delfos e embarcavam, levando o fogo sagrado simbolizando a mãe-pátria. Exploraram as costas do Mediterrâneo e do Mar Negro, onde fundaram várias colônias ou cidades. As mais notáveis foram, exceto:
   a) Mileto, na Ásia Menor, grande centro mercantil, de onde a colonização se irradiou, dando origem a dezenas de outras colônias.
   b) Tarento, Síbares e Crotona, no sul da Itália, denominada "Magna Grécia".
   c) Siracusa, na Sicília e Marselha, na Gália (França)
   d) Bizâncio (hoje Istambul), no Mar Negro
   e) Damasco, hoje capital da Síria, de que foram os fundadores.

Resposta: E

QUESTÕES PROPOSTAS

1. (UNICAMP) No ano de 415 a. C., Alcibíades, um general de Atenas, assim defendeu suas qualificações para comandar uma esquadra contra os espartanos:

"Mais que a qualquer outro, atenienses, cabe-me receber o comando (...) Os helenos, que consideravam a nossa cidade esgotada pela guerra, passaram a fazer uma idéia de sua grandeza muito além de seu poder, diante do meu desempenho nos Jogos Olímpicos, pois entraram na pista hípica sete carros meus (...) e ganhei o primeiro, o segundo e o quarto prêmios, além de ter-me apresentado em tudo mais num estilo digno de minhas vitórias. De acordo com as tradições, isto é uma honra, e pelos feitos se deduz o poder." (Adaptado de Tucídides, "História da guerra do peloponeso" 6.16. 1-2, Brasília, UnB, 1982, p. 296.)
   a) O que foi a guerra do Peloponeso?
   b) O que eram os Jogos Olímpicos para os gregos da Antiguidade:?
   c) Por que era importante para as cidades-Estado gregas vencer nos Jogos Olímpicos?

2. (FAAP) Situava-se no Peloponeso, no Vale da Lacônia, nas margens do Rio Eurotas. Era militarista, aristocrática, conservadora, provinciana e culturalmente atrasada. O governo era diarquia aristocrática, que preservava as formas do antigo sistema dos tempos homéricos, segundo as leis deixadas pelo legendário Licurgo. Estamos falando de:
   a) Esparta.
   b) Atenas.
   c) Corinto.
   d) Tebas.
   e) Delfos.

3. (FGV) A Guerra do Peloponeso, ocorrida na Grécia entre 431 e 401 a. C., foi:
a) Uma guerra defensiva empreendida pelos gregos contra a invasão dos persas e a ameaça de perda de suas principais praças de comércio do Mar Mediterrâneo.
b) Uma luta entre dórios e aqueus na época da ocupação do território grego que resultou na formação das cidades de Esparta e Atenas.
c) Uma luta comandada pelas cidades de Esparta e Corinto contra a hegemonia da Confederação de Delos – liderada por Atenas – sobre o território grego.
d) Uma guerra entre gregos e romanos, pelo desejo de implantação de uma cultura hegemônica sobre os povos do Oriente Próximo.
e) Uma invasão do território grego pelas tropas de Alexandre, o Grande, na época da expansão do Império Macedônico que herdara de seu pai.

4. (FGV) O período helenístico foi marcado por grandes transformações na civilização grega. Entre suas características, podemos destacar:
a) O desenvolvimento de correntes filosóficas que, diante do esvaziamento das atividades políticas das cidades-Estado, faziam do problema ético o centro de suas preocupações, visando, principalmente, ao aprimoramento interior do ser humano.
b) Um completo afastamento da cultura grega com relação às tradições orientais, decorrente, sobretudo, das rivalidades com os persas e da postura depreciativa que considerava bárbaros todos os povos que não falavam o seu idioma.
c) A manutenção da autonomia das cidades-Estado, à essa altura articuladas primeiro na Liga de Delos, sob o comando de Atenas e, posteriormente, sob a Liga do Peloponeso, liderada por Esparta.
d) A difusão da religião islâmica na região da Macedônia, terra natal de Felipe II, conquistador das cidades-Estado gregas.
e) O apogeu da cultura helênica representado, principalmente, pelo florescimento da filosofia e do teatro e o estabelecimento da democracia ateniense.

5. (PUC-CAMP) Analise o texto.

"Nossa constituição política não segue as leis de outras cidades, antes lhes serve de exemplo. Nosso governo se chama democracia, porque a administração serve aos interesses da maioria e não de uma minoria. De acordo com nossas leis somos todos iguais no que se refere aos negócios privados. Quanto à participação na vida pública, porém, cada qual obtém a consideração de acordo com seus méritos e mais importante é o valor pessoal que a classe a que se pertence; isto quer dizer que ninguém sente o obstáculo de sua pobreza ou da condição social inferior quando seu valor o capacite a prestar serviços à cidade."

(Trechos de um discurso de Péricles. In: Rubim Santos Leão de Aquino e outros, "História das sociedades: das comunidades primitivas às sociedades medievais", Rio de Janeiro: Ao Livro Técnico, 1980. p. 201)

Com base nos conhecimentos históricos, pode-se afirmar que a democracia ateniense, na Grécia Antiga, à qual Péricles faz referência:

a) Refletiu a realidade social de toda a população da Grécia que adquiriu direitos de igualdade e liberdade.
b) Garantiu às classes sociais o direito de propriedade da terra e aos trabalhadores os direitos trabalhistas.
c) Serviu de exemplo às cidades-Estado da Grécia Antiga, uma vez que essas estabeleceram o voto direto para a escolha dos seus governantes.
d) Estava em consonância com os ideais dos legisladores da República Romana, que criaram o sistema democrático para resolver os conflitos entre patrícios e plebeus.
e) Atendeu aos interesses das classes dominantes em Atenas, ao garantir aos proprietários de terra e de escravos o direito de participar diretamente da vida política.

6. (PUC-PR) Sobre a Polis grega, podemos afirmar:
I - A cidade-Estado foi uma invenção dos gregos, pois nenhuma civilização anterior à grega havia se organizado politicamente em cidades-Estado.
II - O fato que determinou a formação da Polis grega foi a desenvolvimento das trocas e do artesanato.
III - A Polis contribuiu para a desintegração da comunidade gentílica e para o desenvolvimento do trabalho escravo.

Está correta ou estão corretas:
a) Apenas I e II.
b) I, II e III.
c) Apenas II.
d) Apenas I e III.
e) Apenas II e III.

7. (PUC-PR) A Civilização Grega apresentou unidade cultural e fragmentação política.

Sobre o assunto, assinale a alternativa correta:
a) Quando as tribos arianas ou indo-européias, eólicos, jônios e dórios penetraram na Grécia encontraram a região desabitada, o que facilitou-lhes a fixação.
b) A conquista da Grécia por Felipe II da Macedônia foi anterior ao domínio romano na região.
c) Atenas e Esparta, as principais polis gregas foram igualmente fundadas pelos descendentes dos eólicos, o que explica serem suas economias, baseadas na pesca, artesanato e intenso comércio, inclusive marítimo.
d) Tanto Atenas quanto Esparta implantaram governos tipicamente democráticos nos séculos V e IV a. C., tendo a primeira, contudo, mantido a forma monárquica de governo.
e) A agressividade das polis, ou cidades-Estado de Tebas e Corinto, provocou a primeira onda colonizadora grega, que povoou inclusive as ilhas do mar Egeu.

8. (UECE) Como característica do HELENISMO, podemos assinalar corretamente:
a) A propagação da cultura grega durante o "período de ouro", século V a. C.
b) A incorporação da cultura grega pelos romanos, apesar da conquista da Grécia e da escravização dos gregos.
c) A expansão da cultura grega pelo ocidente europeu após as conquistas de Alexandre, o Grande.
d) A fusão da cultura grega com a cultura oriental, favorecendo o progresso, ao mesmo tempo, das ciências exatas e do misticismo.

9. (UFPR) "...Dividiu-se em três partes o Universo, e cada qual logrou sua dignidade. Coube-me habitar o mar alvacento, quando se tiraram as sortes, a Hades couberam as brumosas trevas e coube a Zeus o vasto céu, no éter, e as nuvens. A Terra ainda é comum a todos, assim como o vasto Olimpo." (Homero, "Ilíada". São Paulo: Difusão Européia do Livro, 1961. p.p. 261-262)

Segundo o texto de Homero, a origem do Universo é explicada pela divisão feita por Cronos entre seus três filhos: Possêidon, Hades e Zeus. A visão mítica revelada por relatos como esse permeou as sociedades gregas e romanas da Antiguidade e atribuiu um caráter religioso ao seu legado artístico e cultural. Sobre a religião dessas sociedades, use (V) para verdadeiro e (F) para falso:
( ) A mitologia era a base da religião, celebrada no culto aos antepassados, aos deuses e aos heróis.

( ) Para os romanos, os deuses eram seres que não se identificavam com os vícios ou com as virtudes dos seres humanos.

( ) Os mitos relatavam a criação do mundo e as relações entre deuses e homens, apresentando exemplos morais que deveriam pautar o comportamento humano.

( ) Na religião da Grécia e Roma antigas, os heróis eram homens que praticavam ações extraordinárias, recebendo a mesma veneração destinada aos deuses.

( ) Na Grécia, o culto a Júpiter não permitia a veneração de divindades protetoras das diversas cidades.

( ) O conjunto de mitos criados pelos gregos permaneceu inalterado mesmo depois de sua adoção pelos romanos.

( ) Na sociedade grega, estabeleceu-se uma relação íntima entre arte e religião; a arquitetura, a escultura, a poesia e o teatro tinham como fundamento o culto religioso e a perpetuação dos mitos.

10. (UnB) Leia o trecho adiante, extraído do poema de Tirteu (séc. VII a.C. – Esparta) chamado ARETÉ (excelência).

É um bem comum para a cidade e todo o povo / que um homem aguarde, de pés fincados, na primeira fila, / encarniçado e todo esquecido da fuga vergonhosa, / expondo sua vida e ânimo sofredor, e, aproximando-se, inspire confiança com suas palavras ao que lhe fica ao lado. / Um homem assim distingue-se no combate. / Em breve derrota as falanges furiosas dos inimigos, / com seu ardor detém as vagas da batalha. / Se ele cair na primeira fila, perdendo a cara vida, / deu glória à cidade, ao povo e ao pai, / (...) O seu túmulo, os seus filhos serão notáveis entre os homens, bem como os filhos dos filhos, e toda a posteridade. / Jamais perecerá a sua nobre glória e o seu renome, / (...).

Com o auxílio do texto, julgue os itens seguintes, relativos à história da Grécia arcaica.

0 - No momento de constituição da "polis", valores e poderes aristocráticos ainda se encontravam presentes na formação do homem grego.

1 - No séc. VII a. C. espartano, a antiga aristéia - combate singular entre dois guerreiros – já cede lugar às batalhas hoplíticas, em que o sucesso militar depende do empenho coletivo da falange, dos "pés fincados na primeira fila", do compromisso com o companheiro "que lhe fica ao lado".

2 - O atributo maior do herói homérico, a valentia, fundamental para a conquista da fama mantém-se e transforma-se no renome do soldado da "polis", que dá "glória à cidade, ao povo e ao pai".

3 - A definição do estatuto dos cidadãos como semelhantes e iguais, base para a consolidação da "polis", contradiz as transformações militares que substituem o combate individual pelo soldado hoplita.

Itens corretos:

Itens errados:

Gabarito das questões propostas

Questão 1 - Respostas:
a) O conflito entre Esparta e Atenas pela hegemonia sobre o mundo Grego, na época clássica.
b) Competições de caráter esportivo e cultural, em homenagem a Zeus, deus supremo do Olimpo.
c) Por garantir o prestígio da cidade frente às demais cidades helênicas.

Questão 2 - Resposta: A

Questão 3 - Resposta: C

Questão 4 - Resposta: A

Questão 5 - Resposta: E

Questão 6 - Resposta: E

Questão 7 - Resposta: B

Questão 8 - Resposta: D

Questão 9 - Resposta: V F V V F F V

Questão 10 - Resposta: Itens corretos: 0, 1, 2
                              Item errado: 3

Complementando os estudos

Vídeo

A Guerra de Tróia. Dir. Giorgio Ferroni

Livro

Ferreira, Olavo Leonel. *Visita à Grécia Antiga*. São Paulo: Ed. Saraiva, 1999.

PÁGINA ELETRÔNICA

http://www.nomismatike.hpg.ig.com.br/grecia/greantig.htm

AS GRAVURAS FORAM ADAPTADAS DE:

Cotrim, Gilberto. *Saber e Fazer História*, 5ª. série. São Paulo: Ed. Saraiva, 1999.

Vicentino, Cláudio. *História Integrada – Da Pré-história à Idade Média, 5ª série*. São Paulo: Ed. Scipione, 1995.

UNIDADE 6

OS ROMANOS

SINOPSE TEÓRICA

A cidade de Roma localiza-se na Península Itálica. De acordo com a lenda, foi fundada em 753 a. C., pelos gêmeos Rômulo e Remo. A crítica histórica atualmente rejeita esta hipótese, e acredita que a cidade evoluiu lentamente a partir da fusão de comunidades pré-indo-européias e povos indo-europeus (latinos e sabinos), que passaram a habitar na região no século X a. C.

A partir do século VIII a. C., o norte da Península foi ocupado pelos etruscos, povo de origem desconhecida (provavelmente asiáticos), que muito influenciou o desenvolvimento de Roma. A história política da Roma Antiga pode ser dividida em 3 períodos: monarquia, república e império.

Monarquia (fundação de Roma – 509 a.C.)

Segundo a tradição, Roma teria sido governada por sete reis, três deles etruscos. Os historiadores questionam este fato, pois até hoje não foi provada concretamente a existência destes reis. Sabe-se entretanto, que a Monarquia romana não era absoluta, sendo o poder do soberano limitado pelo Senado (formado pelos patrícios). O rei era, ao mesmo tempo, chefe militar, judiciário e religioso.

A agricultura era a principal atividade econômica. A sociedade estava dividida em quatro grupos: patrícios que eram grandes proprietários de terra; clientes, agregados dos patrícios, plebeus, que eram os trabalhadores livres; e um número reduzido de escravos. As leis romanas impediam a mobilidade social.

República (509 a. C. – 27 a.C.)

No início da República romana, o poder executivo era exercido por dois cônsules. Com o desenvolvimento da cidade foram criados outros cargos auxiliares. O Senado era o órgão máximo e a ele cabiam todas as decisões. Os primeiros séculos republicanos foram marcados por conflitos entre patrícios e plebeus, encerrados com a Lei das Doze Tábuas (450 a. C.), que concedia alguns direitos aos plebeus.

Entre os séculos V e III a. C., Roma sofreu uma grande expansão. Conquistou inicialmente a Península Itálica, dominando todas as rotas comerciais da Península. Conquistaram a seguir todo o Mediterrâneo Ocidental, após derrotarem os cartagineses nas Guerras Púnicas.

A expansão trouxe mudanças profundas para a sociedade romana. A agricultura ainda desempenhava um papel importante, mas o comércio passou a ser a principal atividade econômica dos romanos. Surgiram novas classes sociais como os ricos comerciantes (também chamados de eqüestres), e o exército profissional. O número de escravos teve um aumento significativo e houve substituição do trabalho livre pelo trabalho escravo.

Grandes divergências sociais levaram os romanos a um período de guerras civis que duraram mais de um século. Os generais romanos lutaram entre si pelo poder da República. Na primeira onda de conflitos, Sila venceu Mário. Na segunda, Júlio César se fez ditador após ter derrotado Pompeu. Foi assassinado em 44 a. C. por republicanos. Após nova guerra civil, a terceira, Otávio (sobrinho de Júlio César) venceu Marco Antonio, e tornou-se o primeiro imperador romano.

Augusto com suas vestimentas de Imperador.

Império (27 a. C. – 476 d.C.)

Durante o Império, a civilização romana atingiu seu máximo esplendor, tendo alcançado seu apogeu durante a dinastia antonina (séc. I-II d. C.). Roma era o centro do comércio internacional e dominava quase todo o mundo conhecido até então. Os territórios dominados tornaram-se províncias romanas e pagavam tributos ao Império.

O imperador acumulava todos os poderes, embora os órgãos republicanos não tivessem sido destituídos. Foi durante o reinado do primeiro imperador romano, Otávio Augusto, que nasceu Jesus de Nazaré, na província da Judéia.

O século III d. C. conheceu a anarquia militar. Guerras civis arruinaram a economia romana e facilitaram a entrada pacífica nas fronteiras do império de povos estrangeiros, que eram chamados de bárbaros pelos romanos.

O imperador Constantino mudou a capital do Império para Bizâncio, que passou a se chamar Constantinopla (hoje é a cidade de Istambul). Em 395 d. C., foi consolidada a divisão do império em duas partes: Ocidente com capital em Roma, e Oriente com capital em Constantinopla.

Ruínas do Fórum Romano, no centro da atual cidade de Roma. O Fórum era o centro administrativo dos domínios romanos no início da era cristã.

Em fins do século V d. C. Roma entrou em profunda decadência. Foi invadida e saqueada inúmeras vezes. Dentre os fatores da decadência romana podem ser citados a corrupção, o gigantismo do Império, a crise econômica e a penetração dos bárbaros, que foi pacífica a princípio, mas tornou-se violenta aos poucos. Em 476 d. C., Odoacro, rei dos hérulos, conquistou Roma e pôs fim ao Império Romano do Ocidente.

Religião e cultura

A religião romana assimilou muitos elementos gregos. Era politeísta e antropomórfica. Com as conquistas, os romanos tiveram contato com várias religiões, respeitando o direito de culto dos povos vencidos e, em alguns casos, assimilando o culto de alguns deuses estrangeiros.

A partir de fins do século IV d. C., o cristianismo tornou-se religião oficial do Império. Antes havia sido sistematicamente perseguida, pois a recusa dos cristãos em participar do culto cívico ao imperador era entendida como ameaça à segurança do Império.

Os romanos assimilaram e difundiram a cultura helênica. Sua arte de maior destaque foi a arquitetura, e muitos de seus monumentos ainda hoje podem ser vistos em quase toda a Europa Ocidental.

Ruínas do Coliseu, construído na época do imperador Vespasiano, em 72. Nesse local, eram realizados espetáculos públicos na Roma Antiga.

LEITURA COMPLEMENTAR

"A que se deve a atração e importância do estudo da História de Roma na Antiguidade? Roma tornou-se e permanece até nós como um mito, cuja construção articula-se à sua ação político-militar; à sistematização e teorização do Direito; ao urbanismo; aos seus preceitos morais e cívicos; ao latim, língua mãe nutriz das línguas modernas ditas neolatinas e à sua imortalidade dupla: Roma pagã, síntese e símbolo da cultura clássica helenístico-romana e Roma Cristã, símbolo religioso da universalidade do Cristianismo. Desta forma, seu estudo é fundamental para a compreensão das referências existenciais e científicas da civilização ocidental, da qual somos herdeiros." (Mendes, Norma Musco. "Roma Republicana". São Paulo: Ática, 1998)

Por que razão o estudo de Roma é importante para a compreensão das bases da sociedade contemporânea?

Resposta: Porque muitas instituições presentes na sociedade atual tiveram sua origem na Roma Antiga, como a teorização do Direito e a organização da Igreja.

QUESTÕES RESOLVIDAS

1. (FUVEST) Indique e comente quatro elementos da Antiguidade greco-romana presentes ainda hoje no mundo ocidental.

Resposta:
- A racionalidade grega presente no pensamento filosófico e científico.
- O conceito de cidadania e democracia que fortaleceu a política em detrimento da religião.
- A organização do Direito, herdada dos romanos.
- O Latim, língua dos romanos que originou a formação de línguas modernas como o português e o espanhol.

2. (UNESP) Tito Lívio, em "História de Roma", referindo-se às lutas entre patrícios e plebeus que se estenderam do século V ao IV a. C., escreveu:

"...apesar da oposição da nobreza, houve eleições consulares em que Lúcio Séxtio foi nomeado o primeiro cônsul plebeu. A luta, entretanto, não terminara. Os patrícios declararam que não ratificariam essa eleição e esperava-se uma nova sucessão da plebe e outras terríveis ameaças de guerra civil quando, finalmente, um acordo apaziguou a discórdia. A nobreza concedia à plebe seu cônsul plebeu, e a plebe concedeu à nobreza o direito de eleger um pretor único, patrício, que seria encarregado de exercer a justiça em Roma."

a) Em 450 a. C., sob pressão de uma revolta política, os patrícios foram obrigados a escrever as leis que até aquela data eram orais. Que nome receberam estas leis escritas?

b) Como se explica o poder de pressão dos plebeus sobre os patrícios, a ponto de estes últimos serem obrigados a aceitar algumas de suas reivindicações?

Respostas:
a) A Lei das 12 Tábuas, considerada a base do Direito Romano.
b) As greves plebéias acompanhadas do refúgio no Monte Sagrado deixavam Roma vulnerável. Enquanto as reivindicações não eram atendidas, constituíam um eficiente recurso de pressão contra os patrícios nos primeiros tempos da República.

3. (VUNESP) "Meu caro Plínio, você agiu como devia tê-lo feito, examinando as causas daqueles que lhe foram delatados como cristãos. Não se pode ter uma regra geral e fixa a este respeito. Não devem ser perseguidos, mas se forem denunciados e perseverarem, devem ser punidos." (Carta do Imperador Trajano a Plínio, 112 d. C.)

Baseando-se no texto, responda.
a) Cite um tipo de punição dada aos cristãos nessa época.
b) Por que os cristãos eram perseguidos?

Respostas:
a) Entrega às feras no circo ou decapitação.
b) Sendo monoteísta, o cristianismo rejeitava o culto imperial. Além disso, por ser uma religião favorável aos pobres e escravos, era considerado subversivo pelas autoridades romanas.

4. (FUVEST) "Em verdade é maravilhoso refletir sobre a grandeza a que Roma chegou depois de se livrar de seus reis." (Maquiavel, Discursos sobre a primeira década de Tito Lívio).

Nessa afirmação, o autor:
a) critica a liberdade e a participação dos cidadãos no governo.
b) celebra a democracia ateniense e a República romana.
c) condena as aristocracias ateniense e romana.
d) expressa uma concepção populista sobre a Antiguidade Clássica.
e) defende a polis grega e o Império romano.

Resposta: B

5. (ENEM)
"Somos servos da lei para podermos ser livres."
Cícero
"O que apraz ao príncipe tem força de lei."
Ulpiano

As frases citadas são de dois cidadãos da Roma Clássica que viveram praticamente no mesmo século, quando ocorreu a transição da República (Cícero) para o Império (Ulpiano).

Tendo como base as sentenças acima, considere as afirmações:
I- A diferença nos significados da lei é apenas aparente, uma vez que os romanos não levavam em consideração as normas jurídicas.
II- Tanto na República como no Império, a lei era o resultado de discussões entre os representantes escolhidos pelo povo romano.
III- A lei republicana definia que os direitos de um cidadão acabavam quando começavam os direitos de outro cidadão.
IV- Existia, na época imperial, um poder acima da legislação romana.

Estão corretas, apenas:
a) I e III.
b) I e III.
c) II e III.
d) II e IV.
e) III e IV.

Resposta: E

QUESTÕES PROPOSTAS

1. (UNICAMP) "Augusto conquistou os soldados com presentes, o povo com pão barato, e todos os homens com os frutos da paz. Assim tornou-se progressivamente mais poderoso, congregando em si as funções do Senado, dos magistrados e das leis." (Tácito, Anais 1.2, Moses Hadas, Ed., The Complete Works of Tacitus, New York, Random House, 1942, p. 3)
  a) Identifique o período da história de Roma tratado neste texto.
  b) A partir dos elementos indicados no texto, caracterize o Estado Romano durante esse período.

2. (FATEC) A expansão romana pelo mar Mediterrâneo gerou importantes transformações políticas, econômicas e sociais. Dentre elas temos:
  a) Fortalecimento da família; desenvolvimento das atividades agropastoris; grande afluxo de riquezas, provenientes das conquistas.
  b) Aumento do trabalho livre, maior concentração populacional nos campos e enriquecimento da elite patrícia.
  c) Influência bastante grande da cultura grega; domínio político dos plebeus; grande moralização dos costumes.
  d) Fim do trabalho escravo; concentração da plebe no campo; domínio político dos militares.
  e) Grande número de escravos; predomínio do comércio; êxodo rural, gerando o empobrecimento da plebe.

3. (FUVEST) Nas últimas décadas do século II a. C., os irmãos Tibério e Caio Graco propuseram um extenso programa de reformas políticas e sociais na cidade de Roma. O principal objetivo das reformas era:
  a) Garantir a igualdade política e jurídica entre patrícios e plebeus, através da criação de magistraturas plebéias.

b) Controlar a inflação e a crise econômica que assolava o mundo romano.
c) Combater o militarismo da elite dirigente romana e a concentração de riquezas nas mãos dos generais.
d) Promover a democracia plena, através da extensão do direito de voto às mulheres e analfabetos.
e) Fortalecer a população camponesa, que compunha a base do exército republicano, através da distribuição de terras.

4. (FUVEST) Quando, a partir do final do último século a. C., Roma conquistou o Egito, e área da Mesopotâmia, encontrou nesses territórios uma forte presença de elementos gregos. Isto foi devido:
a) ao recrutamento de soldados gregos pelos monarcas persas e egípcios.
b) à colonização grega, semelhante à realizada na Sicília e Magna Grécia.
c) à expansão comercial egípcia no Mediterrâneo Oriental.
d) à dominação persa na Grécia durante o reinado de Dario.
e) ao helenismo, resultante das conquistas de Alexandre, o Grande.

5. (MACKENZIE) As Guerras Púnicas, conflitos entre Roma e Cartago, no século II a. C., foram motivadas:
a) Pela disputa pelo controle do comércio no Mar Negro e posse das colônias gregas.
b) Pelo controle das regiões da Trácia e Macedônia e o monopólio do comércio no Mediterrâneo.
c) Pelo domínio da Sicília e disputa pelo controle do comércio no Mar Mediterrâneo.
d) Pela divisão do Império Romano entre os generais romanos e a submissão de Siracusa a Cartago.
e) Pelo conflito entre o mundo romano em expansão e o mundo bárbaro persa.

6. (PUC-CAMP) Considere os fatores a seguir:
I- Declínio da capacidade de conquista, o que comprometia o abastecimento de escravos para o Império.
II- Fracasso da reforma agrária que limitou o uso da terra pelos comandantes militares.
III- Oposição dos cristãos à escravidão.
IV- Aumento dos latifúndios na Península Itálica.
V- Concorrência comercial das províncias conquistadas.

A partir do século III inicia-se uma crise econômica, social e política no Império Romano. Os fatores responsáveis por essa crise foram APENAS:
a) I, II e V
b) I, III e IV
c) I, IV e V
d) II, III e IV
e) II, III e V

7. (PUC-CAMP) Leia o texto sobre as instituições políticas da antiga República Romana.

"Mesmo para um cidadão romano, seria impossível dizer, com certeza, se o sistema, em seu conjunto, era aristocrático, democrático ou monárquico. Com efeito, a quem fixar atenção no poder dos cônsules, a Constituição romana parecerá totalmente monárquica; a quem fixar no Senado, parecerá aristocrática, e a quem fixar no poder do povo, parecerá, claramente, democrática." (Políbio, historiador grego do século II a. C. In: Pedro Paulo Abreu Funari. Roma: Vida pública e Vida Privada. São Paulo: Ed. Atual, 1993. p. 21)

Com base no texto e no conhecimento político, pode-se afirmar que:
a) As instituições romanas não sofreram influências dos gregos, uma vez que os romanos mantiveram uma política isolacionista durante todo o período republicano.
b) Os romanos não inovaram na formação das instituições políticas, já que imitaram o sistema político das civilizações gregas e das civilizações orientais.
c) A instituição do equilíbrio de poderes, presente na constituição da antiga República Romana, influenciou posteriormente as instituições ocidentais, trazendo enorme contribuição à ciência do direito.
d) O equilíbrio de poderes, instituído após a queda da monarquia, evitou totalmente conflitos entre as classes sociais durante toda a República, já que permitiu a participação do povo na vida pública.
e) Os plebeus não tinham direito de participação nas instituições políticas romanas da República, já que eles eram estrangeiros e não possuíam, portanto, a cidadania romana.

8. (PUC-PR) A Civilização Romana politicamente apresentou as fases da Realeza, República e Império ou Principado. Sobre o tema, assinale a alternativa correta:
a) Durante a fase da Realeza ocorreu notável expansão territorial, tendo ocorrido a conquista de toda a Península Itálica.
b) Roma revelou-se potência marítima durante o Império, quando conquistou o Mar Mediterrâneo, após derrotar Cartago, nas Guerras Púnicas.

c) Fundada no Lácio, Roma contou com a contribuição de duas civilizações presentes no solo italiano, a etrusca e a grega, respectivamente situadas ao norte e ao sul.

d) O auge da expansão territorial do Império Romano ocorreu sob o governo de Augusto ou Caio Otávio, quando as legiões conquistaram a Dácia, atual Romênia.

e) Durante a fase da República, já enfraquecida, Roma lutou longamente contra os bárbaros e os hunos, povos bárbaros que forçavam suas fronteiras.

9. (PUC-RS) Responder à questão com base nas afirmativas a seguir, sobre o período de crise socioeconômica e política da civilização romana, entre os séculos III e V.

I- A excessiva oferta de mão-de-obra escrava, em virtude das perseguições religiosas, levou a crises de superprodução no setor agrícola.

II- A desvalorização da moeda desorganizou o sistema de cobrança de impostos, levando à progressiva substituição dos pagamentos em dinheiro por pagamentos em espécie.

III- A crise no setor rural determinou o crescimento da importância econômica, política e cultural das cidades na península itálica e nas províncias.

IV- Concepções políticas orientais foram incorporadas às instituições romanas, o que se revela nas tentativas de dar um caráter divino ao poder imperial.

A análise das afirmativas permite concluir que são corretas as alternativas:
a) I e II
b) I e IV
c) II e III
d) II e IV
e) III e IV

10. (FUVEST) A questão seguinte é composta por três proposições, I, II e III, que podem ser falsas ou verdadeiras. Examine-as, identificando as verdadeiras e as falsas, e em seguida, marque a alternativa correta dentre as que se seguem:
a) se todas as proposições forem verdadeiras.
b) se apenas forem verdadeiras as proposições I e II.
c) se apenas forem verdadeiras as proposições I e III.
d) se apenas forem verdadeiras as proposições II e III.
e) se todas as proposições forem falsas.

I- Do século IX ao VII a. C., os assírios organizaram um poderoso exército com cavalaria, carros e máquinas de guerra, conquistando um vasto império, cuja queda foi acelerada pela crueldade com que tratavam os povos submetidos.

II- As instituições políticas da cidade-Estado de Atenas, ao contrário de sua rival Esparta, não evoluíram no sentido de uma democracia.

III- Os maiores legados da civilização romana foram o Direito (base de todos os atuais), as línguas latinas, a arquitetura, a escultura e a pintura.

Gabarito das questões propostas

Questão 1 - Respostas:
a) O Principado de Augusto no início do Império Romano.
b) Poderes centralizados nas mãos do Imperador, utilização da política do pão e circo e adoção da Pax Romana.

Questão 2 - Resposta: E

Questão 3 - Resposta: E

Questão 4 - Resposta: E

Questão 5 - Resposta: C

Questão 6 - Resposta: B

Questão 7 - Resposta: C

Questão 8 - Resposta: C

Questão 9 - Resposta: D

Questão 10 - Resposta: C

Complementando os estudos

Filmes

Cleópatra – Dir. Joseph L. Menkelwicz
Spartacus – Dir. Stanley Kubrick
Quo Vadis? – Dir. Franco Rossi
Ben-Hur – Dir. William Wyler
Gladiador – Dir. Ridley Scott

Unidade 6 - Os romanos

LIVROS

Mendes, Norma Musco. *Roma Republicana*, São Paulo: Ática, 1988.

Ferreira, Olavo Leonel. *Visita à Roma Antiga*, São Paulo: Moderna, 1994.

INTERNET

http://www.hystoria.hpg.ig.com.br/roma.htm

AS GRAVURAS FORAM ADAPTADAS DE:

Cotrim, Gilberto. *Saber e Fazer História, 5ª série*. São Paulo: Ed. Saraiva, 1999.

Lucci, Elian Alabi. *História Geral, 1º Grau*. São Paulo: Ed. Saraiva, 1984.

UNIDADE 7

ALTA IDADE MÉDIA: FRANCOS, BIZANTINOS E ÁRABES

SINOPSE TEÓRICA

A conquista de Roma, em 476, assinala para a História, o fim da Idade Antiga e o início do período medieval, ou Idade Média. A Idade Média pode ser dividida em dois grandes períodos: Alta Idade Média (sécs. V – X) e a Baixa Idade Média (XI – XIV).

ALTA IDADE MÉDIA: AS INVASÕES BÁRBARAS

Ao longo das fronteiras do Império Romano do Ocidente viviam povos que eram chamados pelos romanos de bárbaros, por não pertencerem ao Império e não terem o latim ou o grego como línguas principais. Os bárbaros estavam divididos em várias tribos. Eram politeístas e tinham na caça e nos saques de guerra sua principal atividade. Podem ser divididos em três grupos principais: tártaro-mongóis, eslavos e germanos.

As tribos germanas foram as que mais promoveram invasões às fronteiras romanas, e que conseqüentemente mais contribuíram para a decadência do Império. A princípio, a convivência entre germanos e romanos foi pacífica.

Pressionados pelos hunos, algumas tribos germanas, em especial ostrogodos e visigodos, romperam os limites do Império no século IV. A princípio os romanos permitiam através de acordos de paz e concessões a entrada destes povos em seus territórios. Contudo, em pouco tempo surgiram conflitos.

No século V, com a decadência do Império do Ocidente, os romanos perderam vários territórios para os povos bárbaros. Em 476, Roma foi tomada pelos hérulos e o imperador deposto.

Com a queda do Império, formaram-se na Europa Ocidental vários reinos bárbaros, sendo o mais importante o dos francos.

Os francos

Os francos eram uma das tribos germânicas. Conquistaram a região da Gália (atual França) e formaram o reino de maior duração e influência do período. Clóvis, fundador da dinastia merovíngia, converteu-se ao cristianismo em 496, passando o povo a adotar a nova crença do rei. Desta forma, a língua latina e a religião cristã mantiveram-se vivas na Europa Ocidental.

Em 751, assumiu o poder Pepino, o Breve, dando início a dinastia carolíngia. Em 768, tornou-se rei Carlos Magno, que aumentou os limites do Império conquistando o norte da Península Itálica, parte da Espanha e a atual Alemanha. O imperador incentivou a cultura fundando escolas gratuitas. Este período ficou conhecido como Renascimento Carolíngio. Publicou o primeiro código de leis da Idade Média, as leis Capitulares. Contou com o apoio da Igreja, e fundou igrejas e mosteiros.

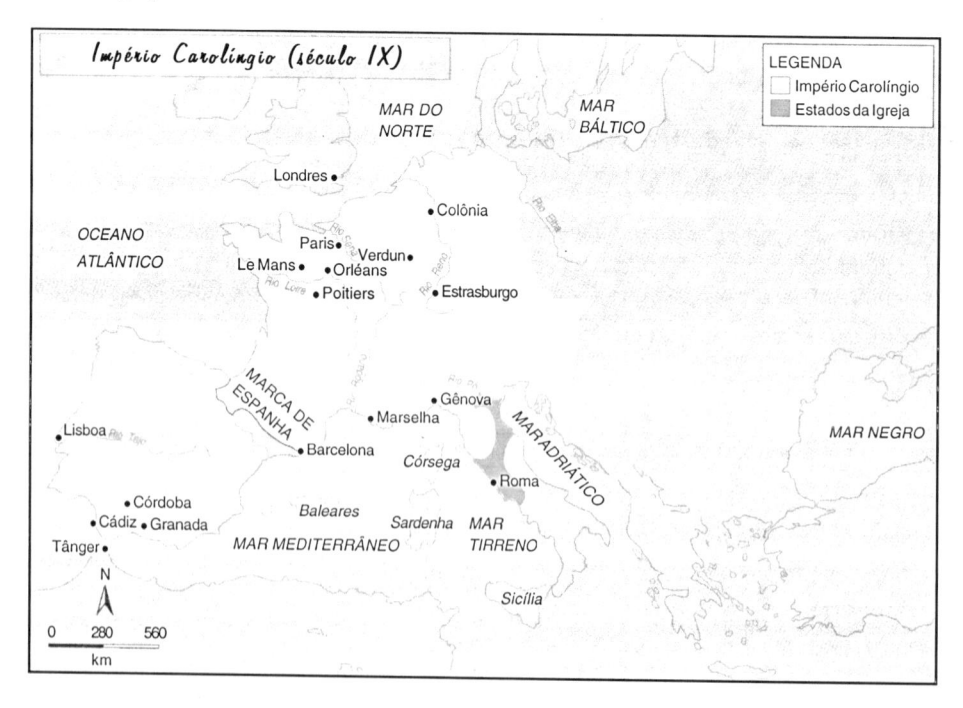

Em 800, foi coroado pelo papa Leão III Imperador Romano do Ocidente. Acreditava-se à época no renascimento do Império Romano. Entretanto, o Império Carolíngio não sobreviveu muito tempo após a morte de Carlos Magno. Em 843, era assinado o Tratado de Verdun, que sacramentava a divisão do Império entre os três netos do Imperador.

Os bizantinos

A queda de Roma não significou o desaparecimento do Império Romano, que iria subsistir no Oriente até 1453, data em que sua capital, Constantinopla é conquistada pelos turcos (a queda de Constantinopla assinala o fim do período medieval). O Império Romano do Oriente, que a partir de então seria chamado de Império Bizantino, compreendia no século VI a Península Balcânica, Egito, Palestina, Síria, Ásia Menor e norte da Mesopotâmia.

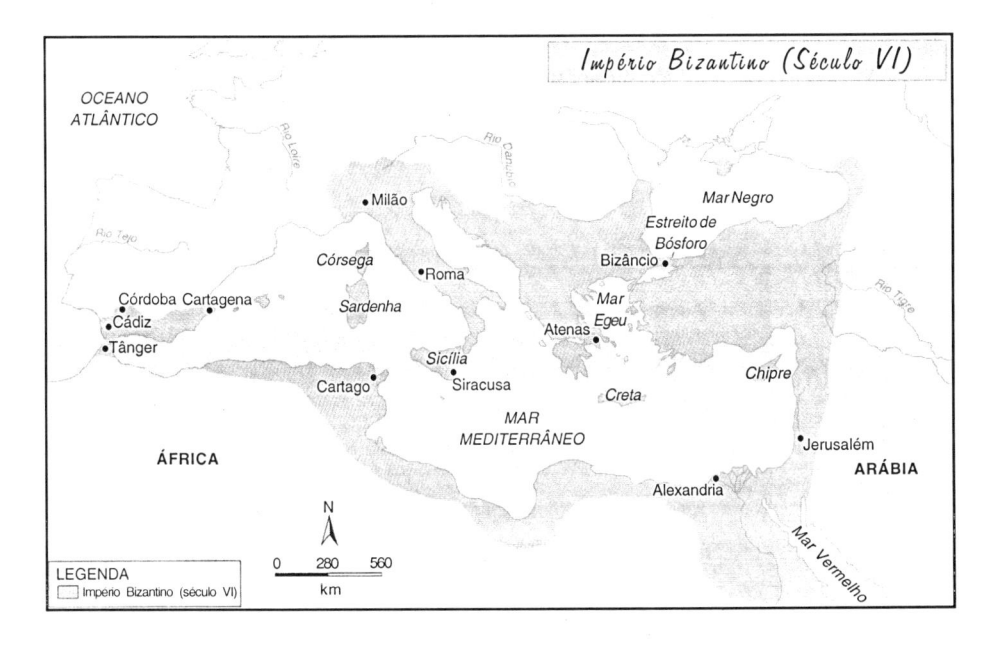

O ápice do império se deu no reinado de Justiniano (527-565). O Imperador retomou parte do Ocidente das mãos dos povos germânicos. Promoveu a compilação e atualização das leis romanas, o chamado Código Justiniano. Com sua morte, os territórios reconquistados foram aos poucos perdidos. A partir do século VII, o Império Bizantino entrou em um lento período de decadência, provocado principalmente pelas sucessivas guerras com os árabes, que começavam então a formar um poderoso império.

Durante a longa decadência houve um breve período de esplendor entre os séculos X e XI, quando Constantinopla passou a ser importante entreposto comercial. A agricultura e o comércio foram as principais atividades econômicas dos bizantinos que comercializavam especiarias, perfumes, jóias e sedas trazidas do Oriente.

A sociedade estava dividida em três classes principais: nobreza (família imperial e altos funcionários do governo), clero e classe baixa (camponeses e artesãos). O cristianismo era a religião oficial dos bizantinos.

Em 1054, a Igreja Bizantina separou-se da Igreja Ocidental, passando então a constituírem Igrejas diferentes, embora com cleros muito parecidos. A Igreja do Oriente ficou conhecida como Igreja Católica Ortodoxa (ou Grega), enquanto que a do Ocidente chamava-se Igreja Católica Romana. O cisma permanece até a atualidade.

Em muitos mosaicos bizantinos, percebemos o vínculo entre a Igreja e o Estado. Nas imagens, Cristo aparece geralmente como um rei, e Maria como rainha. Quase sempre retratados com expressões distantes e inatingíveis, como o imperador bizantino procurava apresentar-se nas cerimônias públicas. Nesses mosaicos, os apóstolos e os santos eram representados de forma solene, buscando-se associá-los aos altos sacerdotes que cercavam o imperador. A imagem que vemos é um detalhe da comunhão dos apóstolos. Santa Sofia, século XIII.

OS ÁRABES

Os primitivos habitantes da Península Arábica eram nômades e viviam basicamente da criação de animais. Por ser a região desértica, a sedentarização destes povos foi dificultada, embora perto do litoral tenham sido estabelecidas algumas cidades.

As cidades mais importantes eram Meca e Iatrib, ambas importantes centros comerciais. Em Meca, nasceu Maomé, por volta do ano de 570. Quando tinha aproximadamente 40 anos de idade, Maomé alegou ter tido uma revelação: um anjo lhe aparecera e o orientara a fundar uma nova religião monoteísta.

Maomé pregou sua doutrina (o Islã) primeiramente entre os habitantes de Meca, que o rejeitaram. Perseguido em sua cidade natal, foge para Iatrib, que passaria então a chamar-se Medina, que significa cidade do profeta. Isto ocorreu no ano de 622. A fuga para Medina é conhecida como hégira, e é o marco inicial do calendário islâmico.

Os muçulmanos (adeptos do Islã) empreenderam uma guerra contra as cidades e tribos árabes que não aceitaram a religião de Maomé. Em 630, conquistaram Meca e deram início ao Império Árabe.

Após a morte de Maomé, em 632, seus sucessores, os califas, conquistaram um vasto império. Os quatro primeiros califas haviam sido companheiros do Profeta. Com a morte de Ali, o último deles, o Império Árabe conheceu duas dinastias: Omíadas, cujo governo teve sede em Damasco, na Síria; e Abássidas, cuja capital foi Bagdá, no atual território do Iraque.

Disputas políticas minaram a unidade do Império Árabe já no século VIII, que se fragmentou e não voltou mais a ter o esplendor de antes.

O comércio foi a principal atividade econômica do Império Muçulmano, tendo os árabes monopolizado as rotas comerciais do Golfo Pérsico e Ásia Oriental. No campo cultural, os árabes assimilaram elementos de diversos povos. Traduziram para o árabe e difundiram obras de grandes pensadores gregos, e foram os fundadores da Química moderna.

A religião dos árabes, o islamismo, era monoteísta. Proibia a confecção de qualquer tipo de imagem e apoiava-se em cinco pontos fundamentais (os cinco pilares do Islã): Profissão de fé (só Alá é Deus, e Maomé seu profeta); rezar cinco vezes ao dia; jejuar, durante o dia, no mês do Ramadã; ir a Meca ao menos uma vez na vida; dar esmolas.

LEITURA COMPLEMENTAR

"A 25 de Dezembro, em Roma; na Basílica de São Pedro, o papa coloca a coroa imperial na cabeça de Carlos, e a multidão aclama o novo imperador: 'A Carlos coroado por Deus, grande e pacífico imperador dos Romanos, vida e vitória'. Por último, o papa ajoelha-se diante do novo imperador. O rei dos Francos sai furioso desta cerimônia, no dizer de Eginardo, o seu biógrafo.

(...) Ao começar por coroar Carlos, antes das aclamações, Leão III afirmara que todo poder vem de Deus (logo, por intermédio do papa). A concepção laica do poder que Carlos Magno sustentava era desta forma vilipendiada, e daí o seu furor. Isto é capital para compreensão de todo o ideal político da Idade Média (...)."

(Ballard, Michel (org.) "A idade média no ocidente – dos bárbaros ao renascimento". Lisboa: Publicações Dom Quixote, 1994, p. 70.)

Qual o significado simbólico do fato de Carlos Magno ter sido coroado pelo papa?

Resposta: *A coroação de Carlos Magno pelo papa simbolicamente significou que todo o poder concedido ao imperador vinha de Deus, por intermédio da Igreja.*

QUESTÕES RESOLVIDAS

1. **(FUVEST-GV)** Em relação à formação dos reinos bárbaros:
    a) Explique os motivos que permitiram as invasões bárbaras no Império Romano do Ocidente.
    b) Mencione três povos bárbaros que invadiram o Império Romano do Ocidente.

Respostas:
a) As invasões bárbaras no Império Romano do Ocidente tiveram como causas:
   – pressões sofridas pelos povos germânicos pelos mongóis que vinham do oriente;
   – crises na administração interna de um Império muito grande;
   – exército desorganizado e ineficiente.
b) Os principais povos bárbaros que invadiram as fronteiras do Império Romano foram os francos, ostrogodos, visigodos, vândalos, saxões e hunos.

2. (UFRN) As sociedades se organizam politicamente de diferentes formas. O texto a seguir se refere a diferenciações entre romanos e germanos.

Por mais que tentem imitar o Império Romano, no plano tanto das instituições políticas como das estruturas sociais, os novos governos que se instalam na Gália no século V – sejam visigodos, burgúndios ou francos – não o conseguem. (...)

[Nessas tribos se] constitui o que se deve chamar de "Estado" de um tipo novo, espécie de comunidade de pessoas militares sem domicílio fixo nem duração garantida. O cimento dessa organização não é, como em Roma, a idéia de salvação pública e de bem comum, porém, antes, a reunião de interesses privados numa associação provisória automaticamente reconstruída pela vitória.

(Veyne, Paul (org.). *História da vida privada: do império romano ao ano mil*. São Paulo: Companhia das Letras, 1994, Vol. 1, p.p. 405-6)

Considerando as idéias contidas no texto, explicite duas diferenças entre romanos e germanos no que se refere à organização sociopolítica.

Respostas:
   – Os romanos caracterizavam-se, sobretudo no período imperial, como uma sociedade urbana, com amplo desenvolvimento das atividades mercantis e do escravismo a partir das conquistas territoriais, iniciadas no período republicano. As instituições políticas (o Senado, a Assembléia Centuriata e as Magistraturas) exerciam funções representativas e administrativas durante a fase republicana, tendo sido enfraquecidas com a ascensão dos governos imperiais.
   – Os germânicos, no período de contato com o Império Romano, a partir do século III, organizavam-se em tribos e suas leis eram consuetudinárias. Em tempos de guerras e festas religiosas, as tribos formavam confederações e, através do comitatus, os guerreiros juravam lealdade aos chefes.

3. (FAAP) Chamado o "flagelo de Deus", aproveitou a debilidade do Império Romano e resolveu conquista-lo. Invadiu a Gália e saqueou várias cidades. Na Itália, depois de conferenciar com o papa Leão I, desistiu de atacar Roma. Retirou-se para a Hungria, onde morreu em 453.
   a) Heráclito
   b) Carlos Magno
   c) Átila
   d) Alarico
   e) Teodorico

Resposta: C

4. (UECE) "Nas mesquitas, homens e mulheres ficavam separados por uma cortina (...) no espaço doméstico essa separação persistia (...). Como espaço de mulheres e crianças, o harém constituía o centro da vida familiar dos ricos. Essas famílias possuíam um eunuco, isto é, um homem castrado ao qual era confiada a guarda do harém e das crianças (...). Contudo, havia exceções." (Dreguer, Ricardo e Toledo, Eliete. "História: cotidiano e mentalidades". São Paulo: Atual, 1995. pp. 23)

Evocando cenas cotidianas da cultura islâmica, o texto anterior:
   a) explicita a desigualdade social entre homens e mulheres, reservando a essas um lugar de segunda categoria.
   b) enfatiza o status social privilegiado da mulher, a quem era dispensado um cuidado especial através do eunuco.
   c) mostra a existência da poliandria como traço marcante da sociedade retratada no texto.
   d) destaca aspectos da vida reservada às mulheres pobres.

Resposta: A

5. (UEL) Os contatos freqüentes entre as civilizações bizantina e européia, na Baixa Idade Média:
   a) concorreram para a universalização das heresias.
   b) fortaleceram as relações servis de produção.
   c) contribuíram para o renascimento cultural.
   d) impulsionaram o processo de ruralização.
   e) favoreceram a descentralização política.

Resposta: C

Questões propostas

1. (UEL) "No século VIII a Europa Ocidental assistiu ao estabelecimento do Império Carolíngio, tentativa de renascimento de um poder único e centralizado sobre todos os povos."
A respeito do Império Carolíngio referido no texto pode-se afirmar que:

I - A dominação política dos francos se deve à conversão destes aos cristianismo antes de outros povos germânicos.

II - A organização político-administrativa do Império Carolíngio, sob a liderança de Carlos Magno, conseguiu, de forma definitiva, a centralização e a unificação da Cristandade Ocidental.

III - A Igreja Católica Apostólica Romana submeteu ao seu poder os príncipes e o próprio Imperador nesse período, ficando o poder temporal submetido aos interesses do poder espiritual.

IV - O Tratado de Verdun acentuou o processo de decadência do ideal universal, isto é, de construção de um poder único e centralizado sobre a Europa Ocidental.

São verdadeiras somente as afirmativas:
a) I e III.
b) I e IV.
c) II e IV.
d) III e IV.
e) I, II e III.

2. (UFPE) Com o fim das invasões bárbaras na Europa, entre os séculos XI e XIV, a população européia experimentou um clima de maior segurança e, conseqüentemente, houve um aumento quantitativo desta população.
Com relação a este período, assinale a alternativa correta.

a) O aumento de nascimento na classe nobre gerou problemas em relação as terras, resultando em guerras entre os feudos.
b) As cruzadas também ocorreram nesse período e podem ter motivado o aumento da população.
c) Houve um desenvolvimento em todos os níveis devido ao aumento da produção e das atividades comerciais, com o restabelecimento completo das rotas com o oriente e o crescimento das cidades.
d) É um período marcado por grandes perdas na produção agrícola.
e) No final desse período, a Europa assiste a uma nova invasão dos chamados "povos bárbaros".

3. (UnB) Julgue os itens abaixo, relativos à sociedade medieval, usando (C) para certo e (E) para errado.
( ) Após a crise do Império Carolíngio, houve uma reconcentração do poder político nas mãos dos monarcas nacionais.
( ) A insegurança e as dificuldades econômicas levaram muitos homens à servidão e alguns à vassalagem.
( ) As relações entre senhores feudais esgotavam-se no pacto político, pois não implicavam favorecimento socioeconômico.
( ) A homenagem consagrava a celebração do contrato de direitos e deveres entre suseranos e vassalos.

4. (FGV) Entre as múltiplas razões que explicam a sobrevivência do Império Romano no Oriente, até meados do século XV, está a:
   a) capacidade política dos bizantinos em manter o controle sobre seu território subordinado a uma Monarquia Despótica e Teocrática.
   b) autonomia comercial das Cidades-Estados otomanas subordinadas ao Império Romano do Ocidente.
   c) essencial ruralização da sociedade para proteger-se de migrações desagregadoras.
   d) capacidade do Sultão Maomé II de manter, ao longo de seu governo, a unidade otomana do Império Bizantino.
   e) política descentralizada, conseqüência das migrações gregas e romanas.

5. (FUVEST) Do Grande Cisma, sofrido pelo Cristianismo no século XI, resultou:
   a) O estabelecimento dos tribunais de Inquisição pela Igreja Católica.
   b) A Reforma Protestante, que levou à quebra da unidade da Igreja Católica na Europa Ocidental.
   c) A heresia dos Albigenses, condenada pelo papa Inocêncio II.
   d) A divisão da Igreja em Católica Romana e Ortodoxa Grega.
   e) A Querela das Investiduras, que proibia a investidura de clérigos por leigos.

6. (FUVEST) Sobre as invasões dos "bárbaros" na Europa Ocidental, ocorridas entre os séculos III e IX, é correto afirmar que:
   a) Foi uma ocupação militar violenta que, causando destruição e barbárie, acarretou a ruína das instituições romanas.
   b) Se, por um lado, causaram destruição e morte, por outro contribuíram, decisivamente, para o nascimento de uma nova civilização, a da Europa Cristã.

c) Apesar dos estragos causados, a Europa conseguiu, afinal, conter os bárbaros, derrotando-os militarmente e, sem solução de continuidade, absorveu e integrou os seus remanescentes.

d) Se não fossem elas, o Império Romano não teria desaparecido, pois, superada a crise do século III, passou a dispor de uma estrutura socioeconômica dinâmica e de uma constituição política centralizada.

e) Os Godos foram os povos menos importantes, pois quase não deixaram marcas de sua presença.

7. (VUNESP) "Quem acreditaria que Roma, edificada pelas vitórias sobre todo o universo, viesse a cair? Que tivesse sido simultaneamente a mãe das nações e o seu sepulcro; que as costas do Oriente, do Egito e da África, outrora pertencentes à cidade dominadora, fossem ocupadas pelas hostes de seus servos e servas; que em cada dia a santa Belém recebesse como mendigos pessoas de um e outro sexo que haviam sido nobres e possuidores de grandes riquezas?"

a) Quais acontecimentos São Jerônimo relata em suas lamentações?
b) Quais os "servos e servas" que ocuparam os antigos domínios da "mãe das nações"?
c) Por que pessoas que antes "haviam sido nobres e possuidoras de grandes riquezas" se transformaram em "mendigos"?

8. A questão é composta por três proposições, I, II e III, que podem ser falsas ou verdadeiras. Examine-as, identificando as verdadeiras e as falsas e em seguida marque a alternativa:

a) Se todas as proposições forem verdadeiras.
b) Se apenas forem verdadeiras as proposições I e II.
c) Se apenas forem verdadeiras as proposições I e III.
d) Se apenas forem verdadeiras as proposições II e III.
e) Se todas as proposições forem falsas.

I - A partir do século VII, os povos muçulmanos conquistaram quase toda a região do Mediterrâneo, ameaçando com seus ataques a Europa Cristã durante cerca de mil anos.

II - Situadas no cruzamento de rotas de trânsito, as feiras medievais se internacionalizaram a partir do século XI, facilitando as trocas comerciais e monetárias.

III - A centralização monárquica – com a criação do exército real, da justiça real e da moeda real – foi o principal fator de estruturação da sociedade na Alta Idade Média.

Gabarito das questões propostas

Questão 1 - Resposta: B

Questão 2 - Resposta: C

Questão 3 - Resposta: E C E C

Questão 4 - Resposta: A

Questão 5 - Resposta: D

Questão 6 - Resposta: D

Questão 7 - Respostas:
  a) A desagregação do Império Romano do Ocidente.
  b) Os povos bárbaros.
  c) A crise econômica do império acabou com muitos proprietários de terras e comerciantes.

Questão 8 - Resposta: B

Complementando os estudos

FILME
  Excalibur. Dir. John Boorman

LIVROS
  Ramos, Luciano. *Os Reinos Bárbaros.* São Paulo: Ed. Ática, 1998.
  Mantram, Robert. *A Expansão Muçulmana: Séculos VII-IX.* São Paulo: Ed. Pioneira, 1977.

PÁGINA ELETRÔNICA
  http://www.vidaslusofonas.pt/idade_media.htm

AS GRAVURAS FORAM ADAPTADAS DE:
  Cotrim, Gilberto. *Saber e Fazer História*, 6ª série. São Paulo: Ed. Saraiva, 1999

UNIDADE 8

O FEUDALISMO

SINOPSE TEÓRICA

A decadência do Império Romano do Ocidente no século V marcou o início de um processo de ruralização da Europa Ocidental. As cidades perdiam habitantes, que fugindo das invasões bárbaras buscavam refúgio no campo, e a proteção de grandes senhores de terras. As cidades perdiam sua importância e o comércio sofria grande retrocesso.

Com a fragmentação do Império de Carlos Magno houve um novo ciclo de invasões bárbaras no século X. Dividido, o Império se enfraqueceu e não pôde conter os vikings e outros invasores. Cada vez mais as populações buscavam nos senhores locais proteção e em troca juravam-lhes fidelidade.

Nascia assim, o Feudalismo, sistema político, econômico e social predominante na Europa Medieval. A formação do feudalismo na Europa Ocidental foi lenta, e muitos de seus elementos eram de origem romana ou germânica.

O feudo, propriedade típica da Idade Média, numa gravura da época.

Sociedade

Com a retração do comércio e a ruralização da sociedade, a economia passou a ser essencialmente agrária. A terra era o principal meio de produção, e possuí-la era garantia de prestígio social. A posse da terra passou a regular as relações sociais. Tinha-se assim uma sociedade estamental, ou seja, com classes sociais rígidas que eram determinadas por nascimento. Raramente havia mobilidade social. Os donos de terra eram chamados de senhores feudais, enquanto que os camponeses eram chamados de servos.

Os senhores feudais eram nobres ou pertencentes às camadas mais altas da Igreja (papa, arcebispos e bispos). Dentre eles haviam suseranos e vassalos. Suseranos eram os que concediam um feudo ou benefício, que normalmente era um lote de terra, mas também poderia ser o direito de cobrar pedágio em alguma estrada ou outro benefício. Vassalos eram os que recebiam o feudo.

Suseranos e vassalos estavam ligados por compromissos mútuos, principalmente de caráter militar. Muitas vezes ao fazer doação de um feudo um vassalo tornava-se suserano de outra pessoa, que se tornava seu vassalo. Desta forma, os senhores estavam ligados por uma longa rede de compromissos, onde o rei era o suserano principal.

Os servos eram a camada social mais numerosa e menos privilegiada da sociedade feudal. Em troca de permissão para trabalharem na terra e de proteção militar, pagavam impostos aos senhores. Os principais eram a talha, a corvéia e as banalidades. A talha obrigava o servo a ceder ao senhor parte de sua produção (normalmente mais da metade). Pela corvéia, o trabalhador deveria dedicar dois ou três dias da semana para trabalhar gratuitamente nas terras do senhor. As banalidades eram o pagamento pelo uso de todo instrumento que pertencesse ao senhor como moinhos e fornos.

Os servos estavam presos à terra, sendo chamados por isso de servos da gleba. Não podiam abandonar a propriedade, e quando esta era vendida ou doada permaneciam com o novo dono.

Havia ainda o clero, que possuía grande importância no mundo medieval. Os membros do clero ou eram membros da nobreza (alto clero) ou eram de origem servil (baixo clero).

Organização do feudo

Na sociedade feudal não existiu uma estrutura de poder centralizada. O poder era local. O feudo era a unidade básica de produção, e cada feudo era auto-suficiente, tinha seu próprio exército e suas próprias leis. No entanto, dois elementos limitavam o poder senhorial: as relações de vassalagem, na medida em que um vassalo deve fidelidade a seu suserano; e a influência da Igreja, que permanecia uma instituição centralizada.

O feudo encontrava-se dividido normalmente em três partes: Domínio (feudo senhorial), terras reservadas aos senhores e que eram cultivadas pelos servos; terra comum (feudo comunal), normalmente bosques e pastos que podiam ser usados pelo senhor e pelos servos; e o manso servil (feudo servil), lotes de terra destinados ao servo.

A Igreja

A Igreja teve importância fundamental durante a Idade Média. O Cristianismo nasceu no Império Romano, na Província da Judéia. No século IV tornou-se religião oficial do já agonizante Império. A Igreja Cristã resistiu às invasões bárbaras, e aumentou seu poder quando as tribos francas se converteram.

Doações de terra recebidas pela Igreja aumentaram seu poderio, e a fizeram durante a Idade Média dona de vastíssimos domínios, espalhados por todo o continente europeu. A Igreja manteve-se centralizada durante todo o período medieval. Dentro de sua hierarquia, podem ser destacados o clero secular (padres, bispos e arcebispos) e o clero regular (monges).

No século X, o poderio da Igreja começou a ser contestado de modo mais direto pelo próprio clero. Em 1073, foi eleito para papa Gregório VII, monge do mosteiro de Cluny na França, que tentou diminuir a interferência de nobres e reis em assuntos religiosos. Tal atitude não foi aceita pelo imperador do Sacro Império Romano Germânico, dando origem ao episódio conhecido como Questão das Investiduras (ou Querela das Investiduras).

Também a partir do século X intensificou-se o surgimento de doutrinas discordantes do credo oficial católico. Essas novas doutrinas são chamadas de heresias, e seus seguidores de hereges. Para combatê-los foi criado no século XIII o Tribunal do Santo Ofício da Inquisição. Também no intuito de combater as heresias e converter os pagãos foram organizados entre os séculos XI e XIII expedições militares que ficaram conhecidas como Cruzadas.

O rei Luís VII prepara-se para a Segunda Cruzada, em 1146. Iluminura do século XV.

A CULTURA MEDIEVAL

Uma das principais características da sociedade medieval foi o teocentrismo, ou seja, para o homem medieval Deus é o centro do Universo. Desta forma, a Igreja, intermediária entre os homens e Deus teve papel fundamental na cultura do período. Os mosteiros eram os principais centros divulgadores de cultura. A produção cultural do período teve inspiração religiosa. A pintura e a escultura tiveram como principais temas os bíblicos, e a filosofia estava subordinada à teologia (estudo de Deus).

Alguns monges, denominados copistas, copiavam inúmeros manuscritos antigos, conservando, assim, em suas bibliotecas, importantes obras greco-latinas, que, de outro modo, se teriam perdido para sempre.

LEITURA COMPLEMENTAR

"Enquanto os últimos elementos da escravatura desapareciam (...), o campesinato, no seu conjunto, cada vez mais sobrecarregado pela pressão dos que monopolizavam o poder, parece ter sucumbido à exploração das outras classes em virtude da própria situação. Uns propiciavam-lhes a salvação pela prece; outros, em teoria, eram responsáveis pela sua segurança e defendiam-nos dos agressores. Como preço destes favores, a sua capacidade produtiva estava totalmente subordinada aos senhores."

(Duby, Georges. "Guerreiros e camponeses". Lisboa: Editorial Estampa, 1980, p. 184)

Quais as principais classes que compunham a sociedade medieval?

Resposta: Servos, senhores e clérigos.

QUESTÕES RESOLVIDAS

1. (UFG) A casa de Deus, que cremos ser uma, está, pois dividida em três: uns oram, outros combatem, e outros, enfim, trabalham. (Bispo Adalbérion de Laon, século XVI, apud Jacques Le Goff. *A civilização do ocidente medieval*. Lisboa: Editorial Estampa, 1984. V. II, p.p. 45-6)

Caracterize a sociedade feudal, destacando a relação entre os que "combatem" (nobreza) e os que "trabalham" (servos).

Resposta: A sociedade feudal era estamental, polarizada por senhores e servos e incluindo-se os clérigos, os cavaleiros, os ministeriais e os escravos.

O papel das classes era definido pela Igreja sendo a nobreza senhorial responsável pela proteção dos servos que por seu lado constituíam a classe produtora dos recursos necessários à subsistência das demais classes.

2. (FUVEST) "A data do ano mil e a célebre frase do monge Raul Glaber sobre a veste branca da Igreja com a qual se enfeita a cristandade assumem para muitos o valor de um símbolo: o de um reflorescimento após tempos difíceis e conturbados. De fato, as primeiras décadas do século XI vêem a afirmação de um amplo movimento, desigual e mais ou menos precoce certamente, que afeta todas as regiões do Ocidente e lhes dá, às custas de esforços obstinados empreendidos, em seguida, durante séculos, um novo equilíbrio econômico e humano." (Jacques Heers. *História medieval*. Difel)

Comente as características do momento histórico da Europa Ocidental a que se refere o texto acima.

Resposta: A proximidade do ano mil levou os europeus a uma série de expectativas em relação ao fim do mundo, provocando principalmente o fanatismo religioso e o crescimento das ordens monásticas. Esse fato contribuiu para o empreendimento das Cruzadas.

3. (FUVEST) A servidão e a relação feudo-vassálica constituem as duas instituições fundamentais do sistema feudal, tal como este se formou e desenvolveu na Idade Média Ocidental. Explique a origem e o funcionamento:
   a) da servidão.
   b) da vassalagem, ou da relação feudo-vassálica.

Respostas:
   a) A servidão feudal, cujas origens remontam ao colonato entre os antigos romanos, caracterizava-se como base da produção feudal. O servo mantinha-se preso às terras de um senhor assegurando proteção e subsistência em troca de obrigações ao senhor.

b) A vassalagem feudal evoluiu do Comitatus, entre os germânicos. Ambos se caracterizavam pelas relações de fidelidade e reciprocidade sendo a vassalagem relações entre dois senhores feudais (o suserano e o vassalo).

4. (UFPE) Sobre a cultura na Idade Média, escreva nos parênteses (V) se for verdadeiro ou (F) se for falso.
( ) Dois grandes estilos dominavam a arquitetura: o românico e o gótico.
( ) A Igreja Católica exerceu uma grande influência na música. O papa Gregório Magno reuniu hinos destinados às cerimônias religiosas, conhecidos como *Canto chão*.
( ) A poesia medieval enaltecia a justiça e o amor, virtudes e valores do cavaleiro medieval.
( ) Dominada por temas religiosos, a pintura medieval abandonou paisagens naturais e reproduziu homens com caras de santos e santos como se fossem deuses.
( ) A literatura medieval encontrou seu ponto alto no romantismo e no realismo.

Resposta: V V V V F

5. (PUC-SP) Sobre a Idade Média Ocidental, assinale a alternativa correta:
a) conheceu, até o século X, intensa atividade comercial e urbana, que foi substituída pelo predomínio do campo e da produção agrícola de subsistência, realizada nos arredores das cidades.
b) apresentou, nas várias regiões, forte unidade política, herdada do Império Romano, até o século VIII, ocorrendo, posteriormente, crescente fragmentação até o século XVI.
c) teve, no início, um período de pouca hierarquia social, com privilégio apenas para os setores eclesiásticos, e gradativa ampliação do poder camponês a partir do século XI.
d) foi um período de absorções, negações e adequações entre a cultura clerical e a laica, havendo claro predomínio da primeira até o século XII e gradativo crescimento da postura laico-humanista a partir de então.
e) representou, nos primeiros séculos, a persistência do politeísmo herdado da tradição greco-romana, e após o século XI, a vitória rápida do protestantismo contra o catolicismo.

Resposta: D

Questões propostas

1. (UNICAMP)

"Lá vai São Francisco
pelo caminho
de pé descalço
tão pobrezinho"

(Vinícius de Moraes, *A arca de Noé*)

Durante os séculos XII e XIII, posturas como de Francisco de Assis se opunham às práticas da Igreja Católica.

Como se explica essa oposição e em que se baseava a proposta franciscana?

2. (UNICAMP) A tomada da cidade de Jerusalém foi narrada assim pelo historiador árabe Ibn Al-Athir:

"A população da Cidade Santa foi morta pela espada, e os franj(*) massacraram os muçulmanos durante uma semana. Na mesquita (...), eles mataram mais de 70 mil pessoas."

(*) franj: os francos, soldados cruzados.

Para os árabes, os soldados invasores eram "bestas selvagens", atrasados, ignorantes das artes e das ciências e fanáticos religiosos que não hesitavam em queimar mesquitas e dizimar populações inteiras.

(Baseado em Amin Maalouf, *As cruzadas pelos árabes*, São Paulo: Brasiliense, 1988, p.p. 56-57)

a) Descreva a visão que os árabes tinham dos europeus e a visão que os europeus tinham dos árabes no período das Cruzadas. Compare-as
b) Quais foram as conseqüências das Cruzadas para a Europa?

3. (UFPE) Durante a Idade Média (476-1353), a Europa Ocidental passou por diversas invasões, organizou cruzadas e teve no feudalismo a base da organização social. Assinale a alternativa correta:

a) A servidão, sistema de produção feudal, constituía-se no trabalho dos servos e senhores feudais na apropriação do excedente econômico pelos servos, este último produzido no sistema conhecido como corvéia.

b) As Cruzadas ocorridas durante a primeira fase da Idade Média produziram efeitos negativos para o comércio da Europa com o Oriente, transformando o poderoso comércio das cidades italianas da alta Idade Média em esporádicas atividades comerciais locais.

c) As cidades italianas de Gênova e Pisa se destacaram na luta contra os muçulmanos e na reconquista do comércio no mar Mediterrâneo.

d) Bruges, Lubeck e Novgorov foram importantes cidades produtoras de tecidos de lã abastecedoras das cidades italianas.

e) O Renascimento comercial na Baixa Idade Média atingiu fortemente os centros urbanos, reforçando a relação de servidão e o poder senhorial feudal.

4. (UFRN) Os estudos recentes sobre a Idade Média avaliam esse período da história como um(a):

a) Período de dez séculos durante o qual houve intensa atividade industrial e comercial, sendo a cultura intelectual exclusividade dos mosteiros e da Igreja.

b) Período de obscurantismo e atraso cultural – a longa noite de mil anos – em virtude do desprezo dado à herança intelectual grega e romana da época precedente.

c) Época que pode ser chamada de "Idade das Trevas", em razão do predomínio da Igreja, que com sua ideologia, contribuiu para a estagnação cultural, a opressão política e o fanatismo religioso.

d) Época que não se constitui uma unidade: em sua primeira fase, houve retrocesso cultural e econômico, porém, posteriormente, ressurgiu a vida econômica e houve grande florescimento cultural.

5. (UFRS) Em relação à Igreja Católica durante o período feudal, **NÃO** se pode afirmar que:

a) Assumiu as críticas ao sistema de poder feudal, preocupada com a situação de penúria da maior parte dos servos.

b) Foi a principal instituição com a função de veicular a ideologia das classes dominantes, no caso, os senhores feudais.

c) Estava diretamente interessada na defesa das relações servis, na qualidade do grande proprietária de terras na Europa Ocidental.

d) Apregoava ser a distinção entre senhores e servos absolutamente normal dentro de uma sociedade cristã.

e) Freou os movimentos contrários às classes dominantes e combateu as heresias através da Inquisição.

6. (UNIOESTE) Com relação ao Período Medieval, julgue os itens a seguir, usando (V) para verdadeiro e (F) para falso:
   ( ) O começo da Idade Média se caracteriza por uma rápida urbanização da Europa Ocidental.
   ( ) O romantismo, o germanismo e o cristianismo contribuíram para a formação da Civilização Ocidental e da Europa Medieval.
   ( ) O Feudalismo foi um sistema social, político e econômico voltado para a produção e para o consumo locais.
   ( ) Os servos eram homens livres que vendiam sua força de trabalho e habitavam, normalmente, os subúrbios das cidades, e os mestres de ofício cultivavam a terra.
   ( ) A cultura do período clássico foi preservada nos mosteiros medievais, donde emanavam princípios da mentalidade cristã.
   ( ) As Cruzadas ocorreram no início do Feudalismo e propiciaram a invasão dos povos bárbaros de terras dos germanos.

7. (UFPR) Os humanistas do século XVI dividiam a História em dois períodos: a Antiguidade e o próprio tempo em que viviam, aliás, marcado por uma retomada dos valores da Grécia e da Roma Antiga. No final do século seguinte, foi proposto que a história ocidental passasse a ser dividida em três épocas: Idade Antiga, Idade Média e Idade Moderna. Essa nova divisão, porém, continuou valorizando a Antiguidade clássica e os tempos modernos, considerando-se a Idade Média como um período marcado pela ignorância e barbárie.

Sobre esse longo período da História do mundo ocidental, conhecido como Idade Média, julgue os itens a seguir, usando (V) para verdadeiro e (F) para falso:
   ( ) A Baixa Idade Média, período que se seguiu à queda do Império Romano do Oriente, foi marcada por um intenso obscurantismo, responsável pelo desaparecimento da cultura intelectual.
   ( ) Durante o reino de Carlos Magno, o reino dos Francos viveu um notável movimento cultural: foram criadas escolas e realizadas diversas traduções de importantes obras na Antiguidade.
   ( ) As Cruzadas tiveram como conseqüência uma drástica redução da área de influência da religião católica, a qual, ao final do século XV, acabou ficando restrita a regiões da Europa Ocidental.
   ( ) O Império Bizantino pode ser entendido como uma síntese entre os mundos grego (oriente) e romano (ocidente). Sua queda, em 1453, é utilizada para marcar o início de um novo período histórico: a Época Moderna.

( ) Na Idade Média, os árabes foram responsáveis pela introdução de novos cultivos e técnicas agrícolas em algumas regiões da Europa Ocidental, especialmente na Península Ibérica.

( ) Ao final da Baixa Idade Média, as atividades dos mercadores e dos banqueiros favoreceram o estabelecimento de regimes políticos descentralizados, cujas bases eram unidades econômicas autônomas.

8. (FUVEST) Uma das origens da servidão feudal, no Ocidente medieval, remonta à crise do século III da era cristã, que afeta e transforma profundamente o Império Romano. Descreva essa crise e estabeleça sua relação com a servidão feudal.

9. (UFSCAR) A respeito da história da Europa entre os séculos X e XI, foram apresentadas as quatro caracterizações seguintes.

I - Desenvolvimento do sistema senhorial e permanência do comércio entre Veneza e Bizâncio.

II - Crescimento da soberania do grande proprietário de terra e exploração dos trabalhadores através do monopólio de equipamentos rurais (forno, moinho...)

III - Crescimento das atividades dos mosteiros cristãos e existência da servidão.

IV - Crescimento do número de castelos feitos de pedra e expulsão dos muçulmanos da Península Ibérica.

Pode-se afirmar que estão corretas:
a) I, II e III, apenas.
b) I, II e IV apenas.
c) I, II, III e IV.
d) I e IV, apenas.
e) II, III e IV, apenas.

10. (VUNESP) Os promotores das Cruzadas e os cruzados haviam se colocado, pelo menos, três objetivos: a conquista da Terra Santa de Jerusalém, a ajuda dos bizantinos e a união da cristandade contra os infiéis. Mas nenhum desses objetivos havia sido alcançado plenamente. Nas palavras de um importante historiador da Idade Média, "Se os cruzados são os grandes perdedores da expansão cristã no século XII, os grandes ganhadores foram, em definitivo, os comerciantes (...)" (Jacques Le Goff, *A baixa idade média*)

a) Identifique "os infiéis", contra os quais se procurava unir a cristandade.
b) Cite pelo menos um acontecimento histórico que confirme o ganho dos comerciantes.

Gabarito das questões propostas

Questão 1 - Resposta: Oposição ao caráter luxuoso, dogmático e distanciado dos princípios de Deus. Francisco de Assis propunha os votos da pobreza como forma de criticar e de estar próximo dos princípios cristãos.

Questão 2 - Resposta:
  a) Árabes e cristãos acusavam uns aos outros da mesma coisa, bárbaros fanáticos e assassinos, cada um baseado no seu mundo.
  b) Retorno da navegação cristã ao mar Mediterrâneo, reativação do comércio e da cidade.

Questão 3 - Resposta: C

Questão 4 - Resposta: D

Questão 5 - Resposta: A

Questão 6 - Resposta: F V V F V F

Questão 7 - Resposta: F V F V V F

Questão 8 - Resposta: A crise do século III, no Império Romano, teve sua origem na cessação das guerras de conquista, o que provocou a retração do escravismo, e conseqüentemente, a queda da produção agrícola, o êxodo urbano e a formação de unidades rurais auto-suficientes (vilas). Tentando contornar a falta de mão-de-obra escrava, os romanos intensificaram uma forma de trabalho compulsório denominada colonato, que fixava o camponês à terra mas lhe reservava parte da produção. O colonato romano daria mais tarde origem a servidão feudal.

Questão 9 - Resposta: A

Questão 10 - Respostas:
  a) Muçulmanos.
  b) Reabertura do Mediterrâneo, Renascimento comercial e urbano.

Complementando os estudos

Filmes

O Incrível Exército de Brancaleone. Dir. Mário Monicelli
O Nome da Rosa. Dir. Jean-Jacques Annaud
Em Nome de Deus. Dir. Clive Donner

Livros

Miceli, Paulo. *O Feudalismo*. São Paulo: Ed. Atual, 1998.

Hills, Ken. *As Cruzadas*. São Paulo: Ed. Ática, 1998.

As gravuras foram adaptadas de:

Luci, Elian Alabi. *História Geral*. São Paulo: Saraiva, 1984.

Vicentino, Cláudio. *História Integrada: da Pré-História a Idade Média*. São Paulo: Ed. Scipione, 1995.

Cotrim, Gilberto. *Saber e Fazer História, 6ª série*. São Paulo: Ed. Saraiva, 1999.

UNIDADE 9

AS TRANSFORMAÇÕES OCORRIDAS NA SOCIEDADE FEUDAL

SINOPSE TEÓRICA

O Feudalismo foi o sistema econômico, político, social e cultural característico da Europa na Idade Média. A Idade Média Ocidental é o período que vai da queda do Império Romano do Ocidente (com capital em Roma), em 476, até a Queda do Império Romano do Oriente o Império Bizantino (com capital em Constantinopla), em 1453. (Pazzinato, Alceu Luiz; História Moderna e Contemporânea, p. 7)

O período que vai dos séculos V ao X foi marcado pela invasão da Europa por diversos povos, tais como os Germanos, Normandos etc., que acabaram contribuindo para formação do Feudalismo.

O feudo era uma grande propriedade rural tendo uma economia agrária, natural e auto-suficiente. Politicamente, o poder era descentralizado, embora existisse o rei, que não possuía poder de fato. Cada feudo era independente, ou seja, era governado pelo seu senhor. As relações entre a nobreza feudal eram baseadas nas relações de suserania e vassalagem. Tornava-se suserano o nobre que doava um feudo a outro, e vassalo o nobre que recebia o feudo.

A sociedade era **estamental** e rural e estava dividida em três segmentos: clero-religião; nobreza-defesa; campesinato-trabalho. A estratificação era feita pelo nascimento e não havia mobilidade social.

Nesta ilustração do livro As preciosas horas do duque de Berry *vemos um servo lavrando a terra, tendo ao fundo o castelo do senhor ao qual estava ligado. Biblioteca de Chantilly, França.*

Na questão cultural destacamos o grande poder da Igreja, que determinava o modo de pensar e de viver da sociedade.

A Baixa Idade Média

No século XI, as invasões bárbaras terminaram na Europa, o que determinou um crescimento populacional que por sua vez provocaria o desenvolvimento de invenções na agricultura, como, por exemplo, o arado de ferro, a foice, a enxada etc. Como conseqüência desta nova situação as colheitas tornaram-se melhores e o homem, alimentando-se melhor, passou a viver mais, o que provocaria um crescimento vegetativo. A partir do que foi descrito, os homens começaram, por exemplo, a desenvolver os arroteamentos, isto é, abrir áreas até então incultas, como as florestas.

A expansão das áreas produtivas gerou um excedente agrícola que provocou o Renascimento comercial, surgindo assim a necessidade de cunhar moedas para facilitar a nova atividade comercial que surgia. A partir do século XI, com as Cruzadas, o comércio deixa de ser local

Unidade 9 - As transformações ocorridas na sociedade feudal | 99

e dinamizam-se as relações comerciais entre o Oriente e o Ocidente. As especiarias passam a ser levadas para a Europa e rotas comerciais surgem, como a região de Flandres, onde seus portos intermediavam as rotas comerciais entre o mar Báltico e o Mediterrâneo.

As **Feiras** surgiram no entroncamento das rotas comerciais e inicialmente contavam com a proteção do senhor feudal, sendo nelas comercializados os mais variados artigos. Podemos destacar Champanha (ligação entre Flandres e a Itália e entre a França e o Sacro Império Romano Germânico).Vale a pena destacar que neste momento surgem as primeiras práticas bancárias.

O desenvolvimento comercial originou também as **Guildas**, que eram associações de mercadores de uma cidade, e as **Hansas**, cidades mercantis. A mais famosa foi a Hansa teutônica, ou **Liga Hanseática** que reunia as cidades do norte da Europa e controlava as comunicações entre o Mar do Norte e o Mar Báltico.

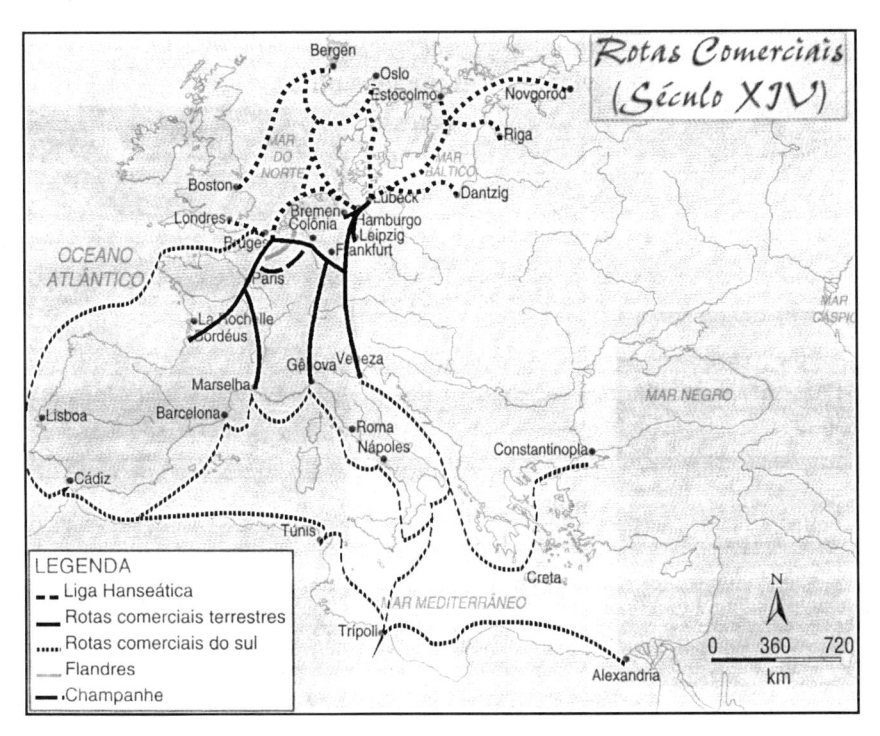

Com o grande desenvolvimento do comércio, as feiras deixaram de ser periódicas e tornaram-se fixas, dando origem aos **Burgos** (cidades). Como nos burgos existia a relação de trabalho assalariada, milhares de camponeses e artesãos eram atraídos para eles. Vale a pena destacar, no entanto, que os burgos situavam-se dentro dos feudos, e por este motivo eram obrigados a pagar taxas aos senhores feudais.

Cidade medieval de Carcassone, na França, com suas muralhas de proteção.

Diante das transformações surgidas com o desenvolvimento urbano e comercial, as relações entre servos e senhores também foram mudando, assim os impostos que até então eram pagos em espécie passaram a ser pagos em dinheiro para que o senhor feudal tivesse condição de comprar os produtos que circulavam na Europa. A noção de riqueza começava a mudar com o dinheiro ocupando o lugar da terra.

Da mesma forma que hoje existem associações que protegem categorias profissionais, na época, os artesãos nas cidades criaram as **corporações de ofício**, que reuniram profissionais do mesmo ramo (sapateiros, ferreiros) que procuravam regulamentar a profissão, o trabalho, a quantidade e a qualidade da produção, com o objetivo de limitar a concorrência dentro de um mesmo ofício, possuindo também um caráter assistencialista, protegendo, por exemplo, as viúvas, órfãs etc.

Diante do crescimento do mercado e do fato da produção ser limitada nas corporações, os comerciantes passaram a investir na produção, comprando as matérias-primas a preço baixo e contratando artesãos para uma jornada de trabalho, surgindo assim os jornaleiros e uma nova classe social, a **burguesia**, a nova elite urbana, que ampliando a produção ampliava também o seu lucro.

A CRISE DO FEUDALISMO

Diversos foram os fatores que geraram a crise do feudalismo, como, a Grande Fome, a Peste Negra, a Guerra dos Cem Anos e o Desenvolvimento Urbano e Comercial.

A Grande Fome aconteceu entre 1315 e 1317, como conseqüência do crescimento demográfico e das péssimas colheitas, atingindo principalmente as populações urbanas.

A Peste Negra, por sua vez, reduziu a população européia em 1/3, provocando assim várias conseqüências: subalimentação dos camponeses, despovoamento dos campos, queda dos rendimentos dos nobres etc. Os efeitos da Guerra dos Cem Anos sobre o Feudalismo são parecidos com os da Peste Negra.

A situação de extrema miséria no campo em virtude das calamidades naturais associada à opressão das obrigações servis levou os camponeses a se revoltarem. As mais importantes revoltas foram: **Jacquerie**, em 1358, na França, e a rebelião de **Wat Tyler**, em 1381, na Inglaterra.

LEITURA COMPLEMENTAR

"Ao iniciar-se o século XV, a Europa sentia falta de dinheiro, de capital. No entanto, as pessoas não sabiam de que precisavam para ser ricas. Terras ou dinheiro?! Quem possuía terras sentia falta de dinheiro, mas quem possuía dinheiro não tinha o prestígio dos donos de terra.

Tal situação tinha uma razão de ser. Iniciava-se um período de transição. Era a Época Moderna que se anunciava no mundo Ocidental.(...)

Uma era de transição apresenta a coexistência do velho com o novo. **Na Época Moderna era velho tudo o que era feudal e novo tudo o que era capitalista. No entanto, este período é confuso, pois nem sempre podemos distinguir bem o que seja velho e o que representa o novo."**

(Arquivo, Rubim Santos Leão de, e outros. *História das sociedades modernas às atuais.*
Rio de Janeiro: Ao Livro Técnico, 1982. p.9.)

Comente a frase destacada no texto.

Resposta: A Europa vivia em um momento de transição que caractezaria o início de um novo modo de produção, o capitalista.

QUESTÕES RESOLVIDAS

1. (MACKENZIE-SP) A desintegração do modo de produção feudal na Baixa Idade Média foi, em grande parte, conseqüência:
a) do crescimento do prestígio da Igreja, que era o sustentáculo ideológico do sistema.
b) do sucesso militar do movimento das Cruzadas, e da bem-sucedida expansão da sociedade feudal pelo Oriente.
c) das transformações das relações servis de produção em assalariadas, do comércio e da economia monetária, que aceleraram as contradições internas do sistema.
d) do crescimento da população européia no século XIV e da grande oferta de mão-de-obra barata que este fato gerou, economicamente.
e) da consolidação do localismo político, fruto direto da Guerra dos Cem Anos, que favoreceu a nobreza feudal.

Resposta: C

2. (FATEC-SP) Dentre as causas da desagregação da ordem econômica feudal, é possível mencionar:
a) a capitalização intensa realizada pelos artesãos medievais e a criação de grandes unidades industriais, que acabaram subvertendo a economia feudal.
b) o desinteresse da nobreza e do clero pela manutenção do feudalismo, pois esses setores se beneficiariam com o advento da sociedade baseada no lucro.
c) o surgimento das corporações de ofício e a substituição do "justo preço", que restringia as possibilidades de lucro, pelo preço de mercado.
d) o revivescimento do comércio e a conseqüente circulação monetária, que abalaram a auto-suficiência da economia senhorial.
e) a substituição gradativa do trabalho escravo pelo trabalho assalariado dentro do feudo, o que criou condições para a constituição de um sistema de mercado dentro da própria unidade feudal.

Resposta: D

3. (FUVEST-SP) Como estava organizada a estrutura da sociedade feudal?

Resposta: A sociedade era rural e estamental, dividida em três segmentos: clero (religião); nobreza (defesa); campesinato (trabalho). O princípio de estratificação era privilégio de nascimento. Cada indivíduo permanecia preso à sua posição na sociedade, o que caracterizava uma imobilidade social.

4. (FUVEST-SP) O século XIV foi um período de crise para a Europa. Indique três fatores que revelam esta crise.

Resposta: A Peste Negra, A Grande Fome e a Guerra dos Cem Anos.

5. (FUVEST-SP) Responda:
   a) O que foi a Liga Hanseática?
   b) Qual o seu objetivo?
   c) Quais as regiões que atuou?

Respostas:
   a) Associação de várias cidades mercantis.
   b) Proteger os comerciantes da concorrência, bem como facilitar as transações comerciais.
   c) Norte da Europa e controlava as comunicações entre o Mar do Norte e o Mar Báltico.

QUESTÕES PROPOSTAS

1. (FUVEST-SP) A partir do século XI, difundiram-se as corporações de ofício nas sociedades medievais. O que eram essas corporações e como estavam organizadas?

2. O Mediterrâneo e os mares Báltico e do Norte, ao final da Idade Média, eram rotas comerciais importantes.
   a) Quem desenvolvia as atividades comerciais nesses mares?
   b) Por que essas atividades contribuíram para a destruição da ordem feudal?

3. (FUVEST-SP) Qual o papel das cidades na transição da Idade Média para a Idade Moderna?

4. (FUVEST-SP) Na Europa Ocidental dos nossos dias, em conseqüência do processo de integração, verifica-se um problema parecido com o que existiu durante a Baixa Idade Média. Trata-se do problema de articulação das três esferas do poder político: o poder local, o poder do Estado-Nação e o poder supranacional. Hoje, se a integração se concretizar, ela será feita, ao contrário do que ocorreu no fim da Idade Média, em prejuízo do poder do Estado-Nação. Indique:
   a) Quem exerce cada uma das três esferas do poder durante a Baixa Idade Média?
   b) Qual delas, no fim deste período histórico, se sobrepôs às demais? Por quê?

5. (FUVEST) Sobre a Guerra dos Cem Anos (séculos XIV e XV) indique:
   a) as principais monarquias envolvidas e o palco do conflito.
   b) sua importância histórica.

6. (FATEC) Em *O Renascimento*, Nicolau Sevcenko afirma:

"O comércio sai da crise do século XIV fortalecido. O mesmo ocorre com a atividade manufatureira, sobretudo aquela ligada à produção bélica, à construção naval e à produção de roupas e tecidos, nas quais tanto a Itália quanto a Flandres se colocaram à frente das demais. As minas de metais nobres e comuns da Europa Central também são enormemente ativadas. Por tudo isso muitos historiadores costumam tratar o século XV como um período de Revolução Comercial."

A Revolução Comercial ocorreu graças:
   a) às repercussões econômicas das viagens ultramarinas de descobrimento.
   b) ao crescimento populacional europeu, que tornava imperativa a descoberta de novas terras onde a população excedente pudesse ser instalada.
   c) a uma mistura de idealismo religioso e espírito de aventura, em tudo semelhante àquela que levou à formação das Cruzadas.
   d) aos Atos de Navegação lançados por Oliver Cromwell.
   e) à auto-suficiência econômica lusitana e à produção de excedentes para exportação.

7. (FAAP) "O dinheiro, quando deve ser devolvido dentro de um prazo, proporciona nesse período um produto considerável e, por vezes, priva a quem empresta de tudo aquilo que traz a quem o toma emprestado."

Este escrito do século XVI está justificando a:
   a) usura
   b) fé
   c) moeda
   d) livre negociação
   e) comunicação

8. (FAAP) "A fim de que meus escritos não pereçam juntamente com o autor, e este trabalho não seja destruído... ...deixo meu pergaminho para ser continuado, caso algum dos membros da raça de Adão possa sobreviver à morte e queira continuar o trabalho por mim iniciado."

O texto foi escrito por um monge irlandês do século XIV e desperta dúvidas num homem culto da época sobre a possibilidade de alguém sobreviver, certamente devido a:
a) gripe espanhola
b) peste negra
c) descobrimentos marítimos
d) guerra luso-espanhola
e) conflito euro-asiático

9. **(FATEC)** Apesar de não terem alcançado seu objetivo – reconquistar a Terra Santa –, as Cruzadas provocaram amplas repercussões, porque:
a) favoreceram a formação de vários reinos cristãos no Oriente, o que permitiu maior estabilidade política à região.
b) consolidaram o feudalismo, em virtude da unificação dos vários reinos em torno de um objetivo comum.
c) facilitaram a superação das rivalidades nacionais graças à influência que a Igreja então exercia.
d) uniram os esforços do mundo cristão europeu para eliminar o domínio árabe na Pensínsula Ibérica.
e) estimularam as relações comerciais do Oriente com o Ocidente, graças à abertura do Mediterrâneo a navios europeus.

10. **(FEJ)** Com relação às Cruzadas, é correto dizer que:
a) foram expedições para libertar os turcos otomanos que estavam prisioneiros na Palestina.
b) tinham como principal objetivo catequizar os indígenas das Américas.
c) eram expedições que cruzavam a Europa exclusivamente em busca de um caminho alternativo para as rotas comerciais que vinham do extremo oriente.
d) foram expedições realizadas na Idade Média que, embora não realizassem o objetivo inicial de libertar os lugares santos do domínio muçulmano, tiveram importantes conseqüências econômicas.
e) é o nome que se atribui ao grande movimento dos árabes, no sentido de divulgar sua doutrina, o islamismo, e expandir seus territórios por todo o Oriente e, posteriormente, em direção à Europa.

Gabarito das questões propostas

Questão 1 - Resposta: Associações que protegem profissionais do mesmo ramo (sapateiros, ferreiros), que procuravam regulamentar a profissão, o trabalho, a quantidade e a qualidade da produção, com o objetivo de limitar a concorrência dentro de um mesmo ofício, possuindo também um caráter assistencialista, protegendo, por exemplo, as viúvas, os órfaos etc.

Questão 2 - Resposta:
 a) Burguesia.
 b) As condições precárias dos feudos constrastava com a possibilidade de crescimento das cidades, levando a população a abandonar os feudos.

Questão 3 - Resposta: As cidades fazem parte do importante processo de transição feudo-capitalista por serem locais em que ocorriam transformações comerciais e atividades bancárias.

Questão 4 - Respostas:
 a) O poder local era exercido pela nobreza e cidades autônomas; o poder Estado-Nação pelo rei, e o poder supranacional pelo papa.
 b) O Estado-Nação, com o apoio da burguesia, o enfraquecimento da nobreza, as guerras e nova realidade econômica.

Questão 5 - Respostas:
 a) Na Guerra dos Cem Anos, cujo palco foi a França, as principais monarquias envolvidas foram a própria França e a Inglaterra.
 b) Enfraquecimento da nobreza feudal e fortalecimento das monarquias nacionais dos países envolvidos no conflito.

Questão 6 - Resposta: A

Questão 7 - Resposta: A

Questão 8 - Resposta: B

Questão 9 - Resposta: E

Questão 10 - Resposta: D

Complementando os estudos

Vídeo

O Senhor da Guerra (EUA, 1965). 123'. Dir. Franklin J. Schaffner.

Livro

Paulo Miceli. *O Feudalismo* - São Paulo: Ed. Atual, 1998.

Página eletrônica

Mapas medievais da Europa Ocidental, Bizâncio e Oriente Médio:
http://www.fordham.edu/halsall/sbookmap.html

As gravuras foram adaptadas de:

Cotrim, Gilberto. *Saber e Fazer História.* (Editora Saraiva)

UNIDADE 10

A REVOLUÇÃO POLÍTICA: O ABSOLUTISMO

SINOPSE TEÓRICA

A formação das monarquias nacionais consistia, na prática, na centralização do poder militar nas mãos do rei, o que se refletia na formação de territórios contínuos com fronteiras bem definidas. O território não era mais desconectado, submetido a diferentes senhores, agora seria coeso, homogêneo, submetido à autoridade do rei.

Embora ocorrendo de forma diversificada nas diferentes regiões da Europa, não necessariamente implicou na superação do feudalismo, representando, na realidade, a hegemonia da nobreza sobre os camponeses em uma nova forma de organização estatal. A sua culminância acontece com o **Absolutismo**.

A ALIANÇA DO REI COM A BURGUESIA

O surgimento do Estado Nacional está diretamente associado à aliança do rei com a burguesia.

A burguesia financiou o rei na montagem do exército real e forneceu homens que, além de formarem o exército, iriam compor o quadro de funcionários públicos que administrariam a nação. Com este apoio, os monarcas feudais foram impondo sua autoridade sobre a nobreza feudal, surgindo o Estado Nacional, com superfície territorial variável, englobando populações dotadas de hábitos, tradições, línguas e certa consciência coletiva comum, politicamente centralizado com o monarca que detinha autoridade de direito e de fato. Como o rei alcançou o poder recebendo o apoio da burguesia, seria evidente que ele deveria retribuir esse apoio. Na época analisada, alguns problemas feudais, como a pluralidade de moedas e pedágios, a multiplicidade de alfândegas, a diversidade de leis, a insegurança etc., dificultavam o desenvolvimento da burguesia como classe. Sendo assim, o Rei deveria remover estes obstáculos unificando as moedas, eliminando as múltiplas alfândegas etc.

FATORES QUE AUXILIARAM A CENTRALIZAÇÃO DO PODER

- Humanismo e Renascimento.
- A crise do feudalismo nos séculos XIV e XV que arruinaria a nobreza feudal.
- A Expansão Marítima.
- A Reforma que enfraqueceu a Igreja.

Com a centralização, o poder monárquico torna-se absoluto. O Absolutismo representou um regime em que todos os poderes se concentram nas mãos dos reis, que se coloca acima da sociedade. Na prática, o Absolutismo foi limitado pelas próprias condições econômicas e sociais da época, o rei precisava atender às exigências das classes sociais antagônicas. Embora procurasse estar acima das classes, na prática ele estava condicionado pelo fato de pertencer à aristocracia de origem feudal, embora procurasse aliar-se à burguesia.

O poder do rei era justificado pela teoria do direito divino dos reis e pelas teorias do contrato social. Na primeira corrente destaca-se Jean Bodin e Jacques Bossuet. O poder real, por ser de origem divina, era sagrado. Revoltar-se contra o rei equivalia a revoltar-se contra Deus.

Frontispício da edição de 1651 do Leviatã, de Thomas Hobbes. O Estado é personificado como uma figura gigantesca, que domina toda a sociedade.

A teoria do Contrato Social afirmava que, no momento da criação do Estado, operou-se um contrato entre governantes e governados. Hugo Grotius, Thomas Hobbes e Nicolau Maquiavel se destacam como grandes autores. Maquiavel, autor de "O príncipe", parte do princípio de que não deve haver limites de ordem ética ou moral às ações do príncipe. Todos os meios empregados pelo soberano, visando manter a vida e o Estado, são válidos.

OS EXEMPLOS NACIONAIS

A) ESPANHA

O casamento de Fernão de Aragão e Isabel de Castela acelerou a Reconquista (expulsão dos muçulmanos da Península Ibérica) e completou-se com a conquista de Granada (1492), o que favoreceu a conclusão da unificação política e territorial, com exceção do reino de Navarra.

Esses reinos católicos e suas ações fortaleceram o Estado Nacional espanhol sob a forma de monarquia absolutista na Espanha. Com a sua morte, assumiu o poder o seu filho Felipe II, que acabou desenvolvendo o maior império do mundo a partir da união Ibérica, ou seja, a união de Portugal e Espanha.

B) PORTUGAL

No reinado de D. João I, que iniciou a Dinastia de Avis, o Absolutismo foi implantado no país. O período de apogeu ocorreu no reinado de D. Manoel I, o Venturoso.

C) FRANÇA

A evolução histórica da monarquia absolutista francesa pode ser dividida em três fases:
- 1ª.) Século XVI (1ª. metade), período de afirmação da monarquia francesa, correspondendo ao reinado de Francisco I, Henrique II e Henrique IV.
- 2ª.) Século XVII (2ª. metade), apogeu do Absolutismo, com Luís XIII e Luís XIV.
- 3ª.) Século XVIII, decadência e queda do Absolutismo, com Luís XV e Luís XVI, encerrando-se o período com a queda da monarquia absolutista francesa, através da Revolução de 1789.

A EUROPA NO INÍCIO DO SÉCULO XVI

d) INGLATERRA

O Absolutismo na Inglaterra não foi tão radical quanto na França, sendo considerado por alguns historiadores como moderado. A monarquia absolutista inglesa pode ser dividida em duas fases ou dinastias:

1ª.) **Dinastia Tudor**: marcou o início, desenvolvimento e apogeu do Absolutismo inglês, que atingiu seu ponto máximo com Henrique VIII e sua filha Elisabeth I, a Rainha Virgem.

2ª.) **Dinastia Stuart**: marcou o declínio do Absolutismo na Inglaterra, caracterizando-se pelos constantes atritos entre o rei e o Parlamento.

Estes conflitos concorreram para uma breve interrupção da monarquia na Inglaterra, com a Proclamação da República dos Comuns, conseqüência da Revolução Puritana de 1648, liderada pelo deputado Oliver Cromwell. Este tornou-se um ditador, transformando, porém, a Inglaterra em principal potência marítima, através do Ato de Navegação de 1651.

Unidade 10 - A revolução política: o Absolutismo

LEITURA COMPLEMENTAR

"De que maneira os príncipes devem cumprir as suas promessas"

"Todos compreendem como é digno de encômios um príncipe, quando cumpre a sua palavra e vive com integridade e não com astúcia. No entanto, a experiência de nossos dias mostra haverem realizado grandes coisas os príncipes que, pouco caso fazendo da palavra dada e sabendo com astúcia iludir os homens, acabaram triunfando dos que tinham por norma de proceder a lealdade.

Saiba-se que existem dois modos de combater: um com as leis, outro com a força. O primeiro é próprio do homem, o segundo dos animais. Não sendo, porém, muitas vezes suficiente o primeiro, convém recorrer ao segundo. Por conseguinte, a um príncipe é mister saber comportar-se como homem e como animal (...)

Tendo, portanto, necessidade de proceder como animal, deve um príncipe adotar a índole ao mesmo tempo do leão e da raposa; porque o leão não sabe fugir das armadilhas e a raposa não sabe defender-se dos lobos. Quem se contenta de ser leão demonstra não conhecer o assunto.

Um príncipe sábio não pode, pois, nem deve manter-se fiel às suas promessas quando, extinta a causa que o levou a fazê-las, o cumprimento delas lhe traz prejuízo. Este preceito não seria bom se os homens fossem todos bons. Como, porém, são maus e, por isso mesmo, faltariam à palavra que acaso nos dessem, nada impede venhamos nós a faltar também à nossa (...)

Quando não há possibilidade de alterar o curso das ações dos homens e, sobretudo, dos príncipes, procura-se distinguir sempre o fim a que eles tendem.

Busque, pois, um príncipe triunfar das dificuldades e manter o Estado que os meios para isso nunca deixarão de ser julgados honrosos, e todos os aplaudirão. Na verdade, o vulgo sempre se deixa seduzir pelas aparências e pelos resultados."

(Maquiavel, Nicolau. *O Príncipe*. Rio de Janeiro: Vecchi, 1949, p.109.)

Cite um "conselho" dado por Maquiavel a um príncipe, de como proceder no processo de centralização do poder.

Resposta: "Existem dois modos de combater: um com as leis, outro com a força. O primeiro é próprio dos homens e o segundo dos animais. Por conseguinte, para um príncipe, é mister saber comportar-se como homem e como animal."

QUESTÕES RESOLVIDAS

1. (FUVEST) A partir da época moderna observa-se, em países da Europa ocidental, um progressivo fortalecimento das monarquias nacionais. Descreva as principais características políticas e econômicas desse processo entre os séculos XVI e XVII.

Respostas:

Política: O absolutismo monárquico caracterizou-se como um modelo de Estado de condição dos interesses da burguesia, da nobreza feudal e da Igreja, onde o rei concentrava os poderes da administração, da justiça e do exército, além de estimular a economia.

Economia: Os Estados Nacionais estimulavam o comércio através das práticas mercantilistas como forma de superar as demais nações na concorrência internacional. Tais práticas constituíam-se basicamente no metalismo (acumulação de metais preciosos para a cunhagem de moedas), nas leis protecionistas e os monopólios, no intervencionismo estatal na economia, na balança comercial favorável e no sistema colonial.

2. (UFG) (...) O príncipe que baseia seu poder inteiramente na sorte se arruina quando esta muda. Acredito também que é feliz quem age de acordo com as necessidades do seu tempo, e da mesma forma é infeliz quem age opondo-se ao que o seu tempo exige. (Maquiavel. *O príncipe*. Brasília: Ed. UnB, 1976. p. 90)

A formação dos Estados modernos na Europa Ocidental foi fruto de um complexo processo de aliança entre setores da nobreza e da nascente burguesia. O rei encarnava essa tensa aliança que expressava as lutas políticas próprias ao período de formação do capitalismo.

Com base no estudo acerca do processo de formação dos Estados modernos, use (V) para verdadeiro e (F) para falso.

( ) Os princípios disseminados na obra de Nicolau Maquiavel, *O príncipe*, são condizentes com a modalidade política medieval, que defendia a origem divina do poder real; portanto, ao príncipe caberia aceitar os desígnios divinos e governar para o bem da coletividade.

( ) Maquiavel elabora uma reflexão realista sobre o poder e o homem; portanto, aconselha o príncipe a governar em nome de uma razão destinada, primordialmente, ao fortalecimento do poder do soberano.

( ) A imagem do rei estava associada, desde a formação dos Estados feudais, a princípios religiosos. Os rituais de coroação, mediados pela Igreja Católica, sacralizavam o poder real.

( ) O tumultuado processo revolucionário francês disseminou um medo profundo nos Estados monárquicos, que, posteriormente, formaram a Santa Aliança, para combater o avanço dos movimentos revolucionários.

Resposta: F V V V

Unidade 10 - *A revolução política: o Absolutismo* | **115**

3. (VUNESP) "O soberano não é proprietário de seus súditos. Deve respeitar sua liberdade e seus bens em conformidade com a lei divina e com a lei natural. Deve governar de acordo com os costumes, verdadeira constituição consuetudinária. (...) O príncipe apresenta-se como árbitro supremo entre as ordens e os corpos. Deve impor a sua vontade aos mais poderosos de seus súditos. Consegue-o na medida em que esses necessitam dessa arbitragem." (André Corvisier, "História moderna")

Esta é uma das caracterizações possíveis:

a) dos governos coloniais da América.
b) das relações entre fiéis e as Igrejas Protestantes.
c) do Império carolíngeo.
d) dos califados islâmicos.
e) das monarquias absolutistas.

Resposta: E

4. (UNI-RIO)

"Vou-me embora pra Pasárgada
Lá sou amigo do rei
Lá tenho a mulher que eu quero
Na cama que escolherei
Vou-me embora pra Pasárgada

(Bandeira, Manoel. Vou-me embora pra Pasárgada". In: "Vou-me embora pra Pasárgada e outros poemas". Rio de Janeiro: Ediouro, 1997)

O rei imaginário de Pasárgada e os privilégios dos amigos do rei podem ser comparados à situação da nobreza européia com a formação das Monarquias Nacionais Modernas. A razão fundamental do apoio que esta nobreza forneceu ao rei, no intuito de manter-se "amiga" do mesmo, conservando inúmeras regalias, pode ser explicada pela(o):

a) composição de um corpo burocrático que absorve a nobreza, tornando esse segmento autônomo em relação às atividades agrícolas que são assumidas pelo capital mercantil.
b) subordinação dos negócios da burguesia emergente aos interesses da nobreza fundiária, obstaculizando o desenvolvimento das atividades comerciais.
c) manutenção de forças militares locais que atuaram como verdadeiras milícias aristocráticas na repressão aos levantes camponeses.

d) repressão que as monarquias empreenderiam às revoltas camponesas, restabelecendo a ordem no meio rural em proveito da aristocracia agrária.

e) completo restabelecimento das relações feudo-vassálicas, freando temporariamente o processo de assalariamento da mão-de-obra e de entrada do capital mercantil no campo.

Resposta: D

5. **(UFMG)** Todas as alternativas apresentam fatores que caracterizam os Estados Nacionais formados a partir do século XV, EXCETO:
a) Criação de um exército permanente.
b) Manutenção dos privilégios das corporações.
c) Organização de um sistema nacional de impostos.
d) Ordenação de uma administração centralizada.

Resposta: B

QUESTÕES PROPOSTAS

1. **(UFRJ)** Queremos e nos agrada que, a contar do primeiro dia deste mês, seja estabelecido, imposto e cobrado, em toda a extensão do nosso reino, uma capitação geral por lar ou família, pagável ano a ano, durante a duração da presente guerra. Queremos que nenhum de nossos súditos [...] seja isento da dita capitação, fora [...] as ordens mendicantes e os pobres mendigos.

(Declaração do rei Luís XIV estabelecendo a capitação, 18 de janeiro de 1695. Citado por Groupe de Recherche pour l'enseignement de l' Histoire et la Géographie. Histoire "Héritages européens." Paris, Hachette, 1981, p. 107)

O Estado centralizado surgiu como um fator de peso na vida das sociedades da Europa ocidental na Época Moderna. Seus sinais mais evidentes eram a arrecadação de impostos, a criação de um corpo de funcionários dependente do rei e a concentração do poder material e espiritual nas mãos do monarca, enfraquecendo os poderes locais, regionais ou provinciais.

Na Época Moderna, a construção de um Estado forte e intervencionista veio atender aos interesses dos grupos sociais dominantes e várias das medidas então adotadas descontentaram camponeses e trabalhadores urbanos.

Hoje, o neoliberalismo, ao defender a redução da presença do Estado na vida econômica e social, também atende aos interesses dos grupos dominantes e enfrenta reação de setores expressivos da classe trabalhadora.

a) Identifique um tipo de ação do Estado Moderno que tenha gerado insatisfação entre os camponeses e trabalhadores urbanos europeus.

b) Identifique e explique um dos argumentos atualmente utilizados por setores da classe trabalhadora na contestação à redução do papel do Estado na economia.

2. **(UFRRJ)** "A monarquia absolutista, com uma longa gestação no espírito da realeza, tornou-se a realidade dominante em França apenas durante o reinado de Luís XIV (1643-1715). A Fronda de 1648-1653 representou a última vez que seções da nobreza territorial pegaram em armas contra a realeza centralizadora." (Skocpol Theda. "Estados e revoluções sociais". Lisboa: Editorial Presença, 1985. p. 62)

O Antigo Regime estendeu-se na França até a Revolução Francesa de 1789. Um dos impedimentos à consolidação do poder monárquico era justificado pela tenaz resistência da nobreza. Uma vez dominada a nobreza, consolidava-se a monarquia absoluta.

a) Cite duas características do Absolutismo.

b) Estabeleça uma relação entre o reinado de Luís XIV e o Absolutismo.

3. **(UNICAMP)** Sobre o governo dos príncipes, Nicolau Maquiavel, um pensador italiano do século XVI, afirmou:

O príncipe não precisa ser piedoso, fiel, humano, íntegro e religioso, bastando que aparente possuir tais qualidades. (...) Um príncipe não pode observar todas as coisas a que são obrigados os homens considerados bons, sendo freqüentemente forçado, para manter o governo, a agir contra a caridade, a fé, a humanidade, a religião (...). O príncipe não deve se desviar do bem, se possível, mas deve estar pronto a fazer o mal, se necessário.

(Adaptado de Nicolau Maquiavel, "O príncipe, em Os pensadores", São Paulo: Nova Cultural, 1996, p.p. 102-103)

A partir do texto, responda:

a) Qual o maior dever do príncipe?

b) Como o príncipe deveria governar para ter êxito?

c) De que maneira as idéias de Maquiavel se opunham à moral cristã, medieval?

4. (VUNESP)

"P. Quem sois vós?
R. Sou um fiel vassalo do rei da Espanha.
P. Quem é o rei da Espanha?
R. É um Senhor tão absoluto que não existe outro que lhe seja superior na Terra.
P. Como se chama?
R. O senhor Dom Carlos IV.
P. De onde vem seu Poder Real?
R. Do próprio Deus."

(Cartilha Real para os Jovens da Província do Paraguai)

Baseando-se no trecho apresentado, responda.
a) O texto refere-se a qual período histórico e a que regime político?
b) Por que os jovens paraguaios deveriam estudar esta Cartilha?

5. (UFRJ)

"A Europa está farta de fazer guerra. Trata-se de um imperativo para toda a Europa, um interesse que corresponde aos interesses nacionais. (...)

Os interesses nacionais sempre existiram mas a possibilidade de satisfazê-los sempre depende da situação européia. Trata-se, portanto, de um interesse continental que se torna nacional.

A consciência européia já é uma realidade, (...) atualmente, todos, pensamos pertencer não apenas à nossa cultura nacional, mas também à cultura européia. Compreendemos que a única via para a vida e a prosperidade do continente é a via comum. (...)" (Jakovlev, Alexander. "Consciência européia já se torna realidade" in: *Folha de são paulo*, São Paulo: 19/12/1990. Caderno especial. A nova desordem mundial 1 a p. 8-9)

A Europa tem ocupado um lugar de destaque no contexto das relações internacionais, desde os tempos da formação dos Estados Modernos. O papel desempenhado pelas burguesias européias tem sido de capital importância para dar a esse continente significativo peso na política mundial.

Mais recentemente, assiste-se à implementação de uma política de unificação continental que vem se impondo sobre certas resistências localizadas.

Explique os interesses da burguesia no processo de formação dos Estados Modernos.

Unidade 10 - *A revolução política: o Absolutismo* | **119**

6. (UERJ) Os meios de persuasão empregados por governantes do século XX como Hitler, Mussolini e Stalin – e, em menor grau, pelos presidentes franceses e norte-americanos – são análogos, sob certos aspectos importantes, aos meios empregados por Luís XIV. (Burke, Peter. "A fabricação do rei". Rio de Janeiro: Zahar Ed.,1994)

Na época de Luís XIV, esses meios de persuasão para se fabricar a imagem pública do rei justifica-se em função da lógica inerente ao absolutismo. Este regime político pode ser definido como um sistema em que:
a) o poder se restringia a um só homem, sem leis;
b) a centralização do poder na figura do rei era legitimada através do povo;
c) os grupos e instituições não tinham o direito de opor-se às decisões do rei;
d) a tradicional divisão dos poderes – executivo, legislatito e judiciário – era o desejo do soberano.

7. (UFF) Embora as ideologias que fundamentavam a constituição dos Estados Nacionais Absolutistas na Europa, nos séculos XV e XVI, atribuíssem aos monarcas um poder absoluto sobre todas as instituições e grupos de pessoas dos reinos, estes tinham a sua atuação limitada, na prática, por:
a) um equilíbrio de forças entre a aristocracia territorial, de origem feudal, e a burguesia mercantil, fortalecida com a gradativa expansão do comércio europeu e ultramarino.
b) uma subordinação integral aos interesses da alta hierarquia do clero, que era apoiado pelos seus fiéis aliados da aristocracia territorial, sempre desejosa de ocupar importantes cargos públicos.
c) uma subordinação integral aos interesses políticos e econômicos da aristocracia territorial, de origem feudal e seus fiéis aliados do clero secular e regular.
d) um equilíbrio de forças entre a aristocracia territorial de origem feudal, e o clero secular e regular, que ainda dispunha de grande poderio econômico e político, com objetivo de afastar a burguesia comercial nascente.
e) uma subordinação integral aos interesses da burguesia, que, fortalecida com o processo de expansão do comércio europeu e ultramarino, dispôs do seu poderio econômico para financiar a centralização política e a consolidação do poder real.

8. (CESGRANRIO) "...o príncipe, que trabalha para o seu Estado, trabalha para os seus filhos, e o amor que tem pelo seu reino, confundindo com o que tem pela sua família, torna-se-lhe natural... O rei vê de mais longe e de mais alto; deve acreditar-se que ele vê melhor..." (Jacques de Bossuet. "Política tirada da sagrada escritura". Livro II, 10ª· proposição e Livro VI, artigo1º·)

O trecho anterior se refere ao Absolutismo monárquico, que se constituiu no próprio modelo dos regimes políticos dos Estados europeus do Antigo Regime. Apresentou variáveis locais conforme se expandia na Europa, entre os séculos XVI e XVIII. Entretanto, podemos identificar no Absolutismo monárquico características comuns que o distinguiam, dentre as quais destacamos corretamente a:

a) unificações de diversas atribuições de Estado e de governo na figura dos monarcas, tais como a prerrogativa de legislar e a administração da justiça real.

b) substituição de um tipo de administração baseada na distribuição de privilégios e concessões régias por uma organização burocrática profissional que atuava em atividades desvinculadas do Estado.

c) implementação de práticas econômicas liberais como forma de consolidar a aliança política e econômica dos reis absolutos com as burguesias nacionais.

d) submissão política dos governos reais absolutistas à hierarquia eclesiástica, conforme definido pela doutrina do Direito Divino dos Reis.

e) definição da autoridade dos monarcas absolutos e seus limites de poder, através da atuação dos parlamentos nacionais constitucionalistas, controlados por segmentos burgueses.

9. **(PUC-CAMP)** Como características gerais dos Estados Modernos, que se organizavam na Europa Ocidental no período que vai do século XV ao XVIII, pode-se mencionar entre outros, a:

a) consolidação da burguesia industrial no poder e a descentralização administrativa.

b) centralização e unificação administrativa, bem como o desenvolvimento do mercantilismo.

c) confirmação das obrigações feudais e o estímulo à produção urbano-industrial.

d) superação das relações feudais e a não intervenção na economia.

e) consolidação do localismo político e a montagem de um exército nacional.

10. **(PUC-CAMP)** Leia e reflita sobre o texto.

"À primeira vista, afigura-se paradoxal que Portugal e Espanha tenham conseguido preservar seus extensos domínios ultramarinos depois da perda da hegemonia ibérica e ascensão das novas potências preponderantes no quadro europeu e do desenvolvimento da competição colonial. Efetivamente, tendo realizado com precedência etapas decisivas da unificação nacional e da centralização política da monarquia absolutista, os países ibéricos (...) puderam marchar na vanguarda da expansão marítima que redefiniu a geografia econômica do mundo e marcou a abertura dos Tempos Modernos (...)." (Fernando Novais. *Portugal e brasil na crise do antigo sistema colonial* (1777-1808), São Paulo: Hucitec, 1981, p. 17)

O conhecimento histórico e as idéias do autor possibilitam afirmar que:
a) a Inglaterra, a França, a Alemanha e a Itália, ao iniciarem a expansão imperialista sobre as colônias, colocaram em xeque a hegemonia econômica e política exercida pela Espanha e Portugal.
b) os países da Península Ibérica tinham a hegemonia no contexto da colonização européia, fator que decorreu no processo de centralização política que contribuiu para a expansão marítima e comercial.
c) os países ibéricos realizaram um processo de unificação nacional e centralização política depois que perderam a hegemonia econômica na Europa, em razão da acirrada disputa dos países europeus pelo mercado colonial.
d) Portugal e Espanha não conseguiram manter os territórios na América, já que estes foram conquistados pela Inglaterra, que passou a exercer uma posição hegemônica no continente.
e) as monarquias absolutas dos países ibéricos contribuíram para a própria dominação holandesa, inglesa e francesa na América, uma vez que estabeleceram uma nova divisão das terras americanas.

GABARITO DAS QUESTÕES PROPOSTAS

Questão 1 - Respostas:
a) A cobrança de novos tributos, o recrutamento para os exércitos nacionais, a intervenção do Estado nos assuntos provinciais, rompendo com relações de poder anteriormente existentes.
b) Ao deixar de ser um agente mediador nas relações Capital-Trabalho, o Estado colocou os trabalhadores à mercê do Capital; o Estado permitiu também assim a progressiva redução de conquistas trabalhistas e abriu espaço para a revogação de leis consideradas favoráveis aos trabalhadores.

Questão 2 - Respostas:
a) Você deve associar o Estado Absoluto e a transição do feudalismo ao capitalismo; indicar a centralização monárquica e a perda de poder político da nobreza; vincular o Absolutismo à implementação da política econômica do mercantilismo.
b) Luís XIV (1638-1715) reforçou a autoridade real, promoveu a unidade religiosa e consolidou a economia mercantilista com Colbert, na França.

Questão 3 - Respostas:
a) Manter o controle sobre o Estado, o que se justifica pela tese "os fins justificam os meios".
b) Sem piedade.

c) A defesa do individualismo e do pragmatismo contrariavam os princípios de humildade, justiça e lealdade contidos na moral cristã medieval.

Questão 4 - Respostas:
a) Idade Moderna e absolutismo monárquico.
b) Para que fosse reforçada a submissão dos súditos nas colônias espanholas, em relação ao poder absoluto do rei considerado de origem divina.

Questão 5 - Resposta: Apoiava o Rei para conseguir a unificação das moedas, das leis e dos impostos.

Questão 6 - Resposta: C

Questão 7- Resposta: A

Questão 8- Resposta: A

Questão 9 - Resposta: B

Questão 10 - Resposta: B

UNIDADE 11

A EXPANSÃO MARÍTIMA E COMERCIAL

SINOPSE TEÓRICA

Esse fato histórico possibilitou a superação da crise econômica do século XIV. Conforme já foi visto, esta crise provocou a diminuição da população como conseqüência da Peste Negra e da Grande fome, e contribuiu também para a falta de metais preciosos.

Diante do desequilíbrio da oferta de mercadorias os europeus passaram a procurar gêneros orientais, principalmente especiarias. As moedas que eram utilizadas na compra destes produtos não retornavam à Europa, havendo assim um aumento na cunhagem de moedas, justamente em um momento em que as minas européias se esgotavam. Pelo que acabamos de perceber, era necessário conquistar regiões fornecedoras de metais preciosos para dar continuidade ao processo de cunhagem de moedas, além de ampliar as rotas comerciais, principalmente sabendo-se que a rota das especiarias, por exemplo, era dominada pelas cidades italianas de Gênova e Veneza

Um outro fator que vale a pena destacar é que a formação dos Estados Nacionais acarretava despesas, o que levaria os reis a patrocinarem os empreendimentos marítimos para ampliar a receita e favorecer a centralização do poder.

Navegações Portuguesas (Século XV)

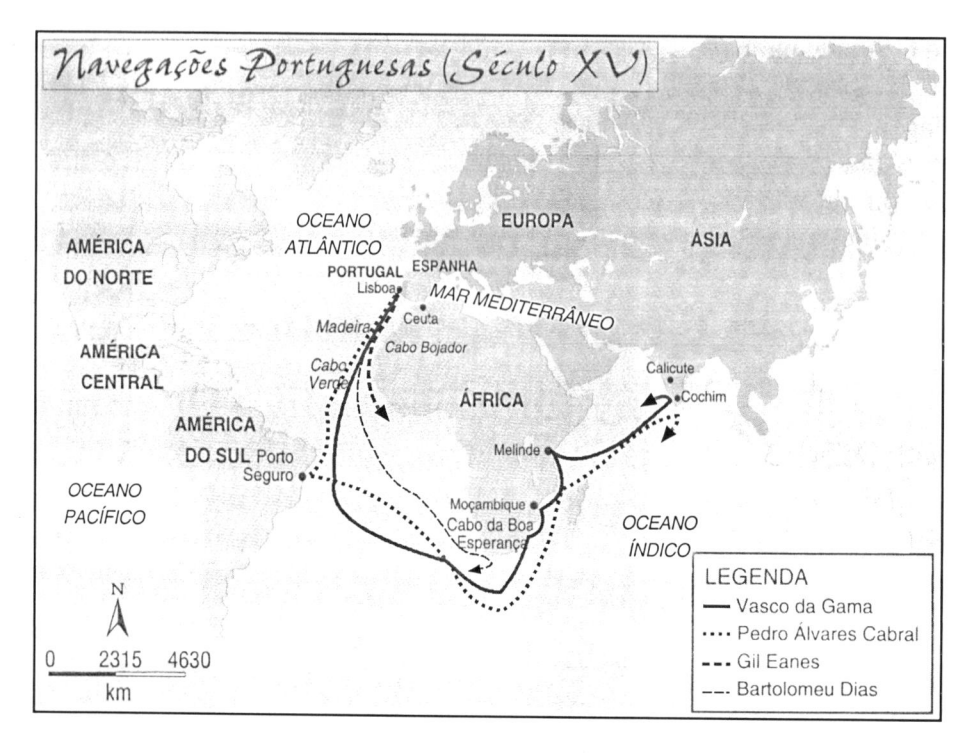

LEGENDA
— Vasco da Gama
···· Pedro Álvares Cabral
--- Gil Eanes
—·— Bartolomeu Dias

A PRIMAZIA PORTUGUESA

Portugal foi o primeiro Estado Nacional, tendo sido criado no século XII. A partir do século XIV aconteceu a Revolução do Mestre de Avis (1383-1385), que conduziu ao trono português um Rei ligado à burguesia mercantil. Diga-se de passagem, esta classe desenvolveu-se muito graças à posição de Portugal nas rotas comerciais européias. Além destes fatores destacamos a Escola de Sagres, o fato do país estar em paz e as grandes invenções (como a bússola, o astrolábio, a pólvora, as caravelas etc.), sem contar com a posição geográfica privilegiada e o apoio da Igreja Católica.

AS ETAPAS DA EXPANSÃO

Impulsionados pelas riquezas africanas, os portugueses iniciaram as grandes navegações, conquistando Ceuta, no norte da África em 1415. Após essa conquista, os portugueses continuaram fazendo explorações no Atlântico Sul, ao longo da Costa Ocidental africana.

Como o comércio das especiarias era monopolizado pelos italianos na Europa, os portugueses sentiam-se prejudicados, pagando muito caro por esses produtos. Bem, se a situação já era desconfortável para Portugal, a partir de 1453, com a queda de Constantinopla, o comércio entre o Oriente e o Ocidente ficou retraído, e o preço das especiarias subiu demasiadamente na Europa, afetando substancialmente a economia portuguesa. Diante dessa situação só havia uma opção para Portugal contornar a crise: buscar especiarias diretamente na fonte produtora, descobrindo assim um caminho marítimo para as Índias.

Esta aventura ultramarina é conhecida na História como o Ciclo Oriental das Navegações, porque os portugueses chegaram às Índias contornando o continente africano, fazendo o chamado **Périplo Africano**. O avanço português em direção às Índias foi lento, porém contínuo, costeando o litoral ocidental da África rumo ao sul. Os principais acontecimentos foram:

- 1415 – Portugal conquistou a cidade de Ceuta.
- 1419 – Chegada à Ilha da Madeira.
- 1431 – Reconhecimento do Arquipélago dos Açores.
- 1434 – Gil Eanes ultrapassa o Cabo Bojador.
- 1443 – Nuno Tristão atinge a Senegâmbia; Dinis Dias ultrapassa a Foz do Senegal.
- 1482 – Diogo Cão descobre o Zaire.
- 1488 – Bartolomeu Dias atinge o sul da África – o Cabo das Tormentas –, que passaria a ser chamado de Cabo da Boa Esperança.
- 1498 – Vasco da Gama chega às Índias.
- 1500 – Pedro Álvares Cabral chega ao Brasil.

E O BRASIL, FOI DESCOBERTO POR ACASO OU INTENCIONALMENTE?

Para responder a esta questão vamos recorrer a Eduardo Bueno no livro *A Viagem do Descobrimento*:

"A teoria da intencionalidade (defendida por Varnhagem e por Capistrano de Abreu) e a tese da descoberta casual (que em 1956 encontraria no historiador paulista Tomás Marcondes de Souza seu mais brilhante e ativo defensor) até o presente momento são profundamente debatidas.

A tese da casualidade começou a ser defendida a partir de 1541, no livro *História do Descobrimento e Conquista da Índia*, e acabou naquele período se tornando verdade histórica, justamente em um momento em que a corte portuguesa não possuía tantos interesses pelo Brasil. (...)

(...) Embora narrassem fatos ocorridos havia apenas meio século e tivessem acesso aos arquivos oficiais, os cronistas reais descreveram o Descobrimento do Brasil com base na chamada Relação do Piloto Anônimo. A questão intrigante é que em "nenhum momento o 'piloto anônimo' faz menção à tempestade que, segundo os cronistas reais, teria feito Cabral 'desviar-se' de sua rota. Embora a Carta de Caminha não tenha servido de fonte para os textos redigidos pelos cronistas oficiais do reino, esse documento também não se refere a tormenta alguma. Pelo contrário: mesmo quando narra o desaparecimento da nau de Vasco de Ataíde, ocorrido duas semanas depois da partida de Lisboa, Caminha afirma categoricamente que esse navio sumiu "sem que houvesse tempo forte ou contrário para poder ser".

Na verdade, a leitura atenta da Carta de Caminha e da Relação do Piloto Anônimo parece revelar que tudo na viagem de Cabral decorreu na mais absoluta normalidade e que a abertura de seu rumo para oeste foi proposital. De fato, é difícil supor que a frota pudesse ter se desviado 'por acaso' (...)."

(Bueno, Eduardo. *A Viagem do Descobrimento*. Ed. Objetiva. p.127)

Além do que já foi citado, outros fatores provam a intencionalidade. Portugal lutou intensamente para conquistar o Tratado de Tordesilhas. Pela Bula Inter Coetera, um meridiano dividiria o mundo, a partir de 100 léguas das Ilhas de Cabo Verde, estabelecendo que as terras a leste desta linha pertenceriam a Portugal. Se observarmos o mapa, perceberemos que por este tratado Portugal não teria acesso ao Brasil, o que só aconteceu a partir da assinatura do Tratado de Tordesilhas (1494), que ampliava de 100 para 370 léguas a área de Portugal, dando assim aos lusitanos a possibilidade de alcançarem o litoral brasileiro.

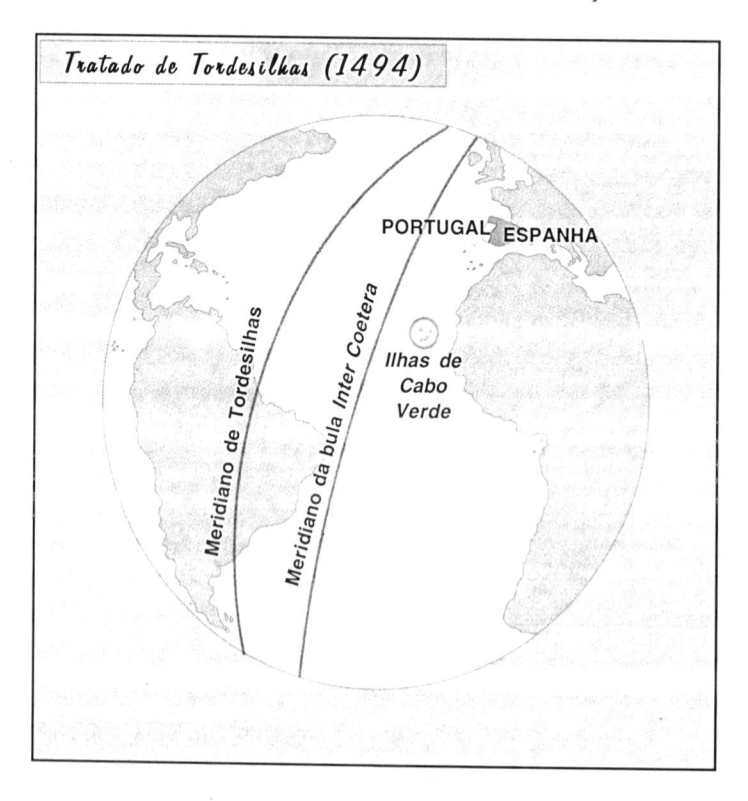

Finalmente, "(...) se já não era conhecida a existência desta 'nova' terra, era, quando menos, previsível. Muitos anos antes de Vasco da Gama ter avistado aves voando 'muito rijas' em meio ao oceano, os portugueses estavam convictos de que outras ilhas deveriam existir a oeste dos Açores e da madeira (...)."

(Bueno, Eduardo. *A Viagem do Descobrimento*. Ed. Objetiva. p.13)

Vale a pena destacar que a grande missão da frota de Cabral não era o Brasil, e sim o comércio das especiarias do Oriente.

A EXPANSÃO ESPANHOLA

No ano de 1492 o reino espanhol se unificava a partir da guerra de Reconquista, dando início imediatamente à sua Expansão marítima e comercial. Os espanhóis fizeram o **Ciclo Ocidental** das Navegações, e o seu grande navegador foi Cristóvão Colombo que navegando para o Ocidente, chegaria à América no dia 12/10/1492.

Desde o início do século XV, o reino de Castela desenvolvia navegações no oceano Atlântico, principalmente na atividade pesqueira na costa norte e sudoeste de seu território. Neste processo de Expansão, as Ilhas Canárias tornaram-se a principal base para Castela desenvolver as navegações pelo oceano Atlântico.

Depois das viagens de Colombo, os espanhóis realizaram outras viagens, tais como:
- Vicente Pinzón chegou à foz do rio Amazonas em 1500;
- Vasco Nunes de Balboa atingiu o Oceano Pacífico em 1513;
- Fernão de Magalhães iniciou em 1519 a primeira viagem de circunavegação, que foi concluída em 1521, pelo seu co-piloto Sebastião d'el Cano, porque Fernão de Magalhães morreu nas Filipinas.

A EXPANSÃO MARÍTIMA DA FRANÇA, DA INGLATERRA E DA HOLANDA

Diante dos problemas provocados pelas Guerras de religião entre católicos e protestantes, os franceses tiveram o processo de centralização do poder retardado, o que atrasou a Expansão marítima deste país, sem contar com a Guerra dos Cem Anos contra a Inglaterra (1337-1453).

A Inglaterra, por sua vez, após a Guerra dos Cem Anos, entrou em Guerra Civil (Guerra das Duas Rosas), o que também dificultaria a Centralização e atrasaria a Expansão Marítima e Comercial.

Os dois países procuravam novas rotas para o Oriente, buscando passagem a nordeste (norte da Eurásia) e a Noroeste (norte da América).

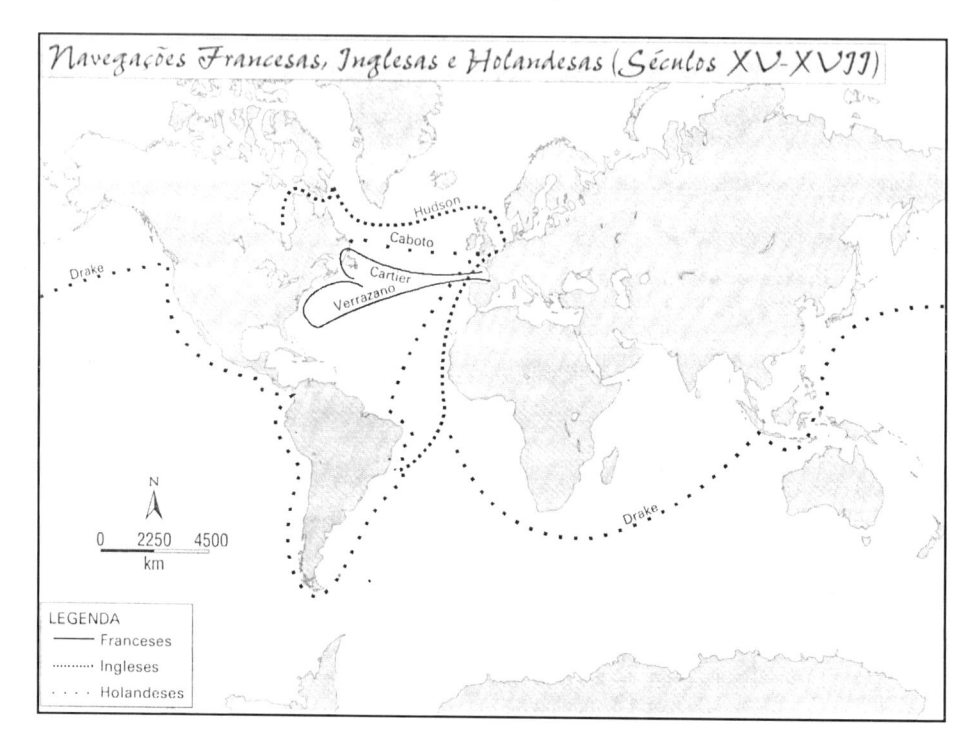

Navegações Francesas, Inglesas e Holandesas (Séculos XV-XVII)

LEGENDA
— Franceses
······ Ingleses
· · · · Holandeses

Principais viagens

França

- 1524 – Giovanni Verrazano, italiano que navega a serviço da França, explorou o litoral leste da América do Norte.
- 1534 – Jacques Cartier explorou a região do atual Canadá, navegando pelo rio São Lourenço.

Inglaterra

- 1497 – Giovanni Caboto, italiano que navegava a serviço da Inglaterra, chegou ao Canadá.
- 1577 – Francis Drake, grande pirata inglês, organizou uma viagem de circunavegação, assaltando principalmente navios espanhóis.
- 1609 – O inglês Henry Hudson descobriu o rio Hudson nos Estados Unidos.

HOLANDA

Embora tenha ficado atrasada na Expansão marítima e comercial, fato que ocorreu devido ao domínio espanhol, era um país próspero no cenário europeu, apresentando uma agricultura em franca expansão e um comércio em desenvolvimento que foi beneficiado com as vitórias sobre a Hansa Teutônica e pelos progressos da Marinha, principalmente a Mercante, que conferiria à Holanda o título de carreteiros do mar, por terem uma Marinha Mercante muito desenvolvida.

Vale a pena destacar que a Hansa Teutônica era uma associação de cidades alemãs, formada no século XIII, liderada pela cidade de Lubeck, que dominou o comércio marítimo da Europa Setentrional, tendo entrado em decadência a partir do momento em que o eixo econômico europeu foi transferido do mar Mediterrâneo para o oceano Atlântico.

Os holandeses tiveram intensa relação comercial com Portugal, investiram na produção de cana-de-açúcar no Brasil, e transportaram produtos vindos do Brasil, da África e da Ásia. Durante o período de dominação espanhola, o rei Carlos V proporcionou uma relativa autonomia aos holandeses, fator que possibilitou o fortalecimento da burguesia nacional holandesa. No entanto, com a morte de Carlos V e a chegada ao trono espanhol de Felipe II, os holandeses começaram a sentir uma mudança de postura dos espanhóis, que se mostraram intolerantes na questão religiosa e iniciaram uma grande ampliação da arrecadação fiscal.

Acostumados com a relativa autonomia do governo anterior, os holandeses não se conformaram com o autoritarismo de Felipe II e iniciaram uma revolta. Os Países Baixos se dividiram: o sul permaneceu unido à Espanha pela união de Arrás, enquanto os burgueses calvinistas do norte formavam a união de Utrecht (1579).

PRINCIPAIS REALIZAÇÕES

- Domínio sobre a Guiana holandesa, Ilha de Curaçao e diversos pontos da América do Norte.
- 1624 – Patrocinados pela Cia. das Índias Ocidentais, invadiram a Bahia, no Brasil.
- 1630 – Invasão holandesa a Pernambuco.

Consequências

Este fato histórico provocou grandes transformações na humanidade. O comércio, que até então era feito somente entre a Europa e o Oriente, agora ganharia proporções mundiais com a anexação da América e da África. O Eixo econômico europeu foi transferido do mar Mediterrâneo para o oceano Atlântico, influenciando, por exemplo, na decadência do Renascimento já que as cidades italianas perderam influência e importância no comércio das especiarias.

A Europa conheceu também a chamada Revolução dos Preços, decorrente da chegada de metais preciosos da América. A cunhagem de moedas em larga escala, em comparação com o ritmo lento da produção, provocou uma violenta inflação.

A burguesia fica fortalecida, politicamente, a maior entrada de riquezas no país favorece a consolidação do Absolutismo, enquanto ideologicamente vemos a valorização da riqueza móvel em contraposição ao período medieval onde a terra era a principal fonte de riqueza.

A decadência de Portugal

Durante um bom tempo, Portugal dominou o comércio das especiarias, mas, no entanto, a prosperidade era aparente e foi passageira. O desenvolvimento da colonização em três continentes foi extremamente dispendioso. Os gastos com militares e funcionários para administrarem as colônias eram altos, as caravelas não resistiam muito tempo, tendo assim Portugal uma despesa com a substituição das caravelas que naufragavam.

Além do mais, a emigração de homens para as colônias provocaria um encarecimento na mão-de-obra na agricultura portuguesa e uma diminuição na produção de alimentos. Assim, Portugal passou a importar alimentos, provocando uma despesa extra.

Diante das novas despesas, a Coroa começa a aumentar os impostos e a recorrer a empréstimos com credores internacionais, principalmente banqueiros flamengos e italianos que na realidade lucrariam muito com os portugueses.

As pensões para a nobreza decadente, as obras dispendidas, a expulsão dos judeus e a emigração dos cristãos-novos (judeus convertidos ao catolicismo) completariam o quadro que caracterizaria a decadência de Portugal.

A decadência espanhola

No século XVII a Espanha também entraria em um processo de decadência.

Embora os espanhóis tenham encontrado ricas minas de metais preciosos na América, não investiram em atividade produtiva e gastaram o dinheiro em obras dispendiosas, em constantes guerras e também com pensões para uma nobreza ociosa, processo aliás bem parecido com o português.

Houve também perseguição religiosa aos judeus, o que privou o Estado de capitais, empresários e mão-de-obra qualificada.

A Espanha também importou alimentos, o que contribuiu para o déficit da balança comercial. Associado a pressões internacionais de ingleses, holandeses e franceses, a Espanha foi percebendo que o seu poderio foi sendo lentamente minado.

A DECADÊNCIA HOLANDESA

Guerras desastrosas contra a Inglaterra (1652-1654 e 1665-1667) e contra a França (1672-1678) provocaram a decadência da Holanda. Os holandeses, da mesma forma que os portugueses e espanhóis, não passaram do capital comercial ao capital industrial, ou seja, o lucro obtido a partir da expansão marítima não foi aplicado na atividade industrial.

LEITURA COMPLEMENTAR

Lisboa, rival de Veneza

A descoberta do caminho marítimo para as Índias pelos portugueses fez perder a Veneza o seu monopólio na Europa. Este acontecimento não conduziu ao declínio de Veneza, mas foi grandemente sentido pelos seus mercados.

Em Veneza, um mercador nota no mês de junho de 1508:

'Aguardavam-se notícias de Portugal sobre a chegada dos seus barcos (da Índia) com muito medo e apreensão; e por isso o comércio estava completamente parado'.

No dia 10 de agosto escreve: 'Na feira alemã de Veneza não houve muitos negócios. E isto porque os alemães não queriam comprar pelos altos preços correntes, e os mercadores venezianos não queriam baixá-los, dada à pequeníssima quantidade de especiarias que se encontrava em Veneza. Supunha-se que na cidade não havia mais de 250 cargas de pimenta, 380kg de gengibre, 7 de noz-moscada e outros tantos de cravo-da-índia; e das outras especiarias não havia memória de haver tão pequenas quantidades. Na verdade, havia um número tão exíguo de trocas como não se podia prever. E isto acontecia porque os alemães não compravam senão aquilo de que tinham urgência, uma vez que não sabiam qual a quantidade de especiarias que os barcos portugueses trariam da índia.

A 6 de outubro chega a Veneza a notícia de que 21 naus portuguesas regressaram a Lisboa completamente carregadas. Esta notícia, conta o mesmo mercador, 'fez baixar muito o preço de todas as especiarias e de outras mercadorias, lançando os comerciantes no desespero, porque já não sabiam o que fazer, visto que os árabes, para salvar o seu comércio, propagavam falsas notícias acerca de pretensas vitórias contra os portugueses, enquanto as notícias de Portugal se referiam à tomada e resgate de um navio árabe, carregado de especiarias e com vários mercadores ricos a bordo'.

No ano seguinte, no mês de agosto de 1504, a notícia da chegada a Lisboa dos barcos portugueses carregados de pimenta e de outras especiarias não fez baixar os preços. O mesmo mercador escreve, então: 'Na cidade havia pequeníssima quantidade de especiarias, de tal modo que o preço não podia baixar.

Contudo, se não tivesse chegado a notícia desse carregamento a Lisboa, todas as especiarias teriam atingido altos preços e a cidade de Veneza teria feito uma fortuna. Na verdade, os nobres e os mercadores venezianos ficaram como que aturdidos com aquela notícia e com poucas esperanças de refazer o seu tráfego das especiarias, o que os punha de muito mau humor." (in: *Fins do lago*, Camilo e Diniz, Maria José. *História: idade medieval e moderna*. Porto: Porto Editora, 1978.)

De acordo com o texto, quais foram as conseqüências para a cidade de Veneza da descoberta do caminho marítimo para as Índias pelos portugueses?

Resposta: Veneza perdeu o monopólio do comércio das especiarias.

QUESTÕES RESOLVIDAS

1. (UFRJ) No início do século XV iniciou-se uma progressiva expansão européia através do litoral atlântico da África. Os portugueses desempenharam um papel pioneiro nesse processo. Desde a tomada de Ceuta, em 1415, até vencer o Cabo das Tormentas, em 1488, os portugueses implantaram feitorias pela costa africana, integrando-a ao comércio de especiarias da época e abrindo caminho para o tráfico negreiro que intensificaria nos séculos seguintes a presença das burguesias européias no continente africano.

a) Cite uma razão da não-ocupação do interior africano pelos portugueses.
b) Explique por que a burguesia européia tinha interesses no tráfico de escravos.
c) Cite uma conseqüência, para o continente africano, de sua inserção no tráfico de escravos.

Respostas:
a) O verdadeiro objetivo português era chegar ao oriente e os africanos levavam o excedente da produção para os portugueses no litoral.
b) O tráfico de escravos representava um comércio lucrativo para a burguesia européia.
c) Diminuição da capacidade de produção agrícola, aumento da dependência para os países europeus.

2. **(FUVEST)** "Em suma, a combinação de eficiência técnica e convicção mística, submetidas ambas à expansão comercial e ao poder político foi a característica (...) da conquista espanhola na América." (David A. Brading, Orbe indiano)

Com base no texto, estabeleça as relações entre:
a) avanços tecnológicos e expansão comercial;
b) poder político da Coroa Espanhola e Igreja Católica.

Questão 2 - Respostas:
a) O desenvolvimento econômico europeu iniciado na Baixa Idade Média (séculos XI a XV) produziu grandes transformações sociais e políticas (surgimento e consolidação da burguesia, desenvolvimento urbano, formação e fortalecimento das monarquias nacionais). A partir do século XV, a necessidade de consolidação do Estado Nacional, associada aos interesses da burguesia mercantil, impulsionou a expansão comercial, que foi ainda beneficiada diretamente pelos avanços das ciências náuticas (invenção da caravela, aperfeiçoamento da cartografia, utilização da bússola e do astrolábio) e das técnicas bélicas (o uso da pólvora foi fundamental para o domínio europeu sobre as regiões que seriam exploradas comercialmente).
b) Na Espanha, a Igreja Católica foi o principal elemento de coesão do Estado Nacional, justificando a sua existência como força de combate aos "infiéis". A expansão comercial espanhola foi apoiada por essa instituição, segundo o ideal cruzadista de expansão religiosa, combate aos "infiéis" e conversão dos "gentios".

3. **(UnB)** Vasco da Gama singrou águas de dois oceanos, aportou em três continentes e desembarcou em terras sofisticadas, eventualmente até mais desenvolvidas, em vários aspectos, que a sua pátria lusitana. Ao fazê-lo, não apenas abriu as portas para os chamados Descobrimentos Portugueses, mas deu início ao período que alguns historiadores chamam de "era da dominação europeia na História". A partir dessas informações, julgue os itens que se seguem, usando (V) para verdadeiro e (F) para falso.

( ) Além de obter acesso aos condimentos indispensáveis à conservação dos alimentos, como o cravo, a canela e a pimenta, a expansão marítimo-comercial portuguesa promoveu a escravização do trabalho humano e o alargamento das fronteiras mercantis européias.

( ) A exploração colonial dos Tempos Modernos favoreceu, ainda que de forma desigual, o crescimento social e econômico europeu e possibilitou a acumulação de riqueza necessária para o processo industrial dos séculos XVIII e XIX.

( ) O que se convencionou denominar neocolonialismo conservou as mesmas estruturas do antigo colonialismo, embora sob a égide de uma nova orientação política e financeira: o absolutismo reinou e o mercantilismo exclusivista.

( ) As teses liberais do século XIX, à revelia das criticas ortodoxas, estimularam as intervenções do Estado nos negócios comerciais e financeiros, o que fortaleceu os laços de dependência das colônias americanas às metrópoles européias.

Resposta: V, V, F, F

4. **(UFSC)** Leia o texto que descreve os fenômenos da Mitologia que ajudaram a construir o fatalismo geográfico representado pelo Cabo Bojador.

DO OUTRO LADO DO MAR TENEBROSO

Águas fervilhantes, ares envenenados, animais fantásticos e canibais monstruosos espreitavam a imaginação dos que desciam o Atlântico em direção ao sul.

Quando o navegador da Ordem de Cristo Gil Eanes passou o Cabo Bojador, um pouco ao sul das ilhas Canárias, em 1434, mais do que realizar um avanço náutico, estava desmontando uma mitologia milenar. Acreditava-se que depois do cabo, localizado no que é hoje o Saara Ocidental, começava o Mar Tenebroso, onde a água fumegava sob o sol, imensas serpentes comeriam os desgraçados que caíssem no oceano, o ar seria envenenado, os brancos virariam pretos, haveria cobras com rostos humanos, gigantes, dragões e canibais com a cabeça no ventre.

O estrondo das ondas nos penhascos do litoral, que podia ser ouvido a quilômetros de distância, as correntes fortíssimas e as névoas de areia reforçavam o pânico dos pilotos. Quando finalmente reuniu coragem e viu que do outro lado não havia nada de especial, Eanes abriu o caminho para o sul.

("Super Interessante", fevereiro de 1998, p. 39)

Assinale a(s) proposição(ões) correta(s), usando (V) para verdadeiro e (F) para falso.
( ) Até 1434, o Cabo Bojador e a mitologia que o envolveu simbolizavam um limite para a navegação.
( ) O fatalismo geográfico, representado pelo Cabo Bojador, serviu como elemento impulsionador das Grandes Navegações portuguesas.
( ) Acreditava-se que para além do Cabo Bojador as águas do mar ferviam e os que ousassem ultrapassar aquele limite não poderiam regressar, pois pereceriam na Terra do Mestre João.
( ) Estavam certos os navegantes ao acreditarem que, para além do Cabo Bojador, o oceano era tão revolto e as correntes marítimas tão violentas, que impediam o retorno daqueles que ousassem ultrapassá-lo.
( ) Portugueses e espanhóis alcançaram sucesso nas grandes navegações, pois jamais acreditaram na impossibilidade de navegar fora dos limites do Cabo Bojador.

( ) O oceano Atlântico também foi chamado por muito tempo de Mar Tenebroso, pois acreditava-se que nas suas águas ferventes ocultavam-se muitos mistérios.

Resposta: V F F F F V

5. (UFSCAR) Antes deste nosso descobrimento da Índia, recebiam os mouros de Meca muito grande proveito com o trato da especiaria. E assim, o grande sultão, por mor dos grandes direitos que lhe pagavam. E assim também ganhava muito Veneza com o mesmo trato, que mandava comprar a especiaria a Alexandria, e depois a mandava por toda a Europa.

(Fernão Lopes de Castanheda, "História do descobrimento e conquista da índia pelos portugueses" (1552-1561), citado por Inês da Conceição Inácio e Tânia Regina de Luca, "Documentos do brasil colonial". SP: Ática, 1993, p.19)

O texto refere-se:
a) à união política e militar entre venezianos e mouros, contrários às navegações portuguesas.
b) à chegada dos navegantes portugueses à Índia, comprovando empiricamente a esfericidade da Terra.
c) ao enriquecimento do grande sultão muçulmano, à custa do empobrecimento das cidades italianas.
d) ao deslocamento do comércio lucrativo de especiarias da região do Mar Mediterrâneo para o oceano Atlântico.
e) ao projeto de expansão marítima da coroa portuguesa, preocupada em difundir a fé cristã.

Resposta: D

QUESTÕES PROPOSTAS

1. (PUC-RIO) A chegada de Cristóvão Colombo ao continente americano em 1492, tomando posse das terras encontradas para o rei de Espanha, constitui um momento importante da chamada Era dos Descobrimentos. Analise as afirmativas abaixo referentes às relações entre a expansão ibérica e a transição do feudalismo para o capitalismo:
I - a constituição de um Estado Nacional e a centralização do poder político na figura do rei foram fatores decisivos na expansão marítima portuguesa e espanhola;
II- a opção atlântica dos países ibéricos deveu-se à impossibilidade de realizar um projeto expansionista na direção do continente europeu e do Mediterrâneo;

III - a expansão marítima espanhola foi determinada pelas necessidades dos capitais italianos, especialmente os da cidade de Gênova, que buscavam superar o monopólio veneziano no Oriente;

IV - o desenvolvimento do comércio e da produção foi uma alavanca para a expansão uma vez que possibilitou o desenvolvimento de técnicas de navegação e o acúmulo de capital nas mãos de comerciantes portugueses.

Assinale a opção que contém as afirmativas corretas:
a) somente I e IV.
b) somente I e III.
c) somente II e III.
d) somente I, II e IV.
e) somente II e IV.

2. (UERJ) Na expansão marítimo-comercial moderna, o pioneirismo português pode ser explicado como resultado de diversos fatores. Entre eles podem-se destacar os seguintes:
a) localização geográfica e estabelecimento de relações comerciais via Mediterrâneo com o Oriente.
b) descoberta das rotas mediterrâneas para o Oriente e concorrência com as cidades italianas.
c) centralização política e intervenção real em favor da navegação pelo Atlântico.
d) avanço das artes cartográficas e reivindicações de reformas liberais.
e) cobiça da burguesia mercantil e liberalismo da Coroa.

3. (UNIFICADO) O descobrimento do Brasil foi parte do plano imperial da Coroa portuguesa, no século XV. Embora não houvesse interesse específico de expansão para o Ocidente:
a) a posse de terras no Atlântico ocidental consolidava a hegemonia portuguesa neste oceano.
b) o Brasil era uma alternativa mercantil ao comércio português no Oriente.
c) o desvio da esquadra de Cabral seguia a mesma inspiração de Colombo para chegar às índias.
d) a procura de terras no Ocidente foi uma reação de Portugal ao Tratado de Tordesilhas, que o afastava da América.
e) essa descoberta foi mero acaso, provocado pelas intempéries que desviaram a esquadra da rota da Índia.

Unidade 11 - A expansão marítima e comercial | 137

4. (UERJ) Ao chegar a Calicute, em 1498, o navegador português Vasco da Gama aguardou que embarcações locais se aproximassem das naus e mandou um membro da tripulação para terra, o degredado João Nunes. Este encontrou no porto dois comerciantes tunisinos, que sabiam falar castelhano e genovês, travando o seguinte diálogo, registrado por um português anônimo:

– Ao diabo que te dou; quem te trouxe cá?

E perguntaram-lhe o que vínhamos buscar tão longe.

E ele respondeu:

– Vimos buscar cristãos e especiaria.

(Adaptado de Villiers, John. "Vasco da gama, o preste joão das índias e os cristãos de são tomé". In: "Oceanos: vasco da gama". Lisboa , 1998.)

a) Justifique por que "buscar especiaria" foi uma importante motivação econômica da Expansão Marítima portuguesa.

b) Identifique duas ações voltadas para a expansão da fé cristã, que tenham sido empreendidas pelos portugueses nos seus domínios coloniais.

5. (UFES) Enquanto a fragmentação e o particularismo ainda vigoravam no restante do continente europeu, Portugal foi pioneiro no processo de centralização política. Explique esse pioneirismo com base no processo de Reconquista da Península Ibérica em relação

a) à distribuição de terras;

b) à expulsão dos mouros.

6. (UFG) Pensando no tema "fronteiras", é perceptível o estabelecimento de uma nova ordenação do espaço, resultante das Grandes Navegações. As novas descobertas redefiniram, no século XVI, a concepção de mundo que se abria ante o desconhecido. Neste sentido, analise a configuração espacial do mundo no século XVI, destacando as rivalidades e conflitos decorrentes da expansão marítima e comercial.

7. (UNICAMP) Os 450 anos compreendidos entre a chegada de Vasco da Gama, em 1498, e a retirada das forças britânicas da Índia, em 1947, constituem um verdadeiro período histórico. (Adaptado de K. M. Pannikar, A dominação ocidental na ásia, São Paulo: Paz e Terra, 1977. p. 19.)

a) Explique o que representou para europeus e indianos a chegada de Vasco da Gama à Índia em 1498.

8. (UNICAMP) O recente episódio das eleições livres no Timor Leste oficializou a independência daquele território após longo processo de dominação; seus primórdios situam-se no século XVI e coincidem com as primeiras viagens marítimas dos europeus ao Oriente.
   a) Qual a nacionalidade dos europeus que chegaram pioneiramente no arquipélago onde hoje se situa o Timor Leste e qual o episódio histórico relacionado a esse empreendimento?
   b) Cite duas razões para o interesse dos europeus pelo Oriente, no século XVI.
   c) Que semelhança há entre a formação histórica de Timor Leste e a do Brasil?

9. (FATEC) Sobre a Expansão Marítima Espanhola é correto afirmar:
   a) A luta pela Reconquista de Ceuta, tomada pelos portugueses em 1415, impossibilitou a saída da Espanha como pioneira na Expansão Marítima Européia.
   b) Pioneira na Península Ibérica, a Espanha pôde, a partir da constituição de seu Estado Nacional, assegurar recursos para este arriscado empreendimento.
   c) A luta pela Reconquista, a orientação aragonesa para empreendimentos no Mediterrâneo e a ausência de uma unidade política e territorial impossibilitaram à Espanha, em um primeiro momento, a investida no Atlântico.
   d) A Espanha, desde a conquista de Ceuta, em 1415, tornou-se a pioneira na investida marítima pelo Atlântico.
   e) A constituição do Estado Nacional Espanhol a partir da união de Castela, Aragão, Granada e Navarra possibilitou a organização do capital necessário para o pioneirismo deste país nas navegações do século XV.

10. (PUC-MG) A expansão ultramarina dos países ibéricos, no início dos Tempos Modernos, apresenta como motivações, exceto:
   a) necessidade de conseguir novos mercados de produtos orientais.
   b) procura de um caminho marítimo para as Índias.
   c) a existência de grandes riquezas no continente americano.
   d) interesse pela difusão do Cristianismo entre povos "infiéis".

GABARITO DAS QUESTÕES PROPOSTAS

Questão 1 - Resposta: A

Questão 2 - Resposta: C

Questão 3 - Resposta: A

Unidade 11 - *A expansão marítima e comercial* | **139**

Questão 4 - Respostas:
a) "Buscar especiaria" foi uma importante motivação econômica da Expansão Marítima portuguesa porque havia grande interesse nesses produtos, originários do Oriente, pela Europa, em função das suas propriedades de conservação dos alimentos e, portanto, fontes de vultosos lucros.
b) Duas dentre as ações de cristianização destacam-se:
- ação dos jesuítas
- construção de igrejas
- catequese das populações indígenas
- trabalho missionário de várias ordens religiosas
- monopolização do ensino por clérigos católicos

Questão 5 - Respostas:
a) As origens de Portugal como nação encontram-se na doação do Condado Portucalense ao conde Henrique de Borgonha, pelo rei de Leão, Afonso VI, como prêmio pelo auxílio na Guerra de Reconquista, no final do século XI.
b) Em 1139, Afonso Henriques liderou a independência do Condado Portucalense, dando origem ao Reino de Portugal, cujas terras ao sul, conquistadas aos mouros, foram incorporadas ao Reino e distribuídas aos fidalgos e a ordens militares e religiosas.

Questão 6 - Resposta: Com a descoberta do Novo Mundo, condicionada à expansão comercial européia, estabeleceu-se o Sistema Colonial, definindo a Europa como área metropolitana e a América e os demais continentes como áreas coloniais. A partir daí, as nações européias instituíram a política mercantilista como forma de superação econômica em relação às concorrentes ou ainda recorreram à conflitos político-militares, destacando-se a derrota da Invencível Armada Espanhola para os ingleses ou a Guerra do Açúcar envolvendo Espanha e Holanda.

Questão 7 - Respostas:
a) Para os europeus, sobretudo os portugueses, a expansão das atividades comerciais e o início do domínio colonial na Ásia e para os indianos a submissão em todos os níveis ao domínio europeu.

Questão 8 - Respostas:
a) Os portugueses no contexto da Expansão Marítima e Comercial européia no século XVI.
b) A obtenção de especiarias e metais preciosos no Oriente no século XVI, foi motivada pela desenvolvimento das atividades comerciais na Europa na Baixa Idade Média e pelo fechamento do Mediterrâneo ao comércio oriental após a tomada de Constantinopla em 1453 pelos turcos-otomanos.

c) A colonização portuguesa, cujas influências se mantêm até os dias atuais nos dois países.

Questão 9 - Resposta: C

Questão 10 - Respostas: C

COMPLEMENTANDO OS ESTUDOS

Vídeos

1492 a conquista do paraíso (EUA/FRA/ESP, 1982). 140' Dir. Ridley Scott

Livro

Farai, Antônio A. da Costa. *Caravelas no Novo Mundo*. 13ª ed. São Paulo: Ed. Ática, 1999.

Página eletrônica

Texto sobre as viagens marítimas e a sociedade européia da época:
http://www.ceveh.com.br/aulas/le_aula_desc.htm

UNIDADE 12

O MERCANTILISMO

SINOPSE TEÓRICA

O fortalecimento dos Estados Nacionais levou-os progressivamente a adotarem uma política econômica intervencionista que ficaria conhecida com o nome de mercantilismo. Na realidade, o mercantilismo foi um conjunto de práticas econômicas que visava a fortalecer o poder real e a burguesia durante a transição do feudalismo para o capitalismo, entre os séculos XV e XVIII.

Vejamos agora as suas principais características:

1) **Metalismo**: acumulação de estoques metálicos, entendidos como um meio de se alcançar a riqueza e a prosperidade.

2) **Protecionismo alfandegário**: Consiste em restringir ao máximo a entrada de produtos estrangeiros, objetivando a proteção do artigo nacional e dos mercados nacionais.

3) **Colonialismo**: A colônia teria a função histórica de complementar a economia metropolitana, promovendo o seu enriquecimento. Através do monopólio se garantia exclusividade comercial sobre a produção das colônias.

O SISTEMA COLONIAL MERCANTILISTA

```
ARISTOCRACIA BRANCA –         A condição de subordinação política colonial      REI – DIRIGE A ECONOMIA
ORGANIZA A PRODUÇÃO E VENDE   era mantida por esta aliança de interesses        E COBRA TRIBUTOS

                                    Exportação de escravos;
                                    e manufaturados
Sociedades de classes                                                            Aliança de interesses
rigidamente estratificada   COLÔNIA                      METRÓPOLE

                                    Exportação de produtos
                                    agrícolas e metais preciosos

PRODUTOR DIRETO –            BURGUESIA MERCANTIL – PRIVILEGIA-SE COM O MONOPÓLIO
EM CONDIÇÃO ESCRAVA OU SERVIL   ACUMULADO CAPITAL; ENCARREGADA DO TRANSPORTE E
                                COMERCIALIZAÇÃO NA EUROPA
```

4) **Nacionalismo**: incentivo a nação a produzir para o mercado interno e um excedente para a exportação.

5) **Paternalismo**: os monarcas procuravam proteger as indústrias da concorrência dos produtos importados, com prêmios e incentivos fiscais; ao mesmo tempo criavam melhorias para a população. Não pense você que o objetivo era beneficiá-la, é evidente que na realidade os benefícios tinham como objetivo ter o povo trabalhando em tempo de paz e, quando necessário, lutando em tempo de guerra.

O mercantilismo não foi único, ele foi adquirindo peculiaridades locais se adaptando às condições econômicas dos países, assim, diversos modelos existiram, como podemos observar abaixo:

1) **Metalista ou Bulionista**: acumulação de metais preciosos, mas sem uso efetivo na atividade industrial (Espanha).

2) **Comercialista**: baseado no comércio de especiarias orientais, escravos e produtos tropicais de suas colônias (Portugal).

3) **Comercialista e Industrialista**: grande estímulo à produção naval com o objetivo de desenvolver o comércio marítimo. Parte do capital obtido foi aplicado na atividade manufatureira (Inglaterra).

4) **Colbertismo**: foi o mais radical dos modelos de mercantilismo. Aplicado por Colbert, secretário de finanças de Luís XIV, foi ao mesmo tempo comercial e agrícola, industrial e metalista, tendo como principal característica o intervencionismo.

LEITURA COMPLEMENTAR

Mercantilismo e sistema colonial

Francisco Falcon

"A conquista e exploração de colônias é um ponto essencial das idéias mercantilistas. A expressão clássica desse fato, em nível ideológico, é a teoria do pacto colonial, onde se trai a falsa suposição de que haveria de fato um pacto ou acordo tácito entre metrópole e colônias. Na realidade, porém, a colônia existe em função e para a metrópole, estando suas relações definidas através do chamado "exclusivo colonial". A produção das colônias só é válida na medida que possibilite lucros elevados aos comerciantes metropolitanos, detentores do monopólio sobre o comércio de importação e exportação das colônias. A atividade econômica das colônias deve se complementar e jamais ser concorrente em relação à das respectivas metrópoles. Afinal, as colônias têm um papel único a desempenhar, no sentido de garantir às suas metrópoles os meios de obterem uma balança comercial favorável nas trocas com outros países. Na prática, as colônias constituem uma espécie de território privilegiado, reservado, já que o exclusivo assegura ao comércio metropolitano a prática mercantil mais cara à ótica mercantilista: comprar pelo preço mais barato possível e vender pelo preço mais elevado que se pudesse conseguir.

Compreende-se, dessa forma, que sempre tenha sido um ponto de honra proibir o aparecimento de atividades manufatureiras nas colônias, pois não só fariam concorrência aos produtos vindos da metrópole, como desviariam recursos materiais e humanos daquelas atividades mais lucrativas, do ponto de vista metropolitano."

(Falcon, Francisco J. C. *Mercantilismo e transição.* São Paulo: Brasiliense, 1981, p.p. 79-80)

Explique a função da colônia no Pacto Colonial.

Resposta: Complementar a economia metropolitana, enriquecendo a metrópole na medida que compraria os produtos manufaturados a preços altos da metrópole e venderia matérias-primas a preços baixos.

QUESTÕES RESOLVIDAS

1. (UERJ) Balança fecha com déficit de US$ 315 milhões. O governo está comemorando o déficit de US$ 315 milhões na balança comercial do mês passado, bem abaixo do saldo negativo de US$ 811 milhões registrado em julho. (*O Globo*, 02/09/97)

A notícia identifica uma preocupação do governo em obter um saldo positivo nas correntes de comércio. Essa preocupação, no entanto, não é nova. Na Idade Moderna – séculos XV ao XVIII – a formulação da idéia de uma balança favorável era decorrente das práticas econômicas ligadas ao:
   a) Mercantilismo.
   b) Fisiocratismo.
   c) Cameralismo.
   d) Metalismo.

Resposta: A

2. (FGV) "O espaço fechado e o calor do clima, a juntar ao número de pessoas que iam no barco, tão cheio que cada um de nós mal tinha espaço para se virar, quase nos sufocavam. Esta situação fazia-nos transpirar muito, e pouco depois o ar ficava impróprio para respirar, com uma série de cheiros repugnantes, e atingia os escravos como uma doença, da qual muitos morriam". (Relato do escravo Olaudah Equiano. Apud ILIFFE, J., "Os africanos. história dum continente". Lisboa: Terramar, 1999, p. 179)

A respeito do tráfico negreiro, é correto afirmar:
   a) Foi praticado exclusivamente pelos portugueses que obtiveram o direito de asiento, ou seja, direito ao fornecimento de escravos às plantações tropicais e às minas da América espanhola e anglo-saxã.
   b) Tornou-se uma atividade extraordinariamente lucrativa e decisiva no processo de acumulação primitiva de capitais que levou ao surgimento da sociedade industrial.
   c) Foi combatido pelos holandeses à época de sua instalação em Pernambuco, o que provocou a revolta da população luso-brasileira em meados do século XVII.
   d) Tornou-se alvo de divergências entre dominicanos, que defendiam o tráfico e a escravidão dos africanos, e os jesuítas, contrários tanto ao tráfico quanto à escravidão.
   e) O aperfeiçoamento do transporte registrado no século XIX visava diminuir a mortandade dos escravos durante a travessia do Atlântico, atenuava as críticas ao tráfico e ainda ampliava a margem de lucros.

Resposta: B

3. **(UNIOESTE)** A modernidade abriu um cenário onde a Europa buscou novas fronteiras através da internacionalização dos mercados. Com base na afirmativa, use (V) para verdadeiro e (F) para falso.

( ) O mercantilismo foi considerado uma política a serviço do Estado.

( ) O mercantilismo se caracterizou pela balança comercial favorável, pelo protecionismo e pelo monopólio comercial.

( ) As colônias deviam organizar a produção de acordo com as demandas do comércio das metrópoles.

( ) Os governos intervinham nos mercados para proteger a economia nacional.

( ) As políticas protecionistas buscavam amparar os interesses dos produtores de matérias-primas.

( ) Os Estados e as empresas buscavam, acima de tudo, o bem-estar social.

Resposta: V V V V F F

4. **(UFV)** Na época do mercantilismo a coisa funcionava assim: a Colônia ESTAVA sempre forçada a vender seus produtos a preços impostos e em lugares indicados pela metrópole. A Colônia TINHA de aceitar a venda de seus produtos a preços vis, sem discussão, nem escapatória possíveis, porque ESTAVA proibida de vendê-los a outros mercados e, além disso, não lhe ERA permitido valorizar seus produtos primários mediante transformação industrial.

Nesse sentido, HAVIA toda uma série de medidas severamente aplicadas a fim de que a Colônia jamais PUDESSE reagir contra as restrições impostas.

Colocando-se, no presente, todos os verbos em destaque no texto anterior, tem-se a descrição do seguinte processo atual:

a) Globalismo.

b) Bloquismo.

c) Protecionismo.

d) Liberalismo.

e) Neo-liberalismo.

Resposta: C

5. **(UFV)** A era dos descobrimentos, iniciada pela aventura atlântica dos navegadores portugueses, logo seguidos por espanhóis, ingleses, franceses e holandeses, teve como conseqüência a ampliação do horizonte europeu a "novos mundos". À era da expansão européia se segue a conquista e ocupação dos novos territórios, formando os impérios coloniais da era do mercantilismo.

Das alternativas a seguir, aquela que NÃO diz respeito ao "Antigo Sistema Colonial" é:

   a) a reinvenção do trabalho escravo e de outras formas de trabalho servil nas colônias.

   b) o exclusivo colonial, definindo relações de monopólio no trato comercial das metrópoles com as colônias.

   c) a partilha da Ásia e da África, como resultado da competição imperialista entre as grandes potências.

   d) a organização da produção colonial em torno do eixo exportação, escravidão e grande propriedade.

   e) os descobrimentos, a expansão comercial e as práticas mercantilistas do Estado absolutista europeu.

Resposta: C

Questões propostas

1. **(UNIFICADO)** Sobre as concepções e práticas mercantilistas, adotadas pelas nações européias entre os séculos XVI e XVIII, é correto afirmar que:

   a) buscavam alcançar uma balança comercial favorável através do liberalismo alfandegário;

   b) baseavam-se em rigorosas proibições das práticas protecionistas e monopolistas comerciais;

   c) condenavam o dirigismo econômico e a regulamentação da produção exercidos pelos monarcas absolutos;

   d) fundamentavam-se na expansão do poderio naval como forma de sustentar o comércio externo;

   e) negavam a importância dos investimentos em atividades manufatureiras, privilegiando apenas as agrícolas.

2. **(UFRN)** A colonização da América repercutiu na economia européia, na Idade Moderna. Acerca disso, é correto afirmar que o(a):

   a) enriquecimento decorrente dos metais preciosos americanos fez surgir a Arte Renascentista, que se espalhou pela Europa.

b) produção de ouro e prata americanos criou um lastro para as moedas européias, pondo fim à inflação.
c) manutenção da balança comercial favorável às metrópoles propiciou a acumulação de capitais na Europa.
d) conhecimento de técnicas agrícola legado pelos Impérios Inca e Asteca possibilitou o desenvolvimento econômico europeu.

3. **(UFF)** "As colônias diferem das províncias da França tanto quanto o meio difere da finalidade". (Frase de Choiseul, ministro das Colônias da França, 1765)

Tome como ponto de partida a relação entre colônias e metrópole suposta na frase citada.

Assinale a opção que exemplifica uma das conseqüências de tal relação para as idéias mercantilistas acerca das colônias:
a) o comércio colonial, por imposição de uma economia interna complementar à da metrópole e do monopólio metropolitano sobre suas importações, devia garantir o aumento da produção, navegação e riqueza em geral na metrópole;
b) os colonos deviam ver sua permanência nas colônias como algo passageiro e aspirar a instalar-se na metrópole logo que lhes fosse possível: tal devia ser sua finalidade principal;
c) as colônias diferiam profundamente das metrópoles devido à raça e aos costumes dos respectivos habitantes: os coloniais eram considerados inferiores e, portanto, desprezados pelos europeus;
e) as colônias forneciam à metrópole o meio de pôr em prática finalidades valorizadas na época, como a conversão de índios e negros à fé cristã, mesmo se na prática isso nem sempre fosse feito nos moldes recomendados pela igreja;
e) se os fins justificam os meios, o fato de ter colônias, por sua vez, ao provocar a emulação e mesmo disputas armadas entre as potências européias, criava-lhes novas finalidades de ação.

4. **(UFF)** "A única maneira de fazer com que muito ouro seja trazido de outros reinos para o tesouro real é conseguir que grande quantidade de nossos produtos seja levada anualmente além dos mares, e menor quantidade de seus produtos seja para cá transportada".

(O trecho acima encontra-se no documento: Política para tornar o Reino na Inglaterra rico, próspero e poderoso, 1549 – citado em Freitas, Gustavo de. *900 textos e documentos de história*. Lisboa: Plátano Editorial, s/d. p.234).

Uma das principais características do mercantilismo que este trecho expressa é:
a) o princípio do laissez-faire;
b) o exclusivo colonial;
c) a teoria dos choques adversos;
d) a política da banda cambial;
e) o princípio da balança comercial favorável.

5. (UFSM) O mercantilismo, enquanto conjunto de políticas adotadas na transição entre o feudalismo e o capitalismo, tinha como princípios e práticas,
I. exportar cada vez mais e importar cada vez menos, afim de obter uma balança comercial favorável e reter metais preciosos.
II. desenvolver o livre comércio colonial, independente da nacionalidade das embarcações, opondo-se a qualquer intervenção estatal na economia.
III. estimular a exportação de metais preciosos e a importação de produtos manufaturados, a fim de intensificar a utilização de navios estrangeiros.
IV. incentivar a produção nacional agrícola e manufatureira e desestimular as importações de mercadorias.
V. adotar, dentro dos preceitos do pacto colonial, políticas que permitissem às colônias um bom desenvolvimento econômico, possibilitando a ruptura com suas metrópoles.

Está(ão) correta(s):
a) apenas I.
b) apenas I e IV.
c) apenas II e V.
d) apenas II e III.
e) apenas III, IV e V.

6. (PUC-PR) "O recurso comum, portanto, para aumentar nossa riqueza e tesouro é pelo comércio externo, no qual devemos observar esta regra: vender mais aos estrangeiros, anualmente, do que consumimos de seus artigos... porque a parte de nosso stock que não nos for devolvida em mercadorias deverá necessariamente ser paga em dinheiro... Qualquer medida que tomemos para obter a entrada de dinheiro neste reino, este só permanecerá conosco se ganharmos na balança comercial..." (Thomas Man – *A riqueza da inglaterra pelo comércio externo*)

Unidade 12 - O mercantilismo | 149

O texto e o estudo da evolução do pensamento econômico permitem afirmar que:

I - Está presente uma verdadeira síntese das preocupações dos mercados das cidades medievais italianas, principalmente dos comerciantes de Gênova e de Veneza.

II - Traduz também as linhas de ação do mercantilismo prussiano ou alemão, que buscou inclusive intervir na economia interna como uma forma de planificação da sociedade.

III - Os mercados mercantilistas tinham por meta alcançar sempre o "superávit" comercial como forma de conseguir metais preciosos, uma vez que o dinheiro, na época, século XVI, XVII e parte do XVIII, era de metal.

IV - Riqueza e dinheiro ou moeda são sinônimos no pensamento do autor.

V - O intervencionismo estatal na economia e o protecionismo alfandegário eram características da economia européia ocidental nos séculos apontados na opção III.

Estão corretas, apenas:
a) III e IV.
b) II e IV.
c) I, II, III e V.
d) II, III, IV e V.
e) II e V.

7. (FGV) Leia atentamente as afirmações abaixo, sobre mercantilismo, e assinale a alternativa correta.

I– São características essenciais do mercantilismo: o monopólio, o protecionismo e a balança comercial favorável.

II– O objetivo fundamental do mercantilismo, como política de acumulação de capitais, é a livre concorrência sem a intervenção do Estado-nação.

III– As medidas da política econômica mercantilista foram idênticas em todos os países da Europa durante os séculos XVI, XVII e XVIII.

IV–O Pacto Colonial está no contexto das práticas mercantilistas.

V– O insucesso da política mercantilista expressa-se pela permanência da política bulionista por três séculos.

a) apenas I e III estão corretas;
b) apenas II e IV estão corretas;
c) apenas II e V estão corretas;
d) apenas III e V estão corretas;
e) apenas I e IV estão corretas.

8. (FUVEST) Durante a Idade Moderna, pensava-se que todas as riquezas do mundo estavam numa posição estática e constante, razão pela qual o comércio era tido como uma atividade em que havia um ganhador e um perdedor, sendo o seu resultado equivalente a uma soma zero (+1-1=0). Baseando-se nestes princípios, os Estados modernos atuaram no comércio internacional sob a orientação de uma política econômica.
   a) Que nome foi dado a esta política econômica?
   b) Quais foram seus principais elementos constitutivos?

9. (UFPR) Na questão a seguir, escreva no espaço apropriado a soma dos itens corretos.

"O modelo colonial vigente no Brasil a partir de sua inserção no espaço econômico europeu foi produto direto da prática do mercantilismo, que caracterizava a estrutura econômica dos países daquela época." (Lopes, Luiz Roberto. *História do brasil imperial*. Porto Alegre: Mercado Aberto, 1982)

A respeito do mercantilismo e das relações metrópole-colônia, é correto afirmar que:
   01) A colônia só podia produzir o que a metrópole pudesse revender com lucro no mercado europeu.
   02) A colônia podia desenvolver indústrias locais, cujos produtos pudessem garantir seu desenvolvimento autônomo.
   04) A acumulação de saldos positivos, convertidos em metais preciosos, fazia parte da política mercantilista, em benefício da metrópole.
   08) Dentro da política mercantilista, o tráfico de escravos tornou-se uma das formas eficazes de acumulação de capital.
   16) O monopólio comercial não era fundamental para a metrópole, que dava as colônias liberdade de comércio.
   32) A produção da colônia permitia a metrópole disputar e conquistar mercados, favorecendo o acúmulo de metal precioso, nos termos da prática mercantilista.

Soma: ( )

10. (VUNESP) Procure caracterizar a política econômica mercantilista na fase de expansão comercial e marítima européia.

Gabarito das questões propostas

Questão 1 - Resposta: D

Questão 2 - Resposta: C

Unidade 12 - *O mercantilismo* | 151

Questão 3 - Resposta: A

Questão 4 - Resposta: E

Questão 5 - Resposta: B

Questão 6 - Resposta: A

Questão 7 - Resposta: E

Questão 8 - Respostas:
a) Mercantilismo
b) Metalismo, balança comercial favorável, protecionismo dos monopólios estatais, intervencionismo do Estado na regulamentação da economia e exploração de colônias (Sistema Colonial).

Questão 9 - Resposta: 45 (01+04+08+32)

Questão 10 - Resposta: Impulsionada pelo metalismo, a busca por soluções às crises econômicas e a obtenção de especiarias, entre outras. Os Estados nacionais centralizados associaram-se à burguesia e praticaram a expansão.

UNIDADE 13

O HUMANISMO E O RENASCIMENTO

SINOPSE TEÓRICA

Desde o término do Império Romano do Ocidente, a Igreja foi a única instituição a se manter unida, preservando assim a cultura da Antiguidade Clássica (greco-romana).

Na hierarquia social, a Igreja se destacava principalmente sabendo-se que o clero era o primeiro estamento, gozando assim de privilégios. Os costumes e hábitos feudais eram fixados pela Igreja, os intelectuais pertenciam às ordens religiosas, o ensino era ministrado em latim etc.

Vimos aqui que a partir do século XI, com a Revolução Comercial, a Europa começou a sofrer um processo de transformação, surge a burguesia, e aquele caráter religioso da sociedade começa a ser contestado.

A burguesia, classe social que estava no 3º estamento, necessitando garantir os seus negócios, passou a contestar a hierarquia social vigente que se baseava na desigualdade, principalmente sabendo-se que dos três estamentos em que a sociedade estava dividida, somente o terceiro trabalhava e pagava os impostos, sustentando assim os dois primeiros estamentos, compostos pelo clero e pela nobreza. Repare, se você fosse burguês, portanto em ascensão social, ficaria satisfeito com essa situação? Acredito que não.

A "Sagrada Família", obra de Michelangelo por volta de 1503.

Insatisfeita com a situação descrita, a burguesia sente a necessidade de alterar a sociedade vigente, e passa a estimular, portanto, uma nova cultura que lhes garantisse uma posição social compatível com o poder econômico que vinha conquistando com a sua ascensão.

A Igreja Católica, como vimos, possuía privilégios na sociedade, mantendo inclusive controle sobre a ideologia, na época o Teocentrismo. Por esta ideologia, as explicações para os fatos eram dadas através da religião, o que não interessava à burguesia, que procurava uma ideologia que valorizasse as realizações de cada indivíduo, segundo sua capacidade, seu progresso, ou seja, procurava-se uma organização racional do mundo que colocava o homem como o centro das atenções e do conhecimento. O Antropocentrismo se opunha ao Teocentrismo.

Durante muito tempo entendíamos que o Renascimento representava o "Renascer" das artes, até porque acreditava-se que a arte havia morrido no período medieval. No entanto, quando estudamos a Idade Média percebemos que esta visão é altamente preconceituosa, até porque a produção artística, literária e filosófica medieval foi extraordinária. A arte não renasceu na Idade Moderna, o Renascimento foi na realidade uma nova visão do mundo baseada na razão, para atender os interesses burgueses.

HUMANISMO

Para muitos historiadores, o Humanismo foi a base ideológica do Renascimento. Elaborado por professores universitários em sua maioria, defendia uma reforma no ensino das universidades da Europa e propunha a introdução de disciplinas como poesia, história e filosofia por exemplo.

Os humanistas procuravam analisar criticamente as condições sociais em que viviam comparando-as com o período medieval. Possuíam uma nova visão do homem: individualista, disposto, cheio de vontade, impulsionador do progresso etc., totalmente diferente do homem medieval que era visto como submisso, religioso, conformado etc. A nova visão do homem era a visão burguesa de um homem inserido em um modo de produção dinâmico, o **capitalismo**.

RENASCIMENTO

O traço característico do Renascimento foi a consciência de que se vivia um novo tempo, daí a idéia de "nascer de novo", bastante distinto do mundo medieval. Assim, o Antropocentrismo se opunha ao Teocentrismo; o individualismo ao coletivismo; o racionalismo à tradição; o hedonismo aos ascetismos e misticismo medievais.

A descoberta da Antiguidade greco-romana surgiu da oposição aos tempos medievais, mas no entanto é preciso que fique clara a idéia de que o Renascimento não procurou imitar ou copiar os clássicos, embora seja visível que o Classicismo influenciou o Renascimento. Temos na realidade um salto para frente, ainda que aparentemente esteja voltado para o passado.

O Renascimento surgiu na Itália, principalmente porque as Repúblicas italianas (Florença, Veneza, Gênova etc.) estavam ricas devido ao monopólio do comércio de especiarias orientais. A tradição clássica era muito mais vigorosa na Itália do que em outras regiões européias, e a atuação dos mecenas se fez sentir com grande vigor. Não poderíamos esquecer também que a Itália foi a região que recebeu os sábios bizantinos que fugiam da decadência do Império Romano Oriental e das crescentes pressões dos turcos-otomanos.

Além dos fatores citados, o aperfeiçoamento da imprensa por Gutemberg, o apoio da burguesia, os descobrimentos marítimos que alargaram os horizontes geográficos e culturais completam o quadro de fatores que desencadearam o Renascimento.

NOMES E OBRAS MAIS CONHECIDOS DO RENASCIMENTO

As obras renascentistas se preocupavam com a figura humana e valorizavam o nu. A preocupação com a perfeição promoveu uma mistura entre a arte e a ciência, o que levaria a um desenvolvimento da anatomia, de técnicas de cores, da perspectiva, novas técnicas como a pintura a óleo etc. O realismo, a harmonia, o senso de equilíbrio e proporção são outros elementos observáveis. Destacamos as seguintes obras e artistas:

Monalisa

A) ARTES

ITÁLIA

- Boticelli – *Nascimento de vênus* (pintura)
- Leonardo da Vinci – *A santa ceia* e *A gioconda* ou *monalisa* (pintura)
- Michelângelo – Teto da Capela Sistina (pintura). *pietà*, *moisés* e *davi* (escultura) Cúpula da Catedral de São Pedro (arquitetura)
- Raphael – *Madonas* (pintura)

PAÍSES BAIXOS

- Boch – *Paraíso e inferno* (pintura)
- Pieter Brueghel – *Um casamento aldeão* (pintura)

ALEMANHA

- Dürer – série de grandes xilografias ilustrando o Apocalipse, *Ervas* (pinturas)

B) LITERATURA

ITÁLIA

- Bocaccio – *Decameron*
- Dante – *Divina comédia*
- Maquiavel – *O príncipe* e *Discurso sobre tito lívio*

FRANÇA

- Rabelais – *Gargantua e pantagruel*
- Mantaigne – *Ensaios*

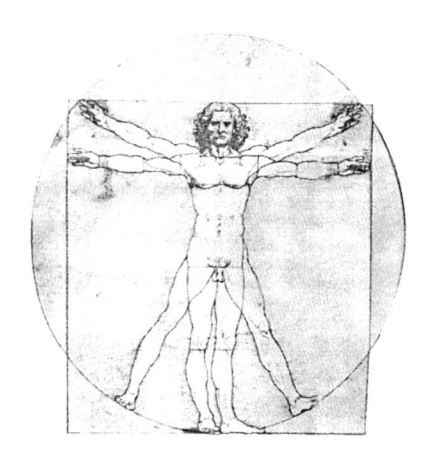

Estudo das proporções do corpo humano, feito por Leonardo da Vinci, em 1500. Uma das características do Renascimento é a valorização da figura humana, que se torna o centro do Universo.

Espanha
- Cervantes – D. Quixote

Inglaterra
- Shakespeare – *Romeu e Julieta*, *Hamlet* e *Rei lear*

Portugal
- Camões – *Os Lusíadas*

Países Baixos
- Erasmo – *Elogio da Loucura*

c) Ciências

A ciência procurou explicar o mundo através de novas teorias, fugindo às interpretações religiosas típicas do período histórico anterior. O grande destaque é a utilização do método experimental, base da criação da ciência moderna. O Racionalismo é a característica dominante desse momento, tornando-se o precursor da "Revolução Científica" do século XVII.

Itália
- Leonardo da Vinci – Estudou anatomia, astronomia, mecânica e matemática.
- Galileu – Astrônomo, físico e matemático. Fundou a ciência experimental na Itália. Ficou famoso pela lei da queda dos corpos.

Polônia
- Copérnico – Desenvolveu a teoria do heliocentrismo após longos estudos matemáticos, chegando à conclusão de que os planetas giram em torno do Sol.

Alemanha
- Kepler – Corrigiu e aperfeiçoou o sistema de Copérnico, provando que os planetas se movem numa órbita elíptica, e não circular, em torno do Sol.

A primavera, *pintura de Sandro Botticelli, realizada por volta de 1476. Galeria degli Uffizi, Florença, Itália.*

PAÍSES BAIXOS

- Vésales – É considerado o Pai da Anatomia.

ESPANHA

- Sevet – Descobriu a circulação sangüínea intrapulmonar.

ETAPAS

A) TRECENTO

Período inicial marcado pelo domínio da pintura através de Giotto (1276-1336).

B) QUATROCENTO

Marcado pela acumulação de experiências e evolução nas artes, atingiu o seu apogeu no final do século XV e nas primeiras décadas do século seguinte. Neste período, o artista deixa de ser um simples artesão para se tornar um profissional independente. Desenvolveu-se em Florença dos Médicis.

c) Cinquecento

Júlio II, papa no período de 1503 a 1513, pretendia mostrar ao mundo a grandiosidade da cidade de Roma, e para isso iniciou as obras da nova Basílica de São Pedro, em 1506.

A decadência do Renascimento começa nesse período a partir do momento que o eixo econômico europeu foi transferido do Mar Mediterrâneo para o oceano Atlântico. As cidades italianas de Gênova e Veneza entraram em decadência econômica e, além do mais, a ação da contra-reforma, censurando vários artistas, contribuiria também para a sua decadência.

Leitura complementar

"O movimento mais característico do Renascimento foi o humanismo, um programa educacional baseado no estudo da antiga literatura grega e romana. A atitude humanista para com a Antiguidade diferia da dos eruditos da Idade Média. Enquanto estes buscavam adaptar o conhecimento clássico a uma concepção cristã do mundo, os humanistas do Renascimento valorizavam a literatura antiga por ela própria – por seu estilo claro e elegante, pela sua percepção da natureza humana.

Com os clássicos da Antiguidade, os humanistas esperavam aprender o muito que não lhes ensinavam os escritos medievais – especialmente, por exemplo, aprender a viver bem neste mundo e a desempenhar os deveres cívicos. Para os humanistas, eram os clássicos um guia para a felicidade e para a vida ativa. Para se tornarem cultos, para aprenderem a arte de escrever, do falar e do viver, era necessário conhecer os clássicos. Ao contrário dos filósofos escolásticos, que usavam a filosofia grega para provar a verdade das doutrinas cristãs, os humanistas italianos usavam o conhecimento clássico para alimentar o seu novo interesse pela vida terrena."

(Perry, Marvin. *Civilização ocidental – uma história concisa*. São Paulo: Martins Fontes, 1981. p. 271)

Como se diferenciavam os homens renascentistas dos medievais, no estudo e na aplicação do conhecimento clássico?

Resposta: Os homens da Idade Média buscavam adaptar o conhecimento clássico a uma concepção cristã do mundo, enquanto os humanistas do Renascimento valorizam a literatura antiga por ela própria.

Questões resolvidas

1. (UEL) "O século XV é, sobretudo, aquele dos homens multifacetados. (...) O mercador e estadista florentino é, amiúde, também um homem versado em ambas as línguas clássicas; os mais renomados humanistas lêem para ele e seus filhos a "Política" e a "Ética", de Aristóteles, e mesmo as filhas da casa recebem igualmente uma elevada educação. (...) Há

Unidade 13 - O Humanismo e o Renascimento | **161**

tempos seu saber filológico não deve servir meramente ao conhecimento objetivo da Antiguidade clássica, mas ser também aplicável no cotidiano da vida real. Assim, paralelamente a seus estudos sobre Plínio, por exemplo, ele reúne um museu de história natural; a partir da geografia dos antigos, torna-se um cosmógrafo moderno; tendo como modelo a historiografia daqueles, escreve a história de seu tempo (...)". (Burckhardt, J. "A cultura do Renascimento na Itália". São Paulo: Companhia das Letras, 1991, p.116)

Sobre o Renascimento, é correto afirmar.

a) Tratou-se de um movimento inspirado no conhecimento escolástico medieval.

b) Privilegiou as bibliotecas existentes nos mosteiros como espaço propício à leitura e à erudição almejada pelo homem da Renascença.

c) Teve como importante centro difusor a cidade italiana de Florença, que havia prosperado em razão de seu desenvolvimento comercial.

d) Estruturou-se a partir dos ensinamentos e da visão de mundo consagrados pelo medievo.

e) Valorizou o esforço educativo e o estudo dos textos clássicos como fundamento único para a comprovação das verdades contidas nos dogmas religiosos.

Resposta: C

2. (UFSCar) Nicolau Maquiavel, autor de "O Príncipe", refletindo sobre as razões do sucesso ou do fracasso político dos governantes, escreveu:

... restringindo-me aos casos particulares, digo que se vê hoje o sucesso de um príncipe e amanhã a sua ruína, sem ter havido mudança na sua natureza, nem em algumas de suas qualidades. Creio que a razão disso (...) é que, quando um príncipe se apóia totalmente na fortuna, arruína-se segundo as variações daquela. Também julgo feliz aquele que combina o seu modo de proceder com as particularidades dos tempos, e infeliz o que faz discordar dos tempos a sua maneira de proceder. ("O Príncipe", trad. de Lívio Xavier. SP: Abril Cultural, 1973, p. 110)

a) Em que período histórico-cultural Maquiavel viveu e, portanto, escreveu as suas obras?

b) Defina a noção maquiavélica de fortuna e explicite como o autor entende os motivos do fracasso ou do sucesso dos governantes.

Respostas:

a) Maquiavel (1469-1527) viveu durante o Renascimento, no início dos tempos modernos.

b) Maquiavel considera a fortuna (acaso) como um dos fatores responsáveis pelo destino do príncipe. Assim, aquele que deixa seu destino nas mãos do acaso pode ter sucesso ou fracasso, enquanto aquele que, dotado de virtude, "combina o seu modo de proceder com as particularidades dos tempos" tem mais chances de obter sucesso nas suas ações.

3. **(UFF)** A "Carta de Pero Vaz de Caminha", escrita em 1500, é considerada como um dos documentos fundadores da Terra Brasilis e reflete, em seu texto, valores gerais da cultura renascentista, dentre os quais destaca-se:
   a) a visão do índio como pertencente ao universo não religioso, tendo em conta sua antropofagia;
   b) a informação sobre os preconceitos desenvolvidos pelo Renascimento no que tange à impossibilidade de se formar nos trópicos uma civilização católica e moderna;
   c) a identificação do Novo Mundo como uma área de insucesso devido à elevada temperatura que nada deixaria produzir;
   d) a observação da natureza e do homem do Novo Mundo como resultado da experiência da nova visão de homem, característica do século XV;
   e) a consideração da natureza e do homem como inferiores ao que foi projetado por Deus na Gênese.

Resposta: D

4. **(ENEM)** O franciscano Roger Bacon foi condenado, entre 1277 e 1279, por dirigir ataques aos teólogos, por uma suposta crença na alquimia, na astrologia e no método experimental, e também por introduzir, no ensino, as idéias de Aristóteles. Em 1260, Roger Bacon escreveu: "Pode ser que se fabriquem máquinas graças às quais os maiores navios, dirigidos por um único homem, se desloquem mais depressa do que se fossem cheios de remadores; que se construam carros que avancem a uma velocidade incrível sem a ajuda de animais; que se fabriquem máquinas voadoras nas quais um homem (...) bata o ar com asas como um pássaro. Máquinas que permitam ir ao fundo dos mares e dos rios." (Apud. Braudel, Fernand. Civilização material, economia e capitalismo: séculos XV-XVIII. Vol. 3. São Paulo: Martins Fontes, 1996)

Considerando a dinâmica do processo histórico, pode-se afirmar que as idéias de Roger Bacon:
   a) inseriam-se plenamente no espírito da Idade Média ao privilegiarem a crença em Deus como o principal meio para antecipar as descobertas da humanidade.
   b) estavam em atraso com relação ao seu tempo ao desconsiderarem os instrumentos intelectuais oferecidos pela Igreja para o avanço científico da humanidade.
   c) opunham-se ao desencadeamento da Primeira Revolução Industrial, ao rejeitarem a aplicação da matemática e do método experimental nas invenções industriais.
   d) eram fundamentalmente voltadas para o passado, pois não apenas seguiam Aristóteles, como também baseavam-se na tradição e na teologia.
   e) inseriam-se num movimento que convergiria mais tarde para o Renascimento, ao contemplarem a possibilidade de o ser humano controlar a natureza por meio das invenções.

Resposta: E

5. (ENEM) O texto foi extraído da peça "Tróilo e Créssida" de William Shakespeare, escrita, provavelmente, em 1601.

"Os próprios céus, os planetas, e este centro
reconhecem graus, prioridade, classe,
constância, marcha, distância, estação, forma,
função e regularidade, sempre iguais;
eis porque o glorioso astro Sol
está em nobre eminência entronizado
e centralizado no meio dos outros,
e o seu olhar benfazejo corrige
os maus aspectos dos planetas malfazejos,
e, qual rei que comanda, ordena
sem entraves aos bons e aos maus."
(personagem Ulysses, Ato I, cena III).

(Shakespeare, W. "Tróilo e Créssida". Porto: Lello & Irmão, 1948)

A descrição feita pelo dramaturgo renascentista inglês se aproxima da teoria
a) geocêntrica do grego Claudius Ptolomeu.
b) da reflexão da luz do árabe Alhazen.
c) heliocêntrica do polonês Nicolau Copérnico.
d) da rotação terrestre do italiano Galileu Galilei.
e) da gravitação universal do inglês Isaac Newton.

Resposta: C

QUESTÕES PROPOSTAS

1. (UNIFICADO) Ao final do Renascimento, diversas transformações culturais e sociais ocorridas na Europa, entre os séculos XVI e XVII, propiciaram o surgimento da Revolução Científica. Esse movimento caracterizou-se por um(a):
a) predomínio da concepção de um universo fechado e sobrenatural;
b) negação dos valores individualistas do homem e das concepções naturalistas;
c) crítica à ciência medieval expressa no retorno do pensamento escolástico;
d) afirmação do monopólio da Igreja Católica na explicação das coisas do mundo;
e) valorização do espírito crítico e do método experimental.

2. (UNIFICADO) As diversas transformações ocorridas na Europa, ao longo dos séculos XIV, XV e XVI, significaram a alteração dos valores medievais e a passagem da sociedade européia para a época moderna. Esse período, que em seu conjunto é conhecido como Renascimento, tem como característica a(o):
 a) definição de um ideal de humanidade pautado por individualismo e racionalismo;
 b) valorização dos temas filosóficos e religiosos definidos pelo pensamento escolástico;
 c) instituição de um mecenato comprometido com uma visão de mundo clerical contrária aos valores burgueses;
 d) sobrevivência dos ideais guerreiros da nobreza medieval através das artes, principalmente da pintura italiana;
 e) repúdio às obras clássicas da antiga tradição cultural e filosófica greco-romana.

3. (UFF) A passagem da cultura medieval para a cultura moderna, a partir do século XV, anunciou um novo conjunto de referências para o homem, a natureza e o mundo. Assinale a opção que contém a afirmação incorreta quanto à constituição da cultura moderna.
 a) A arte renascentista denota o processo de construção do homem moderno.
 b) O Renascimento consagrou a vitória da razão individual, instância suprema da cultura moderna.
 c) As obras Gargantua e Pantagruel, de Rabelais, constituíram-se nas primeiras críticas à orientação individualista da cultura moderna.
 d) A principal causa da reforma foi a insatisfação dos fiéis com relação ao uso das indulgências como instrumento de riqueza da Igreja Católica.
 e) A concepção de universo proposta por Copérnico, ao deslocar a Terra para uma posição secundária no sistema solar, provocou intensa reação dos meios eclesiásticos.

4. (PUC) A primazia italiana, quanto ao Renascimento artístico, literário e científico, pode ser explicada em função:
 a) da presença mais viva da tradição e dos valores greco-romanos;
 b) da fuga dos sábios gregos de Constantinopla para a Itália;
 c) da invenção da imprensa;
 d) do esfacelamento político da Itália e seus antagonismos;
 e) da riqueza das cidades italianas, suas rivalidades e a influência do elemento burguês.

5. **(UNI-RIO/ENCE)** As manifestações culturais expressas no Renascimento, ocorrido na Europa entre os séculos XIV e XVI, apresentam as características abaixo, com exceção de uma. Assinale-a:
   a) repúdio aos ideais medievais;
   b) crítica ao pensamento escolástico;
   c) valorização das obras clássicas da cultura greco-romana;
   d) fortalecimento do humanismo e do individualismo;
   e) negação das concepções antropocêntricas e naturalistas.

6. **(MAUÁ-SP)** O Renascimento é um fenômeno primordialmente italiano propagando-se, em seguida, por toda a Europa. Justifique as circunstâncias socioeconômicas que fizeram da península italiana o berço do Renascimento.

7. **(MAUÁ-SP)** Como se explica o declínio da cultura renascentista na Itália, durante a segunda metade do século XVI?

8. **(UFSC)** O trecho abaixo é um diálogo entre D. Quixote e seu fiel escudeiro Sancho Pança, personagens da monumental obra de Miguel Cervantes, "D. Quixote de La Mancha".

"..." Quais gigantes? – disse Sancho Pança.

– Aqueles que ali vês – respondeu o amo [...]

– Olhe bem Vossa Mercê – disse o escudeiro que aquilo não são gigantes, são moinhos de vento. [...]

– Bem se vê – respondeu Dom Quixote – que não andas corrente nisto das aventuras, são gigantes, são; e se tens medo tira-te daí e põe-te em oração enquanto eu vou entrar com eles em [...] desigual batalha. "..."

(Cervantes de Saavedra, Miguel de. *Dom Quixote de La Mancha*. São Paulo: Abril Cultural, 1981. p. 55)

Analisando o texto, o momento e as circunstâncias em que foi escrito, use (V) para verdadeiro e (F) para falso:
   ( ) "Dom Quixote de La Mancha" é uma das principais obras do chamado Renascimento Cultural.
   ( ) "Dom Quixote", como a maioria das obras do Renascimento, defende intransigentemente as instituições medievais, daí seu principal personagem ser um "cavaleiro andante".

( ) William Shakespeare, autor de "Romeu e Julieta", "Hamlet", "Macbeth" e muitas outras obras e Luís de Camões, autor de "Os Lusíadas", também foram autores do chamado Renascimento Literário.
( ) O Renascimento provocou mudanças na literatura, arquitetura, escultura, pintura, música e nas ciências.
( ) O movimento renascentista representou o novo, o moderno – o mundo das cidades e do dinheiro, e se opunha aos conceitos e instituições medievais.
( ) Renascença atingiu a Espanha de Miguel Cervantes, Portugal, a Inglaterra e os Países Baixos. Teve seu início nos grandes centros comerciais italianos como Veneza, Florença e Milão.

9. (UFSCar) Leonardo da Vinci foi, além de artista, um dos teóricos de arte do Renascimento italiano. Em seu TRATADO DE PINTURA escreve que a beleza consiste numa gradação de sombra – "Demasiada luz é agressiva; demasiada sombra impede-se que se veja" – e, mais à frente, define a pintura como imitação de "todos os produtos visíveis da natureza (...) todos banhados pela sombra e pela luz."
A partir destes fragmentos do TRATADO DE PINTURA, pode-se concluir que a concepção artística do Renascimento pressupõe:
a) um trabalho desenvolvido pelo artista dentro de ateliês, considerando que o controle da iluminação se torna fundamental.
b) uma associação entre estética e luz, entendendo a luz, em uma perspectiva teocêntrica, como a presença de Deus no mundo.
c) a separação entre o desenho, a representação do movimento, os limites da figura e o fundo ou a atmosfera.
d) um ideal de equilíbrio, expresso pela noção de distribuição simétrica de volumes e cores na superfície pintada.
e) a liberdade do artista no momento de realização de seu trabalho, exprimindo suas paixões e seus sentimentos mais exaltados.

10. (UNESP) "... tenho sido, durante muitos anos, um aderente à teoria de Copérnico. Isto me explica a causa de muitos fenômenos que são ininteligíveis por meio de teorias geralmente aceitas. Eu tenho coligido muitos argumentos para refutar estas últimas, mas eu não me arriscaria a levá-los à publicação. Há muito tempo que estou convencido de que a Lua é um corpo como a Terra. Descobri também uma multidão de estrelas fixas, a princípio invisíveis, ultrapassando mais de dez vezes as que se podem ver a olho nu, formando a Via Láctea." (Carta de Galileu a Kepler, 1597)

Galileu não se arriscava a publicar essas idéias por temer:
a) a oposição que sofreria por parte de seus alunos e colegas da Universidade de Pisa, onde lecionava.
b) ser considerado um plagiador das idéias heliocêntricas defendidas por Copérnico e por alguns sábios florentinos.
c) que seus pressupostos geocêntricos contribuíssem para aumentar as hostilidades contra a Igreja Católica.
d) que seus superiores o expulsassem da Ordem dos Franciscanos, à qual pertencia desde a adolescência.
e) ser acusado de heresia e ter de enfrentar o poderoso Tribunal do Santo Ofício, mantido pela Igreja.

Gabarito das questões propostas

Questão 1 - Resposta: E

Questão 2 - Resposta: A

Questão 3 - Resposta: C

Questão 4 - Resposta: E

Questão 5 - Resposta: E

Questão 6 - Resposta: As cidades italianas de Gênova e Veneza estavam envolvidas no comércio de especiarias, havendo assim dinheiro para financiar a produção artística.

Questão 7 - Resposta: Declínio das cidades italianas a partir do momento em que Vasco da Gama descobriu o Caminho Marítimo para as Índias e o eixo econômico europeu foi transferido do mar Mediterrâneo para o oceano Atlântico.

Questão 8 - Resposta: V F V V V

Questão 9 - Resposta: D

Questão 10 - Resposta: E

Complementando os estudos

Filmes

Leonardo da Vinci (EUA, 1987). 25'

Livro

Olivieri, Antonio Carlos. *O Renascimento*. 8ª· ed. São Paulo: Ed. Ática, 1998.

Página eletrônica

Reprodução de pinturas portuguesas renascentistas:
http://www.cncdp.pt/expo/pmp/um/

UNIDADE 14

A REVOLUÇÃO RELIGIOSA: A REFORMA

SINOPSE TEÓRICA

O processo de transformações econômicas, políticas e sociais ocorrido na Europa, a partir do século XII, culminaria no século XVI com a Reforma protestante. Sua principal característica seria um amplo movimento de contestação à autoridade e ao poder material da Igreja de Roma. Este movimento foi precedido por várias manifestações nos séculos anteriores, tais como heresias medievais, Querela das Investiduras, Cisma do ocidente e movimentos reformadores.

"As heresias medievais foram as diversas doutrinas que surgiram ao longo da Idade Média que contestavam aspectos do ensinamento oficial da Igreja Católica Romana. Os principais foram: Valdenses e Albingenses. Os dois movimentos criticavam a Igreja e pregavam o desapego aos bens materiais como forma de seguir os exemplos de Cristo. A Querela das Investiduras foi a disputa entre os papas e os imperadores alemães pelo direito de nomear bispos e abades a partir de 1074." (Pazzinato, Alceu Luiz, op. cit. p. 63)

O Cisma, ou seja, o rompimento ocorrido dentro da Igreja ocidental, ocorreu a partir do momento que o Rei Felipe, o Belo da França (1285 - 1314), tentou obrigar a Igreja a recolher impostos para o Estado, o que levaria o papa a ameaçá-lo de excomunhão. Diante desta situação, o Rei decidiu seqüestrar o papa Bonifácio VIII, que faleceria logo em seguida (1303). Os franceses elegeram então Clemente V como papa e transferiram a sede da Igreja para Avignon, na França. Os italianos reagiram e elegeram em 1378 o papa Urbano V para reinar em Roma.

Além destas manifestações, a Reforma Protestante foi precedida de reformadores, como, por exemplo, John Wiclif (1320-1384). Professor da Universidade de Oxford, na Inglaterra, liderou um movimento herético que defendia a diminuição do poder material da Igreja e a simplificação do culto para diminuir a importância do clero. Um outro reformador foi John Huss (1369-1415). Inspirado em Wiclif, também defendia a diminuição do poder do clero e a adoção da língua nacional nos cultos.

Na Era Moderna, como já vimos, a organização dos Estados Nacionais diminuía a interferência do papa porque as Monarquias Nacionais absorviam a maior parte dos impostos. A questão da condenação da usura colocava a Igreja em atrito com a burguesia comercial, que via as suas atividades comerciais e financeiras prejudicadas, colocando assim essa classe social em franca oposição à Igreja.

As causas da revolução protestante

A Reforma apresentou várias causas relacionadas às condições políticas e econômicas da época. Não podemos, em hipótese alguma, considerar o movimento como exclusivamente religioso; assim sendo, vamos analisar algumas causas:

a) Religiosas

Um grande problema que afetava a Igreja na época era a distância que havia entre a pregação e a sua prática de vida diária. Os fiéis, em boa parte, viviam uma vida pobre e cheia de dificuldades, enquanto a alta hierarquia da Igreja vivia luxuosamente, e o pior, totalmente distante dos sofrimentos do povo, alheia à realidade. Para piorar a situação, o celibato não era respeitado, o que provocava escândalos e indignava a população, e os cargos da Igreja eram vendidos a quem melhor pagasse por eles, ficando assim a instituição composta por pessoas que não possuíam vocação religiosa e que viam na Igreja uma instituição capaz de enriquecê-las rapidamente.

Bem, além do que acabamos de mencionar, havia também a venda de indulgências que, sem sombra de dúvidas, foi o abuso que mais evidenciou a necessidade urgente de uma reforma. Aliás, você sabe o que significa uma indulgência? Não? Então vamos lá! Uma indulgência é a remissão, total ou parcial, do castigo, do pecado, isto é, do castigo nesta vida e no purgatório.

Então repare. A partir da Renascença, os papas começaram a vender indulgências, o que se tornaria rapidamente um negócio lucrativo para a Igreja. Era o comércio dos perdões! Detalhe, vendia-se de tudo: objetos supostamente tocados por Cristo, pedacinhos de madeira retirado da cruz onde Cristo foi crucificado etc. Enfim, um comércio muito lucrativo.

b) Políticas

Como movimento político, temos que associar a Reforma ao surgimento dos Estados Nacionais. Não poderiam mais persistir dois senhores, ou seja, as pessoas não poderiam pagar impostos à Igreja e ao rei. O papa passou a ser visto como um estrangeiro a quem não assistia o direito de intrometer-se nos negócios internos das nações. Não era possível para o rei ter autoridade enquanto houvesse uma dupla jurisdição dentro do seu reino.

c) Econômicas

A mais importante, dentre elas, foi o desejo de se apossar das riquezas da Igreja.

A Igreja era a maior proprietária de terras da Europa Ocidental, sem falar no seu enorme acervo de bens móveis (jóias, metais preciosos etc.). Os reis, formando o Estado Nacional, viam as suas despesas aumentarem com a formação do Exército, com a compra de armas, entre outros, o que provocaria uma necessidade cada vez maior de aumentar a sua renda, sem contar com o fato de os impostos que também deixarem de ser arrecadados, porque eram pagos à Igreja e enviados para Roma.

Um outro aspecto, que já foi mencionado, era o choque da moral católica que condenava o lucro excessivo (usura) e defendia o preço justo, entrando em contradição com os interesses em uma classe de franca expansão: a burguesia.

Por que a Reforma teve início na Alemanha?

Se compararmos a Alemanha aos demais países europeus, perceberemos que neste momento, o país encontrava-se relativamente atrasado. O Renascimento quase não teve influência, o que resultou no enraizamento do espírito religioso, a região não possuía um governo forte para defender os seus interesses; eram os alemães profundamente explorados pela Igreja, que possuía as melhores terras do país. Bem, diante de tudo o que foi exposto, era de certo modo inevitável que o desagrado tanto dos cavaleiros como dos camponeses explodisse numa revolta.

A Revolta de Lutero na Alemanha

A causa imediata da Reforma está associada ao conflito entre o monge Martinho Lutero e o papa Leão X em relação às indulgências. No dia 31/10/1517, Lutero afixou 95 teses ou declarações à porta da Igreja de Wittenberg, atacando a venda de indulgências, iniciando assim a Reforma.

No ano seguinte Lutero foi obrigado a se retratar, porém acabou não obedecendo. Diante dessa situação, por que a Igreja tão poderosa não tomou uma providência contra Lutero? Se analisarmos o contexto da época, perceberemos que o papa Leão X estava envolvido com as eleições imperiais, o que acabou facilitando a vida de Lutero, que durante aproximadamente dois anos ficou imune as perseguições, sendo protegido pelo seu amigo Frederico da Saxônia.

Retrato de Martinho Lutero, reproduzido pelo pintor alemão Lucas Cranach (1472-1553), que se tornou um ardente seguidor do luteranismo.

No ano de 1520 Lutero é obrigado a se retratar, porque o papa Leão X condenava os seus ensinamentos, sob pena de ser considerado herético. Lutero não recua e acaba queimando publicamente a declaração do papa, sendo então excomungado.

A seguir, o imperador Carlos V convocou a Dieta de Worms e intimou Lutero a comparecer para negar todas as suas idéias. Como na época a maioria dos príncipes apoiava as idéias luteranas, a dieta acabou não surtindo o efeito esperado.

As Doutrinas de Lutero

1) A salvação é conquistada através da fé em Deus, e não por obras de caridade ou pela compra de indulgências.
2) Os ensinamentos da Bíblia deveriam ser seguidos, mas poderiam ser interpretados por qualquer cristão e não apenas pelos clérigos.
3) As imagens de santos e as relíquias deveriam ser eliminadas.

4) Os cultos religiosos deveriam ser realizados na língua nacional, e não mais em latim.
5) Os bens da Igreja deveriam ser transferidos aos nobres governantes.
6) O celibato do clero e a vida monástica deveriam ser extintos.

A Revolta dos Camponeses

Liderada por Tomás Munzer, essa revolta apresentou as seguintes causas: alta do custo de vida, concentração da propriedade territorial e o radicalismo religioso inspirado por Lutero. Esse líder defendia uma luta com todas as forças contra a nobreza e o clero que exploravam as classes mais humildes. Instigados, os camponeses começaram a saquear e incendiar os mosteiros e castelos, o que provocou a reação dos nobres, apoiada por Lutero.

A expansão da Reforma

a) Suíça

Neste país, quem se encarregou de expandir a Reforma foi João Calvino. Propôs um governo religioso baseado no combate aos diversos e em rígidas regras morais. Suas idéias foram expostas no livro "As Instituições da Religião Cristã".

Sermão de um pregador calvinista, representado em uma pintura francesa de 1564.

Em suas teses João Calvino defendia a simplificação total do ritual religioso; a idéia da predestinação, afirmando que a salvação da alma dependia da vontade de Deus e que os homens tinham seu destino traçado desde o nascimento.

Como as idéias de Calvino agradavam a burguesia, percebemos que o Calvinismo teve uma rápida expansão pela Europa. Na França ficaram conhecidos como huguenotes, na Inglaterra como puritanos e na Escócia como presbiterianos.

B) INGLATERRA

Após se apaixonar por Ana Bolena, o rei Henrique VIII pediu ao papa Clemente VII a anulação do seu casamento com Catarina de Aragão, já que a mesma não lhe dava um filho para dar continuidade à Dinastia Tudor.

O papa ficou numa situação muito delicada: se não atendesse ao pedido do rei, a Inglaterra acabaria aderindo ao protestantismo, porém, se atendesse, acabaria revoltando Carlos V da Espanha, sobrinho de Catarina.

Em 1531, Henrique VIII convocou uma assembléia do clero obrigando-os a reconhecê-lo como chefe da igreja inglesa. Em 1534, todos os laços que ligavam a Igreja a Roma estavam rompidos.

CONTRA-REFORMA OU REFORMA CATÓLICA

Em 1545, o papa Paulo III convocou o Concílio de Trento. Estendendo-se até o ano de 1563, apresentava o seguinte objetivo: redefinir as doutrinas da fé católica. Assim reafirmou os dogmas atacados pela Reforma Protestante, declarou que as boas obras são tão necessárias para a salvação quanto a fé. Com relação à verdadeira fonte da fé cristã, atribuiu-se igual autoridade à Bíblia e à tradição dos ensinamentos apostólicos. Além de tudo isso, proibiu a venda de indulgências e estabeleceu a Congregação do Índice, encarregada da censura aos livros.

Retrato de Inácio de Loyola (1491-1556), militar espanhol que tornou-se sacerdote católico. Foi o fundador da Companhia de Jesus ou Ordem dos jesuítas. Os jesuítas desempenharam importante papel no combate às doutrinas protestantes.

Várias ordens religiosas foram reorganizadas ou fundadas. Em 1534, o padre Inácio de Loyola fundou a Cia. de Jesus, que desempenhou um importante papel na Contra-Reforma. Atuou de diversas formas, criando escolas, espiã da Inquisição na guerra contra as heresias etc. Na América, desempenhou um importante papel durante a colonização catequizando os índios, ministrando a educação etc.

COMPLEMENTANDO OS ESTUDOS

VÍDEO

A Rainha Marozot (FRA/ALE/ITA,1994). Dir. Patrice Chéreau.

LEITURA DE APOIO

Klug, João de, Lutero e a Reforma Religiosa. São Paulo: FTD, 1998

PÁGINA ELETRÔNICA

Texto sobre a presença da Cia. de Jesus no Brasil
http://www.ars.com.br/cav/sil6.htm

LEITURA COMPLEMENTAR

"Algumas das 95 teses de Lutero
5. O papa não quer nem pode remir qualquer pena, exceto aquelas que ele impôs pela sua própria vontade...
21. Erram os pregadores de indulgências quando dizem que pelas indulgências do papa o homem fica livre de todo o pecado e que está salvo.
27. Enganam os homens aqueles que dizem que, logo que a moeda é lançada na caixa, a alma voa (do Purgatório).
28. É certo que desde que a moeda cai na caixa o ganho e a cupidez aumentam; mas a influência da Igreja é dependente da vontade de Deus.
33. Deve-se desconfiar daqueles que dizem que as indulgências do papa são um inestimável dom divino pelo qual o homem se reconcilia com Deus.
36. Qualquer cristão verdadeiramente arrependido tem plena remissão do castigo e do pecado; ela é-lhe devida sem indulgências.
50. É preciso ensinar aos cristão que, se o papa reconhecesse as usurpações dos pregadores de indulgências, ele preferiria que a Basílica de São Pedro desaparecesse em cinzas a vê-la construída com a pele, a carne e os ossos das suas ovelhas.

86. Por que é que o papa, cujas riquezas são hoje maiores que as dos Cresos mais opulentos, não constrói a Basílica de São Pedro com seu próprio dinheiro e não com o das suas ovelhas?

95. É preciso exortar os cristãos a esperar entrar no céu mais por verdadeira penitência do que por uma ilusória tranqüilidade de espírito."

(Lutero, Martinho. Obras)

Comente, a partir das teses apresentadas, a doutrina luterana.

Resposta: *Só a fé salva, a salvação não é conquistada por compra de indulgências; os ensinamentos da Bíblia deveriam ser seguidos.*

QUESTÕES RESOLVIDAS

1. (UFGO) A Reforma protestante (século XVI) respondia às necessidades de mudanças ideológicas da época dele. Justifique essa afirmativa.

Resposta: *Sim, porque abalava o poder da Igreja que atendia aos interesses do Antigo Regime e facilitava assim a ascensão da burguesia.*

2. (MAUÁ-SP) Alguns historiadores admitem conexão entre o calvinismo e o desenvolvimento do capitalismo, a partir do século XVI. Indique aspectos desta ligação.

Resposta: *Calvino santificava os juros e os lucros, o que atendia aos interesses da burguesia e fortalecia o desenvolvimento do capitalismo.*

3. (UERJ) No meio de pestes terríveis, de repetidas guerras e de aflitivas lutas civis, numa Europa Ocidental e Central abalada por brutais reviravoltas da conjuntura econômica, a Igreja de Cristo parecia navegar à deriva para o abismo. Mas o século XVI veio a recuperar-se e, ao mesmo tempo, quebrar-se e mostrar à luz do dia o escandaloso espetáculo de ódio entre os seus filhos. (Delumeau, J. "A civilização do renascimento". Lisboa: Estampa, 1984)

O texto refere-se à conjuntura do seguinte processo histórico:
   a) Iluminismo.
   b) Liberalismo.
   c) Reforma Religiosa.
   d) Revolução Filosófica e Científica.

Resposta: C

4. (UERJ) Criada no período da Reforma Católica do século XVI, a Companhia de Jesus teve papel preponderante na expansão da religião católica, tanto no campo europeu, quanto nas missões do norte da África, da Ásia e da América. No Brasil, a chegada dos jesuítas (1549) inaugurou um novo período de conquista espiritual, em virtude, entre outros aspectos, da atuação de seus padres junto aos indígenas e aos colonos.

   a) Caracterize a atuação dos jesuítas em relação aos colonos no Brasil.

   b) Cite duas outras ações da Igreja Católica em seus reforços para conter a Reforma Protestante do século XVI.

Respostas:

   a) Os jesuítas exerceram um papel de grande importância em relação à educação dos filhos dos grandes proprietários de escravos e terras até sua expulsão. Sua presença foi tão significativa que seus colégios constituíram-se enquanto marcos da ação colonizadora portuguesa na América.

   b) Convocação do Concílio de Trento;

   Restauração da Inquisição;

   Obrigatoriedade da freqüência de futuros sacerdotes a seminários;

   Criação de um Índice de Livros Proibidos (Index).

5. (UFMG) A Companhia de Jesus foi instrumento fundamental para a evangelização das colônias americanas.

   a) Cite duas estratégias usadas pela Companhia de Jesus para a difusão da fé católica.

   b) Identifique os objetivos da Companhia de Jesus no Novo Mundo.

Respostas:

   a) A evangelização e a catequese.

   b) Os jesuítas pretendiam criar uma teocracia na América Latina e monopolizar o controle dos indígenas.

QUESTÕES PROPOSTAS

1. Destaque a importância do Ato de Supremacia, no contexto da Reforma Anglicana.

2. (FUVEST) Na Europa do século XVI a religião foi usada como instrumento de fortalecimento do poder político, tanto nos Estados católicos quanto nos protestantes. Explique esse processo nos casos da Espanha e da Inglaterra.

3. (UFPR) Discorra sobre os principais fatores responsáveis pela eclosão da grande crise religiosa do século XVI, conhecida como Reforma, a qual deu origem ao protestantismo moderno.

4. (UFRJ) "Os pintores representam às vezes o Cristo sobre um arco-íris com uma espada saindo de sua boca. Mas os pintores não deveriam representar uma vara com flores e sim um bastão. E tanto o bastão quanto a espada deveriam se dirigir para o mesmo lado, para abater os danados: 'que se quebre o braço do ímpio, que se persiga sua iniqüidade e sua maldade não deixará traços'. Estas palavras nos ensinam que é desta maneira que a autoridade do papa, inspirada pelo Anti-Cristo, será destruída. A palavra do Cristo que é o sopro, o bastão e a espada que saem de sua boca, manifestará plenamente para o mundo a tirania e a sedução desta Igreja". (Trecho do opúsculo "Sincera admoestação a todos os cristãos para que se guardem de toda revolta", escrito em 1522, por Martinho Lutero)

No texto Lutero ataca duramente a Igreja Católica e o papa, comparado por ele ao Anti-Cristo.

Apresente duas críticas formuladas pelo luteranismo à Igreja Católica.

5. (UNICAMP) No dia 31 de outubro de 1517, Martinho Lutero, professor de teologia da Universidade de Wittemberg, afixou na porta de uma igreja daquela cidade um documento em que eram expostas noventa e cinco teses. (Baseado em Elton, G.R., História de Europa, México: Siglo Veintiuno, 1974, p. 2)
   a) Que processo histórico o gesto de Lutero inaugurou?
   b) Cite duas práticas adotadas pela Igreja Católica condenadas por Lutero.
   c) Por que se considera que esse processo histórico acabou facilitando o desenvolvimento do capitalismo?

6. (FGV) "(...) João Calvino (...) dinamizou o movimento reformista através de novos princípios, completando e ampliando a doutrina luterana. (Aquino, Rubim Leão (et al.). "História das Sociedades: das sociedades modernas às sociedades contemporâneas")

Entre as mudanças propostas por Calvino à doutrina luterana, não estão a:
   a) separação da Igreja do Estado e a livre interpretação da Bíblia.
   b) aceitação do livre-arbítrio e o reforço da autoridade papal.
   c) negação da autoridade do papa e o repúdio ao livre-arbítrio.
   d) justificativa para as atividades econômicas, anteriormente condenadas pela Igreja, e a livre interpretação da Bíblia.
   e) separação da Igreja do Estado e aceitação do livre-arbítrio.

7. (UFMG) Todas as alternativas contêm objetivos da política da Igreja Católica, esboçada durante o Concílio de Trento, exceto:
a) A expansão da fé cristã.
b) A moralização do clero.
c) A reafirmação dos dogmas.
d) A perseguição às heresias.
e) O relaxamento do celibato.

8. (UFMG) Todas as alternativas apresentam fatores que permitiriam o avanço do Anglicanismo, exceto:
a) A fusão de dogmas protestantes ao formalismo dos ritos católicos.
b) O avanço das doutrinas protestantes entre as camadas populares.
c) O fortalecimento do internacionalismo do papa a partir do Vaticano.
d) O interesse pelas propriedades da Igreja, especialmente pelas suas terras.
e) O objetivo do rei de fortalecer seu poder absolutista monárquico.

9. (UFPE) A Reforma Protestante tem seus fundamentos iniciados nos estudos e na doutrina defendida por Martinho Lutero. Sobre sua atuação com líder religioso, assinale a alternativa correta.
   a) Martinho Lutero foi um religioso católico pregador de um novo cristianismo – o protestantismo – que apoiou os camponeses alemães na luta contra o regime de servidão.
   b) Martinho Lutero foi um monge agostiniano no século XVI, criticou a Igreja Católica por não aplicar o produto das indulgências às populações mais necessitadas.
   c) Martinho Lutero, reformador religioso, foi responsável pela tradução da Bíblia da língua latina para a língua alemã, facilitando a difusão das idéias protestantes e fundando uma nova religião.
   d) Martinho Lutero, líder religioso alemão, para modificar preceitos e dogmas da Igreja Católica e defendeu a livre leitura da Bíblia e a preservação dos sacramentos do batismo e da eucaristia.
   e) Martinho Lutero recebeu apoio dos camponeses alemães; em contrapartida foi perseguido por príncipes. A religião fundada por ele foi, portanto, uma religião popular.

10. (UFPR) "...eles levaram adiante seus desígnios e se puseram a usar de violência. Esquecendo sua promessa, saquearam e atacaram como cães furiosos..." (Dupâquier, J. e Lachiver, M. *Les temps modernes*. Paris: Bordas, 1970 p. 49. In: Aquino, R. S. L. de et alii. *História das sociedades: das sociedades modernas às sociedades atuais*. Rio de Janeiro: Ao Livro Técnico, 1988, p. 82)

Com essas palavras, Martinho Lutero condenava as revoltas camponesas no Sacro Império Romano-Germânico, iniciadas em 1524. Esse movimento na região da Alemanha pode ser associado às seguintes alternativas (use (V) para verdadeiro e (F) para falso).

( ) à sujeição econômica que os mosteiros e bispados impunham às populações rurais e urbanas do Sacro Império Romano-Germânico.

( ) ao interesse da nobreza alemã em se apropriar das grandes propriedades fundiárias da Igreja Católica no Sacro Império Romano-Germânico.

( ) à aliança estabelecida entre os camponeses e os senhores feudais, visando a transferência dos direitos de propriedade da terra aos habitantes do campo.

( ) à aliança feita entre Martinho Lutero e o imperador Carlos V, através da Liga de Smalkalde (1531-1547), para combater os camponeses.

( ) ao fato de Martinho Lutero renegar suas próprias idéias perante a Dieta de Worms em 1521, convocada pelo imperador.

( ) ao reforço da autoridade da nobreza alemã trazida pela Paz de Augsburgo (1555), quando se estabeleceu o direito dos senhores imporem a sua religião aos habitantes dos seus domínios e se reconheceu a existência da Igreja Luterana na Alemanha.

Gabarito das questões propostas

Questão 1 - Resposta: A partir do Ato de Supremacia, aprovado pelo parlamento inglês em 1534, o rei inglês passou a ser a maior autoridade da Igreja Anglicana, o que colocou a Igreja sob o controle do Estado, fortalecendo o poder real.

Questão 2 - Resposta: Foi na Espanha que a inquisição encontrou maior projeção, sendo largamente utilizada e nas suas colônias. Na Inglaterra Henrique VIII era chefe de estado e da igreja anglicana.

Questão 3 - Resposta: A Reforma ocorreu devido ao desenvolvimento capitalista associado às críticas ao controle da Igreja das atividades econômicas, ao comportamento desregrado do clero e da venda das indulgências.

Questão 4 - Resposta: O luteranismo criticou várias práticas da Igreja Católica e vários aspectos de sua doutrina: a venda de indulgências, o poder temporal da Igreja, a ostentação de luxo e riqueza, o culto aos santos e à Virgem Maria, a adoração de imagens, o dogma da virgindade e da ascensão de Maria, a idéia da infalibilidade do papa, a comunhão de todos os santos, a crença no purgatório, a oração fúnebre, o sacramento da confissão e a idéia da Igreja (e do clero) como intermediários da relação entre os fiéis e Deus, insistindo na livre interpretação da Bíblia e na relação direta do indivíduo com Deus.

Questão 5 - Respostas:
a) Reforma Protestante.
b) A prática da venda da Indulgências e a infalibilidade papal.
c) Porque libertou a burguesia das proibições eclesiásticas das práticas comerciais e bancárias.

Questão 6 - Resposta: B

Questão 7 - Resposta: E

Questão 8 - Resposta: C

Questão 9 - Resposta: C

Questão 10 - Resposta: V V F F F V

UNIDADE 15

O IMPACTO EUROPEU SOBRE A AMÉRICA

SINOPSE TEÓRICA

A. O IMPACTO EUROPEU SOBRE A AMÉRICA

B. A COLONIZAÇÃO ESPANHOLA

C. O ANTIGO SISTEMA COLONIAL

"Quando se fala no Descobrimento da América, pensa-se na primeira impressão que o fato produziu na mente dos europeus. Foi uma impressão vaga.

O que realmente ocorrera – e foi sendo assimilado com crescente surpresa – era o começo de um novo tempo para o homem. O que os descobridores viram e o que achavam estar vendo, o que procuravam e o que encontraram, o que terminara e o que começava era um novo tempo para a humanidade inteira." (Pietri, Arturo Uslar. *Um Novo Mundo... e uma nova era na História*. In: Correio da Unesco)

A Expansão Marítima e Comercial impulsionou a Revolução Comercial. Esta expansão transferiu o Eixo Econômico europeu do mar Mediterrâneo para o oceano Atlântico.

Até o século XV, o comércio das especiarias asiáticas fazia das Índias o pólo comercial central. No entanto, a partir da Expansão Marítima e Comercial e a conseqüente descoberta da América, os interesses direcionaram-se para a América que passou a ser disputada pelos europeus.

O processo de colonização desenvolvido pelos europeus na América atendia os interesses da política mercantilista que vigorava no continente europeu, havendo assim uma "integração" entre os dois continentes, onde a colônia americana deveria atender os interesses econômicos da metrópole européia. A colônia forneceria matérias-primas a preços baixos para a Metrópole, comprando produtos manufaturados a preços elevados. Essa relação que acabamos de descrever é conhecida na História com o nome de Pacto Colonial, mas no entanto achamos o termo Pacto ultrapassado, até porque não houve acordo, e sim uma imposição. Essa relação metrópole-colônia tinha como base o monopólio do comércio que era imposto pela metrópole, ou seja, a colônia só poderia ter relações comerciais com sua metrópole.

As colônias criadas no continente americano podem ser classificadas de dois tipos: Exploração e colônias de povoamento e enraizamento.

TIPOS DE COLÔNIAS

Inter-relação metrópole-colônia.

Sistema Colonial

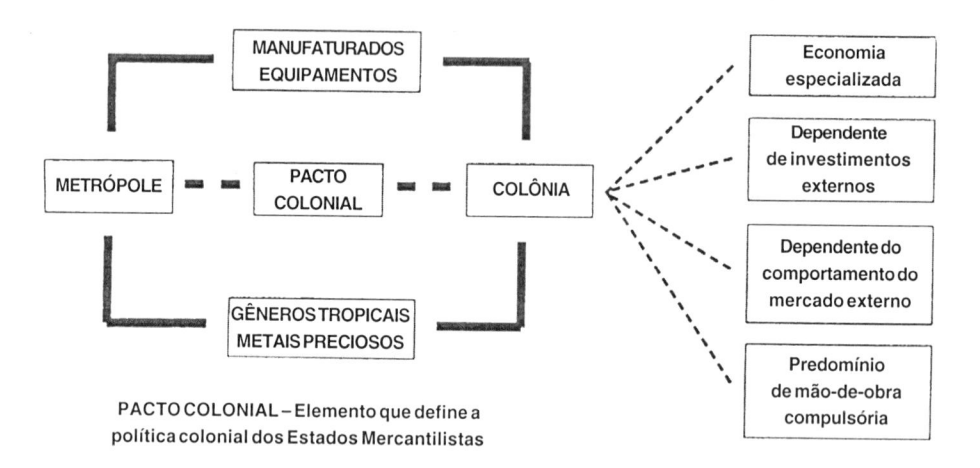

```
                    ┌──── MANUFATURADOS ────┐
                    │     EQUIPAMENTOS      │                    Economia
                    │                       │                    especializada
                    │                       │
                    │                       │                    Dependente
                    │      PACTO            │                    de investimentos
   METRÓPOLE ── ── ──    COLONIAL    ── ── ── COLÔNIA           externos
                    │                       │
                    │                       │                    Dependente do
                    │                       │                    comportamento do
                    │                       │                    mercado externo
                    │                       │
                    └──── GÊNEROS TROPICAIS ┘                    Predomínio
                         METAIS PRECIOSOS                        de mão-de-obra
                                                                 compulsória
```

PACTO COLONIAL – Elemento que define a política colonial dos Estados Mercantilistas

A) COLÔNIA DE EXPLORAÇÃO

A maioria das colônias americanas foi de exploração, o que significa um sistema de exploração econômico e de subordinação política das áreas coloniais às diretrizes metropolitanas. Representava ter de produzir apenas o que interessasse a metrópole e a ela enviar a maior parte das riquezas criadas.

A principal característica das propriedades agrárias é que se constituíam em imensos latifúndios, trabalhados por mão-de-obra escrava africana ou indígena, produzindo geralmente um produto tropical de exportação, características assim denominadas de *plantation*.

Estas colônias foram desenvolvidas na América espanhola, no Brasil, nas colônias do Sul da América inglesa e nas Antilhas francesa, inglesa e espanhola.

B) COLÔNIAS DE POVOAMENTO OU ENRAIZAMENTO

Geralmente eram localizadas em áreas de clima temperado, como por exemplo o norte e o centro dos EUA. Os colonos que nela se estabeleciam, fugiam de problemas existentes na Europa, tais como lutas políticas ou mesmo perseguições religiosas, ou também falta de oportunidade no setor profissional.

A economia é desenvolvida com os interesses das populações locais, não havendo preocupação de produzir para abastecer a metrópole, sendo assim, a propriedade é mediana ou pequena, familiar, tendo o mesmo tipo de produção agrícola da metrópole.

O SISTEMA ESPANHOL DE COLONIZAÇÃO

Colombo, após ter descoberto a América, organizou outras viagens ao continente americano e, junto com outros espanhóis que também navegaram ao Novo Mundo, rapidamente pôde perceber a existência de metais preciosos, o que despertaria o interesse espanhol pelo continente e o imediato processo de conquista.

Além de tribos indígenas primitivas, existiam na América, índios organizados e estruturados socialmente de forma bem evoluída, sendo assim, algumas teorias a respeito da origem desse índio americano começaram a surgir. A **hipótese autoctonista**, defendia a idéia de que os primeiros homens a viverem na América teriam a sua origem no próprio continente americano, fato que a ciência descarta na atualidade. Por outro lado, a **hipótese aloctonista** defende a tese de que os primeiros habitantes da América tiveram a sua origem na Ásia Oriental e teriam alcançado a América através do Estreito de Behring, ou das Ilhas Aleutas, ou mesmo através do Pacífico. Diga-se de passagem, esta teoria é a mais aceita pela ciência.

Embora a idéia que possuímos do índio sempre nos remete a visão preconceituosa do atraso, houve um surpresa por parte dos espanhóis que iniciaram a colonização da América, principalmente porque os nossos índios eram em vários aspectos mais desenvolvidos que os europeus, e dentre eles podemos destacar, os Maias, na América Central e México; os Incas, no Peru, Bolívia e Equador; e os Astecas, no México.

Localização dos Povos Pré-Colombianos

Os maias viviam em cidades autônomas; os Incas e os Astecas organizavam-se em sólidos impérios, nos moldes dos grandes impérios asiáticos da Antiguidade, sob a hegemonia de uma poderosa aristocracia. A supremacia do Estado, garantida por seu domínio religioso, permitia-lhe interferir em todos os setores, desde a cultura até a produção econômica. O Estado controlava as condições de cultivo com a irrigação, essencial para a agricultura, que era a base econômica dessas civilizações.

A CONQUISTA ESPANHOLA

"Somos parte da terra e ela é parte de nós (...)

Sabemos que o homem branco não compreende o nosso modo de viver. Para ele um lote de terra é igual a outro, porque ele é um forasteiro, que chega na calada da noite e tira tudo da terra. A terra não é sua irmã e sim sua inimiga, e depois de a conquistar, ele vai embora (...)

Sua voracidade arruinará a terra, deixando para trás apenas um deserto (...)

De uma coisa sabemos: a terra não pertence ao homem, é o homem que pertence à terra. Disso temos certeza. Todas as coisas estão interligadas como o sangue que une uma família." (Trechos da carta do cacique seatle, 1885. *Pasquim*, número 397, 1977)

A conquista espanhola dizimou um grande número de indígenas e levou os demais ao trabalho compulsório e brutal. Foi iniciada em 1519 com Hernán Cortez sobre o Império Asteca, e a partir de 1531, Francisco Pizarro e Diego de Almagro dominando o Império Inca.

Os primeiros conquistadores receberam o nome de **Adelantados**, e o primeiro deles foi Cristóvão Colombo.

Praticamente toda América tinha sido subjugada pelos conquistadores europeus em meados do século XVI, fato que foi facilitado pela utilização do cavalo e da pólvora, desconhecidos pelos ameríndios. Um outro fator que também contribuiu foi o fato de as tribos estarem fragilizadas, pois estavam divididas em facções muitas das vezes rivais.

Na realidade, existia uma grande ambigüidade entre os colonizadores: Na Espanha prevalecia o ideal religioso, enquanto na América a violência caracterizaria o processo de conquista. Vejamos agora um exemplo extraído da revista "Veja" de 16 de outubro de 1991, que teve como matéria "O julgamento de colombo".

Detalhe do painel A conquista ou chegada de Hermán Cortés a Veracruz (1951), *do pintor mexicano Diego Rivera. Nesta obra o artista critica o processo de conquista de Cortés, que incluía a escravização de indígenas por espanhóis.*

"É indiscutível que houve uma cruzada de extermínio contra os nativos da América. Os espanhóis não apenas matavam os índios, eles os assassinavam com perversidade. Assavam os prisioneiros em grelhas, enforcavam cativos em lotes de treze para homenagear o Redentor e seus 12 apóstolos. Faziam apostas macabras sobre quem abriria um homem pela metade ou quem era capaz de decepar-lhe com um único golpe de espada."

Características da colonização espanhola

Administração

Diante da necessidade de ampliar a dominação sobre a vasta região conquistada e também muito rica em metais preciosos, os espanhóis implantaram uma poderosa máquina burocrática, mas que, no entanto, na maioria das vezes, tinha os seus trabalhos dificultados devido às distâncias e à cobiça dos funcionários.

A partir do século XVI, a Coroa espanhola procurou substituir os "Adelantados" (conquistadores que se apropriavam de territórios, de suas riquezas e de sua população, podendo utilizá-los, desde que pagassem impostos à Coroa) por funcionários nos quais pudesse confiar. Assim sendo, foram criados diversos órgãos que funcionavam internamente nas colônias, como:

1) **Vice-rei**: Na época possuíam poderes totais, mas na prática seus poderes eram limitados pela autoridade do rei e pelo Conselho das Índias.

2) **Audiência:** Primitivamente era um tribunal. Passou a acumular funções administrativas ao lado das judiciárias. Era formada pelo vice-rei e vários ouvidores, isto é, juízes. Suas funções podem ser resumidas numa palavra: fiscalização, vigilância sobre todos os funcionários.

3) **Cabildos:** Órgãos municipais de influência apenas local, espécie de conselho municipal do qual faziam parte os "criollos", possuindo relativa autonomia.

4) **Capitanias Gerais:** Regiões estratégicas com governos próprios, mas ligadas aos vice-reinos: Chile, Guatemala e Caracas.

Na Espanha ficavam os departamentos encarregados das decisões finais: ***A Casa de Contratação*** e o ***Real Supremo Conselho das Índias***.

A Casa de Contratação foi criada em 1503 para ter todo o controle de exploração colonial. Inicialmente a sede foi em Sevilha, e posteriormente foi transferida para Cádiz.

O Real e Supremo Conselho das Índias tinha sede também em Sevilha, cidade estratégica para receber os navios que chegavam da América. Foi criado em 1511 e a sua função era a administração das colônias, cabendo-lhe nomear os funcionários coloniais, exercer tutela sobre os índios e fazer leis para a América.

A estrutura administrativa das colônias espanholas dividia o território em quatro vice-reinados e algumas capitanias gerais.

SOCIEDADE

Caracterizava-se por ser fechada e aristocratizante. No topo da pirâmide social ficavam os **Chapetones**, espanhóis que ocupavam altos postos militares e civis (justiça e administração) e o clero.

Os **Criollos** representavam a aristocracia colonial, eram os filhos dos espanhóis nascidos na América. Grandes proprietários e comerciantes que, por constituírem a elite colonial, participavam das Câmaras Municipais, denominadas Cabildos.

Abaixo, encontrávamos: **Mestiços**, descendentes de espanhóis com índios, em geral capatazes, artesãos e administradores; **Índios**, representavam a maioria da população e estavam submetidos à **Mita** e a **Encomienda**. Na base ficavam os **Escravos** negros, muito utilizados nas Antilhas, principalmente para a produção de cana-de-açúcar.

ECONOMIA

Atendia aos objetivos do Mercantilismo espanhol, procurando assim fortalecer o Estado espanhol. A exploração de ouro e de prata foram as principais atividades econômicas que os espanhóis desenvolveram na América, principalmente ao longo dos séculos XVI e XVII, no México, Peru e Bolívia, gerando ao seu redor atividades econômicas complementares como no Chile e no vice-reino do Prata.

A mão-de-obra indígena foi largamente utilizada pelos espanhóis e foram recrutadas pela **Mita** e pela **Encomienda**.

A **Mita** era a exploração pela qual os indígenas eram retirados de suas comunidades para trabalhar nas minas, recebendo um pagamento irrisório. Esse método acabou por arruinar a estrutura comunitária, culminando com o extermínio da população indígena.

A **Encomienda** era o sistema mais usado, consistindo na exploração dos nativos nos campos e nas minas. Caracterizava-se pela cessão de um determinado número de índios a um colono, o "encomendero", que tinha a obrigação de proteger e alimentar o índio encomendado.

As ligações comerciais entre a Espanha e as colônias americanas aconteciam pelo sistema de "Porto Único". Todo o comércio deveria, necessariamente, passar por um determinado porto na Metrópole, tendo sido eles, respectivamente, Sevilha e Cádiz. Esses portos em seus respectivos momentos, recebiam as mercadorias vindas da América, tais como: Vera Cruz (México); Porto Belo (Panamá); Cartagena (Colômbia) e Havana (Cuba).

LEITURA COMPLEMENTAR

Por tudo isso que foi dito... a título de recompensa parcial do grande número de serviço que ele prestou, por trabalhos e despesas nesta província, em nome de Sua Majestade, eu confio ao senhor Julián Gutierrez Altamirando a tribo denominada Milapoa, com o cacique denominado Reuqueande, os outros caciques... e todos os outros súditos da dita tribo, a fim de que o referido senhor se sirva deles conforme as recomendações e ordenanças reais e pelas quais o senhor é convocado a tratá-los bem, procurar o seu aumento, sua conservação e sua multiplicação e doutriná-los em nossa santa fé católica, lei natural e boa ordem.

Documento de 1536. Coleção de Documentos Inéditos para a História de Chile.

A que instituição se refere o texto? Justifique sua resposta.

Resposta: Encomienda, porque caracterizava-se pela cessão de um determinado número de índios a um colono, o "encomendero", que tinha a obrigação de proteger e alimentar o índio encomendado.

QUESTÕES RESOLVIDAS

1. **(FFU-SP)** "...a espada, a cruz e a fome iam dizimando a família selvagem..." (Pablo Neruda).

O poeta refere-se à Conquista espanhola na América. Analise o sentido histórico de suas palavras.

Resposta: A espada pode ser associada à violência militar, à superioridade dos espanhóis que utilizavam a arma de fogo e o cavalo; a cruz pode ser entendida com o envolvimento da Igreja Católica no processo de colonização e a fome à miséria suposta pelos colonizadores aos povos indígenas da América.

2. **(FUVEST-SP)** Para a exploração econômica do Peru, no período colonial, os espanhóis utilizavam o regime da mita. Em que consistia a mita?

Resposta: Era a exploração pela qual os indígenas eram retirados de suas comunidades para trabalhar nas minas, recebendo um pagamento irrisório. Esse método acabou por arruinar a estrutura comunitária, culminando com o extermínio da população indígena.

3. **(UFF)** A colonização da América, conseqüência da expansão marítima e comercial européia, foi um dos aspectos do grande processo de formação do mercado mundial.

Considerando esta afirmativa como referência, o tipo de mão-de-obra, a região colonial e a metrópole que podem ser corretamente associados são, respectivamente:
a) euro-africanos / Cuba / Espanha.
b) euro-africanos / Brasil / Espanha.
c) euro-indígenas / Peru / França.
d) euro-indígenas / México / Inglaterra.
e) euro-africanos / Haiti / Inglaterra.

Resposta: A

4. (UFRJ) "[O cacique Hatthuey, da atual ilha de Cuba...] foi preso com toda a sua gente e queimado vivo. E como estava atado a um tronco, um religioso de São Francisco (homem santo) lhe disse algumas coisas de Deus e de nossa Fé, que lhe pudessem ser úteis, no pequeno espaço de tempo que os carrascos lhe davam. Se ele quisesse crer no que lhe dizia, iria para o céu onde estão a glória e o repouso eterno, e se não acreditasse iria para o inferno, a fim de ser perpetuamente atormentado. Esse cacique, após ter pensado algum tempo, perguntou ao religioso se os espanhóis iam para o céu; o religioso respondeu que sim, desde que fossem bons. O cacique disse incontinenti, sem mais pensar, que não queria absolutamente ir para o céu; queria ir para o inferno, a fim de não se encontrar no lugar em que tal gente se encontrasse.[...]" (Las Casas, Frei Bartolomeu de. "Brevíssima relação da destruição das índias". Porto Alegre: L. & PM, 1984, p. 41)

"Queremos não só ajudar os outros a se converter, mas também converter-nos, nós próprios, juntamente com eles, de tal modo que nossas dioceses, paróquias, instituições, comunidades e congregações religiosas, longe de serem obstáculo, sejam um incentivo para que se viva o Evangelho.

Lançando um olhar sobre nosso mundo latino-americano, com que espetáculo deparamos? Não se faz mister aprofundar o exame. A verdade é que aumenta, cada dia mais, a distância entre os muitos que têm pouco e os poucos que têm muito. Estão ameaçados os valores de nossa cultura. Estão sendo violados os direitos fundamentais do ser humano".

(Mensagem aos povos da América Latina. Discurso inaugural da II Conferência do Episcopado Latino-americano, em Puebla, 1979. In: Puebla. A evangelização no presente e no futuro da América Latina. Rio de Janeiro: Vozes, 1979)

Cite dois objetivos da participação da Igreja Católica no processo de conquista da América Latina.

Resposta: Catequizar os indígenas e conquistar novos fiéis, expandindo assim a fé cristã, e conquistar terras e riquezas.

5. (VUNESP) "(...) desde o começo até hoje a hora presente os espanhóis nunca tiveram o mínimo cuidado em procurar fazer com que a essas gentes fosse pregada a fé de Jesus Cristo, como se os Índios fossem cães ou outros animais: e o que é pior ainda é que o proibiram expressamente aos religiosos, causando-lhes inumeráveis aflições e perseguições, a fim de que não pregassem, porque acreditavam que isso os impediria de adquirir o ouro e riquezas que a avareza lhes prometia." (Frei Bartolomeu de Las Casas. "Brevíssima relação da destruição das Índias", 1552)

No contexto da colonização espanhola na América, é possível afirmar que:
a) Existia concordância entre colonizadores e missionários sobre a legitimidade de sujeitar os povos indígenas pela força.
b) Os missionários influenciaram o processo de conquista para salvar os índios da cobiça espanhola.
c) Colonizadores, soldados e missionários respeitavam os costumes, o modo de vida e a religião dos povos nativos.
d) Os padres condenavam as atitudes dos soldados porque pretendiam ficar com as riquezas das terras descobertas.
e) Os missionários condenavam o uso da força e propunham a conversão religiosa dos povos indígenas.

Resposta: E

QUESTÕES PROPOSTAS

1. (UFRJ) "No Estado do Maranhão, Senhor não há outro ouro nem prata mais que o sangue e o suor dos índios: o sangue se vende nos que cativam e o suor se converte no tabaco, no açúcar e demais drogas que com os ditos índios se lavram e fabricam. Com este sangue e suor se medeia a necessidade dos moradores; e com este sangue e com este suor se enche e enriquece a cobiça insaciável dos que lá vão governar... desde o princípio do Mundo, entrando o tempo dos Neros e Dioclecianos, se não executarem em toda a Europa tantas injustiças, crueldades e tiranias como executou a cobiça e impiedade dos chamados conquistadores do Maranhão, nos bens, no suor, no sangue, na liberdade, nas mulheres, nos filhos, nas vidas e sobretudo nas almas dos miseráveis índios..." (Carta de padre Antônio Vieira ao procurador do Maranhão Jorge de Sampaio, em 1662. In: Vieira, Padre Antônio, Obras Escolhidas, Sá da Costa, Lisboa: 1951, Vol. V, p.p. 210-211)

"Os escravos são as mãos e os pés do senhor de engenho; porque sem eles no Brasil não é possível conservar e aumentar fazendas, nem ter engenho corrente. E do modo com que se há com eles, depende tê-los bons ou maus para o serviço. Por isso é necessário comprar cada ano algumas peças, e reparti-las pelos partidos, roças, serrarias e barcas". (Texto do cronista Antonil, retirado de seu livro " Cultura e opulência do Brasil por suas drogas e minas". 1ª· ed. 1711)

Na América Espanhola e na América Portuguesa, os colonizadores desenvolveram e adaptaram várias formas de utilização de trabalho compulsório (incluindo a escravidão propriamente dita). Populações indígenas inteiras foram escravizadas, assim como negros trazidos da África já no final do século XVI.

Na literatura colonial dos séculos XVII e XVIII – principalmente a produzida por religiosos – escravidão no Brasil, cada vez mais, passou a ser sinônimo de escravidão negra. Em termos ideológicos, a escravidão negra foi legitimada enquanto a legislação assinalava a proibição da escravização dos indígenas.

a) Cite dois tipos de regime de trabalho compulsório utilizado na América Espanhola.

b) Explique duas razões que provocaram a substituição da mão-de-obra indígena pela mão-de-obra escrava africana.

2. (UNICAMP) Uma jogadora de vôlei do Brasil nas Olimpíadas de Sidney fez esta declaração à imprensa: "Agora vamos pegar as cubanas, aquelas negras, e vamos ganhar delas" (O Estado de S. Paulo, 27/09/2000). Ainda segundo o jornal: "A coordenadora do Programa dos Direitos Humanos do Instituto da Mulher Negra classifica as palavras da atacante como preconceituosas e alerta as autoridades para erradicarem esse tipo de comportamento, combatendo o racismo".

a) Compare os processos de colonização ocorridos em Cuba e no Brasil, apontando suas semelhanças.

b) Qual a atividade econômica predominante em Cuba e no Nordeste brasileiro durante a colonização e suas relações com o comércio internacional?

c) Qual a condição social dos negros no Brasil depois do fim da escravidão?

3. (FUVEST) Frei Antônio de Montesinos, em 1512, no Caribe, pregava aos conquistadores espanhóis: "Com que direito haveis desencadeado uma guerra atroz contra essas gentes que viviam pacificamente em sua própria terra? Por que os deixais em semelhante estado de extenuação? Por que os matais a exigir que vos tragam diariamente seu ouro? Acaso não são eles homens? Acaso não possuem razão e alma? Não é vossa obrigação amá-los como a vós próprios?"

Explique essas palavras de Montesinos dentro do contexto da Conquista Espanhola da América.

4. (UFRJ) O Mestre de México, Montezuma, nos envia, a nós e alguns outros nobres, com a ordem de contar a nosso irmão o Cazonci tudo a que diz respeito à gente estranha que chegou [em Tenochtitlán]. Nós os enfrentamos no campo de batalha e matamos aproximadamente duzentos dos que vinham montados em cervos e duzentos dos que andavam a pé. Os cervos são protegidos por armaduras de couro retorcido e carregavam algo que ressoa como as nuvens, que produz um ruído de trovão e que mata todos os que encontra em seu caminho, até o último. Romperam completamente nossa formação e mataram muitos dos nossos. A gente de Tlaxcala os acompanham pois voltou-se contra nós. (Adaptado de Todorov, Tzevetan. A conquista da américa (a questão do outro). São Paulo: Martins Fontes, 1988, p. 91)

O trecho citado é parte do relatório que dez mensageiros de Montezuma levaram ao Cazonci (rei) dos Tarascos da região de Michoacán, para pedir-lhe ajuda nas luta contra os espanhóis.
  a) Identifique no texto dois fatores que auxiliaram a rápida conquista do México pelos espanhóis.
  b) Explique como os fatores identificados no item anterior ajudam a compreender a rapidez através da qual Hernán Cortéz e seus comandados conquistaram o Império Asteca.

5. (UNI-RIO) "Ao longo dos duzentos primeiros anos de dominação colonial, os espanhóis desenvolveram um setor mineiro que permitiu a manutenção da economia metropolitana e da posição internacional espanhola em meio às demais nações da Europa ocidental. As primeiras descobertas ocorreram no México e no Peru, no curto período de vinte anos (1545-65). Os enclaves necessitavam de grande quantidade de mão-de-obra indígena, que, recrutada por sorteio, era encaminhada periodicamente às minas, retornando a seguir às comunidades de origem para ser substituída por novos contigentes requisitados de igual maneira." (Stanley, J. S. e Stein, B. "A herança colonial na América Latina". Rio de Janeiro: Paz e Terra, 1976, p.p. 29-35)

O texto nos remete a uma especificidade da economia colonial da América Espanhola, qual seja, a utilização em larga escala do trabalho compulsório indígena. A este respeito, atenda ao solicitado a seguir.
  a) Justifique a utilização, na América Hispânica, da mão-de-obra indígena, preferencialmente, em relação à mão-de-obra africana.
  b) Cite e explique duas formas de utilização de mão-de-obra indígena na América Espanhola.

6. (FATEC) A colonização espanhola:
a) fundamentou-se na divisão da colônia em vice-reinos diretamente ligados à Espanha, destacando-se a Casa de Contratação e o Conselho das Índias.
b) utilizou quase que exclusivamente a mão-de-obra negra, devido ao fato de a população indígena ter sido dizimada durante a conquista.
c) desenvolveu nas colônias uma produção diversificada, produzindo-se manufaturas na região setentrional e algodão na região meridional.
d) baseou-se nas culturas tropicais de exportação, nos minifúndios e na mão-de-obra servil.
e) criou uma organização administrativa centralizada com sede em Lima.

7. (PUC-RIO) Sobre as relações estabelecidas entre europeus e povos nativos do continente americano por ocasião da conquista e colonização das terras do Novo Mundo, estão corretas as afirmativas, à exceção de:
a) A catequese das populações nativas, fundamentada no princípio da tolerância religiosa, viabilizou o enraizamento dos valores cristãos.
b) A ocorrência de guerras e a propagação de epidemias contribuíram de modo significativo para a drástica redução demográfica das populações nativas.
c) Entre as imagens que os europeus construíram acerca do Novo Mundo, destacavam-se as visões que ressaltavam a pureza dos povos nativos e a fertilidade da terra.
d) O estabelecimento de alianças bélicas, favorecidas pelas rivalidades entre os povos nativos, contribuiu para a conquista européia.
e) Os conquistadores europeus valeram-se de práticas de escambo e formas de trabalho compulsório, já existentes entre os povos nativos da América, para consolidarem novas relações de dominação.

8. (UERJ) Na Espanha, o fato de não possuir ascendentes judeus ou árabes constitui uma espécie de título de nobreza; na América, a cor da pele (mais ou menos branca) indica a posição social do indivíduo (Humboldt, A von. *Ensaio político sobre o reino da nova Espanha*. 1807. Apud S. Stein & B. Stein. *A herança colonial da américa Latina*. Rio de Janeiro: Paz e Terra, 1977)
a) incorporação da nobreza ameríndia à elite peninsular e criolla
b) proibição legal da miscigenação entre peninsulares e ameríndios
c) impedimento à ascensão dos criollos aos altos cargos administrativos
d) importância do clero ameríndio nas principais cidades mineiras e portuárias

9. **(UFPE)** A necessidade de braços para o trabalho nas colônias americanas provocou:
   a) Violência exercida pelos conquistadores europeus contra os povos americanos e africanos.
   b) A morte apenas dos nativos e dos africanos que reagiram à colonização.
   c) O colapso da economia mercantil européia com o deslocamento do eixo econômico do mar Mediterrâneo para o oceano Atlântico.
   d) A salvação de milhares de índios e negros através da colonização.
   e) A absorção da mão-de-obra livre de brancos, índios e negros que procuravam trabalho.

10. **(UFRRJ)** "A organização de trabalho (...) sofreu terrível impacto sob a dominação (...) (...) Uma série de procedimentos compulsórios de contingenciamento de mão-de-obra, tanto novos (...) quanto redefinidos (...) foram desastrosos para os índios (...)". (Ribeiro, Darcy. *As Américas e a civilização*. Rio de Janeiro: Vozes, 1997. p.p. 158-9)

Com relação à questão do trabalho indígena, no processo de colonização da Hispano-América, podemos afirmar que:
   a) A Igreja Católica não permitiu trabalho compulsório.
   b) A mita somente ocorreu no México e na Bolívia.
   c) Na Hispano-América, não ocorreu trabalho compulsório.
   d) As formas de trabalho compulsório foram a mita e a encomienda.
   e) O trabalho compulsório ocorreu apenas com os afro-americanos.

Gabarito das questões propostas

Questão 1 - Resposta:
   a) encomienda, repartimento, mita e cuatequil.
   b) resistência indígena; epidemias/mortes; interesses comerciais no tráfico negreiro; oposição da Igreja com relação à escravização dos índios e conflitos entre colonos e jesuítas em torno do controle de mão-de-obra indígena.

Questão 2 - Resposta:
   a) Em ambos os casos ocorreu a colonização de exploração organizada a partir do latifúndio agroexportador e escravista, estrutura adequada aos objetivos mercantilistas das metrópoles ibéricas.
   b) Tanto em Cuba como no Brasil, no período colonial predominou a agroindústria do açúcar como principal atividade econômica, sendo o produto destinado a abastecer o mercado europeu.

c) A publicação da Lei Áurea em 1888, extinguindo a escravidão, não assegurou aos negros o pleno exercício da cidadania, mantendo-os marginalizados. A discriminação e o preconceito racial, existentes ainda hoje, evidenciam a não superação plena da marginalização dos negros no Brasil.

Questão 3 - Resposta: O texto reflete a violência com que os espanhóis tratavam os nativos à época da conquista da América e o conflito entre religiosos e colonizadores, uma vez que os primeiros pretendiam arrebanhar fiéis à fé católica e os últimos desprezavam o destino dos nativos, importando-se apenas com o acúmulo de riquezas.

Questão 4 - Resposta:
a) A posse, pelos espanhóis, de "cervos[...] protegidos por armaduras de couro retorcido" (cavalos) e o uso de canhões.
b) O uso de cavalos e canhões, ambos desconhecidos pelos astecas, ofereciam vantagem militares aos espanhóis tanto porque aumentavam a mobilidade militar (o cavalo), quanto porque possibilitavam a destruição à distância (o canhão).

Questão 5 - Respostas:
a) Os espanhóis encontraram, nas suas áreas de colonização na América, uma maior densidade demográfica com relação às populações indígenas, além dessas já apresentarem formas constituídas de exploração do trabalho coletivo (a exemplo da mita), as quais foram aproveitadas pelo colonizador hispânico.
b) MITA – forma de trabalho compulsório, utilizado geralmente nas áreas de mineração, e que consistia no recrutamento por sorteio da mão-de-obra entre as comunidades indígenas.
ENCOMIENDA – forma de escravização disfarçada onde um dignatário espanhol (o "encomendero") recebia o controle sobre uma determinada comunidade indígena com a obrigação de "protegê-la" militarmente e catequizá-la. Em troca, o "encomendero" poderia exigir da comunidade o pagamento de tributos na forma de trabalho ou em espécie.

Questão 6 - Resposta: A

Questão 7 - Resposta: A

Questão 8 - Resposta: C

Questão 9 - Resposta: A

Questão 10 - Resposta: D

UNIDADE 16

A COLONIZAÇÃO PORTUGUESA

SINOPSE TEÓRICA

"... Esta terra, senhor, será tamanha que haverá nela bem vinte ou vinte e cinco léguas por costa... Pelo sertão nos pareceu, vista do mar, muito grande, porque a estender os olhos, não poderíamos ver senão terras com arvoredos, que nos parecia muito longa. Nela, até agora, não pudemos saber se há ouro, nem prata, nem coisa alguma de metal ou ferro nem o vimos. Porém, a terra em si é de muito bons ares... Querendo-a aproveitar, dar-se-á nela tudo, por causa das águas que tem. Porém o melhor fruto, que dela se pode tirar, me parece que será salvar esta gente". (A carta de Pero Vaz de Caminha. In: Gasman, Lydinéa. "Documentos Históricos Brasileiros. RJ, Fename", 1976)

OS INTERESSES PORTUGUESES NA ÉPOCA DA CHEGADA AO BRASIL

Durante muitos anos acreditou-se que Portugal não teve interesse pelo Brasil entre 1500 e 1530, mas, no entanto, temos convicção de que o interesse português pelo Brasil foi muito grande é só observarmos as diversas armadas exploradoras e guarda-costas que foram oficialmente enviadas ao Brasil, sem contar também com as expedições particulares que vinham explorar o pau-brasil.

O PERÍODO PRÉ-COLONIAL

No ano seguinte ao Descobrimento, o rei de Portugal preparou três navios que deram início à primeira expedição enviada ao Brasil. Infelizmente não podemos precisar o nome do comandante desta expedição, no entanto, o mais provável é que tenha sido Gaspar de Lemos.

Fundação de São Paulo, na interpretação do pintor Oscar Pereira da Silva, realizada em 1909. A obra pertence à Pinacoteca do Estado de São Paulo.

Tendo sido uma expedição exploradora, percorreu o litoral brasileiro mapeando os acidentes geográficos, batizando-os de acordo com o calendário religioso da época, assim temos: Cabo de São Roque, Cabo de Santo Agostinho etc.

Em 1503 chegou ao Brasil a segunda expedição exploradora comandada por Gonçalo Coelho e montada por Fernão de Noronha, que possuía muitos interesses no comércio do pau-brasil.

Durante este período, a única atividade econômica desenvolvida foi a exploração do pau-brasil. Todos os anos chegavam ao nosso país frotas de seis navios com o objetivo de explorar até 300 léguas de costa da terra descoberta, devendo ainda, construir feitorias fortificadas.

A partir do momento que ficou conhecida na Europa a existência do pau-brasil na terra recém-descoberta, navios de armadores franceses começaram a visitar o nosso litoral para contrabandear a madeira. Diante da situação incômoda, D. Manuel I, rei de Portugal, protestou com os governos dos reis franceses Luís XII e Francisco I, não obtendo, no entanto, resultado prático, ou seja, a pirataria continuava no nosso litoral.

Os franceses alegavam desconhecer algum tipo de "testamento" deixado por Adão e Eva que dividisse o mundo entre portugueses e espanhóis e, por este motivo, a pirataria continuaria. É evidente que o tal testamento citado pelos franceses dizia respeito ao Tratado de Tordesilhas, com que a França não concordava.

Diante da inutilidade das reclamações enviadas à França, os portugueses resolveram organizar as armadas que ficariam conhecidas como Guarda-Costas. Comandadas por Cristóvão Jacques, navegariam de Pernambuco ao Rio da Prata, policiando o litoral e tentando evitar o contrabando francês. Foram enviadas nos respectivos anos 1519 e de 1526 a 1528.

A EXPEDIÇÃO DE MARTIM AFONSO DE SOUZA

Embora tenham atuado com energia, as expedições Guarda-Costas não puderam impedir a continuidade do tráfico do pau-brasil, o que levaria Cristóvão Jacques a sugerir ao rei o imediato povoamento da terra. Quando chegamos então ao ano de 1530, Portugal enviaria a expedição colonizadora de Martim Afonso de Souza.

Além do fato de os franceses estarem contrabandeando no nosso litoral, outros fatores teriam motivado o início da colonização. Portugal sentia nesse momento que o comércio das especiarias no Oriente começava a decair e, além do mais, os espanhóis tinham encontrado metais preciosos nas suas colônias americanas, estimulando assim os portugueses a iniciarem a colonização.

Pertencendo a uma das mais notáveis famílias de Portugal, Martim Afonso de Souza deveria combater os piratas franceses, explorar o litoral entre o Maranhão e o Rio da Prata e estabelecer núcleos de povoamento dentre outros fatores, tendo fundado em 1532 a Vila de São Vicente, em São Paulo, iniciando assim a colonização.

AS CAPITANIAS HEREDITÁRIAS NO SÉCULO XVI

A partir da Expansão Marítima, Portugal conquistou um Império tricontinental, e o esforço de colonização em tantas terras estava acima dos recursos de Portugal. Assim, os portugueses resolveram lançar no Brasil o sistema das Capitanias Hereditárias.

Esse sistema era conhecido dos portugueses que já tinham aplicado nas Ilhas do Atlântico (Madeira, Açores, Cabo Verde, Porto Santo etc) e atendia aos interesses de comerciantes, fidalgos e membros da corte que viam como uma boa alternativa para a colonização de uma terra tão vasta como a sua colônia americana.

Durante um bom período, procuraram comparar uma Capitania Hereditária a um feudo, procurando semelhança tais como:

Capitanias Hereditárias

MARANHÃO João de Barros e Aires da Cunha (2º lote)
MARANHÃO Fernando Álvares de Andrade
CEARÁ Antônio Cardoso de Barros
RIO GRANDE João de Barros e Aires da Cunha (1º lote)
ITAMARACÁ Pêro Lopes de Sousa (3º lote)
PERNAMBUCO Duarte Coelho
BAHIA Francisco Pereira Coutinho
ILHÉUS Jorge de Figueiredo Correia
PORTO SEGURO Pêro de Campos Tourinho
ESPÍRITO SANTO Vasco Fernandes Coutinho
SÃO TOMÉ Pêro de Góis
SÃO VICENTE Martim Afonso de Sousa (2º lote)
SANTO AMARO Pêro Lopes de Sousa (1º lote)
SÃO VICENTE Martim Afonso de Sousa (1º lote)
SANTANA Pêro Lopes de Sousa (2º lote)

Meridiano de Tordesilhas

OCEANO ATLÂNTICO

0   390   780 km

a) As Capitanias, como as reservas senhoriais, representavam dignidades individuais, intransferíveis e transmissíveis por herança ao filho mais velho ou ao herdeiro imediato, segundo a ordem estabelecida na carta de doação.

b) O regime de Capitanias, da mesma forma que o regime feudal, importava o reconhecimento de uma hierarquia de senhorios territoriais, que tinha o rei no topo e nos degraus inferiores o donatário, o sesmeiro ou colono etc. (Queirós Lima. "Capitanias Hereditárias". In: "Revista de Estudos Jurídicos" nº 2, citado por Helio Viana in "História do Brasil" p. 63)

Esses pontos de semelhança, prossegue Queirós Lima, são, entretanto, mais aparentes do que reais. Não se pode ressuscitar artificialmente uma instituição morta... Passada a Idade Média, passadas as condições que a criaram, impraticável seria restaurá-la artificialmente. O feudalismo é uma instituição impossível de conceber-se fora do tempo e do meio social em que se elaborou.

Outro ponto importante seria discutir se o sistema de Capitanias Hereditárias teria alcançado os seus objetivos. Embora apenas duas Capitanias tenham prosperado (São Vicente e Pernambuco) dentre as quatorze criadas, entendemos que alguns objetivos foram alcançados, tais como: fixou o homem ao solo, desenvolveu a cultura da cana-de-açúcar e colaborou com o desenvolvimento da colonização.

Era função de um capitão donatário: ministrar a justiça, distribuir sesmarias, arrecadar os dízimos e fundar povoações.

O Governo Geral

Normalmente acredita-se que o Governo Geral foi criado para substituir as Capitanias Hereditárias. Na realidade, a intenção da coroa portuguesa ao criar o Governo Geral era auxiliar as Capitanias, centralizar a administração e melhorar o sistema de arrecadação de impostos, entre outros. Para auxiliar o governador geral foram criados três auxiliares: Ouvidor Geral (justiça), Provedor-mor (fazenda) e Capitão-mor da Costa (defesa).

O Governo de Tomé de Souza (1549 – 1553)

Ex-soldado da África e da Índia, excelente administrador, Tomé de Souza foi escolhido para ser o primeiro governador geral do Brasil. Com ele vieram seis jesuítas liderados pelo Padre Manoel da Nóbrega, e durante a sua administração, o papa Júlio III criou o Bispado de Salvador, o primeiro do Brasil, para o qual foi nomeado Dom Pero Fernandes Sardinha.

A Capitania da Bahia de Todos os Santos acabou se tornando primeira Capitania Real do Brasil, onde foi fundada a nossa primeira capital, Salvador. Outras realizações: estimulou a produção de cana-de-açúcar, constituiu engenhos etc.

Duarte da Costa (1553 – 1558)

Em 1553 o fidalgo Dom Duarte da Costa chegaria ao Brasil como segundo governador geral, trazendo jesuítas comandados por José de Anchieta. Neste governo surgem as primeiras expedições oficiais que partem para o interior do Brasil à procura, por exemplo, de metais preciosos (Entradas). Outros acontecimentos: fundação do Colégio São Paulo (que daria origem à cidade do mesmo nome), invasão francesa ao Rio de Janeiro; atritos entre Dom Pero Fernandes Sardinha (defensor dos índios) e o filho do governador Dom Álvaro da Costa, que desejava escravizar os indígenas.

GOVERNO DE MEM DE SÁ (1558 – 1572)

Um dos mais longos governos do Brasil Colonial (1558-1572), foi marcado por lutas contra os indígenas e contra os franceses, que acabaram sendo expulsos do Rio de Janeiro. Para conquistar a vitória contou com o apoio do sobrinho Estácio de Sá. Além deste feito, tivemos também como destaque a fundação da cidade de São Sebastião do Rio de Janeiro em 1º de março de 1565, entre os morros do Pão-de-Açúcar e o Cara de Cão (hoje São João). No combate final aos franceses, houve o falecimento de Estácio de Sá.

A DIVISÃO DO BRASIL EM DOIS GOVERNOS

Depois de um curto governo interino do ouvidor-geral e provedor-mor da Fazenda, Fernão da Silva, tomou posse na Bahia o governador nomeado para exercer o cargo do governo do Norte, Luís de Brito de Almeida, e do Sul, Antônio de Salema. As capitais seriam, respectivamente, Salvador e Rio de Janeiro.

Como destaque dos respectivos governos, podemos citar:
  Norte: Primeira tentativa de conquista da Paraíba.
  Sul: Luta contra os índios de Cabo Frio, aliados dos franceses.

O GOVERNO DE LOURENÇO DA VEIGA

Assumiu o poder no momento em que os governos no Brasil eram unidos novamente entre 1578 e 1581. Tivemos neste intervalo a morte do rei português Dom Sebastião I (1578) na Batalha de Alcácer-Quibir, no Marrocos, que pôs fim à Dinastia de Avis e provocou o início da União Ibérica, ou seja, o domínio espanhol sobre Portugal (1580-1640).

O GOVERNO DE MANUEL TELES BARRETO

Em 1583 chegou à Bahia o primeiro governador nomeado por Felipe II da Espanha (Felipe I de Portugal): Manuel Teles Barreto.

Governou até 1587, quando faleceu, e como destaque do seu governo podemos mencionar os ataques dos inimigos da Espanha e a conquista definitiva da Paraíba.

GOVERNO DE DOM FRANCISCO DE SOUZA

Com a morte de Manuel Teles Barreto, assumiram, provisoriamente, o terceiro governador (Dom Antônio Barreiros) e o provedor-mor da Fazenda (Cristóvão de Barros). Este governo destacou-se na organização da defesa do Recôncavo contra os ataques dos corsários ingleses e a definitiva conquista de Sergipe D'El-Rei.

OS FRANCESES NO RIO DE JANEIRO E NO MARANHÃO

Como vimos anteriormente, no governo de Duarte da Costa houve uma invasão francesa ao Rio de Janeiro. Liderados por Nicolau Durand de Villegaignon, os franceses tentaram fundar uma colônia que pudesse acolher os calvinistas que fugiam das guerras de religião da França e também procuravam se estabelecer na região produtora de pau-brasil. Com proteção do Almirante Gaspar de Coligny, conseguiu do rei Henrique II dois navios, auxílio financeiro e licença para trazer criminosos, chegando ao Rio em 10 de novembro de 1555.

Diante do abandono do litoral maranhense por boa parte do século XVI, na França, Charles de Vaux começou a defender a idéia de se implantar uma colônia francesa na região. Daniel de La Touche aprova a idéia e em 1612 os franceses fundam o Forte de São Luís, que acabaria dando nome à cidade que hoje é a capital do Estado.

Em novembro de 1615 os franceses se entregaram e o Maranhão foi definitivamente conquistado pelos portugueses.

A ADMINISTRAÇÃO PORTUGUESA NO SÉCULO XVII

Na primeira metade deste século, Portugal continuava sob o domínio espanhol, que se estendeu até 1640, mas, no entanto, os governantes brasileiros eram exclusivamente portugueses. A rotina de ataques dos inimigos espanhóis permanecia a mesma, as lutas contra os indígenas se acirrava, valendo a pena destacar no Ceará a chamada Guerras dos Bárbaros ou Confederação dos Cariris.

No ano de 1675 foi escolhido o brasão de armas do Estado do Brasil. Observando o desenho, constituíam as armas uma árvore de cor verde (certamente um pau-brasil), encimada por uma cruz (alusiva ao nome anterior – Terra de Santa Cruz).

A ADMINISTRAÇÃO NO SÉCULO XVIII: OS VICE-REIS

No século XVIII tivemos a fase final do reinado de Dom Pedro II (1683-1706). No final do seu governo ocorreria a Guerra de Sucessão da Espanha, que contaria com o envolvimento português e que traria algumas conseqüências para o Brasil como, por exemplo, o segundo ataque espanhol à Colônia do Sacramento, fundada pelos portugueses em 1680 no Sul, e novos ataques de corsários franceses ao Rio de Janeiro.

A partir de 1750 assumiu o reino português Dom José I e o seu famoso ministro Marquês de Pombal. Partidário do despotismo esclarecido, ou seja, governante absolutista com idéias iluministas, acabou exercendo grande influência no Brasil, como, por exemplo, transferiu a capital do Brasil de Salvador para o Rio de Janeiro (1763), acompanhando a transferência do eixo econômico da Colônia do Nordeste açucareiro para o Sudeste minerador. Neste momento da História, o açúcar brasileiro estava em decadência motivada principalmente pelo fato de os holandeses terem iniciado a produção nas Antilhas após a sua expulsão do Brasil.

Além do que já foi citado, coube ao Marquês de Pombal criar cias. de comércio, como Grão-Pará e Maranhão, Pernambuco e Paraíba; criação da Real Extração do Ouro, expulsão dos jesuítas etc. Com relação ao último fato citado, o Marquês de Pombal alegou que os jesuítas haviam tramado a morte do rei José I, acusando-os também de incentivar a reação dos índios guaranis contra a demarcação dos limites estabelecidos pelo Tratado de Madri de 1750 (Guerra Guaranítica).

A Igreja Católica no período colonial exerceu um papel muito importante dentro do processo de colonização desenvolvido pelos portugueses. Catequizaram os índios, ditaram normas comportamentais, ministraram a educação, principalmente os jesuítas. Diante de sua expulsão, Pombal, para substituir os colégios jesuíticos, implantou no Brasil as "aulas régias".

Em 1777 morreu Dom José I e ascendeu ao trono português Dona Maria I. Neste governo, setores retrógrados de Portugal assumiram o controle do país e praticamente anularam as reformas implantadas por Pombal, valendo lembrar como exemplo a assinatura do Alvará de 1785, que proibia a abertura de manufaturas no Brasil, à exceção dos panos para vestir escravos.

A partir de 1720 o nosso país passou a ter vice-reis. O vice-rei ou capitão-geral era o delegado imediato do rei, para quem unicamente se podia apelar de suas resoluções.

A FIXAÇÃO DAS FRONTEIRAS

No final do século XVIII, o território brasileiro estava praticamente formado. Para que isso acontecesse foram fatores importantes a pecuária, o bandeirantismo, a mineração e as missões jesuíticas no Vale Amazônico.

No extremo norte os limites foram discutidos com os franceses enquanto no extremo sul foram discutidos com os espanhóis. Com certeza neste momento o Tratado de Tordesilhas já estava ultrapassado.

Unidade 16 - A colonização portuguesa | 207

Em 1680, os portugueses fundaram a Colônia do Sacramento no extremo sul, região que daria origem ao Uruguai atual. Nesta região desenvolvia-se uma intensa atividade mercantil. Como a Colônia do Sacramento estava situada às margens de Buenos Aires, no lado oposto do Rio da Prata, era uma região de comércio intenso que atraía os portugueses e seus aliados, os ingleses que desejavam quebrar o monopólio espanhol, colocando os seus produtos manufaturados no mercado platino e intensificando o contrabando, principalmente da prata.

Quando a Espanha percebeu que o seu monopólio estava sendo ameaçado, ela invadiu Sacramento, e, para resolver o problema provocado pela invasão, em 1681 foi assinado o Tratado de Lisboa que obrigava a Espanha a devolver Sacramento para Portugal.

A partir do século XVIII novos tratados foram assinados. Em 1713 tivemos o Tratado de Utrecht, onde a França reconheceu o direito exclusivo de Portugal navegar no Rio Amazonas, em troca do reconhecimento português da posse da Guiana pelos franceses. Dois anos depois, em 1715, um novo Tratado de Utrecht foi assinado que estabelecia que a Espanha reconhecia a soberania portuguesa sobre o Sacramento, porém não definitivamente.

Diante do avanço dos espanhóis e portugueses na colonização do sul da América, em 1750 seria assinado o importante Tratado de Tordesilhas. De acordo com o tratado, seria respeitado o Uti Possidetis (posse útil da terra), isto é, portugueses e espanhóis estabeleceram a ocupação efetiva como critério, assim, os territórios ocupados por portugueses foram reconhecidos pela Espanha como portugueses e vice-versa. Este tratado anulou o de Tordesilhas. A Espanha ficou com Sacramento e Portugal com Sete Povos das Missões.

Diante da troca, os jesuítas espanhóis, não aceitando passar para o domínio português, levaram os índios guaranis a uma guerra contra Portugal. Esta guerra guaranítica impediu a troca de Sacramento por Sete Povos e assim, em 1761, foi assinado o Tratado de El Pardo, que anulava o Tratado de Madri.

Posteriormente, em 1777 foi assinado o Tratado de Santo Idelfonso. Por este tratado, tanto a Colônia de Sacramento como Sete Povos das Missões voltaram para o domínio espanhol, porém a Espanha teve que devolver a ilha de Santa Catarina que havia conquistado do Brasil.

Logo depois, os gaúchos invadiram Sete Povos das Missões e expulsaram os jesuítas espanhóis, o que levaria portugueses e espanhóis a assinarem em 1801 o Tratado de Badajós, que confirmaria os limites do Tratado de Madri, passando Sete Povos das Missões para Portugal.

A FORMAÇÃO SOCIAL DA COLÔNIA

A ETNIA BRASILEIRA

"Todo brasileiro, mesmo o alvo, de cabelo louro, traz na alma, quando não na alma e no corpo (...) a sombra ou, pelo menos, a pinta do negro". (Gilberto Freyre)

A nossa formação étnica é composta fundamentalmente do índio americano, do negro africano e do branco europeu. Como resultado da miscigenação tivemos o mulato, descendente de branco com negro, o mameluco (caboclo), descendente de índio com branco, e o cafuzo, descendente de negro com índio.

O ÍNDIO

"... antes dos portugueses descobrirem o Brasil, o Brasil tinha descoberto a felicidade...". (Oswald de Andrade)

Colombo, quando chegou à América, acreditando ter chegado às Índias, começou erradamente a chamar o nativo do continente de índio e, diga-se de passagem, o processo de encontro das duas culturas, a branca européia e a indígena americana, acabou provocando a destruição da cultura indígena.

Principais nações indígenas brasileiras

De acordo com uma classificação tradicional, baseada em critérios lingüísticos, os índios do Brasil foram divididos em quatro grandes nações:

a) Tupi

Espalhavam-se por toda a costa atlântica e várias áreas do interior;

b) Jê ou Tapuia

Ocupavam o Planalto Central brasileiro;

c) Nuaruaque

Ocupavam da bacia Amazônica até os Andes;

d) Caraíba

Ocupavam o norte da bacia Amazônica.

Deve-se ressaltar que existia ainda um grande número de nações menores.

O índio brasileiro vivia em um regime de comunidade primitiva, ou seja, não havia propriedade privada dos meios de produção, a economia era comunitária e não existiam classes sociais.

O trabalho era dividido pelo sexo e a idade. Na preparação do solo, os homens abriam clareiras na mata, derrubando árvores e limpando o terreno com queimadas. As mulheres dedicavam-se ao plantio. Normalmente eram plantados milho, feijão, mandioca, cará, batata-doce, abóbora e tabaco. Além disso, as mulheres cuidavam das crianças e cozinhavam enquanto os homens caçavam, pescavam, construíam as tabas, guerreavam.

Os índios moravam nas ocas e um conjunto delas formava as aldeias ou tabas, enquanto várias tabas formavam uma tribo, e por sua vez um conjunto de tribos formava uma nação. Embora praticassem a agricultura, não constituíam povos fixos e permanentes.

Os índios eram politeístas e adoravam também as forças da natureza (vento, chuva, relâmpago, trovão). A família indígena era em geral poligâmica.

O primeiro contato entre o índio e o branco português foi amigável, mesmo quando o português o usava para cortar o pau-brasil. No entanto, quando o índio começou a ser explorado pelos portugueses, o seu sofrimento começou.

O escravismo índio ocorria normalmente em áreas pobres onde o colonizador não tinha dinheiro para comprar o africano. Como exemplo, podemos citar São Vicente.

CONTRIBUIÇÕES INDÍGENAS

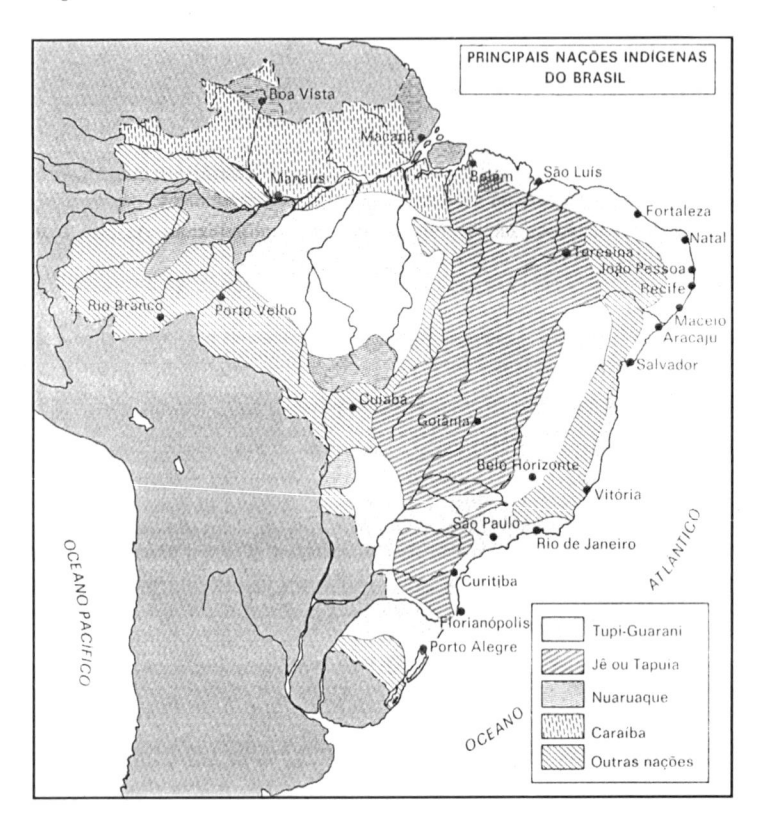

- Alimentos: batata, milho, mandioca, batata-doce, mel-de-abelha.
- Espécies vegetais: borracha (*Hevea brasiliensis*), cacau (matéria do chocolate); palmito; tabaco etc.
- Plantas medicinais: jaborandi (sudoríparo e depurativo), copaíba (cicatrizante), quinino (antimalárico), folha de coca (anestésico), curare (veneno do qual se extrai a d-tubacararina, usada em cirurgias do coração).
- Plantas manufatureiras: Algodão (tecidos), piaçaba (vassouras), babaçu (utilizado na fabricação de óleos).
- Objetos e utensílios: rede de dormir, jangada, canoa etc.

O NEGRO

"Foi às custas do sacrifício da raça negra, lavrando solo ou explorando minérios, que cresceu a civilização brasileira". (Souto Maior)

Introduzido no Brasil como mão-de-obra escrava, foi escolhido pelos portugueses porque o tráfico de escravos era um comércio profundamente lucrativo, e também porque o índio em contato com o branco muitas vezes adoecia, e os portugueses não poderiam correr o risco de perder a mão-de-obra durante o período de colheita. Dos grupos negros trazidos para o Brasil, os principais foram: sudaneses (oriundos da Nigéria, Daomé, Costa do Ouro – ioruba, jejes, fanti-ashantis); Bantos (angola-congoleses e moçambiques); malês (sudaneses islamizados).

O BRANCO

Senhores brancos à mesa.
Gravura de Debret.

O português foi o principal elemento branco na formação da sociedade colonial brasileira. Normalmente eram formados pela pequena nobreza e do povo. A nobreza formava no Brasil os donatários, os governadores, os demais funcionários da coroa e os senhores de engenho. O objetivo tanto dos nobres quanto do povo era enriquecer. Dominaram o Brasil e impuseram a sua cultura, como, por exemplo, a religião, o idioma, a organização política e econômica.

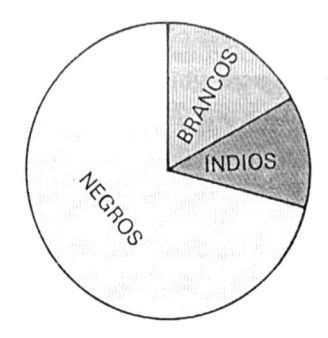

População colonial, séculos XVI e XVII – distribuição aproximada

LEITURA COMPLEMENTAR

O açúcar é a principal coisa com que todo este Brasil se enobrece e faz rico. Os capitães-mores, cada um na capitania da sua jurisdição, repartem as terras com os moradores, dando a cada um deles uma extensão segundo as suas forças e possibilidades...

No Brasil, em três capitanias, que são a de Pernambuco, a de Itamaracá e a da Paraíba, sem ajuda de nação estrangeira, nem de outra parte, lavram e tiram os portugueses das entranhas dela, à custa do seu trabalho, tanto açúcar que basta para carregar, todos os anos, cento e trinta ou cento e quarenta naus. Sua Majestade não gasta do seu tesouro, para a fabricação e sustento de tudo isso, um só vintém. A carga de açúcares que se leva ao Reino paga os direitos devidos à sua Majestade.

(Ambrósio Fernandes Brandão – "Diálogo da Grandeza do Brasil". 1618)

O texto cita duas autoridades. Responda quais são e localize geograficamente a área de poder de cada uma delas.

Resposta:
capitães-mores: Responsáveis pela defesa. "... cada um na capitania da sua jurisdição, repartem as terras com os moradores, dando a cada um deles uma extensão segundo as suas forças e possibilidades..."
Sua Majestade: O rei de Portugal, localizado na metrópole representava a autoridade máxima no período colonial.

QUESTÕES RESOLVIDAS

1. (UERJ) Fato que assinala o início do povoamento do Brasil pelos portugueses é a:
a) chegada da Nau Bretoa.
b) presença da expedição de Martim Afonso de Souza.
c) criação de Capitanias Hereditárias.
d) instalação do Governo-geral.
e) União Ibérica.

Resposta: B

2. (UFF) A escravidão negra tomou impulso no século XVII no período áureo da indústria açucareira no Brasil. Até aí, utilizou-se também o:
a) africano.
b) índio.
c) cule.
d) europeu.
e) semita.

Resposta: B

3. (UFSCar) O primeiro documento escrito sobre o "achamento do Brasil" pelos navegantes portugueses assim se refere, numa passagem, aos costumes da população nativa:

"Eles não lavram, nem criam, nem há aqui boi, nem vaca, nem cabra, nem ovelha, nem galinha, nem outra nenhuma alimária, que costumada seja ao viver dos homens; nem comem senão desse inhame que aqui há muito e dessa semente e frutos que a terra e as árvores de si lançam. E com isto andam tais e tão rijos e tão nédios, que o não somos nós tanto com quanto trigo e legumes comemos". (Carta a el-rei Dom Manuel sobre o achamento do Brasil. Lisboa: Imprensa Nacional / Casa da Moeda, 1974, p.p. 73-75.)
   a) Qual é o nome do autor deste documento?
   b) O pequeno trecho apresentado demonstra que o contato entre os europeus e os habitantes da América não deveria limitar-se a uma relação estritamente econômica. A partir de que critérios o autor enxergou e analisou os homens da terra e a que conclusão chegou sobre a sua própria sociedade, a européia, ao observar esta nova gente?

Respostas:
a) Pero Vaz de Caminha
b) O autor pautou-se em critérios econômicos estabelecendo que os nativos viviam de caça e coleta, não sendo, portanto, conhecedores da economia agropastoril e concluiu que a alimentação dava aos nativos a condição de mais saudáveis que os europeus, salientando ao rei a possibilidade de se aprender algo com essa "nova gente".

4. (PUC-RIO) O trabalho escravo indígena e do negro africano desempenhou papel fundamental na colonização da América Portuguesa.
   a) Considerando-se que, nos primórdios da colonização, o recurso à escravização dos "negros da terra" – isto é, dos indígenas – foi uma prática recorrente inclusive nas áreas de plantio da cana-de-açúcar, cite 1 (uma) razão que tenha contribuído para a progressiva substituição dos escravos indígenas por escravos de origem africana nessas áreas.
   b) Caracterize 1(uma) repercussão econômica, social ou demográfica do fim do tráfico negreiro intercontinental para a sociedade brasileira em meados do século XIX.

Respostas:
a) Pode-se mencionar:
   – a escassez crescente de indígenas em função das fugas constantes e dos altos índices de mortalidade verificados;
   – os interesses da burguesia mercantil portuguesa, relacionados aos lucros provenientes do tráfico escravo intercontinental;
b) Podemos apontar como conseqüência do fim do tráfico negreiro para o Brasil:
   – o crescimento do tráfico escravo interprovincial. Grandes proprietários de escravos e de terras do Nordeste em dificuldades econômicas vendiam a preços crescentes escravos para os plantadores de café do Sudeste que demandavam crescimento de mão-de-obra no momento de expansão da lavoura cafeeira e a disponibilização de capitais até então imobilizados no tráfico para investimentos em outros setores da economia, tais como: setor de serviços, setor industrial e setor agrícola, normalmente para a lavoura cafeeira;
   – melhoramentos no campo dos transportes.

Unidade 16 - A colonização portuguesa | **215**

5. (MACKENZIE) "A árvore de pau-brasil era frondosa, com folhas de um verde acinzentado quase metálico e belas flores amarelas. Havia exemplares extraordinários, tão grossos que três homens não poderiam abraçá-los. O tronco vermelho ferruginoso chegava a ter, algumas vezes, 30 metros (...)."

(Bueno, Eduardo "Náufragos, Degredados e Traficantes")

Em 1550, segundo o pastor francês Jean de Lery, em um único depósito havia cem mil toras.

Sobre esta riqueza neste período da História do Brasil podemos afirmar.
   a) O extrativismo foi rigidamente controlado para evitar o esgotamento da madeira.
   b) Provocou intenso povoamento e colonização, já que demandava muita mão-de-obra.
   c) Explorando com mão-de-obra indígena, através do escambo, gerou feitorias ao longo da costa; seu intenso extrativismo levou ao esgotamento da madeira.
   d) O litoral brasileiro não era ainda alvo de traficantes e corsários franceses e de outras nacionalidades, já que a madeira não tinha valor comercial.
   e) Os choques violentos com as tribos foram inevitáveis, já que os portugueses arrendatários escravizaram as tribos litorâneas para a exploração do pau-brasil.

Resposta: C

QUESTÕES PROPOSTAS

1. (UFSCar) Se nos abraçarmos com alguns costumes deste gentio, os quais não são contra nossa fé católica, nem são ritos dedicados a ídolos, como é cantar cantigas de Nosso Senhor em sua língua pelo tom e tanger seus instrumentos de música que eles usam em suas festas quando matam contrários e quando andam bêbados; e isto para os atrair a deixarem os outros costumes essenciais e, permitindo-lhes e aprovando-lhes estes, trabalhar por lhes tirar os outros.

Padre Manoel da Nóbrega, Bahia, 1552, "Cartas dos primeiros Jesuítas no Brasil".

Sobre o contexto histórico no qual se insere o texto, responda:
   a) Quais as circunstâncias que trouxeram os padres jesuítas ao Brasil?
   b) Qual a posição do padre Manoel da Nóbrega sobre a relação entre a cultura indígena e a conversão dos índios ao Cristianismo?

2. (UNESP) As interpretações a respeito da ação dos jesuítas no período colonial têm sofrido consideráveis alterações ao longo do tempo.
   a) Indique as duas versões básicas a respeito do assunto.
   b) Cite dois problemas enfrentados pelas nações indígenas contemporâneas.

3. (MACKENZIE) Enquanto os portugueses escutavam a missa com muito "prazer e devoção", a praia encheu-se de nativos. Eles sentavam-se lá surpresos com a complexidade do ritual que observavam ao longe. Quando Dom Henrique acabou a pregação, os indígenas se ergueram e começaram a soprar conchas e buzinas, saltando e dançando (...). (Bueno, Eduardo. "Náufragos Degredados e Traficantes")

Este contato amistoso entre brancos e índios era preservado:
a) pela Igreja, que sempre respeitou a cultura indígena no discurso da catequese.
b) até o início da colonização quando o índio, vitimado por doenças, escravidão e extermínio, passou a ser descrito como sendo selvagem, indolente e canibal.
c) pelos colonos que escravizaram somente o africano na atividade produtiva de exportação.
d) em todos os períodos da História Colonial Brasileira, passando a figura do índio para o imaginário social como "o bom selvagem e forte colaborador da colonização".
e) sobretudo pelo governo colonial, que tomou várias medidas para impedir o genocídio e a escravidão.

4. (UFSM) "Esta terra, Senhor, é muito chã e muito formosa. Nela não podemos saber se haja ouro, nem prata, nem coisa alguma de metal; porém, a terra em si é de muitos bons ares (...) querendo aproveitar dar-se-á nela tudo (...)". Esse trecho é parte da carta que Pero Vaz de Caminha escreveu, em 1500, ao Rei de Portugal, com informações sobre o Brasil. Com base no texto, é correto afirmar:
a) Havia a intenção de colonizar imediatamente a terra, retirando os bens exportáveis para atender ao mercado internacional.
b) Iniciava-se o processo de ocupação da terra, circunscrito aos limites do mercantilismo industrial e colonial.
c) Desde o princípio, os portugueses procuravam escravizar os povos indígenas a fim de encontrarem os metais preciosos.
d) Estava evidente o interesse em explorar a terra nos moldes do mercantilismo.
e) Era preponderante a intenção de estabelecer a agricultura com o trabalho livre e familiar no Brasil.

5. (UFRN) As igrejas e os conventos, no Brasil colonial, foram construídos seguindo o estilo barroco da arte européia da época.

Na arquitetura colonial, o movimento barroco se constituiu em:
a) oposição à suntuosidade nos ornamentos e na iluminação dos ambientes religiosos.
b) expressão e instrumento da Contra-Reforma, associando poder, religião e riqueza.

c) afirmação dos ideais da Reforma Religiosa, a qual pregava as liberdades individuais e justificava o enriquecimento.

d) valorização do equilíbrio nas formas e da austeridade na decoração, inspirando-se na arquitetura grega clássica.

6. **(UFRN)** A história da administração colonial no Brasil foi marcada por constantes tensões. Aos usos e mandos da autoridade metropolitana, contrapunham-se formas de resistências e confronto do poder local, ligadas a influências dos:

   a) governadores gerais, que coordenavam as iniciativas de povoamento, a fim de garantir a posse do território pela Coroa.

   b) "juízes de fora", que, nomeados pelo Conselho Ultramarino, eram responsáveis pela presidência das Câmaras dos principais municípios.

   c) "homens bons", que, na condição de proprietários de terras, escravos e gado, detinham o direito de voto nas Câmaras Municipais.

   d) capitães-generais, que, encarregados das capitanias da Coroa, subordinavam as forças armadas dos respectivos territórios e lideravam a administração destes.

7. **(UFSM)** Como se caracterizava a estrutura social do Brasil colonial até o século XVIII?

   I. A colônia apresentava dois grupos importantes: os latifundiários brancos e os escravos negros. Entre essas duas camadas, existia um grupo intermediário, sem posição definida, formado por assalariados, pequenos proprietários e biscateiros.

   II. Havia imobilidade de classes, estratificação, associação entre riqueza e posse de escravos, sendo a cor da pele um elemento de identificação da posição social dos indivíduos.

   III. Era uma sociedade de caráter aristocrático, patriarcal, onde o grupo dominante legava aos demais grupos sociais sua mentalidade e seu comportamento social.

Está(ão) correta(s):
   a) apenas I.
   b) apenas II.
   c) apenas III.
   d) apenas II e III.
   e) I, II e III.

8. (UFPR) Jean de Léry, em seu livro "Viagem à Terra do Brasil", fala do estranhamento que os tupinambás tinham com relação ao interesse dos europeus pelo pau-brasil: "Uma vez um velho perguntou-me: Por que vindes vós outros, mairs e perôs (franceses e portugueses) buscar lenha de tão longe para vos aquecer? Não tendes madeira em vossa terra? Respondi que tínhamos muitas, mas não daquela qualidade, e que não a queimávamos, como ele o supunha, mas dela extraíamos tinta para tingir (...). Retrucou o velho imediatamente: e porventura precisais de muito? – Sim, respondi-lhe, pois no nosso país existem negociantes que possuem mais panos, facas, tesouras, espelhos e outras mercadorias do que podeis imaginar, e um só deles compra todo o pau-brasil com que muitos navios voltam carregados." (In: Léry, J. de "Viagem à terra do Brasil". Belo Horizonte: Ed. Itatiaia; São Paulo: Ed. USP, 1980. p.p. 168-9)

Com base no seu conhecimento da História das primeiras décadas da colonização do Brasil, use (V) para verdadeiro e (F) para falso:

( ) Alguns Estados europeus não reconheciam o direito de Portugal sobre a "nova terra" e, dessa forma, empreendiam incursões a fim de disputar a posse das riquezas naturais nela existentes.

( ) O pau-brasil, árvore então encontrada em abundância na Floresta Atlântica, era o principal produto brasileiro comercializado na Europa, onde o utilizavam como matéria-prima nas manufaturas têxteis.

( ) Na exploração econômica do pau-brasil, o escambo representou a principal forma de relações comerciais entre europeus e indígenas da América Portuguesa.

( ) A exploração do pau-brasil só se tornou economicamente rentável para os portugueses com a introdução da mão-de-obra escrava africana.

( ) Tanto franceses como portugueses aproveitavam-se das desavenças entre grupos tribais para a obtenção de homens para o trabalho e para a guerra.

( ) A presença de Jean de Léry em solo brasileiro está associada ao episódio da criação da França Austral, momento em que aquela potência expandiu os seus domínios até o extremo sul do continente americano.

9. (UFSM) Sobre a organização econômica, social e política das comunidades indígenas brasileiras, no período inicial da conquista do território pelos portugueses, é correto afirmar:

I. Os nativos viviam em regime de comunidade primitiva, em que a terra era de propriedade privada dos casais e os instrumentos de trabalho eram de propriedade coletiva.

II. A divisão das tarefas era por sexo e por idade; as mulheres cozinhavam, cuidavam das crianças, plantavam e colhiam; os homens participavam de atividades guerreiras, da caça, da pesca e da derrubada da floresta para fazer a lavoura.

III. A sociedade era organizada em classes sociais, sendo o excedente da produção controlado pelos chefes das aldeias, responsáveis pela distribuição dos bens entre os indígenas.

IV. Os indígenas brasileiros não praticavam o comércio, pois tudo que produziam destinava-se à subsistência, realizando apenas trocas rituais de presentes.

Está(ão) correta(s):
a) apenas I e II.
b) apenas I e III.
c) apenas III.
d) apenas IV.
e) apenas II e IV.

10. (PUC-SP) Personagem atuante no Brasil-Colônia, foi "fruto social de uma região marginalizada, de escassos recursos materiais e de vida econômica restrita (...)", teve suas ações orientadas"ou no sentido de tirar o máximo proveito das brechas que a economia colonial eventualmente oferecia para a efetivação de lucros rápidos e passageiros em conjunturas favoráveis – como no caso da caça ao índio – ou no sentido de buscar alternativas econômicas fora dos quadros da agricultura voltada para o mercado externo (...)". (Carlos Henrique Davidoff, 1982)

O personagem e a região a que o texto se refere são, respectivamente:
a) o jesuíta e a província Cisplatina.
b) o tropeiro e o Vale do Paraíba.
c) o caipira e o interior paulista.
d) o bandeirante e a província de São Paulo.
e) o caiçara e o litoral baiano.

GABARITO DAS QUESTÕES PROPOSTAS

Questão 1 - Respostas:
a) A Contra-Reforma (Reforma Católica) e a estreita ligação das Coroas Ibéricas com a Igreja Católica. Em virtude do avanço protestante na Europa, através da ação dos jesuítas a Igreja procurou expandir a fé católica entre os nativos americanos.
b) O padre Manoel da Nóbrega considera possível a conversão dos índios ao Cristianismo desde que se permita aos indígenas preservar aspectos de sua cultura.

Questão 2 - Respostas:
a) A visão tradicional da ação jesuítica junto aos indígenas na América Latina considera que a catequese lhes assegurou a salvação das almas e que os jesuítas os protegeram da escravização.
Há a interpretação de que os jesuítas promoveram a desaculturação dos indígenas.
b) As comunidades indígenas atuais na América Latina enfrentam a invasão de suas terras por posseiros, garimpeiros e projetos estatais; e a difusão de doenças da civilização branca.

Questão 3 - Resposta: B

Questão 4 - Resposta: D

Questão 5 - Resposta: B

Questão 6 - Resposta: C

Questão 7 - Resposta: E

Questão 8 - Resposta: V V V F V F

Questão 9 - Resposta: E

Questão 10 - Resposta: B

COMPLEMENTANDO OS ESTUDOS

FILME

A Muralha – seriado exibido pela Rede Globo

LIVRO

Siqueira, Sônia A. *A Inquisição*. São Paulo: Ed. FTD, 1998.

PÁGINA ELETRÔNICA

Textos e ilustrações sobre a revolta dos tamoios:
http://www.brwed.com/itaipu/tamoios/

UNIDADE 17

A ECONOMIA COLONIAL BRASILEIRA

SINOPSE TEÓRICA

PAU-BRASIL

Conhecido na Europa desde o século IX, foi arrendado em 1502 a alguns comerciantes de Lisboa, dentre eles Fernão de Noronha. Ficava estabelecido que anualmente seriam enviados navios que explorariam 300 léguas da costa para o interior e deveriam também construir fortalezas que seriam conservadas durante três anos. A primeira delas foi Cabo Frio, e a mão-de-obra utilizada foi a indígena.

Os comerciantes do pau-brasil eram chamados de brasileiros. Levou muito tempo para que esse nome perdesse o sentido original e fosse utilizado amplamente para designar os colonos nascidos na América portuguesa (Brasil). Esta ilustração de um mapa de 1863 identificava o território brasileiro com índios cerrando pau-brasil.

A exploração do Pau-Brasil era monopólio do Rei (estanco). Nas feitorias era feito o resgate, isto é, a troca pela mercadoria do escambo junto aos índios: espelhos, guizos, pentes, tesouras, facas etc.

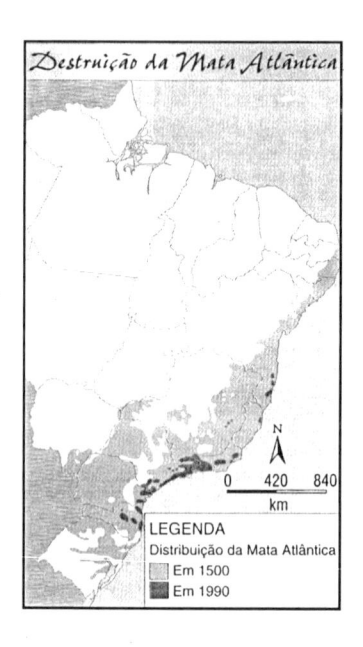

Destruição da Mata Atlântica

LEGENDA
Distribuição da Mata Atlântica
Em 1500
Em 1990

CANA-DE-AÇÚCAR

Conhecida na Ásia desde dois séculos antes da era cristã, por intermédio dos árabes, a cana-de-açúcar atingiu o sul da Europa. Durante o período das cruzadas, teve maior divulgação na Europa.

"Moagem de Cana no Engenho", obra de Hercules Florence (1804-1879).

Unidade 17 - A economia colonial brasileira | 223

A partir dos séculos XIV e XV, os europeus passam a conhecer o seu valor como alimento em substituição ao mel. A partir da colonização da América, com sua produção no Brasil e nas Antilhas, deixaria de ser um artigo de luxo na Europa.

Em 1530, com a chegada da expedição de Martim Afonso de Souza, foi fundado o primeiro engenho do Brasil: "Engenho do Senhor Governador", depois dos "Armadores" e, mais tarde, dos "Erasmo ", dando início, assim, ao cultivo da cana.

A cana adaptava-se ao clima tropical do Nordeste e ao solo de massapê existente em Pernambuco e, além do mais, os portugueses já possuíam experiência com o cultivo do produto pois já o faziam nas ilhas do Atlântico.

A produção acontecia nos engenhos, tendo existido os reais, movidos pela tração da água e os trapiches, movidos pela tração animal. O engenho subdividia-se em casa grande, senzala e moenda.

Iniciar a produção numa fazenda açucareira requeria um capital inicial elevado, o que, diante do declínio do comércio das especiarias no Oriente, deixava Portugal em situação difícil para os investimentos. Neste caso, os portugueses recorreram aos holandeses, que financiaram o projeto. Além do financiamento, os holandeses transportavam, refinavam e vendiam o açúcar brasileiro na Europa, conquistando assim a maior parte do lucro.

Diante do que acabamos de ver, a participação portuguesa no projeto foi mínima, apenas cederam a terra, ofereceram a mão-de-obra escrava e as mudas de cana-de-açúcar.

Por que razão Portugal optaria pela mão-de-obra escrava africana?

O Tráfico Negreiro no século XVII

ESTIMATIVAS DE DESEMBARQUE DE AFRICANOS NO BRASIL (1531-1855)

Período	Número de escravos
1531-1600	50.000
1601-1700	560.000
1701-1800	1.680.100
1801-1855	1.719.300
Total	4.009.400

Fonte: Organizada a partir das tabelas elaboradas por Herbert Klein, "Tráfico negreiro". Em "Estatísticas históricas do Brasil", Rio de Janeiro, IBGE, 1987.

Embora existissem milhares de índios para o trabalho na cana, o contato do silvícola com o colonizador acabava deixando muitas das vezes os índios doentes, até porque o organismo do índio não tinha resistência a determinadas doenças trazidas pelos colonizadores, como a gripe, por exemplo. Assim os portugueses poderiam ficar sem mão-de-obra em um momento de colheita, o que prejudicaria o trabalho. Nestas condições, os portugueses optaram pelos africanos, até porque também o tráfico de escravos fornecia um lucro extraordinário à burguesia lusitana. A opção dos portugueses era pelo escravo jovem, com muita força e disposição para o difícil trabalho na lavoura da cana. Começa, a partir deste momento, o extermínio. Aproximadamente 75 milhões de africanos foram trazidos para a América e a África ficou destruída. O continente teve a sua economia estagnada, durante quase três séculos o crescimento vegetativo foi praticamente zero. Que covardia fizeram com a África.

Durante o período colonial, o jesuíta Antonil, em seu livro "Cultura e opulência do Brasil por suas drogas e minas", escrito no século XVIII, afirmava que os "escravos eram as mãos e os pés dos senhores de engenho". Se pegarmos a frase para análise, podemos entender que eles realizavam todas as tarefas no período colonial, desde a plantação e colheita da cana até os serviços da casa grande.

Barracão onde eram mantidos os escravos na África, antes do transporte para o navio negreiro. Gravura anônima feita no século XIX.

Por que os senhores de engenho não se importavam com a vida do escravo? Era uma "mercadoria" barata, de fácil reposição. Simplesmente por este motivo. Agora não pense você que os africanos assistiam a tudo pacificamente. Em alguns casos, revoltavam-se assassinando feitores, capitães-do-mato, proprietários etc. Havia também a resistência religiosa e cultural, e como exemplo podemos citar a "macumba".

A sociedade açucareira poderia ser resumida da seguinte forma: rural, patriarcal, senhorial, aristocrática, endogâmica estática, escravista.

No ápice da pirâmide social encontrava-se o senhor do engenho. Dono da mulher, dos escravos, dos filhos e da terra, tinha um grande poder, chegando inclusive a ser chamado na época de "homem bom", e também a ocupar cadeiras nas Câmaras Municipais, exercendo o poder político local. A mulher, por sua vez, estava em uma situação inferior ao homem, recebendo uma educação que se preocupava apenas com a constituição de uma família.

A sociedade era aristocrática porque os senhores de engenho constituíam uma espécie de "nobreza rural", monogâmica, porque só havia um casamento legalizado, e endogâmica, porque os casamentos consangüíneos entre os primos eram muito comuns.

Os holandeses no Brasil

Quando estudamos a cana-de-açúcar no item anterior, vimos que a Holanda financiava, transportava, refinava e vendia o açúcar na Europa, o que significa dizer que Portugal possuía uma boa relação com a Holanda, cabendo assim a pergunta: Por que os holandeses invadiram o Brasil?

Para respondermos a essa questão devemos lembrar que em 1578 morreu o rei D. Sebastião de Portugal, na Batalha de Alcácer-Quibir, travada contra os mouros. O trono português foi assumido por D. Henrique, que, sendo muito idoso, apresentou logo problemas de saúde. Nesta briga pelo trono, o mais habilidoso, Felipe II da Espanha, acabou assumindo o poder em Portugal.

A partir do momento em que a Espanha passou a dominar Portugal, ela proibiu a Holanda de comercializar nos portos portugueses em todo mundo.

Cidade de Maurícia, em Recife. Obra do pintor holandês Franz Post, feita em 1653.

Diante desta proibição, a burguesia holandesa reagiu imediatamente, financiando corsários para atacar comboios e destruir o bloqueio luso-espanhol. Logo depois, foram criadas duas companhias de comércio, a Companhia das Índias Orientais e a Companhia das Índias Ocidentais, tendo esta última a função de invadir o Brasil.

O ano de 1624 foi marcado pela invasão a Salvador. Os holandeses acreditavam que dominando a capital do Brasil acabariam dominando toda a colônia, porém nunca os holandeses poderiam imaginar que no ano seguinte seria criada a jornada dos vassalos, o que acabou expulsando os holandeses do Brasil.

A derrota inesperada provocou uma violenta crise financeira na companhia, e assim, para que a segunda invasão acontecesse em Pernambuco, a Companhia das Índias Ocidentais, liderada por Pieter Heyn, atacou um comboio espanhol carregado de prata. O dinheiro arrecadado com o assalto serviu para financiar a segunda e mais importante invasão holandesa, que foi a de Pernambuco.

No ano de 1634 os holandeses lançaram um manifesto no Brasil prometendo liberdade de religião, equiparação perante a lei, garantia de vida e propriedade etc. Rapidamente, os senhores de engenho foram simpatizando com a idéia da presença holandesa. Os invasores procuravam assim adotar uma política amigável para conquistar o apoio dos senhores de engenho.

Entre 1637 a 1644, comandou a Companhia o conde João Maurício de Nassau Siegen. Continuando com a política amigável, a companhia concedeu crédito para os grandes proprietários, que puderam reaparelhar os seus engenhos. Nassau investiu em melhorias em Recife, construiu o primeiro observatório astronômico da América Latina, entre outros.

No ano de 1640 terminou a União Ibérica, e diante deste novo contexto, o rei D. João IV de Portugal ofereceu aos holandeses uma proposta de paz. Maurício de Nassau não aceitou a proposta portuguesa e decidiu que a Companhia das Índias Ocidentais invadisse Sergipe d'El Rei e o Maranhão, e na África ocupasse São Paulo de Loanda e a ilha de São Tomé, na Guiné. Com essa decisão, começou a faltar mão-de-obra africana e a alternativa encontrada pelos portugueses para resolver o problema foi escravizar o índio. Assim, os bandeirantes vão desenvolver o ciclo da caça ao índio.

No contexto europeu da época, a Holanda estava envolvida em grandes conflitos com a Inglaterra, e desta forma procurou explorar ao máximo a sua colônia do Nordeste. Rapidamente os impostos aumentaram, houve alta nos preços dos fretes e cobrança de empréstimos feitos aos senhores de engenho. Nassau discorda da nova política da Companhia e, por este motivo, retornou à Holanda.

O novo quadro descrito caracterizado pela exploração econômica e pela falta de liberdade religiosa levaria os pernambucanos a um processo de reação a partir de 1645, que ficaria conhecido pelo nome de Insurreição Pernambucana.

Como destaque desta reação pernambucana, tivemos a batalha dos Guararapes (1648/1649), que colocou os holandeses na defensiva.

Embora Portugal estivesse na dianteira da guerra, não possuíam os portugueses um poderio naval para expulsar os holandeses definitivamente do Brasil. No entanto, em 1651, Oliver Cromwell, na Inglaterra, assinou o Ato de Navegação. Por esta lei, os produtos ingleses ou das ilhas britânicas, importados ou exportados, só poderiam ser transportados em navios britânicos, ou então nos navios das nações produtoras. Como vimos anteriormente, a Holanda possuía uma Marinha Mercante muita desenvolvida e eram conhecidos como os "carreteiros do mar". Só que agora, com a assinatura do Ato de Navegação, os holandeses foram perdendo a hegemonia marítima, e lentamente foram entrando em declínio, sem contar também o fato de que a Holanda estava em guerra contra a Inglaterra.

Os holandeses se entregam no Brasil, e o tratado de paz foi assinado em Haia, tendo Portugal que indenizar a Holanda em quatro milhões de cruzados. Expulsos do Brasil, os holandeses partem para as Antilhas e iniciam a produção de cana-de-açúcar, o que provoca decadência da produção nacional.

Pecuária

Uma solução encontrada pelos portugueses para o povoamento do sertão foi a criação de gado. Trazido quase sempre de Cabo Verde, teve muita penetração ao longo do século XVI em diversas capitanias hereditárias.

Nos engenhos açucareiros, a criação de gado possui dupla função: alimentação e força motriz. Os anos foram se passando e o gado, com uma necessidade crescente de pasto, acabou representando um problema, que levou D. Pedro II em 1701 a lançar uma carta régia que proibia a criação a menos de 10 léguas do litoral. É preciso perceber que o Brasil era uma colônia de exploração que deveria dar lucro para Portugal e, desta forma, como a cana-de-açúcar era voltada para a exportação e altamente rentável, destinaram esta faixa litorânea para a produção de cana. Além do mais, forçando a criação de gado fora do litoral, estaria-se colaborando para a interiorização da colonização.

Como rotas de expansão da pecuária tínhamos os "sertões de fora" e os "sertões de dentro". Na primeira rota, o gado fazia a sua expansão pelo agreste e pelo sertão do Nordeste, ligando a região próxima a Salvador com as imediações de Fortaleza, possuindo a preocupação de não se afastar demais do litoral. Já por sua vez, os "sertões de dentro" acompanhavam o curso do "Rio dos Currais", o Rio São Francisco, e também o Canindé, o Parnaíba e o Itapicuru.

À medida que o gado segue o seu caminho, vão surgindo as feiras, que, por sua vez, acabavam originando as povoações, tais como Feira de Santana, na Bahia, Pastos Bons, no Maranhão, e Oeiras, antiga Vila da Mocha no Piauí.

Comparando-se o ciclo da cana-de-açúcar com a pecuária podemos observar que existiram poucos latifúndios na pecuária, sendo o mais importante o de Garcia D'Ávila, na Bahia. Embora existisse o trabalho escravo, existia também o trabalho livre do vaqueiro que, depois de quatro ou cinco anos de serviço, recebia cabeças de gado, terras, sem contar o salário. Assim percebemos que foi um ciclo econômico que apresentou mobilidade social.

Normalmente, uma fazenda pecuarista possuía um número reduzido de mão-de-obra, bastando apenas 10 ou 12 vaqueiros. Outro dado importante é que a pecuária foi um ciclo seminômade que colaborou para a expansão territorial, interiorizou a colonização e que, por ter aparecido em todas as regiões do Brasil, pode ser considerado também como um ciclo de **Integração Nacional**. Valeria apenas destacar que inicialmente foi um ciclo que abasteceu o mercado interno.

No Sul, no planalto meridional, os bandeirantes que arranhavam o litoral logo se estabeleceram apresando o gado cimarrón que se reproduzia naturalmente. Descendo de São Vicente e Laguna, foram formadas estâncias no Campo de Paranapanema, Curitiba, Guarapuava, Lajes, Viamão e Vacaria.

Com o desenvolvimento da mineração no Sudeste, o gado foi atraído para a região. As tropas de muares vindas do Sul eram vendidas em Sorocaba, no interior de São Paulo, e depois seguiam para as Minas Gerais.

Na pecuária sulina, os peões tinham uma vida difícil. Oprimidos por rígidos capatazes, esses índios de origem charrua ou minuana, escravos ou mestiços, tinham que estar sempre prontos para lutar pela conquista de novas terras ou contra ataques espanhóis.

No extremo Norte, a atividade pecuária também se desenvolveu, dirigida por jesuítas e mercenários. Na ilha de Marajó, a pecuária se destinava a alimentar a população de Belém e de Roraima, e também alimentava a população da fronteira.

ENTRADAS E BANDEIRAS

Estas expedições que existiram no Brasil colonial tinham como objetivo pesquisar a possibilidade de existência de metais preciosos, e também de aprisionar índios.

Unidade 17 - A economia colonial brasileira | **229**

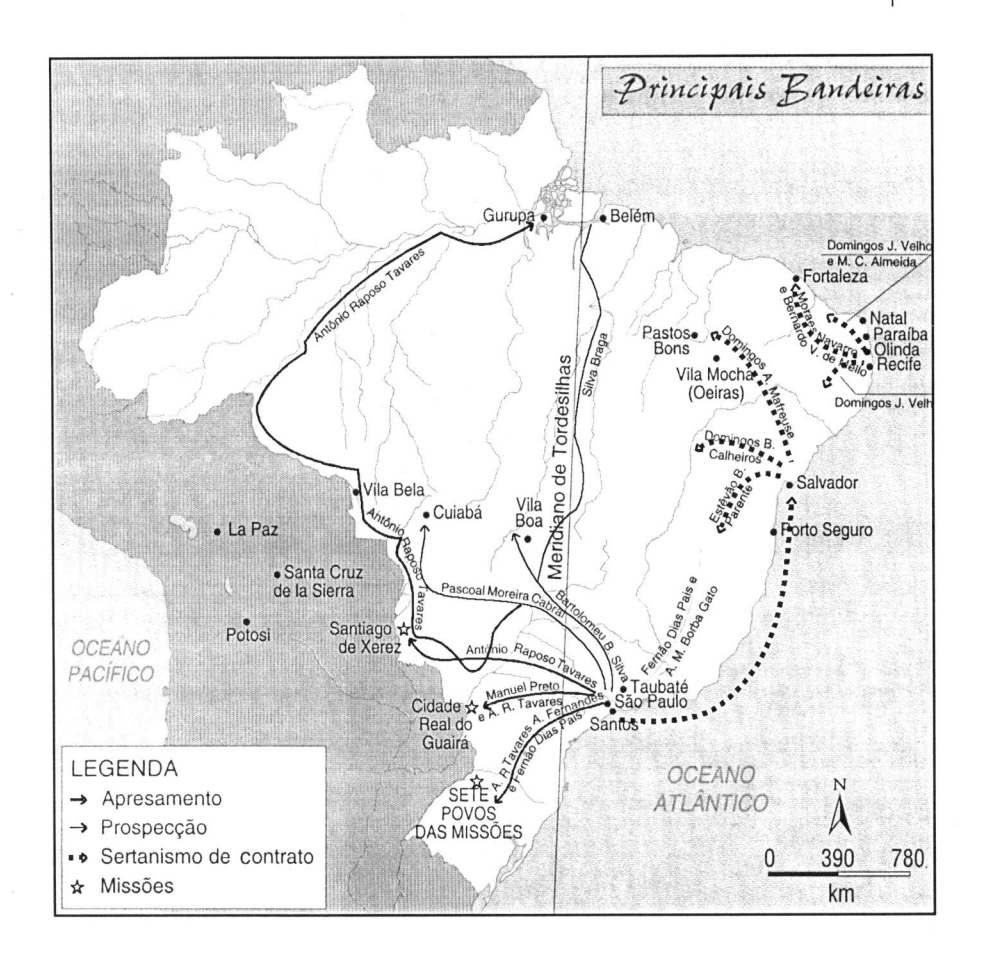

Quando estudamos estes dois tipos de expedições, percebemos que existem diferenças. As Entradas foram realizadas geralmente no século XVI, tendo sido muitas delas patrocinadas pelos governos gerais, limitando-se a pesquisar a existência de metais preciosos. As mais importantes foram: Antonio Dias Adorno, Francisco Bruzza de Espinosa e Gabriel Soares de Souza. Partiam de diversos pontos do litoral como o Maranhão, Piauí, Pernambuco, Bahia, Espírito Santo, Rio de Janeiro e São Paulo.

As Bandeiras por sua vez partiam de São Vicente; eram maiores que as Entradas e possuíam organização militar. Apresentaram quatro ciclos: ouro de lavagem, caça ao índio, sertanismo de contrato e o grande ciclo do ouro.

O trabalho de extração do ouro de aluvião era realizado pelos escravos, como mostra esta gravura de Rugendas.

No ciclo do ouro de lavagem, os bandeirantes limitavam-se a pesquisar ouro no leito dos rios São Vicente e Paraná (rios da Morte, Tibagi etc). O ciclo da caça ao índio foi desenvolvido durante a invasão holandesa. Como vimos, a Companhia das Índias Ocidentais determinou a invasão de colônias portuguesas na África, o que prejudicou o tráfico de escravos africanos. Deste modo, os bandeirantes atacaram as missões jesuítas espanholas, aprisionando os índios já catequizados, que acabariam sendo escravizados.

No ciclo de sertanismo de contrato os bandeirantes eram utilizados na destruição de Quilombos, na perseguição a escravos fugitivos e na luta contra tribos indígenas rebeladas. Foi durante este ciclo que o bandeirante Domingos Jorge Velho destruiu o Quilombo de Palmares. Durante o chamado grande ciclo do ouro tivemos o início da mineração no Brasil.

CICLO DO OURO E DIAMANTES – SÉCULO XVIII

Assim que foi descoberta a primeira mina de ouro no Brasil, os portugueses criaram a Intendência das Minas, órgão que seria o responsável pela extração dos metais preciosos. No momento em que a mina era encontrada, o terreno era dividido em Datas. Uma Data era doada ao Rei, outra para o superintendente das Minas Gerais e duas para o descobridor.

Inicialmente o imposto era 1/5 da produção, mas, no entanto, sofreu várias mudanças, de acordo com os interesses portugueses. Utilizavam-se, basicamente, três formas: a capitação, o sistema de fintas e as casas de fundição. No primeiro tipo de arrecadação, o imposto recaía sobre o número de escravos de cada minerador. Mesmo que o escravo não encontrasse ouro, o imposto deveria ser pago, e essa situação com certeza revoltava os mineradores.

Tentando resolver o problema, Portugal implantou o sistema de fintas, ou seja, a população mineradora pagaria 30 arrobas anuais fixas. Desta vez o Rei não concordou e voltou-se ao sistema de capitação, posteriormente retornando ao sistema de fintas.

Uma última tentativa do Rei de Portugal de acertar o sistema de arrecadação foi a criação das Casas de Fundição. Neste sistema, os mineradores seriam obrigados a enviar o ouro em pó para ser fundido e transformado em barras com o selo real, sendo o ouro automaticamente quintado. O objetivo desse imposto era evitar o contrabando do ouro que era feito através do "Santo do Pau Oco".

Diante da criação desta última forma de arrecadação do imposto, uma revolta surgiu, foi a Sedição de Vila Rica. Liderada por Felipe dos Santos e Pascoal Guimarães, a revolta reivindicava o abandono do projeto de criação das Casas de Fundição e a extinção do monopólio régio sobre o sal. O governo reagiu com violência e Felipe dos Santos acabou sendo enforcado e esquartejado.

Como conseqüências da mineração poderíamos citar: a população decuplicou de 300.000 habitantes em 1700, aproximadamente, chegando a cerca de 3 milhões em 1800; houve o desenvolvimento do mercado interno; surgimento de cidades, interiorização da colonização, transferência da capital de Salvador para o Rio de Janeiro; surgimento da classe média etc.

```
         /\
        /  \  Mineradores
       /----\
      /      \  Classe média (funcionários, militares, profissionais
     /        \ liberais, literatos, clérigos e comerciantes)
    /----------\
   /            \ Escravos
  /_____\
```

Teoricamente, na sociedade mineradora, a mobilidade social era possível, podendo enriquecer a partir do momento que encontrava uma mina de ouro ou mesmo ganhando dinheiro com o comércio ou o artesanato. Mas, no entanto, isso não era muito comum. Para os escravos, a situação também foi difícil: trabalhavam exaustivamente o dia inteiro e, da mesma forma que em outra regiões, resistiram à violência promovendo fugas e formação de Quilombos.

No campo cultural, a riqueza provocada pela mineração, em alguns casos, foi utilizada para incentivar as artes, tendo sido o Arcadismo o primeiro movimento literário brasileiro, surgido em Minas Gerais. Nas artes plásticas tivemos o desenvolvimento de um Barroco tardio, que resultou na construção de igrejas neste estilo durante todo o século XVIII.

O DISTRITO DIAMANTINO

Durante o ciclo da mineração, a opressão portuguesa se intensificou no Brasil, mas no entanto foi na extração do diamante que ela alcançou seu máximo.

No ano de 1729 foram encontrados diamantes no Arraial do Tijuco, e toda a mineração foi colocada sob controle da coroa, com a criação do Distrito Diamantino. Até o ano de 1740, a extração era semelhante à do ouro, sendo também, por exemplo, descontado o quinto. A partir de 1740 a exploração passou para o regime de concessão e contrato, que consistia na concessão de exploração a um único contratador, ficando este obrigado à entrega de uma parte da produção diamantífera. Esse sistema durou até o ano de 1771, quando foi criado o monopólio real, com a instalação da Real Extração.

A partir de Pombal (1750-1777), a exploração do diamante ficou limitada ao Distrito Diamantino, e a sua exploração era exercida pela Intendência dos Diamantes, criada em 1734.

E O OURO, ONDE PAROU?

A produção de ouro no Brasil foi fantástica nos setenta primeiros anos do século XVIII. Produzimos mais ouro do que toda a América espanhola em 357 anos.

A riqueza produzida não foi utilizada com certeza para o desenvolvimento do Brasil, e muito menos de Portugal, embora tenha recebido 1/5 de tudo o que foi produzido.

A partir da Restauração (1640), Portugal, para se libertar do domínio holandês, contou com o apoio da Inglaterra, que a partir deste momento começou a dominar lentamente a economia portuguesa.

Em 1703 foi assinado o Tratado de Methuen entre Portugal e Inglaterra. De acordo com esse tratado, a Inglaterra exportaria tecidos para Portugal e importaria o vinho lusitano. Como conseqüência deste tratado, a balança comercial portuguesa ficou deficitária e os portugueses começaram a utilizar o ouro produzido no Brasil para pagar as suas dívidas com os ingleses, que por sua vez investiram no desenvolvimento industrial.

Unidade 17 - A economia colonial brasileira | **233**

O COMÉRCIO

Em relação ao comércio, após a Restauração, Portugal iniciou a experiência das Companhias Privilegiadas de Comércio, das quais destacamos:

A distribuição da produção para o mercado interno era feita no lombo de cavalos e mulas. Essa cena aparece representada na obra do francês Aimé-Adrien Taunay, (1803-1828), "Rico Habitante de São Paulo que conduz suas Mulas Carregadas de Açúcar", de 1825, que se encontra no acervo da Academia de Ciências de São Petersburgo, Rússia.

a) Companhia Geral de Comércio do Estado do Brasil (1649):
Possuía o monopólio do comércio do litoral, entre São Vicente e Rio Grande do Norte, por 20 anos, prorrogável por mais 10.
b) Companhia Geral do Comércio do Estado do Maranhão (1682):
Possuía o monopólio dos negócios na região, durante 20 anos.
c) Companhia Geral do Comércio do Estado do Grã-Pará e Maranhão (1755) e Companhia geral do comércio de Pernambuco e Paraíba (1759):

Foram criadas pelo Marquês de Pombal, atendendo às reivindicações de colonos e comerciantes de São Luís e Recife. Portugal procurava reerguer economicamente a metrópole, com base na relativa racionalização da exploração dos Estados do Maranhão e do Brasil. A partir da Viradeira, movimento que levou ao trono D. Maria I, representantes dos setores mais retrógrados da sociedade portuguesa, de base feudal, extinguiram estas companhias.

Outras atividades econômicas

Algodão

Teve no Maranhão e Grã-Pará as suas principais áreas de plantio. A partir da metade do século XVIII, com a guerra de Independência dos EUA, houve expansão da produção no Brasil. Outro momento de crescimento ocorreu durante a guerra de Secessão (1861-1865) nos EUA.

Tabaco

Plantado principalmente na Bahia, era utilizado na troca pelo escravo e também exportado para a Europa.

Drogas do sertão

Riquezas naturais, principalmente da região Norte (guaraná, cravo, pimenta, castanha, baunilha, plantas aromáticas e medicinais), eram exploradas pela mão-de-obra indígena controlada pelos jesuítas.

Cacau

Era uma droga do sertão, sendo muito desenvolvida a sua plantação durante o governo do Marquês de Pombal. A principal área de plantio era a Bahia.

Sal

Extraído do litoral do Rio de Janeiro ao Maranhão, paralelamente à expansão da pecuária.

Leitura complementar

Do cabedal que há de ter o senhor de um engenho real:

"O ser senhor de engenho é título a que muitos aspiram, porque traz consigo o ser servido, obedecido e respeitado de muitos. E se for, qual deve ser, homem de cabedal e governo, bem se pode estimar no Brasil o ser senhor de engenho, quanto proporcionadamente se estimam os títulos entre os fidalgos do Reino. Porque engenhos há na Bahia que dão ao senhor quatro mil pães de açúcar e outros poucos menos, com obrigada à moenda, de cujo rendimento logra o engenho ao menos a metade como qualquer outra, que nele livremente se mói; e em algumas partes, ainda mais que a metade...." (Antonil, Cultura e opulência do Brasil, 1711).

Descreva a condição do senhor de engenho de modo a justificar a afirmação inicial do autor de que "o ser senhor de engenho é título a que muitos aspiram".

Resposta: Porque representava a elite colonial brasileira gozando de todos os privilégios da sociedade patriarcal escravista existente no Brasil do século XVI.

QUESTÕES RESOLVIDAS

1. (UFRN) A história da administração colonial do Brasil foi marcada por constantes tensões. Aos usos e mandos da autoridade metropolitana, contrapunham-se formas de resistência e confronto do poder local, ligadas à influência dos:
  a) governadores gerais, que coordenavam as iniciativas de povoamento, a fim de garantir a posse do território pela Coroa.
  b) "juízes de fora", que, nomeados pelo Conselho Ultramarino, eram responsáveis pela presidência das Câmaras dos principais municípios.
  c) "homens bons", que, na condição de proprietários de terras, escravos e gado, detinham o direito de voto nas Câmaras Municipais.
  d) capitães-generais, que, encarregados das capitanias da Coroa, subordinavam as forças armadas dos respectivos territórios e lideravam a administração destes.

Respostas: C

2. (PUC-RIO) O trabalho escravo indígena e do negro africano desempenhou o papel fundamental na colonização da América portuguesa.
  a) Considerando-se que, nos primórdios da colonização, o recurso à escravização dos "negros da terra"– isto é, dos indígenas – foi uma prática recorrente inclusive nas áreas de plantio da cana-de-açúcar, cite 1 (uma) razão que tenha contribuído para a progressiva substituição dos escravos indígenas por escravos de origem africana nessas áreas.
  b) Caracterize 1 (uma) repercussão econômica, social ou demográfica do fim do tráfico negreiro intercontinental para a sociedade brasileira em meados do século XIX.

Respostas:
  a) pode-se mencionar:
    – a escassez crescente de indígenas em função das fugas constantes e dos altos índices de mortalidade verificados;
    – os interesses da burguesia mercantil portuguesa, relacionados aos lucros provenientes do tráfico escravo intercontinental;

b) Podemos apontar como conseqüência do fim do tráfico negreiro para o Brasil:
- o crescimento do tráfico escravo interprovincial. Grandes proprietários de escravos e de terra do nordeste em dificuldades econômicas vendiam a preços crescentes escravos para os plantadores de café do sudeste que demandavam o crescimento de mão-de-obra no momento de expansão da lavoura cafeeira e a disponibilização de capitais até então imobilizados no tráfico para investimento em outros setores da economia, tais como: setor de serviços, setor industrial e setor agrícola, mormente para lavoura cafeeira;
- melhoramentos no campo dos transportes.

3. (UFSCar) "Se nos abraçarmos com alguns costumes deste gentio, os quais não são contra nossa fé católica, nem são ritos dedicados a ídolos, como é cantar cantigas de Nosso Senhor em sua língua pelo tom e tanger seus instrumentos de música que eles usam em suas festas quando matam contrários e quando andam bêbados; e isto para os atrair a deixarem os outros costumes essenciais e, permitido-lhes e aprovando-lhes estes, trabalhar por lhes tirar os outros."

Padre Manoel da Nóbrega, Bahia, 1552, "Cartas dos primeiros jesuítas no Brasil".

Sobre o contexto histórico no qual se insere o texto, responda:
a) Quais as circunstâncias que trouxeram os padres jesuítas ao Brasil?
b) Qual a posição do padre Manoel da Nóbrega sobre a relação entre a cultura indígena e a conversão dos índios ao cristianismo?

Resposta:
a) A Contra-Reforma (Reforma Católica) e a estreita ligação das Coroas Ibéricas com a Igreja Católica. Em virtude do avanço protestante na Europa, através da ação dos jesuítas a Igreja provocou expandir a fé católica entre os nativos americanos.
b) O padre Manoel da Nóbrega considera possível a conversão dos índios ao cristianismo desde que se permita aos indigenas preservar aspectos de sua cultura.

4. (UFU) "(...) Sendo-me presente o grande numero de Fábricas, e Manufacturas, que de alguns annos a esta parte se tem differentes Capitanias do Brasil, com grave prejuízo da Cultura, e da Lavoura, e da exploração das Terras Mineraes daquelle vasto Continente...

E consistindo a verdadeira, e sólida riqueza nos Frutos, Produções da terras, as quaes sómente se conseguem por meio de Colonos, e Cultivadores, e não de Artistas, e Fabricantes: e sendo além disto as Produções do Brasil as que fazem todo o fundo, e base não só das Permutações Mercantis, mas na Navegação, e do Comércio entre os Meus Leaes

Vassallos Habitantes destes Reinos; e daqueles Domínios (...) Hei por bem Ordenar, que todas as Fábricas, Manufacturas, ou Teares de Galões, de tecidos, ou de Bordados de Ouro e Prata... exceptuando tão somente aqueles dos ditos Teares, e Manufacturas, em que se técem, ou manufacturão Fazendas grossas de Algodão, que servem para o uso, e vestuário dos Negros, para enfardar, e empacotar Fazendas... todas as mais sejam extinctas, e abolidas em qualquer parte onde se acharem nos Meus Domínios do Brasil..."

(Alvará de 5 de janeiro de 1785, assinado por D. Maria I, Rainha de Portugal. In: Koshiba,L.; Pereira, D. M. F. "História do Brasil" São Paulo: Atual, 1996. p.69-70.)

a) Explique o contexto histórico em que foi publicado este documento e a que ele se refere.

b) Transcreva e explique o trecho do documento que explica o papel atribuído à colônia por Portugal.

Respostas:

a) O documento sintetiza a política instituída por D. Maria I em 1777, conhecida como "Viradeira", que anulava as diretrizes econômicas do Marquês de Pombal (Reformas Pombalinas), reafirmando o Pacto Colonial português sobre o Brasil.

b) "E consistindo a verdadeira, e sólida riqueza nos Frutos, e Producções da terra, as quaes sómente se conseguem por meio de Colonos, e Cultivadores, e não de Artistas, e Fabricantes..." A função do Brasil na condição de colônia era fornecer riquezas que fomentassem o mercantilismo português, através do que se consagrou como Pacto Colonial.

5. **(UNICAMP)** O trecho a seguir foi adaptado de "Roteiro do Maranhão a Goiaz", um escrito anônimo de 1780:

As colônias são estabelecidas para a utilidade da Metrópole. Os habitantes da colônia devem ocupar-se em cultivar e adquirir as produções naturais, ou matérias-primas, que serão exportadas para a Metrópole, a qual não só irá se servir delas, mas, aperfeiçoando-as, poderá também tirar das colônias o preço da mão-de-obra e comercializar o supérfluo com as nações estrangeiras.

a) Caracterize as funções das colônias do ponto de vista das metrópoles.
b) De acordo com o texto, como as metrópoles utilizavam a produção colonial?
c) Descreva, a partir do texto, o processo de obtenção do lucro pelas metrópoles.

Respostas:

a) No Antigo Sistema Colonial (ou Sistema Colonial Tradicional), a função das colônias era enriquecer as metrópoles através do fornecimento de produtos ao comércio e de metais preciosos, e da aquisição de escravos e manufaturas.

b) As metrópoles comercializavam a produção das colônias no mercado europeu e nos mercados internos.

c) Através da comercialização dos produtos coloniais e do fornecimento de mão-de-obra às colônias através do tráfico negreiro, as metrópoles fomentavam o mercantilismo assegurando lucros ao Estado e à burguesia.

Questões propostas

1. (FUVEST) "Os que trazem [o gado] são brancos, mulatos e pretos, e também índios, que com este trabalho procuram ter algum lucro. Guiam-se indo uns adiante cantando, para serem seguidos pelo gado, e outros vêm atrás das reses, tangendo-as, tendo o cuidado que não saiam do caminho e se amontoem"

Antonil, "Cultura e opulência do Brasil", 1711.

O texto expressa uma atividade econômica característica:
a) do sertão nordestino, dando origem a trabalhadores diferenciados do resto da colônia.
b) de regiões canavieiras onde se utilizava mão-de-obra disponível na entre-safra do açúcar.
c) de todo o território da América portuguesa onde era fácil obter mão-de-obra indígena e negra.
d) das regiões do nordeste, produtoras de charque, que empregavam mão-de-obra assalariada.
e) do sul da colônia, visando abastecer de carne a região açucareira do nordeste.

2. (FUVEST) No século XVIII, o governo português incorporou a maior parte da Amazônia ao seu domínio. A ampliação dessa fronteira da colônia portuguesa deveu-se:
a) Aos acordos políticos entre Portugal e França.
b) Às lutas de resistência das populações indígenas.
c) Ao início da exploração e exportação da borracha.
d) À expulsão dos jesuítas favoráveis à dominação espanhola.
e) À exploração e comercialização das drogas do sertão.

3. (PUC-SP) As Bandeiras utilizaram amplamente os rios para penetrar no território brasileiro e atingir regiões distantes do litoral. Entre suas funções, é possível afirmar que:
a) Estavam intimamente ligadas ao tráfico negreiro e buscavam o interior para vender escravos africanos para aldeias indígenas.

b) Opunham-se às tentativas de catequização de índios pelos jesuítas por considerar os índios destituídos de alma.

c) Procuravam, a mando da metrópole portuguesa, pedras e metais preciosos no interior do Brasil e no leito dos rios que navegavam.

d) Fundavam cidades ao longo dos rios e dos caminhos que percorriam e garantiam, posteriormente, seu abastecimento de alimentos.

e) Eram contratadas, por senhores de terras, para perseguir escravos fugitivos e destruir quilombos.

4. (UEL) "Se determinais Deus meu dar estas mesmas terras aos piratas de Holanda, porque não as destes enquanto eram agrestes e incultas, senão agora? Tantos serviços vos tem feito essa gente pervertida e apóstata, que nos mandasses primeiro cá por seus aposentadores, para lhe lavrarmos as terras, para edificarmos as cidades e depois de cultivadas e enriquecidas lhes entregardes? Assim se hão de lograr os hereges, e inimigos da fé, dos trabalhos portugueses e dos suores católicos (...)". (Vieira, A. "Obras completas". Porto: Lello & Irmãos, 1951. V. XIV, p. 315)

Com base no texto e em seus conhecimentos sobre a presença holandesa no Brasil, é correto afirmar:

a) O domínio holandês no Brasil constitui o episódio central dos conflitos entre Portugal e Países Baixos pelo controle do açúcar brasileiro, do tráfico de escravos africanos e das especiarias asiáticas.

b) Senhores de engenho, escravos e índios converteram-se ao calvinismo e recusaram-se a participar do movimento de expulsão dos holandeses da Bahia e de Pernambuco.

c) A intolerância religiosa holandesa para com os católicos, impedindo as tradicionais festas religiosas, procissões e missas, determinou a expulsão dos calvinistas do Brasil.

d) Os portugueses renderam-se aos holandeses por acreditarem que os batavos fundariam mais cidades no Brasil.

e) Para os portugueses, o domínio holandês no Brasil representou uma disputa religiosa sem implicações políticas e econômicas para o Brasil e Portugal.

5. (UEL) "Das cidades, vilas, recôncavos e sertões do Brasil vão brancos, pardos e pretos e muitos índios de que os paulistas se servem. A mistura é de toda a condição de pessoas: homens e mulheres; moços e velhos; pobres e ricos; nobres e plebeus; seculares, clérigos e religiosos de diversos institutos (...)" (Antonil, A J. "Cultura e opulência do Brasil por suas drogas e minas". São Paulo: Livraria Progresso, 1955. p.185-6)

O texto , publicado inicialmente em 1711, descreve a ocupação de qual das regiões citadas? Assinale a alternativa correta.
a) Faisqueiras da Vila de São Paulo de Piratininga.
b) Jazidas de Paranaguá e Curitiba.
c) Minas de diamantes do Arraial do Tejuco.
d) Minas Gerais.
e) Minas do distrito de Jacobina na Bahia.

6. (UFC) Leia o texto que se segue:

"A grande lavoura açucareira na colônia brasileira iniciou-se com o uso extensivo da mão-de-obra indígena. (...) Os engenhos do Recôncavo obtiveram força de trabalho indígena através de três métodos principais: escravização, escambo e pagamento de salários. (...) Na década de 1580, a legislação régia e a crescente eficácia dos jesuítas começou a criar problemas para os que desejavam obter trabalhadores indígenas por meio de resgate e 'guerra justa'." (Schwartz, Stuart B. "Segredos Internos. Engenhos e escravos na sociedade colonial." São Paulo: Companhia das Letras, 1998, p. 57-59)

A partir do texto assinale a alternativa correta sobre a utilização da mão-de-obra dos indígenas nas grandes fazendas de açúcar:
a) A escravização dos indígenas foi extinta no final do século XVI, razão pela qual os portugueses passaram a escravizar os africanos.
b) As dificuldades para a escravização dos nativos e os lucros do tráfico negreiro levaram os portugueses a utilizar a mão-de-obra dos africanos.
c) A escravização dos indígenas ocorria no interior dos aldeamentos jesuíticos, onde, ao lado da catequese, aprendiam o trabalho dos engenhos.
d) Os jesuítas empreendiam uma intensa campanha contra a escravização dos indígenas, razão pela qual vieram para o Brasil no final do século XVIII.
e) Os indígenas aceitaram o trabalho escravo e se acostumaram à vida com seus senhores, ao contrário dos negros africanos.

7. (UFC) Leia o seguinte trecho abaixo.

"Na mineração, como de resto em qualquer atividade primordial da colônia, a força de trabalho era basicamente escrava, havendo entretanto os interstícios ocupados pelo trabalho livre ou semilivre." (Souza, Laura de M. "Desclassificados do Ouro: pobreza mineira no século XVIII". 3ª. ed. Rio de Janeiro: Graal, 1990, p. 68)

Com base neste trecho sobre o trabalho livre praticado nas áreas mineradoras do Brasil colônia, é correto afirmar que:
a) Devido à abundância de escravos no período do apogeu da mineração, os homens livres conseguiam viver exclusivamente do comércio de ouro.
b) Em função da riqueza geral proporcionada pelo ouro, os homens livres dedicavam-se à agricultura comercial, vivendo com relativo conforto nas fazendas.
c) Perseguidos pela Igreja e pela Coroa, os homens livres procuravam sobreviver às custas da mendicância e da caridade pública.
d) Sem condições de competir com as grandes empresas mineradoras, os homens livres dedicavam-se à "faiscagem" e à agricultura de subsistência.
e) Em função de sua educação, os homens livres conseguiam trabalho especializado nas grandes empresas mineradoras, obtendo confortáveis condições de vida.

8. (UFPR) A exploração do ouro e a consolidação da centralização do poder político e da administração em mãos dos reis portugueses foram os processos mais marcantes para o Brasil do século XVIII. Use (V) para verdadeiro e (F) para falso.
( ) A descoberta de jazidas de ouro no Brasil foi providencial aos interesses de Portugal, pois liberou a metrópole européia de parte de sua dependência em relação à Inglaterra.
( ) Os comerciantes portugueses residentes no Brasil não detinham privilégios de monopólio comercial, visto que o Tratado de Methuen também abriu o mercado brasileiro às companhias holandeses e italianas.
( ) A política colonial portuguesa aplicada no século XVIII impediu o crescimento do mercado interno e o processo de urbanização no Brasil.
( ) A partir da segunda metade do século XVIII, a produção aurífera brasileira entrou em declínio, em função do esgotamento das minas.
( ) Os negros, principal mão-de-obra da economia do ouro, construíram igrejas e criaram irmandades em que buscavam assistência e visibilidade social.
( ) Com a economia do ouro, a sociedade brasileira tornou-se mais complexa, dando oportunidade ao surgimento de camadas médias da população, formadas por funcionários, profissionais liberais, artesãos e comerciantes.

9. (UNIFESP) "Não são raros [no período colonial] os casos como o de um Bernardo Vieira de Melo, que, suspeitando a nora de adultério, condena-a à morte em conselho de família e manda executar a sentença, sem que a Justiça dê um único passo no sentido de impedir o homicídio ou de castigar o culpado...". (Sérgio Buarque de Holanda, "Raízes do Brasil".)

O texto demonstra:
a) a ineficácia das instituições judiciárias.
b) a insegurança dos grandes proprietários.
c) a força imensa, mas legal, do pátrio poder.
d) a intolerância com os crimes de ordem sexual.
e) a gestão coletiva do poder no interior da família.

10. (UFSM) Como se caracterizava a estrutura social do Brasil colonial até o século XVIII?
    I. A colônia apresentava dois grupos importantes: os latifundiários brancos e os escravos negros. Entre essas duas camadas, existia um grupo intermediário, sem posição definida, formado por assalariados, pequenos proprietários e biscateiros.
    II. Havia imobilidade de classes, estratificação, associação entre riqueza e posse de escravos, sendo a cor da pele um elemento de identificação da posição social dos indivíduos.
    III. Era uma sociedade de caráter aristocrático, patriarcal, onde o grupo dominante legava aos demais grupos sociais sua mentalidade e seu comportamento social.

Está(ão) correta(s)
a) apenas I.
b) apenas II.
c) apenas III.
d) apenas II e III.
e) I, II e III.

Gabarito das questões propostas

Questão 1 - Resposta: A

Questão 2 - Resposta: E

Questão 3 - Resposta: E

Questão 4 - Resposta: A

Questão 5 - Resposta: D

Questão 6 - Resposta: B

Questão 7 - Resposta: D

Questão 8 - Resposta: V F F V V V

Questão 9 - Resposta: C

Questão 10 - Resposta: E

COMPLEMENTANDO OS ESTUDOS

Vídeo
Xica da Silva (BR, 1976). Dir. Carlos Diegues

Leitura de apoio
Davidoff, Carlos. *Bandeirantismo: Verso e Reverso*. São Paulo: Ed. Brasiliense, 1982.

UNIDADE 18

A COLONIZAÇÃO INGLESA

SINOPSE TEÓRICA

Ao longo do século XVI, a região Norte da América ficou abandonada pelos europeus, havendo somente o desejo de explorar. Somente a partir do século XVII teve início o povoamento e a colonização da região.

A colonização diferiu da desenvolvida pelos espanhóis e portugueses porque foi toda desenvolvida por companhias de comércio, tais como Playmouth e Londres, e se consolidou no século XVIII com a decadência da Espanha.

FATORES QUE IMPULSIONARAM A COLONIZAÇÃO

Motivados por perseguições religiosas e políticas, além da política de cercamento dos campos, muitos ingleses acabaram vindo para a América. As perseguições religiosas e políticas estimularam a emigração de puritanos, Quakers e outros grupos. Por outro lado, os cercamentos liberaram um grande excedente populacional que não encontravam trabalho nos grandes centros ingleses, sendo assim, a América seria uma opção. Muitos deles transformaram-se em "sevos de contrato", ou seja, como ele, colono, não tinha dinheiro para a viagem, a passagem era paga por um fazendeiro, que em troca exigia um determinado tempo de trabalho sem remuneração.

O INÍCIO DA COLONIZAÇÃO

Com a fundação da Virgínia e de Maryland no início do século XVII, a colonização inglesa na América do Norte resultou na formação de 13 colônias que, unidas na segunda metade do século XVIII deram origem aos Estados Unidos.

As 13 colônias podem assim ser divididas:

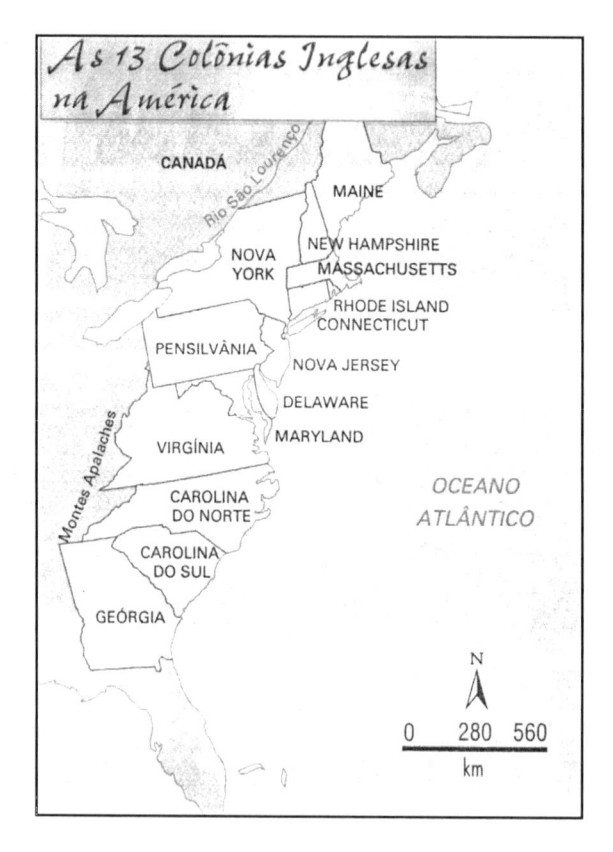

Colônias do Norte

Eram também conhecidas como Nova Inglaterra; foram povoadas por refugiados ingleses (perseguições políticas e religiosas). Com um clima temperado, semelhante ao europeu, formaram a pequena e a média propriedades familiares e a produção destinava-se ao consumo interno, enquanto a produção manufatureira era vendida para outras regiões da América. Houve nessa região o desenvolvimento do comércio triangular, sobretudo com as Antilhas, Europa e África.

Unidade 18 - A colonização inglesa | 247

Colônias do Centro

Possuíam uma organização econômica bastante semelhante à das colônias do Norte. A região tinha boas planícies, solo fértil e outros fatores que atraíam não só ingleses, mas pessoas de diversas partes da Europa, que desenvolveram a agricultura extensiva comercial, sendo o trigo o principal produto. O comércio triangular desenvolveu-se, principalmente, com as Antilhas.

Colônias do Sul

Possuíam clima subtropical, onde foi desenvolvida uma colonização de exploração. A primeira área ocupada foi Jamestown, na Virgínia, em 1607.

Desenvolveram uma economia fundada na grande propriedade agrária (latifúndio), a monocultura com produção de itens agrícolas de clima subtropical (arroz, tabaco e algodão), utilização de mão-de-obra escrava de origem africana e a produção voltada para o mercado externo. A sociedade era dividida em duas classes distintas: senhores e escravos.

A ADMINISTRAÇÃO DAS COLÔNIAS

Na questão administrativa, as colônias podem ser divididas em três tipos:
a) Régias
A administração era feita pela coroa.
b) Autônomas
O governador era eleito pelos próprios colonos e estavam localizadas no norte.
c) Particulares ou de proprietários
Nestas colônias também os governadores eram escolhidos pelos colonos.

A Inglaterra adotou, em relação às colônias do Norte e do Centro, a política de "Negligência Salutar". Isto ocorreu devido à pouca importância econômica que estas colônias possuíam. A Inglaterra estava também interessada em outras regiões, como, por exemplo, o Caribe. Na realidade, as leis em relação às colônias existiam, mas no entanto não eram aplicadas, o que permitia uma colonização livre.

Em relação à sociedade colonial, devemos distinguir duas situações:
Litoral
Houve a formação de uma sociedade cuja estrutura é bem definida e hierarquizada. No ápice encontramos os governadores reais e oficiais do governo, grandes fazendeiros e comerciantes ricos; em segundo plano, apareciam os "yeomen"; a seguir, os artesãos livres (não tinham direitos políticos). Na etapa abaixo estavam os servos de contrato e finalmente, na última etapa, os escravos africanos.

Fronteira

A vida era dura e perigosa, valendo o homem pelo que fazia, não por sua ascendência e posses, formando assim uma sociedade mais homogênea.

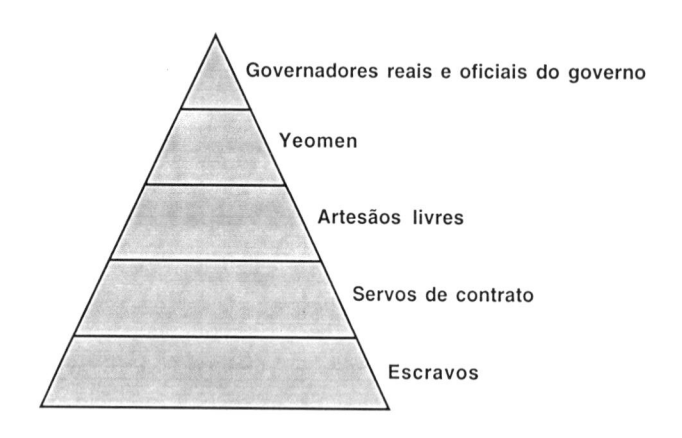

```
                    /\
                   /  \  Governadores reais e oficiais do governo
                  /----\
                 /      \  Yeomen
                /--------\
               /          \  Artesãos livres
              /------------\
             /              \  Servos de contrato
            /----------------\
           /                  \  Escravos
          /--------------------\
```

LEITURA COMPLEMENTAR

Serviços por contrato

"Dos vários milhões de pessoas que chegaram às colônias fundadas pelos ingleses na América do Norte, antes de 1776, calcula-se que perto de 80 por cento figuravam numa categoria qualquer da servidão. **As condições de servidão, é claro, variavam consideravelmente. Iam desde o (...) imigrante europeu, que pagava o preço da passagem com um período de servidão nas colônias, até o homem que era capturado e vendido como escravo a um senhor, que o tinha em seu poder por toda a vida.**

Entretanto, na maioria dos casos, o fato da servidão exercida por um homem, durante um determinado período de tempo, não o impedia, uma vez livre dela, de melhorar sua condição social e econômica. Acredita-se que, em certa época, mais da metade dos responsáveis pela administração da colônia de Virgínia era formada por indivíduos que tinham vindo para a América na condição de servos por contrato. No caso da Virgínia, que estamos analisando, este e outros ex-servos tinham-se tornado proprietários rurais ricos e cidadãos respeitados nas plantações ultramarinas do rei. Mesmo quando a rápida ascensão social e econômica não era possível nos limites de uma única geração, os filhos dos ex-servos muitas vezes as alcançavam. Assim, a América mereceu a reputação de terra da oportunidade.

Houve, porém, uma notável exceção a essa regra geral. Ao negro africano não se possibilitou melhorar a sua condição geral, pois coube-lhe a obrigação cruel de trabalho perpétuo e árduo, além do status social que jamais se modificava. Para ele o sonho americano veio a ser uma ilusão amarga (...).

Sem dúvida, nada na história da Inglaterra fazia crer que suas colônias iriam adotar a instituição da escravatura. Na própria Inglaterra, antes da expansão colonial, nem a lei nem o costume justificavam a escravidão (...).

Mesmo os primeiros negros estabelecidos nas colônias, e que por acaso desembarcaram na Virgínia, não foram tratados como escravos, embora tivessem sido comprados de um navio de guerra holandês que os tinha tomado a um navio negreiro português capturado. Talvez porque a lei inglesa não permitia a escravidão, talvez porque fossem cristãos, esses vinte negros parecem ter sido tratados como servos por contrato".

Ginzbeg, Eli e Eichner, Alfred S., "A presença inquietante"
(A Democracia americana e o negro. Rio de Janeiro. Edições de O Cruzeiro, 1968, p. 22-32)

Identifique: servos por contrato, relacionando com a colonização inglesa na América.

Resposta: Era o imigrante europeu que pagava o preço da passagem com um período de servidão nas colônias.

QUESTÕES RESOLVIDAS

1. (UFRJ) Explique como os enclosures colaboraram para o início da colonização inglesa, na América do Norte.

Resposta: Expulsaram o camponês da terra, e como não havia emprego para todos os camponeses, a opção foi viajar para os EUA e participar da colonização.

2. (PUC) As grandes propriedades com escravos, nas Treze Colônias Inglesas da América, localizavam-se:
 a) ao norte;
 b) a leste;
 c) a oeste;
 d) ao sul;
 e) ao centro.

Resposta: D

3. (UGF) No desenvolvimento das colônias inglesas na América do Norte, destaca-se o "comércio triangular", que:
a) foi estimulado pela Coroa Inglesa, com o objetivo de canalizar mão-de-obra africana para as colônias do sul;
b) foi desenvolvido pelas colônias meridionais com o objetivo de exportar seus produtos tropicais;
c) ocorreu a fase da "Negligência Salutar", sendo desenvolvido pelas colônias do norte, inclusive com a África e as Antilhas;
d) foi o comércio interno das Treze Colônias, tendo em vista uma especialização de produção, tendo a Nova Inglaterra conservado a supremacia;
e) visava a atrair as moedas de prata espanholas no comércio das Antilhas.

Resposta: C

4. (UNESP) Na Idade Moderna, o processo de colonização européia das regiões do continente americano não foi uniforme. Pode-se distingui-las em áreas de:
a) Colônia de povoamento, ocupada por contingentes de escravos africanos, e de colônia de exploração indígena.
b) Colônia de exploração, baseada na escravidão e na grande propriedade agrícola, e de colônia de povoamento.
c) Produção e de exportação de mercadorias manufaturadas e de importação de matérias-primas européias.
d) Domínios políticos, com a submissão da população local, e de domínios econômicos, sendo garantida a liberdade indígena.
e) Exploração econômica de recursos naturais e de catequese das populações nativas por missionários cristãos.

Resposta: B

5. (UFRN) Conforme assegura a historiadora Nancy Priscilla Naro,

O processo de formação do Estado norte-americano veio, desde cedo, acompanhado por valores democráticos que privilegiavam a iniciativa privada sem a intervenção do Estado, apenas admitida em casos excepcionais, como a guerra, a depressão econômica e outras situações entendidas como "ameaçadoras" ao sistema de produção capitalista. (Naro, Nancy P. "A formação dos Estados Unidos". 3ª ed. São Paulo: Atual, 1987. p. 5)

O fragmento anterior refere-se à colonização e ao processo de independência da América inglesa. Que comparação pode ser estabelecida entre a América inglesa e a América espanhola, no que diz respeito à colonização e à independência?

a) A colonização inglesa favoreceu a prática do autogoverno, e a colonização espanhola permitiu a formação de governos autoritários.

b) A colonização inglesa propiciou a instituição de um governo centralizador, e a colonização espanhola possibilitou a instalação de regimes federativos.

c) A colonização inglesa originou governos instáveis, e a colonização espanhola estimulou a formação de monarquias despóticas.

d) A colonização inglesa permitiu a formação de uma sociedade igualitária, e a colonização espanhola privilegiou as classes camponesas.

Resposta: A

QUESTÕES PROPOSTAS

1. (UERJ) "(...) Aqueles que vivem atormentados com a preocupação de como ganhar decentemente sua subsistência, ou aqueles que, com seu trabalho, mal conseguem levar uma vida confortável, procederão bem se vierem para este lugar, onde qualquer homem, seja quem for, que esteja disposto a enfrentar moderados esforços, tem assegurada uma existência bastante confortável e está a caminho de elevar sua fortuna muito além do que se ousaria imaginar(...)

Que nenhum homem se preocupe com a idéia de ser um servo durante quatro ou cinco anos (...). É preciso considerar, então, que assim que seu tempo terminar possuirá terra. (...) Portanto, todos os artífices, carpinteiros, construtores de veículos, marceneiros, pedreiros, ferreiros ou diligentes agricultores e lavradores (...) devem levar em consideração o assunto."

(Perdição de um imigrante europeu do séc. XVII. Apud "Coletânea de Documentos de História da América". São Paulo: CENEP, 1978)

Interpretando esse texto conclui-se que o imigrante se refere à seguinte área de colonização na América:

a) espanhola, região platina

b) portuguesa, sul do Brasil

c) holandesa, região das Antilhas

d) inglesa, região da Nova Inglaterra

2. (UEL) Durante a colonização, subjugados os nativos, os europeus montaram estruturas de dominação e exploração nas Américas Hispânica, Portuguesa e Inglesa, que em muitos aspectos apresentavam diferenças entre si. Sobre o tema, é correto afirmar:
   a) Nas Colônias Inglesas do Norte estabeleceu-se uma economia fundada em três pilares: a monocultura, a grande propriedade rural e a mão-de-obra escrava.
   b) A dominação inglesa, embora tenha elementos semelhantes aos da dominação portuguesa (a "plantation" de algodão no sul), possibilitou que famílias imigrassem em massa para a América em face dos problemas políticos e religiosos na metrópole.
   c) A Inglaterra utilizou os princípios do liberalismo político e econômico para governar as Treze Colônias americanas.
   d) A dominação espanhola implantou-se a partir de grandes unidades agrícolas de exportação.
   e) A colonização portuguesa teve como base pequenas unidades de produção diversificadas.

3. Assinale (A) para América Anglo-Saxônica e (B) para América Latina:
   a) ( ) localiza-se predominantemente na porção sul do continente.
   b) ( ) caracteriza-se pela colonização de povoamento.
   c) ( ) foi colonizado pelos povos ibéricos.
   d) ( ) colonização baseada na grande propriedade rural.
   e) ( ) durante o período colonial acumulou bens que foram utilizados para o seu desenvolvimento.

4. (FUVEST) "O puritanismo era uma teoria política quase tanto quanto uma doutrina religiosa. Por isso, mal tinham desembarcado naquela costa inóspita, (...) o primeiro cuidado dos imigrantes (puritanos) foi o de se organizar em sociedade".

Esta passagem de "A Democracia na América", de A. de Tocqueville, diz respeito à tentativa:
   a) Malograda dos puritanos franceses de fundarem no Brasil uma nova sociedade, a chamada França Antártida.
   b) Malograda dos puritanos franceses de fundarem uma nova sociedade no Canadá.
   c) Bem-sucedida dos puritanos ingleses de fundarem uma nova sociedade no Sul dos Estados Unidos.
   d) Bem-sucedida dos puritanos ingleses de fundarem uma nova sociedade no Norte dos Estados Unidos, na chamada Nova Inglaterra.
   e) Bem-sucedida dos puritanos ingleses, responsáveis pela criação de todas as colônias inglesas na América.

Unidade 18 - A colonização inglesa | 253

5. (FUVEST) Sobre a colonização inglesa na América do Norte:
a) Estabeleça sua conexão com os desdobramentos da Reforma Protestante da Inglaterra.
b) Explique por que na região sul se originou uma organização socioeconômica diferente da do norte.

6. (FUVEST) Compare os sistemas de colonização adotados na América pela Espanha e Inglaterra.

7. (UNI-RIO) "Nos séculos XVI e XVII, à medida que a população se expandia rapidamente, Londres (...) tornou-se o refúgio de 'HOMENS SEM GOVERNO' - vítimas do CERCAMENTO DE TERRAS, vagabundos, criminosos - numa escala que alarmou os contemporâneos (...) dessa forma o povo pobre e sedicioso, que constituiu um fardo para a república, é mandado embora, de modo que se remove da City a matéria sediciosa."

(Hill, Christopher. O Mundo de Ponta-Cabeça. São Paulo, Cia. das Letras, 1987, p. 37)
a) Explique a expressão HOMENS SEM GOVERNO.
b) Relacione o CERCAMENTO DE TERRAS ("enclosures"), desenvolvido na Inglaterra, à colonização da América.

8. (UFPR) A colonização da América se deu de diversas maneiras. Identifique as diferentes modalidades de empreendimentos coloniais europeus no Novo Mundo, ressaltando as razões para suas diferenças.

9. (UFPR) Na questão a seguir, escreva no espaço apropriado a soma dos itens corretos.

A América do Norte não foi colonizada ao longo do século XVI. Os empreendimentos europeus na região se restringiam a umas poucas viagens de exploração: navegadores como Cabot, Gilbert e Raleigh estiveram na parte setentrional da América, mas não estabeleceram núcleos colonizadores. No entanto, o século seguinte presenciou intensa colonização inglesa. Sobre o tema, é correto afirmar que:
01) O crescimento do comércio possibilitou o surgimento de companhias que se interessavam pela América.
02) Na Inglaterra, a instituição do "enclosure" (cercamento dos campos) determinou que numeroso contingente populacional deixasse de encontrar trabalho e fosse atraído para a América.

04) As perseguições religiosas desestimulavam e até dificultaram o deslocamento de heréticos para a América.

08) Os ingleses não foram os únicos a participar do empreendimento colonizador; os holandeses, franceses e suecos também deixaram a Europa em busca de novos horizontes.

16) Muitos imigrantes possuíam recursos para custear a viagem; outros, no entanto, eram desprovidos de capital e tiveram que se sujeitar à servidão por contrato.

Soma: ( )

10. (UFBA) Na questão a seguir, escreva no espaço apropriado a soma dos itens corretos.

Sobre o absolutismo inglês do século XVII e a ocupação colonial da América do Norte, é possível afirmar:

01) As transformações que atingiram a política agrária, com o cercamento dos campos e a expulsão dos camponeses da terra, resultaram na concentração de uma população marginal e vadia nos centros urbanos, contribuindo para aprofundar as tensões sociais.

02) A contestação da burguesia ao absolutismo inglês pode ser explicada pela necessidade de ampliar sua área de atuação política, derrubando a antiga ordem feudal, os privilégios da nobreza latifundiária e o mercantilismo controlador da economia.

04) Os conflitos religiosos do século XVII favoreceram o fortalecimento do absolutismo inglês e sua dominação colonial-mercantil no litoral leste da América do Sul.

08) O parlamentarismo inglês, efetivamente instalado após a Revolução Gloriosa, representou a derrubada do absolutismo, a vitória da burguesia e sua aliança com a nobreza latifundiária, em benefício da expansão das práticas capitalistas.

16) A ocupação colonial inglesa, no litoral leste da América do Norte, ocorreu através da atuação de Companhias de Comércio particulares e da participação de contingentes populacionais originários de outros países europeus.

32) A "servidão por contrato" que se estabeleceu nas colônias inglesas da América do Norte era constituída por parte do excedente de mão-de-obra existente na metrópole, excluída das atividades manufatureiras incipientes e canalizada para a área colonial.

64) A atuação da Igreja Católica nas áreas coloniais norte-americanas intensificou-se no século XVII, apesar da grande concentração de protestantes originários da Inglaterra.

Soma: ( )

Unidade 18 - *A colonização inglesa* | 255

Gabarito das questões propostas

Questão 1 - Resposta: D

Questão 2 - Resposta: B

Questão 3 - Respostas:
a) (B)
b) (A)
c) (B)
d) (B)
e) (A)

Questão 4 - Resposta: D

Questão 5 - Resposta:
a) Os puritanos que colonizaram a América do Norte deixaram a Inglaterra pois a reforma anglicana impunha grande intolerância àqueles que não professassem a religião oficial.
b) A região Sul, escravista, se organizou economicamente em torno de grandes propriedades cuja produção era voltada para o mercado externo. As condições geográficas e climáticas foram fatores decisivos na opção pela economia agroexportadora baseada em "plantations".

Questão 6 - Resposta: A Espanha utilizou o sistema de colonização de exploração em todas as suas colônias; enquanto a Inglaterra empregou, também, o sistema de colônia de povoamento no norte da América do Norte.

Questão 7 - Resposta:
a) A expressão "homens sem governo", de caráter eminentemente elitista, procura dar conta da perplexidade das elites diante de um conjunto de homens desenraizados pelo processo de "cercamento" que passam a constituir uma ameaça à então "ordem burguesa", que se implantava na Inglaterra.
b) Um grande contingente de homens expulsos de suas terras em decorrência dos "enclosures" foi buscar na América a possibilidade de reconstrução de suas vidas, constituindo a ponta-de-lança da colonização inglesa no norte da América.

Questão 8 - Resposta: As colonizações ocorreram de duas formas: Povoamento em áreas temperadas-frias e Exploração em áreas tropicais.

Questão 9 - Resposta: 27 (01+02+08+16)

Questão 10 - Resposta: 59 (01+02+08+16+32)

UNIDADE 19

A COLONIZAÇÃO FRANCESA

SINOPSE TEÓRICA

O processo de colonização da França na América ficou atrasado devido a problemas políticos, religiosos e econômicos internos, como as guerras de religião entre católicos e protestantes e o desinteresse inicial da burguesia.

A CONQUISTA DO EXTREMO NORTE

A colonização do Extremo Norte da América começou a se concretizar a partir do século XVII com o financiamento do governo absolutista dos Boubons, sob a orientação dos ministros Richelieu e Colbert.

Uma das primeiras regiões conquistadas pelos franceses foi o norte da América, após terem tentado uma passagem marítima para o Oriente e não terem conseguido. Em 1608 foi fundada Quebec, no Canadá, tendo sido alicerçada a colonização desta região no extrativismo (madeiras) e no comércio de peles com os indígenas.

Além deste feito, conquistaram uma grande faixa de terras no interior que se estendia dos Grandes Lagos ao México, denominada de Luisiana, uma homenagem ao seu monarca Luís XIV, e também algumas ilhas das Antilhas.

A colonização no Canadá não prosperou, como também não prosperaria na Luisiana. A baixa densidade demográfica da região seria um fator que explicaria o fracasso, além do mais, o clima e o solo não eram apropriados para o cultivo de produtos diferentes daqueles que já eram cultivados na Europa.

A partir do século XVIII, a França entra em diversas guerras com a Inglaterra e, como conseqüência, acabaria perdendo o seu parque colonial na América. O Canadá foi perdido para a Inglaterra ao final da Guerra dos Sete Anos (1756-1763), assim como as outras diversas colônias. Por sua vez, a Louisiana foi entregue aos EUA em 1803 por Napoleão Bonaparte.

A colonização das Antilhas

Nesta região, como o clima é tropical, os franceses desenvolveram uma colonização de exploração.

Nas grandes propriedades antilhanas, desenvolveu-se o cultivo da cana-de-açúcar, do tabaco, da mandioca, do algodão e, a partir do século XVIII, tivemos também a produção de café. O tipo de mão-de-obra adotado foi a escrava africana, que foi monopólio da Companhia das Índias Ocidentais francesas.

No entanto, esse processo de colonização fracassaria. Após um longo período revolucionário (1789-1815) e as constantes derrotas para a Inglaterra em sucessivas guerras, a França, como vimos anteriormente, foi perdendo lentamente o seu parque colonial, tais como Guadalupe, Martinica (Guerra dos Sete Anos). Além do mais, a França não tinha dinheiro para investir na colonização.

Leitura complementar

"Os canadenses são naturalmente altos, bem feitos, com um temperamento vigoroso (...). Os habitantes dos campos manejam destramente o machado. Fazem eles próprios a maioria das ferramentas e utensílios de trabalho, constroem sua habitação, sua granja; muitos são tecelões, confeccionam tecidos grosseiros e estofos com os quais se vestem e a sua família (...) Dedicam-se à caça, à navegação, às viagens (...) O principal cultivo é o do trigo; o país fornece o necessário para a subsistência de seus habitantes e para o comércio com a Ilha Real e Ilhas (Antilhas) (...) Os negociantes da colônia, sobretudo os de Montreal, equipam, na primavera e no decorrer do verão, canoas (são canoas de madeira que transportam até 6.000 libras) para levar mercadorias aos indígenas; de volta, trazem castores e outras peles (...)"

(Segundo Gilles Hocquart, Intendente do Canadá, de 1729 a 1748. Citado em Histoire du Canada par les textes, de M. Brunet.)

Segundo o texto, em que tipo de colônia se enquadraria o Canadá (exploração ou povoamento)? Justifique.

Resposta: Povoamento, porque tinha liberdade comercial e as propriedades eram pequenas.

QUESTÕES RESOLVIDAS

1. Explique as razões do atraso no impulso colonial francês.

Resposta: A França estava envolvida em guerras de religião.

2. Compare as duas áreas de colonização francesa: antilhana e norte-americana.

Resposta: Antilhana: Possuindo um clima tropical, acabou sendo desenvolvida na região uma colonização de exploração de cana-de-açúcar.
Canadá: Região de clima frio, recebeu colonização de povoamento.

3. Explique as razões do declínio colonial francês.

Resposta: Rivalidades com a Inglaterra acabariam conduzindo a França a guerras contra a sua rival, sofrendo derrotas consecutivas, os franceses foram obrigados a ceder lentamente o seu império colonial na América para os ingleses. Temos que levar em conta também o longo processo revolucionário que enfraqueceu economicamente e politicamente o país entre 1789 e 1815.

Unidade 20

O Iluminismo

"O Castelo de Versalhes", pintura de Adan van der Meulen, 1684. Museu de Versalhes.

Sinopse teórica

"As Revoluções burguesas são um momento significativo na história do capitalismo, na medida em que são elas que contribuirão para abrir caminho para a superação dos resquícios feudais e, portanto, para tornar possível a consolidação do modo de produção capitalista." (História/ Ricardo, Adhemar, Flávio. – BH, MG: Ed. Lê, 1989)

Nos áureos tempos do Absolutismo, o desenvolvimento e o crescimento da burguesia esbarravam nos entraves remanescentes do mundo feudal.

A partir da segunda metade do século XVIII, a Europa passava pela crise final da sociedade feudal, a destruição do Antigo Regime foi caracterizada pelas "Revoluções Burguesas"(1760 – 1850), processo histórico que transformou a sociedade ocidental européia de aristocrática e feudal em burguesa e capitalista.

A base ideológica destas revoluções foi desenvolvida durante o Iluminismo. Este representou um conjunto de novas idéias, que forneceu o modelo para a construção de um tipo de sociedade ainda não existente concretamente.

Embora tenha surgido na Europa no século XVII, foi no século seguinte, na França, que muitos pensadores, principalmente burgueses, profundamente influenciados pelo racionalismo dos antigos humanistas e pela nova realidade sócio-político-econômica, procuraram uma explicação racional para todas as coisas e procuraram criar para o homem um mundo melhor.

Os pensadores iluministas, criticando o Antigo Regime em todos os aspectos, propuseram novas formas de organização social e política. Estes pensadores formaram, então, os fundamentos ideológicos da burguesia, que passaria a liderar o movimento revolucionário.

As idéias iluministas partiam do princípio que a razão guia o homem para a sabedoria e o conduz à verdade; entendiam que a fé, como era pregado pela Igreja Católica no período medieval, principalmente, não explicava nada. Este racionalismo levou os iluministas a tomar posição contra a religião e a Igreja, fatores que provocavam a ignorância do povo.

O Iluminismo surgiu das idéias dos ingleses Isaac Newton (figura importante pela soma de suas descobertas científicas, como as leis da mecânica celeste, lei de atração e repulsão etc.) e John Locke (criador da teoria dos direitos naturais do homem e defensor do empirismo), que também foram influenciados pelo francês René Descartes (defensor do racionalismo e do método científico).

No século XVII, a Europa viveu a chamada Revolução científica, ou seja, mudanças significativas na estrutura do pensamento, que repercutiram sobretudo no plano científico. Na realidade, esse processo de transformação do pensamento começou mesmo a acontecer durante o Humanismo e o Renascimento. Shakespeare afirmava "que obra de arte é o homem". Esta afirmação evidenciava uma mudança na estrutura mental medieval. A visão do mundo Deus-Homem estava sendo substituída pela relação Homem-natureza. Era a passagem do Teocentrismo para o Antropocentrismo, ou seja, o homem no centro do universo.

O homem passava a ver a natureza como objeto de sua ação e de seu conhecimento, e a sua tarefa consistia em representá-la. Como dissemos há pouco, as explicações teológicas e metafísicas não mais satisfaziam o homem moderno, que na realidade desejava compreender os fenômenos e as leis que constituíam a natureza.

Nestes primeiros momentos de ruptura com o pensamento medieval, Kepler e Galileu vão ter uma importância fenomenal, opondo-se ao pensamento aristotélico que ainda predominava e servia de base para o pensamento teológico.

A ruptura foi radical e significativa na realidade, perceber que o mundo estava em constante movimento e não parado, como defendia Aristóteles.

Embora o Iluminismo tenha alcançado o seu apogeu no século XVIII, foi no século XVII que a Ciência Experimental se afirmou, onde a atividade científica deixou de ser apenas observação e classificação dos fenômenos. Foi neste século que se assistiu de fato a explicações racionais do Universo, submetidas a leis físicas e naturais e não a princípios metafísicos divinos.

Inspirada na experimentação e na dedução matemática, a ciência fez progressos extraordinários, particularmente na Física, Matemática, Astronomia, Química e Biologia. Dentre as várias descobertas, valeria destacar os estudos de Galileu Galilei que, completando a teoria heliocêntrica de Copérnico, deduziu que a terra gira sobre si mesma (movimento de rotação) e ao redor do sol (movimento de translação), e também de Johann Kepler (1571–1630) que comprovou e retificou a teoria heliocêntrica de que os planetas descrevem órbitas elípticas em que o Sol é o centro de todo o sistema.

No âmbito social, os iluministas combatiam a sociedade estamental, dividida por Estados.

```
      E  ┌         /\
      S  │        /1º\         Clero
      T  │       /----\
      A  │      /      \
      D  │     /   2º   \      Nobreza
      O  │    /----------\
      S  │   /            \
         │  /     3º       \   Povo e Burguesia
         └ /_____\
```

ESTADOS

Dos três estados apresentados, somente o terceiro trabalhava e pagava os impostos. A burguesia era uma classe economicamente importante mas, no entanto, possuía poucos privilégios. A burguesia desejava mudanças, cobiçava o poder. Neste sentido, todo o processo de mudança ideológico citado anteriormente, que teve origem com o Renascimento no século XVI, chegava ao seu apogeu com o iluminismo, que preparou ideologicamente a Europa para a revolução. Vale a pena destacar que além de ter sido a base ideológica da Revolução Francesa, o Iluminismo influenciou também a independência dos Estados Unidos, a Inconfidência Mineira, a Independência do Brasil e de todo o continente americano.

O Iluminismo na França

O Iluminismo atingiu seu ponto máximo na França do século XVIII, podemos dizer que isso se deve à riqueza da cultura francesa e pelo desenvolvimento das contradições do Antigo Regime.

No século XVIII, Paris se transformava na capital intelectual da Europa. Nesse ambiente intelectual, onde idéias novas eram divulgadas, alguns pensadores burgueses criticavam o excesso de autoritarismo e as instituições religiosas, políticas e sociais.

Assim, apresentamos os seguintes pensadores:

a) Montesquieu (1689 – 1755)

Autor do "O Espírito das Leis", formulou nesta importante obra a teoria da divisão dos três poderes (legislativo, executivo e judiciário). No livro "Cartas Persas", satiriza severamente as estruturas sociais européias e ironiza os costumes vigentes durante o reinado de Luís XIV. Para ele não cabia ao Estado realizar os planos divinos, mas garantir aos cidadãos a liberdade por meio de uma divisão equilibrada de poderes.

b) Voltaire (1694 – 1778)

Era defensor de uma Monarquia Esclarecida, ou seja, um governo inspirado nas idéias dos filósofos. Foi um severo crítico da Igreja, embora acreditasse na presença de Deus na natureza e no homem. No livro "Cartas Inglesas", criticou severamente a Igreja Católica e resquícios feudais, como a servidão.

Influenciado por notícias que os viajantes europeus traziam a respeito dos índios americanos, desde o século XVI, Rousseau defendia que os homens nascem bons, mas que a sociedade os corrompe. Gravuras francesas representando um índio e uma índia e seu filho, século XVI.

c) Rousseau (1712 – 1778)

O mais radical dos filósofos iluministas. Suas idéias faziam eco ao conjunto iluminista, pois integravam a critica da ordem absolutista, havendo também críticas à burguesia e à propriedade privada. Suas principais obras foram: o "Contrato Social", o "Discurso sobre a origem da desigualdade entre os homens" e o "Emílio", que era uma obra pedagógica.

Além dos pensadores citados, podemos destacar também no século XVIII Diderot e D'Alembert, que ficaram conhecidos como os enciclopedistas.

Trabalhando com outros filósofos e economistas, organizaram a *Enciclopédia,* que foi uma grande obra de síntese do pensamento filosófico e científico da época, o que acabou se transformando em um instrumento essencial na divulgação das idéias iluministas.

ECONOMIA POLÍTICA
FISIOCRACIA

Alguns economistas, inspirados nas idéias liberais, criticavam o mercantilismo e propunham soluções para uma nova economia. O primeiro que podemos citar foi o médico de Luís XV, François Quesnay, autor da obra "Quadro Econômico". Quesnay e Gournay fundaram a escola fisiocrata. Os fisiocratas partiam do pressuposto de que a Terra era a única fonte de riqueza, daí a primazia da agricultura sobre o comércio, que era considerado uma atividade estéril, resumindo-se apenas na troca de mercadorias. Negavam a intervenção do Estado na economia, afirmando que estaria atentando contra as leis naturais. Criticavam as regulamentações mercantilistas do Estado absoluto e pregavam que o Estado deveria apenas limitar-se a incentivar o progresso técnico e econômico, eliminando os obstáculos ao livre jogo da economia. Seu lema básico era "Laissez - Faire, Laissez - Passer, le monde va de lui-même" ("deixai fazer, deixai passar, que o mundo anda por si mesmo").

O LIBERALISMO ECONÔMICO

Influenciado pela fisiocracia, o escocês Adam Smith (1730 – 1790) elaborou o livro "A Riqueza das Nações". Nesta obra, defendia um novo sistema econômico que se baseava na total liberdade na economia, principalmente na concorrência. Acreditava que a lei da oferta e da procura regulava a produção e a distribuição de riqueza.

Defendia a tese de que o trabalho era a principal fonte de riqueza da nação, não aceitava também a intervenção do Estado na economia, embora admitisse a presença do estado em setores onde o capital particular não tinha condição de investir.

Adam Smith exerceu influência em outros pensadores do século XIX, dentre os quais destacamos: David Ricardo, considerado o chefe da escola liberal inglesa; John Stuart Mill, discípulo de David Ricardo; e Thomas Malthus. Este último autor escreveu sobre população e afirmou: "A população cresce em progressão geométrica, enquanto a produção alimentar cresce em progressão aritmética".

O pintor William Blake representou o físico Isaac Newton (1642-1727), que enunciou as leis da gravidade, no contexto do Iluminismo e do predomínio da razão.

O DESPOTISMO ESCLARECIDO

A partir da segunda metade do século XVIII, alguns monarcas absolutistas ou seus ministros, inspirados no Iluminismo, implantaram uma série de reformas que tinham como objetivo a modernização nacional, racionalizando a administração, a taxação de impostos e incentivando a educação.

Portanto, o despotismo esclarecido foi a forma encontrada pelos governantes para afirmarem seus regimes absolutistas, evitando lutas sociais e a contestação aos seus governos autoritários.

Os principais déspotas esclarecidos foram: José II da Áustria (1780 – 1790); Catarina II da Rússia (1762 – 1796); Frederico II da Prússia (1712 – 1786). Marquês de Pombal (1750 – 1777), ministro de D. José I de Portugal.

CONCLUSÃO

As idéias iluministas de Igualdade, Liberdade e Fraternidade seriam amplamente difundidas na América e foram as grandes responsáveis pelos movimentos populares que conduziram o continente à Independência. Igualdade representaria o final da escravidão, Liberdade a independência política e Fraternidade representaria o apoio que outras nações dariam à independência.

LEITURA COMPLEMENTAR

O texto dado a seguir é um trecho de "O Contrato Social", obra de Jean Jacques Rousseau.

"O homem nasce livre, e por toda a parte encontra-se a ferros. O que se crê senhor dos demais não deixa de ser mais escravo do que eles (...)

Se considerasse somente a força e o efeito que dela resulta, diria: "Quando um povo é obrigado a obedecer e o faz, age acertadamente; assim que pode sacudir esse jugo e o faz, age melhor ainda, porque recuperando a liberdade pelo mesmo direito que lha arrebataram, ou tem ele o direito de retomá-la ou não o tinham de subtraí-la". (Citado por Luís Roberto Salinas Fortes. Rousseau: O Bom selvagem, p. 97.)

Faça um comentário resumido sobre a proposta central do texto.

Resposta: O texto analisa o direito que o povo tem de se rebelar contra um governo que fere os seus interesses. O homem tem o direito à felicidade.

QUESTÕES RESOLVIDAS

1. (FUVEST - SP) No século XVIII, o que propunham os filósofos iluministas em relação à estrutura política e social dominante na Europa Ocidental?

Resposta: Na estrutura política, os iluministas propunham divisão do poder em três partes com a criação do Executivo, Legislativo e Judiciário (Montesquieu). Voltaire era defensor de uma Monarquia Esclarecida, ou seja, um governo inspirado nas idéias dos filósofos. Rousseau, por sua vez, criticava a ordem absolutista e defendia um governo que conduzisse o homem à felicidade. No âmbito social, criticavam a sociedade estamental, defendendo a mobilidade social.

2. (UNESP) Adam Smith, autor de "A Riqueza das Nações" (1776), referindo-se à produção e à aquisição de riquezas, observou:

"Não é como o ouro ou a prata, mas com o trabalho que toda a riqueza do mundo foi provida na origem, e seu valor, para aqueles que a possuem e desejam trocá-la por novos produtos, é precisamente igual à quantidade de trabalho que permite alguém adquirir ou dominar."

Os pontos de vista de Adam Smith opõem-se às concepções:

    a) Mercantilistas, que foram aplicadas pelos diversos estados absolutistas europeus.
    b) Monetaristas, que acompanharam historicamente as economias globalizadas.
    c) Socialistas, que criticaram a submissão dos trabalhadores aos donos do capital.
    d) Industrialistas, que consideraram as máquinas o fator de criação de riquezas.
    e) Liberais, que minimizaram a importância da mão-de-obra na produção de bens.

Resposta: A

3. (UFVIÇOSA) O Liberalismo Econômico se constituiu numa doutrina política do capitalismo industrial e financeiro.

Qual das alternativas a seguir NÃO reflete um de seus princípios fundamentais?
a) Fortalecimento do mercantilismo.
b) Livre concorrência.
c) Defesa da propriedade privada.
d) Explicação científica dos fatos econômicos.
e) Liberdade de contrato.

Resposta: A

4. (UFSM) "Nenhum homem recebeu da natureza o direito de comandar os outros. A liberdade é um presente do céu, e cada indivíduo da mesma espécie tem o direito de gozar dela logo que goze da razão."

Denis Diderot (1713 – 1784), ao escrever o trecho citado, condensou alguns princípios do Iluminismo:
I. A revelação da verdade pela fé e pela natureza.
II. A crença na capacidade de o homem pensar por si mesmo.
III. O desapreço pelo individualismo e a ênfase na coletividade.
IV. Uma visão de mundo que favorece a igualdade entre os homens.

Estão corretas:
a) Apenas I e II.
b) Apenas I e III.
c) Apenas II e IV.
d) Apenas III e IV.
e) Apenas II, III e IV.

Resposta: C

5. (UFRS) Na sua obra clássica, publicada em 1776, "A Riqueza das Nações", o escocês Adam Smith descrevia o funcionamento de uma forma de produção de alfinetes:

"um homem puxa o arame, o outro o endireita, um terceiro o corta, um quarto o afia, um quinto o esmerilha na outra extremidade para a colocação da cabeça; para se fabricar a cabeça são necessárias duas ou três operações distintas; a colocação da cabeça é muito interessante, e o polimento final dos alfinetes também; até a sua colocação no papel constitui, em si mesma, uma atividade..."

Smith dizia que 10 homens, dividindo o trabalho, produziam ao fim de um dia 48 mil alfinetes. Se a produção fosse artesanal, um homem produziria apenas 20 alfinetes por dia, e os dez homens juntos somente 200 alfinetes.

Com base nas informações acima, assinale a alternativa que responde corretamente às questões a seguir.

Que forma histórica do trabalho está sendo descrita por Smith? Quais as principais conseqüências econômicas dessa nova forma de produção, defendida por Smith como o real avanço para a sociedade?
   a) A divisão manufatureira do trabalho – o aumento da produção e a liberdade de comércio.
   b) A produção artesanal – a industrialização e a liberdade de comércio.
   c) A divisão manufatureira do trabalho – o aumento da produção e o monopólio do comércio.
   d) A produção artesanal – o aumento da produção e a liberdade de comércio.
   e) A cooperação fabril – a industrialização e o monopólio do comércio.

Resposta: A

QUESTÕES PROPOSTAS

1. (FUVEST) "Seria mais correto chamarmos o Iluminismo de ideologia revolucionária... Pois o Iluminismo implicava a abolição da ordem política e social vigente na maior parte da Europa" (Eric J. Hobsbawm. A Era das Revoluções, 1789 –1848)

Descreva a ordem política e social que o Iluminismo criticava e pretendia destruir.

2. O que foi o Despotismo Esclarecido?

3. (UERJ) Em 1815, Napoleão Bonaparte, considerado o herdeiro da Revolução Francesa, foi derrotado, procedendo-se a uma restauração dos "legítimos soberanos" na França e em todos os países europeus onde o Antigo Regime havia sido destronado. Essa Restauração não desfez, porém, a obra liberal já construída. Em tal perspectiva, conservadorismo e liberalismo tornaram-se as palavras-chave para os debates políticos que permearam a primeira metade do século XIX.
   a) Cite duas características do liberalismo político.
   b) Entre as ações realizadas pelas forças de conservação na primeira metade do século XIX, encontram-se a política de intervenção da Santa Aliança. Conceitue essa política, identificando um de seus objetivos.

4. (UERJ) O liberalismo econômico, que incorporou a máxima "deixai fazer, deixai passar", criada em meados do século XVIII, objetivava romper com as práticas tradicionais do mercantilismo.
   a) Aponte duas características do liberalismo que o diferenciavam do mercantilismo.
   b) Explique como o liberalismo econômico contribuiu para o fim do sistema colonial.

5. (UFRJ) "Quem quiser falar com certa clareza da dissolução do governo deve, em primeiro lugar, distinguir entre dissolução da sociedade e dissolução do governo. O que constitui a comunidade, e leva os homens do livre estado de natureza para uma só sociedade política, é o acordo que cada um faz com os outros para se incorporar com eles e deliberar como um só corpo e, desse modo, formar uma única sociedade política distinta. O modo habitual, e quase o único, pelo qual essa união se dissolve é a invasão de uma força estrangeira (...)" (John Locke. Two treatises of government)

As idéias liberais consagraram um conjunto de atitudes próprias da burguesia. John Locke (1623 – 1704) foi um dos filósofos a expressar essa visão de mundo que se fez presente nas revoluções do século XVII.
   a) Explique uma transformação política ocorrida na Inglaterra a partir das revoluções do século XVII.
   b) Cite dois princípios do liberalismo.
   c) Justifique o interesse da burguesia inglesa nos aspectos econômicos do liberalismo.

6. (FAAP) Características do Iluminismo, exceto:
   a) Derrubada dos conceitos tradicionais, apoiada na ascensão da burguesia, que pretendia a instalação de uma sociedade de classes.
   b) Revisão da Teoria do Direito Divino como ilegítima e irracional.
   c) Crítica à Igreja, base de sustentação teórica e material do absolutismo.
   d) Governo nacional seria o voltado para o povo e para a satisfação de seus desejos. Envolvimento de Locke, Voltaire e Rousseau.
   e) Teocentrismo, em coincidência com o ideal Barroco.

7. (MACK) O Despotismo Esclarecido, regime de governo adotado em alguns países da Europa no século XVIII, caracterizava-se por:
   a) Equilibrar o poder da burguesia financeira com a nobreza feudal.
   b) Impor o poder parlamentar sobre o poder monárquico.
   c) Tentar conciliar os princípios do absolutismo com as idéias iluministas.

d) Difundir monarquias constitucionais em todos os reinos europeus, segundo os princípios liberais.
e) Atribuir ao povo a participação no poder político.

8. (PUC-RIO) Analise as afirmativas referentes ao Iluminismo:
I - Muitas das idéias propostas pelos filósofos iluministas são, hoje, elementos essenciais da identidade da sociedade ocidental.
II - O pensamento iluminista caracterizou-se pela ênfase conferida à razão, entendida como inerente à condição humana.
III - Diversos pensadores iluministas conferiram uma importância central à educação enquanto instrumento promotor da civilização.
IV - A filosofia iluminista proclamou a liberdade como direito incontestável de todo ser humano.

Assinale:
a) Se apenas a afirmativa II estiver correta.
b) Se apenas as afirmativas I e IV estiverem corretas.
c) Se apenas as afirmativas II e III estiverem corretas.
d) Se apenas as afirmativas I, II e IV estiverem corretas.
e) Se todas as afirmativas estiverem corretas.

9. (PUC-PR) A Filosofia Iluminista possibilitou, no século XVIII, o surgimento do Despotismo Esclarecido, praticado por monarcas e príncipes, destacando-se Frederico II e José II, respectivamente na Prússia e Áustria.

Assinale a alternativa correta:
a) Fiéis aos seus mestres iluministas, os citados monarcas dividiram o poder com parlamentos democraticamente eleitos.
b) Representantes dos nobres, os monarcas que aplicaram o Despotismo Esclarecido nada fizeram pela instrução pública, pois pensavam que a instrução popular poderia levar às revoluções contestadoras da monarquia.
c) Os Déspotas Esclarecidos renunciaram à guerra como fórmula política, sendo o exemplo dado inicialmente por Frederico II.
d) A exemplo do rei José II, de Portugal, e do seu ministro Marquês de Pombal, todos os Déspotas Esclarecidos perseguiram os jesuítas ou inacianos.
e) No plano econômico, os Déspotas Esclarecidos aplicaram a Fisiocracia, incentivaram a agricultura e intervieram, regulamentando, a economia.

10. (PUC-RIO) No decorrer da segunda metade do século XVIII, em nome do princípio da liberdade, ocorreram, tanto em sociedades européias quanto americanas, variados movimentos políticos.

Entre eles podemos identificar:

I - As lutas de independência das Treze Colônias inglesas, defensoras do estabelecimento da autonomia política e da extinção do escravismo.

II - As rebeliões de colonos do Brasil, direcionadas não só para efetivação da independência como também para a eliminação dos preconceitos de raça e cor.

III - As ações de revolucionários franceses, promotoras, entre outros aspectos, da defesa da liberdade de expressão e de organização.

IV- Os protestos de grupos indígenas no Vice-Reino do Peru, viabilizadores da implantação da liberdade religiosa e da extinção dos impostos cobrados pela Igreja Católica.

V - As revoltas escravas no Haiti, caracterizadoras de uma ação revolucionária voltada, simultaneamente, para a conquista da independência política e da igualdade social.

Estão corretas as afirmativas:
a) I e III.
b) I e IV.
c) II e IV.
d) II e V.
e) III e V.

Gabarito das questões propostas

Questão 1 - Resposta: O texto de Hobsbawm refere-se ao Antigo Regime, que vigorava em boa parte da Europa na Idade Moderna. Caracterizava-se, no campo político, pela monarquia absoluta, baseada na teoria do direito divino (o poder emana de Deus); no campo social, pela sociedade de privilégios, baseada no nascimento. O movimento iluminista tinha como bandeira a luta pela igualdade e pela liberdade – elementos básicos para se alcançar o progresso humano por meio do desenvolvimento científico.

Questão 2 - Resposta: Reformas socioeconômicas através da conciliação de práticas absolutistas com alguns princípios iluministas, realizadas por alguns monarcas europeus, a fim de evitar revoltas e se manterem no poder.

Questão 3 - Respostas:
a) Garantia das liberdades individuais do cidadão;
   Liberdade de expressão;
   Liberdade de imprensa;
   Liberdade de religião;

Igualdade de todos perante a lei;
Divisão do poder entre executivo, legislativo e judiciário;
A Constituição como um meio de garantir os direitos do cidadão;
Direito de propriedade.

b) A política de intervenção da Santa Aliança foi um dos instrumentos político-ideológicos do absolutismo, adotado pelo Congresso de Viena em 1815. Seus objetivos eram: intervir em qualquer movimento revolucionário liberal e/ou nacionalista que ameaçasse o equilíbrio europeu; fornecer assistência e socorro mútuo aos soberanos ameaçados pelas forças liberais.

Questão 4 - Respostas:
a) A condenação da intervenção do Estado na economia e a afirmação do trabalho humano como fonte geradora das riquezas constituem-se em fundamentos do liberalismo.
b) O liberalismo econômico, ao condenar as idéias de monopólio e de pacto colonial, características essenciais do sistema colonial, propiciou uma série de reivindicações que resultou no processo de independência das colônias americanas, pondo fim ao sistema colonial.

Questão 5 - Respostas:
a) A limitação do poder monárquico e o fortalecimento do parlamento.
b) O anti-absolutismo, o não-intervencionismo estatal, o constitucionalismo, o individualismo.
c) As vantagens da livre concorrência, do livre cambismo, da livre produção e da defesa de propriedade privada.

Questão 6 - Resposta: E

Questão 7 - Resposta: C

Questão 8 - Resposta: E

Questão 9 - Resposta: E

Questão 10 - Resposta: E

COMPLEMENTANDO OS ESTUDOS

Vídeo
Amadeus (EUA,1984). Dir. Milos Forman.

Livro

Falcon, Francisco José Calazans. *Despotismo Esclarecido*. São Paulo: Ed. Ática, 1986.

Página eletrônica

Biografia resumida de Rousseau (em inglês):
http: // www.wabash.edu/rousseau/

UNIDADE 21

A Revolução Industrial

Sinopse teórica

A partir da segunda metade do século XVIII, teve início na Inglaterra um processo de desenvolvimento industrial que ficaria conhecido como Revolução Industrial, e que consolidaria definitivamente o modo de Produção Capitalista. Foi um fato histórico profundamente importante que provocaria uma série de transformações na história da humanidade até hoje.

Gravura representando a estação ferroviária de Charing Cross, em Londres, repleta de anúncios de propaganda que mostram sinais dos resultados da Revolução Industrial: a popularização das ferrovias e a explosão de novos produtos.

O INÍCIO NA INGLATERRA

Este fato histórico que surgiu na Inglaterra foi motivado por uma série de fatores.

Durante a fase do capitalismo comercial, a Inglaterra foi o país que mais acumulou capitais, tendo conseguido ao longo dos séculos XVII e XVIII formar um dos maiores impérios coloniais do período.

Esse processo teve início com a assinatura do Ato de Navegação (1651), seguido do Tratado de Methuen (1703) que, como já vimos, abria o mercado português e de suas colônias para os produtos manufaturados ingleses. Outro fator que também colaboraria para o desenvolvimento inglês foi a Guerra dos Sete Anos (1756-1763). Travada entre a França e a Inglaterra, foi vencida pela Inglaterra e, como conseqüência, a França perderia algumas colônias para os ingleses, o que colaborou para a Inglaterra consolidar a sua supremacia mundial.

No âmbito interno, desde o século XVII, com a Revolução Gloriosa (1688), o mercantilismo e o absolutismo seriam derrotados pela burguesia, o que possibilitaria o desenvolvimento do comércio e das manufaturas. Na agricultura, o estímulo à produção, com técnicas e instrumentos inovadores, e o desaparecimento dos pequenos proprietários como resultado dos cercamentos acabaram integrando o trabalho rural ao sistema capitalista em desenvolvimento.

Diante do desenvolvimento da indústria de tecidos de lã, a nobreza agrária aburguesada provocou uma intensificação do cercamento dos campos. Pelo cercamento, as terras comunais foram cercadas para a criação de ovelhas.

Vista da cidade industrial inglesa de Sheffield, com uma grande concentração de casas e altas chaminés das fábricas. Gravura de 1855.

Esta política trouxe conseqüências importantes para o desenvolvimento industrial inglês. Os camponeses expulsos das terras onde viviam foram lentamente sendo transferidos para as cidades e acabaram formando um grande exército industrial de reserva, ou seja, um grande contigente de mão-de-obra disponível para o trabalho e que se tornou essencial para a Revolução Industrial.

Para completar o quadro favorável para o desenvolvimento industrial inglês podemos citar: O domínio sobre o mercado consumidor interno e externo, o avanço tecnológico, a grande quantidade de ferro e carvão, matérias-primas fundamentais para a construção e funcionamento das máquinas para a produção de energia.

Mulheres e crianças eram empregadas como operários nas fábrica até o começo do século XX, recebendo salários mais baixos que os dos homens adultos. Nesta fotografia vemos crianças trabalhando numa fábrica de ferramentas na França, por volta de 1880.

As invenções mecânicas:
- Máquina de fiar de James Hargreaves (1767)
- Tear hidráulico de Richard Arkwright (1768)
- Tear mecânico de Edmund Cartwright (1785)

Todos esses inventos ganharam maior capacidade quando passaram a ser acoplados à máquina a vapor, inventada por Thomas Newcomem (1712) e aperfeiçoada por James Watt (1765).

Com o desenvolvimento tecnológico, a produção foi ampliada, o que proporcionou mais lucro para a burguesia. Parte deste lucro acabava sendo reinvestido em pesquisa de novas tecnologias e máquinas.

Economia Inglesa – Final do Século XVIII

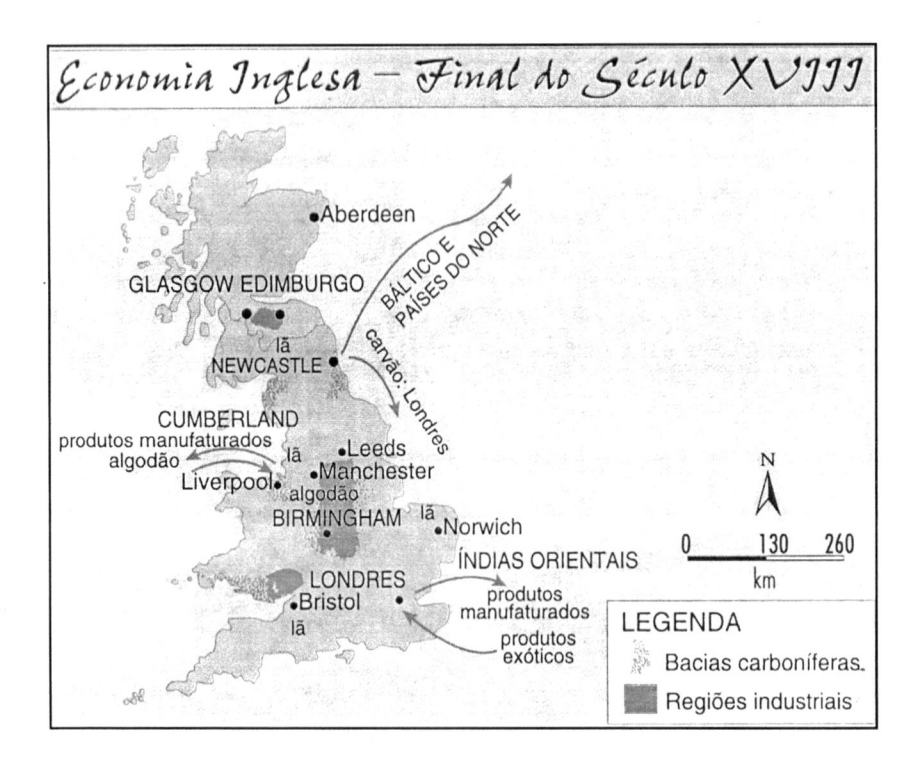

O vapor como força motriz encurtou também as distâncias com o navio a vapor e com a locomotiva a vapor. Tivemos também a Revolução Agrícola, provocada pela mecanização da agricultura e finalmente, a Revolução Urbana, a partir do desenvolvimento do processo de urbanização.

CONSEQÜÊNCIAS

As conseqüências apresentaram reflexos em todos os setores da vida humana, dentre as quais podemos citar:
- Produção em massa e divisão do trabalho
- Aparecimento do capitalismo industrial
- Crescimento demográfico
- Crescente urbanização
- Consolidação de duas classes sociais distintas: a burguesia industrial e o proletariado. A primeira representando a classe dominante, e a segunda constituída pela massa de trabalhadores assalariados das indústrias etc.

Esta gravura ilustra o processo de produção em uma manufatura. Cada trabalhador (homens e mulheres) realiza tarefas especializadas. Neste caso, o espaço da produção é a casa dos trabalhadores.

LEITURA COMPLEMENTAR

Perante uma comissão do Parlamento em 1816, John Moss, antigo capataz de aprendizes numa fabrica de tecidos de algodão, prestou o seguinte depoimento sobre as crianças obrigadas ao trabalho fabril:

- Eram aprendizes órfãos?
- Todos aprendizes órfãos.
- E com que idade eram admitidos?
- Os que vieram de Londres tinham entre sete e onze anos. Os que vieram de Liverpool tinham de oito a quinze anos.
- Até que idade eram aprendizes?
- Até vinte e um anos.
- Qual o horário de trabalho?
- De 5 da manhã até 8 da noite.
- Quinze horas diárias era o horário normal?
- Sim.
- Quando as fabricas paravam para reparos ou falta de algodão, tinham as crianças, posteriormente, de trabalhar mais para reparar o tempo perdido?
- Sim.

- As crianças ficavam de pé ou sentadas para trabalhar?
- De pé.
- Durante todo o tempo?
- Sim.
- Havia cadeiras na fábrica?
- Encontrei com freqüência crianças pelo chão, muito depois da hora em que deveriam estar dormindo.
- Havia acidentes nas máquinas com as crianças?
- Muito freqüentemente.

(Leo Huberman. "História da Riqueza do homem", p. 191)

Cite três problemas enfrentados pelos trabalhadores ingleses na época da Revolução Industrial.

Resposta: Trabalho infantil; jornada excessiva de trabalho diário; péssimas condições de trabalho.

QUESTÕES RESOLVIDAS

1. (FUVEST-SP) Através de que fatores e condições especiais se pode explicar o fato de a Inglaterra ter sido o primeiro país a desenvolver a Revolução Industrial?

Resposta: País que mais acumulou capital durante a Revolução Comercial, através da exploração de colônias, tráfico de escravos etc. Desde o século XVII, o mercantilismo e o absolutismo foram derrotados, o que possibilitaria o desenvolvimento do comércio e das manufaturas. Na agricultura, o estímulo à produção com técnicas e instrumentos inovadores, o desaparecimento do pequeno proprietário como conseqüência dos cercamentos etc.

2. (UERJ) Entre as alternativas abaixo, aquela que NÃO apresenta uma condição para o início da Revolução Industrial Inglesa, no final do século XVIII, é:
   a) presença de mão-de-obra abundante e barata, resultante da expropriação dos camponeses e da existência de mulheres e crianças, que podiam ser aproveitadas no trabalho fabril;
   b) ampliação do mercado interno, favorecida, entre outros fatores, pelo crescimento demográfico da segunda metade do século XVIII;
   c) aplicação da ciência e da técnica ao processo de revolução tecnológica, sobretudo em relação à industria de base;
   d) processo de cercamento de campos, em benefício das terras plantadas, com a difusão de novas práticas de cultivo.

Resposta: C

Unidade 21 - A Revolução Industrial | **281**

3. (PUC-CAMP) James Watt não foi só o inventor da "máquina a vapor". Foi um empresário bem-sucedido. Cobrava por suas máquinas uma parte sobre a economia que elas proporcionassem aos compradores e, com isso, ficou rico. Com o advento do maquinismo, depois de sua invenção, os meios de produção se tornaram mais caros. Disso resultou:
   a) O declínio do poder aquisitivo do proletariado.
   b) O início do processo de separação entre capital e trabalho.
   c) A necessidade de emprego de maior número de trabalhadores.
   d) O encarecimento dos maquinofaturados em relação ao manufaturados.
   e) A concentração do capital em mãos de um segmento mais rico da burguesia.

Resposta: E

4. (PUC-CAMP). A lançadeira volante (1735), aumentando a capacidade dos tecelões, estimulou a invenção da "spinning-jenny", que aumentava a produção de fios. Esse aumento desencadeou a invenção do tear mecânico (1785) que, por sua vez, passou a exigir nova forma de energia e resultou na invenção da máquina a vapor (1790). No processo descrito, em que "máquinas geram por si mesmas máquinas mais potentes", pode-se perceber que:
   I. O aumento da produtividade do trabalho exigiu o aumento da produção de matéria-prima.
   II. A falta de matéria-prima estimulou o aumento de produtividade das máquinas.
   III. O aumento da oferta de matéria-prima estimulou o interesse em aumentar a produtividade das máquinas.
   IV. A diminuição da produtividade do trabalho exigiu aumento da produção de matéria-prima.

Estão corretas SOMENTE:
   a) I e III.
   b) II e III.
   c) II e IV.
   d) I, II e IV.
   e) I, III e IV.

Resposta: A

5. (PUC-CAMP) "Estas ruas são em geral tão estreitas que se pode saltar de uma janela para a da casa da frente, e os edifícios apresentam por um lado uma tal acumulação de andares que a luz mal pode penetrar no pátio ou na ruela que os separa. Nesta parte da cidade não há nem esgotos nem lavabos públicos (...) nas casas, e é por isso que as imundícies, detritos ou excrementos de, pelo menos, 50.000 pessoas são lançados todas as noites nas valetas (...) que não só ferem a vista e o olfato, como, por outro lado, representam um perigo extremo para a saúde dos habitantes. (...) Os alojamentos da classe pobre são em geral muito sujos e aparentemente nunca são limpos (...) e compõem-se, na maior parte das casas, de uma única sala (...) que muitas vezes é úmida e fica no subsolo, sempre mal mobiliada e perfeitamente inabitável, a ponto de um monte de palha servir freqüentemente de cama para uma família inteira, cama onde se deitam, numa confusão revoltante, homens, mulheres, velhos e crianças." (The Artisan, 1843. In: Friedrich Engels. "A situação da classe trabalhadora na Inglaterra." Tradução Porto: Afrontamento, 1975. p. 69)

O artigo da revista inglesa mostra as contradições de vida:

a) Dos camponeses que trabalhavam no interior das propriedades burguesas logo após a realização dos cercamentos das terras.

b) Dos trabalhadores artesãos que viviam na periferia das cidades industriais, exercendo, com seus próprios instrumentos, atividades em pequenas oficinas.

c) Das famílias dos operários, que se aglomeravam nas cidades industriais a partir da Revolução Industrial.

d) Dos mendigos de Londres que viviam marginalizados na sociedade porque não se adaptavam ao trabalho disciplinado da fábrica.

e) Dos desempregados, já que não conseguiam pagar os aluguéis das habitações sanitárias pelos industriais para as famílias operárias.

Resposta: C

QUESTÕES PROPOSTAS

1. (UFRJ) Povo:... Que trabalho você executa na sociedade?

Classe privilegiada: Nenhum; não fomos feitos para trabalhar.

Povo: Como então vocês adquiriram sua riqueza?

Classe privilegiada: Assumindo a tarefa de governar vocês.

Povo: Governar a nós! ... Nós nos esgotamos e vocês se divertem; nós produzimos e vocês dissipam; a riqueza flui de nós e vocês a absorvem. Homens privilegiados, classe distinta do povo, formem uma nação à parte e governem-se a si mesmos."

(Volney Rulnas. Séc. XVIII. Citado por Thompson, E.P. "A formação da classe operária inglesa". Vol. I, Rio de Janeiro, Paz e Terra, 1987)

A Revolução Industrial não se limitou a um conjunto de transformações técnicas e tecnológicas aplicadas ao processo de produção de mercadorias. Há uma outra dimensão, de caráter social, que proporcionou, entre outras coisas, a formação da classe operária em sua relação com a classe proprietária dos meios de produção, a burguesia.

a) Cite dois fatores que possibilitaram a Revolução Industrial na Inglaterra no século XVIII.

b) Explique de que maneira a Revolução Industrial contribuiu para a consolidação da divisão entre capital e trabalho.

2. (UGF) Cite três fatores que possibilitaram à Inglaterra, o pioneirismo na Revolução Industrial.

3. (FUVEST) Já se observou uma vez que todo aluno mediano em História sabe que houve uma Revolução Industrial, e que todo aluno estudioso sabe que não houve. Como bom estudante que você é, justifique a tese de que ocorreu uma EVOLUÇÃO e não uma REVOLUÇÃO Industrial.

4. (UNESP) O historiador David Landes, referindo-se à Revolução Industrial, escreveu:

"O cerne dessa Revolução foi uma sucessão inter-relacionada de mudanças tecnológicas. Os avanços materiais ocorreram em três áreas: (1) houve uma substituição das habilidades humanas por dispositivos mecânicos; (2) a energia de fonte inanimada - especialmente a do vapor - tomou o lugar da força humana e animal; (3) houve uma melhora acentuada nos métodos de extração e transformação das matérias-primas, especialmente no que hoje se conhece como indústrias metalúrgicas e químicas."

(Prometeu Desacorrentado.)

a) Qual foi o primeiro país a iniciar a industrialização com o uso tecnológico descrito pelo texto?

b) Indique duas conseqüências da industrialização nos movimentos sociais e políticos europeus nos séculos XVIII e XIX.

5. (VUNESP) "Na expansão da economia européia da Idade Média, os tecidos desempenharam o mesmo papel principal que no século XIX coube, na Inglaterra, à metalurgia e aos algodões." (Marc Bloch, "A sociedade feudal")

Identifique os dois momentos de expansão da economia, verificados na Europa, a que se refere o texto.

6. (FUVEST) "...cabanas ou pequenas moradias espalhadas em grande número, nas quais residem os trabalhadores empregados, cujas mulheres e filhos estão sempre ocupados, cardando, fiando etc., de forma que, não havendo desempregados, todos podem ganhar seu pão, desde o mais novo ao mais velho".

Daniel Defoe, "Viagem por toda a ilha da Grã-Bretanha", 1724.

Essa passagem descreve o sistema de trabalho:
a) manufatureiro, no qual um empregador reúne num único local dezenas de trabalhadores.
b) da corporação de ofício, no qual os trabalhadores têm o controle dos meios de produção.
c) fabril, no qual o empresário explora o trabalho do exército industrial de reserva.
d) em domicílio, no qual todos os membros de uma família trabalham em casa e por tarefa.
e) de co-gestão, no qual todos os trabalhadores dirigem a produção.

7. (FGV) Efetivamente, em todos os pontos do reino onde se obtém a mais fina lã, portanto a mais preciosa, os senhores, os nobres e até os santos abades não se contentam mais com os rendimentos e produtos que seus antepassados costumavam retirar de seus domínios. Não lhes é mais suficiente viver na preguiça e nos prazeres; estes homens, que nunca foram úteis à sociedade, querem-lhe ainda ser nocivos. Não deixam nenhuma parcela de terra para ser lavrada; toda ela transformou-se em pastagens. Derrubam casas, destroem aldeias, e, se poupam as igrejas, é, provavelmente, porque servem de estábulos a seus carneiros [...]

Assim, para que um insaciável devorador, peste ou praga de seu próprio país possa abarcar num único campo milhares de braças, uma quantidade de pequenos agricultores se vêem escorraçados de seus bens. Uns saem enganados, outros são expulsos à força; alguns, enfim, cansados de tantos vexames, se vêem forçados a vender o que possuem. Enfim, esses infelizes partem, homens e mulheres, casais, órfãos, viúvos, pais com os filhos nos braços. Todos emigram, largam seus lugares, os lugares onde viveram, e não sabem onde se refugiar. Toda a sua bagagem, que pouco valeria se tivessem a possibilidade de esperar um comprador, é cedida a preço vil, dada a necessidade de dela de desfazerem. Logo os veremos errantes, privados de qualquer recurso. Só lhes resta roubar e serem enforcados, segundo as regras.

(Thomas Morus, "A Utopia". 2ª. Ed., Brasília, Ed. Universidade de Brasília, 1982, p. 16)

O texto refere-se a um importante elemento no processo de transição do feudalismo para o capitalismo na Inglaterra. Tal elemento é conhecido como:
a) Arroteamento, ou seja, o aproveitamento de novas terras para as atividades agrícolas.

b) Aforamento, ou seja, um tipo de concessão de terras a camponeses.
c) Afolhamento, ou seja, a organização das parcelas a serem cultivadas.
d) Cercamento, ou seja, a separação e apropriação individual das terras comuns e dos campos abertos.
e) Descimento, ou seja, a ocupação de terras baixas para a criação de animais.

8. (UEL) "Senhor. Acabo de ser informado de que é detentor daquelas detestáveis cortadeiras e estou incumbido por meus homens de escrever-lhe em advertência, para que as destrua. (...) Se elas não forem destruídas até o fim da próxima semana, destacarei um de meus tenentes, no comando de pelo menos trezentos homens, para que o façam." (Trecho de uma carta anônima envida ao Sr. Smith, industrial inglês da cidade de Hill End, em 9 de março de 1812. In: Sale, K. "Inimigos do futuro". São Paulo: Record, 1999. p. 110.)

Com base em seus conhecimentos sobre a Revolução Industrial na Inglaterra e no documento citado, analise as seguintes afirmativas:

I - Se por um lado a mecanização da produção libertou o trabalho da força braçal excessiva, por outro lado, vinculou à atividade fabril um grande número de crianças e mulheres, submetidas a jornadas extensas em locais de trabalho insalubres.

II - O trecho da carta caracteriza o movimento ludista, que atribuía às máquinas a responsabilidade pelo desemprego e pobreza de fiandeiros e tecelões.

III - O documento destaca a atuação do movimento anarquista, que defendia a implantação de um Estado capaz de proteger os trabalhadores da exploração capitalista.

Assinale a alternativa correta:
a) Apenas a afirmativa I é verdadeira.
b) Apenas a afirmativa III é verdadeira.
c) Apenas as afirmativas I e III são verdadeiras.
d) Apenas as afirmativas I e II são verdadeiras.
e) Apenas a afirmativa II é verdadeira.

9. (UERJ) O século XXI começa sob o regime de uma revolução econômica que talvez só seja comparável à Revolução Industrial do final do século XVIII. Nos últimos 100 anos não vimos nada igual. ("Veja", 07/07/99)

Apesar da aproximação estabelecida, a Revolução Industrial do século XVIII e a revolução econômica em curso possuem diversas diferenças entre si.

Esses dois processos distinguem-se por apresentarem, respectivamente, as seguintes características:
a) Acumulação de capital no setor terciário através dos bancos – acumulação de capital através da transformação capitalista da agricultura.
b) Revolução agrícola necessária à acumulação de capital – desapropriação dos terrenos improdutivos para incentivo à industrialização.
c) Crescimento das atividades artesanais centradas nas oficinas domésticas –especialização da mão-de-obra na produção em série.
d) Predominância de empresas formadas por capital familiar limitado – revolução técnico-científica com a aplicação da ciência no desenvolvimento econômico.

10. (UFPR) Sobre a situação da Inglaterra no início do século XVIII, o historiador Pierre Deyon fez a seguinte avaliação:

"Manufaturas bem protegidas, (...) uma marinha poderosa, uma agricultura próspera e lucrativa, instituições parlamentares e políticas favorecendo a consulta e o confronto dos interesses, a Inglaterra estava pronta para a grande aventura industrial. As duas revoluções políticas que ela atravessara no século XVII tinham liquidado as confrarias, as guildas, os privilégios, muitos vestígios, obstáculos e preconceitos herdados do passado, e contribuíram para fazer do mercantilismo um meio muito eficaz de poder e de progresso nacional." (Deyon, P. "O mercantilismo". São Paulo: Perspectiva, 1973. p. 34)

Com relação ao texto, use (V) para verdadeiro e (F) para falso:
( ) A "grande aventura industrial" a que Deyon se refere foi a Revolução Industrial inglesa do século XVIII, beneficiada, entre outros fatores, pela acumulação de capital gerado por operações de comércio, contrabando e tráfico de escravos, durante o século XVI, XVII e XVIII.
( ) No mercantilismo, as operações de comércio desenvolveram-se sob a égide das idéias dos fisiocratas franceses, que consideravam a acumulação de moeda sinônimo de riqueza de uma nação.
( ) Durante os séculos XVII e XVIII, o setor agrícola inglês manteve processos de produção marcados pela exploração comunitária das terras e pelo regime de trabalho familiar.
( ) As duas revoluções mencionadas por Deyon foram a Revolução Puritana (1642-1649) e a revolução Gloriosa (1688), que consolidaram o poder político da burguesia mercantil e dos setores agrários capitalistas.
( ) Ao citar "as confrarias, as guildas, os privilégios", Deyon refere-se a características do comércio dos burgos medievais, que se fundamentava em privilégios obtidos do senhor feudal a quem pertenciam as terras da cidade e nas regulamentações sobre a qualidade e produção de mercadorias.

( ) Ao mencionar a existência de "uma marinha poderosa", Deyon está fazendo alusão ao fato de que a Inglaterra, desde o século XIV, rivalizava com os portugueses no comércio de especiarias nos portos do Mediterrâneo.

GABARITO DAS QUESTÕES PROPOSTAS

Questão 1 - Respostas:
a) Durante a fase do capitalismo comercial, a Inglaterra foi o país que mais acumulou capital, tendo conseguido ao longo dos séculos XVII e XVIII formar um dos maiores impérios coloniais do período. No âmbito interno desde o século XVII, com a Revolução Gloriosa (1688), o mercantilismo e o absolutismo seriam derrotados pela burguesia, o que possibilitaria o desenvolvimento do comércio e das manufaturas.
b) Com o desenvolvimento da tecnologia e o surgimento das máquinas, o artesão que tivesse condição de investir na compra de uma máquina conseguiria se destacar financeiramente, colocando algumas pessoas para operar as máquinas em galpões que dariam origem às fábricas; assim dois grupos sociais distintos acabariam surgindo: a burguesia e o proletariado. O primeiro se caracterizaria por ser o grupo social proprietário dos meios de produção, enquanto o segundo, o grupo que vende a força de trabalho em troca de salário.

Questão 2 - Resposta: A acumulção de capitais durante a fase do capitalismo comercial, a supremacia marítima e a política de cercamentos no campo, que garantiu a disponibilidade de mão-de-obra para as indústrias.

Questão 3 - Resposta: A atividade produtiva sempre existiu na sociedade humana. O que ocorreu para justificar foi um conjunto de transformações tecnológicas, econômicas e políticas, refletindo no modo de produção e da sociedade.

Questão 4 - Respostas:
a) A Inglaterra em meados do século XVIII.
b) Os movimentos como a Revolução Francesa e as Revoluções Liberais de 1830 na Europa contribuíam para a consolidação do Estado burguês, enquanto o Movimento Ludita, o Movimento Cartista e a Primavera dos Povos de 1848 foram movimentos de contestação ao processo de industrialização.

Questão 5 - Resposta: O primeiro momento corresponde ao Renascimento Comercial e Urbano a partir do século XII, em que a produção e venda de tecidos, particularmente na região de Flanders, agilizaram a atividade comercial e a proliferação de cidades na Rota de Champagne.

O segundo momento corresponde à Revolução Industrial ocorrida na Inglaterra entre os séculos XVIII e XIX, em que as indústrias de tecidos foram as primeiras a passarem pelo processo de mecanização.

Questão 6 - Resposta: D

Questão 7 - Resposta: D

Questão 8 - Resposta: D

Questão 9 - Resposta: D

Questão 10 - Resposta: V F F V V F

COMPLEMENTANDO OS ESTUDOS

FILME
Tempos Modernos (EUA – 1936) Dir. Charles Chaplin.

LIVRO
Teixeira, Francisco M. P. *A Revolução Industrial*. São Paulo: Ed. Ática, 1995.

PÁGINA ELETRÔNICA
Texto sobre as causas do pioneirismo inglês e a Revolução Industrial no Século XIX:
http://www.members.tripod.com/~pichelli/revind/htm

AS GRAVURAS FORAM ADAPTADAS DE:
Cotrim, Gilberto. *Saber e Fazer História*. Ed. Saraiva

Unidade 22

A independência dos EUA

Sinopse teórica

O rompimento das treze colônias com a metrópole inglesa foi o primeiro grande indicador histórico da ruína do Antigo Regime. Os fatores que influenciaram na independência das mesmas foram muitos, dentre os quais podemos destacar o próprio sistema de colonização, que variou de acordo com a região geográfica e os interesses econômicos ingleses.

A situação das colônias no século XVIII

Conforme vimos anteriormente, o processo de colonização desenvolvido pela Inglaterra na América do Norte foi diferenciado de acordo com a região, podendo ser percebido nitidamente pelos diferentes sistemas de produção que nelas se desenvolveram.

Na colônias do Norte e do Centro, tivemos a implantação de uma colonização de povoamento. Habitada por refugiados religiosos (protestantes que eram perseguidos na Inglaterra), possuía um sistema de produção baseado na pequena propriedade e no trabalho livre.

Como o clima dessas colônias era semelhante ao europeu, automaticamente, os produtos agrícolas das colônias de povoamento eram iguais aos da Europa, fator que desestimulou o comércio da metrópole com essas colônias e possibilitou que elas desenvolvessem uma economia livre da exploração mercantilista. Essa política de "abandono", de "descaso" da

O porto de Nova Iorque, já no século XVIII, tinha um intenso movimento, como vemos na gravura. Library of Congress, Washington, D. C.

Inglaterra para com as colônias, ficaria conhecida como "Negligência Salutar", ou seja, quando a Inglaterra deixava de aplicar as leis coloniais, permitindo a livre ação econômica das mesmas.

No Sul, por sua vez, onde o clima apresentava verões quentes, foi implantado o modelo de colonização de exploração. Nestas colônias prevaleceu o sistema de produção baseado no trabalho escravo africano, na grande propriedade monocultora cuja produção estava voltada para o mercado externo. Estas colônias eram economicamente dependentes da metrópole.

A MUDANÇA DE ATITUDE DA INGLATERRA EM RELAÇÃO ÀS COLÔNIAS

A situação de negligência salutar descrita anteriormente começou a ser alterada no século XVIII, quando a Inglaterra iniciou a Revolução Industrial. Tentando eliminar a concorrência das colônias do Norte, intensificou a sua política econômica mercantilista e restabeleceu o Pacto Colonial.

Um outro fator que também levou a Inglaterra a abandonar o Pacto Colonial foi a Guerra dos Sete Anos (1756 – 1763) contra a França. Ao término da guerra, mesmo vitoriosa, a Inglaterra estava em crise econômica e, assim, resolveu aumentar os impostos e criar novas taxas tributárias que seriam lançadas nas colônias da América do Norte.

Diante do quadro que acabamos de descrever, os ingleses em 1764 lançaram o primeiro imposto, o Sugar Act (Lei do Açúcar), segundo o qual o açúcar que não fosse proveniente das Antilhas Britânicas sofreria uma taxação. Essa medida tinha como objetivo a liquidação do comércio triangular. A seguir, em 1765, os ingleses criaram um novo imposto, o Stamp Act (Lei do Selo), pelo qual todos os documentos, livros e jornais publicados na colônia teriam de receber um selo da metrópole, cujo valor era incorporado ao seu preço.

Para uma colônia que sempre gozou de autonomia e ainda mais diante da difusão da ideologia iluminista, tais leis tornavam-se abusivas, e os colonos se negavam a pagá-las e a cumpri-las. Alegavam que no Parlamento onde as leis eram aprovadas os colonos não tinham representantes.

A partir de 1767, o ministro inglês Charles Townshend voltou a intensificar a tributação colonial, criando impostos sobre o vidro, o papel, o chá etc. Eram os "Atos Townshed". Diante desta nova situação, a reação colonial foi imediata, culminando em manifestações de protesto como em Boston, onde as tropas inglesas dispararam contra uma multidão de manifestantes no chamado massacre de Boston. Os "Atos Townshend" foram revogados, mantendo-se apenas o imposto sobre o chá, que passou a simbolizar a autoridade metropolitana.

Assinatura da Declaração de Independência do Estados Unidos. Obra de John Trumbull.

Diante do que estamos percebendo, o clima ia ficando cada vez mais tenso entre a Inglaterra e as colônias. Quando chegamos a 1773, um grupo de colonos fantasiados de índios invadiu um navio inglês e jogou todo o carregamento de chá ao mar no episódio que ficaria conhecido na história como a Festa do Chá em Boston (Boston Tea Party). A Inglaterra reagiu imediatamente ao episódio, decretando as "Leis Intoleráveis", ordenando o fechamento do porto de Boston, proibindo reuniões (a não ser as autorizadas) e demitindo o governador de Massachussets.

Esta decisão tomada pela Inglaterra acirrou os conflitos entre colonos e metrópole, o que culminou com o início da guerra no ano seguinte.

LEITURA COMPLEMENTAR

TEXTO I - Declaração de Independência dos Estados Unidos da América do Norte (4 de julho de 1776)

"...Quando no decurso dos acontecimentos humanos, um povo se vê na necessidade de romper os laços políticos que o une a um outro e de tomar entre as potências da Terra o lugar de independência e de igualdade a que as Leis da Natureza e o Deus da Natureza lhe dão direito, um justo respeito da opinião dos homens exige que ele declare as causas que o levaram a essa separação. Nós temos estas verdades por evidentes por si mesmas:
- que todos os homens nascem iguais;
- que o seu Criador os dotou de certos direitos inalienáveis, entre os quais a vida, a liberdade e a procura da felicidade;
- que, para garantir esses direitos, os homens instituem entre eles governos, cujo justo poder emana do consentimento dos governados;
- que, se um governo, seja qual for a sua forma, chega a não reconhecer estes fins, o povo tem o direito de modificá-lo ou de aboli-lo e de instituir um novo governo, que fundará sobre tais princípios, e de que ele organizará os poderes segundo as formas que lhe parecerem mais próprias para garantir a sua Segurança e a sua Felicidade.

A prudência recomenda, sem dúvida, não mudar por causas ligeiras e passageiras governos estabelecidos há longo tempo. Assim, sempre se viram os homens mais dispostos a sofrer males suportáveis que implantar a justiça, abolindo formas a que estavam acostumados. Mas quando uma longa série de abusos e de usurpações, tendendo invariavelmente ao mesmo fim, marca o desígnio de submetê-los a um Despotismo absoluto, é do seu direito, é do seu dever, rejeitar um tal governo e prover a sua segurança futura por meio de novas salvaguardas. Tal foi a longa paciência destas colônias, e tal é hoje a necessidade que as força a mudar o seu antigo sistema de governo... [Indicam-se depois as razões de queixa dos colonos contra o governo da Grã-Bretanha]... Em conseqüência, nós, os Representantes dos Estados Unidos da América, reunidos em Congresso Geral, tomando o Soberano Juiz do Universo como testemunha da retidão das nossas intenções, publicamos e declaramos solenemente, em nome e pela autoridade do bom povo destas colônias, que estas colônias unidas são, e têm o direito de ser, Estados livres e independentes; que são desligadas de toda a obediência à Coroa da Inglaterra; que toda a união política entre elas e o Estado da Grã-Bretanha é e deve ser totalmente dissolvida; que, na qualidade de Estados Livres e independentes; têm o pleno poder de fazer a guerra, concluir a paz, contratar alianças, praticar atos de comércio e todos os outros atos ou coisas que os Estados independentes têm o direito de fazer. E, para sustentar esta Declaração, com uma firme confiança na proteção da Divina Providência, nós empenhamos mutuamente as nossas vidas, os nossos bens e a nossa honra sagrada.

("As Constituições dos Estados Unidos", apud Gustavo de Freitas, 900 Textos de História)

Destaque a influência iluminista no texto.

Resposta: "...que todos os homens nascem iguais; que o seu Criador os dotou de certos direitos inalienáveis, entre os quais a vida, a liberdade e a procura da felicidade; que, para garantir esses direitos, os homens instituem entre eles governos, cujo justo poder emana do consentimento dos governados..."

QUESTÕES RESOLVIDAS

1. (UFF) "Consideramos evidentes as seguintes verdades: "... que todos os homens foram criados iguais; que receberam de seu Criador certos direitos inalienáveis; que entre eles estão os direitos à vida, à liberdade e à busca da felicidade" . (Declaração de Independência dos Estados Unidos da América, 2 de junho de 1776)

Esta passagem detona:
 a) o desejo do Congresso Continental de delegados das Treze Colônias no sentido de empreender reformas profundas na sociedade do novo país;
 b) a utilização de categorias do Direito Natural Racional, no contexto das idéias do iluminismo;
 c) que o Congresso Continental, apesar de rebelde à Inglaterra, permanecia fiel ao ideário do absolutismo, pois deste emanavam os ideais que defendia;
 d) influência das reformas empreendidas no século XVIII pelos chamados "despotas esclarecidos" da Europa;
 e) que os delegados das Treze Colônias tinham uma concepção ingênua e equivocada das sociedades humanas.

Resposta: B

2. (CEFET – UNI-RIO – ENCE) O processo de independência das treze colônias da América do Norte, que culminou com a Declaração de Independência em 1776, relaciona-se à:
   a) adoção de uma política liberal pelo Parlamento Inglês, que favoreceu o desenvolvimento colonial ao encerrar o monopólio comercial da Companhia das Índias Orientais sobre a venda do chá (1773);
   b) intensificação do controle sobre as colônias da América do Norte, devido à crise econômica inglesa ao final da Guerra dos Sete Anos (1756-63);
   c) proibição da cobrança do "imposto do selo", decretada pela Inglaterra, o que extinguiu a principal fonte de renda do governo colonial americano (1763);
   d) sublevação dos colonos, frente às decisões do Primeiro Congresso Continental de Filadélfia, que reforçava o controle político da metrópole inglesa sobre as 13 colônias (1774);
   e) intervenção militar na luta pela independência e o auxílio econômico fornecido por outras colônias americanas, tais como o México e o Canadá, que expulsavam os ingleses do território americano após a Declaração de Independência (1776).

Resposta: B

3.(UNI-RIO) "Em dezembro de 1773, cerca de vinte colonos disfarçados de índios, portando plumas coloridas e pintados nos rostos e braços, atacaram e ocuparam três navios britânicos no porto de Boston, atirando ao mar o carregamento de chá. Era um ultraje à autoridade de Sua Majestade Jorge III, o que deixou os ingleses indignados. Em resposta a esse incidente, o Parlamento inglês determinou uma série de medidas coercitivas sobre a colônia, chamadas pelos colonos de Leis Intoleráveis." (Vicentino, Cláudio. "História Geral". São Paulo, Ed. Scipione, 1997, p. 244)

Entre as várias medidas coercitivas decorrentes das Leis Intoleráveis, podemos apontar a(o):
   a) Eliminação do Comércio Triangular entre as colônias do norte e a Europa ou entre a América e a Ásia, empobrecendo os colonos envolvidos.
   b) Controle das terras do centro-oeste em mãos do governador inglês de Quebec, para impedir a expansão territorial dos colonos, garantindo o comércio de peles realizado entre ingleses e índios.
   c) Sugar Act (Lei do Açúcar), segundo o qual o açúcar que não fosse proveniente das Antilhas britânicas sofreria uma alta taxação.
   d) Tea Act (Lei do Chá), pesado tributo que, sob a garantia do monopólio da Companhia das Índias Orientais, sediada em Londres, promovia a acumulação de capital.
   e) Stamp Act (Lei do Selo), pelo qual todos os documentos, livros e jornais publicados na Colônia teriam de receber um selo da Metrópole, cujo valor era incorporado ao seu preço.

Resposta: B

4. **(UFRRJ)** "As correntes radicais que se pudessem encontrar na revolução Americana foram, na sua maioria, incapazes de surgir à superfície. O seu principal efeito foi de promover a unificação das colônias numa única unidade política e a separação dessa unidade da Inglaterra." (Moore, Jr, Barrington, "As origens sociais da ditadura e da Democracia". Lisboa, Martins Fontes, 1975. p. 143)

A insurreição das treze colônias americanas ao domínio britânico, em 1775, iniciou o processo que culminaria na independência dos Estados Unidos. A Declaração de Independência de 4 de julho de 1776 continha os ideais de organização de uma nação livre. Dentre os fatores que favoreceram a independência americana, estão:
   a) A exploração do trabalho escravo nas plantations de algodão e a ausência de liberdade de imprensa.
   b) A interferência inglesa no comércio e na indústria e a cobrança de impostos considerados injustos.
   c) A proibição de abertura de indústrias e a proibição de ocupação de novas terras do oeste.
   d) A imposição de taxas sobre a exportação do café e do tabaco e a interdição do livre comércio.
   e) O Imposto do Selo que incidia sobre os produtos importados e o bloqueio aos produtos da colônia americana.

Resposta: B

5. **(UFRN)** A origem do processo de independência dos Estados Unidos, em fins do séc. XVIII, relaciona-se com a:
   a) Crise do antigo Regime, ocasionada, em grande parte, pela difusão de idéias políticas e sociais de cunho liberal, contrárias às determinações monopolísticas contidas no pacto colonial.
   b) Intenção das colônias do Norte de se separarem do Sul escravista, em razão das dificuldades que a estrutura socioeconômica sulina criava ao desenvolvimento capitalista na região.
   c) Tentativa de expansão francesa na América do Norte, em virtude da Guerra dos Sete Anos, que fortaleceu a hegemonia política da França no continente europeu e ameaçou o domínio britânico.
   d) Influência da Revolução Francesa, que pôs fim à monarquia absolutista, criando, em seu lugar, instituições controladas pela burguesia, as quais impulsionaram o capitalismo.

Resposta: A

QUESTÕES PROPOSTAS

1. (UFRJ) "... O sangue dos que foram chacinados, a voz lamentosa da natureza grita é hora de nos separarmos. Mesmo a distância que Deus colocou a Inglaterra e a América, é uma prova forte e natural de que a autoridade de uma sobre a outra não era a vontade dos céus... UM GOVERNO NOSSO É UM DIREITO NOSSO... Portanto, o que é que queremos? Por que hesitamos? Da parte da Inglaterra não esperamos nada, a não ser a ruína... nada pode resolver nossa situação tão rapidamente quanto uma Declaração de Independência, aberta e feita com determinação." (Panfleto de Thomas Paine intitulado Bom Senso, de 10 de janeiro de 1776, citado por Huberman, Leo: "História da riqueza dos EUA (Nós, o povo)", São Paulo: Ed. Brasiliense, 3ª. ed., 1983, p. 63-4)

O documento anterior expressa algumas das idéias que, pouco mais tarde, estariam contidas na Declaração de Independência das Treze Colônias da América do Norte.

a) Apresente dois fatores que tenham contribuído para a independência das Treze Colônias.

b) Relacione a frase "Um governo nosso é um direito nosso" com as idéias que fundamentaram o processo de independência das Treze Colônias.

2. (UNICAMP) "Nas leis da Nova Inglaterra encontramos o germe e o desenvolvimento da independência local. Na América pode-se dizer que o município foi organizado antes da comarca, a comarca antes do estado e o estado antes da União". (Alexis de Tocqueville)

a) Cite duas características da colonização da Nova Inglaterra.

b) A partir do texto, explique por que a Constituição dos Estados Unidos estabelece o sistema federativo.

3. (VUNESP) " Os puritanos eram 'atletas morais', convencidos de que a 'vida correta' era a melhor prova (embora não garantia) de que o indivíduo desfrutava a graça de Deus. A vida correta incluía trabalhar tão arduamente e ser tão bem-sucedido quanto possível em qualquer ofício mundano e negócio em que Deus houvesse colocado a pessoa. Animados por essas convicções, não era de se admirar que os puritanos fossem altamente vitoriosos em suas atividades temporais, em especial nas circunstâncias favoráveis oferecidas pelo ambiente do Novo Mundo." (Charles Sellers. "Uma reavaliação da história dos Estados Unidos")

a) Dê uma razão da emigração dos puritanos ingleses para a América.

b) Por que o autor afirma que os puritanos foram "altamente vitoriosos" no Novo Mundo?

4. (UFF) Christopher Hill, historiador inglês especializado no século XVII, ao examinar a sociedade e a política inglesa do período, denominou-o século da revolução. Sabe-se que esta revolução a que se refere o autor foi modificadora não somente do perfil da sociedade mas contribuiu, com seus reflexos, para a transformação da Inglaterra e do Novo Mundo.

A partir da referência apresentada, responda:
a) Qual a instituição inglesa, organizada em duas câmaras, que representava os interesses da sociedade, dificultando a ação centralizadora dos monarcas?
b) Quais as conseqüências do processo revolucionário inglês na ocupação do território norte-americano e qual o papel dessa ocupação no movimento de independência dos Estados Unidos?

5. (UFMG) Leia os textos.

"Estas colônias unidas são e, por direito, devem ser Estados Livres e Independentes." (Declaração de Independência dos EUA – 4 de Julho de 1776)

" Muitos dos senhores ainda estão naturalmente convencidos que a liberdade não existe (...). Mas eu lhes garanto que a liberdade existe. Não só existe, como é feita de concreto e cobre e tem 100 metros de altura. (...) Recebendo a liberdade dos franceses, os americanos a colocaram na ilha de Bedloe, na entrada do porto de New York. Esta verdade é indiscutível. Até agora a liberdade não penetrou no território americano." (Fernandes, Millor. "Afinal o que é liberdade." In: Liberdade, Liberdade.)

"Eu tentei." (Epitáfio do pastor negro Ralph Abernathy, um dos fundadores do movimento pelos direitos civis nos EUA)

a) CITE duas formas de liberdade a que se referiam os colonos americanos no momento da independência.
b) INDIQUE um episódio da história americana em que a prática da liberdade esteve ameaçada.
c) EXPLIQUE como a liberdade esteve ameaçada no episódio indicado no item b.

6. (FATEC) A razão inicial da luta que conduziria à Guerra de Independência dos EUA foi o aumento de impostos decretados pelo parlamento inglês sobre as colônias americanas, tendo como objetivo:
a) Arrecadar fundos para que a Inglaterra pudesse prosseguir na colonização do oeste americano.
b) Arrecadar capital para a exploração das usinas de carvão, tão necessárias ao desenvolvimento de sua renovação industrial.

c) Angariar fundos para que a Inglaterra pudesse financiar uma nova coligação contra Napoleão Bonaparte.

d) Diminuir o déficit do tesouro inglês, seriamente abalado com as despesas ocasionadas pela Guerra dos Sete Anos.

e) Impor às colônias americanas a autoridade da metrópole, seriamente abalada com as guerras civis inglesas.

7. (MACK) "... Embora gerações de norte-americanos celebrassem o trabalho de seus autores como uma carta de liberdade política, não se pode esquecer que, em 1787, ela não era nada disso para os negros, mulheres e índios." (Sellers, May, Macmillen)

Sobre a Constituição a que o texto se refere, assinale a afirmação INCORRETA.

a) Aprovada no Congresso Constitucional de Filadélfia, mencionava os direitos dos cidadãos, que deveriam ser respeitados pelo governo, mas não explicitava-os.

b) Elaborada após a Guerra de Independência, permitiu a eleição direta do Presidente da república e dos membros do Congresso.

c) Caracterizou-se por ser concisa, resultado das dificuldades de acordo entre os representantes, que desejavam conservar a soberania dos respectivos Estados.

d) Os direitos democráticos eram reservados aos grandes proprietários, a escravidão continuou a existir e as mulheres só puderam votar no século XX.

e) O sistema eleitoral dela decorrente garantiu a marginalização da maioria da população; somente a câmara dos representantes era eleita por voto direto.

8. (PUC-RIO) Considere as seguintes afirmativas:

1. A Revolução Americana foi deflagrada por uma guerra contra os poderes metropolitanos (isto é, contra inimigos externos); diversamente, a revolução Francesa caracterizou-se, desde o começo, por uma guerra civil (ou seja, contra os inimigos internos).

2. Os patriotas norte-americanos continuaram valorizando positivamente a experiência de seu passado colonial na construção de seu imaginário de República; contrariamente, os patriotas franceses romperam radicalmente com o seu passado, considerado negativo porque identificado ao Ancien Régime.

3. A Declaração dos Direitos do Homem tornou livres e iguais todos os habitantes dos Treze estados americanos; de forma semelhante, o mesmo ocorreu no caso da França, em relação aos cidadãos da então recém-criada República.

4. Após a libertação das 13 Colônias, uma guerra civil generalizada atingiu os novos estados independentes; já após a Revolução na França, os conflitos internos cessaram rapidamente e apenas os externos continuaram – especialmente as guerras napoleônicas que se alastram por boa parte da Europa.

Quais das alternativas apresentam de modo correto a relação comparativa entre as duas Revoluções, a Americana e a Francesa?
 a) 1 e 4
 b) 2 e 3
 c) 3 e 4
 d) 1 e 2
 e) 1, 2 e 3

9. (PUC-PR) Sobre a Independência das Treze Colônias ou Estados Unidos, é correto afirmar:
 a) Os colonos, através de suas elites reunidas no Segundo Congresso Continental de Filadélfia, antes de proclamarem a independência, propuseram ao rei Jorge III e ao parlamento inglês a formação de um Reino Unido, pelo qual as Treze Colônias teriam o mesmo "status" político que a metrópole.
 b) Tendo o exército colonial de Jorge Washington pequenos efetivos, os colonos contrataram numerosas tropas mercenárias na Áustria e Estados Alemães, graças a quê obtiveram a decisiva vitória de Yorktown (1781).
 c) Uma das causas da independência foi a "fome de terras" dos colonos, que desejavam ocupar as áreas situadas entre os Montes Apaches (Alleganis) e o rio Mississipi, pretensão proibida pelo governo inglês.
 d) Tão logo proclamaram a independência, em 1776, os colonos organizaram o novo Estado como uma Federação, até hoje existente.
 e) Os colonos tiveram substancial ajuda dos índios, particularmente dos iroqueses e cherokees em função da amizade que vinha desde os primeiros dias dos ingleses em solo americano.

10. (UFES) A Declaração de Independência das 13 Colônias Inglesas da América do Norte, em 4 de julho de 1776, da qual Thomas Jefferson foi relator, consagrou, em seu texto, o princípio do(a):
 a) Direito de reação à tirania, inspirado em Locke.
 b) Negação do contrato social, nos termos expostos por Rousseau.
 c) Separação da Igreja do Estado, conforme o pensamento de Mably.

d) Ilustração monárquica, defendido por Diderot.
e) Utilitarismo, preconizado por Benthan, Mill e William James.

GABARITO DAS QUESTÕES PROPOSTAS

Questão 1 - Respostas:
a) O ideal iluminista de independência e o caráter de autonomia econômica.
b) O ideal de autogoverno, anti-colonialista, anti-exploração nortearam o ideal de independência.

Questão 2 - Respostas:
a) A formação veio a partir da ocupação, do minifúndio, do trabalho livre e do mercado interno.
b) A ocupação possibilitou uma estrutura inversa. Primeiro a comunidade surgiu, após o regime organizacional.

Questão 3 - Resposta:
a) As perseguições político-religiosas desencadeadas no início do século XVII pelos reis da Dinastia Stuart, de religião anglicana e tendência absolutista.
b) Os puritanos fundaram na Nova Inglaterra (norte das Treze Colônias) quatro colônias de povoamento. Graças à sua religião, que estimulava o trabalho e a poupança, e às "condições favoráveis" (maior autonomia das colônias de povoamento e acesso às atividades manufatureiras e ao "comércio triangular"), puderam realizar uma importante acumulação capitalista que, já no século XVIII, criou condições para a independência dos Estados Unidos.

Questão 4 - Respostas:
a) Parlamento.
b) A forma ideal de resposta seria o candidato explicar as conseqüências da Revolução Inglesa do século XVII no âmbito da estrutura social, destacando o papel das tensões religiosas, especialmente da ação dos puritanos. A partir daí, o candidato traçaria o quadro econômico e político do final do século XVII, mostrando como a política do Estado inglês incentivou a ida de ingleses para o território americano.

A parte final da resposta envolveria a forma de organização dos colonos e as relações entre economia e religião, decorrentes da experiência do século XVII, que atuaram como constitutivas do ideário de liberdade dos colonos americanos, influindo decisivamente no processo de independência. Os candidatos poderão citar fatos ou nomes que se destacaram na organização da independência dos Estaos Unidos.

Questão 5 - Resposta:
a) Liberdade econômica e liberdade política.
b) As Leis Intoleráveis.
c) O governo pretendia acabar com quase todas as liberdades dos colonos.

Questão 6 - Resposta: D

Questão 7 - Resposta: B

Questão 8 - Resposta: D

Questão 9 - Resposta: C

Questão 10 - Resposta: A

COMPLEMENTADO OS ESTUDOS

VÍDEO

Exército Rebelde (EUA, 1996). Dir. Stuart Gillard

LIVRO

Olivieri, Antônio Carlos. *A Independência dos Estados Unidos*. São Paulo: Ed. Ática, 1992.

AS GRAVURAS FORAM ADAPTADAS DE:

Cotrim, Gilberto. *Saber e Fazer História*. Ed. Saraiva

UNIDADE 23

A REVOLUÇÃO FRANCESA

SINOPSE TEÓRICA

INTRODUÇÃO

Uma nova era começava no mundo. Os ideais iluministas começavam a se realizar. Esses ideais falavam sobre a emancipação da personalidade humana, o que representava a vitória da liberdade sobre a tirania, a remodelação das instituições de acordo com a razão.

Essa revolução representou o modelo clássico de revolução burguesa e terminou com o absolutismo. Mas, no entanto, manteve as transformações dentro dos limites dos interesses burgueses. Os ideais de "Liberdade, igualdade e fraternidade" alastraram-se e influenciaram profundamente outras revoluções européias, tendo também repercussão nos movimentos de libertação da América Latina.

A SITUAÇÃO DO ANTIGO REGIME NO SÉCULO XVIII

Maria Antonieta (1755-1793), rainha da França, esposa do rei Luis XVI, era inimiga das reformas populares e instigou seu marido a lutar contra a Revolução Francesa. Foi julgada e executada em 16 de outubro de 1793. No quadro "Execução de Maria Antonieta", o carrasco exibe ao público a cabeça da rainha guilhotinada. Pintura da escola dinamarquesa do século XVIII, Museu Carnavalet, Paris, França.

A burguesia francesa no século XVIII já liderava as finanças, o comércio, a indústria, enfim, todas as atividades centrais do capitalismo. Quando analisamos o período citado, percebemos que o desenvolvimento da burguesia ainda encontrava obstáculos no feudalismo, como por exemplo a estrutura tradicional de propriedade e de produção, os tributos e, principalmente, a servidão.

Esses obstáculos ao seu desenvolvimento estavam fundamentados na estrutura política do Antigo Regime e, no entanto, a sua eliminação implicava derrubar toda uma estrutura, o que só seria possível com uma Revolução.

No século XVIII a França apresentava um grande crescimento demográfico (em 1700, dezenove milhões de habitantes; em 1800, vinte e cinco milhões), o que provocava uma necessidade crescente de geração de emprego.

A situação de miséria da maioria da população ficava ainda pior devido aos fenômenos climáticos que afetavam a produção agrícola, provocando um aumento, por exemplo, no preço do pão, alimento fundamental.

Diante da insatisfação social provocada pela crise econômica, o clima ficava cada vez mais tenso. A burguesia, desejando mudanças no cenário político e social, soube canalizar as insatisfações do período e, liderando os diversos grupos sociais insatisfeitos com a situação, transformou-se na classe que lideraria os revoltosos e que tornaria possível a derrubada das estruturas políticas então em vigor.

Um outro aspecto que descontentava a burguesia era a estrutura da sociedade francesa, que estava dividida em Estados ou estamentos. Embora o papel econômico da burguesia fosse essencial para o Estado, ela não tinha influência política e era socialmente marginalizada. A sociedade dividia-se em três Estados, tais como:

PRIMEIRO ESTADO

Era formado pelo alto e pelo baixo clero. O Alto Clero era formado pelos bispos e abades que tinham a sua origem na nobreza. O Baixo Clero por sua vez era formado pelos padres e monges que possuíam origem humilde.

SEGUNDO ESTADO

Era composto pela nobreza, que detinha juntamente com o rei o poder político do país. Estava dividida em nobreza de sangue, composta por nobres de origem feudal, aristocráticos (palaciana, cortesã e provincial), e nobreza de toga, composta por burgueses que ganharam ou compraram títulos nobiliárquicos.

O TERCEIRO ESTADO

A gravura popular da época mostra um homem no terceiro estado libertando-se das correntes que o aprisionavam, sob o olhar assustado de homens da nobreza e do clero.

Possuía uma composição bem heterogênea. Era formado pelo povo (camponeses, massa pobre das cidades, pequena, média e alta burguesia). Este Estado que representava a maioria da população, sustentava economicamente o país, pagava todos os impostos mas não participava do poder político. Além de todos os privilégios, a nobreza e o clero eram dispensados do pagamento de impostos.

As principais reivindicações do terceiro estado eram o fim desses privilégios e a instauração da igualdade civil.

No aspecto político, a Revolução foi conseqüência imediata do absolutismo do Bourbon Luís XVI. Neste governo, a economia francesa vivia uma crise violenta e, independentemente deste fato o Rei lançou a França na guerra de Independência dos Estados Unidos.

Para completar o quadro de crise, em 1786 a França assinou com a Inglaterra o Tratado de Eden Rayneval. Por esse tratado ficava decidido que seriam assegurados baixos direitos de importação aos tecidos e produtos metalúrgicos ingleses em troca de tarifas preferenciais ao vinho francês exportado para a Inglaterra. Diante dessa situação, as manufaturas francesas não agüentaram a competição e acabaram decretando falência.

Diante de tudo o que foi narrado, ficava evidente que a situação econômica exigia reformas urgentes.

O INÍCIO DA REVOLUÇÃO

Ministros das finanças como Turgot, Necker e Calonne, que pretendiam forçar a nobreza e o clero a pagarem impostos, foram demitidos pelo rei, que sofria pressões do primeiro e do segundo estados.

Assembléia dos Estados Gerais: representantes do clero, nobreza e burguesia, reúnem-se em Versalhes (1789).

Readmitido como ministro das Finanças, Necker propôs a convocação dos Estados gerais, o que não acontecia desde 1614. Esta convocação era uma assembléia formada pelos representantes dos três estados: clero, nobreza e povo.

As decisões eram tomadas com base em um voto por estado. Por isso, nas votações, as opiniões dos deputados do terceiro estado eram sempre vencidas pelas dos deputados do primeiro e do segundo estados que, unidos, tinham o dobro dos votos.

Convocados os Estados gerais, a burguesia exigiu que o terceiro estado tivesse um número de deputados igual à soma do número dos deputados do primeiro e do segundo. Também exigia que, na assembléia, a votação fosse por indivíduo e não por Estado, como era de costume.

A primeira exigência foi atendida, mas a segunda foi rejeitada pelos outros dois estados, o que não mudava em nada a situação, servindo apenas para enfurecer a burguesia.

No dia 5 de maio de 1789 declarava-se aberta a sessão dos Estados Gerais, na qual Luís XVI discursava, dizendo que os participantes deveriam tratar dos problemas financeiros do país e não da política.

Os burgueses reagiram declarando-se em Assembléia Nacional. Acompanhados por alguns membros do clero e outros poucos da nobreza, indo para o salão de jogo da péla, juraram só abandoná-la após dar à França uma constituição. Estava iniciada a Revolução.

AS FASES DA REVOLUÇÃO
ASSEMBLÉIA NACIONAL (1789 – 1792)

Não conseguindo controlar a burguesia, Luís XVI acabou ordenando aos representantes da nobreza e do clero que se juntassem ao mesmo.

O rei, preocupado com o seu futuro político, começou a organizar tropas para reprimir as manifestações burguesas e populares.

A "Tomada da Bastilha", acontecimento utilizado por muitos historiadores para 'simbolizar' a Revolução Francesa. Obra de Cholat.

No dia 14/07/1789, a população parisiense tomou a Bastilha. Esta era uma prisão política, símbolo do autoritarismo e das arbitrariedades cometidas pelo governo francês.

No meio rural, a revolta atingiu um extraordinário grau de violência. Os camponeses revoltaram-se ocupando castelos e outras propriedades senhoriais.

Nesta fase da Revolução algumas decisões foram tomadas, tais como: abolição dos privilégios feudais, e a Declaração dos Direitos do Homem e do Cidadão, estabelecendo a igualdade perante a lei, o direito à propriedade privada e de resistência à opressão.

A Assembléia Nacional determinou o confisco dos bens da Igreja. Ao mesmo tempo, os padres passavam a subordinar-se ao Estado. Essas decisões foram efetivadas com a aprovação da constituição civil do clero. O Papa Pio VI condenou a Revolução, originado na França a divisão do clero em **juramento**, composto pelos que aceitavam a constituição, e **refratário**, composto pelos que a recusavam.

Em 1791, a Assembléia Nacional proclamou a primeira Constituição da França, estabelecendo a monarquia constitucional composta por três poderes. Além do mais, com o voto censitário, baseado na renda do cidadão, e as posteriores leis que proibiam greves e formação de associações de trabalhadores, a França transformou-se num Estado burguês.

Na Assembléia Nacional implantou-se uma disputa cada vez maior entre grupos políticos, principalmente girondinos e jacobinos. Os girondinos formavam uma facção que representava a grande burguesia. Os jacobinos, a partir de 1792, transformaram-se no principal elo de ligação entre os membros radicais da Assembléia e o movimento popular. Foi a partir de então que o termo jacobino passou a representar um posição política radical. Outros agrupamentos políticos representados na Assembléia eram os cordeliers (camadas mais baixas) e os fluillants (burguesia financeira).

Em junho de 1791, Luís XVI, seguindo o exemplo de outros nobres, tentou fugir da França para tentar organizar a contra-revolução, porém acabou sendo preso na fronteira, na cidade de Varennes, e foi reconduzido a Paris.

O luxo da nobreza pode ser simbolizado pela ostentação das roupas da rainha francesa Maria Antonieta e de seus filhos.

Embora a França tivesse tido o seu regime político alterado para uma Monarquia Constitucional, isso não significava melhoria da qualidade de vida do povo. A insatisfação popular cresceu e os *sans-cullottes* (pequenos negociantes, artesãos e operários) começaram a exigir medidas mais radicais.

O exército absolutista marchava sobre a França, e os jacobinos proclamaram a "Pátria em perigo" e começaram a fornecer armas para a população surgindo assim um exército popular (a Comuna Insurrecional de Paris), sob o comando de Marat, Danton e Robespierre.

A Comuna de Paris conteve o inimigo, o Rei foi acusado de traição e os revolucionários proclamaram a República.

*Guilhotina: instrumento para decapitar os condenados à morte.
A guilhotina deve seu nome ao médico francês Dr. Joseph Guilhotin,
que propôs substituir os suplícios usados na época pela decapitação.*

FASE DA CONVENÇÃO NACIONAL (1792-1795)

Em 20 de setembro de 1792, a Assembléia Nacional Constituinte, transformada por sufrágio universal em Convenção Nacional, assumiu o poder.

À direita ficavam os deputados girondinos; à esquerda ficavam os jacobinos, que eram apoiados pelos *sans-cullottes*, que por sentarem no local mais alto acabaram ficando conhecidos por Montanha. Ocupando os lugares mais baixos, encontravam-se os deputados da Planície ou Pântano, que eram os burgueses sem posição política previamente definida.

Logo após a Batalha de Valmy (contra a Áustria), em 29/09/1792, a Convenção proclamou a República. Em 21/01/1793, Luís XVI foi guilhotinado e, logo depois, sua esposa Maria Antonieta teria o mesmo destino. Como vimos, foram acusados de traição.

A morte do Rei Luís XVI teve grande repercussão na Europa, desencadeando uma onda de pânico entre a nobreza européia, que rapidamente se organizou e formou a primeira coligação militar contra a França. A Inglaterra financiava os grandes exércitos para combater a ascensão burguesa da França, sua grande concorrente.

A ameaça externa associada à contra-revolução interna e os problemas econômicos do país levariam os jacobinos, comandando os *sans-cullottes*, a tomar a convenção no dia 2 de junho de 1793. Começava assim o período da Convenção Montanhosa.

Esse período caracterizou-se por ser o mais radical de toda a Revolução, principalmente devido à atuação popular.

No ano de 1793, foi aprovada uma nova constituição, enfatizando o sufrágio universal. O governo jacobino dirigia o país por meio do Comitê de Salvação Pública, responsável pela administração e defesa externa do país.

Um momento importante deste período foi o assassinato de Marat pela girondina Charlotte Corday. A partir deste momento, os jacobinos, liderados por Robespierre, iniciaram um período de perseguições e assassinatos que ficou conhecido como o "Período do Terror" (1793 – 1794). Foi um período violento onde milhares de franceses acabaram morrendo.

Pressionado por manifestações populares, Robespierre foi obrigado a fazer concessões ao povo, tais como: aumentar os impostos dos ricos, criar leis protetoras para os probres, abolir a escravidão nas colônias, vender os bens dos nobres, fornecer educação pública gratuita etc. Tentando permanecer no poder, começou a eliminar as oposições dentro do próprio governo, condenando à morte alguns membros da própria convenção, dentre eles Danton.

A população, cansada da repressão, não aceitava mais as atitudes de Robespierre, e, como ele não tinha mais o apoio da massa de Paris, acabou derrubado pelos girondinos, sendo preso e guilhotinado. A alta burguesia assumia o poder. O golpe do Termidor, que devolvia o governo revolucionário à burguesia, foi chamado de reação termidoriana.

FASE DO DIRETÓRIO (1795 – 1799)

O Diretório caracterizou-se pelo retrocesso revolucionário e pela dominação política do partido, chamado Planície ou Pântano, um partido de centro altamente corrupto, formado principalmente pela alta burguesia financeira.

Em 1795, foi elaborada a constituição do Ano III, que restabeleceu o critério censitário para as eleições legislativas, marginalizando assim grande parcela da população. Ficou decidido que o poder executivo seria exercido por um Diretório, formado por cinco membros eleitos pelos deputados.

O novo governo mostrava-se incapaz de pacificar internamente a França, e diversos golpes, tanto de esquerda quanto de direita, aconteciam. No plano externo, o exército francês conquistava vitórias contra as forças absolutistas da Espanha, Holanda, Prússia e alguns reinos da Itália que formaram a segunda coligação.

A alta burguesia, desejando um governo forte e capaz de reconduzir o país à normalidade e manter sua estabilidade, acabou preparando um golpe de Estado. Em 1799, o jovem general Napoleão Bonaparte, militar brilhante e habilidoso, derrubou o desmoralizado e impopular Diretório. Foi o golpe do 18 de Brumário (9 de novembro de 1799).

O Diretório foi substituído por nova forma de governo (o Consulado), representada por 3 pessoas: Napoleão, o abade Sieyes e Roger Ducas. Iniciava-se a ascensão política de Napoleão Bonaparte na Europa.

LEITURA COMPLEMENTAR

"O termo *sans-cullottes* referido às pessoas que usavam calças compridas em vez dos calções até o joelho da gente rica, foi originariamente aplicado num sentido puramente social aos pequenos comerciantes, assalariados e vagabundos, quer da cidade quer do campo.

Durante a revolução, o termo passou a ser mais geralmente aplicado ao indivíduos politicamente ativos dessas classes e o seu âmbito alargou-se com a inclusão dos agitadores mais radicais daquele período, independentemente do respectivo estrato social. Ativos tanto na Comuna de Paris (a designação que foi dada ao novo governo local da cidade) como nas secções, os *sans-cullottes* iriam constituir a base de poder em que os políticos populares haviam de firmar as suas exigências de uma política radical."

(McCrory, Martin & Moulder, Robert. "Revolução Francesa para principiantes". Lisboa: Dom Quixote, 1983. p. 67)

Qual foi o período da Revolução Francesa em que os *sans-cullottes* tiveram predomínio político?

Resposta: 2ª fase – governo jacobino.

Questões resolvidas

1. (PUC) A decadência do Antigo Regime na França, no decorrer do século XVIII, pode ser atribuída principalmente:

a) à oposição parlamentar e nobiliárquica à política financeira e religiosa dos Monarcas;
b) às conspirações e manobras de potências rivais, tais como a Inglaterra e a Áustria;
c) à inabilidade política e à incapacidade administrativa de Luís XV e Luís XVI;
d) ao fracasso do reformismo fisiocrático tentado por Turgot;
e) à oposição crescente entre os interesses da nobreza e da burguesia aliada à crise geral da economia de base agrária feudal.

Resposta: E

2. (PUC-RS) A Revolução Francesa (1789-1799) enquadra-se no contexto mais amplo das revoluções burguesas que sacudiram a Europa entre 1789-1848. Poder-se-ia mesmo afirmar que houve "revoluções" dentro da Revolução Francesa. Nesse sentido, a tentativa de aplicação do princípio da soberania da maioria, inspirado nas idéias de Jean Jacques Rousseau, através da extensão do direito de voto a todos os homens maiores de 21 anos, independentemente de sua situação econômica, a abolição da escravidão nas colônias francesas e a realização de uma reforma agrária extinguindo os resquícios feudais, referem-se ao período:

a) da Monarquia Constitucional.
b) da Assembléia Constituinte.
c) da Convenção Nacional.
d) do Diretório.
e) do Consulado.

Resposta: C

3. (UFRJ) "Liberdade é unicamente o poder de agir. Se uma pedra se movesse por sua escolha, seria livre. Os animais e os homens têm esse poder, portanto são livres (...) Querer e agir é precisamente o mesmo que ser livre." (Voltaire, Tratado de Metafísica. Cap. VII)

As idéias iluministas, surgidas na França durante o século XVIII, questionaram as bases de sustentação do Antigo Regime, afirmando os princípios considerados revolucionários pela sociedade européia da época. Entre os mais conhecidos pensadores iluministas se encontra

Unidade 23 - A Revolução Francesa | 313

Voltaire (1694-1778), autor do texto citado, escritor, poeta e filósofo, empenhado no combate contra o que denominava "as trevas da ignorância e da superstição".

Esclareça como as idéias iluministas contribuíram para a Revolução Francesa.

Resposta: As idéias iluministas questionavam o Antigo Regime e ao defenderem, por exemplo, a igualdade, insuflariam o povo para luta pela igualdade perante o imposto.

4. (PUC-RIO) "Que é o Terceiro Estado? Tudo. Que tem sido até agora na ordem política? Nada. Que deseja? Vir a ser alguma coisa.

Ele é o homem forte e robusto que tem um dos braços ainda acorrentados. Se suprimíssemos a ordem privilegiada, a nação não seria algo de menos e sim alguma coisa mais. Assim, que é o Terceiro Estado? Tudo, mas um tudo livre e florescente. Nada pode caminhar sem ele, tudo iria infinitamente melhor sem os outros (...)." (Abade Sieyes. O que é o Terceiro Estado?)

Considerando o texto apresentado,
 a) Identifique 2 (dois) grupos sociais que compunham o Terceiro Estado e explique seus descontentamentos às vésperas da Revolução Francesa;
 b) Cite, a partir dos descontentamentos do Terceiro Estado em relação ao Antigo Regime, 2 (duas) ações empreendidas pelos revolucionários franceses que tenham contribuído para alterar esta situação.

Respostas:
 a) A alta burguesia, formada por banqueiros, grandes comerciantes e grandes manufatureiros que, apesar de se beneficiarem com o monopólio do comércio externo, estavam descontentes por pagarem tributos, não terem privilégios de nascimento; os trabalhadores urbanos assalariados, além de descontentes com o ônus do pagamento de tributos e da exclusão de qualquer participação política, sentiam mais de perto os efeitos da crise do Antigo Regime pelas precárias condições de trabalho e de vida em que viviam nas cidades; e os camponeses livres e servos que, enraizados à terra há séculos, não conseguiam se libertar dessa condição, viviam cada vez mais empobrecidos pelo insuportável custo dos tributos e não tinham acesso à representação política.
 b) A defesa dos princípios de liberdade e de igualdade jurídica através da abolição dos privilégios, da Constituição Civil do Clero, da liberdade de associação, do confisco dos bens eclesiásticos, da proclamação dos Direitos do Homem e do Cidadão, de medidas adotadas para a implantação de governos representativos (voto censitário, sufrágio universal), da abolição da escravidão nas colônias francesas, entre outras medidas.

5. (FGV) No contexto da Revolução Francesa, Girondinos e Montanheses representavam facções distintas, pois:
a) tinham visões antagônicas sobre a participação das massas populares no processo revolucionário;
b) a decisão sobre o guilhotinamento de Luís XVI afastou girondinos (contrários) e Montanheses (favoráveis), que sempre estiveram em acordo contra a radicalização jacobina;
c) apesar de representarem a mesma classe social –, a burguesia industrial –, diferenciavam-se em pontos sobre a forma de governo: Monarquia Constitucional, os primeiros, e República Federalista, os segundos;
d) os primeiros defendiam Robespierre, clamando pela radicalização e extensão dos direitos sociais, enquanto os segundos buscavam rearticular as propriedades feudais em desagregação;
e) apesar de representarem a mesma classe social – a burguesia industrial –, diferenciavam-se em pontos sobre a forma de governo: República Federalista (Girondinos) e Monarquia Constitucional (Montanheses).

Resposta: A

QUESTÕES PROPOSTAS

1. (UFF) Fruto da Revolução Francesa, a Declaração dos Direitos do Homem e do Cidadão foi discutida e aprovada entre 20 e 26 de agosto de 1789.
a) Indique dois valores consagrados por essa "Declaração".
b) Analise as repercussões políticas e sociais da "Declaração" no mundo ocidental.

2. (UFV) "A partir de agora, até que os inimigos sejam expulsos do território da república, todos os franceses estão em regime de recrutamento permanente para os serviços do exército. Os jovens irão ao combate, os homens casados forjarão as armas e transportarão os gêneros de subsistência, as mulheres farão as tendas de campanha, as roupas e servirão em hospitais, os velhos serão levados às praças públicas para excitar a coragem dos guerreiros, pregar o ódio aos reis e à unidade da República. "Esse é o teor do famoso decreto votado pela Convenção, em 23 de agosto de 1793, quando a MONTANHA inaugurou seu governo." (Micelli, 1987)

A que episódio da história universal se refere o texto e quais as implicações desse episódio com o processo de constituição e desenvolvimento do capitalismo?

3. **(UNESP)** Leia os dois artigos seguintes, extraídos da Declaração dos Direitos do Homem e do Cidadão, de 26 de agosto de 1789.

Artigo 1º.: Os homens nascem e permanecem livres e iguais em direitos. As distinções sociais não podem ser fundamentadas senão sobre a utilidade comum.

Artigo 6º.: A lei é a expressão da vontade geral. Todos os cidadãos têm o direito de concorrer, pessoalmente ou pelos seus representantes, na sua formação. Ela tem de ser a mesma para todos, quer seja protegendo, quer seja punindo. Todos os cidadãos, sendo iguais aos seus olhos, são igualmente admissíveis a todas as dignidades, lugares e empregos públicos, segundo a capacidade deles, e sem outra distinção que a de suas virtudes e talentos.

   a) Em qual contexto histórico foi elaborada a Declaração dos Direitos do Homem e do Cidadão?
   b) Cite duas idéias expressas na Declaração que representaram uma ruptura da prática política até então vigente.

4. **(UNICAMP)** Em sua obra "Os sans-culottes de Paris", o historiador Albert Soboul escreveu: "Os cidadãos de aparência pobre e que em outros tempos não se atreveriam a apresentar-se em lugares reservados a pessoas elegantes passeavam agora nos mesmos locais que os ricos, de cabeça erguida." (Citado por Eric Hobsbawm, "A Era das Revoluções", São Paulo: Paz e Terra, 1976, p. 231) (nota: sans-culottes significa "sem culotes", "sem-calças")
   a) Caracterize o movimento dos sans-culottes na Revolução Francesa.
   b) Compare o movimento dos sans-culottes com o movimento dos sem-terra no Brasil.

5. **(UNICAMP)**

> Ó Celeste Guilhotina,
> Abrevias rainhas e reis,
> Por tua influência divina
> Reconquistamos nossos direitos.

   a) Identifique o acontecimento histórico ocorrido na Europa no final do século XVIII ao qual esses versos se referem.
   b) Mencione duas características do poder do rei numa sociedade do Antigo Regime.
   c) Cite dois direitos assegurados pela Declaração dos Direitos do Homem e do Cidadão.

6. (PUC-CAMP) A Revolução Francesa é considerada como o modelo clássico de revolução democrático-burguesa, pois:

a) unidos por interesses idênticos, os diversos segmentos da burguesia lutaram pelo estabelecimento de uma nova ordem política e social.

b) a estabilidade social do Antigo Regime não foi ameaçada pelos representantes do 3º Estado devido às desigualdades sociais existentes entre os segmentos que o integravam.

c) a despeito das ações radicais dos jacobinos no denominado período do "Terror", o processo criou condições para a difusão dos Direitos Humanos e Princípios Liberais segundo a concepção da burguesia.

d) a burguesia aliou-se ao campesinato em defesa dos valores democráticos ao longo de todo o processo revolucionário, resultando isto na ascensão social dos dois segmentos.

e) procurou manter a harmonia entre os três estados para garantir a continuidade dos ideais da Declaração dos Direitos do Homem e do Cidadão.

7. (PUC-SP) As Revoluções Inglesas do século XVII e a Revolução Francesa são, muitas vezes, comparadas. Sobre tal comparação, pode-se dizer que:

a) é pertinente, pois são exemplos de processos que resultaram em derrota do absolutismo monárquico; no entanto, há muitas diferenças entre elas, como a importante presença de questões religiosas no caso inglês e o expansionismo militar francês após o fim da revolução.

b) é equivocada, pois, na Inglaterra, houve vitória do projeto republicano e, na França, da proposta monárquica; no entanto foram ambas iniciadas pela ação militar das tropas napoleônicas que invadiram a Inglaterra, rompendo o tradicional domínio britânico dos mares.

c) é pertinente, pois são exemplos de revolução social proletária de inspiração marxista; no entanto os projetos populares radicais foram derrotados na Inglaterra (os "niveladores", por exemplo) e vitoriosos na França (os "sans-culottes").

d) é equivocada, pois, na Inglaterra, as revoluções tiveram caráter exclusivamente religioso, e, na França, representaram a vitória definitiva da proposta republicana anti-clerical; no entanto ambas foram movimentos anti-absolutistas.

e) é pertinente, pois são exemplos de revoluções burguesas; no entanto, na Inglaterra, as lutas foram realizadas e controladas exclusivamente pela burguesia, e, na França, contaram com grande participação de camponeses e de operários.

Unidade 23 - A Revolução Francesa | 317

8. (UFES) "A Revolução Francesa dominou a história, a própria linguagem e o simbolismo da política ocidental, desde sua irrupção até o período que se seguiu à Primeira Grande Guerra Mundial".

Do texto, de Eric Hobsbawm, pode-se inferir ter sido a Revolução Francesa um dos processos mais importantes do século XVIII. Entre os acontecimentos que a marcaram, destaca-se o golpe de 18 Brumário de 1799, pelo qual:
   a) a burguesia girondina reassumiu o poder, retomando o controle da Revolução.
   b) Napoleão Bonaparte assumiu o poder, na condição de Primeiro Cônsul.
   c) se instalou a Ditadura Montanhesa, sob a liderança de Robespierre.
   d) se instalou o Regime do Terror, com a aprovação da Lei dos Suspeitos.
   e) foi proclamada a República, após a vitória salvadora de Valmy.

9. (UFES) A Revolução Francesa não foi feita por um partido político organizado, no sentido moderno do termo, nem foi influenciada por um programa partidário previamente elaborado. Sua unidade foi estabelecida mediante a convergência de idéias geradoras de um consenso.

Podemos classificar essas idéias como:
   a) burguesas, baseadas no liberalismo clássico.
   b) monarquistas, baseadas no absolutismo real de direito divino.
   c) burguesas, baseadas nos ideais socialistas e anarquistas.
   d) camponesas, baseadas no socialismo utópico e empresarial.
   e) monarquistas, baseadas na economia de mercado e no parlamentarismo.

10. (UFPE) Sobre a Declaração Universal dos Direitos do Homem e do Cidadão, inspirada na Declaração de Independência dos Estados Unidos e aprovada em 26 de agosto de 1789, na França, use (V) para verdadeiro e (F) para falso:
   ( ) determinava a supressão das distinções nobiliárquicas e a constituição de um tribunal revolucionário para julgar os inimigos da República recém-proclamada.
   ( ) determinava a consagração das liberdades individuais dos cidadãos.
   ( ) determinava o estabelecimento da igualdade de todos perante a lei.
   ( ) determinava a manutenção da sociedade estamental, permitindo-se, porém, os casamentos entre nobres e burgueses.
   ( ) determinava a abolição da escravidão nas colônias e o controle de preços dos gêneros alimentícios.

GABARITO DAS QUESTÕES PROPOSTAS

Questão 1 - Respostas:
a) i) os homens nascem e permanecem livres e iguais nos direitos; ii) a finalidade de qualquer associação política é a conservação dos direitos naturais do homem e que lhe são imprescindíveis; iii) o princípio de toda soberania reside essencialmente na Nação.
b) A "Declaração" representou a possibilidade de ingresso do homem num mundo novo, pois garantia a aquisição dos direitos políticos e da cidadania. Consolidou as premissas dos direitos dos indivíduos na sociedade moderna, tendo servido de base para a elaboração das Constituições de inúmeros países do mudo ocidental, pois, ao fazer reconhecer algo como direito, significava fazer nascer o poder onde antes existia apenas um genérico interesse.

Questão 2 - Resposta: À Revolução Francesa, que favorecia a ascensão da burguesia ao poder político e a implantação do Estado liberal, fundamentais para as novas exigências impostas ao desenvolvimento do capitalismo, sobretudo após a Revolução industrial.

Questão 3 - Respostas:
a) A Declaração dos Direitos do Homem e do Cidadão foi elaborada sob influência do pensamento iluminista e publicada na fase inicial da Revolução Francesa, designada como Assembléia Constituinte, em agosto de 1791.
b) A defesa de que todos os homens são iguais perante a lei, conflitando com os privilégios de classe da sociedade estamental do Antigo Regime.
A defesa de que a lei deve expressar a vontade do conjunto da sociedade em oposição à noção do Absolutismo Monárquico, em que o rei concentrava em suas mãos o poder da justiça.

Questão 4 - Respostas:
a) Por sans-culottes compreende-se a massa urbana e pauperizada à época da Revolução Francesa, defensores da igualdade jurídica e defensores do fim das desigualdades econômicas. Tiveram asseguradas algumas conquistas, dentre as quais o sufrágio universal masculino e o ensino obrigatório e gratuito durante o período jacobino (Convenção) da Revolução, entre 1792-1795.
b) O movimento dos sans-culottes caracteriza-se como tipicamente urbano, enquanto o movimento dos sem-terra constitui-se num movimento camponês. Em comum, são contestadores da ordem estabelecida e da marginalização social. Porém, o contexto histórico de cada um dos movimentos lhes conferem características peculiares, como por exemplo a atuação dos jacobinos em um movimento revolucionário notadamente

burguês, enquanto os sem-terra defendem uma revolução popular sob a influência de preceitos socialistas.

Questão 5 - Respostas:
a) A Revolução Francesa em sua fase conhecida como Convenção ou Primeira República Francesa, período de ascensão de lideranças radicais (jacobinos) em favor das causas populares.
b) O poder do Estado e o poder da justiça concentrados nas mãos do monarca; e o dirigismo estatal da economia sob a égide da autoridade real.
c) A liberdade de expressão e a igualdade de direitos perante a lei.

Questão 6 - Resposta: C

Questão 7 - Resposta: A

Questão 8 - Resposta: B

Questão 9 - Resposta: A

Questão 10 - Resposta: F V V F F

Complementando os estudos

FILMES

Danton, o Processo da Revolução (FRA – 1982). Dir. Andrzej Wajda

LIVRO

Mota, Carlos Guilherme. *Revolução Francesa*. São Paulo: Ed. Ática, 1995.

PÁGINA ELETRÔNICA

Textos do panfleto "O que é o terceiro Estado", que circulou em 1789:
http://www.nethistoria.com/docs/docs07.htm.

AS GRAVURAS FORAM ADAPTADAS DE:
Cotrim, Gilberto. *Saber e Fazer História*, Ed. Saraiva

UNIDADE 24

A ERA NAPOLEÔNICA (1799 – 1815)

SINOPSE TEÓRICA
O CONSULADO (1799 – 1804)

Com a chegada de Napoleão ao poder foi aprovada uma nova Constituição que estabelecia o regime de consulado. O Poder Executivo era exercido por três cônsules, na prática, no entanto, era exercido por Napoleão pois os outros dois cônsules exerciam apenas funções consultivas. Era portanto, uma ditadura disfarçada.

Caricatura mostrando a saída do cortejo da catedral de Notre-Dame, depois da cerimônia de coroação de Napoleão Bonaparte.

Uma das prioridades do consulado foi enfrentar as ameaças externas e reorganizar a economia e a sociedade francesa, buscando a estabilização. Em 1799, Napoleão venceu a Segunda Coligação, batendo a Áustria em Marengo, e, em 1802, assinou uma trégua com a Inglaterra, chamada Paz de Amiens.

Com o objetivo de resolver a crise econômica do país, Napoleão, em 1800, fundou o Banco da França e criou o Franco (moeda francesa). Em 1801 reatou as relações com a Igreja através de uma concordata assinada com o papa Pio VII. Logo depois, em 1804 foi promulgado o Código Civil Napoleônico que inspirado no Direito Romano assegurava conquistas burguesas, como a igualdade do indivíduo perante a lei, o direito de propriedade e a proibição de organização de sindicatos de trabalhadores e greves. Restabelecia, por outro lado, a escravidão nas colônias. Esse código exerce profunda influência em todo o ocidente capitalista.

Napoleão reformou a educação, tornando-a responsabilidade do Estado e adequando-a às necessidades nacionais. Como conseqüência do seu bom governo e pela paz externa, Napoleão foi proclamado primeiro cônsul vitalício. Em 1804 foi promulgada a Constituição do ano XII que substituía o regime de consulado pelo de império, tendo sido proclamado imperador com o título de Napoleão I.

O Império (1804 – 1815)

Embora tenha se autoproclamado imperador dos franceses, Napoleão não fez retornar o regime monárquico porque a base da sustentação política de Napoleão (burguesia, exército e camponeses) continuava a mesma. O que realmente ocorreu foi a utilização de uma instituição aristocrática, para prosseguir em uma obra de cunho nitidamente burguês.

As guerras contra a Inglaterra continuaram; era a luta pela hegemonia na Europa em relação aos outros países que formavam as coligações contra a França. Eram, em geral, monarquias absolutistas temerosas dos reflexos da Revolução sobre a estabilidade política. O primeiro confronto entre Inglaterra e França deu-se contra a terceira coligação (Inglaterra, Rússia e Áustria) formada em 1805. A frota francesa, aliada à da Espanha, tenta invadir a Inglaterra, mas no entanto acabou sendo derrotada pela esquadra inglesa na batalha de Trafalgar.

O forte de Napoleão Bonaparte era o seu exército, que garantia o domínio no continente. Vencendo a terceira coligação (Batalha de Ulm, contra a Prússia e Austerlitz contra a Áustria), sepultou o Sacro Império Romano–germânico, criando em seu lugar a Confederação do Reno. Assim, Napoleão criava as condições para que seus familiares reinassem em grande parte da Europa Ocidental.

Em outubro de 1806, Napoleão venceu os exércitos prussianos e entrou vitorioso em Berlim onde decretou o Bloqueio Continental. Por este decreto ficava determinada a proibição da

Europa Continental de manter relações comerciais com a Inglaterra e de navios ingleses atracarem em qualquer porto europeu.

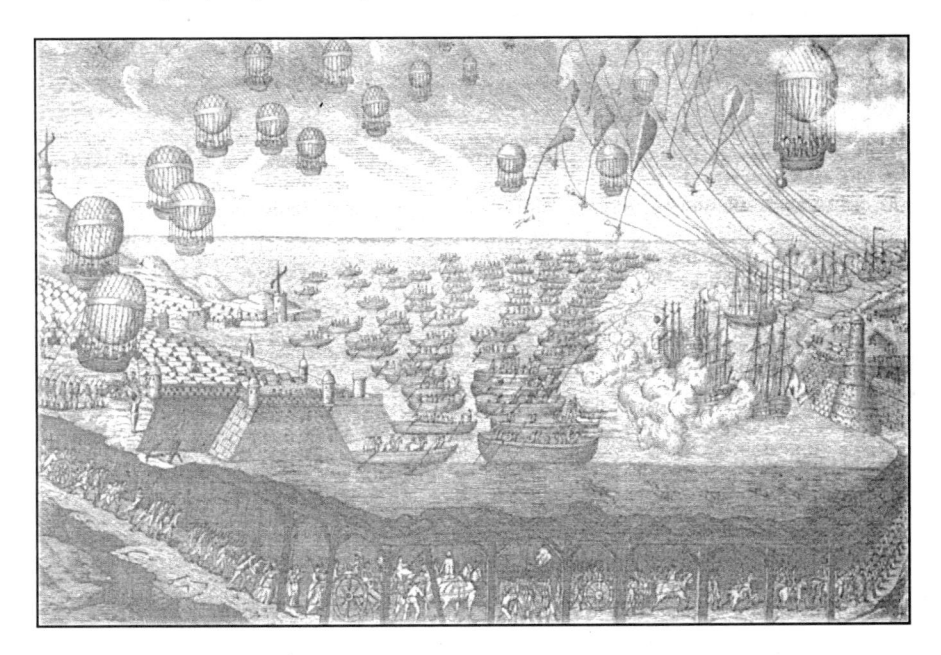

Gravura representando os planos de invasão da Inglaterra, imaginados por Napoleão. O projeto incluía a construção de um túnel sob o canal da Mancha, bem como o uso de barcos e balões. Na realidade, um ataque frontal à Inglaterra esbarrava numa dificuldade que Napoleão nunca pôde ultrapassar: a supremacia da marinha inglesa, invencível para as forças navais dos franceses.

Em 1807, pelo Tratado de Tilsit, Napoleão obteve a adesão da Rússia a um embargo econômico à Inglaterra, ao vencer a Quarta Coligação nas batalhas de Iena, Eylair e Friedland. No entanto, com o passar do tempo começou-se a perceber na Europa que o Bloqueio Continental foi mais prejudicial para os europeus do que propriamente para a Inglaterra. Por exemplo: os russos dependiam dos manufaturados ingleses e trocavam a sua produção de trigo pelos manufaturados britânicos, e a indústria francesa por sua vez não abastecia o mercado europeu, até porque havia se especializado em artigos de luxo. A Inglaterra por sua vez continuava vendendo em larga escala porque dominava outros mercados, como por exemplo o americano.

Em 1809 Napoleão derrotou a Quinta Coligação, formada por Inglaterra e Áustria.

Dominando boa parte da Europa, ia disseminando nas áreas conquistadas os princípios liberais franceses, especialmente o Código Civil, derrubando também as velhas estruturas aristocráticas.

O processo de decadência de Napoleão começou na Península Ibérica e na Rússia. Tradicional aliado da Inglaterra, Portugal foi um dos primeiros a sofrer intervenção francesa pelo fato do país não ter aderido ao Bloqueio Continental.

No caso da Rússia, vimos anteriormente que ela dependia dos produtos manufaturados ingleses e por este motivo resolveu abrir os seus portos para os navios ingleses o que provocou a fúria de Napoleão. O imperador francês invadiu a Rússia com um exército de 450 mil homens, enquanto mais de 150 mil ficaram na Polônia, fornecendo infra-estrutura material necessária. Diante desta situação, os russos utilizaram a tática da "terra arrasada", ou seja, recuavam para o interior do país e queimavam tudo para que os franceses não pudessem se utilizar.

Os franceses conseguiram chegar a Moscou mas encontraram a cidade incendiada pelos próprios russos cedendo às dificuldades, decidiram se retirar, mas no entanto uma nova surpresa, um grande poderoso inimigo surgiu para destruir as tropas francesas: O inverno russo. Napoleão saiu da Rússia com menos de cem mil soldados, desmoralizado e tendo de enfrentar o resto da Europa que se mobilizava contra ele.

Moscou em chamas: quando os franceses chegaram, encontraram a cidade destruída e abandonada pelas tropas russas.

Depois desse fracasso os franceses enfrentaram também a fúria espanhola que resistiu bravamente à invasão de seu país pelos franceses. Para invadir Portugal os franceses assinaram com a Espanha o Tratado de Fontainebleau, quando poderiam atravessar o território espanhol. Napoleão aproveitou a ocasião, retirou o rei espanhol do poder e massacrou impiedosamente a sociedade espanhola. Este fato trouxe repercussão até no processo de independência espanhola, como veremos adiante.

Em 1814 a França foi invadida. Derrotado, Napoleão foi obrigado a assinar o Tratado de Fontainebleau através do qual os vencedores concederam-lhe o direito de governar a Ilha de Elba.

Luís XVIII assumiu o poder na França. Em março de 1815, Napoleão Bonaparte retornou a Paris e recuperou o poder, começava o Governo dos Cem Dias. No entanto, este novo governo teve curta duração. Em junho de 1815 os exércitos napoleônicos foram definitivamente derrotados na Batalha de Waterloo pelos países coligados, chefiados pelo inglês Wellington. Exilado na Ilha de Santa Helena, morreu em 5 de maio de 1821. Luís XVIII recuperou o trono e o regime monárquico foi restabelecido na França.

LEITURA COMPLEMENTAR

A campanha da Rússia

Quando Napoleão iniciou a campanha para invadir a Rússia. vários jovens franceses se apresentaram como voluntários. Mesmo contra a vontade da família, eles se engajavam com todo o entusiasmo. Pierre, um desses voluntários. afirmava:

" – Não posso vegetar num vinhedo perto de Marselha, enquanto o imperador convoca sob a bandeira o maior exército do mundo. Dia e noite passavam diante da minha janela regimentos e mais regimentos a caminho da Rússia".

Os soldados marchavam sempre ao som de uma banda, cuja música incitava os ânimos, impedindo-os de pensar em problemas pessoais, além de ajudá-las a acertar o passo com mais facilidade. Désirée, amada de Napoleão, observa a passagem das tropas napoleônicas sob sua janela:

"A música do regimento ficou de repente com um som fanhoso, dando-me a impressão de trombetas e de tambores metálicos. Havia muito tempo, eu ouvira a Marselhesa sem acompanhamento musical. Apenas a cantavam. Cantavam-na os estivadores do porto, os operários e os empregados de bancos. Agora as trombetas fazem vibrar a melodia sempre que Napoleão aparece".

Fouchet, chefe de polícia de Napoleão, comenta com Talleyrand, ministro das Relações Exteriores, o avanço das tropas francesas no território russo:

"- O exército francês entra nas aldeias, mas estas já foram incendiadas por seus habitantes, e as tropas só encontram celeiros queimados. O exército francês avança, de vitória em vitória. mas passa fome. O imperador se vê obrigado a mandar fornecer-lhe víveres das regiões da retaguarda. Estava longe de contar com esse inconveniente. Muito menos contava com os ataques realizados nos flancos pelos cossacos, que nunca se apresentam em batalha frontal. Mas o imperador espera alimentar bem as suas tropas em Moscou, onde o exército passará o inverno".

Em dezembro de 1812, Napoleão assim relatava a Campanha da Rússia:.

"Este meu exército, que no dia 6 ainda se mostrava tão garboso, já no dia 14 era outro inteiramente, não tendo mais cavalaria, artilharia nem viaturas de transporte. O inimigo descobriu a marca da terrível desgraça que caiu sobre o exército francês e tratou de se aproveitar. Cercou as nossas colunas, lançando pelos flancos os cossacos..."

"Com estas palavras Napoleão comunicava que o maior exército de todos os tempos fora aniquilado através dos desertos de neve da Rússia. Enumerava sobriamente as unidades das tropas. Das centenas de milhares de soldados conduzidos por ele a Moscou, restavam agora, por exemplo, apenas quatro vezes 150 cavaleiros... Sim. reduzira-se a seiscentos cavaleiros a pomposa cavalaria de Napoleão."

(Os trechos entre aspas foram extraídos de: Annemarie Selinko, Désirée. p. 410-411, 416 e 425-426)

(Texto retirado do livro "História moderna e contemporânea", de Alceu Luiz Pazzinato e Maria Helena Valente Senise. Editora Ática. p. 135.)

Destaque do texto algum fator que tenha colaborado para o fracasso da expedição de Napoleão na Rússia.

Resposta:

"O exército francês entra nas aldeias, mas estas já foram incendiadas por seus habitantes, e as tropas só encontram celeiros queimados. O exército francês avança, de vitória em vitória, mas passa fome."...

QUESTÕES RESOLVIDAS

1. Por que após 10 anos de Revolução a burguesia ainda não havia conquistado a economia desejada?

Resposta: Graças à permanência dos conflitos políticos ideológicos, à guerra contra as coligações, à corrupção dos próprios dirigentes, devido a não restruturação do aparelho de Estado.

Unidade 24 - A era napoleônica (1799-1815) | 327

2. Por que Napoleão Bonaparte criou o Banco do Estado da França?

Resposta: Para poder financiar o sistema produtivo, industrial e organizar as finanças do Estado.

3. Forme uma frase com as palavras Bloqueios Continental, Inglaterra, Napoleão Bonaparte.

Resposta: Napoleão Bonaparte decretou o Bloqueio Continental para impedir a navegação mercantil da Inglaterra.

4. Qual a vantagem de Napoleão Bonaparte ter "assistido" aos 10 anos da Revolução Francesa?

Resposta: Ao assumir o poder conhecia bem os problemas que a França enfrentava e conhecia as forças políticas que estavam em jogo.

5. Quem era Napoleão Bonaparte?

Resposta: Napoleão Bonaparte destacou-se como militar brilhante e habilidoso, tendo sido também um grande estadista.

QUESTÕES PROPOSTAS

1. (UFPR) Em 1806 o imperador Napoleão Bonaparte decretou o chamado Bloqueio Continental. Explique as motivações desse ato e indique suas repercussões.

2. (UNICAMP) Com a derrota de Napoleão Bonaparte, o Congresso de Viena e os tratados de 1814-1815 delinearam os rumos da reconstrução da Europa pós-Revolução Francesa e pós-Guerras Napoleônicas.
   a) O que estabeleceram esses tratados e qual a ameaça que desejavam evitar seus signatários?
   b) Quais os países que saíram fortalecidos com o sistema de alianças?

3. (UNICAMP) No ano de 801, assim foi registrada a coroação de Carlos Magno:
"Então, como no mais santo dia de Natal, tendo ele entrado na Basílica de São Pedro para a celebração das missas solenes, e tendo-se colocado diante do altar, a cabeça inclinada, em preces, o papa Leão lhe colocou a coroa sobre a cabeça."

Quando, em 1804, Napoleão torna-se imperador da França mesmo sem a presença do papa, ele coroa a si mesmo.
   a) Por que seria impossível para Carlos Magno, homem de tantos feitos, autocoroar-se?
   b) Por que Napoleão pôde colocar a própria coroa?

4. (FUVEST) Que relação há entre as Guerras Napoleônicas e os movimentos de independência da América Espanhola?

5. (PUC-SP) "(...) a revolução que não se radicaliza morre melancolicamente, como a burguesa. A rigor, uma só revolução existe, a que se deflagrou em 1789: enquanto viveu, ela quis expandir-se, e, assim, a República Francesa se considerou e tentou ser universal até o momento em que a pretensão de libertar o mundo se converteu na de anexá-lo, em que os ideais republicanos se reduziram ao imperialismo bonapartista." (Ribeiro, Renato Janine. "A última razão dos reis". São Paulo, Cia. das Letras: 1993)

Relativamente à expansão napoleônica (1805-1815), pode-se afirmar que acarretou mudanças no quadro político europeu, tais como:
   a) difusão do ideal revolucionário liberal, ampliação temporária do raio de influência francesa e fortalecimento do ideário nacionalista nos países dominados.
   b) isolamento diplomático da nação inglesa, radicação definitiva do republicanismo no continente e estabelecimento do equilíbrio geopolítico entre os países atingidos.
   c) desestabilização das monarquias absolutistas, estímulo para o desenvolvimento industrial nas colônias espanholas e implantação do belicismo entre as nações.
   d) desenvolvimento do cosmopolitismo entre os povo do império francês, incrementação da economia nos países ibéricos e contenção das lutas sociais.
   e) difusão do militarismo como forma de controle político, abertura definitiva do mercado mundial para os franceses, estímulo decisivo para as lutas anti-colonialistas.

6. (UFES) "A Revolução Francesa dominou a História, a própria linguagem e o simbolismo da política ocidental, desde sua irrupção até o período que se seguiu à Primeira Grande Guerra Mundial".

Do texto citado, de Eric Hobsbawm, pode-se inferir ter sido a Revolução Francesa um dos processos mais importantes do século XVIII. Entre os acontecimentos que a marcaram, destaca-se o golpe de 18 Brumário de 1799, pelo qual:
   a) a burguesia girondina reassumiu o poder, retomando o controle da Revolução.
   b) Napoleão Bonaparte assumiu o poder, na condição de Primeiro Cônsul.

Unidade 24 - A era napoleônica (1799–1815) | 329

c) se instalou a Ditadura Montanhesa, sob a liderança de Robespierre.
d) se instalou o Regime do Terror, com a aprovação da Lei dos Suspeitos.
e) foi proclamada a República, após a vitória salvadora de Valmy.

7. **(CESGRANRIO)** O golpe do 18 de Brumário de 1799, no contexto da Revolução Francesa, derrubou o Diretório, instituiu o sistema do Consulado e elevou Napoleão Bonaparte à liderança política da França revolucionária. Napoleão manteve-se no poder por um período que se estendeu de 1799 até 1815, período esse denominado de Era Napoleônica, durante o qual ocorreu a:
   a) consolidação interna do ideário burguês da Revolução e a tentativa de sua imposição a diversos países da Europa com a expansão militar promovida por Napoleão.
   b) retomada do poder político pelos segmentos da nobreza provincial francesa com a promulgação do Império (1804) como a força política legítima de governo da França do período napoleônico.
   c) união de segmentos sociais distintos na defesa do governo aristocrático e absolutista de Napoleão, tais como o campesinato e a nobreza, com o objetivo de evitar uma invasão estrangeira da França revolucionária.
   d) interferência direta das Monarquias Absolutas européias na França, através da ação política da Santa Aliança, ao encerrarem o processo revolucionário com seu apoio à ascensão de Napoleão.
   e) formação de diversas coligações que uniriam a França revolucionária e a Inglaterra liberal contra os Estados aristocráticos, em defesa das conquistas liberais promovidas no processo da Revolução Francesa.

8. **(FATEC)** A obra política de Napoleão Bonaparte pode ser considerada como:
   a) um complemento às realizações da Revolução, com o apoio da burguesia francesa.
   b) uma tentativa de promover uma revolução industrial na França, seguindo o exemplo inglês; suas bases estariam contidas no Código Civil francês.
   c) uma obra de centralização administrativa, pelo fato de ter colocado seus irmãos como chefes de governo em vários países da Europa.
   d) uma política de alianças, após as vitórias militares contra os prussianos, os austríacos e os russos, para conseguir o domínio absoluto de toda a Europa.
   e) uma reação ao processo desenvolvido durante o período da Revolução Francesa, em conseqüência da inflação, do período do Terror e da incapacidade administrativa.

9. (PUC-PR) Sobre o Código Civil elaborado no período napoleônico, assinale a alternativa correta:
( ) Na elaboração houve a atuação direta de Napoleão, embora houvesse uma comissão de quatro membros para elaborá-la.
( ) Traduziu concretamente os princípios da Declaração dos Direitos do Homem: liberdade individual, de trabalho, de consciência; Estado leigo; igualdade perante a Lei.
( ) Proibia a fortuna herdada, a fortuna adquirida e a propriedade privada.
( ) Destacava e protegia o trabalho assalariado e estimulada as coalizões operárias.
( ) subordinava a mulher do homem, mantinha o divórcio e restabelecia a escravidão nas colônias.

a) F, V, V, F, F
b) V, F, F, V, F
c) F, V, F, V, V
d) V, V, F, F, V
e) V, F, V, V, F

10. (UFV) Durante o período napoleônico (1799-1815), dentre as medidas adotadas por Bonaparte, assinale aquela que teve repercussões importantes nas relações comerciais do Brasil com a Inglaterra:
a) Restauração financeira, com a consequente fundação do Banco da França, em 1800.
b) Decretação do Bloqueio Continental, em 1806, com o qual Napoleão visava a arruinar a indústria e o comércio ingleses.
c) Promulgação, em 1804, do Código Civil que incorporou definitivamente, na legislação francesa, os princípios liberais burgueses.
d) Expansão territorial da França com a incorporação de várias regiões da Europa, formando o chamado Império Napoleônico.
e) Criação do franco, como novo padrão monetário.

GABARITO DAS QUESTÕES PROPOSTAS

Questão 1 - Resposta: Napoleão pretendia afetar o comércio inglês na Europa e promover o comércio francês. Suas repercussões foram a expansão do comércio francês, a invasão dos países que desrespeitaram o Bloqueio, a vinda da família real portuguesa para o Brasil e novas relações comerciais entre a Inglaterra e as colônias na América.

Questão 2 - Respostas:
a) Restauração absolutista, e queriam evitar a ameaça revolucionária burguesa.
b) Áustria, Prússia e Rússia.

Questão 3 - Respostas: (a/b) Carlos era de origem "pagã" e o poder da Igreja era profundamente determinante, não sendo o mesmo após a Revolução Francesa, alterando o seu status político.

Questão 4 - Resposta: Napoleão tomou a Espanha em seu poder. Esse fato enfraqueceu a metrópole e incentivou o movimento emancipacionista na América.

Questão 5 - Resposta: A

Questão 6 - Resposta: B

Questão 7 - Resposta: A

Questão 8 - Resposta: A

Questão 9 - Resposta: D

Questão 10 - Resposta: B

COMPLEMENTANDO OS ESTUDOS

FILME

A Noite de Varennes (ITA/FRA, 1981). Dir. Ettore Scola

AS GRAVURAS FORAM ADAPTADAS DE:

Pazzinato, Alceu Luiz e Senise, Maria Helena Valente. *História Moderna e Contemporânea*. Ed. Ática

UNIDADE 25

O Congresso de Viena (1814 – 1815)

Sinopse teórica

Com a derrota de Napoleão em Leipzig, na Batalha das Nações (1813), reuniram-se em Viena (Áustria) os representantes das nações que, coligadas militarmente, haviam derrotado o imperador francês.

As nações que tomaram as iniciativas e as decisões no Congresso de Viena foram a Áustria, a Inglaterra, a Prússia e a Rússia. O objetivo do Congresso era restabelecer a situação política européia anterior à Revolução Francesa, ou seja, a restauração do Antigo Regime.

Esse Congresso foi concluído 1815 após a derrota de Napoleão na Batalha de Waterloo, entre os participantes podemos destacar: czar Alexandre I da Rússia, lorde Castlereagh da Inglaterra, Talleyrand da França, Hardenberg da Prússia e o príncipe Metternich da Áustria, que diga-se de passagem foi a estrela do congresso.

Um novo mapa da Europa foi desenhado, tendo alguns países seu território dividido entre as grandes potências o que prejudicou alguns povos europeus e provocou alguns movimentos nacionalistas, principalmente na Itália e na Alemanha que tiveram os seus territórios divididos em vários Estados sob domínio austríaco.

Diante das diversas guerras provocadas por Napoleão havia um sentimento de revolta e a possibilidade de divisão do território francês era muito grande. Agindo com profunda habilidade, o representante francês (Talleyrand) lançou o **Princípio da Legitimidade**, pelo qual as nações européias deviam voltar a ter as mesmas fronteiras que possuíam antes de 1789. Para a França prevaleceu esse princípio, porém ela teve que pagar uma pesada indenização de guerra aos vencedores.

Se analisarmos a realidade da Europa, perceberemos que este princípio não foi inteiramente respeitado, principalmente quando sabemos que as grandes potências européias apossaram-se de territórios de Estados mais fracos, como Polônia, Itália e etc. Era o **Equilíbrio Europeu**, fundamentado no restabelecimento das relações de força entre as potências européias, por meio da divisão territorial do continente e também das possessões coloniais no mundo.

O Congresso de Viena, foi gradativamente assumindo uma política de combate a todo e qualquer movimento liberal que fosse ocorrendo na Europa. Os governos da Rússia, da Prússia e da Áustria teriam o **direito de intervenção** em qualquer país onde ocorressem movimentos nacionalistas e liberais.

Um pacto militar, chamado **Santa Aliança**, foi firmado entre as grandes potências européias no Congresso de Viena, que tinha como objetivo a repressão dos movimentos liberais que colocassem em risco a política de restauração, o princípio de legitimidade e o equilíbrio europeu. Formada inicialmente por Áustria, Prússia, Rússia e Inglaterra, a Santa Aliança ficou conhecida também como Quádrupla Aliança. Em 1818, com a adesão da França ao pacto militar transformou-se na Quíntupla Aliança.

Na Europa, a Santa Aliança decretou várias intervenções, recebendo grande apoio da Inglaterra. No entanto, quando ela tentou intervir na América, onde acontecia o processo de independência, encontrou forte resistência da Inglaterra e dos Estados Unidos.

Essa resistência da Inglaterra deveu-se ao fato deste país desejar aplicar a sua atividade comercial na América, desejando assim a independência das colônias. Em vista desse relacionamento comercial extremamente lucrativo, a Inglaterra adotou uma política não – intervencionista, opondo-se ao envio de tropas à América.

Em 1823, os Estados Unidos, que também desejavam conquistar o mercado consumidor latino-americano, anunciaram a famosa Doutrina Monroe, que defendia que os países latino-americanos deveriam se unir caso houvesse uma intervenção européia no continente americano. O governo norte-americano considerava um ato de guerra contra os Estados Unidos qualquer agressão estrangeira a um país americano.

Unidade 25 - O Congresso de Viena (1814 - 1815) | 335

A Santa Aliança veio com o triunfo de novas revoluções liberais na Europa que, vitoriosas, tiveram duas características principais: por um lado, restabeleceram a independência política de países dominados por outras potências, como ocorreu com a Grécia em relação à Turquia, em 1828, e com a Bélgica em relação à Holanda, em 1831; por outro lado, substituíram o Absolutismo por um regime constitucional e parlamentar, como ocorreu na França com a Revolução de 1830.

LEITURA COMPLEMENTAR

"(...) Não foi feita qualquer tentativa para se tirar partido da vitória total sobre os franceses, que não deviam ser provocados para não sofrerem um novo ataque de jacobinismo. As fronteiras do país derrotado ficaram com uma pequena diferença para melhor, em relação ao que tinham sido em 1789; a compensação financeira da vitória não foi excessiva; a ocupação pelas tropas estrangeiras teve pouca duração e, por volta de 1818, a França era readmitida como membro integrante do "Concerto da Europa" (...). Os Bourbon foram reconduzidos ao poder, mas ficou entendido que eles tinham que fazer concessões ao perigoso espírito de seus súditos. As principais mudanças da Revolução foram aceitas e aquele excitante instrumento, a constituição, lhes foi garantido - embora, é claro, de uma maneira extremamente moderada - sob a máscara de uma carta" livremente concedida" pelo ressuscitado monarca absoluto, Luís XVIII". (Hobsbawm, Eric J. A Era das Revoluções. p. 119)

De acordo com o autor, por que o Congresso de Viena não tomou decisões radicais contra a França?

Resposta: Os franceses não poderiam ser provocados para não sofrerem um novo ataque de jacobinos.

QUESTÕES RESOLVIDAS

1. Por que a Inglaterra, que já era liberal, aderiu ao Congresso de Viena?

Resposta: Porque queria impedir que outros países europeus se tornassem liberais e se desenvolvessem economicamente, fato que poderia prejudicar a Inglaterra.

2. O que foi o Princípio de Legitimidade? Escreva sobre ele.

Resposta: Cada país voltaria a ter os limites territoriais anteriores a 1789.

3. O que foi o Princípio de Equilíbrio?

Resposta: O restabelecimento das fronteiras nacionais existentes antes do Império Napoleônico, para evitar pontos de conflito e de desequilíbrio entre as nações européias.

4. Por que o Congresso de Viena queria "parar" a História?

Resposta: Para evitar que novas revoluções como a Francesa ocorressem na Europa, ameaçando os regimes absolutistas.

5. (UFPR) "Em nome da Santíssima e Indivisível Trindade e conforme as palavras da Sagrada Escritura, segundo as quais todos os homens devem ter-se como irmãos, suas majestades o imperador da Áustria, o rei da Prússia e o imperador da Rússia permanecerão unidos por laços de verdadeira e indissolúvel fraternidade: considerando-se compatriotas, em toda ocasião e em todo lugar, eles se prestarão assistência, ajuda e socorro".

Trechos do Art. 1º. do Tratado da Santa Aliança (citado por Aquino, R. S. L. et alii. "História das sociedades: das sociedades modernas às sociedades atuais". Rio de Janeiro: Ao Livro Técnico, 1979.)

Considerando o exposto e a respeito da relação entre Napoleão Bonaparte e a Santa Aliança, coloque (V) para verdadeiro e (F) para falso:

( ) No processo de expansão do poder napoleônico na Europa, implantaram-se, em várias regiões do continente, reformas calcadas no modelo nacionalista, sob democrática liderança de Napoleão Bonaparte.

( ) Reunidos no Congresso de Viena em 1814-1815, os vencedores de Napoleão pretendiam refazer o mapa político europeu e restabelecer o equilíbrio político no continente europeu que existia antes da Revolução Francesa de 1789.

( ) A Santa Aliança foi um tratado idealizado pelo czar Alexandre I da Rússia, após a derrota definitiva de Napoleão e dos franceses, e destinava-se a implantar um sistema de intervenção nos países ameaçados por revoluções.

( ) Apesar da oposição inglesa, em face de seus interesses nos mercados latino-americanos, o sistema da Santa Aliança reforçou-se nas décadas seguintes, principalmente em função da ativa liderança da Rússia, que pretendia impedir qualquer ação dos aliados contra a política da legitimidade.

( ) De maneira geral, as ações da Santa Aliança afirmavam a ascendência das forças de conservação sobre as forças de transformação. Estas estavam presentes nas reformas introduzidas por Napoleão durante suas conquistas na Europa como a supressão dos direitos feudais e divulgação da idéia de igualdade civil.

Unidade 25 - *O Congresso de Viena (1814 – 1815)* | 337

( ) A conjuntura pós-napoleônica foi marcada pela ação da burguesia em prol dos ideais liberais e nacionais desencadeados com a Revolução Francesa, e contra a velha ordem absolutista representada pela Europa do Congresso de Viena.

Resposta: F V V F V V

Questões propostas

1. **(PUC-MG)** Identifique os principais objetivos do Congresso de Viena.

2. **(UFRJ)** Identifique dois princípios que se firmaram a partir do Congresso de Viena.

3. **(UERJ)** Em 1815, Napoleão Bonaparte, considerado o herdeiro da Revolução Francesa, foi derrotado, procedendo-se a uma restauração dos "legítimos soberanos" na França e em todos os países europeus onde o Antigo Regime havia sido destronado. Essa Restauração não desfez, porém, a obra liberal já construída. Em tal perspectiva, conservadorismo e liberalismo tornaram-se as palavras-chave para os debates políticos que permearam a primeira metade do século XIX.
   a) Cite duas características do liberalismo político.
   b) Entre as ações realizadas pelas forças de conservação na primeira metade do século XIX, encontra-se a política de intervenção da Santa Aliança. Conceitue essa política, identificando um de seus objetivos.

4. **(VUNESP)** A independência do Brasil, proclamada em 1822, foi reconhecida pelos Estados Unidos da América em maio de 1824 e por várias nações européias até o ano de 1826".

Em sua opinião, qual foi a razão dessa demora e qual a relação que tem com o Congresso de Viena (1815)?

5. **(VUNESP)** Considere as duas afirmações seguintes:
   I- A Declaração francesa dos Direitos em 1795 estabeleceu o princípio segundo o qual "Cada povo é independente e soberano, qualquer que seja o número de indivíduos que o compõem e a extensão do território que ocupa. Esta soberania é inalienável."
   (Citado por Eric Hobsbawm – "Nações e nacionalismo")

II - Depois da derrota napoleônica, o Congresso de Viena adotou como um dos princípios da reorganização do mapa político europeu, o da legitimidade.
a) Qual o princípio expresso na Declaração dos Direitos em 1795?
b) No que consistiu o princípio da legitimidade?

6. Entre as decisões do Congresso de Viena, podemos destacar a:
a) aceitação de uma política liberal, traduzida no apoio aos movimentos emancipacionistas;
b) fragmentação do território francês que passou a pertencer quase exclusivamente à Inglaterra;
c) manutenção das alterações políticas empreendidas por Napoleão;
d) restauração do antigo regime, resgatando a ordem absolutista;
e) ampliação das fronteiras francesas, em conseqüência das vitórias de Napoleão sobre a Inglaterra.

7. (UFPI) No Congresso de Viena (1815) as decisões foram tomadas pelas grandes potências: Rússia, Áustria, Inglaterra e Prússia, tendo como um de seus principais resultados:
a) a difusão das idéias revolucionárias, realizada, principalmente, pela maçonaria;
b) a restauração das fronteiras anteriores à Revolução Francesa;
c) a restauração das antigas monarquias parlamentares, como, por exemplo, a de Portugal;
d) a intervenção do papado em domínios territoriais do Sacro Império Romano-Germânico;
e) o auxílio prestado a movimentos revolucionários embasados nos princípios iluministas.

8. (FUVEST) O Tratado de Viena, assinado em 1815 tinha por principal objetivo:
a) estabelecer uma paz duradoura na Europa, que impedisse as guerras e revoluções, consolidando o princípio da legitimidade monárquica.
b) ratificar a supremacia da Prússia, no contexto político da Europa ocidental, para garantir triunfo de uma onda contra revolucionária.
c) assegurar ao Império Austro-Húngaro o controle da Europa continental, assim como da Inglaterra, a fim de impedir a expansão da Rússia.

d) impedir a ascensão da classe média ao poder, que iniciara uma série de revoluções em vários países da Europa ocidental.

e) criar um sistema repressivo capaz de conter as primeiras vagas do movimento socialista na Europa, através da exclusão da influência da França.

9. (UFMG) Em 1793, Schiller, um crítico da Revolução Francesa vislumbrou os possíveis resultados contra-revolucionários gerados pelo movimento de 1789 na seguinte passagem:

"A tentativa do povo francês de instaurar os sagrados Direitos do Homem e de conquistar a liberdade política não fez mais que trazer à luz sua impotência e falta de valor a este respeito; o resultado foi que não apenas esse povo infeliz, mas junto com ele boa parte da Europa, e todo um século foram atirados de volta à barbárie e à servidão".

O processo contra-revolucionário que veio confirmar o receio do autor foi:

a) a eclosão da Guerra dos Cem Anos.

b) a formação da Santa Aliança.

c) a proclamação da Comuna de Paris.

d) as jornadas de 1830 e 1848.

e) o estabelecimento do Comitê da Salvação.

Gabarito das questões propostas

Questão 1 - Resposta: Refazer o mapa político europeu e dividir a Europa em áreas de influência, de acordo com o interesse dos participantes, e restaurar o absolutismo.

Questão 2 - Resposta:

Legitimidade: deveriam ser restauradas no poder as dinastias reinantes antes de 1789, e cada país europeu deveria readquirir os territórios que possuía no período anterior à Revolução Francesa.

Princípio das Compensações: vantagens territoriais e financeiras para as grandes potências européias concordarem em manter o território francês com as mesmas fronteiras do período anterior a 1789.

Princípio das Intervenções: os Estados europeus tinham o direito de intervir nos países ameaçados por revoluções, cuja propagação constituiria uma ameaça à paz e à ordem geral.

Questão 3 - Respostas:
   a) Garantia das liberdades individuais do cidadão; liberdade de expressão; liberdade de imprensa; liberdade de religião; igualdade de todos perante a lei; divisão do poder entre executivo, legislativo e judiciário; a Constituição como um meio de garantir os direitos do cidadão; direito de propriedade.

b) A política de intervenção da Santa Aliança foi um dos instrumentos político-ideológicos do absolutismo, adotado pelo Congresso de Viena em 1815. Seus objetivos eram: intervir em qualquer movimento revolucionário liberal e/ou nacionalista que ameaçasse o equilíbrio europeu; fornecer assistência e socorro mútuo aos soberanos ameaçados pelas forças liberais.

Questão 4 - Resposta: O Congresso de Viena foi absolutista e contrário à independência das colônias, porém o Brasil foi elevado a Reino Unido nesse momento. A demora deve-se à negociação política e de concessões envolvendo Portugal e Inglaterra.

Questão 5 - Respostas:
  a) Liberdade, igualdade, inviolabilidade da propriedade e direito de resistir a opressão.
  b) Retomadas das fronteiras anteriores às mudanças feitas por Napoleão.

Questão 6 - Resposta: D

Questão 7 - Resposta: B

Questão 8 - Resposta: A

Questão 9 - Resposta: B

COMPLEMENTANDO OS ESTUDOS

FILME

Guerra e Paz (EUA/ITA, 1956). Dir. King Vidor

Unidade 26

A independência da América espanhola

Sinopse teórica

A situação do Império colonial espanhol

A independência das colônias americanas não teria sido possível sem a participação das classes dominantes coloniais. Embora as revoltas populares contra o domínio espanhol fossem freqüentes, eram sempre duramente reprimidas ou pela metrópole ou então pelos criollos. Somente a partir do momento que as contradições entre metrópole e colônia foram se aprofundando, ou seja, foram surgindo reivindicações coloniais de liberdade econômica e autogoverno, foi que as classes dominantes coloniais se articularam em torno do movimento de independência, conduzindo-o à vitória final.

Diversas divergências eram sentidas entre as elites, desde a sua origem (Havana, Lima e Buenos Aires eram comerciantes, e na Venezuela era rural), e até na questão ideológica. Francisco de Miranda e Simon Bolívar eram republicanos radicais enquanto José de San Martin era monarquista liberal. Assim, a independência ocorreu em torno de determinados líderes – os caudilhos –, não possuindo caráter nacional nem ideologia definida.

Não podemos afirmar que na América espanhola tenha havido uma Revolução Burguesa. Com exceção da Região do Prata, que apresentou um caráter urbano e burguês, na maioria das colônias ela teve caráter predominantemente aristocrático e rural, dirigido pelas oligarquias rurais.

"No Peru tivemos, por exemplo, um autêntico movimento popular e camponês no final do século XVIII, liderado por Tupac Amaru. Descendente dos antigos chefes incas foi precursor dos movimentos de libertação colonial. Em 1780, José Gabriel Tupac Amaru comandou uma das maiores revoltas contra os espanhóis na América. O movimento que se alastrou pelo Peru acabou sendo derrotado por diversos fatores: inexperiência militar e a deficiência de armamentos das forças rebeldes; métodos de traição empregados pelos espanhóis, e a falta de apoio por parte das camadas dominantes. Em 1781, Tupac Amaru foi preso e executado, e a sublevação foi esmagada." ("História das sociedades Americanas". Aquino, Jesus e Oscar, editora o livro técnico s/a, p. 139)

Entre 1808 e 1810 começaram a surgir fatos que vão gradativamente tornando possível a independência das colônias. Vimos aqui quando estudamos o período napoleônico que o imperador francês promoveu um expansão pela Península Ibérica que acabou depondo o rei espanhol Fernando VII, que foi substituído por José Bonaparte. Como os franceses promoveram um verdadeiro massacre da sociedade civil, os espanhóis reagiram criando as juntas de governo, que disputavam entre si a hegemonia e direção dos negócios coloniais e de guerra. De certa forma, a tradicional repressão que sempre existiu entre a metrópole e as colônias acabou diminuindo, favorecendo o processo de organização dos criollos que, a exemplo da metrópole, criaram também juntas governativas a partir dos cabildos. As juntas governativas não estavam unidas no mesmo ideal. Algumas defendiam a fidelidade a Fernando VII; outras desejavam autonomia para governar apenas enquanto outras defendiam a completa independência. Esta última acabou se impondo às demais.

Unidade 26 - *A independência da América espanhola* | **343**

O general e político argentino José de San Martin (1778-1850) participou ativamente das lutas pela independência da Argentina, Chile e Peru. Com a vitória na Batalha de Maipú, em 1818 (retratada na pintura), San Martin e seu exército consolidaram a independência do Chile.

Vimos também que Napoleão Bonaparte, tentando destruir economicamente a Inglaterra, lançou, em 1806, o Bloqueio Continental. Comentávamos naquela ocasião que essa decisão tomada por Napoleão, de impedir que a Inglaterra continuasse vendendo seus produtos na Europa continental, na realidade não afetou a economia inglesa. A Inglaterra procurou novos mercados, como por exemplo o americano e passou assim a apoiar os processos de independência que surgiram na América. Somente uma América livre das restrições coloniais poderia ser dominada pela economia inglesa.

Além de todos esses fatores apontados, as idéias liberais francesas, difundidas no século XVIII, inspiravam as elites criollas a lutarem pela independência, sem contar com o fato de que a independência dos Estados Unidos também serviu de exemplo e estimulou o processo de independência na América espanhola.

A GUERRA DA INDEPENDÊNCIA

O movimento de independência começou em três cidades básicas: Caracas, Buenos Aires e México, enquanto Lima era um centro de reação da Espanha.

Na Venezuela o líder Francisco de Miranda conseguiu convocar o Congresso Geral da Venezuela e proclamou a independência em 1811. A vitória final contra os espanhóis só aconteceu no ano seguinte contando com a liderança de Simon Bolívar.

Na região platina, o processo de independência teve início em 1810 na chamada Revolução de Maio com a deposição do vice-rei Cisneros. A nova junta de governo era chefiada por Manuel Belgrano, fiel ao rei e aos ideais monárquicos, e Mariano Moreno, que apresentava tendências republicanas.

*Retrato de Bolívar (1816), de pintor anônimo haitiano.
Biblioteca Nacional, Rio e Janeiro.*

No México, a luta pela independência teve um sentido rural e indígena, com caráter popular tornando-se assim diferente dos demais movimentos que aconteceram na América espanhola. Entre 1810 e 1811, o padre Miguel Hidalgo liderou uma revolta que iniciaria o processo de independência do país. Hidalgo foi fuzilado em 1811 mas no entanto a luta prosseguiu contando agora com a liderança do padre José Maria Morellos que acabou declarando a independência da Nova Espanha.

Em 1815 os espanhóis iniciaram uma violenta repressão e a luta que até então possuía um caráter social e ético, atendendo a desejos de camponeses, índios e mestiços, respectivamente, acabou atendendo no final mais aos interesses da aristocracia rural criolla.

O projeto da classe dominante colonial era o de uma monarquia, onde a emancipação ocorreria por vias pacíficas, sem romper com a Espanha. A metrópole enviou Agustín de Iturbide para lutar contra os rebeldes mexicanos que agora eram liderados por Vicente Guerrero. Iturbide e Guerrero fizeram um acordo e, em 1821, foi assinado **Plano de Iguala** que proclamou a Independência do México estabelecendo direitos iguais para espanhóis e criollos, a supremacia da religião católica e convidou Fernando VII para ocupar o trono.

Os setores liberais e os comerciantes de Vera Cruz não aceitavam a idéia, mas no entanto, Iturbide, apoiado pelo exército mexicano, proclamou-se imperador do México em 1822. No entanto, pouco depois, uma revolta republicana, chefiada por Antônio de Santa Ana acabou depondo Iturbide. As constantes guerras entre federalistas e unitaristas seria a principal característica da política mexicana ao longo do século XIX.

AMÉRICA DO SUL

No vice-reino da Prata (Argentina, Uruguai, Paraguai e Bolívia), o movimento que teve início em Buenos Aires, onde dominava uma burguesia mercantil, acabou fragmentando-se. O Paraguai constituiu-se em uma República comandada por Gaspar Francia em 1813. O Uruguai só conquistou a independência definitiva em 1828, após ser dominado pelo Brasil em 1821. A Argentina declarou a sua independência em 1816 no Congresso de Tucumã, adotando o regime republicano.

Em 1811, no Chile, José Miguel Carrera assumiu a liderança dos criollos na luta contra os espanhóis que acabaram sendo expulsos da região. No ano seguinte, os espanhóis que se concentravam no Peru esboçaram uma reação e conquistaram vitória em 1814. No entanto, Bernardo O'Higgins conquistou a independência definitiva em 1818 depois das vitórias do Exército dos Andes, comandado por San Martin, em Chacabuco e Maipu.

Na Venezuela, um representante da Aristocracia, representante da corrente liberal e republicana, Simon Bolívar, acabou se tornando um dos mais destacados líderes das guerras de independência. Em 1821, em Carabobo, as tropas de Bolívar conquistaram a independência da Venezuela.

Como vimos, o Peru constituía o núcleo de resistência da Espanha na América. Auxiliado pelos mercenários do inglês Lorde Cochrane, o exército conduzido por San Martin, derrotou os espanhóis e libertou o Peru em 1821.

Restava ainda a Bolívia (Alto Peru). Em Junin e Aiacucho (1824), os exércitos de Bolívar e Sucre, respectivamente, puseram fim ao domínio espanhol na América do sul, surgindo uma nova República na América em 1825.

AMÉRICA CENTRAL

Unida inicialmente ao México, a América Central proclamou a sua independência em 1824 dando origem às Províncias unidas da América Central. Mas, no entanto, os interesses britânicos na região acabaram provocando a fragmentação territorial.

– E por que houve a fragmentação territorial?

De acordo com o que estudamos, Simon Bolívar foi um dos grandes líderes do processo de independência da América Latina e após a conclusão das independências, organizou em 1826, o famoso Congresso do Panamá. Neste congresso, Bolívar percebendo a ameaça de recolonização que existia na Santa Aliança, propõe a união da América Latina para evitar essa tentativa, defendendo ainda a abolição da escravidão.

Divisão Administrativa e Independência da América Luso-Espanhola

Por que essa união defendida por Bolívar não se consolidou?

Após a independência, os países da América Latina adotaram o Regime Republicano e as rivalidades entre unitaristas e federalistas caracterizaria o cenário político latino-americano. Os primeiros defendiam a centralização do poder enquanto os federalistas defendiam a descentralização.

Com o declínio da mineração novos pólos econômicos surgiram na América Latina provocando assim uma diversificação da economia. Dessa forma, à época da independência, essas novas regiões econômicas, desejando manter sua liderança no comércio interno e externo passaram a defender o Federalismo, contribuindo assim com a fragmentação territorial.

Vale a pena destacar também que como já vimos, os Estados Unidos e a Inglaterra tinham interesses comerciais na região, e assim apoiavam também a fragmentação territorial. Seria muito mais fácil dominar o comércio de uma região pequena e frágil do que o de uma grande nação como pretendia Bolívar.

LEITURA COMPLEMENTAR

A Independência do Haiti

"Salvei a minha pátria. Vinguei a América....nunca mais um colono ou um europeu porá o pé neste território com o título de amo ou de proprietário", declarava Jean-Jacques Dessalines, um dos líderes do Haiti, após a proclamação da independência, em 1804 (Dozer, D. M., "América Latina – uma perspectiva histórica". Editora Globo, EDUSP, Porto Alegre, 1966, p. 191 e 192)

"As terras de São Domingos devem pertencer aos negros; eles a conquistaram com o suor do seu rosto." (Morales Padron. F. "Manual de história universal", Tomos V e VI, História General de América. Espasa-Calpe, Madri, 1962 tomo vz, p.23)

O movimento de independência do Haiti sustentado pela população negra e mulata contra os exércitos franceses, significou a vitória de um povo sobre a opressão escravistas e a exploração colonialista.

As sucessivas mudanças políticas na França provocadas pelo processo revolucionário de 1789 influenciaram a Ilha de São Domingos. No plano econômico tivemos uma desorganização da atividade açucareira. No campo militar, afirmou-se, cada vez mais, a autoridade de Toussaint Louverture, antigo escravo que lutou ao lado dos espanhóis e dos franceses.

Toussaint Loverture morreu em Paris em 1803 e Jean-Jacques Dessalines tornou-se o condutor da rebelião anticolonialista. Auxiliados por ingleses e norte- americanos, as forças insulares expulsaram os franceses, e em 1804, foi proclamada a Independência da metade da ilha, que tomou o nome de Haiti (Terra das Montanhas), enquanto a parte ocidental continuava ocupada pela tropas francesas (1802–1806) e espanholas.

Dessalines, antigo escravo, foi proclamado Imperador. "A República que emergiu da escravidão nasceu entre as ruínas coloniais. A guerra de 1802-1804 havia deixado o país no caos, milhares de homens haviam morrido" (Michel, E,C. "La Revolution Haitiana y Santo Domingo". Editora Nacional, Santo Domingo, 1968 p. 77)

Qual a principal característica do processo de independência do Haiti?

Resposta: Os negros assumiram a liderança do movimento, expulsaram os brancos e assumiram o poder.

QUESTÕES RESOLVIDAS

1. (FUVEST) Que relação há entre as guerras napoleônicas e as de independência da América espanhola?

Resposta: Quando Napoleão invadiu a Espanha, o poder passou para as juntas governativas que, brigando entre si, enfraqueceram a repressão sobre a América Latina. Diante do que foi exposto, em nosso continente surgiram as juntas insurrecionais que passaram a lutar pela independência.

2. (UFRJ) Explique o papel de liderança da elite colonial no processo de independência da América espanhola.

Resposta: Embora os criollos fossem ricos proprietários de minas e fazendas, não ocupavam os principais cargos administrativos que ficavam com o chapetones. Assim, com o apoio da Inglaterra, os criollos lideraram o processo de independência, interessados no controle do aparelho político-administrativo e no livre comércio.

3. (UFRJ) Colônia mais rica da América no fim do século XVIII, segundo país independente no continente, primeira república negra do mundo.

A história do Haiti, no princípio, está cheia de motivos de orgulho. Depois, nos 190 anos posteriores à independência da França, é que as coisas se complicaram.

"(...) A historia do Haiti dali em diante foi uma sucessão de golpes, revoluções, guerras civis e intervenções norte americanas. (...)" ("Folha de São Paulo". São Paulo, 2º· caderno. 20.09.94, p. 12)

No segundo semestre de 1994, os Estados Unidos decidem intervir no Haiti para reconduzir ao poder Jean-Bertrand Aristide, presidente eleito em 1990 e deposto por um golpe militar em 1991. Nas discussões na ONU que precederam a intervenção, a diplomacia brasileira, coerente com sua linha de atuação nas últimas décadas, manifestou-se contrária a essa ação militar.

Na história do Haiti, outro momento se destacou no cenário mundial: a rebelião escrava de 1791, com significativa repercussão junto a outras regiões do continente americano.

Explique uma repercussão da rebelião ocorrida no Haiti, em fins do século XVIII, nas sociedades escravistas vigentes na América.

Resposta: A eclosão de rebeliões de escravos e as medidas preventivas adotadas pelos proprietários de escravos.

4. (UERJ) Cite dois fatores econômicos que ocasionaram a crise do sistema colonial na América, durante século XVIII, e comente a relação entre eles.

Resposta: O desenvolvimento de interesses específicos dos colonos na alocação favorável de seus produtos no mercado internacional; o aumento da concorrência da produção intercolonial destinada à exportação e as pressões dos países industrializados pela abertura de novos mercados na América conduziram à convergência de interesses pela ruptura das relações de monopólio que determinavam preços e impediam o livre-cambismo.

5. (UFRJ) "(...) Desejo, mais que outro, ver formar-se na América a maior nação do mundo, não tanto pela sua extensão e riquezas como pela sua liberdade e glória." (Símon Bolívar. "Carta da Jamaica", 1815)

Símon Bolívar (1783-1830), um dos mais importantes líderes da luta pela independência das colônias espanholas na América, formulou uma série de propostas para o futuro do continente que, por diversas razões, não se concretizaram. No entanto, suas idéias servem como fundamento para o pan-americanismo ao longo dos séculos XIX e XX.

Identifique, a partir do texto, uma característica da proposta política de Bolívar para a América Independente.

Resposta: A unificação da América Latina para evitar a recolonização defendida pela Santa Aliança e para promover o progresso e a paz no continente.

QUESTÕES PROPOSTAS

1. (UFRJ) Explique por que as idéias de Bolívar não foram concretizadas na América hispânica independente.

2. (VUNESP) "Se a economia do mundo do século XIX foi formada principalmente sob influência da Revolução Industrial britânica, sua política e ideologia foram formadas fundamentalmente pela Revolução Francesa." (Hobsbawm, E. J., "A Era das Revoluções", 1789–1848)

Após a leitura do texto, responda.
 a) Por que o autor denomina o período de 1789 a 1848 de Era das Revoluções?
 b) Em relação à América Latina, como se manifestou a dupla revolução apontada pelo autor?

3. (UFG) "A história do México é a do homem que procura a sua filiação, a sua origem. Sucessivamente afrancesado, 'hispanista, indigenista, atravessa sua história como um cometa de jade, que de vez em quando relampagueia. Na sua excêntrica carreira, o que persegue? Corre atrás da sua catástrofe: quer voltar a ser sol, voltar ao centro da vida de onde um dia – na Conquista ou na Independência? – foi desligado."

O texto citado foi retirado do livro "O labirinto da Solidão", de Octávio Paz. O autor define um campo de tensão social e cultural própria do mundo mexicano, mas que responde a um sentimento presente em toda a América Latina. A partir do exposto, comente por que se pode refletir sobre a Conquista ou a Independência, com base na idéia de catástrofe.

4. (UERJ) "O Deus da natureza fez a América para ser independente e livre: o Deus da Natureza conservou no Brasil o príncipe regente para ser aquele que firmasse a independência deste vasto continente. Que tardamos? A época é esta. Portugal nos insulta... a América nos convida ... a Europa nos contempla ... o príncipe nos defende... Cidadãos! Soltai o grito festivo... Viva o Imperador Constitucional do Brasil, o senhor D. Pedro Primeiro."
("Correio Extraordinário do Rio de Janeiro", 21/09/1822)
   a) Comparando os processos de emancipação política da América portuguesa e da América espanhola, aponte uma diferença verificada entre eles.
   b) Apresente duas razões para a independência do Brasil.

5. (UNICAMP) "Esta porção desgraçada de nossos irmãos que gemeu sob as misérias da escravidão já está livre. A natureza, a justiça e a política pedem a emancipação dos escravos; daqui em diante só haverá na Venezuela uma classe de homens: todos serão cidadãos."
(Discurso de Simon Bolívar, Venezuela, 1816)
   a) Qual é o assunto tratado no discurso?
   b) Mencione dois outros movimentos políticos que foram liderados por Simon Bolívar.
   c) Cite dois princípios políticos que serviram de inspiração para a ação revolucionária de Bolívar.

6. (UNI-RIO) Ao compararmos os processos de formação dos Estados Nacionais no Brasil e na América Hispânica, no século XIX, podemos afirmar que:
   a) a unidade brasileira foi garantida pela existência de uma monarquia de base popular, enquanto que o caudilhismo, na América Hispânica, impediu qualquer tipo de participação das camadas mais baixas da população.

b) a unidade brasileira relacionou-se, exclusivamente, ao forte carisma dos representantes da Casa de Bragança, enquanto, na América Hispânica, não surgiu nenhuma liderança que pudesse aglutinar os diversos interesses em disputa.

c) as diferenças regionais, no Brasil não ofereceram nenhum obstáculo à obra centralizadora em torno da Coroa, ao passo que na América Hispânica as diferenças regionais contribuíram para a sua fragmentação.

d) os interesses ingleses, na América Hispânica, eram mais presentes e foram os únicos determinantes da sua fragmentação, ao passo que no Brasil aqueles interesses não existiram de maneira tão marcante, de forma a impedir a obra da centralização.

e) não existiu, na América Hispânica, uma facção oligárquica hegemônica que conseguisse levar adiante a obra da unidade, enquanto no Brasil os interesses escravistas aglutinaram as elites em tomo de um projeto centralista.

7. **(FUVEST)** Os Estados Nacionais que se organizam depois das independências no Brasil e nos países americanos de colonização espanhola, entre as décadas de 1820 e 1880, são semelhantes quanto à:
a) adoção de regimes políticos e diferentes com relação às posições implementadas sobre a escravidão negra.
b) decisão de imediata abolição da escravidão e diferentes com relação à defesa da propriedade comunal indígena.
c) defesa do sufrágio universal e diferentes com relação às práticas do liberalismo econômico.
d) defesa da ampliação do acesso à terra pelos camponeses e diferentes com relação à submissão à Igreja Católica.
e) vontade de participar do comércio internacional e diferentes quanto à adoção de regimes políticos.

8. **(UEL)** "No âmbito da vida política, os Estados Nacionais emergentes da luta anticolonial tiveram que enfrentar dois problemas imediatos. Por um lado, assegurar o aparecimento da sociedade de mercado, requisito fundamental para a consolidação do crescimento econômico e para a acumulação nacional da riqueza. De outro lado, a ruptura do pacto colonial requereu um novo estatuto jurídico-político, representado pelo estabelecimento de regras constitucionais que assegurassem liberdade, porém que ao mesmo tempo contivessem o assédio ao poder dos grupos locais."

(Adorno, S. "Nos limites do direito, nas armadilhas da tradição". In: Coggiola, O. (org.) "A Revolução Francesa e seu impacto na América Latina". São Paulo: EDUSP; Brasília: CNPq, 1990. p. 184)

Os dois problemas apontados no texto referem-se ao período de formação dos Estados da América Hispânica. Entre os fundamentos que embasaram as novas regras políticas e econômicas nesse processo, considere os seguintes:

I - O liberalismo, base teórica do capitalismo, que preconiza a liberdade de ação do mercado em relação ao Estado.

II - O anarquismo revolucionário de Bakunin, que propõe a derrubada de todos os governos.

III - O "Contrato Social", de Rousseau, que sugere um regime de igualdade jurídica oferecido por um Estado de bases democráticas.

IV - A "Declaração da Independência dos Estados Unidos da América", que enunciou uma filosofia política cuja essência é a idéia de soberania popular.

V - "Manifesto Comunista", de Karl Marx e Friedrich Engels, que traça o desenvolvimento da sociedade de classes até o início do capitalismo moderno.

Assinale a alternativa que enumera apenas elementos que influenciaram as políticas dos Estados hispano-americanos em formação.

a) I, III e V.
b) II, III e IV.
c) III, IV e V.
d) I, III e IV.
e) I, IV e V.

9. (UFSC) Certamente, as mudanças sociais, políticas e econômicas ocorridas durante o século XIX, proporcionaram uma conjuntura favorável à Independência da América Espanhola. A Revolução Francesa, a Independência dos Estados Unidos, as idéias liberais e a crise do sistema colonial, criaram um contexto propício para a emancipação política das colônias ibéricas.

Use (V) para verdadeiro e (F) para falso no que se refere às referências à Independência da América Espanhola do século XIX.

( ) A instabilidade política da Europa, gerada pelas lutas contra o Antigo Regime, provocou crises econômicas e políticas que favoreceram os movimentos emancipacionistas da América.

( ) As idéias iluministas divulgadas na América influenciaram os colonos americanos nas suas lutas contra a metrópole,

( ) A Inglaterra favoreceu o processo de Independência da América Espanhola, pois percebia no continente americano um novo mercado para os seus produtos industrializados, bem como, fonte de matérias-primas.

( ) Com a conquista da sua emancipação política, os Estados Unidos (EUA) passaram a remeter recursos financeiros e contingentes militares aos colonos espanhóis na América do Sul, decisivos para o sucesso dos movimentos de independência.

( ) Entre os fatores que contribuíram para a independência da América Espanhola destacaram-se: os efeitos do monopólio comercial metropolitano e a desigualdade de direitos entre os colonos nascidos na América (criollos) e os colonos nascidos na Espanha (chapetones),

( ) A unidade do espaço territorial da Espanha na América foi mantida, apesar dos movimentos emancipatórios do século XIX.

10. (UFSCAR) O processo de independência das colônias latino-americanas deve ser compreendido como parte das contradições e das crises do Antigo Regime. Assinale a alternativa que melhor explicita o fator que contribuiu para precipitar o referido processo.

a) Democratização gradual das instituições coloniais, permitindo a crescente participação política de setores populares.

b) Organização de forças militares coloniais, compostas pela população local, através do estabelecimento do serviço militar obrigatório.

c) Intervenção militar dos Estados Unidos da América do Norte nas nações latino-americanas, procurando libertá-las do jugo europeu.

d) Oposição dos senhores locais à abolição do trabalho compulsório nas áreas coloniais pelas elites ilustradas metropolitanas.

e) Luta por uma reorganização comercial que permitisse um contato direto entre os produtores da América e o recém-industrializado país europeu.

Gabarito das questões propostas

Questão 1 - Resposta: Porque os EUA e a Inglaterra tinham interesses comerciais na região, e assim apoiavam a fragmentação, além dos interesses dos chefes políticos locais que não apoiavam a unificação com medo de perderem a influência política.

Questão 2 - Respostas:
a) Esse período, compreendido entre o inicio da Revolução Francesa e "A Primavera dos Povos", corresponde à fase das Revoluções Burguesas que se opuseram ao Antigo Regime, no quadro da consolidação do sistema capitalista.

b) No plano econômico, pela eliminação do Pacto Colonial e pela passagem para a órbita do capitalismo inglês. No plano político-ideológico, pela constituição de Estados Nacionais dotados de um discurso liberal, mas adequado aos interesses das classes dominantes.

Questão 3 - Resposta: A conquista da América Latina, foi marcada por todo o tipo de atrocidades aos nativos, por parte dos conquistadores e pela submissão forçada aos colonizadores europeus. Mesmo a conquista da Independência por seu caráter elitista, não superou as estruturas socioeconômicas do período colonial e ainda favoreceu o domínio do capital estrangeiro no continente.

Questão 4 - Respostas:
   a) Podemos apontar como diferenças:
      – O processo político de independência estabeleceu, na América portuguesa, uma monarquia, enquanto na América espanhola, efetivou o regime republicano.
      – Na América portuguesa, a unidade territorial pré-existente foi mantida após a independência, enquanto que na América espanhola, assistiu-se a uma fragmentação territorial.
   b) Dentre as razões para a independência do Brasil, podemos destacar:
      – A política recolonizadora das Cortes de Lisboa.
      – O fechamento dos tribunais superiores no Brasil.
      – A exigência da volta do príncipe regente para Portugal.
      – A proibição de que o Brasil tivesse uma constituição própria.
      – As idéias liberais propagadas pelo movimento constitucional português de 1820.

Questão 5 - Respostas:
   a) Independência da Venezuela e a abolição da escravidão.
   b) A Independência da Colômbia e a Independência do Peru.
   c) O Liberalismo e o Republicanismo.

Questão 6 - Resposta: E

Questão 7 - Resposta: E

Questão 8 - Resposta: D

Questão 9 - Resposta: V V V F V F

Questão 10 - Resposta: E

COMPLEMENTANDO OS ESTUDOS

FILME
   Queimada

Livro

Teixeira, Francisco M. P. *As Guerras de Independência da América Latina.* São Paulo: Ed. Ática, 1996.

Página eletrônica

Resumo de documentos sobre a América Colonial:
http:/www.ceveh.com.Br/documentos/index.htm

As gravuras foram adaptadas de:

Aquino, Jesus e Oscar. *História das Sociedades Americanas.* Ao Livro Técnico S/A e *Saber e Fazer História* – *História Geral e do Brasil.* Ed. Saraiva

UNIDADE 27

O BRASIL INDEPENDENTE

SINOPSE TEÓRICA

A INDEPENDÊNCIA DO BRASIL
INTRODUÇÃO

Após a Revolução Industrial, em 1750, na Inglaterra, o mundo passou por uma grande transformação. O processo de colonização, a política mercantilista que tanta riqueza produziu para as metrópoles européias, o trabalho escravo, agora seriam radicalmente condenados pela burguesia industrial inglesa. Era a disputa por mercados entre o capital industrial contra o capital comercial. A nova etapa do desenvolvimento capitalista exigia liberdade de comércio e iniciativa (livre-cambismo). Não deveria haver barreiras entre as nações, o comércio e a indústria tinham que se desenvolver. O Estado Absolutista que sempre defendeu a intervenção do Estado na economia através do mercantilismo, acabou sendo questionado.

O DECLÍNIO DO MERCANTILISMO

A partir de 1580 inciou-se a União Ibérica, ou seja, o domínio espanhol sobre Portugal que se estendeu até 1640 quando os portugueses apoiados pela Inglaterra, conseguiram a Restauração, ou seja, a sua independência.

Essa dominação trouxe sérios problemas para Portugal, como, por exemplo, as duas invasões holandesas ao Brasil que trouxeram inúmeras despesas para Portugal. Saindo com a economia arrasada, Portugal acabou fazendo alianças com a Inglaterra e a Holanda o que provocou a perda de algumas colônias para estes países nas Índias.

Diante da situação descrita, a "galinha dos ovos de ouro" de Portugal era o Brasil, a sua colônia mais rica. Desta forma, a partir do momento que a crise crescia em Portugal o Brasil sofria um arrocho maior.

Portugal e a resistência do sistema colonial

A exploração de Portugal sobre o Brasil crescia consideravelmente. O aumento da exploração somado à crise dos produtos de exportação acabaria levando ao enfraquecimento do Pacto Colonial. A elite colonial começou a reclamar dos impostos sobre os produtos de exportação, não havia como ficar calado diante de tamanha exploração.

Quando analisamos o contexto internacional da época percebemos que mudanças aconteciam. As 13 colônias da América do Norte se libertaram da maior potência do mundo na época (Inglaterra), servindo de exemplo para as demais colônias americanas. Na França, berço do Iluminismo, a palavra de ordem era a derrubada do rei e da nobreza, o fim do despotismo.

As idéias liberais que chegavam à colônia eram bem-vindas, principalmente no que diz respeito ao princípio do direito de propriedade, liberdade comercial, igualdade perante a lei. A adesão ao liberalismo no entanto tinha limites, ou seja, os interesses das elites teriam que ser mantidos, principalmente o latifúndio e a escravidão. Neste momento as lojas maçônicas teriam um papel fundamental na difusão da ideologia iluminista. Chegava o momento da independência, de acabar com a dominação autoritária de um Estado centralizador, de acabar com uma economia especializada e dependente, de acabar com o monopólio comercial e assim ampliar a sua margem de lucro. A metrópole antes apoiada pelas elites coloniais tornava-se neste momento uma intermediária negativa nas relações comerciais internacionais.

Os movimentos nativistas

As lutas na colônia contra a exploração da metrópole tiveram dois momentos distintos. No primeiro não existia consciência completa da exploração colonial e sim de alguns aspectos que prejudicavam a aristocracia rural, no caso principal, os altos impostos. Foram movimentos locais que nunca levavam à contestação do pacto colonial como um todo. Estes movimentos ficaram conhecidos na História como movimentos nativistas e aconteceram entre a segunda metade do século XVI e a primeira metade do século XVII.

A partir da segunda metade do século XVIII começou a segunda fase que se estendeu até 1822 com a independência. Neste período notamos o ideal de libertação colonial despontando, os movimentos são contra o Pacto Colonial em sua totalidade, tentam emancipar o Brasil de Portugal. Agora vamos analisar os movimentos nativistas da História do Brasil.

ACLAMAÇÃO DE AMADOR BUENO (SÃO VICENTE – 1641)

Em 1640, no dia 15 de dezembro, assumiu o poder em Portugal D. João IV, depois da Restauração portuguesa, ou seja, do término da União Ibérica. Em São Vicente moravam muitos espanhóis e a partir do momento que souberam da Restauração portuguesa insuflaram uma parte da população a rebelar-se contra o governo português, proclamando a soberania de São Paulo. O rei dos paulistas foi Amador Bueno principalmente porque era sogro de dois fidalgos espanhóis estabelecidos em São Vicente.

Amador Bueno sempre defendeu a ordem constituída e quando o povo resolveu aclamá-lo rei, recusou a oferta e fugiu da população que desejava dar-lhe a coroa de qualquer forma. Segundo frei Gaspar da Madre de Deus, cronista da época, o paulista proporcionou um fato curioso: o povo perseguindo seu rei aos gritos de "Viva Amador Bueno, nosso rei", enquanto o "soberano" correndo respondia: "Viva, D. João IV, nosso rei e senhor, pelo qual darei a vida."

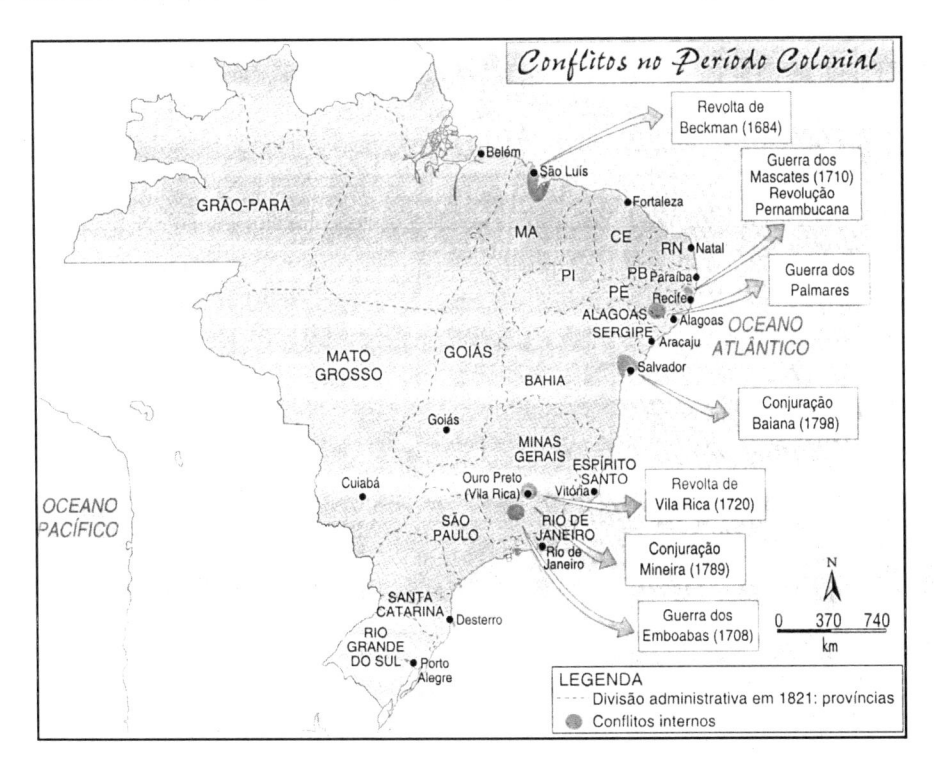

A Revolta de Beckman (Maranhão – 1684)

A economia do Maranhão era baseada nas drogas do Sertão e algodão principalmente. Tentando ampliar o controle econômico da região, Portugal criou a Companhia de Comércio do Maranhão (1682), que detinha o monopólio de todo o comércio de compra e venda da produção do Estado.

Esta companhia deveria também introduzir escravos no Estado, mas, no entanto, mal começou a funcionar e os problemas começaram a acontecer. Inicialmente a companhia não conseguia colocar no Maranhão o número de escravos acordados para atender o crescimento da agricultura local, além do mais, os colonos da região resolveram, diante da falta de africanos escravizar os índios e por este motivo entraram em atrito com os jesuítas, sem contar com o fato de que a companhia raramente pagava pelos produtos o preço tabelado pela coroa portuguesa. Todos esses fatores descritos, acabaram promovendo a revolta que foi liderada por Manuel Beckman, um rico fazendeiro da região.

Manuel Beckman, seu irmão Tomás Beckman e seu auxiliar, Jorge de Sampaio, aproveitando a ausência do governador, tomaram e assumiram a administração da capitania. Expulsaram os jesuítas e extinguiram a companhia de Comércio e acabaram sendo condenados à morte.

A Guerra dos Emboabas (Minas Gerais – 1709)

Assim que chegou a Portugal a notícia de que o ouro tinha sido encontrado no Brasil, milhares de portugueses vieram para o Brasil com a intenção de apoderar-se das minas.

Como os paulistas tinham sido os autores da descoberta, sentiam-se injustiçados com a ambição portuguesa, fator que provocou violentos conflitos entre os dois grupos.

Os portugueses, também chamados de Emboabas ou forasteiros massacraram os paulistas em 1709 no episódio que ficou conhecido como Capão da Traição. Cerca de mil portugueses liderados por Bento do Amaral Coutinho pediram aos paulistas para se renderem e depois acabaram covardemente assassinando-os.

O final da guerra foi desfavorável aos paulistas e como conseqüência acabaram saindo da região partindo para o Centro-Oeste, onde viriam a descobrir novas minas de ouro no Brasil.

A Guerra dos Mascates (Pernambuco – 1710)

Esta rebelião foi caracterizada pelo choque entre a Aristocracia de Olinda e os comerciantes (mascates) de Recife.

A rivalidade entre "brasileiros" (de Olinda) e "portugueses" (de Recife) girava em torno de dois problemas: o primeiro era que a decadência do açúcar levava a aristocracia rural a endividar-se com os comerciantes portugueses que detinham o monopólio do comércio de Pernambuco. O segundo era que apesar de decadente Olinda era vila e possuía Câmara Municipal tendo assim autonomia em relação a Recife que era comarca e subordinada administrativamente a Olinda.

Em 1709 Portugal decidiu elevar Recife à categoria de Vila separando-a de Olinda, no ano seguinte, na época da demarcação dos novos limites entre as duas vilas, o governador Sebastião de Castro e Caldas que era favorável aos mascates, acabou sofrendo um atentado, incidente que o levaria a tomar medidas repressivas contra os olindenses.

No final do ano de 1710, liderados por Bernardo Vieira de Melo, os olindenses invadiram Recife e derrubaram o pelourinho (símbolo de autonomia administrativa). A ordem foi restabelecida com a chegada do novo governo, foram presos os principais envolvidos e Recife foi confirmada como vila, passando a ser o centro administrativo da capitania.

A Revolta de Felipe dos Santos (Vila Rica – 1720)

No dia 29 de junho de 1720 uma nova revolta estouraria em Minas Gerais. Cerca de dois mil revoltados conquistaram a cidade de Vila Rica exigindo do governador a extinção das Casas de Fundição.

Apanhado de surpresa, o governador fingiu aceitar as exigências dos revoltosos e prometeu acabar com as Casas de Fundição. Na verdade, desejava apenas ganhar tempo para organizar suas tropas e poder reagir energicamente. E foi justamente o que aconteceu. Em pouco tempo, os líderes do movimento foram presos e Felipe dos Santos foi condenado, sua pena foi o enforcamento em praça pública no dia 16 de julho de 1720, sendo o seu corpo depois esquartejado.

Os movimentos precursores
A Conjuração Mineira (1789)

Quando analisamos as causas internas da conjuração mineira percebemos que elas estão diretamente relacionadas à mineração que neste período do século XVIII estava em decadência. Diante do declínio da mineração, conseqüentemente não era possível continuar pagando os altos impostos cobrados por Portugal, situação essa que preocupava o rei. A partir de 1750, a Coroa decidiu que os rendimentos anuais do quinto deveriam ser de cem arrobas, principalmente sabendo-se que os relatórios preparados pela Intendência portuguesa afirmavam que os impostos não pagos, principalmente pelo contrabando. Diante deste relatório, o rei de Portugal resolveu instituir a Derrama, ou seja, o dia da cobrança dos impostos atrasados. O que ficasse faltando para completar as cem arrobas era amontoado e depois cobrado pelos portugueses numa vila escolhida de surpresa. A decretação da Derrama era normalmente um dia de muita violência, marcado pelas invasões de domicílio, saques, prisões e torturas dos que protestassem.

O "Alferes Joaquim José da Silva Xavier". Rodrigues (Museu Histórico Nacional, RJ)

Além dos fatores internos que acabaram de ser citados, havia também na região uma conjuntura internacional que influenciou a revolta. Em 1783 os norte-americanos conquistaram a vitória final contra os ingleses e como vimos anteriormente essa vitória serve de estímulo, de exemplo para os demais colônias americanas. Se 13 colônias conseguiram se libertar da maior potência do mundo, por que uma colônia rica como o Brasil não se libertaria de Portugal?

A França por sua vez teve também grande influência na Conjuração Mineira, principalmente através da ideologia Iluminista e também das manifestações pré-revolucionárias no país. Tudo isso fazia crescer o nível de consciência dos setores intermediários da sociedade.

Os conjurados de Minas Gerais apresentavam as seguintes propostas: livre produção, desenvolvimento de manufaturas têxteis e siderúrgica, produção agrícola, liberdade comercial. Os mineiros embora condenassem moralmente a escravidão não tinham tomado nenhuma decisão concreta sobre o assunto, até porque os revoltosos em sua maioria eram pessoas ricas, proprietárias de escravos em suas propriedades. Assim vale a pena destacar como a ideologia iluminista foi adaptada aos interesses das elites, a questão da igualdade não estava sendo respeitada.

No plano político havia também uma divergência porque alguns defendiam uma República Federativa enquanto outros defendiam uma monarquia constitucional. Outras decisões dos mineiros: transferência da capital para São João D'El Rei, criação de uma universidade em Vila Rica, adoção de uma bandeira com o lema *Libertas Quae Sera Tamen* (Liberdade ainda que tardia), o início do movimento seria no Dia da Derrama.

O movimento não foi adiante. O coronel Silvério dos Reis que estava endividado com a coroa portuguesa acabou denunciando o movimento em troca do perdão de sua dívida. Imediatamente a devassa foi instaurada. A primeira sentença condenou 11 acusados à morte mas, no entanto, acabou sendo alterada pela rainha Dona Maria I que estabeleceu o degredo perpétuo. A exceção foi Joaquim José da Silva Xavier, o Tiradentes. Este foi o único condenado à morte e o mais curioso é que dentre os acusados era o mais pobre e o menos culto. O assassinato foi cruel, ele foi enforcado e depois teve seu corpo esquartejado, a cabeça exposta no centro de Vila Rica fincada em um poste alto até que o tempo acabasse consumindo. O objetivo de tamanha violência era um só: "advertência para que ninguém ousasse tramar contra o rei".

A Conjuração Baiana ou Revolta dos Alfaiates (Bahia – 1798)

"Está para chegar o tempo feliz da nossa liberdade, o tempo em que todos seremos irmãos, o tempo em que todos seremos iguais!"

Esta frase apareceu inscrita no dia 12 de agosto de 1798 nas paredes das igrejas de Salvador, era uma nova conspiração, a mais popular, formada por oficiais, soldados, artesãos, profissionais liberais, escravos, negros forros, comerciantes, frades e alguns proprietários.

Com relação às influências, podemos citar que as externas foram as mesmas da conjuração mineira, dentre elas: Iluminismo, Independência dos Estados Unidos e Revolução Francesa.

Praça Piedade, em Salvador, onde foram executados os revoltosos da Conjuração Baiana.

No âmbito interno, o movimento apresentou as seguintes causas: a concentração da terra nas mãos de poucas famílias – um problema que persiste no Brasil. Além deste fator, poderíamos também citar o fato do preço da cana ter se valorizado no mercado internacional o que levou os proprietários de terras a abandonarem a agricultura de subsistência e ampliarem a produção de cana. Diante desta situação, os alimentos vendidos na Bahia tinham que ser importados, eram, naturalmente, caros o que levava a grande parcela da população do Estado a passar fome.

Os revoltosos da Bahia defendiam acabar com a escravidão e com o preconceito racial; fundar uma República democrática; liberdade comercial; abertura dos conventos com franquia para quem desejasse sair; liberdade para os presos; aumento do soldo dos militares.

Vimos aqui que este movimento teve um caráter bem popular, principalmente a partir da adesão de alfaiates, sapateiros, bordadores e pedreiros que acabaram dando um novo nome para o movimento que acabou ficando conhecido como Revolta dos Alfaiates.

Como as idéias iluministas em francês chegavam a essas pessoas humildes? No caso da Bahia, os livros iluministas eram levados para a Loja Maçônica Cavaleiros da Luz, que fazia a tradução e a difusão da ideologia iluminista.

A repressão foi eficiente e conseguiu impedir a reunião que foi convocada para o Campo do Dique e 49 pessoas foram presas. As sentenças foram as mais variadas, desde exílio para a África e para Fernando de Noronha e açoites para os escravos, até pena de morte para quatro líderes, soldados e alfaiates: Lucas Dantas, Luiz Gonzaga das Virgens, João de Deus e Manuel Faustino – quatro mulatos!

LEITURA COMPLEMENTAR

Como Tiradentes virou herói

"(...) Embora a morte de Tiradentes tenha horrorizado a população da capitania na época, a Inconfidência Mineira ficou quase esquecida durante o período imperial brasileiro (1822-1889).

Tiradentes e a Inconfidência Mineira foram recuperados para a História do Brasil com o início da campanha republicana a partir de 1870. Com a proclamação da república, em 1889, apagavam-se os últimos vestígios da presença portuguesa no governo do Brasil. E Tiradentes, que era republicano, foi sendo elevado à condição de herói. Segundo os defensores do novo regime, o alferes devia ser apresentado como o mártir que morrera para defender os interesses do Brasil contra a opressão de Portugal.

Num livro de 1927, o historiador José Lúcio dos Santos trata Tiradentes como um homem inteligente, ativo, enérgico, cheio de iniciativa. Esse Tiradentes estava muito distante da imagem de desequilibrado, exaltado, fanático e louco atribuída ao alferes pelas autoridades portuguesas e mantida no século XIX. ("Guerras e Revoluções Brasileiras, A Inconfidência Mineira", Carla Anastacia, Editora Ática, pp. 36-37)

(UNICAMP) Por que a imagem de Tiradentes, até o ano de 1889, era passada para a opinião pública com o corpo esquartejado e após este ano passou a ser divulgada com o corpo inteiro?

Resposta: Durante o período imperial, Tiradentes teve a sua imagem passada para a opinião pública com o corpo esquartejado, principalmente porque este período foi dominado por representantes da família real portuguesa, que não desejavam fazer de um republicano, um herói. Por outro lado, após o início do movimento republicano, havia a necessidade de se encontrar um herói para representar o movimento e, sem dúvida alguma, esse personagem deveria ser Tiradentes, "o homem que morreu pela liberdade do Brasil".

Questões Resolvidas

1. (UFRJ) "(..) em breve tempo das cidades e lugares marítimos sobreveio inumerável multidão; uns com cobiça de fácil fortuna, outros atrelando remédio à necessidade. Os mesmos ecos, levados nas asas da fama sobre os mares voavam à Europa: foram ouvidos em Portugal com atenções de estranha novidade, e alvoroços de alegria (...)." (Machado, Simão F. "Triunfo Eucarístico", 1773, In: "Revista do arquivo público mineiro". Vol. VI, 1901, p. 994)

A economia mineradora no Brasil atraiu um considerável contingente de portugueses para a região das minas. Esta corrida em direção à colônia evidenciava, também, a situação econômica da metrópole, muito pouco promissora diante da crescente dependência inglesa.

No início do século XVIII, quando a mineração se impôs como a mais atraente atividade econômica da colônia, Portugal deu início a uma política de rígido controle sobre a atividade.

Explique a característica da crise econômica de Portugal no período compreendido entre a 2ª. metade do século XVII e o início do século XVIII.

Resposta: O Fim da União Ibérica (perda de colônias e endividamento crescente); a queda dos preços do açúcar no mercado internacional; o predomínio inglês sobre a economia portuguesa.

2. (CEFET) "A emancipação política [foi no Brasil], realizada pelas categorias dominantes interessadas em assegurar a preservação da ordem estabelecida, cujo único objetivo era romper o sistema colonial.

Explique o interesse dos grupos dominantes na colônia em romper o sistema colonial

Resposta: Os processos de emancipação das colônias americanas foram dirigidos pelos grupos dominantes das colônias (controlavam a economia colonial, como fazendeiros ligados à produção de exportação). A ação desses grupos estava voltada, prioritariamente, para o rompimento das restrições do sistema colonial organizado em bases mercantilistas, como os monopólios. A superação do sistema colocava a economia em ligação direta com a economia internacional, sem intermediação da metrópole.

3. (PUC-RIO) Dentre os movimentos sociais de oposição ao Antigo Regime, a Revolução Francesa apresenta-se como o mais representativo, com repercussão nas áreas coloniais. Tendo como base o ideário de Liberdade, Igualdade, Fraternidade e Felicidade presente na Revolução Francesa. Caracterize a apropriação de um destes princípios por um dos movimentos de emancipação política na América portuguesa ou espanhola, desde o final do século XVIII.

Resposta: Na América, tanto portuguesa quanto espanhola, a apropriação destes princípios, no final do século XVIII, faz-se especialmente através dos movimentos de luta contra o domínio metropolitano e explicitam-se na configuração de projetos de reorganização social e política das áreas coloniais, pautados pelo ideal de independência, traduzindo os princípios da Revolução Francesa, onde liberdade assume o ideal de rompimento com os monopólios e privilégios das metrópoles e sua transferência, na forma de livre organização e de igualdade, para as sociedades americanas. A igualdade tem o sentido de eliminação das diferenças tanto raciais como político-jurídicas e fiscais. A fraternidade associa-se ao sonho de independência e da criação de uma nação nova e livre e, finalmente, a felicidade liga-se à realização, pela razão de um novo estado de coisas, de uma sociedade de interesses coletivos, de irmãos e de iguais como exemplo de movimento de emancipação política no Brasil temos a Inconfidência Mineira.

4. (UnB) A Inconfidência Mineira não foi um fato isolado. Ela está integrada ao contexto social, político e econômico do Brasil colonial. Na Capitania de Minas Gerais, houve muitos outros, e também importantes, movimentos rebeldes.

Considerando a História do Brasil como um todo, a Inconfidência Mineira também não foi única: ela se coloca ao lado de movimentos como a Revolta dos Alfaiates (Bahia, 1798), a Conjuração do Rio de Janeiro (1794) e a Revolução Pernambucana de 1817, entre outros que também enfrentaram a dominação colonial.

(Carla Anastasia. "Os temas da liberdade e da Republicana na Inconfidência Mineira",
com adaptações)

Com o auxílio das informações contidas no texto, julgue os itens seguintes, usando (V) para verdadeiro e (F) para falso:

( ) Ao contrário do Movimento de Vila Rica, fortemente marcado pela participação das elites locais, a Conjuração Baiana teve um cunho essencialmente popular.

( ) Todos os movimentos citados no texto inscrevem-se no quadro geral de crise do antigo sistema colonial, quadro esse que também refletia as transformações vividas pela Europa a partir da Revolução Industrial e das revoluções liberais burguesas.

( ) A Revolução Pernambucana de 1817, que eclodiu durante a permanência do Estado português no Brasil, traçou uma linha libertária que teve prolongamento na Confederação do Equador, dois anos após a Independência.

( ) A imagem de Tiradentes, cultuada durante o período monárquico, sofreu forte oposição por parte daqueles que proclamaram a República, pelo que poderia inspirar contra o novo regime.

Resposta: V V V F

5. (UFU) No Brasil, a sociedade que se estruturou na região das minas possuía a características que a diferenciavam do restante da colônia.

A esse respeito, assinale a alternativa correta:
  a) O ouro, os diamantes e o comércio possibilitaram a formação de uma sociedade onde a riqueza era distribuída mais eqüitativamente, não se reproduzindo ali os contrastes entre a fortuna de poucos e a pobreza da maioria.
  b) A intensa miscigenação entre homens brancos e mulheres negras contribuiu para diminuir sensivelmente o preconceito racial, levando os senhores a dispensarem um tratamento humanitário aos seus escravos.
  c) A arte barroca de Aleijadinho, profundamente influenciada pelos dogmas religiosos da época, foi colocada a serviço da rica elite local, traduzindo um sentimento de conformismo e aceitação da ordem social vigente.
  d) Era uma sociedade urbanizada e heterogênea, formada por comerciantes, funcionários reais, artesãos, onde a riqueza proporcionada pelo ouro, diamantes e comércio estava concentrada nas mãos de poucos, contrastando com a miséria da maioria da população.

Resposta: D

QUESTÕES PROPOSTAS

1. (UFU) "(...) sendo-me presente o grande número de Fábricas, e Manufacturas, que de alguns annos a esta parte se tem differentes Capitanias do Brasil, com grave prejuízo da Cultura, e da Lavoura, e da exploração das Terras Mineraes daquelle vasto Continente... E consistindo a verdadeira, e sólida riqueza nos Frutos, e Producções da terra, as quaes sómente se conseguem por meio de Colonos, e Cultivadores, e não de Artistas, e Fabricantes: e sendo além disto as Producções do Brasil as que fazem todo o fundo, e base não só das Permutações Mercantis, mas na Navegação, e do Comércio entre os Meus Leaes Vassallos Habitantes destes Reinos, e daqueles Domínios (...) Hei por bem Ordenar, que todas as Fábricas, Manufacturas, ou Teares de Galões, de Tecidos, ou de Bordados de Ouro e Prata ... exceptuando tão somente aquelles dos ditos Teares, e Manufacturas, em que se técem, ou manufacturão Fazendas grossas de Algodão, que servem para o uso, e vestuário dos Negros, para enfardar, e empacotar Fazendas... todas as mais sejam extinctas, e abolidas em qualquer parte onde se acharem nos Meus Domínios do Brasil..." (Alvará de 5 de janeiro de 1785, assinado por D. Maria I, rainha de Portugal. In: Koshiba, L.; Pereira, D. M. F. "História do Brasil", São Paulo: Atual, 1996. pp. 69-70)
  a) Explique o contexto histórico em que foi publicado este documento e a que ele se refere.
  b) Transcreva e explique o trecho do documento que explicita o papel atribuído à colônia por Portugal.

Unidade 27 - O Brasil independente | 369

2. (UERJ) "Animais-vos Povo Bahiense que está para chegar o tempo feliz da nossa liberdade: o tempo em que todos seremos irmãos: o tempo em que todos seremos iguais." (Apud Braz do Amaral. "Conspiração republicana na Bahia de 1798". "Fatos da vida do Brasil". Salvador: Tip. Naval, 1941)

Assim proclamava um dos vários papéis manuscritos que foram afixados nos lugares públicos da cidade de Salvador, na manhã do dia 12 de agosto de 1798, tornando conhecida a sublevação planejada na Bahia, entre 1797 e 1798.

a) Caracterize a Conjuração Baiana de 1798 e identifique um de seus objetivos, além daqueles relacionados diretamente ao texto.

b) Estabeleça a relação existente entre a Conjuração Baiana e as idéias do Iluminismo e da Revolução Francesa.

3. (UNI-RIO) "Embora seja evidente a influência das idéias liberais européias nos movimentos ocorridos no país desde o fins do século XVIII, não se deve superestimar sua importância. Analisando-se os movimentos de 1789 (Inconfidência Mineira), 1798 (Conjuração Baiana), (...) percebe-se logo (...) No Brasil as idéias liberais teriam um significado mais restrito, não se apoiariam nas mesmas bases sociais, nem teriam exatamente a mesma função." (Costa, Emília Viotti da. "Da monarquia à república: momentos decisivos". São Paulo: Livraria Ciências Humanas, 1979, pp. 27-29)

a) Em termos das influências de modelos externos, qual a diferença que se pode estabelecer entre a Inconfidência Mineira e Conjuração Baiana?

b) Por que, segundo a autora, o liberalismo no Brasil teve um caráter limitado?

4. (CESGRANRIO) O bicentenário da Conjuração Baiana (1798) recorda as rebeliões que, no final do século XVIII, tinham em comum refletir a crise do sistema colonial, a qual pode ser retratada pelas opções a seguir, com EXCEÇÃO de uma. Assinale-a.

a) Penetração das idéias iluministas e liberais em parcela da elite colonial.

b) Insatisfação crescente com as tradicionais restrições e o fiscalismo do sistema colonial.

c) Influência dos movimentos externos como a Independência dos Estado Unidos e a Revolução Francesa.

d) Politização das camadas populares, incluindo a massa escrava, constantemente rebelada, em aliança com a burocracia colonial.

e) Liderança das elites coloniais na quase totalidade dos movimentos de rebelião.

5. (PUC-RIO) A Conjuração Mineira (1789) e a Conjuração Baiana (1798) possuem em comum o fato de terem sido movimentos que:
  I - evidenciaram a crise do Antigo Sistema Colonial.
  II - visavam à emancipação política do Brasil.
  III - apresentavam forte caráter popular.
  IV - expressavam insatisfações em face da política metropolitana, particularmente desde a queda do marquês de Pombal.

Assinale:
  a) se apenas a afirmativa II estiver correta.
  b) se apenas as afirmativas I e IV estiverem corretas.
  a) se apenas as afirmativas III e IV estiverem corretas.
  d) se apenas as afirmativas I, II e III estiverem corretas.
  e) se todas as afirmativas estiverem corretas.

6. (PUC-RIO) Nas últimas décadas do século XVIII, ocorreram diversas manifestações de descontentamento em relação ao sistema colonial português na América. Essas manifestações geraram movimentos sediciosos, que chamamos de "Conjurações" ou "Inconfidências", todos abortados pela repressão metropolitana. Sobre eles, NÃO é correto afirmar:
  a) A Conjuração Mineira, em 1789, foi a primeira a manifestar a intenção de ruptura com os laços coloniais, e reuniu diversos membros da elite mineradora.
  b) A Conjuração Baiana, em 1798, também conhecida como "Revolta dos Alfaiates", congregou entre as lideranças dos revoltosos, mulatos e negros livres ligados às profissões urbanas, principalmente artesãos e soldados.
  c) A Conjuração do Rio de Janeiro, em 1794, foi proveniente da Sociedade Literária do Rio de Janeiro, cujos membros, ao se reunirem para debater temas literários, filosóficos e científicos, defendiam concepções libertárias iluministas.
  d) As conjurações foram influenciadas pelas experiências européia e norte-americana, que se difundiram nas regiões coloniais por meio de livros importados, de pasquins elaborados localmente e de discussões nas casas e ruas de Ouro Preto, Salvador ou Rio de Janeiro.
  e) A influência externa se fez de modo distinto: enquanto a Conjuração Mineira tomou como exemplo o período do "Terror robespierrista" da Revolução Francesa, a Conjuração Baiana teve como paradigma os ideais expressos na Independência norte-americana.

7. **(UFF)** O lema liberal "Liberdade, Igualdade e Fraternidade" consagrado pela Revolução Francesa influenciou, sobremaneira, as chamadas Inconfidências ocorridas em fins do século XVIII no Brasil-Colônia.

Assinale a opção que apresenta informações corretas sobre a chamada Revolta dos Alfaiates.

a) Envolveu a participação de mulatos, negros livres e escravos, refletindo não somente a preocupação com a liberdade, mas também com o fim da dominação colonial.

b) Esta inconfidência baiana caracterizou-se por restringir-se à participação de uma elite de letrados e brancos livres influenciados pelos princípios revolucionários franceses.

c) Em tal conjuração, a difusão das idéias liberais não acarretou crítica às contradições da sociedade escravocrata.

d) Este movimento, também conhecido como Inconfidência Mineira, teve um papel singular no contexto da crise do sistema colonial, revelando suas contradições e sua decadência.

e) Um de seus principais motivos foi a prolongada crise do setor cafeeiro que se arrastou ao longo da segunda metade do século XVIII.

8. **(UFPE)** Movimentos políticos de caráter separatista ocorreram no Brasil nos séculos XVIII e XIX. Sobre este tema, analise as afirmações que seguem, usando (V) para verdadeiro e (F) para falso.

( ) Apenas dois movimentos de caráter separatista ocorreram no período colonial: a Inconfidência Mineira e a Revolução de 1817, ocorrida em Pernambuco.

( ) Os Cavaleiros da Luz, como eram chamados os componentes da sociedade maçônica baiana, apoiaram a Conjuração Baiana e a proclamação da República em 1798.

( ) Da insatisfação dos artesãos, proibidos de construir suas próprias manufaturas, e do movimento pró-independência surgiu, no Rio de Janeiro, a Revolta dos Alfaiates.

( ) A separação da capitania de Minas Gerais do reino de Portugal foi um plano dos revoltosos do movimento insurrecional mineiro, abortado em 1789.

( ) O movimento de caráter separatista, ocorrido em 1817 em Pernambuco, chegou a proclamar uma República e a organizar um governo provisório.

9. (UFRS)

Através de grossas portas,
sentem-se luzes acesas,
– e há indagações minuciosas
dentro das casas fronteiras.
'Que estão fazendo, tão tarde?
Que escrevem, conversam, pensam?
Mostram livros proibidos?
Lêem notícias nas Gazetas?
Terão recebido cartas
de potências estrangeiras?'
(Antiguidades de Nimes
em Vila Rica suspensas!
Cavalo de La Fayette
saltando vastas fronteiras
Ó vitórias, festas, flores
das lutas da Independência!
Liberdade – essa palavra
que o sonho humano alimenta;
que não há ninguém que explique,
e ninguém que não entenda!)

O trecho citado, retirado de um poema de Cecília Meireles, faz referência à:
a) Conjuração Baiana.
b) Revolta dos Malês.
c) Revolução Praieira.
d) Inconfidência Mineira.
e) Revolução Farroupilha.

10. (UFRS) Associe as afirmações apresentadas na coluna superior com as contestações setecentistas referidas na coluna inferior.

1– Revolta de Vila Rica (1720)
2– Conjuração Mineira (1789)
3– Conjuração Carioca (1794)
4– Conjuração Baiana (1798)

( ) Foi um movimento inspirado nas idéias revolucionárias francesas, com expressiva participação popular, principalmente de soldados e alfaiates.
( ) O principal motivo de sua eclosão foi o anúncio da criação das Casas de Fundição na região mineradora, visando a coibir o contrabando do ouro.
( ) Foi um movimento independentista de reação aos excessos do colonialismo português, tendo como principais articuladores os padres, os militares e os intelectuais.

A seqüência correta de preenchimento dos parênteses de cima para baixo é:
a) 1 – 2 – 4
b) 1 – 3 – 4
c) 4 – 2 – 3
d) 4 – 1 – 2
e) 2 – 1 – 4

Gabarito das questões propostas

Questão 1 - Respostas:
a) O documento sintetiza a política instituída por D. Maria I em 1777, conhecida como "Viradeira", que anulava as diretrizes econômicas do Marquês de Pombal (Reformas Pombalinas), reafirmando o Pacto Colonial português sobre o Brasil.
b) "E consistindo a verdadeira, e sólida riqueza nos Frutos, e Producções da terra, as quaes sómente se conseguem por meio de Colonos, e Cultivadores, e não de Artistas, e Fabricantes:... A função do Brasil na condição de colônia era fornecer riquezas que fomentassem o mercantilismo português, através do que se consagrou como Pacto Colonial.

Questão 2 - Respostas:
a) Movimento do final do século XVIII, também conhecido por Revolta dos Alfaiates, que se insere no quadro da crise do Antigo Sistema Colonial português e se destaca por seu forte cunho social, devido à liderança da população mais pobre de Salvador, que

vislumbrava acabar com as diferenças sociais, políticas e étnicas através da instituição de uma democracia.

Um dentre os objetivos a seguir:

– proclamar a república

– abolir a escravidão

b) A Conjuração Baiana foi fortemente influenciada pelo ideário, herdeiro do Iluminismo, de liberdade, igualdade e fraternidade proclamado pela Revolução Francesa de 1789, adquirindo colorido específico no universo colonial onde crescia uma determinada percepção crítica do "viver em colônias".

Questão 3 - Respostas:

a) A Inconfidência Mineira teria sofrido de forma mais intensa a influência da Independência dos EUA, enquanto a Conjuração Baiana teria sido mais influenciada pelo ideário da Revolução Francesa.

b) No Brasil, ao contrário da Europa, o liberalismo não se colocou, enquanto ideologia de transformação das estruturas sociais vigentes.

Na Europa, a burguesia utilizou-se do ideário liberal para contestar as estruturas do Antigo Regime.

No Brasil, o liberalismo foi apropriado por uma elite agrária que tinha como principal objetivo manter as estruturas fundiárias de posse da terra e a utilização da mão-de-obra escrava.

Questão 4 - Resposta: D

Questão 5 - Resposta: B

Questão 6 - Resposta: E

Questão 7 - Resposta: A

Questão 8 - Resposta: F V F V V

Questão 9 - Resposta: D

Questão 10 - Resposta: B

COMPLEMENTANDO OS ESTUDOS

FILME

Chica da Silva

Livro

Anastácia, Carla. *Inconfidência Mineira*. São Paulo: Ed. Ática, 1994.

As gravuras foram adaptadas de:

Cotrim, Gilberto. *Saber e Fazer História. História Geral e do Brasil*. Ed. Saraiva

UNIDADE 28

A TRANSMIGRAÇÃO DA FAMÍLIA REAL PORTUGUESA PARA O BRASIL

SINOPSE TEÓRICA
O INÍCIO DO PROCESSO DE INDEPENDÊNCIA

Como vimos na unidade sobre Napoleão Bonaparte, no início do século XIX a Europa estava subjugada pelo famoso exército napoleônico, com exceção da Inglaterra que era protegida pela sua grande Marinha.

Percebendo que militarmente ele não conseguia a vitória final contra os ingleses, Napoleão decidiu então subjugá-la através do comércio e por este motivo, em 1806, decretou o famoso **Bloqueio Continental**. Por intermédio deste bloqueio, ficava determinado que todos os países da Europa Continental deveriam fechar seus portos para os navios ingleses, tendo como grande objetivo prejudicar o comércio inglês, enfraquecer o país e conquistar a vitória final: "Vamos conquistar os donos do mar mostrando-lhes que somos os donos da terra".

Vimos aqui, que na realidade este bloqueio não funcionou até mesmo porque a Inglaterra conseguiu ampliar o seu comércio na América, e além do mais dois países na Europa não aderiram, eram eles Portugal e Rússia.

A não adesão russa ao bloqueio já foi explicada vamos então analisar o que houve com Portugal. Neste momento, os portugueses eram governados por D. João VI e a situação que se apresentava no cenário internacional neste momento era profundamente delicada: De um lado, Portugal era pressionado por Napoleão, cujas ordens eram categóricas: fechamento dos portos portugueses aos navios da Inglaterra, prisão de todos os ingleses que residissem em Portugal e apreensão de seus bens. Por um lado, Portugal era dependente economicamente da Inglaterra e além do mais temia perder suas colônias para os ingleses caso atendesse aos pedidos de Napoleão. Que situação!

Irritada com a indefinição portuguesa, no dia 27 de outubro de 1807 Napoleão aliou-se à Espanha e assinou o Tratado de Fontainebleau, estabelecendo que as tropas napoleônicas poderiam atravessar o território espanhol para invadir Portugal e além do mais as colônias portuguesas seriam divididas entre a Espanha e a França.

Diante da falta de condições de enfrentar os franceses, os portugueses assinaram com a Inglaterra em 1807 a chamada convenção Secreta onde ofereceram a sua Marinha de Guerra, as ilhas do Atlântico: Madeira, Açores e Cabo Verde, para que os ingleses combatessem os franceses e ainda abririam um porto livre para a Inglaterra no Brasil, porém, a Inglaterra deveria apoiar a **Transmigração da Família Real Portuguesa para o Brasil**.

A fuga para o Brasil foi algo hilário dentro da História. Levando todos os documentos e riquezas possíveis de serem transportados, D. João VI, a sua família e cerca de 15 mil pessoas vieram para o Brasil escoltados pelos ingleses, chegando no dia 22 de janeiro de 1808 a Salvador e depois de um mês viajando para o Rio de Janeiro, onde seria montada a sede do governo.

O GOVERNO JOANINO NO BRASIL

O Brasil seria a partir deste momento sede da monarquia portuguesa e desta forma D. João VI teve a necessidade de organizar toda a infra-estrutura para o bom andamento do governo. Nomeou ministros de Estado, colocou em funcionamento diversas secretarias públicas, instalou tribunais de justiça e fundou o Banco do Brasil. Além do que, D. João VI fundou a Imprensa Régia, a Academia Militar da Marinha e um hospital militar. Durante o seu governo também foi criada a Academia de Belas Artes e o Brasil recebeu uma missão artística francesa chefiada por Joaquim Lebreton. Vale a pena destacar que na realidade D. João VI procurava, com essas decisões, atender aos interesses dos portugueses que aqui chegaram.

Com a morte de sua mãe, D. Maria I, o príncipe regente D. João foi coroado com o título de D. João VI, no Rio de Janeiro, em 1816. Obra de Debret.

Das decisões tomadas pelo monarca português no Brasil, a mais importante foi a Abertura dos Portos às Nações Amigas, no dia 28 de janeiro de 1808. Vimos aqui que Napoleão Bonaparte declarou o Bloqueio Continental em 1806 com o nítido objetivo de prejudicar comercialmente a Inglaterra, sendo assim a burguesia industrial inglesa precisava encontrar novos mercados e sem sombra de dúvidas, o mercado americano era o mais interessante. Além do mais, D. João VI transmigrou para o Brasil apoiado pela Inglaterra. Bem, diante do que foi exposto fica claro que a Inglaterra foi o país que mais se beneficiou com a extinção do monopólio comercial, passando a exercer grande domínio sobre o comércio do Brasil, poucos produtos continuavam sob o sistema de monopólio, dentre eles o sal e o pau-brasil.

Ainda em 1808, D. João VI anulou o alvará de 1785, assinado pela sua mãe, D. Maria I. Durante o período de grande desenvolvimento da mineração no Brasil, algumas pequenas manufaturas começaram a surgir na região das Gerais e de certa forma Portugal via essa iniciativa como prejudicial aos seus interesses, principalmente porque haveria a concorrência (lembre-se, pelo Pacto colonial, os produtos manufaturados eram enviados para o Brasil pela metrópole) e também a mão-de-obra escrava acabaria sendo desviada da mineração para as manufaturas. A partir do momento que D. João VI anulou o Alvará de sua mãe, liberou o surgimento de manufaturas no nosso país, iniciávamos o nosso surto de industrialização que teria vida curtíssima.

A elite refinou seus hábitos de vida na corte. "A carruagem e a liteira" – símbolos de ostentação, obra de Henry Chamberlain.

D. João VI importou técnicos, máquinas, mas infelizmente, sendo ele profundamente dependente da Inglaterra, em 1810 assinou o famoso e importante Tratado de Aliança e Amizade e de Comércio e Navegação. Por este tratado, os produtos ingleses importados pelo Brasil pagariam uma taxa de 15% (ad valorem), os produtos portugueses 16% e os produtos de outros países 24%. Repare, o produto inglês que era de grande qualidade, entrava no Brasil com uma taxa menor do que o próprio produto português, a equiparação entre as duas taxas só acorreu em 1816, bem, isso significa dizer que o precário surto de industrialização do Brasil não foi avante, os nossos produtos não resistiram a competição.

Unidade 28 - A transmigração da família real portuguesa para o Brasil | 381

CONQUISTAS EXTERNAS DE D. JOÃO VI

Cisplatina

Guiana Francesa

Quando chegamos ao ano de 1815, na Europa, Napoleão foi derrotado e começou o Congresso de Viena e o Brasil foi elevado a Reino Unido de Portugal e Algarves. D. João VI não tendo interesse em retornar e para não perder o título de rei de Portugal, resolveu então acabar com o nosso status de colônia, podendo assim o monarca permanecer no nosso país sem perder o seu título.

A REVOLUÇÃO PERNAMBUCANA DE 1817

O Rio de Janeiro quando D. João VI chegou era habitado por aproximadamente cento e vinte mil pessoas, a cidade não possuía água encanada não havia sistema de esgoto, coleta de lixo etc, mas no entanto se pegarmos um jornal da época, perceberemos que as notícias publicadas só falavam de festas, imperadores europeus etc, nada que contrariasse o governo era publicado. Existiam na realidade dois "brasis", o da corte com luxo e pompa e o real onde viviam as pessoas na pobreza.

D. João, para atender a sua comitida, começou a aumentar os impostos, justamente no momento em que o Nordeste sofria uma grande seca e o preço da cana-de-açúcar e do algodão caíam no mercado internacional, sem contar com o fato de que o Nordeste perdia influência política para o Sudeste.

Os mesmos ideais iluministas de igualdade, liberdade e fraternidade que tantos movimentos libertários influenciou na América agora estava influenciando a elite produtora de Pernambuco a promover uma revolta e libertar-se da dominação portuguesa.

No dia 7 de março de 1817 o governador Caetano Pinto acabou se rendendo e imediatamente foi constituído um governo provisório que apresentava as seguintes propostas: Proclamar a República, abolir alguns impostos e elaborar uma Constituição que estabelecesse a liberdade religiosa e de imprensa, bem como a igualdade de todos perante a lei. Porém em relação à escravidão africana desejavam uma abolição "lenta, regular e legal", isso para não ferir os direitos dos proprietários. Era a "Igualdade" iluminista atendendo aos interesses das elites.

A repressão de D. João VI foi implacável. Domingos José Martins, padre Miguelinho, Domingos Teotônio Jorge, Padre João Ribeiro Pessoa, José Luiz de Mendonça, líderes do movimento foram condenados à morte.

A REVOLUÇÃO CONSTITUCIONALISTA DO PORTO
E O RETORNO DA FAMÍLIA REAL PORTUGUESA

"Regresso da Família Real a Portugal". Obra de Debret.

Em Agosto de 1820 teve início na Cidade do Porto a famosa Revolução Constitucionalista do Porto. Recheada de idéias liberais acabou espalhando-se por Portugal e conquistando também adeptos pelo Brasil. Pelo seu lado liberal, organizou uma Constituição para Portugal e pelo seu lado conservador tentou recolonizar o Brasil e obrigou D. João VI a voltar para Portugal. Assim, no dia 26 de abril de 1821, D. João VI voltou para Portugal e entregou ao seu filho Pedro I o governo brasileiro.

A REGÊNCIA DE D. PEDRO I E O SETE DE SETEMBRO

A Revolução que nós acabamos de analisar foi liderada pela burguesia portuguesa que desejava recuperar a economia de Portugal e restaurar o monopólio de Portugal sobre o comércio brasileiro.

Os grandes latifundiários brasileiros tinham consciência do quanto as atividades das cortes iriam prejudicar os seus interesses econômicos. A perda da liberdade comercial assim como a autonomia administrativa conquistada em 1815 com a elevação a Reino Unido, não poderiam ser revertidas. Neste momento, o Rio de Janeiro era comercialmente mais importante. Diante dos fatos, as elites resolveram se aproximar do príncipe Regente D. Pedro I, para persuadi-lo a desobedecer as ordens que chegavam de Portugal. Neste momento surgia o Partido Brasileiro que era composto por personalidades das mais variadas posições políticas, tais como: José Bonifácio, Cipriano Barata, Gonçalves Ledo, mas que, no entanto, possuíam algo em comum: a luta contra as cortes.

No início do ano de 1822, no dia 9 de janeiro, Pedro I tomou a decisão de permanecer no Brasil. O imperador brasileiro anunciaria: "Como é para o bem de todos e felicidade geral da nação, estou pronto: diga ao povo que fico." Este dia tornou-se conhecido como o Dia do Fico. Deste momento em diante, todas as decisões que D. Pedro ia tomando no Brasil, cada vez mais afastava o Brasil de Portugal, por exemplo, foi assinado o decreto do "cumpram-se", ou seja, nenhuma determinação de Lisboa seria executada sem que houvesse o "cumpra-se", a autorização do imperador.

"D. Pedro é saudado pelo povo no 7 de setembro". Óleo de François Renée Moreaux.

No dia 13 de maio de 1822, os políticos brasileiros, com aquela política de persuadir o imperador, fizeram uma festa para conceder a D. Pedro I o título de Defensor Perpétuo do Brasil. Chegamos a um momento que a independência não poderia mais ser adiada e sendo assim, no dia 7 de Setembro de 1822, em São Paulo, às margens do riacho Ipiranga D. Pedro I gritaria: "Independência ou morte", e libertaria o Brasil de Portugal.

Liberdade, Liberdade, abra as asas sobre nós... e isso foi o que realmente não aconteceu, o povo continuou marginalizado, a escravidão negra foi mantida e na realidade, a Independência preservou apenas a liberdade de comércio e a autonomia administrativa do país, foi um fato histórico feito para atender aos interesses das elites. O Brasil "independente" caiu nas garras do Leão Britânico e nossa economia tornou-se totalmente dependente da Inglaterra.

LEITURA COMPLEMENTAR

Os homens que comandaram a independência

O estudo de biografias dos homens que assumiram a direção do movimento da independência no Rio de Janeiro vem confirmar que representavam as categorias mais importantes da sociedade. Nem todos eram brasileiros de nascimento. Alguns tinham ligações com a corte de D. João VI. Sua formação se fizera em Portugal. Eram em maioria homens de mais de cinqüenta anos. Estavam empenhados em manter a ordem, evitar a anarquia e os "excessos do povo".

A consolidação da independência exigiu grande esforço por parte do governo do Rio de Janeiro. A notícia da independência não foi recebida com agrado pelas tropas e pelos comerciantes portugueses. Na Bahia, Maranhão e Pará, a resistência das juntas governativas, controladas por maiorias portuguesas, mais interessadas em manter laços com Portugal do que em se submeter ao governo do Rio de Janeiro, só foi vencida depois de uma luta que durou mais de um ano. Para vencê-la, o governo do Rio de Janeiro contratou os serviços de oficiais e navios britânicos e franceses – Grenfell, Cochrane, Labatut – e contou com a simpatia discreta da Coroa britânica e dos governos independentes da América. O reconhecimento da independência exigiria não obstante um esforço penoso junto ao governo inglês que agiu como mediador entre Portugal e o Brasil. A anuência de Portugal à independência só foi obtida depois que o Brasil concordou em assumir a dívida de dois milhões de libras esterlinas de um empréstimo feito por Portugal, em Londres. Independente de Portugal, o país passou à tutela britânica.

A organização política do país refletiria os anseios dos grupos sociais que empresaram o movimento – interessados em manter a estrutura de produção baseada no trabalho escravo, destinada à exportação de produtos tropicais para o mercado europeu. Organizar o Estado sem colocar em risco o domínio econômico e social e garantir as relações externas de produção seriam seus principais objetivos.

A monarquia constitucional foi a fórmula adotada.

A Constituição de 1824 procurou assegurar ampla liberdade individual (art. 179) e garantir liberdade econômica e de iniciativa. Resguardava o direito de propriedade em toda sua plenitude.

Para estes homens, educados à européia, representantes das categorias dominantes, a propriedade, a liberdade e a segurança garantidas pela Constituição eram reais. Não lhes importava se a maioria da nação se constituía de uma massa humana para a qual os preceitos constitucionais não tinham a menor eficácia. Afirmava-se a liberdade e igualdade de todos perante a lei, mas a maioria da população permanecia escrava. Garantia-se o direito de propriedade, mas 19/20 por cento da população, segundo calculava Tollenare, quando não era escrava, compunha-se de "moradores" vivendo nas fazendas, em terras alheias, podendo ser mandados embora a qualquer hora. Garantia-se a segurança individual, mas podia-se matar impunemente um homem. Afirmava-se a liberdade de pensamento e de expressão, mas não foram raros os que, como Davi Pamplona ou Líbero Badaró, pagaram caro por ela. Enquanto o texto da lei garantia a independência; da justiça, ela se transformava num instrumento dos grandes proprietários. Aboliam-se as torturas, mas, nas senzalas, os troncos, os anjinhos, os açoites, as gargalheiras, continuavam a ser usados, e o senhor era o supremo juiz decidindo da vida e da morte de seus homens.

(Costa, Emília Viotti da, "Introdução ao Estudo da emancipação política". In: Mota, Carlos G. (org.) "Brasil em perspectiva". São Paulo: Difel, 1978. pp. 121-5 – fragmentos)

De acordo com o texto, a organização política do país refletiria os anseios dos grupos sociais que empresaram o movimento da independência. Quais os interesses desses grupos dominantes?

Resposta: Tinham interesse em manter a estrutura de produção baseada no trabalho escravo, destinado à exportação de produtos tropicais para o mercado europeu. Organizar o estado sem colocar em risco o domínio econômico e social, e garantir as relações externas de produção seriam seus principais objetivos.

QUESTÕES RESOLVIDAS

1. (UERJ) Cite duas razões que contribuíram para a eclosão da Insurreição Pernambucana de 1817.

Resposta: A hegemonia da Região Sudeste, oposição à política das Cortes, o enfraquecimento dos laços coloniais, as idéias da Revolução Francesa, o declínio econômico da região.

2. (UERJ) Justifique o apoio dos grandes proprietários ao processo de independência do Brasil.

Resposta: O interesse na manutenção da autonomia conquistada a partir da vinda da Corte Portuguesa para o Brasil; o temor da radicalização dos movimentos pró-independência.

3. (UFRJ)

o Congresso Lisbonense
Por outro lado, ao meu ver, comprado
Pensou em fazer com decretos
Este Império desgraçado

Se pois Portugal é forte
E como tal se abaliza
O Brasil tem por divisa
Independência ou Morte!

("Trovas para cantarem os rapazes do Brasil". 1822)

Este pequeno poema faz referência a alguns motivos que levaram ao processo de emancipação em 1822.

Identifique, a partir do poema, um fator para a independência brasileira.

Resposta: A pressão das cortes portuguesas, com intenção de recolonização do Brasil, que já era Reino unido.

4. Relacione as idéias liberais com o processo de independência do Brasil.

Resposta: As idéias liberais serão reordenadas segundo os interesses das elites agrárias escravistas que controlam a economia colonial. Basicamente, conseguir a autonomia política para garantir a liberdade de comércio, sem mudanças da ordem econômico-social.

5. (UNI-RIO/CEFET/ENCE) "A emancipação política [foi, no Brasil,] realizada pelas categorias dominantes interessadas em assegurar a preservação da ordem estabelecida, cujo único objetivo era romper o sistema colonial" (Costa, Emília Viotti – "Da Monarquia à República")

Aponte um elemento da "ordem estabelecida" que constituiu a pesada herança que sobreviveu à independência.

Resposta: Latifúndio, monocultura, escravidão.

QUESTÕES PROPOSTAS

1. (UFPE) Escreva nos parênteses a letra (V) se a afirmativa for verdadeira ou (F) se for falsa.

Entre as mudanças promovidas pela Coroa Portuguesa no Brasil, qual(is) a(s) que contribuiu(íram), a partir de 1808, para o desenvolvimento da idéia de independência?
- ( ) A abertura dos portos a todas as nações amigas.
- ( ) A criação da Academia Militar e da Academia da Marinha.
- ( ) A fundação da Biblioteca Real com livros e documentos portugueses preservando, dessa forma, a memória e a cultura portuguesa.
- ( ) A Imprensa Régia permitiu o aparecimento de jornais como a "Gazeta do Rio de Janeiro" e a "Idade de Ouro do Brasil" na Bahia, ambos sob a proteção estatal, difundindo valores do Estado português.
- ( ) O deslocamento da capital da colônia, que era a cidade de Salvador, para o Rio de Janeiro favoreceu grandes negócios com os comerciantes brasileiros do porto do Rio de Janeiro.

2. (UFPE) No que diz respeito à Revolução de 1817, escreva nos parênteses (V) se for verdadeiro ou (F) se for falso.
   ( ) No início do século XIX, a Revolução de 1817, em Pernambuco, esteve articulada ideologicamente com lutas burguesas nos Estados Unidos e na Europa.
   ( ) A conspiração dos Suassunas está para a Revolução de 1817, assim como o 18 Brumário está para a Revolução Francesa.
   ( ) A Revolução Pernambucana de 1817 foi vitoriosa em vários Estados: na Paraíba, no Rio Grande do Norte, no Ceará, na Bahia e no Maranhão.
   ( ) Em Portugal, na cidade do Porto, a influência da Revolução de 1817 foi decisiva para a eclosão da Revolução Constitucional.
   ( ) O período que antecedeu 1817 caracterizou-se por uma fase de recessão que atingiu os preços do açúcar e do algodão no mercado internacional.

3. (UFPR) Escreva no espaço apropriado a soma dos itens corretos.

A presença no Brasil da Corte e do Príncipe Regente, D. João, criou condições concretas para que a separação do Brasil em relação a Portugal se tornasse definitiva. A respeito dessa conjuntura, é correto afirmar que:
   (01) D. João manteve a proibição de se instalarem indústrias no Brasil.
   (02) A abertura dos portos brasileiros liquidou com o elemento econômico essencial do sistema colonial ibérico: o monopólio comercial.
   (04) A instalação da corte portuguesa no Rio de Janeiro significou a transferência das decisões políticas do Nordeste para o Sudeste.
   (08) Ao liberalismo comercial, que interessava aos ingleses e às elites coloniais, corresponderia, no plano político, a instalação de um Estado Nacional na antiga Colônia.
   (16) O Brasil foi elevado à categoria de Reino Unido a Portugal e Algarves.
Soma: ( )

4. (FUVEST) Quais foram as condições desfavoráveis ao Brasil impostas pela Inglaterra nos Tratados de 1810?

5. (FUVEST) "As ruas estão, em geral, repletas de mercadorias inglesas. A cada porta as palavras SUPERFINO DE LONDRES saltam aos olhos: algodão estampado, panos largos, louça de barro, mas, acima de tudo, ferragens de Birmigham, podem ser obtidas nas lojas do Brasil a um preço um pouco mais alto do que em nossa terra."

Esta descrição das lojas do Rio de Janeiro foi feita por Mary Graham, uma inglesa que veio ao Brasil em 1821.

a) Como se explica a grande quantidade de produtos ingleses à venda no Brasil desde 1808, e sobretudo depois de 1810?

b) Quais os privilégios que os produtos ingleses tinham nas alfândegas brasileiras?

6. (FAAP) "Em 1534, a capitania é doada a Duarte Coelho, que funda, em 1537, a Vila de Igarassu, ponto de partida de expedições para o interior. Inicia-se o cultivo de cana-de-açúcar e algodão e a riqueza da região atrai piratas europeus. De 1630 a 1654, vivem sob dominação holandesa. Durante o governo holandês de Maurício de Nassau registram-se grandes mudanças sociais, econômicas e culturais e a região prospera. Em 1811, vive uma série de revoltas separatistas e republicanas."

a) Pernambuco
b) Piauí
c) Rio de Janeiro
d) Rio Grande do Sul
e) Rondônia

7. (FAAP) "Em 1534, a região está dividida entre duas capitanias: São Vicente, ao sul, e São Tomé, ao norte. Em 1555, os franceses ocupam a área e só em 1567 são expulsos definitivamente. A mudança da família real para o Brasil, em 1808, dá extraordinário impulso à região."

a) Rio de Janeiro
b) Rondônia
c) Piauí
d) Pernambuco
e) Rio Grande do Sul

8. (MACK) A transferência da Corte Portuguesa para o Brasil resultou em inúmeras mudanças para a vida da colônia, EXCETO:

a) a extinção do monopólio, através do decreto da Abertura de Portos, em 1808.

b) o Alvará de Liberdade Industrial anulado em grande parte pela concorrência inglesa.

c) as iniciativas que favoreceram a vida cultural da colônia, como o ensino superior, a Imprensa Régia e a Missão Francesa.

d) a tentativa do governo de conciliar os interesses dos grandes proprietários rurais brasileiros e comerciantes reinóis.

e) os Tratados de 1810, assinados com a Inglaterra, que aboliram vantagens e privilégios, bem como a preponderância comercial deste país entre nós.

9. (PUC-CAMP) A independência política do Brasil, que é a superação do Antigo Sistema Colonial, é também a passagem a uma nova estrutura de dependência, inscrita na órbita do:
   a) exclusivismo metropolitano.
   b) neocolonialismo asiático.
   c) absolutismo monárquico.
   d) capitalismo industrial.
   e) despotismo esclarecido.

10. (PUC-CAMP) A franquia dos portos teve um alcance histórico profundo, pois deu início a um duplo processo:
    a) do desenvolvimento do primeiro surto manufatureiro no Brasil e o crescimento do transporte ferroviário.
    b) do arrefecimento dos ideais absolutistas no Brasil e a disseminação de movimentos nativistas.
    c) da emancipação política do Brasil e o seu ingresso na órbita da influência britânica.
    d) da persistência do pacto colonial no Brasil e o seu ingresso no capitalismo monopolista.
    e) do fechamento das fronteiras do Brasil aos estrangeiros e a abertura para as correntes ideológicas revolucionárias européias.

Gabarito das questões propostas

Questão 1 - Resposta: V V F F V

Questão 2 - Resposta: V F F F V

Questão 3 - Resposta: 26 (02 + 08 + 16)

Questão 4 - Resposta: Os tratados abortavam qualquer possibilidade de industrialização do Brasil e tornavam sua economia dependente da Inglaterra.

Questão 5 - Respostas:
   a) Em 1808 a Abertura dos Portos pôs fim ao pacto colonial facilitando a entrada de produtos ingleses, o que foi confirmado através dos tratados de 1810.

b) Os seus produtos possuíam uma tarifa alfandegária menor que os demais, estando fixado em 16% AD VALOREM.

Questão 6 - Resposta: A

Questão 7 - Resposta: A

Questão 8 - Resposta: E

Questão 9 - Resposta: D

Questão 10 - Resposta: C

COMPLEMENTANDO OS ESTUDOS

FILME

Carlota Joaquina, Princesa do Brasil (BRA, 1995). Dir. Carla Camurati.

LIVRO

Silva, Arlenice Almeida. *As Guerras da Independência*. São Paulo: Ed. Ática, 1996.

PÁGINA ELETRÔNICA

Texto e fotos sobre a Independência e D. Pedro I
http://www.geocities.com/baja/mesa/7068/index2.html

UNIDADE 29

O PRIMEIRO REINADO (1822 - 1831)

SINOPSE TEÓRICA
AS GUERRAS DE INDEPENDÊNCIA

Logo assim que foi declarado a nossa independência, D. Pedro I teria três desafios pela frente: 1º.) Reconhecer a independência internamente; 2º.) Fazer a independência reconhecida externamente e 3º.) Elaborar uma Constituição para o Brasil.

No âmbito interno, no Norte e no Nordeste, militares e comerciantes portugueses que controlavam o governo local, não aceitavam a independência. Como o Brasil não possuía um exército organizado para combater os revoltosos, a alternativa foi contratar mercenários para garantir a nossa independência e a nossa integridade territorial. A luta estendeu-se pela Bahia, Pará, Maranhão, Piauí e Província Cisplatina (Uruguai). Em todas essas regiões os mercenários contratados pelo imperador (Cochrane, John Grenfell, Pierre Labatut, James Norton, John Taylor e Thomas Crosbie) conquistaram a vitória.

O RECONHECIMENTO EXTERNO

No processo de independência da América Latina, vimos que as ex-colônias adotaram a República como forma de governo. No Brasil o processo de independência foi totalmente diferente, principalmente porque não houve guerras, foi praticamente um acordo entre pai e filho e acabou sendo implantada uma monarquia que era comandada por um imperador português. Por estes motivos os países latino-americanos não reconheciam a nossa independência. Essa resistência começou a ser quebrada quando, em 1815, o México reconheceu a nossa independência.

O primeiro país, no entanto, a nos reconhecer como Nação independente foram os Estados Unidos em 1824. Esse fato pode ser entendido porque desde 1823 vigorava naquele país a famosa Doutrina Monroe: "A América para os americanos", que se opunha à tentativa de recolonização defendida pela Santa Aliança, além do mais, os americanos também desejavam ampliar as suas relações comerciais pela América.

Portugal também não reconhecia a nossa independência e enquanto esta situação persistisse o Brasil teria dificuldades para ampliar as suas relações comerciais. Como vimos, a Inglaterra também apoiou as independências no nosso continente e acabou esta nação reconhecendo a nossa independência na medida em que o tratado de Aliança e Amizade e de Comércio e Navegação foi renovado no Brasil, dando tarifas preferenciais aos produtos ingleses. Como os portugueses estavam radicais na sua posição, os ingleses intermediaram as negociações entre Brasil e Portugal e a nossa independência acabou finalmente sendo reconhecida por Portugal desde que o Brasil assumisse uma dívida de 2 milhões de libras esterlinas e concedesse a D. João VI o título de honra de imperador do Brasil.

Outros países, no entanto, exigiram do Brasil igualdade de tratamento para as importações. Dessa forma o privilégio inglês de pagar 15% de imposto acabou sendo estendido a outras nações como França, Áustria, Bélgica, Dinamarca.

A GUERRA DA CISPLATINA (1825 – 1828)

O atual Uruguai durante o período colonial foi a Colônia do Sacramento fundada pelos portugueses em 1680.

Quando D. João VI transmigrou para o Brasil, anexou o Uruguai com o nome de Província Cisplatina. A partir de 1825 João Antônio Lavalleja, apoiado pela Inglaterra liderou um processo de luta pela independência que culminou com a separação do Brasil em 1828.

A POLÍTICA INTERNA
A ORGANIZAÇÃO CONSTITUCIONAL DO IMPÉRIO

Assim que nos libertamos do domínio português surgiu uma necessidade gigantesca de se elaborar uma Constituição para o Brasil, até porque as leis que vigoravam no Brasil eram todas portuguesas.

Neste período tínhamos dois grupos políticos no Brasil, o Partido Brasileiro e o Partido Português que travavam violentas discussões em torno da Constituição. O primeiro partido era dominado pelos fazendeiros. A facção "aristocrata", liderada por José Bonifácio defendia uma constituição que mantivesse as decisões tomadas por D. João VI no Brasil e a centralização do poder. Por sua vez, a ala "democrata" defendia o Federalismo, ou seja, a autonomia política dos Estados que enfraquecia o Executivo. O Partido Português, por sua vez, representava os militares, funcionários e comerciantes em sua maioria portugueses, defendia a recolonização do Brasil.

No dia 3 de maio de 1823 a Assembléia Nacional Constituinte deu início aos trabalhos. Imediatamente as duas posições divergentes ficaram perceptíveis: O Partido Brasileiro que representava a maioria, defendia uma monarquia constitucional que procurasse limitar o Poder do imperador. O Partido Português, no entanto, que possuía inspiração positivista tentava ganhar a simpatia do imperador para assim aproximar o Brasil de Portugal.

Diante da ascensão do Absolutismo em Portugal D. Pedro I reforçava o seu autoritarismo dissolvendo a Constituinte. A Constituição de 1824 representava a reação do Absolutismo e a tomada do poder pelo Partido Português era a vitória do Executivo sobre o Legislativo, do imperador sobre a aristocracia agrária.

São características da Constituição:

Organograma político do Império

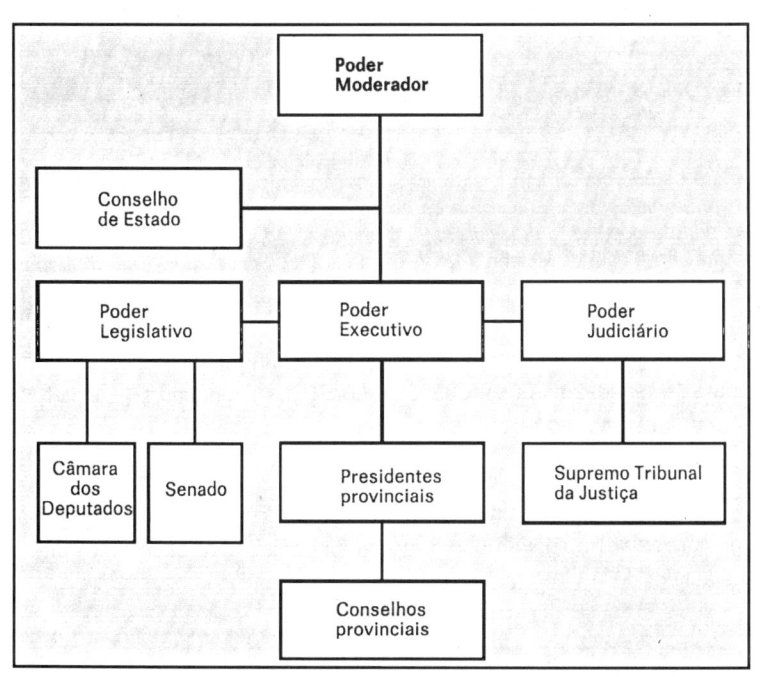

a) 4 poderes: Executivo, Legislativo, Judiciário e Moderador.

O quarto poder era do monarca e conferia ao imperador o direito de dissolver a Câmara, convocar, adiar ou prorrogar a Assembléia geral, sancionar seus decretos e resoluções, nomear senadores, nomear e demitir os ministros de Estado, suspender os magistrados etc.

Dentre os que não eram considerados cidadãos e, portanto, não podiam votar, estavam as mulheres, os negros e os pequenos agricultores e comerciantes, isto é, a maioria da população brasileira. Membros desta população estão representados na gravura "Festa da Rainha", 1817. Obra de J. B. Spix e K. F. P. Von Martius.

b) O sistema eleitoral era mantido em dois graus: indireto e censitário, mas a condição era modificada para 100$000, 200$000, 400$000 e 800$000 de rendimento anual, "provenientes de bens de raiz, indústria, comércio ou emprego".

c) O Catolicismo foi declarado a religião oficial do Brasil. A relação era regulada pelo regime do padroado, que submetia a Igreja católica ao controle político do imperador. Os membros da Igreja recebiam salário do governo, e o imperador nomeava os sacerdotes pra os diversos cargos eclesiásticos.

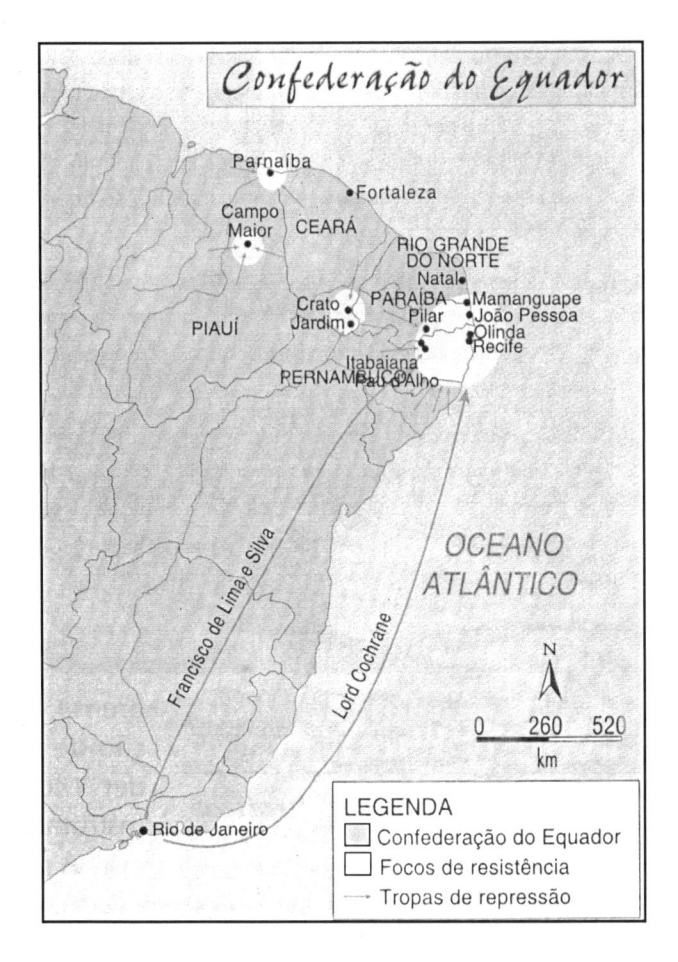

A Confederação do Equador (Pernambuco – 1824)

"Marinheiro e caiados
Todos devem se acabar
Porque só pardos e pretos
o país hão de habitar"

"Qual eu imito Cristóvão
Esse imortal haitiano,
Eia! Imitai o seu povo
Oh meu povo soberano."

(Quintas, A. In: "História Geral da civilização Brasileira", Tomo II, Vol. I, 1977, p.p. 227 e 235)

Essa revolta que ocorreu em Pernambuco em 1824 teve as seguintes causas: descontentamento com a Constituição imposta por D. Pedro I, além disso havia também insatisfação contra o autoritarismo do governo central e a situação ficava ainda mais complicada porque D. Pedro, para pagar a dívida contraída à época do reconhecimento da independência, aumentou os impostos em um momento que o preço da cana caía no mercado internacional e que o Nordeste sofria uma forte seca.

A Constituição de 1824, como vimos, quando implanta o voto censitário e o Estado Unitário acabou restringindo a participação política do povo e também da aristocracia rural, devemos lembrar que o unitarismo centralizava o poder no Brasil, e estes fatos acabaram provocando a explosão das contradições internas.

O Estado de Pernambuco sempre foi extremamente agitado. Cipriano Barata e Frei Caneca defendiam em seus jornais o Federalismo, ou seja, a liberdade política para os Estados em oposição ao unitarismo implantado pela Constituição. Defendiam também a República, sistema de governo adotado por todas as nações da América a partir da independência.

Cipriano Barata, "o homem de todas as revoluções", criticava com veemência o fechamento da constituinte e a Constituição Outorgada de 1824. Já por sua vez, Frei do Amor Divino Rabelo Caneca teve grande atuação como líder popular e como jornalista político do **Typhis Pernambucano**. Denunciava em seus artigos o despotismo do imperador e convocava o povo à luta, condenava também a centralização excessiva do poder a partir da implantação do Estado Unitário pela Constituição. Com relação ao poder moderador afirmava que era "a chave mestra da opressão da nação brasileira".

Percebendo o Estado de agitação crescente em Pernambuco, D Pedro I resolveu substituir o governador eleito pelo povo, Manuel Paes de Andrade por Francisco de Pais Barreto que havia sido deposto. Olinda e Recife não aceitaram esta decisão e, assim, apoiando o seu governador, resolveram romper com o poder central e a 2 de julho de 1824 Paes de Andrade proclamou a Confederação do Equador.

"Execução de Frei Caneca". Obra de Murillo La Greca. Frei Caneca (1779-1825) ganhou esse apelido porque na infância vendia canecas pelas ruas do Recife. Educou-se no seminário de Olinda, foi professor, jornalista e tornou-se um dos mais influentes liberais de seu tempo.

Inspirado no modelo norte-americano, o novo Estado defendia a organização das províncias do Norte sob a forma Federalista, com um governo representativo e republicano. Maranhão, Bahia, Alagoas, Paraíba, Rio Grande do Norte e Ceará aderiram também ao movimento.

Paes de Andrade convocou uma constituinte e o projeto constitucional era inspirado na Constituição da Colômbia, devendo funcionar este projeto até a abertura da Constituinte.

O movimento começou a entrar em decadência a partir do momento que a liderança começou a discutir a extinção do tráfico de escravos no porto de Recife. Como esta decisão iria ferir os interesses das elites produtoras de cana este grupo então começou a se afastar do movimento o que provocou o seu enfraquecimento, um outro fator que explica também o fracasso do movimento, foi o excesso de participação popular que deu uma conotação de revolta social ao movimento, o que em nenhum momento interessava à elite. Esta nova realidade levaria a elite a esvaziar o movimento provocando assim a sua derrota final.

A POLÍTICA ECONÔMICA E AS CARACTERÍSTICAS SOCIAIS

As características da economia brasileira não sofreram muitas alterações após a independência, continuávamos com um modelo agrário-exportador e escravista. A grande novidade era a forte crise econômica que se abatia sobre o país, além do fato do café começar a despontar no cenário econômico brasileiro.

No âmbito social, da mesma forma que na economia, tivemos poucas alterações. Surgiu uma nobreza por títulos que eram comprados ou concedidos, o analfabetismo era alto e o nível cultural era muito baixo. A partir de 1828 surgiram os primeiros cursos jurídicos para a formação de bacharéis em Direito mas no entanto, o seminário de Olinda continuava formando os maiores líderes do Brasil-Império.

Nesta aquarela vemos uma concentração de torres de igrejas na cidade do Rio de Janeiro – um dos sinais do poder do catolicismo. "Largo, Chafariz e Igreja de Santa Rita". Obra e Eduard Hildebrandt, 1844. Staatliche Museen Zu, Berlim, Alemanha.

A ABDICAÇÃO DE D. PEDRO I

Em 1822 quando D. Pedro I proclamou a independência do Brasil era louvado como "herói", mas no entanto rapidamente essa imagem acabaria se desfazendo e a abdicação acabou acontecendo no dia 7 de Abril de 1831, quando retornaria a Portugal para se tornar Pedro IV.

D. Pedro I era um governante profundamente autoritário: fechou a Constituinte, outorgou a Constituição, lançou o Poder Moderador, o Império Unitário (centralizado) etc., fatores que descontentavam a sociedade.

Na economia, a situação do país também não era animadora. Para termos a independência reconhecida, fomos obrigados a assumir uma divida de 2 milhões de libras esterlinas com a Inglaterra, porém, neste período, a cana-de-açúcar, principal produto de exportação entrava em declínio no mercado internacional. Os outros produtos por sua vez também passavam por um período de dificuldade, por exemplo, o algodão e o arroz sofriam a concorrência da produção norte-americana, o tabaco estava em declínio porque sofria as restrições impostas ao tráfico negreiro, e enquanto isso as importações cresciam o que provocava um déficit gigantesco na balança comercial o que levava o governo a contrair cada vez mais empréstimos internacionais.

A oposição ao imperador crescia nos pasquins que se proliferavam no país, tais como: "A Estréia", de Vieira Souto; a "Aurora Fluminense", de Evaristo da Veiga etc. Para agravar a situação, dois novos fatos aconteceriam: a Guerra da Cisplatina e a Sucessão ao trono português.

O primeiro episódio vimos anteriormente. Com relação à sucessão ao trono português valeria a pena destacar que D. João VI morreu em 1826 e como o Império era hereditário o poder passaria para D. Pedro I. Como D. Pedro I já governava o Brasil e a união das duas coroas seria malvista pelos brasileiros, então o imperador abdicou em favor de sua filha, ainda criança, Dona Maria da Glória. Além do mais, outorgou uma constituição para Portugal e nomeou uma regência que governaria até seu irmão, o príncipe Dom Miguel, assumir o trono. Os fatos não aconteceram como D. Pedro I tinha planejado porque os absolutistas portugueses aclamaram Dom Miguel rei de Portugal. Os envolvimentos constantes do imperador com a política portuguesa era profundamente malvisto no Brasil.

Três anos depois um novo episódio iria piorar a situação do imperador. No ano de 1829 o Banco do Brasil foi à falência o que trouxe como conseqüência a desvalorização da moeda, o aumento dos preços etc., fatores que não agradavam a população.

Tentando acalmar a população, em dezembro de 1829, Dom Pedro decidiu convidar o marquês de Barbacena para formar um Ministério Liberal. No entanto, na França, em 1830 houve uma revolução que retirou do poder o absolutista Carlos X. Como o povo já estava insatisfeito com o imperador, os protestos se avolumaram e Pedro I por sua vez, insatisfeito demitiu o gabinete chefiado pelo marquês de Barbacena o que provocou novas ondas de protesto. Nesse momento, nos distúrbios que acontecem em São Paulo, acabou morrendo assassinado o jornalista Líbero Badaró. D. Pedro resolveu então viajar para Ouro Preto e logo assim que chegou à cidade encontrou-a repleta de faixas de luto pela morte do jornalista. Revoltado, retornou ao Rio de Janeiro e para recepcionar o imperador, a sociedade secreta Colunas do Trono, que era formada pelos absolutistas portugueses preparou uma grande festa. A recepção não agradou aos brasileiros que saíram às ruas em conflitos abertos contra os portugueses nas noites de 11, 12 e 13 de março de 1831, as chamadas Noites das Garrafadas.

Mais uma vez tentando uma conciliação, Dom Pedro I nomeou um novo Ministério, só que agora mais liberal, que ficou conhecido como Ministério dos Brasileiros. No entanto, como o ministério não aceitou reprimir os movimentos populares, o imperador no dia 5 de abril de 1831 substitui-o pelo Ministério dos Marqueses, que era formado por elementos do Partido Português. O povo ficou indignado, protestou e no dia 7 de abril de 1831, D. Pedro abdicou.

LEITURA COMPLEMENTAR

As principais críticas da oposição liberal

"A dissolução da Constituinte de 1823 e a outorga da Carta Constitucional de 1824 pelo imperador desencadeariam ressentimentos até então refreados. A oposição viria violenta, principalmente de parte das províncias do Norte e Nordeste, onde se avolumavam os descontentamentos diante da centralização imposta pelo governo que parecia beneficiar apenas as províncias do Rio de Janeiro e regiões vizinhas.

As reivindicações federalistas seriam temas constantes nas revoltas então ocorridas. Um dos mais expressivos porta-vozes dessa oposição foi Frei Caneca, antigo revolucionário de 1817, envolvido novamente na chamada Confederação do Equador. Argumentaria ele no *Typhis Pernambucano* que o Brasil tinha todas as condições para formar um estado federativo: a grandeza do seu território, a diversidade de suas riquezas e a variedade dos seus habitantes. Além da federação, pregava em seus escritos a defesa da autonomia conquistada, a resistência às arbitrariedades do governo, reivindicando ainda a imprensa livre, condenando a vitaliciedade do Senado, a criação de uma nobreza "opressora dos povos", a concessão ao Executivo do direito de veto absoluto, bem como a iniciativa de leis. Criticava ainda, no texto da carta outorgada, a instituição do Poder Moderador. Este parecia-lhe uma "invenção maquiavélica", "chave mestra da opressão". Os conselhos provinciais que também haviam sido criados pela carta, com o objetivo de gerir as províncias, pareciam-lhes "meros fantasmas para iludir os povos". Negava, enfim, ao imperador, o direito de outorgar uma carta, usurpando aos povos o direito de expressar sua vontade soberana através de seus representantes na Constituinte.

Nas críticas e propostas de Frei Caneca estavam contidos os principais temas liberais que agitariam o Primeiro Reinado e os primeiros anos de Regência. Em nome dessas idéias sublevaram-se grupos em Pernambuco, Ceará e em algumas localidades da Paraíba, Rio Grande do Norte e Alagoas, reunidos no que se chamou de Confederação do Equador. A repressão veio impiedosa e rápida. Os cabeças do movimento, entre eles Frei Caneca, foram executados.

A vitaliciedade do Senado e o Poder Moderador seriam constantemente alvo de críticas dos liberais durante o Segundo Reinado. As aspirações à Federação também integrariam o seu ideário.

Depois da dissolução da Assembléia Constituinte em 1823, a Câmara dos Deputados só foi convocada em 1826 em flagrante desrespeito aos próprios dispositivos constitucionais. A partir de então, a luta entre Executivo e Legislativo voltou a intensificar-se, culminando na abdicação com a vitória do Legislativo sobre o Executivo.

(Costa, Emília Viotti da. "Da Monarquia à República: momentos decisivos". São Paulo: Livraria Editora Ciências Humanas, 1979. p.p. 117-8)

Comente as conseqüências políticas da dissolução da Constituinte de 1823 e da outorga da Carta de 1824.

Resposta: A dissolução da Constituinte de 1823 e a outorga da Carta Constitucional de 1824 pelo imperador desencadeariam ressentimentos até então refreados. A centralização imposta pelo governo, o poder moderador etc. Acabariam culminando em críticas e revoltas, como a Confederação do Equador.

QUESTÕES RESOLVIDAS

1. (UNI-RIO) "A emancipação política [foi, no Brasil,] realizada pelas categorias dominantes interessadas em assegurar a preservação da ordem estabelecida, cujo único objetivo era romper o sistema colonial." (Emília Viotti da Costa – "Da Monarquia à República")

Aponte um elemento da "ordem estabelecida" que constituiu a pesada herança que sobreviveu à independência.

Resposta: Partindo do fato de que as independências foram dirigidas pelas elites coloniais, a emancipação política não implicou alterações nas estruturas econômicas e sociais. Exemplo significativo foi o latifúndio escravista, que permaneceu a base da produção, controlada pelos fazendeiros, apesar da oposição movida pela economia capitalista internacional (caso da política inglesa de Combate ao tráfico negreiro).

2. (UERJ) A Confederação do Equador (1824) foi um dos movimentos que demonstrou o conflito existente entre a organização do estado no Brasil e a Constituição da nação. Das alternativas seguintes, aquela que não caracteriza o movimento é:
  a) teve a presença de setores populares, o que deu ao movimento também o caráter de revolta social.
  b) refletiu forte sentimento antiportuguês, devido ao caráter negociado da independência brasileira.
  c) significou o descontentamento dos liberais pernambucanos, após a outorga da Constituição de 1824.
  d) buscou o estabelecimento de uma monarquia parlamentar, uma vez que a liderança do movimento, por seu caráter liberal, era anti-republicana.
  e) demonstrou as divergências entre as oligarquias dominantes nordestinas e o poder central, sobretudo quanto ao desejo por autonomia das províncias.

Resposta: D

3. (UNI-RIO) O significado político da abdicação

A abdicação representou a derrota dos grupos absolutistas do Partido Português e a vitória da oposição nacional que desejava consolidar o Estado brasileiro. Essa oposição não era um bloco homogêneo, pois nela figuravam, por exemplo, as classes ricas dos grandes proprietários de terras e as classes populares, representadas pelos liberais exaltados.

Com astúcia, os ricos dirigiram a oposição contra D. Pedro I, utilizando as classes populares como massa de manobra. De fato, muita gente do povo saiu às ruas para protestar e exigir a abdicação do imperador.

O desfecho foi previsível: assim que D. Pedro I deixou o país, as classes ricas assumiram o poder e expulsaram os representantes das classes populares da cena política. Por isso, Teófilo Ottoni, líder liberal mineiro, disse que 7 de abril foi, para o povo, uma verdadeira jornada dos tolos, o dia dos enganos ou "la journée des dupes". A luta do povo serviu para satisfazer os interesses dos ricos. Afinal, não era apenas D. Pedro I o único obstáculo à realização de uma ordem social mais justa e mais democrática.

Qual o significado político da abdicação?

Resposta: Representou a derrota dos grupos absolutistas do Partido Português e a vitória da oposição nacional que desejava consolidar o Estado brasileiro.

4. (FUVEST) A Inglaterra atuou a favor do Brasil para a obtenção do reconhecimento de sua independência, mas exigiu a extinção:
a) dos contratos comerciais com os países da Santa Aliança;
b) do tráfico negreiro;
c) da escravatura;
d) do Pacto Colonial;
e) do acordo comercial de 1810.

Resposta: B

5. (FATEC) O fim do Primeiro Reinado, com a abdicação de D. Pedro I em favor de seu filho, proporcionou condições para a consolidação da independência, pois:
a) as disputas entre os partidos conservador e liberal representaram diferentes concepções sobre a maneira de organizar a vida econômica da nação.
b) a vitória dos exaltados sobre os moderados acabou com as lutas das várias facções políticas existentes.
c) o governo de D. Pedro I não passou de um período de transição em que a reação portuguesa, apoiada no absolutismo do imperador, se conservou no poder.
d) as rebeliões ocorridas antes da abdicação tinham caráter reivindicatório de classe.
e) na Assembléia Constituinte de 1823 as propostas do partido brasileiro tinham o apoio unânime dos deputados.

Resposta: C

QUESTÕES PROPOSTAS

1. (FUVEST) "Odeio cordialmente as revoluções ... Nas reformas deve haver muita prudência... Nada se deve fazer aos saltos, mas tudo por graus como manda a natureza... Nunca fui nem serei absolutista, mas nem por isso me alistarei jamais debaixo das esfarrapadas bandeiras da suja e caótica democracia" (José Bonifácio de Andrada e Silva, 1822)

Analise o texto, associando-o ao processo de independência do Brasil no que se refere:
a) à forma assumida pela monarquia no Brasil.
b) à participação popular.

Unidade 29 - O Primeiro Reinado (1822 - 1831) | 405

2. (FUVEST) Houve um estremecimento nas relações entre os estados inglês e brasileiro, na primeira metade do século XIX, em conseqüência da forte pressão que a Inglaterra exerceu sobre o Brasil a partir do reconhecimento da independência (1826). Tais pressões decorreram:
   a) da anexação do Uruguai por D. Pedro e da sua transformação em Província Cisplatina, limitando o comércio inglês no Prata.
   b) da oposição inglesa aos privilégios alfandegários concedidos, desde 1819, aos produtos portugueses importados pelo Brasil.
   c) dos incentivos do governo brasileiro à exportação de algodão, o que tornava este produto mais barato do que o produzido nas colônias britânicas.
   d) do início da imigração européia para o Brasil, fato que poderia levar à industrialização e à diminuição das importações de produtos ingleses.
   e) da oposição do Estado inglês ao tráfico negreiro que o governo brasileiro, depois de resistir, proibiu, em 1850.

3. (FUVEST) A Constituição Brasileira de 1824 colocou o imperador à testa de dois Poderes. Um deles lhe era "delegado privativamente" e o designava "Chefe Supremo da Nação" para velar sobre "o equilíbrio e harmonia dos demais Poderes Políticos", o outro Poder o designava simplesmente "Chefe" e era delegado aos ministros de Estado. Estes Poderes eram respectivamente:
   a) Executivo e Judiciário
   b) Executivo e Moderador
   c) Moderador e Executivo
   d) Moderador e Judiciário
   e) Executivo e Legislativo

4. (FUVEST) A economia brasileira, durante o período monárquico, caracterizou-se fundamentalmente:
   a) pelo princípio da diversificação da produção agrária e pelo incentivo ao setor de serviços.
   b) pelo estímulo à imigração italiana e espanhola e pelo fomento à incipiente indústria.
   c) pela regionalização econômica e pela revolução no sistema bancário nacional.
   d) pela produção destinada ao mercado externo e pela busca de investimentos internacionais.
   e) pela convivência da mão-de-obra escrava e imigrante e pelo controle do "déficit" público.

5. (PUC-MG) Em 1823, o capitão mulato Pedro Pedroso comandou tropas formadas por mestiços e negros que entoavam, pelas ruas de Recife, a seguinte quadra:

"MARINHEIROS E CAIADOS

TODOS DEVEM SE ACABAR

PORQUE SÓ PARDOS E PRETOS

O PAÍS DEVEM HABITAR"

Tal episódio, associado à Confederação do Equador, movimento revoltoso ocorrido durante o Primeiro Reinado, demonstra:
a) o caráter democrático presente no processo de constituição do Estado nacional brasileiro.
b) o peso das massas populares na condução da vida política do país logo após a independência.
c) a força do movimento abolicionista e sua capacidade de mobilização dos segmentos sociais.
d) a radicalização do movimento com a participação popular, gerando temor na elite agrária.

6. (UECE) Sobre a consolidação da Independência brasileira, é correto afirmar:
a) depois de algumas lutas no Sul, na Bahia e no Piauí e do pagamento de uma indenização de 2 milhões de libras esterlinas, o governo português reconheceu a independência do Brasil, em 1825.
b) sob pressão da Inglaterra, que tinha interesses econômicos na independência, Portugal reconheceu imediatamente a autonomia do governo do Brasil.
c) apesar da demora do governo português em reconhecer a independência, não houve lutas nem sublevações armadas que confrontassem portugueses e brasileiros.
d) a independência brasileira obteve imediatamente o apoio de todas as grandes potências européias e dos EUA.

7. (UFG) O processo de formação do Estado brasileiro encontra várias possibilidades de leitura, dada a diversidade de projetos políticos existentes no Brasil, nas primeiras décadas do século XIX. Entre as conjunturas da independência (1822) da abdicação (1831), o país conviveu com projetos diferentes de gestão política. Sobre as conjunturas mencionadas anteriormente e seus desdobramentos, julgue os itens, usando (V) para verdadeiro e (F) para falso.

Unidade 29 - *O Primeiro Reinado (1822 - 1831)* | **407**

( ) O acordo em torno do príncipe D. Pedro foi uma decorrência do receio de que a independência se transfigurasse em aberta luta política entre os diversos segmentos da sociedade brasileira. A Monarquia era a garantia da ordem escravista.

( ) Ao proclamar a independência, o príncipe D. Pedro rompeu com a comunidade portuguesa, que insistia em ocupar cargos públicos. A direção política do país foi entregue aos homens aqui nascidos, condição essencial para ser considerado cidadão no Novo Império.

( ) Em 1831, as elites políticas brasileiras entraram em desacordo com o imperador, que insistia em desconsiderar o Legislativo, preocupando-se, excessivamente, em defender os interesses dinásticos de sua filha em Portugal, o que irritava as elites políticas locais.

( ) Com a abdicação, iniciou-se um período marcado pelo crescimento econômico decorrente da produção de café, o que possibilitou a execução de uma reforma política, o Ato Adicional (1834), que deu estabilidade ao Império.

8. (UFRN) Em 1824, D. Pedro I assim se pronunciou:

"Chegou o momento em que o véu da impostura, com que os demagogos, inimigos do Império e da nossa felicidade, vos têm até agora fascinado, vai cair por terra. Para iludirem vossa boa-fé, inflamarem vossa imaginação a poderem arrastar-vos cegamente a sistemas políticos reprovados pelas lições da experiência, absolutamente incompatíveis com a vossa situação, e em que só eles ganhavam, separando-vos da união geral de todas as províncias, indispensável para a consolidação e segurança da nossa Independência, fizeram-vos crer que uma facção vendida a Portugal dirigia as operações políticas deste Império para submetê-lo ao antigo domínio dos portugueses e ao despotismo do seu governo." (Apud Costa, F. A. Pereira da. "Anais pernambucanos". 2a. ed. Recife: FUNDARPE, 1983. V.9. p.p. 52-53)

No discurso, o imperador D. Pedro I pronunciou-se sobre a Confederação do Equador. É correto afirmar que essa Confederação:
  a) opunha-se à pretensão de D. Pedro I de unir as coroas portuguesa e brasileira, o que representaria a recolonização do Brasil.
  b) desejava instalar uma monarquia parlamentarista, estabelecendo limites aos poderes absolutistas de D. Pedro I.
  c) posicionava-se contra os privilégios portugueses, incluídos por D. Pedro I no projeto constitucional de 1823.
  d) pretendia implantar uma República independente no Nordeste, contrariando o projeto de unidade nacional centrado em D. Pedro I.

9. (UFSCar) Fui à terra fazer compras (...). Há muitas coisas inglesas, tais como seleiros e armazéns, não diferentes do que chamamos na Inglaterra um armazém italiano, de secos e molhados, mas, em geral, os ingleses aqui vendem suas mercadorias em grosso a retalhistas nativos ou franceses. Quanto aos alfaiates, penso que há mais ingleses do que franceses, mas poucos de uns e outros. Há padarias de ambas as nações e abundantes tavernas inglesas, cujas insígnias com a bandeira da União, leões vermelhos, marinheiros alegres e tabuletas inglesas, competem com as de Greenwich ou Deptford.

O cotidiano descrito no texto de Maria Graham, em sua visita ao Rio de Janeiro em 1822, era conseqüência:

a) da Abertura dos Portos de 1808.
b) da Independência do Brasil em 1822.
c) do Tratado de Methuen de 1703.
d) da elevação do Brasil a Reino Unido de Portugal em 1815.
e) da conquista da Guiana Francesa em 1809.

10. (UFSM) O tratado assinado entre o Brasil e a Inglaterra, em 1827, ratificava os tratados de 1810. Em decorrência, a crise econômico-financeira do Brasil se aprofundou, gerando conflitos políticos e econômicos que:

a) promoveram a desanexação da Província de Cisplatina e o aumento da dívida externa brasileira com os Estados Unidos, pois este exportava algodão para o Brasil em grande quantidade.
b) propiciaram a outorga da primeira Constituição Brasileira e a criação do Banco do Brasil, com o fim de emitir papel-moeda para comprar charque da região do Prata.
c) originaram a Confederação do Equador e o necessário aumento da produção e exportação do açúcar para equilibrar as contas públicas brasileiras.
d) determinaram o retorno imediato de D. Pedro I para Portugal e o fim do tráfico negreiro para o Brasil, o que prejudicou a produção do tabaco e o comércio desse produto com a Inglaterra.
e) resultaram na abdicação de D. Pedro I e no aumento do déficit público e dos empréstimos externos, ampliando as importações da Grã-Bretanha.

Gabarito das questões propostas

Questão 1 - Respostas:
a) o estabelecimento de uma monarquia constitucional assegurou a unidade política e territorial do Brasil e a manutenção da estrutura aristocrática e escravista da sociedade em favor da elite agrária.

b) A participação popular na independência do Brasil, restringiu-se à Conjuração Baiana (1798) e na Guerra de Independência (1822) nas províncias da Bahia e do Pará, na condição de massa de manobra manipulada pela elite dominante.

Questão 2 - Resposta: E

Questão 3 - Resposta: C

Questão 4 - Resposta: D

Questão 5 - Resposta: D

Questão 6 - Resposta: A

Questão 7 - Resposta: V F V F

Questão 8 - Resposta: D

Questão 9 - Resposta: A

Questão 10 - Resposta: E

COMPLEMENTANDO OS ESTUDOS

LIVRO

Oliveira, Cecília Helena Salles. *A Independência e a Construção do Império*. São Paulo: Ed. Atual.

Unidade 30

O Período Regencial (1831 – 1840)

Sinopse teórica

Foi um período de grande agitação social no Brasil e essa, assim poderíamos dizer, foi a principal característica dessa fase de nossa História. Até agora já vimos em capítulos anteriores, que existiam no Brasil dois partidos políticos: o Português e o Brasileiro. Bem, então vamos conhecer mais três: Os Liberais Moderados, os Liberais Exaltados e os Restauradores. O primeiro grupo defendia a centralização política do Império; por sua vez, os Liberais Exaltados defendiam a descentralização, chegando alguns até a defender a República e os Restauradores defendiam a reaproximação com Portugal.

O grupo político mais importante do Brasil na época era o dos Liberais Moderados. Este grupo representava na realidade a defesa dos interesses da aristocracia rural do Sudeste. Entendiam que algumas reformas eram importantes para evitar o autoritarismo característico do Primeiro Reinado. Os seus principais líderes eram o padre Diogo Antônio Feijó, Evaristo da Veiga e Bernardo Pereira de Vasconcelos.

PARTIDO	O QUE ERA	O QUE DEFENDIA	JORNAIS E SOCIEDADES IMPORTANTES
PARTIDO LIBERAL EXALTADO OU FARROUPILHA 1831-1840	Facção mais radical do Partido Brasileiro. Esperava, com a Independência, uma real democratização do processo político. Identificava-se ideologicamente com a classe média e constituía minoria na Assembléia.	A efetiva independência do Brasil. Nacionalização, República e fedralismo.	Jornais: "Trombeta dos Farroupilhas", "O República", "A Malagueta", "Sentinela da Liberdade", "O Bem-te-vi". "Sociedade: Sociedade Federal".
PARTIDO LIBERAL MODERADO OU CHIMANGO 1831-1840	Partido da classe dominante [aristocracia rural]. Possuía maioria na Assembléia.	A independência do Brasil, com o mínimo de alterações no processo político.	Jornal: "A Aurora Fluminense", "Sociedade: Sociedade Defensora da Liberdade e Independência Nacional".
PARTIDO RESTAURADOR OU CARAMURU 1831-1834	Associação política que reunia os portugueses do grande comércio. Apoiava D. Pedro I e representava a direita conservadora brasileira.	A volta de D. Pedro I.	Jornais: "O Caramuru", "O Tamoio". "Sociedade: Sociedade Militar".

Os Liberais Exaltados por sua vez defendiam a implantação de reformas profundas na sociedade brasileira, tais como: abolição do Poder Moderador, a ampliação do direito de voto. Eram contra a vitaliciedade do Senado e o Conselho de Estado. Este grupo era formado por representantes das camadas médias urbanas e rurais empobrecidas com a crise e, também, por proprietários de terras e escravos do Nordeste o seu apelido era Farroupilha. Principais líderes: Borges da Fonseca, Cipriano Barata, Miguel de Frias e Vasconcelos. Defendiam a descentralização política por unanimidade e apoiavam a idéia da República.

RESTAURADORES OU CARAMURUS

Absolutistas convictos, apresentam como proposta política o retorno de D. Pedro I ao poder. Este grupo era formado por antigos políticos do Partido Português e eram liderados por José Bonifácio.

A REGÊNCIA TRINA PROVISÓRIA

De acordo com a Constituição de 1824, o Brasil formava um Império Hereditário Unitário e Representativo. Como o Império era Hereditário, o poder, com a abdicação de D.Pedro I, passou para seu filho Pedro II, que, no momento da abdicação possuía 5 anos. Como Pedro II era menor, caberia à Assembléia Geral (Câmara e Senado) eleger uma Regência Trina. Como o Congresso estava em recesso, os poucos deputados e senadores que estavam no Rio montaram uma Regência Trina Provisória que governou até 17 de junho de 1831. Esta regência possuía a seguinte formação: Nicolau de Campos Vergueiro, Francisco de Lima e Silva e marquês de Caravelas. Os dois primeiros eram moderados e o terceiro era restaurador.

Decisões da Regência Trina Provisória: o Ministério brasileiro foi readmitido; o Poder Moderador foi restringido porque os regentes não poderiam conceder títulos de nobreza, dissolver a Câmara dos Deputados, decretar a suspensão das garantias institucionais e não poderiam também negociar tratados internacionais.

A REGÊNCIA TRINA PERMANENTE

No dia 17 de junho de 1831 a Assembléia elegeu a Regência Trina Permanente que era formada por Bráulio Muniz (representante do Norte), Costa Carvalho (do Sul) e Francisco de Lima e Silva (o Chico Regência). Todos eles eram moderados e houve um critério geográfico para a escolha, com objetivo de superar as divergências políticas provinciais. O Ministério da Justiça foi ocupado pelo padre Feijó, que prendeu vários líderes exaltados e reprimiu violentamente o movimento militar de julho de 1831 que reivindicava a dissolução da Câmara, a destituição do governo e a reunião de uma Assembléia Constituinte. Afirmava Feijó: "O brasileiro não foi feito para desordens que o seu natural é o da tranqüilidade". (Costa, Emília Viotti da. "Da Monarquia à Republica". São Paulo, Grijalbo, 1977. p. 124)

Como falamos anteriormente, o principal problema do Brasil neste período eram os movimentos populares e havia ficado claro para os regentes que eles não poderiam contar com o Exército Brasileiro durante a repressão, sendo assim resolveram criar a Guarda Nacional.

Esta Guarda foi criada pela lei de 18 de agosto de 1831, subordinada ao Ministério da Justiça. Era na realidade, uma força paramilitar composta por cidadãos com renda anual superior a 200 mil réis nas grandes cidades e 100 mil réis nas demais regiões. Organizada pelos distritos, seus comandantes e oficiais locais eram escolhidos por eleição direta e secreta. Era uma força repressiva fiel e eficiente apresentando grande sucesso em 1831 e 1832 no Rio de Janeiro e Pernambuco contribuindo para reforçar o poder dos latifundiários, surgindo assim no cenário político o famoso Coronel que teve grande destaque durante a República Velha.

Em 1832, os restauradores organizaram um levante no Rio de Janeiro que, embora tendo fracassado, deu a Feijó o pretexto para tentar um golpe. Como Feijó era inimigo dos Andradas deu início a uma luta pessoal contra José Bonifácio de Andrada e Silva, o tutor de Pedro II. Os moderados entendiam que José Bonifácio na tutoria de Pedro II representava uma real ameaça de restauração e por este motivo desejavam tirar José Bonifácio do cargo.

Na prática, nem o restauradores desejavam que Pedro I retornasse ao Brasil e muito menos os moderados acreditavam nessa possibilidade. Na realidade o que os moderados pretendiam era realizar as reformas constitucionais sem a participação de José Bonifácio e afastá-lo da tutoria de D.Pedro II.

No dia 30 de junho de 1832 foi proposto o afastamento de José Bonifácio da tutoria de Pedro II. Embora tenha sido aprovada pelos deputados, acabou sendo rejeitada pelo Senado, fato que acabou provocando a demissão do Ministério embora tivesse continuado a trabalhar à espera de seus substitutos.

Os moderados que eram liderados por Feijó começaram a tramar um golpe para retirar os restauradores do poder que acabou também fracassando, mas, no entanto, como as agitações dos restauradores continuavam, José Bonifácio, acusado de conspiração, acabou sendo substituído no cargo de tutor pelo marquês de Itanhaém. Em 1834 D. Pedro I morreu em Portugal e o Partido Restaurador e perdeu o sentido de sua existência.

Embora o golpe moderado tivesse fracassado, as suas reformas foram implementadas e foram as seguintes:
 a) Através de um acordo com os restauradores, aprovou-se a lei de 12 de outubro de 1832, que deu aos deputados a serem eleitos em 1833, poderes constituintes.
 b) Em 29 de Novembro de 1832 foi aprovado o Código do Processo Criminal, que concedeu autonomia judiciária aos municípios. O poder municipal concentrou-se com os juízes de paz que eram eleitos pela população local. Além de terem o poder judiciário, possuíam também o poder de polícia. No entanto, quem detinha o poder de fato eram os grandes proprietários de terras locais, impondo a lei com os seus bandos armados.

ATO ADICIONAL DE 1834

Este ato representou a primeira reforma constitucional da História do Brasil. Estabeleceu que o Conselho de Estado seria suprimido, sendo mantido o Poder Moderador e a vitaliciedade do Senado. Os conselhos gerais das Províncias transformaram-se em Assembléias, e transformou-se a Regência Trina em Regência Una, sendo o regente eleito por sufrágio direto por um período de 4 anos. Criou-se o município Neutro da corte, separado da província do Rio de Janeiro.

O ato Adicional lançou no Brasil o Federalismo Híbrido, ou seja, as províncias tinham o direito de terem o seu Poder Legislativo, mas os municípios permaneciam sem autonomia e as Assembléias eram subordinadas aos presidentes das províncias, nomeados pelo governo central.

A REGÊNCIA UNA DE FEIJÓ

Feijó que defendia o fortalecimento do Poder Executivo, derrotou o deputado pernambucano Antônio Francisco de Paula e Holanda Cavalcanti, que defendia a hegemonia do Poder Legislativo, por diferença pequena de votos.

Assumiu o poder em um período de grande agitação social no Brasil e afirmava: "Nossas instituições vacilam, o cidadão vive receoso, assustado; o governo consome o tempo em vãs recomendações. Seja ele responsabilizado pelos abusos e omissões: dai-lhe, porém, leis adaptadas às necessidades públicas; dai-lhe forças com que possa fazer efetiva a vontade nacional. O vulcão da anarquia ameaça devorar o império: aplicar a tempo o remédio". (Feijó em discurso no Congresso, 1836).

Neste momento o deputado Rodrigues Torres defendeu a idéia de se interpretar o Ato Adicional com o nítido objetivo de restringir a descentralização, dando origem assim ao grupo regressista que concentrava os parlamentares que se opunham a Feijó. Existiam também os Progressistas que eram aliados de Feijó.

O isolamento político de Feijó, a falta de competência na repressão aos movimentos populares e os conflitos com a Igreja Católica por defender publicamente o fim do celibato clerical foram os fatores que o levaram a renunciar em 19 de outubro de 1837.

AS REVOLTAS REGENCIAIS

Um fato que explica as revoltas sem sombra de dúvida está diretamente associado à crise econômica que o país atravessava. A Inglaterra renovou o Tratado de Aliança e Amizade em 1828 e assim continuava pagando apenas 15% de imposto o que inviabilizava a produção nacional. O Produtos de exportação por sua vez sofriam concorrência no mercado internacional, assim a crise se instaurava. Para completar o quadro de crise a balança comercial era profundamente desfavorável o Brasil importava mais do que exportava, somente entre 1821 e 1860 a balança apresentou superávit.

CABANAGEM (PARÁ 1835 – 1840)

Foi realmente dentro da História do Brasil um movimento popular. Os cabanos, assim chamados porque moravam em cabanas à beira dos rios, formados por negros, índios e mestiços que eram profundamente explorados pelas autoridades.

O movimento tinha como objetivo modificar a situação de injustiça social e no início chegou a contar com apoio dos fazendeiros do Pará que desejavam exportar sem barreiras alfandegárias os produtos da região. No entanto, com o desenvolvimento da revolta, os fazendeiros perceberam que os seus objetivos eram completamente diferentes dos objetivos dos cabanos que desejavam na realidade acabar com a escravidão, fazer a reforma agrária e matar os exploradores do povo que eram também os fazendeiros.

Os principais líderes cabanos foram padre Batista Campos, Eduardo Argelim e os irmãos Vinagre. O movimento não deu certo porque os cabanos não tinham ideologia, partido político etc. e assim quando chegavam ao poder tornavam-se vulneráveis.

SABINADA (BAHIA 1837 – 1838)

O líder do movimento foi Francisco Sabino Álvares da Rocha Vieira e esta revolta contou com o apoio das camadas médias de Salvador.

No dia 7 de novembro de 1837, os rebeldes foram à Câmara Municipal de Salvador e declararam a independência da Bahia.

O governo expulso de Salvador se recompôs na Vila de São Francisco, a força militar foi recrutada na Guarda Nacional do Recôncavo. Com a ajuda de famílias ricas, unidades de combate foram recrutadas e equipadas com dinheiro próprio.

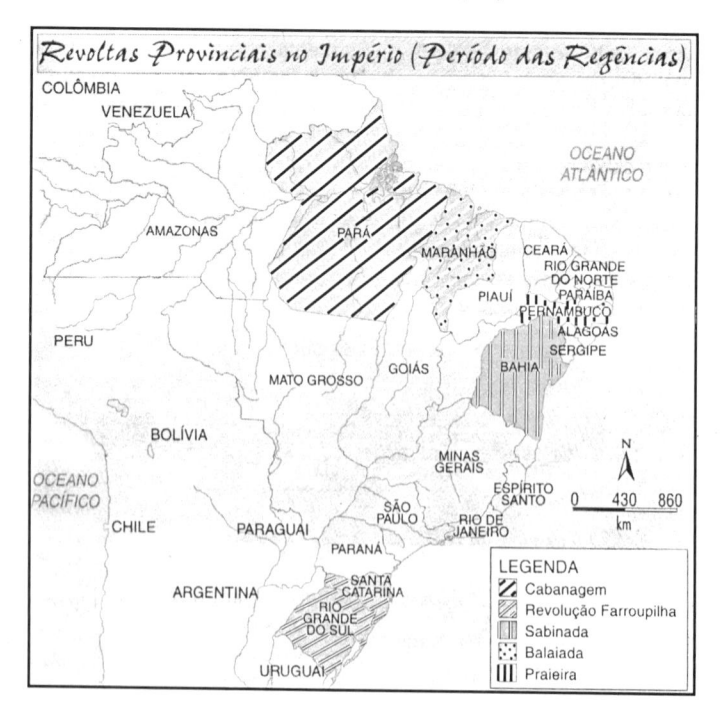

Salvador ficou isolada, os alimentos começaram a faltar e a revolta foi sufocada tendo sido os seus líderes condenados à morte. As causas da derrota podem ser atribuídas à falta de objetividade dos revoltosos, como por exemplo alguns defendiam a separação do Brasil enquanto outros defendiam a separação enquanto durasse a menoridade de Pedro II, os rebeldes presos foram julgados e os principais condenados à morte, porém com antecipação da maioridade de D. Pedro II os condenados foram anistiados. Sabino foi transferido para Goiás.

BALAIADA (MARANHÃO 1838 – 1841)

Na realidade, a Balaiada não foi um movimento único, podendo ser caracterizada por sucessivas e ininterruptas rebeliões dos sertanejos e escravos do Maranhão.

Com a queda do preço do algodão a crise econômica se alastrou pelo Estado afetando principalmente os pobres sertanejos do Maranhão. Os líderes do movimento foram: Vaqueiro Raimundo Gomes, o Cara Preta; Manuel dos Anjos Ferreira, o Balaio; e o Negro Cosme, chefe de um quilombo. Embora a revolta tenha dominado a Vila de Caxias, o movimento não possuía uma unidade. Cada grupo tinha a sua forma de agir e entre os líderes havia muita divergência, além do mais, as alianças com Bem-te-vis (liberais) e elementos moderados que procuravam conter as revoltas, acabariam também contribuindo para o fracasso do movimento.

A GUERRA DOS FARRAPOS OU FARROUPILHAS (RIO GRANDE DO SUL 1835–1845)

Batalha dos Farrapos. Obra de José Wasth Rodrigues.

Foi uma luta da classe dominante local contra a centralização política e administrativa. A classe dominante da região não deu espaço para a participação popular como ocorrera em outras revoltas.

A economia do Rio Grande do Sul era movimentada pela venda de charque, couro e gado muar, abastecendo basicamente o mercado interno. Embora fosse economicamente importante, o Estado não possuía influência política para defender os seus interesses. Por sua vez, os grandes proprietários de terras e de escravos que dominavam o império não tinham interesse em comprar os produtos dos gaúchos que eram caros no Brasil, era mais barato importar da região platina, principalmente o charque que era a base da alimentação dos escravos.

O governo imperial tentando atender aos interesses dos grandes proprietários do Nordeste, matinha baixos os impostos desses produtos importados da região platina e também não oferecia garantias para a venda da produção sulina para o exterior e além do mais, a carga de impostos para quem tentava exportar era enorme.

Os produtores do Rio Grande do Sul diante da situação descrita exigiam reformas na política tarifária por parte do governo central. Não conseguiam entender no entanto, que o encarecimento da produção estava associada à mão-de-obra escrava que diante da repressão inglesa ao tráfico, ficava cada vez mais cara no Brasil. No nosso país, os gastos com a manutenção dos escravos era elevado e além do mais, se comparado ao trabalho assalariado que era adotado na região platina, a produtividade era bem menor.

Politicamente a causa da Farroupilha está diretamente associada à luta pela autonomia política. Os gaúchos não aceitavam a nomeação direta dos presidentes de província e dos funcionários locais pelo poder central.

O movimento começou em 1835 e já no ano seguinte foi proclamada a República Riograndense. Os seus principais líderes eram: Bento Gonçalves, Bento Ribeiro, Davi Canabarro e o Italiano Garibaldi.

Em 1839 foi proclamada a República Juliana em Santa Catarina. O principal objetivo do movimento era a autonomia política, ou seja, o Federalismo, não chegavam a ter a pretensão de separar-se do Brasil. A pacificação da revolta teve início em 1842 a partir do momento que Caxias isolou os rebeldes impedindo que continuassem recebendo ajuda do Uruguai. Foi a revolta mais extensa da História do Brasil e a durabilidade pode ser entendida porque o Rio Grande do Sul possuía uma classe dominante coesa e semi-organizada militarmente. O acordo de paz previa a concessão de uma anistia aos membros da revolta. Os impostos foram diminuídos e os estancieiros se consolidaram no sul do país.

A REGÊNCIA UNA DE ARAÚJO LIMA (1837 - 1840)

O novo Ministério criado pelo regente possuía o seu perfil: regressista e conservador, ficou conhecido como Ministério das Capacidades, sendo o seu principal destaque o ex-político liberal Bernardo Pereira de Vasconcelos que ocupou o Ministério da Justiça e do Império.

Como acabamos de ver, o principal problema do Brasil na época eram os movimentos populares que assolavam o país de norte a sul. Tentando então intensificar a repressão a esses movimentos, em 12 de maio de 1840 assinou a Lei Interpretativa do Ato Adicional que tinha como objetivo limitar a autonomia dos municípios e centralizar novamente o poder político. A polícia e a justiça ficariam sob o controle direto do poder central. Juízes municipais e delegados seriam diretamente nomeados pelo governo da Capital do Império.

Bernardo Pereira de Vasconcelos entendia que o liberalismo foi útil para depor o governo despótico de D. Pedro I, agora não havia mais necessidade de liberdade, entendia que democracia era sinônimo de Anarquia.

O GOLPE DA MAIORIDADE

Depois de 1849, os regressistas passaram a ser chamados de conservadores que sempre defenderam o fortalecimento do poder central, cortando assim a autonomia dos Estados. Não aceitavam também os tratados livre-cambistas, defendiam o aumento das tarifas para os produtos importados.

Para os Progressistas, o importante era restaurar a figura do imperador, fazendo com que assumisse antecipadamente o trono. A maioridade na realidade agradava tanto os progressistas quanto os regressistas. Para os regressistas era uma forma de consolidar a monarquia e para os progressistas a oportunidade de alcançar o poder.

Em 1840 os progressistas fundaram o Clube da Maioridade presidido pelo deputado Antônio Carlos de Andrada. Assim, sem grandes conflitos, os liberais promovem o "golpe da maioridade" do imperador no dia 23 de julho de 1840, dando início ao Segundo Reinado.

LEITURA COMPLEMENTAR

A Consolidação da Monarquia Burguesa

De 1837 a 1849 percorre a política brasileira a mais caracterizada trajetória reacionária de sua História. O período anterior fora de hesitações, de reagrupamento de forças dispersas pela abertura de novo ciclo histórico que assinala a abdicação do primeiro imperador: a consolidação definitiva da independência nacional. Depois disto, parece que a reação toma consciência de seu papel e, abandonando as hesitações do passado, entra definitivamente no rumo natural de sua evolução.

Apesar da concentração reacionária de 1836, e sua vitória com a renúncia de Feijó no ano seguinte, a intranquilidade do império não terminava. É verdade que iam em franco declínio. Já não se nota esta agitação persistente em todo o país, esta repetição contínua, por toda parte, de movimentos revolucionários que amainavam aqui, apenas para recrudescer acolá e mantinham o Império num estado de perene intranquilidade. Mas, os "balaios" no Maranhão, e a continuação dos "farrapos" no Rio Grande indicavam que a reação não podia ainda considerar-se completamente vitoriosa. Com essa constatação, vai desaparecendo a confiança nas regências, embora fossem confiadas, como era então o caso, aos mais reacionários grupos políticos. É este um caráter comum a todas as reações. Enquanto não se estabilizam, enquanto em franco declínio, elas procuram cada vez mais se fortalecer. É uma força que vai em contínua ascendência, que se revigora de momento a momento, num recrudescimento incessante de energia contra-revolucionária: energia esta que procura haurir onde quer que espere descobrir novas forças.

É neste ambiente que nasce a idéia da maioridade. A redução do prazo legal em que tinha de, naturalmente, operar, impõe-se pela ânsia de sair deste período de transição, de consolidar as instituições com o desaparecimento dessa forma, passageira por natureza, qual a regência; pela esperança, enfim, de encontrar, na ascensão do menino imperador ao trono, a tranquilidade do país.

Os governos que se seguem à maioridade têm todos o mesmo caráter. Se bem que diferenciados no rótulo com as designações de "liberal" e "conservador", todos evoluíram em igual sentido, sem que esta variedade de nomenclatura tivesse maior significação. Por isso mesmo é comum, e mal se estranha, a passagem de um político de um para outro grupo. O liberalismo – e liberalismo não era então sinônimo de democracia – entra por esta época, nas rodas oficiais, em franco declínio. Os poucos políticos que por suas tendências se aproximavam das aspirações populares, ou são segregados para o ostracismo, ou se englobam na reação dominante.

No período que se segue, até 1849, amaina-se finalmente a agitação dos anos anteriores. Os "farrapos" depõem as armas em 1845 e, em 1849, o último reduto de revolução, Pernambuco, entra numa frase de tranquilidade. O império afinal se estabiliza no seu natural equilíbrio: a monarquia burguesa. Esmagada a revolução, subjugada a onda democrática, a grande burguesia nacional, entra no gozo indisputado do país. (Caio Prado Jr. "Evolução Política do Brasil". São Paulo: Brasiliense, 1979, p.p. 77-8)

Sobre o texto citado responda:

a) Como o autor define a trajetória política brasileira no período de 1837 a 1849?

Resposta: Como uma trajetória reacionária.

b) Como o autor caracteriza, em termos políticos o período anterior a 1837?

Resposta: Foi um período de hesitações de reagrupamento de forças dispersas pela abertura do mar novo ciclo histórico que assinala a abdicação do primeiro imperador.

QUESTÕES RESOLVIDAS

1. (UNICAMP) Dentre as rebeliões que eclodiram durante o período regencial, a guerra dos Farrapos foi a mais longa e de resultados efetivos, uma vez que os rebeldes conseguiram dominar um território e nele instalar um governo próprio.

Qual a origem e o objetivo principal da Revolução Farroupilha?

Resposta: A questão da centralização do poder e o preço do charque gaúcho que não conseguia competir com o similar platino, o que revoltava os produtores do Rio Grande. Alegavam também que o governo não oferecia garantias para venda. O objetivo era promover a separação do Brasil.

2. (UNICAMP) "O Balaio chegou/ o Balaio chegou./ Cadê o branco?/ Não há mais branco,/ não há mais sinhô", cantavam os quilombolas do Negro Cosme, um dos líderes da Balaiada, ocorrida entre 1838 e 1841 no Maranhão. Segundo o regente Feijó, este é um momento em que o vulcão da anarquia agita o país: a Cabanagem (1835 – 1840) no Pará; a Farroupilha (1835 – 1845) no Rio Grande do Sul; a Sabinada (1837 – 1838) na Bahia, são alguns exemplos de rebeliões que marcam a História desse período. Nem todos esses movimentos, porém tiveram a mesma natureza e o mesmo conteúdo. Formule uma comparação entre Balaiada e a Farroupilha, indicando as principais características de cada um.

Resposta: A Balaiada foi um movimento que ocorreu no Maranhão caracterizado por sucessivas e ininterruptas rebeliões de negros quilombolas e sertanejos e teve como principal causa a queda no preço do algodão. O movimento fracassou porque não tinha unidade. Cada grupo e cada chefe agia isoladamente, havendo entre eles muitas divergências.

A Farroupilha, por sua vez, foi uma luta da classe dominante local contra os efeitos do centralismo político e administrativo, mas na qual essa classe se apresentava organizada e coesa, impedindo que o povo tivesse maior participação, como acontecera nas outras revoltas.

3. (CEFET/UNI-RIO/ENCE) O Período Regencial (1831 – 1840) foi marcado, na história do Império Brasileiro, por grave instabilidade política, como se observa no(a):
   a) Reforço da Política centralizadora que permitiu o fim das rebeliões provinciais.
   b) Envolvimento do Império em confronto com os países platinos.
   c) Caráter restaurador de diversas revoluções como a Farroupilha.
   d) Vitória do movimento regressiva, que levou à revisão do Ato Adicional.
   e) Oposição dos setores liberais às reformas implantadas pelo Ato Adicional.

Resposta: D

4. (UFF) Por ser o herdeiro de menor idade, a abdicação de D. Pedro I, em 1831, resultou na formação de governos regenciais que, até 1840, enfrentaram inúmeras dificuldades para manter a integridade territorial do Império. Entre as várias rebeliões irrompidas nas províncias, a ocorrida no Maranhão notabilizou-se pela diversidade social dos insurgentes, entre os quais não faltaram escravos e quilombolas. A revolta mencionada denomina-se:
   a) Cabanagem.
   b) Balaiada.
   c) Farroupilha.
   d) Revolta dos Malês.
   e) Praieira.

Resposta: B

5. (FUVEST) O Período Regencial foi politicamente marcado pela aprovação do Ato Adicional que:
   a) criou o Conselho de Estado.
   b) implantou a Guarda Nacional.
   c) transformou a Regência Trina em Regência Una.
   d) extinguiu as Assembléias Legislativas Provinciais.
   e) eliminou a vitaliciedade do Senado.

Resposta: C

Questões propostas

1. (FUVEST) Discuta, exemplificando, as dificuldades enfrentadas pela monarquia, nas décadas de 1830 a 1840, para a manutenção da unidade territorial brasileira.

Unidade 30 - O Período Regencial (1831 – 1840) | 423

2. (FUVEST) Criada pelo Ato Adicional de 1834, a Regência Una (1835 – 1840) é considerada como uma experiência republicana no Império que usou elementos da Constituição dos EUA.
Quais determinações do Ato Adicional tornaram possível tal experiência?

3. (UFRJ) Brasileiros! É nos Conselhos Geraes; é nas associações patrióticas; é no Direito de Petição em boa ordem; e na prudência, e previsão, e olho atento sobre as sílabas dos ambiciosos aristocratas, retrógrados, e anarquistas; é na sacratíssima liberdade da Imprensa; é, enfim, nas próximas eleições (...) que deveis achar o remédio a vossos males, antes que vos lanceis no fatal labirinto de rivalidades, e divisões entre Províncias. (Jornal "Nova Luz Brasileira", 27 de abril de 1831)

Durante o período regencial (1831 – 1840), eclodiram revoltas, rebeliões e conflitos envolvendo vários setores sociais, em diversas regiões do Império brasileiro. Estes movimentos sociais relacionavam-se, em parte, às tentativas de estabelecer um sistema nacional de dominação com base na monarquia.

a) Identifique duas revoltas/ conflitos sociopolíticos ocorridos em províncias do Império durante o período regencial.
b) Identifique e explique duas características dessas revoltas/ conflitos ocorridos nas regiões Norte–Nordeste do Império durante o período regencial.

4. (UNICAMP) O historiador José Murilo de Carvalho, analisando o período monárquico no Brasil, afirma: A melhor indicação das dificuldades em estabelecer um sistema nacional de dominação com base na solução monárquica encontra-se nas rebeliões regenciais. (José Murilo de Carvalho, "Teatro de sombras", Ed. UFRJ/Relume-Dumará, p. 230)

a) Identifique três rebeliões regenciais brasileiras.
b) De que maneira tais revoltas dificultavam a ordem monárquica?

5. (UFPE) Esta questão diz respeito a fatos políticos ocorridos no Império Brasileiro. Use (V) para verdadeiro e (F) para falso.

( ) O Período Regencial foi uma fase de grande turbulência política no Brasil, com movimentos sociais e revoltas.
( ) O Golpe da Maioridade que levou Pedro II ao poder foi uma trama política dos liberais.
( ) Manifestações liberais surgiram no Sudeste do Brasil como represália à política imperial e à dissolução da Câmara Liberal, escolhida pela chamada "eleição do cacete".

( ) Durante o processo de independência, dois "partidos políticos" tiveram importante atuação. Foram eles o Partido Liberal e o Partido Moderador Republicano.

( ) Após a independência brasileira surgiram revoltas em Minas e em Pernambuco a favor da volta do pacto colonial.

6. (PUC-RIO) Desde a Independência do Brasil, em 1822, assistiu-se à eclosão de diversos movimentos sociais por meio dos quais os segmentos populares expressaram sua insatisfação em face de uma ordem social excludente e hierarquizadora. Assinale a opção que apresenta movimentos que exemplificam o enunciado:
   a) Revolta da Armada / Ligas Camponesas
   b) Cabanagem / Movimento dos Sem-Terra
   c) Farroupilha / A guerrilha no Araguaia
   d) Sabinada / Revolução Constitucionalista (1932)
   e) Revolta dos Malês / Revolução de 1930

7. (UEL) No governo do regente Araújo Lima (1837-1840) foi aprovada a Lei de Interpretação ao Ato Adicional. Esta lei:
   a) Modificava alguns pontos centrais da Constituição vigente, extinguindo o Conselho de Estado, mas conservando o Poder Moderador e a vitaliciedade do Senado.
   b) Buscava a centralização como forma de enfrentar os levantes provinciais que ameaçavam a ordem estabelecida, limitando os poderes das Assembléias Legislativas Provinciais.
   c) Criava o Município Neutro do Rio de Janeiro, território independente da Província, como sede da administração central, propiciando a centralização política.
   d) Revelava o caráter liberal dos regentes, suspendendo o exercício do Poder Moderador pelo governo, eixo da centralização política no Primeiro Reinado
   e) Restabelecia os poderes legislativos dos Conselhos Municipais, colocando nas mãos dos conselheiros o direito de governar as províncias.

8. (UFPB) Sobre as insurreições ocorridas durante o Período Regencial e o Segundo Reinado, relacione o movimento social com sua característica:
   1) Praieira
   2) Balaiada
   3) Sabinada
   4) Farroupilha
   5) Cabanagem

( ) Rebelião iniciada em 1835 na província do Grão-Pará, que levou as camadas populares ao poder.

( ) Revolta ocorrida na Bahia em 1837, com predominância das camadas médias urbanas de Salvador.

( ) Revolta de sertanejos (vaqueiros e camponeses) e negros escravos, que abalou o Maranhão de 1838 a 1841.

( ) A mais longa revolta da História do Império brasileiro, ocorrida no Rio Grande do Sul, de 1835 a 1845.

O preenchimento dos parênteses está seqüencialmente correto em:
a) 1, 3, 4, 2
b) 2, 1, 4, 5
c) 5, 3, 2, 4
d) 3, 4, 1, 2
e) 1, 2, 3, 4

9. (UFPR) O imperador D. Pedro I abdicou em favor de seu filho, Pedro de Alcântara, em 7 de abril de 1831. Devido à menoridade do príncipe, seguiu-se o chamado período Regencial (1831 – 1840). Sobre este período, use (V) para verdadeiro e (F) para falso:

( ) D.Pedro I renunciou porque não atendia mais aos interesses brasileiros, após envolver-se em fatos como a dissolução da Constituinte, a repressão violenta à Confederação do Equador e a sucessão portuguesa.

( ) De seu início até 1837, a Regência pode ser considerada uma experiência autoritária e unificadora que restringiu, ainda mais, a autonomia das províncias.

( ) O período que se iniciou com abdicação foi um dos mais agitados do Império brasileiro, com a eclosão de inúmeras revoltas, como a Cabanagem, no Pará; a Farroupilha, no Rio Grande do Sul; a Sabinada, na Bahia; e a Balaiada, no Maranhão.

( ) A Guarda Nacional, criada pelo padre Diogo Antônio Feijó, em 1831, reforçou o poder dos latifundiários, tornando-os representantes locais dos interesses do governo central.

( ) A Constituição Imperial, outorgada em 1824, foi reformulada em parte pelo Ato Adicional de 1834 que, entre outras medidas, criou as Assembléias Legislativas provinciais e transformou a Regência Trina em Regência Una e eletiva.

10. (UFRN) A Guerra dos Farrapos ou Revolução Farroupilha (1835-1845) eclodiu como uma reação ao(s):

a) pesados impostos cobrados pela Coroa, que diminuíam a capacidade de concorrência dos produtos gaúchos, especialmente do charque.

b) regime de propriedade das terras gaúchas, que favorecia a concentração da posse de latifúndios nas mãos dos nobres ligados à Corte.

c) intensos movimentos do exército imperial no Rio Grande do Sul, que limitavam a atuação política dos estancieiros gaúchos.

d) sistema de representação eleitoral, que excluía a possibilidade de participação política das camadas populares da sociedade gaúcha.

Gabarito das questões propostas

Questão 1 - Resposta: O período regencial foi conturbado por rebeliões de caráter separatista como a Guerra dos Farrapos (RS) e Sabinada (Bahia), e rebeliões contrárias à marginalização social como a Cabanagem (Pará) e Balaiada (Maranhão).

As causas e a repressão a estas rebeliões, associadas às divergências de grupos políticos, revelam a crise econômica, política e social que marcaram o período.

Questão 2 - Resposta: A Criação das Assembléias Legislativas nas províncias e a criação da Regência Una com eleição pelo voto censitário com mandato de 4 anos, assemelham-se ao federalismo e presidencialismo que constituíam a organização política dos Estados Unidos. Daí, se falar em experiência republicana no Brasil, durante o Período Regencial.

Questão 3 - Respostas:

a) A Cabanagem (Grão-Pará), Balaiada (Maranhão e Piauí); Sabinada (Bahia), Farroupilha (Rio Grande), Revolta dos Malês (Bahia).

b) – A oposição à política centralizadora do governo regencial;

– As lutas entre facções políticas e/ou entre setores das elites locais em busca da manutenção e/ou ampliação de seus poderes políticos,

– Participação popular nas revoltas, favorecida pelo espaço político aberto pelos conflitos no interior dos grupos dominantes locais ou entre estes e o poder central.

Questão 4 - Respostas:

a) Guerra dos Farrapos, no Rio Grande do Sul; Cabanagem no Pará e Balaiada no Maranhão.

b) Por defenderem a autonomia das províncias ou por assumirem um caráter popular, contrário aos desmandos da aristocracia rural e do poder central.

Questão 5 - Resposta: V V V F F

Questão 6 - Resposta: B

Questão 7 - Resposta: B

Questão 8 - Resposta: C

Questão 9 - Resposta: V F V V V

Questão 10 - Resposta: A

COMPLEMENTANDO OS ESTUDOS

LIVRO

Oliveira, Roberto. *As Rebeliões Coloniais*. São Paulo: Ed. FTD, 1996.

MINISSÉRIE

A Casa das Sete Mulheres, sobre a guerra dos Farrapos, exibida pela Rede Globo de Televisão.

PÁGINA ELETRÔNICA

Textos e Imagens sobre as Regências Una e Trina:
http://www.geocities.com./baja/mesa/7068/index2.html

AS GRAVURAS FORAM ADAPTADAS DE:
Silva, Francisco de Assis e Bastos, Pedro Ivo de Assis. *História do Brasil*.

Unidade 31

As Revoluções liberais de 1830 e 1848

Sinopse teórica

No século XIX a Europa foi sacudida por uma série de revoluções burguesas. Tendo início na França, rapidamente se alastraram por outros países da Europa e apresentaram as seguintes causas: o Liberalismo e o Nacionalismo, a Subprodução agrícola e o subconsumo industrial o descontentamento da burguesia e do proletariado.

A Restauração promovida pelo Congresso de Viena provocou o retorno da família Bourbon ao poder, tendo sido ocupado por Luís XVIII (1814-1824) e Carlos X (1824-1830). O primeiro governo teve uma característica moderada que preservou algumas conquistas sociais e econômicas do período revolucionário. No entanto, a partir do governo de Carlos X, o absolutismo de direito divino ressurgiu na França. Rei autoritário e repressor, alcançou o apogeu com as Ordenações de julho de 1830, onde se modificavam os critérios para fixação do censo eleitoral, impunha-se a censura e dissolvia-se a Câmara. Neste período, para agravar ainda mais a situação, a França vivia uma grande crise econômica. A Revolução teve início, Carlos X fugiu, e a alta burguesia conduziu ao poder o rei Luís Felipe, também chamado de "rei burguês".

Insurreição popular em Paris em julho de 1830 ("Três dias gloriosos").

Quando o Congresso de Viena se instalou em 1815, resolveu unir a Bélgica e Holanda no chamado Reino dos Países Baixos. Esta união forçada não tinha a menor chance de dar certo; os dois países eram profundamente diferentes: os belgas eram católicos, enquanto os holandeses, protestantes; os belgas defendiam o protecionismo alfandegário, enquanto os holandeses defendiam o livre-cambismo. Como a Monarquia instaurada beneficiava os holandeses, a Revolução de 1830 para os belgas vai ter a tendência de luta pela independência, o que acontece em 1839.

Na Polônia a revolução de 1830 também foi uma luta pela independência. Também por decisão tomada no Congresso de Viena, boa parte da Polônia foi unida à Rússia. Aproveitando-se do fato de estarem organizando um exército para intervir na Bélgica, os poloneses se sublevaram, mas foram rapidamente derrotados pelo Czar Nicolau I. Por que a Polônia não teve êxito? No caso da Bélgica, a independência foi conseguida pelo fato da conjuntura internacional estar favorável. A Áustria, a Prússia e a Rússia, países conservadores que defendiam a intervenção, estavam envolvidos em outras revoluções e ficaram neutros no caso da Bélgica. Além do mais, França e Inglaterra apoiaram a independência. Já por sua vez, a Polônia não recebeu apoio externo, e também apresentava uma divisão na sua classe dominante, à medida em que a burguesia defendia a República, a pequena nobreza defendia a monarquia.

Unidade 31 - As Revoluções liberais de 1830 e 1848 | **431**

Revolta dos poloneses contra o domínio russo, em 1830.

Na Itália, a Revolução tem como objetivo conquistar a unificação. Constituições foram impostas aos governantes dos diversos Estados, mas, no entanto, duravam pouquíssimo tempo, pois a intervenção austríaca restaurou a ordem absolutista anterior.

Na Alemanha o objetivo da revolução é parecido com a situação da Itália. Várias revoltas eclodiram e foram abafadas pela repressão austríaca. Com o objetivo de reforçar a repressão, a Áustria admitiu a criação do Zollverein (união aduaneira), concretizada por iniciativa da Prússia, conduzindo a União econômica dos Estados alemães.

AS REVOLUÇÕES DE 1848

Possuindo causas semelhantes às das revoluções de 1830, crise econômica, liberalismo, nacionalismo, descontentamento da burguesia e do proletariado, estas revoluções apresentaram a difusão do socialismo como grande novidade.

O socialismo utópico idealizado por Prudhon, Louis Blanc, Owens, Fourier, entre outros, representou a primeira corrente do pensamento socialista. Recebeu o título de **utópico**. Lembre-se que utopia significa sonho, porque o seus ideólogos criticavam o capitalismo, mas não apresentavam nenhuma proposta para superá-lo. Acreditavam também que os ricos dividiriam as suas riquezas com os pobres. Vale a pena ressaltar que, ainda em 1848, Marx e Engels lançavam o manifesto comunista que só se destacou algum tempo depois.

Vimos aqui que a Revolução Francesa de 1830 reconduziu ao poder o rei Luís Felipe, que caracterizaria o seu governo pelo fato da alta burguesia conservadora exercer violento controle. O país vivia uma crise econômica muito forte, e o operário acabava aderindo às propostas socialistas. Se a condução da economia conduzia o país à crise, na política o quadro não era nada animador: a corrupção, o conservadorismo e o autoritarismo se tornariam características comuns no governo, o que levaria a crescer a oposição ao rei.

Diante das críticas que recebe, o governo procura sufocar a oposição tomando decisões que restringiam as associações, a imprensa e o próprio Parlamento, o que acabou conduzindo o país à Revolução de Fevereiro, onde republicanos liberais e socialistas assumiram o poder.

Durante a revolta popular em Berlim, em 1848, as crianças colaboram com a luta, fundindo metal para fazer projéteis.

O novo governo logo proclamou a Segunda República, e sofreu grandes influências dos socialistas. Procurando desenvolver um governo liberal estabelecendo a liberdade de imprensa, anistiou os presos políticos, criou as oficinas nacionais para combater o desemprego etc. As conquistas socialistas eram malvistas pela burguesia, que procura uma aliança com outros proprietários, como a Igreja, por exemplo. Esta aliança conduz à vitória na Assembléia Nacional Constituinte.

A vitória dos conservadores levou os socialistas a organizar uma "Revolução dentro da Revolução". Em junho de 1848, eles tentaram tomar o poder para garantir as conquistas dos trabalhadores. O movimento fracassou, e foram convocadas eleições presidenciais, vencidas por Luís Napoleão.

Na Itália, que ainda lutava pela unificação, movimentos aconteceram em quase todos os Estados. Existiam no país três correntes que defendiam a unificação: os **Neoguelfistas**, que liderados por Gioberti, defendiam uma confederação de Estados, que seria administrada pelo papa. Os **Monarquistas Constitucionais**, liderados por Cesare Balbo e Mássimo D'Azeglio, defendiam a formação de um Estado Nacional unitário, governado pela Casa de Sabóia, que reinava no Piemonte. Os **Republicanos**, dirigidos por Giuseppe Mazzini, desejavam, derrubar as dinastias e implantar uma República Democrática.

Em 1849, Carlos Alberto, rei do Piemonte, tentou expulsar os austríacos da Lombardia – Venécia –, foi derrotado e obrigado a abdicar em favor de seu filho, Vitor Emanuel II.

Na Alemanha, as revoluções de 1848 paralisaram os Estados e permitiram a reunião do Parlamento de Frankfurt, que começou a discutir a unificação. A solução encontrada em 1849 foi a implantação de uma monarquia federal, governada pelos Hohenzollern, tendo sido a coroa oferecida a Frederico Guilherme IV que acabou recusando. Além disso, tivemos uma violenta repressão organizada pelas forças de conservação, que provocou a dissolução do Parlamento de Frankfurt. As conquistas obtidas foram anuladas e o poder dos governantes restaurado em sua plenitude.

LEITURA COMPLEMENTAR

Comuna de Paris: a tentativa de criar um Estado socialista

"Após a rendição francesa às tropas germânicas, estabeleceu-se na França um governo de caráter conservador, comandado por Thiers.

Submetidos à fome, à miséria e à humilhação, milhares de proletários, liderados por grupos da Internacional Socialista (Marx foi um de seus fundadores), rebelaram-se e assumiram o controle de Paris, constituindo um governo popular. Thiers e os membros de seu governo fugiram para Versalhes, em 28 de março de 1871, a fim de reunir um exército para combater a insurreição proletário-socialista, que ficou conhecida como a Comuna de Paris.

Em abril de 1871, os líderes da Comuna divulgaram um manifesto contendo suas políticas. O documento falava da criação de um Estado dos trabalhadores, que seria formado por comunidades livres e autônomas. Esse Estado se empenharia na implantação de um amplo conjunto de medidas sociais, tendo como objetivo melhores condições de trabalho e educação.

Mas o sonho da Comuna de Paris durou pouco. Em maio de 1871, o exército do governo de Thiers atacou violentamente a Comuna, sendo responsável pela sangrenta matança dos participantes da insurreição proletária. Mas de vinte mil pessoas foram mortas, enquanto outras tantas foram presas ou expulsas do país.

A Comuna de Paris foi considerada a primeira conquista do poder político pela classe operária e a primeira tentativa de criação de uma democracia socialista. Do seu fracasso, os revolucionários procuraram, extrair lições, tendo sido algumas delas empregadas na Revolução Russa de 1917".

(Cotrim, Gilberto. "História e Consciência do Mundo", Editora Saraiva, p. 320)

Comente o significado histórico da Comuna de Paris.

Resposta: A Comuna de Paris foi considerada a primeira conquista de poder político pela classe operária e a primeira tentativa da criação de uma democracia socialista.

QUESTÕES RESOLVIDAS

1. (UERJ) Em 1830, um contemporâneo da unificação da Itália afirmou:

"Fizemos a Itália, agora precisamos fazer os italianos"

(D'Azeglio, Mássimo (1792-1866) – Apud Hobsbawm, E. "A Era do Capital: 1848-1875". Rio de Janeiro: Paz e Terra, 1977)

Essa frase traduz uma particularidade da unidade italiana, que é identificada na:
  a) Divergência entre nacionalismo e nação-estado.
  b) Fusão entre nacionalismo de massa e patriotismo.
  c) Adoção da língua italiana no dia-a-dia da população.
  d) União entre os interesses dos partidários da Igreja e da República.

Resposta: A

2. (UNI-RIO) "A nacionalidade é o que justifica ou que postula a existência de uma nação. Uma nacionalidade é um grupo humano que aspira a formar uma nação ou a fundir-se, por motivos de afinidade, com uma nação já existente." (Henri Berr)

Foram características dos diversos nacionalismos europeus, no século XI:
  a) A busca da identidade histórica e aspiração a um estado nacional.
  b) Defesa da unidade lingüística e lutas sociais do operariado.
  c) Estímulo às tradições e forma de governo republicana.

Unidade 31 - As Revoluções liberais de 1830 e 1848 | **435**

d) Expansão industrial e imperialismo colonial.
e) Formação de estados plurinacionais e governos monárquicos.

Resposta: A

3. (UnB) Liberalismo, imperialismo e socialismo representam alguns dos mais significativos emblemas do século XIX. A esse respeito, julgue os itens que se seguem, usando (C) para certo e (E) para errado.

( ) Ideologicamente sustentado pelo liberalismo, desenvolveu-se o capitalismo de base industrial, associado, portanto, à expansão imperial.

( ) Embora enfatizando a competição como definidora das leis do mercado, o liberalismo defendia a intervenção do Estado na Economia.

( ) Na Alemanha, a unificação política foi precedida pela unificação econômica; a união aduaneira estimulou o comércio interno, a produção industrial e as comunicações.

( ) O Manifesto Comunista de 1848, publicado no calor da onda revolucionária, expressava o desenvolvimento de uma nova visão o socialismo, que se opunha à vitoriosa ordem burguesa.

Resposta: C E C C

4. (UNI-RIO) As revoluções que eclodiram em diversos países da Europa, no ano de 1848, caracterizam-se basicamente pela(o):
a) Restauração do poder das monarquias tradicionais e absolutas.
b) Descentralização política e administrativa empreendida pela Santa Aliança nesses países.
c) Difusão das idéias liberais e nacionalistas.
d) Fortalecimento político e econômico na nobreza fundiária.
e) Enfraquecimento dos movimentos operários e socialistas.

Resposta: C

QUESTÕES PROPOSTAS

1. (UFPR) Escreva no espaço apropriado a soma dos itens corretos.

A França do Século XIX é marcada por movimentos sociais que acabaram por associá-la a um "laboratório" de experiências políticas. Sobre tais movimentos, é correto afirmar que:

01) A Revolução Liberal de 1830 assinala a derrota política da aristocracia diante do avanço da burguesia. Marco da urbanização e industrialização, projeta os industriais e os banqueiros como nova classe dirigente.
02) A Revolução de 1848, início da Segunda República, é marcada pelos movimentos proletários urbanos. Para combater o desemprego, o governo adota as propostas socialistas de Louis Blanc de criação de Oficinas Nacionais.
04) O golpe de Louis Bonaparte em 2 de dezembro (o "18 Brumário") encerra a Segunda República e inaugura o Segundo Império. Napoleão III, o novo imperador, desenvolve um vasto programa de obras públicas, entregando as reformas de Paris ao Barão Haussmann.
08) A guerra Franco-Prussiana cria condições para um imenso levante popular na capital, que instaura a Comuna de Paris (1871). Os revolucionários propõem a formação de um estado constituído de comunas autônomas. São duramente reprimidos pelas tropas do governo.
16) A Comuna de Paris, assim como as Internacionais Operárias de 1864 e 1889 e o Manifesto Comunista de 1848, São expressos da oposição à montagem da ordem burguesa na França, bem como na Europa do século XIX.

Soma: ( )

2. (FUVEST) "Os homens do século XIX ensurdecem a História com o clamor de seus desejos. (...). Longe dos odores do povo é conveniente arejar após a permanência prolongada da empregada, após a visita da camponesa, após a passagem da delegação operária, a burguesia, desajeitadamente, trata de purificar o hálito da casa. Latrinas, cozinhas, gabinete de toalete pouco a pouco deixarão de exalar seus insistentes aromas, (...). O que significa esta acentuação da sensibilidade? Que trama sociais se esconderam por detrás desta mutação dos esquemas de apreciação?" (Corbin, A., "Sabores e Odores". S. Paulo: Cia. das Letras, 1987)

Responda às duas questões colocadas pelo autor.

3. (UFES) As revoluções de 1848, chamadas por Marx de Primavera dos Povos, pela primeira vez, entre suas causas, combinaram (A) o liberalismo (B) o nacionalismo e (C) o socialismo. Explique como esses fatores influíram na eclosão revolucionária.

4. (UFRJ) "A Revolução de Fevereiro foi um ataque de surpresa, apanhando desprevenida a velha sociedade, e o povo proclamou esse golpe inesperado como um feito de importância mundial que introduzia uma nova época".

(...)

"No umbral da Revolução de Fevereiro, a república social apareceu como uma frase, como uma profecia. Nas jornadas de junho de 1848 foi afogada no sangue do proletariado de Paris, mas ronda os subseqüentes atos da peça como um fantasma".

(Marx, Karl, "O 18 Brumário e Cartas a Kugelmann". Rio de Janeiro: Paz e Terra, 5ª. ed. p.p. 20 e 110)

O documento anterior refere-se à situação política e social da França entre 1848, época das insurreições dos trabalhadores parisienses e 1851, quando foi golpeada a república e reinstalado o Império. A idéia da luta de classes como motor da História, sustentada por Max, teria sua fundamentação definitiva quando, no mesmo ano de 1848, lançou com Engels o Manifesto Comunista.

a) Compare, do ponto de vista das classes sociais, a Revolução de 1848 e a Revolução Francesa de 1789.

b) Justifique, através de um argumento, a frase "A Revolução de Fevereiro foi (...) um feito de importância mundial que introduzia uma nova época".

5. (VUNESP) Na História da França, a Revolução de 1848 ficou "como algo muito diferente de uma reedição bem-sucedida da Revolução de 1830. Suscitou esperanças que, bem mais que liberais e patrióticas, foram também sociais. E não pretendeu corrigir apenas o funcionamento da máquina política, mas também o da sociedade humana". (Maurice Agulhon, 1848, "O Aprendizado da República")

Explicite os aspectos da Revolução de 1848 que suscitaram "esperanças sociais".

6. (UFG) A Revolução Americana (1775-1783) foi o sinal de alerta para a burguesia européia. Foi o prelúdio de um ciclo revolucionário que somente se estancaria com a repressão de 1848. Em 1776, com a Declaração da Independência, abriu-se a Era das Revoluções conforme a afirmação de Eric Hobsbawm.

Sobre as chamadas Revoluções Burguesas do século XVII e início do XIX, julgue os itens a seguir, usando (C) para certo e (E) para errado.

( ) Na França do Antigo Regime minado pelas idéias iluministas, pela fome e pela crise econômico-financeira, exacerba-se a contradição entre o enriquecimento da burguesia e a estrutura jurídico-política arcaica da sociedade estamental.

( ) No processo revolucionário francês, a aliança entre burguesia e a parte da nobreza e do baixo clero concretizou-se na atuação política, comum nos clubes, nas academias, na imprensa, e, sobretudo, na maçonaria, condenando os privilégios da sociedade das ordens.

( ) As revoluções liberais de 1830 e 1848 implantaram regimes representativos e democráticos, baseados no sufrágio universal.

( ) A Revolução Francesa foi o símbolo maior da luta contra o absolutismo monárquico, e tornou-se ecumênica, inaugurando uma nova cultura política no mundo ocidental.

7. (CESGRANRIO) "Trabalhadores de todo o mundo, uni-vos!"

Com essa frase, que se tornou famosa, Marx e Engels começavam o Manifesto Comunista no fervilhar de um período de profundas agitações em todo a Europa, no período entre 1830 e 1848. Acerca dessa conjuntura, podemos afirmar que:
- a) As barricadas de 1848, em Paris, exigiam mudanças sociais na França e culminaram com a queda da monarquia de Luiz Bonaparte.
- b) Com a formação do II Reich, em 1830, os Estados alemães unificados começaram a atender aos anseios nacionalistas dos movimentos sociais.
- c) As vitórias do movimento cartista inglês criaram as bases para o surgimento do "Labour Party", intérprete das demandas operárias na vida política nacional.
- d) A consolidação da Internacional Socialista, em 1848, unificando os vários partidos social-democratas europeus, colocou em xeque os governos democrata-cristãos.
- e) A atuação dos "déspotas esclarecidos" contra o avanço do nacionalismo e do liberalismo reafirmou os compromissos do Congresso de Viena.

8. (FUVEST) Qual dos países a seguir, não passou por nenhuma de várias revoluções políticas que marcaram a Europa no século XIX?
- a) Itália.
- b) Espanha.
- c) Inglaterra.
- d) Alemanha.
- e) França.

9. (UFRS) A onda revolucionária que abalou a Europa em 1848, também conhecida como Primavera dos Povos significou:
- a) O avançado das idéias liberais e nacionalistas, a consolidação da burguesia no poder e a entrada do proletariado industrial no cenário político.
- b) A vitória das diversas correntes socialistas que fundaram, a seguir, a Comuna de Paris.
- c) A expansão dos setores conservadores que restauram o Antigo Regime na Áustria, Prússia e Rússia, afastados do poder desde o Congresso de Viena.

Unidade 31 - *As Revoluções liberais de 1830 e 1848* | **439**

d) A conquista do Estado pela aliança constituída pela burguesia financeira e pelo proletariado industrial em detrimento dos setores conservadores do Antigo Regime.

e) Um retrocesso que retardou, na Europa Ocidental, a ascensão do liberalismo político e do nacionalismo, ideologias características das burguesias nacionais.

10. (UFRS) O ciclo das revoluções européias de 1848 deu origem a vários acontecimentos Analise os itens a seguir.

I - Fim do reinado de Luís Felipe na França e início da II República.

II - Destruição do sistema conservador da restauração imposto sob a liderança de Metternich no Congresso de Viena.

III - Revoltas nas províncias brasileiras durante a época da Regência.

Quais deles contêm acontecimento históricos que tiveram origem no citado ciclo?

a) Apenas III.
b) Apenas I e II.
c) Apenas I e III.
d) Apenas II e III.
e) I, II e III.

GABARITO DAS QUESTÕES PROPOSTAS

Questão 1 - Resposta: 31 (01+02+04+08+16)

Questão 2 - Resposta: O texto refere-se ao contexto do século XIX e as mudanças provocadas pela ascensão da burguesia, além da formação dos estados nacionais contemporâneos.

Questão 3 - Respostas:
a) Liberalismo: ideologia burguesa que contestava o Estado Absolutista, desejando a implementação do Estado Liberal.
b) Socialismo: ideologia proletária que reivindicava a supressão das desigualdades sociais.
c) Nacionalismo: ideologia que norteou movimentos como a Unificação italiana e a Unificação alemã, ou seja, integra os povos de mesma origem etno-lingüística ou movimentos separatistas como na Polônia que procurou se libertar do domínio austríaco.

Questão 4 - Respostas:
a) 1848 marcou uma onda revolucionária inspirada em nacionalismo, republicanismo e ideais socialistas; 1789 foi uma revolução burguesa.

b) É o "momento"da formatação do socialismo científico, inclusive deixando de lado os ideais reformistas.

Questão 5 - Resposta: As revoluções de 1848 foram norteadas pelas ideologias liberal, nacionalista e socialista.

No caso da França a ideologia socialista foi caracterizada pela implantação da Comuna de Paris e a participação de socialistas utópicos do governo provisório durante a instalação da II República, que chegaram a criar as "Oficinas Nacionais" (Ateliers) para o combate ao desemprego.

Questão 6 - Resposta: C C E C

Questão 7 - Resposta: C

Questão 8 - Resposta: C

Questão 9 - Resposta: A

Questão 10 - Resposta: B

COMPLEMENTANDO OS ESTUDOS

LIVRO
Hobsbawm, Eric J. *A Era do Capital (1848-1875)*

VÍDEO
Lola Montés (1955). Dir. Max Ophiils

AS GRAVURAS FORAM ADAPTADAS DE:
Pazzinato, Alceu Luiz. *História Moderna e Contemporânea*. Ed. Ática.

Unidade 32

Os movimentos LIBERAIS E NACIONAIS

Sinopse teórica
O Nacionalismo idealista e xenófobo

De 1815 a 1848, o **Liberalismo** foi muito valorizado; era a ideologia da burguesia que defendia os direitos ou liberdades "naturais" do indivíduo, justificava a sua ascensão política, paralela à ascensão socioeconômica.

Simultaneamente surgia também o **Nacionalismo**. Esta ideologia surgiu como afirmação dos princípios liberais aplicados à nação, a qual, sendo compreendida como um conjunto de indivíduos dotados de liberdades "naturais" e unidos por interesses e língua comuns, constituindo também uma "individualidade política" com direito de autodeterminar-se.

As revoluções desse período foram feitas em nome do Nacionalismo, pois era necessário defender o direito de autodeterminação dos povos como uma reação à política de intervenção, que desejava conter a expansão do liberalismo.

A burguesia e o proletariado que na época representavam as forças de transformação separavam-se a partir de 1848, com o surgimento do socialismo, que se tornaria a ideologia do proletariado.

O Nacionalismo pode ser divido em **Idealista** e **Xenófobo**. O primeiro surgiu durante a Revolução Francesa, e defende o princípio de autodeterminação dos povos. Foi a ideologia responsável pela independência da Grécia, Bélgica, EUA, Brasil etc. e também influenciou as unificações da Itália e da Alemanha.

O Nacionalismo Xenófobo desenvolveu-se após a derrota da França para a Prússia na guerra de 1870, que completou a unificação da Alemanha. Esse Nacionalismo defendia o ódio ao estrangeiro e era completado pelo chauvinismo que defendia a glorificação da pátria, dos valores nacionais, colocando o Estado acima do indivíduo.

A UNIFICAÇÃO ITALIANA

Formada por forte sentimento nacionalista, a Itália, até então uma simples "expressão geográfica", aceleraria sua política de unificação.

Até 1850, a Itália continuava dividida politicamente em diversos pequenos estados soberanos (Reino das Duas Sicílias, Estados Pontifícios, Ducados de Toscana, Parma e Módena, Reino do Piemonte–Sardenha), e parcialmente ocupada pela Áustria (Reino de Veneza–Lombardia).

Havia um jornal na Itália chamado de "Ressurgimento", que difundia o nacionalismo; defendia a unificação como a maneira de recuperar a antiga posição de destaque que os Italianos desfrutaram na Antiguidade e na Renascença. O líder era o conde Camilo Cavour, que se tornou o "pai da unidade Italiana". A luta pela unificação foi impulsionada pelos carbonários, patriotas em sociedades secretas, que se batiam pela unidade nacional.

Giuseppe Garibaldi, o grande líder da unificação italiana.

O Reino do Piemonte liderou o processo de unificação. Se comparado aos outros reinos italianos, era o mais desenvolvido, o mais industrializado, e que possuía a burguesia mais poderosa, cujos interesses econômicos tornavam necessária a unidade política do país.

ETAPAS DA UNIFICAÇÃO

O Piemonte, liderado pelo primeiro-ministro Cavour, fez uma aliança com Napoleão III, da França. Pelo pacto ficava estabelecido que a França forneceria ajuda militar ao Piemonte caso houvesse uma agressão da Áustria ao Piemonte. Em 1859, o governo austríaco declarou guerra ao Piemonte, desencadeando, assim a luta pela unificação do país.

As tropas franco-piemontesas venceram os austríacos várias vezes. Foi assinado o Tratado de Zurique, que decidia que a Áustria conservaria a região de Veneza e cederia a Lombardia ao Piemonte, e este por sua vez, cederia à França as regiões de Nice e Savóia.

Ao mesmo tempo em que acontecia a guerra contra a Áustria, Garibaldi promoveu várias revoltas patrióticas na Itália Central. As tropas de Garibaldi conquistaram os Ducados de Toscana, Parma e Módena, assim como a região da Romanha, pertencentes aos Estados Pontifícios. Em 1860, após a realização do plebiscito esses territórios foram incorporados ao Piemonte, surgindo dessa forma o Reino da Alta Itália.

Para completar a unificação faltava a anexação de Veneza e de Roma. A primeira cidade estava dominada pela Áustria enquanto Roma era dominada por Napoleão III da França.

Seguindo no processo de unificação, em 1866 foi assinado um pacto militar ítalo-prussiano, no ano que estourou a guerra austro-prussiana. A aliança dos italianos e dos alemães derrotou a Áustria e como conseqüência os Austríacos cederam Veneza aos Italianos. Algum tempo depois em 1870, aconteceu a guerra franco-prussiana. A França foi derrotada e como conseqüência os Italianos anexaram a cidade de Roma. A unificação política em torno de uma Monarquia Constitucional e Parlamentar.

A unificação ainda não tinha sido completada, restava a "Questão Romana". Em 1870, após a anexação de Roma, o papa Pio IX exilou-se na Catedral de São Pedro, não aceitando a unificação. O rompimento das relações políticas e diplomáticas entre a Igreja e o Estado da Itália, ficavam conhecidas como "Questão Romana"que foi resolvida em 1929. Neste ano, Mussolini, assinou com o papa Pio XI o Tratado de São João Latrão, pelo qual o governo indenizava a Igreja Católica pelos prejuízos sofridos com a perda de Roma e concedia à Igreja Católica o domínio sobre a Praça de São Pedro. Ficou decidido também que o estudo da Religião Católica seria ministrado nas escolas públicas italianas.

Como conseqüência do processo de unificação, o norte se desenvolveu intensamente enquanto o sul continuava em uma situação econômica desfavorável, o que acabou contribuindo para a vinda de imigrantes para o Brasil.

A UNIFICAÇÃO ALEMÃ

Como decisão do Congresso de Viena, a Confederação do Reno foi extinta, tendo sido criada em seu lugar a Confederação Germânica, liderada pelo Império Austríaco.

De todos os Estados que faziam parte da Confederação, a Prússia era o mais desenvolvido, e por este motivo defendia a formação de um Estado Germânico que seria liderado pela Prússia.

Para alcançar este objetivo, foi implantando o Zollverein (União Alfandegária), que derrubou as barreiras aduaneiras entre os Estados alemães, proporcionando efetiva união econômica que dinamizaria o Capitalismo Alemão. A Áustria ficou fora desta união.

Em 1862, Otto Von Bismarck assumiu o cargo de primeiro-ministro da Prússia e como representante da aristocracia junker acabaria se tornando o principal líder da unificação.

O rei da Prússia visita a frente de batalha durante a Guerra franco-prussiana.

ETAPAS DA UNIFICAÇÃO

Mais de uma vez, como conseqüência do Congresso de Viena, a Dinamarca passou a dominar o ducados de Slesvig–Holstein que eram habitados por Alemães. No ano de 1863, os ducados foram anexados pela Dinamarca, o que deu a Bismarck o protesto que precisava para iniciar a guerra da unificação da Alemanha.

Inicialmente, Bismarck fez uma aliança com a Áustria e seus exércitos venceram os dinamarqueses, e os dois ducados acabaram sendo divididos, ficando Slesvig com a Rússia e a Áustria com Holstein. Bismarck não ficou satisfeito com essa divisão; o seu objetivo era a completa unificação, e assim resolveu declarar guerra à Áustria. O exército da Prússia conquistou a vitória e a Áustria foi obrigada a reconhecer o domínio da Prússia sobre Slesvig e Holstein, além do mais, cedeu Veneza à Itália e foi forçada a concordar com a dissolução da Confederação Germânica. Outra conseqüência desta guerra foi a unificação dos Estados Alemães do Norte que, sob a liderança da Rússia, formaram a Confederação Germânica dos Estados do Norte.

A unificação do norte da Alemanha estava consumada, porém o sul recusava-se a participar da unificação liderada pela Prússia. Diante desta situação, de forma inteligente, Bismarck, que poderia usar a força, resolveu usar a habilidade diplomática. Como Napoleão III ficou neutro na guerra entre a Alemanha e a Áustria, agora exigia compensações territoriais pela neutralidade; era a Política das Gorjetas. De certa forma, essa política representava uma ameaça aos Quatros Estados do sul (Baviera, Württemberg, Baden e Hessen Darmstadt), que resolveram fazer uma aliança com o norte. Para concluir então o processo de Unificação, só faltava uma guerra.

Sátira inglesa à demissão de Bismarck.

Em 1869, o príncipe Leopoldo de Hohenzoller, parente do rei da Prússia, candidatou-se ao trono espanhol. Napoleão III vetou essa candidatura, e este episódio acabou servindo de estopim para a guerra entre França e Prússia. O famoso despacho de EMS (truncado por Bismarck) detonou a guerra que teve a Prússia como vencedora.

As conseqüências da guerra foram importantes; o Segundo Império Francês foi substituído pelo governo de Defesa Nacional (Bordéus), a França foi obrigada a ceder a Alsácia e a Lorena para a Alemanha, fator que acabaria se tornando uma causa para a Primeira Guerra Mundial.

Leitura complementar

A influência da revolução de 1848 no Brasil

Os ideais liberais e antimonárquicos da revolução ocorrida em 1848 na França, repercutiram no Brasil, influenciando a eclosão de um movimento revolucionário de caráter liberal em Pernambuco: A Revolução Praieira.

O Ministério Conservador que assumiu o poder no Brasil em 1848 nomeou para Pernambuco um presidente também conservador, desgostando os liberais dessa província, que se revoltaram. Além do presidente conservador, dois outros levaram os pernambucanos à rebelião: a revolta generalizada conta a família Cavalcanti, que era proprietária da maior parte das terras cultiváveis de Pernambuco e controlava toda a administração da província, e a forte tradição em defesa de idéias republicanas existente entre os pernambucanos.

Os praieiros – nome derivado da Rua da Praia, em Recife, onde funcionava o jornal liberal dos revoltosos, o Diário Novo – defendiam um programa bastante avançado: o voto livre e universal, liberdade de imprensa, garantia de trabalho, nacionalização do comércio – que estava nas mãos dos portugueses – abolição do trabalho escravo, regime republicano, reformas econômicas e sociais.

A Revolução Praieira foi um movimento de intensa participação popular, que reuniu pessoas das camadas mais humildes da população livre: camponeses sem terra, boiadeiros, mascates, negros libertos etc.

O movimento teve início em Olinda, marchando daí para o Recife. Os rebeldes não conseguiam tomar a cidade. Com menos de um ano, a rebelião foi derrotada, mas muitos revoltosos fugiram para o interior. Vários dos chefes praieiros mudaram de lado, passando para as forças imperiais, que apressou a derrota dos rebeldes. Mesmo assim, um de seus líderes, o guerrilheiro Pedro Ivo Veloso da Silveira, resistiu no mato por 3 anos, até acabar traído pelo próprio pai. A anistia concedida aos revoltosos pelo governo central em 1852 pôs fim ao movimento. (adaptado de Nelson Piletti, "História do Brasil", p. 111)

Quando caiu na França a monarquia de Luís Felipe, em fevereiro de 1848, a problemática da exploração burguesa e o caráter social da dominação política vieram à tona com grande intensidade, principalmente devido à participação do proletariado parisiense nas lutas revolucionárias. Logo, vários políticos e órgãos de imprensa brasileiros registraram esse caráter e a eventual repercussão dos acontecimentos revolucionários franceses no Brasil.

Unidade 32 - Os movimentos liberais e nacionais | **447**

(...) O praieiro Borges da Fonseca escrevia em seu jornal "O Tribuno" de 28/04/1848: "A Revolução da França tem de incendiar o Brasil, e Pernambuco, que fora sempre abrasado do amor da pátria, não podia ficar indiferente." Na verdade, todos os praieiros mais doutrinários mostraram grande entusiasmo, em discursos, panfletos de jornais, pelo movimento francês. A coincidência desse movimento com a queda das posições, momentaneamente situacionistas que a Praia ocupava em Pernambuco, ajudou os rebeldes dali a formularem a linguagem inflamada de sua revolução.

(Antonio Mendes Júnior e outros. "Brasil História – Texto e Consulta" V. 2 p.p. 266-267)

Apresente duas causas da Praieira.

Resposta: Nomeação de um presidente de província conservador para o Estado de Pernambuco; a revolta generalizada contra a família Cavalcanti que era proprietária da maior parte das terras cultiváveis.

QUESTÕES RESOLVIDAS

1. (UFF) Numere a coluna da direita de acordo com à da esquerda, segunda as correspondentes "ondas revolucionárias" do século XIX:

- 1- Restringiu-se Principalmente ao Mediterrâneo, com Destaque para a Independência Grega.
- 2- Foi representada pela Comuna de Paris.
- 3- Verificou-se a partir da derrubada dos Bourbon na França e da Independência.
- 4- Foi conhecida como A Primavera dos Povos.

( ) Onda Revolucionária de 1830
( ) Onda Revolucionária de 1820
( ) Onda Revolucionária de 1848

Assinale a opção que contém a numeração na ordem correta:
- a) 1,2,3
- b) 2,4,1
- c) 3,1,2
- d) 3,1,4
- e) 4,3,2

Resposta: D

2. (UFRJ) "A Revolução de Fevereiro foi um ataque de surpresa, apanhando desprevenida a velha sociedade, e o povo proclamou esse golpe inesperado como um feito de importância mundial que introduzia uma nova época."

(...) "No umbral da Revolução de Fevereiro, a república social da França apareceu como uma frase, como uma profecia. Nas jornadas de junho de 1848 foi afogada no sangue do proletariado de Paris, mas ronda os subseqüentes atos da peça como um fantasma"

(Marx, Karl. "O 18 Brumário e Cartas a Kuzemann". Rio de Janeiro: Ed. Paz e Terra, 5ª ed. p.p. 20 - 110)

O documento acima refere-se à situação política e social da França entre 1848, época das insurreições dos trabalhadores parisienses e 1851, quando foi golpeada a República e reinstalado o Império. A idéia da luta de classe como motor da história sustentada por Marx, teria sua fundamentação definitiva quando, no mesmo ano de 1848, lançou com Engels o Manifesto Comunista.

a) Compare, do ponto de vista das classes sociais, a Revolução de 1848 e a Revolução Francesa de 1789.

b) Justifique através de argumento, a frase "A Revolução de Fevereiro foi (...) um feito de importância mundial que introduzia uma nova época".

Respostas:

a) Em nível social, a Revolução de 1789 foi comandada pela burguesia e a de 1848 contou com o apoio dos socialistas.

b) O lançamento do socialismo utópico.

3. (VUNESP) Nas últimas décadas do século XIX, na Europa dois países ainda lutavam pela unidade e pela consolidação de um Estado Nacional. Esses países são:

a) França e Itália.
b) França e Alemanha.
c) Itália e Espanha.
d) Alemanha e Itália.
e) Espanha e França.

Resposta: D

4. (UFRS) Leia os itens a seguir, que se referem a possíveis resultados imediatos da guerra franco-prussiana de 1870.

I - A ocupação imperialista da Argélia pela França.

II - A fundação da Internacional pelos nacional-socialistas da Áustria.

III - O fim do II Império Francês do Luís Bonaparte e a instauração do II Reich.

Quais estão corretas?
a) Apenas I
b) Apenas II
c) Apenas III
d) Apenas I e III
e) I, II e III

Resposta: C

5. **(UFRN)** Sobre a unificação Alemã o séc. XIX, Marionilde Magalhães afirma:

Desde o final do século XVIII, a criação de inúmeras associações resultou num determinado patriotismo cultural e popular, num território dividido em estados feudais dominados por uma aristocracia retrógrada. Tais associações se dirigem à nação teuta, enfatizando o idioma, a cultura e as tradições comunitárias, elementos para a elaboração de uma identidade coletiva, independentemente do critério territorial. E, de fato, esse nacionalismo popular, romântico-ilustrado (uma vez que pautado no princípios da cidadania e no direito à autodeterminação dos povos), inspirará uma boa parcela dos revolucionários de 1848.

Mas não serão eles a unificar a Alemanha. Seus herdeiros precisarão aguardar ate 1871, quando Bismarck realiza uma revolução de cima, momento em que, em virtude do poderio econômico e da força militar da Prússia, a Alemanha se unifica como Estado forte, conciliando-se a sua trajetória rumo à modernização.

(Adaptado de Magalhães, Marionilde D. B. de. "A Reunificação: Enfim um país para a Alemanha?" "Revista Brasileira de História". São Paulo: ANPUH/Marco Zero, V. 14 nº 28 1994 p. 102)

Tendo-se como referência essas considerações, pode-se concluir que:
a) O principal fator que possibilitou a unificação alemã foi o desenvolvimento econômico e social dos Estados Germânicos, iniciando com o estabelecimento do Zollverein – liga aduaneira que favoreceu os interesses da burguesia.
b) A unificação alemã atendeu aos interesses de uma aristocracia rural desejosa de formar um amplo mercado nacional para seus produtos, alicerçando-se na idéia do patriotismo cultural e do nacionalismo popular.
c) Na Alemanha, a unificação nacional ocorreu, principalmente, em virtude da formação de uma identidade coletiva baseada no idioma, na cultura e nas tradições comuns.
d) Na Alemanha, a unificação política pôde ultrapassar as barreiras impostas pela aristocracia territorial, que via no desenvolvimento industrial o caminho da modernização.

Resposta: A

Questões propostas

1. (UFRS) Ao longo do século XIX, é possível identificar tentativas de integração européia que não alcançaram grande repercussão. A idéia de uma Europa unida estava ainda distante. Segundo Bismarck, chanceler da Prússia e depois da Alemanha, "quem fala de Europa, se equivoca. Noção geográfica... ficção insustentável."

Contudo, na segunda metade do século XX, se fortaleceu a proposta de uma maior integração econômica e política do continente, com a assinatura do Tratado de Roma e a constituição da comunidade Econômica Européia (CEE).

Identifique uma razão que tenha levado Bismarck a mostrar-se pessimista quanto à possibilidade de uma união européia em fins do século XX.

2. (FUVEST) O que foi a "questão romana" e como foi resolvida pelo Tratado de Latrão, entre Mussolini e o papa Pio XI?

3. (UNICAMP) Referindo-se aos acontecimentos ocorridos em Paris no ano de 1871, assim se expressou um militante socialista: "Eis o que significam os acontecimentos de 18 de março. Eis porque esse movimento é uma revolução, eis porque todos os trabalhadores o reconhecem e o aclamam".
 a) A que movimento político a citação faz referência?
 b) Explique o que foi esse movimento.
 c) Qual foi sua importância para o movimento socialista até o período inaugurado com a Revolução Russa de 1917?

4. (UERJ) Proletariado... o nome mesmo soa como um arcaísmo: representam-se os proletários do início do século ou do entreguerras, boné inclinado sobre a cabeça e sacola de pano sobre os ombros, dirigindo-se cedo pela manhã para as portas das usinas dos sinistros subúrbios. Ou ainda, bandeiras vermelhas às mãos, nos cortejos de 1º de maio ou aqueles operários dos manifestos. Imagens que parecem pertencer a um outro século, mesmo se as realidades, que as engendraram, marcaram profundamente este nosso século que se finda. (Birh, Alan, "Le Proletariat dans Tous ses Éclats". Le Monde Diplomatique: manière de voir, nº. 18, 1993)

As realidades que formaram essas imagens do proletariado estão relacionadas ao início do século XIX, no momento em que a Revolução Industrial se firmava na Inglaterra.
 a) Identifique um dos movimentos de reação desse proletariado às transformações socioeconômicas em curso, na Inglaterra da primeira metade do século XIX e cite uma de suas características.

Unidade 32 - Os movimentos liberais e nacionais | 451

b) Descreva a dinâmica do movimento operário a partir do "Manifesto Comunista" de 1848.

5. **(UNICAMP)** Em relato de uma viagem ao Brasil de Luciano Magrini (In: Brasile, 1926), pode-se ler: Neste cenário, em uma triste e silenciosa solidão, quase perdidos no espaço em uma imensa plantação de café, dez ou vinte quilômetros distante do menor vilarejo, vivem milhares e milhares de italianos.
   a) Que condições políticas e econômicas na Itália durante a segunda metade do século XIX provocam um movimento migratório em direção ao Brasil?
   b) Quais foram as localidades geográficas brasileiras ocupadas pela migração italiana nas últimas décadas do século XIX?
   c) Quais eram as características econômicas da agricultura cafeeira?

6. **(CESGRANRIO)** Os movimentos nacionais, na Alemanha e na Itália, na 2ª. metade do século XIX, além das diferenças políticas têm como objetivo a:
   a) Unidade política e econômica como requisito para o desenvolvimento capitalista através do fortalecimento do Estado e da integração geográfica dos mercados.
   b) Independência econômica frente à intervenção econômica inglesa com a manutenção de estruturas de produção medievais.
   c) Valorização do arianismo como instrumento de recuperação do homem germânico e italiano e criador do "espaço vital".
   d) Construção de um estado forte, inspirado nos modelos orientais como base política para a recuperação da posição que Itália e Alemanha haviam ocupado no final do século XVIII.
   e) Manutenção de uma política de proteção territorial contra os interesses franceses resultantes da expansão napoleônica, assentados numa perspectiva política conservadora.

7. **(CESGRANRIO)** Assinale a opção que apresenta uma afirmativa correta sobre o processo de unificação da Alemanha (1871) e da Itália (1870).
   a) Na Itália, a proclamação da República por Guiseppe Garibaldi, líder do movimento carbonário e republicano, estabilizou economicamente o país, permitindo a fixação das fronteiras internacionais italianas e sua unificação interna.
   b) Na Itália, com apoio do papa Pio XI, o movimento unificador difundiu-se a partir da cidade de Roma, sendo contrário aos interesses econômicos da burguesia do Piemonte e do norte do país.

c) Na Alemanha, Bismarck implementou a unificação com a ajuda econômica e militar do Império Austríaco, opondo-se à política separatista da Prússia de Guilherme I.

d) A criação da União Alfandegária (Zollverein) entre os Estados alemães desenvolveu a industrialização e a economia da Confederação Germânica, culminado na unificação política com a criação do II Reich (império) Alemão.

e) Ambos os processos unificadores resultaram da derrota dos movimentos nacionalistas locais frente à reação das forças monárquicas reunidas pelo Congresso de Viena.

8. (UECE) As unificações alemã e italiana, 1860/1871, aconteceram, segundo os historiadores, a partir da chamada "via prussiana". Isto significa que:
a) Foram realizadas de cima para baixo, isto é, a partir de uma aliança entre a burguesia e a aristocracia.
b) As mudanças ocorridas naqueles países correspondiam às expectativas plenas dos trabalhadores.
c) As mudanças foram feitas de baixo para cima, isto é, a partir de uma aliança entre setores populares e setores intelectuais da classe média.
d) As transformações políticas na Itália e na Alemanha se verificam a partir de intervenções de potências estrangeiras, especialmente da Prússia.

9. (UEL) Sobre a unificação da Itália 1870 e da Alemanha (1871), analise as afirmativas a seguir:
I - Os movimentos liberais, que nesses países assumiram um aspecto fortemente nacionalistas, tiveram importante participação no processo de unificação.
II - A ausência de guerras ou revoltas marcou a unificação italiana e alemã.
III - O processo de unificação acelerou o desenvolvimento do capitalismo na Alemanha e na Itália, o que resultou em disputas que desembocaram na Primeira Guerra Mundial.

Assinale a alternativa correta.
a) Apenas a afirmativa II é verdadeira.
b) Apenas a afirmativa III é verdadeira.
c) Apenas as afirmativas I e II são verdadeiras.
d) Apenas as afirmativas I e III são verdadeiras.
e) Apenas as afirmativas II e III são verdadeiras.

10. (UFF) À época de Bismarck (1871-1890) associam-se alguns elementos que vieram a reforçar o capitalismo industrial e financeiro na Alemanha recém-unificada. Assinale a opção que contém referências vinculadas ao momento político mencionado.

a) Vitória dos cristãos-sociais mais moderados ao impor reformas do sistema de trabalho na década de 1880, greve dos mineiros do Ruhm, emigração maciça para o continente americano, imposição do livre comércio de importação e exportação em 1879.

b) Zollverein ou união aduaneira alemã, abolição do regime político federal no Império Alemão, diminuição da influência dos Junkers prussianos, dissolução da Aliança do Centeio e do Aço.

c) Unificação monetária alemã e fundação do Reichsbank, extensão das ferrovias, desaparecimento de numerosas pequenas empresas após a crise financeira de 1873, imposição do protecionismo alfandegário em 1879.

d) Financiamento de seguros sociais pelo Reichsbank para aliviar tensões, condução a um período de paz social através da unidade alemã, privatização das ferrovias, entrada da Alemanha na corrida colonial ao anexar a Etiópia.

e) Sacrifício da agricultura à industria, reforço da posição dos industriais determinado pelo "novo curso" ligado ao chanceler Caprivi, formação, no Reichstag, da maioria chamada "do Cartel", favorável ao grande capitalismo e a medidas anti-sindicais em 1879.

GABARITO DAS QUESTÕES PROPOSTAS

Questão 1 - Resposta: No final do século XIX, a Europa era palco de diversos movimentos nacionalistas como os de unificação da Itália e da Alemanha, além das acirradas disputas colonialistas entre as nações industrializadas por territórios na África e na Ásia. Esse cenário tornava inviável qualquer possibilidade de integração das nações européias. Por exemplo, Bismarck na condução do processo de unificação da Alemanha, preconizava a política do "Ferro e Sangue", uma política de desenvolvimento industrial e de guerras contra as demais potências, o que expressava o grau do espírito de concorrência da Alemanha com as demais nações européias.

Questão 2 - Resposta: Conflito entre a Igreja Católica e o Estado Italiano. Quadro da unificação Italiana. A solução foi a criação do Vaticano (Autônomo).

Questão 3 - Respostas:
a) "A comuna de Paris".
b) A instalação de um governo socialista em Paris após a derrota francesa na Guerra Franco-Prussiana (1870-1871).
c) A Comuna de Paris representou a primeira experiência de um governo democrático e popular tendo por base o ideal socialista.

Questão 4 - Respostas:
a) Ludismo ou quebra de máquinas: caracterizou-se por uma reação espontânea do operariado ao identificar as máquinas como razão do crescimento dos índices de desemprego e dos baixos salários.
ou
Cartismo: caracterizava-se, entre outros aspectos, pelo envio de petições ao Parlamento britânico ("Carta do Povo"), pleiteando a realização de reformas de cunho econômico (melhores salários e condições de emprego) e de cunho político-eleitoral, tais como: o sufrágio universal masculino, a representação no Parlamento sem a necessidade de comprovar o direito de propriedade, a remuneração dos deputados eleitos para a Câmara dos Comuns, a renovação anual da Câmara dos Comuns.
b) O Manifesto Comunista constitui-se em um marco do movimento operário europeu, uma vez que nele foram explicitadas as linhas mestras do pensamento socialista científico, dentre as quais, podem ser destacadas, a crença de que apenas pela via revolucionária seria possível destruir a sociedade capitalista e, assim, iniciar-se o caminho em direção ao comunismo. Assim, sendo, o Manifesto, marcou um novo momento da dinâmica do movimento operário que, a partir de então, adquiriu um caráter mais orgânico.

Questão 5 - Respostas:
a) O movimento de unificação italiana sob influência do reino do Piemonte-Sardenha, favorável a um projeto de industrialização, teve como consequência o êxodo rural e a formação de um numeroso exército de mão-de-obra de reserva; soma-se ainda, a concentração fundiária nas áreas férteis do Sul.
b) As Regiões Sul e Sudeste sobretudo o oeste paulista, servindo como mão-de-obra nos cafezais.
c) a Agricultura cafeeira caracterizou-se como plantation de exportação baseada no latifúndio e na monocultura empregando a mão-de-obra escrava no início e posteriormente dos imigrantes europeus.

Questão 6 - Resposta: A

Questão 7 - Resposta: D

Questão 8 - Resposta: A

Questão 9 - Resposta: D

Questão 10 - Resposta: C

COMPLEMENTANDO OS ESTUDOS

Filme
A Trilha (1983). Dir. Bernard Favre

Livro
Mann, Thomas. *Sua Alteza Real*. Coleção Grandes Romances. Ed. Nova Fronteira

UNIDADE 33

O SEGUNDO REINADO NO BRASIL (1840 – 1889)

SINOPSE TEÓRICA

A POLÍTICA INTERNA

Os primeiros políticos que compuseram o ministério de D. Pedro II eram do Partido Liberal; tinham lutado pela antecipação de sua maioridade. Este primeiro gabinete ficou conhecido como **Ministério dos Irmãos** porque era composto pelos irmãos Andrada e irmãos Cavalcanti.

Em 1847, foi criado o cargo de presidente do Conselho de Ministros, que acabaria se tornando o chefe do Ministério, encarregado de organizar o gabinete do governo. O imperador nomeava o presidente do Conselho de Ministros e este, por sua vez, organizava o ministério.

Diante deste episódio, acabou sendo introduzido no Brasil o **Parlamentarismo**. A nossa primeira experiência parlamentarista funcionava assim: D. Pedro II nomeava um destacado político do partido que tinha vencido a eleição, e ele seria o primeiro-ministro. Como tarefa, o primeiro-ministro formava o gabinete de governo, que era apresentado à Câmara dos Deputados em busca de um voto de confiança. Conquistada a aprovação da Câmara, o gabinete passava a exercer suas funções de governo. Se, por ventura, houvesse algum atrito político entre o gabinete e a Câmara dos Deputados, cabia então a D. Pedro II, titular do poder moderador, demitir o gabinete e dissolver a Câmara, convocando novas eleições.

Alguns historiadores afirmam que o nosso modelo de Parlamentarismo, foi o avesso do modelo inglês. Como no Brasil existia o Poder Moderador que detinha enorme força política, o Poder Legislativo que deveria ter a força de comando da Nação como acontecia na

Inglaterra, ficava subordinado ao Poder Moderador. Esse poder era tão forte que no Brasil da época dizia-se: O rei reina, ri e rói. Reina sobre o Estado, ri do Parlamento e rói o povo.

AS DISPUTAS ENTRE LIBERAIS E CONSERVADORES

Os dois primeiros partidos brasileiros do segundo reinado foram: O Liberal e o Conservador.

SEGUNDO REINADO (1840 - 1889) GABINETES MINISTERIAIS		
Partido	Nº de gabinetes ministeriais	Nº de anos no poder
Liberal	21 Gabinetes	19 anos e 5 meses
Conservador	15 Gabinetes	29 anos e 9 meses
Total	**36 Gabinetes**	**49 anos e dois meses**

Fonte: Raymundo Faoro. "Os donos do poder". V. 1. Porto Alegre, Globo, 1979.

Embora os nomes sejam antônimos, na prática não existiam divergências ideológicas entre os dois partidos. Na realidade se complementavam defendendo os interesses das elites, tanto que na época era muito comum afirmarem que não havia nada mais conservador no poder do que um liberal ou vice-versa.

Embora não se opusessem como vimos, isso não significa dizer que não houvesse rivalidade política entre os políticos, principalmente motivadas por interesses individuais como na famosa "eleições do cacete" (13/10/1840), onde o pleito seria marcado pelas brigas corporais, aliás comuns na época quando o assunto era política.

Unidade 33 - O Segundo Reinado no Brasil (1840 – 1889) | **459**

Violência e fraude não aconteceram somente nas eleições de 13 de outubro de 1840 (eleição do cacete). Muitas outras eleições foram marcadas por fraudes e "cacetadas". Caricatura sobre fraude e corrupção durante o Segundo Reinado. Desenho de Ângelo Agostini.

A vitória nesta eleição foi dos liberais, porém, inconformados com a derrota, os conservadores começaram a exigir que D. Pedro II anulasse a eleição. O imperador, influenciado pelos conservadores, dissolveu a Câmara e convocou novas eleições. Como os conservadores estavam com grande prestígio, acabaram tomando decisões para centralizar a ação judicial e policial do Estado que eram exercidas na maioria das vezes pelos coronéis e chefes locais das províncias.

Diante das decisões tomadas pelo imperador e pelos conservadores, em 1842, os liberais liderados por Tobias de Aguiar e Diogo Antônio Feijó, em São Paulo e por Teófilo Otoni, em Minas Gerais, iniciaram uma revolta. O governo reagiu e os líderes foram presos.

Entre 1853 e 1868 vigorou no Brasil o Gabinete da Conciliação. Como o próprio nome já está dizendo, foi um gabinete formado por Liberais e Conservadores.

A Revolta Praieira (1848 – 1850)

Os liberais exaltados de Recife, ligados ao Partido da Praia, expressavam suas idéias através do jornal "Diário Novo". Fotografia de Recife, na metade do século XIX, por Stahl.

Quando analisamos as causas que provocaram a Praieira em Pernambuco, percebemos que uma delas era a concentração da terra, que era algo absurdo. A família Cavalcanti concentrava cerca de um terço dos engenhos. Outro fato que provocou a eclosão do movimento, estava associado ao monopólio que os portugueses exerciam no comércio do Estado.

Em Pernambuco, os políticos liberais exaltados não se conformavam com esta situação, e através do jornal "Diário Novo", que ficava na Rua da Praia, divulgavam as suas idéias.

O estopim para a eclosão da revolta foi a nomeação de Herculano Ferreira Pena, que era parente dos Cavalcanti, para a Presidência de Pernambuco. Como os praieiros eram inimigos dos Cavalcanti, viram nessa nomeação o pretexto para a revolta.

Os principais líderes eram Pedro Ivo e Borges da Fonseca, e suas idéias foram anunciadas em um documento chamado **Manifesto ao Mundo**. Principais propostas existentes no documento: voto livre para todo brasileiro; liberdade de imprensa; garantia de trabalho para todo cidadão brasileiro; extinção do Poder Moderador; liberdade administrativa etc.

Embora as propostas fossem liberais, elas não mencionavam os latifúndios e a escravidão. A liderança sofria até a influência do socialismo utópico que se alastrava pela Europa, porém os "socialistas" de Pernambuco não entendiam que o escravo brasileiro correspondia ao trabalhador assalariado da Europa. Era aquela velha história, as ideologias européias atendendo aos interesses das elites brasileiras.

A POLÍTICA EXTERNA
A QUESTÃO CHRISTIE

No ano de 1862 um navio inglês afundou no Rio Grande do Sul, e, como conseqüência, toda sua carga foi roubada. O embaixador inglês sir William Christie começou a cobrar do governo brasileiro uma indenização. A seguir, no Rio de Janeiro, aconteceria um outro episódio. Dois oficiais ingleses completamente embriagados aprontaram confusões e foram presos. Desta vez, o embaixador inglês começou a exigir um pedido de desculpas. Os dois fatos citados abalaram seriamente as relações diplomáticas entre o Brasil e a Inglaterra, principalmente porque as reivindicações inglesas não foram atendidas, o que provocou a reação da Inglaterra. Os ingleses determinaram a apreensão de cinco navios mercantes brasileiros. A arrogância dos ingleses levou o Império brasileiro a romper diplomaticamente com daquele país.

Como um país tão dependente da Inglaterra teve condição de romper as relações diplomáticas? A explicação surge a partir do momento que temos ampliação da produção de café e que as relações comerciais com os Estados Unidos começavam a crescer.

OS CONFLITOS NA REGIÃO PLATINA
A GUERRA CONTRA ORIBE E ROSAS (1851 – 1852)

No Uruguai, existiam dois grandes partidos políticos: Blanco e Colorado. A partir de 1834, o Uruguai passou a ser governado por Manuel Oribe, do partido Blanco, que procurava na política externa uma aproximação com a Argentina governada por Rosas.

Desta união entre Argentina e Uruguai acabaram surgindo problemas para o Brasil. Os brasileiros alegavam que os blancos não respeitavam as fronteiras e tentando protegê-las, resolveram intervir militarmente na região Platina. O Brasil fez uma aliança com Rivera, do Partido Colorado, que afastou Oribe do governo uruguaio em 1851.

Na Argentina, os governadores das províncias de Entre Rios e Corrientes, apoiados pelo Império brasileiro, organizaram uma revolta contra Rosas. Foi formado o Grande Exército Libertador das Américas, que comandados pelo General Urquiza, derrotou Rosas na batalha de Monte Caseros.

A Guerra contra Aguirre (1864 – 1865)

No Uruguai, a luta entre blancos e colorados foi intensa na década de 50 do século XIX. Fazendeiros brasileiros continuavam protestando contra os fazendeiros uruguaios ligados ao Partido Blanco, alegando que os uruguaios violavam as fronteiras.

Procurando uma solução para o problema, o Império brasileiro mandou uma missão diplomática para o Uruguai, a Missão Saraiva, que não conseguiu resolver o problema. O presidente uruguaio Atanásio Aguirre, do Partido Blanco, não deu a mínima atenção aos pedidos brasileiros, o que tornou a situação entre os dois países profundamente difícil.

A guerra foi inevitável e a aliança com Venâncio Flores do partido Colorado imprescindível: Aguirre foi derrotado e Venâncio Flores, do partido Colorado, assumiu o poder. Aguirre, derrotado, fez uma aliança com o Paraguai.

A Guerra do Paraguai (1865 – 1870)

Durante o período colonial, o Paraguai fez parte do Vice-Reino do Prata com o Uruguai e a Argentina. O Paraguai não tinha acesso ao mar e dependia do estuário do Rio da Prata para fazer as suas exportações, ficando assim muito dependente da Argentina, que controlava o estuário. Diante dessa dependência, os primeiros presidentes paraguaios procuraram desenvolver internamente o país.

Entre 1811 e 1840, o Paraguai foi governado por Francia, que estimulou as pequenas e médias propriedades a aumentarem a produção de alimentos. Havia uma preocupação com a fome, caso o estuário do Prata fosse fechado, confiscou propriedades dos grandes fazendeiros e monopolizou o comércio exterior.

De 1840 a 1862, o país foi governado por Carlos Antônio López, que direcionou a sua política para o desenvolvimento industrial do país, chegando inclusive a pagar os cursos dos estudantes paraguaios no exterior.

Dentro do contexto latino-americano, o Paraguai possuía uma realidade completamente diferente. Não possuía escravidão, latifúndio, miséria, analfabetismo, e na economia, apresentava um grande progresso na medida em que não dependia do Império britânico e que apresentava superávit na Balança Comercial.

No dia 11 de novembro de 1864, Solano López mandou prender no Rio Paraguai, o navio brasileiro Marquês de Olinda, que transportava o presidente da província de Mato Grosso.

As relações diplomáticas entre os dois países foram cortadas e no mês seguinte o Estado do Mato Grosso foi invadido.

O objetivo dos paraguaios era tornar o país uma potência continental. Era o "Paraguai Maior", que dominaria o território das antigas missões jesuíticas.

Como vimos anteriormente, o Paraguai não dependia da Inglaterra e esta situação era profundamente desconfortável para a maior potência do mundo da época. Logicamente, os ingleses possuíam um grande interesse na guerra, desejavam abrir e dominar o mercado consumidor paraguaio. Desta forma, com total apoio da Inglaterra, em 1º de março de 1865 foi formada a Tríplice Aliança, composta por Brasil, Argentina e Uruguai.

Numa das batalhas navais travadas na região Platina, a corveta brasileira Maceió foi cercada por navios inimigos. Obra de João Batista. Catagneto.

A guerra foi vencida pela Tríplice Aliança, e como conseqüências, o Paraguai teve o seu território destruído e a sua população arrasada, além do mais, perdeu terras para a Argentina e teve boa parte da sua economia sob controle argentino.

Para o Brasil, a escravidão passou a ser contestada, o Exército brasileiro, que conquistou a vitória, passou a participar mais ativamente do cenário político brasileiro, não aceitando mais, por exemplo, a função que até então desempenhava, de perseguir escravos fugitivos, e influenciou ativamente o movimento republicano no Brasil. Além do mais, a dívida externa aumentou consideravelmente.

O CAFÉ

Durante o primeiro reinado, como tivemos oportunidade de observar, a nossa economia passou por péssimos momentos porque os nossos produtos de exportação estavam decadentes no mercado internacional, mas no entanto, a partir de 1840, o café começou a se destacar nos quadros das nossas exportações, fazendo assim com que a nossa economia iniciasse um processo de recuperação apresentando inclusive superávits a partir de 1861.

PRINCIPAIS PRODUTOS AGRÍCOLAS PARA EXPORTAÇÃO
(em porcentagem sobre o valor global das exportações)

Período	Café	Açúcar	Algodão	Fumo	Cacau
1831-1840	43,8	24,0	10,8	1,9	0,6
1841-1850	41,4	26,7	7,5	1,8	1,0
1851-1860	48,8	21,2	6,2	2,6	1,0
1861-1870	45,5	12,3	18,3	3,0	0,9
1871-1880	56,6	11,8	9,5	3,4	1,2
1881-1890	61,5	9,9	4,2	2,7	1,6
1891-1900	64,5	6,0	2,7	2,2	1,5

Fonte: Anuário Estatístico do Brasil, 1939.

No âmbito internacional, o aumento do consumo de café na Europa e nos Estados Unidos, associados a desorganização da produção do Haiti, foram fatores que estimularam a ampliação da produção no Brasil. No âmbito interno, a produção seria estimulada principalmente pela grande oferta de mão-de-obra escrava, além do fato de exigir um pequeno investimento inicial.

Inicialmente, a produção acontece no litoral do Rio de Janeiro, mas foi no entanto, na região do Rio Paraíba do Sul que as condições ideais de solo e temperatura com chuvas regulares, que fizeram a produção crescer.

A partir de 1870, a produção desta região entra em declínio porque não havia preocupação com a produção, o que provocaria um esgotamento do solo. O café, procurando novas áreas de plantio, alcançaria o Oeste Velho Paulista (Campinas) e posteriormente o Oeste Novo (Ribeirão Preto), tornando-se estas regiões importantes centros de produção.

O FINAL DO TRÁFICO DE ESCRAVOS

Durante muito tempo, a Inglaterra foi um país que muito lucrou com o tráfico de escravos, chegando inclusive a utilizar parte deste dinheiro no financiamento da Revolução Industrial.

Porém, a partir de 1833, os ingleses aboliram o trabalho escravo em suas colônias e iniciariam a partir deste momento uma violenta campanha contra a escravidão em todo o mundo, principalmente porque os seus produtos agrícolas perdiam competitividade no mercado internacional com os produtos das nações escravistas. Um outro fator que levou a Inglaterra a lutar contra a escravidão, foi o desejo de ampliar o mercado consumidor para os seus produtos manufaturados.

Desde o momento que D. João VI transmigrou para o Brasil, apoiado pela Inglaterra, as pressões contra o tráfico de escravos começaram a crescer. Veja agora as principais leis que foram assinadas com este objetivo.

a) 1810 – Tratado de Aliança e Amizade – o tráfico de escravos ficou limitado às colônias portuguesas na África.
b) 1815 – Congresso de Viena – o tráfico de escravos ficou proibido ao norte da linha do Equador.
c) 1817 – D. João concede à Marinha britânica, o direito de visita e busca em navios suspeitos de comércio ilícito em áreas africanas não-portuguesas.
d) 1827 – Convenção de Reconhecimento da Independência do Brasil – D. Pedro prometia extinguir o tráfico em 3 anos.
e) 1831 – A Regência Trina proibia a entrada de africanos escravos o país.
f) 1845 – Bill Aberdeen – declarava o aprisionamento de qualquer navio negreiro onde estivesse e fosse suspeito de tráfico.
g) 1850 – Lei Euzébio de Queiroz – punição para os introdutores de africanos escravos. "Final" do tráfico de escravos.
h) 1854 – Lei Nabuco de Araújo – ratificação da lei anterior.

Mesmo depois da lei de extinção do tráfico (1850), escravos africanos continuaram, por algum tempo, sendo trazidos ilegalmente para o Brasil. "Desembarque de escravos". Obra de Rugendas.

A extinção do tráfico em uma sociedade escravista trouxe várias conseqüências:
a) acabou levando o país à abolição da escravidão;
b) desenvolveu o tráfico interprovincial, ou seja, a saída de escravos do Nordeste para o Sudeste;
c) aplicação de novos recursos nas atividades urbanas;
d) melhoramento técnico na lavoura cafeeira;
e) melhora das relações diplomáticas com a Inglaterra.

Os imigrantes

Como vimos, no ano de 1850, foi assinada a Lei Euzébio de Queiroz, que proibiu o tráfico de escravos no Brasil. No mesmo ano, uma outra lei também muito importante na nossa História foi assinada, era a **Lei de Terras**. Desde o início da colonização, o sistema de ocupação das terras no Brasil acontecia pelo sistema de doação de **sesmarias**. A Lei de Terras regularizou o regime de propriedade territorial no Brasil, dividindo as áreas em duas categorias: particulares e públicas. O principal objetivo da lei foi proibir a aquisição de terras públicas a não ser pela compra, terminando com a aquisição por posse ou doação da Coroa.

A partir da década de 40 do século XIX, a questão da imigração começou a ser discutida no Brasil. Embora tivessem pensado no imigrante chinês, a opção acabou recaindo sobre o europeu, que consideravam na época superior ao chinês.

As colônias de parceria foram surgindo em São Paulo, e o senador Vergueiro criou uma empresa especialmente para transportar os europeus, chegando em 1847 a transportar 364 famílias alemãs e suíças para a sua fazenda Ibicava. O fazendeiro se encarregava dos gastos com a viagem e com o primeiro ano da família do imigrante no Brasil, e este, por sua vez, pagaria a dívida contraída a partir do 2° ano com juros de 6% ao ano.

Cada família ganhava um certo número de pés de café para cultivar, colher e secar, além de um pedaço de terra para plantar gêneros de subsistência. A renda líquida obtida com a venda do café deveria ser dividida com o imigrante e este por sua vez, dividiria com o fazendeiro o que conseguisse com a venda dos produtos colhidos na roça.

Os imigrantes que vieram para o Brasil sonhavam em "fazer a América", saíam de uma Europa em crise marcada na Itália e na Alemanha pelas guerras de unificação, mas no entanto, o sonho rapidamente acabaria se tornando um pesadelo.

Os problemas foram vários, dos quais destacamos:
a) os imigrantes recebiam cafeeiros infrutíferos;
b) os pés de café destinados aos imigrantes eram sempre os mais novos;
c) os fazendeiros, no momento da divisão do lucro, roubavam os imigrantes;
d) a Justiça estava sempre ao lado do fazendeiro;
e) não havia liberdade de culto.

Os imigrantes nunca conseguiam pagar a dívida contraída com a viagem e com o primeiro ano de adaptação no Brasil.

Como a renda dos imigrantes era muito baixa, acabava sendo uma presa fácil para a exploração dos fazendeiros. Os imigrantes eram obrigados a comprar fiado no armazém da fazenda que vendia os produtos a preços muito altos. Uma revolta seria plenamente fácil de acontecer, como houve na fazenda Ibicava do Senador Vergueiro. As notícias do padecimento dos imigrantes no Brasil chegaram à Europa; os governos das nações européias proibiram a imigração para o Brasil. A partir de 1860, o governo imperial mudou o sistema de imigração.

Pelo novo modelo, o governo passou a custear as despesas de viagem, ficando o fazendeiro apenas com a responsabilidade de manutenção do imigrante e de sua família por um ano. Outra grande novidade, o imigrante recebia um salário fixo anual e mais um salário que variava de acordo com a colheita. O endividamento do colono com o fazendeiro agora era menor.

O SURTO DE INDUSTRIALIZAÇÃO

O Rio de Janeiro, na segunda metade do século XIX, passou por um processo de grande transformação, fábricas foram criadas e houve um grande impulso no processo de urbanização. Como explicar tantas mudanças?

Sinais de mudanças: na gravura vemos um trecho da Estrada de Ferro D. Pedro II. Abaixo, estação do Rodeio.

Como vimos, em 1850 foi assinada a Lei Euzébio de Queiroz que proibia o tráfico de escravos, assim sendo, o dinheiro passaria a ser aplicado nas atividades urbanas e industriais. Outro fator que estimulou esse desenvolvimento aconteceu um pouco antes do anterior, precisamente em 1844, com a assinatura da Tarifa Alves Branco. Vimos aqui que em 1810, pelo Tratado de Aliança e Amizade e de Comércio e Navegação, os produtos ingleses pagavam 15% de imposto, e vimos aqui o quanto esta tarifa prejudicou a tentativa de industrialização implementada por D. João VI.

A partir de 1844 os impostos foram sobretaxados entre 20% e 60%, o que encareceu os produtos ingleses e estimularam o surto de industrialização do Brasil. Embora tenha havido esse crescimento de indústrias (70 fábricas), não podemos afirmar que o objetivo da tarifa tenha sido o de fomentar o desenvolvimento industrial brasileiro; na época, era necessário aumentar a arrecadação fiscal, principalmente sabendo-se que boa parte dos produtos importados pelo Brasil eram provenientes da Inglaterra.

Sabemos que um outro fator que colaborou para o surto de industrialização foi o lucro gerado pelo café. A partir de 1840, a produção cresce no Brasil e boa parte do dinheiro passa a ser investido ou na atividade urbana ou na atividade industrial e, finalmente, temos em 1847 o término dos tratados comerciais com a Inglaterra.

Um dos grandes empresários brasileiros da época foi Irineu Evangelista de Souza, o Barão de Mauá. Dentre as suas inúmeras realizações, destacamos: construção naval; desenvolveu a fundição de ferro e bronze, caldeiraria, serralheria; fundou a Companhia de Gás para a iluminação das ruas do Rio de Janeiro; organizou companhias de navegação a vapor no Rio Grande do Sul e no Amazonas; introduziu no Brasil o telégrafo submarino que permitia a comunicação telegráfica com a Europa; fundou o Banco Mauá Mc Gregor e Cia., com filiais em Londres, Manchester, Paris e Nova Iorque, bem como nas principais cidades brasileiras, no Uruguai e na Argentina; fundou a Recife and São Francisco Railway, a Estrada de Ferro D. Pedro II e a São Paulo Railway Company.

Como vimos, a lista de realizações de Mauá é muito extensa, porém o maior empresário brasileiro, e um dos maiores do mundo no século XIX infelizmente acabou quebrando. Mas como isso aconteceu? A partir do momento que os impostos sobre os produtos ingleses foram aumentados pela Tarifa Alves Branco, a Inglaterra começou a protestar, e assim o Império brasileiro, em 1860, assinou a Tarifa Silva Ferraz, que reduziu os impostos para a importação de máquinas, ferramentas e ferragens. Iniciou-se uma política deflacionária que retraiu os créditos e foi um golpe fatal para os novos empreendimentos.

Leitura complementar

O sistema de parceria

"Naturalmente, a entrada de trabalhadores europeus e seus familiares não se deveu apenas à atração exercida pelas oportunidades abertas na cafeicultura, no artesanato e na indústria. Em concomitância, nas nações da Europa, ocorriam transformações econômicas, sociais e políticas de profundidade, propiciando a liberação de habitantes das zonas agrícolas. (...) Em poucas palavras, dois tipos de contratos foram postos em prática nas fazendas de café. De início, cria-se o regime de parceria. "A exploração agrícola pelo método da parceria repousa na divisão do produto da colheita entre o proprietário da terra e o lavrador que nela trabalha. O primeiro entra com o capital, representado pelas terras, as plantações etc. O segundo, com o seu trabalho, cultivando, limpando a terra, procedendo às colheitas. O lucro líquido, isto é, deduzidas as despesas previamente especificadas, tais como: trabalhos no terreiro, descascamento e limpeza do produto, transporte até o porto, armazenamento, comissões aos corretores, quebras por acidentes, unidades etc., oscilações da cotação e outras, é dividido em partes iguais entre o proprietário das terras e o lavrador." Pelo risco e insegurança a que era submetido o colono, esse tipo de contrato foi abandonado. Na prática, o contrato adquiria um caráter leonino. Além disso, o padrão de convivência entre o fazendeiro e o capataz, de um lado, e os colonos e escravos, por outro, tornava a existência dos imigrantes e seus familiares bastante difícil. O padrão escravista de administração e tratamento não deixa de contaminar as relações de trabalho no sistema de parceria, dificultando o ajustamento social do colono. As condições de existência desse melhoram pouco a pouco, devido à experiência progressivamente acumulada lado a lado e à medida que agoniza a escravatura."

(Ianni, Octávio. "O progresso econômico e o trabalhador livre". In: Fenelon, Dea. "50 Textos de História do Brasil". São Paulo, Hucitec. 1974, p.p. 106-7)

(FAAP-SP) Na transição do trabalho escravo para o trabalho assalariado no Brasil, constamos a existência de uma forma de trabalho denominada de sistema de parceria. Em que consistia, basicamente, esse sistema de trabalho?

Resposta: A exploração agrícola pelo método de parceria repousava na divisão do produto da colheita entre o proprietário da terra e o lavrador que nela trabalha. O primeiro entra com o capital, representado pelas terras. O segundo, com seu trabalho. O lucro líquido era dividido em partes iguais entre o proprietário das terras e o lavrador.

Unidade 33 - O Segundo Reinado no Brasil (1840 – 1889) | 471

QUESTÕES RESOLVIDAS

1. (UERJ) Acompanhei com vivo interesse a solução desse grave problema (a extinção do tráfico negreiro). Compreendi que o contrabando não podia reerguer-se, desde que a "vontade nacional" estava ao lado do ministério que decretava a supressão do tráfico. Reunir os capitais que se viam repentinamente deslocados do ilícito comércio e fazê-los convergir a um centro onde pudessem ir alimentar as forças produtivas do país, foi o pensamento que me surgiu na mente, ao ter certeza de que aquele fato era irrevogável. (Visconde de Mauá – Autobiografia. Citado por Mattos, Limar R. e Gonçalves, Maria A. "O Império da boa sociedade". São Paulo: Atual, 1991)

Os centros urbanos brasileiros, principalmente a capital – a cidade do Rio de Janeiro, passaram por grandes transformações a partir da segunda metade do século XIX. Irineu Evangelista de Souza, Visconde de Mauá, foi um dos principais personagens desse processo de mudanças.

No período citado, a capital do Império sofreu, dentre outras, as seguintes transformações:
a) criação de indústrias metalúrgicas e siderúrgicas, surgimento de bancos e diversificação da agricultura.
b) crescimento da economia cafeeira, utilização da mão-de-obra imigrante assalariada e mecanização do cultivo.
c) diminuição da importância da economia agroexportadora, desenvolvimento de manufaturas e exportação de bens de consumo manufaturados.
d) aplicação de capitais na modernização da infra-estrutura de transportes, no aprimoramento do serviços urbanos e desenvolvimento de atividades industriais.

Resposta: D

2. (PUC-RJ) O café tornou-se o principal produto brasileiro de exportação durante o século XIX. Considere as afirmações abaixo sobre o processo de expansão da lavoura cafeeira.

I - A cultura para a exportação instalou-se, logo no início do século, no Vale do Paraíba fluminense, a partir da conjunção dos interesses da nobreza do Reino, recém-chegada, com os interesses dos proprietários coloniais.

II - O plantio expandiu-se, a partir de meados do século, para o Vale do Paraíba paulista e mais tarde para o oeste paulista. Essa expansão foi facilitada pelo encontro do solo fértil propício, ainda que dificultada pela necessidade de expulsão dos antigos ocupantes da região.

III - A exportação, que durante a primeira metade do século, era majoritariamente para a Inglaterra, a partir de 1870 direcionou-se para os Estados Unidos, quando passou a representar o equivalente a mais da metade da pauta de exportação brasileira.

IV - As relações de trabalho predominantes transformaram-se, após o fim do tráfico negreiro internacional, em meados do século. De relações escravistas no Vale do Paraíba fluminense passaram a relações de assalariamento no Vale do Paraíba e oeste paulista.

Assinale:
a) se, e somente se, I, II e III estiverem corretas.
b) se, e somente se, II, III e IV estiverem corretas.
c) se, e somente se, I, II e IV estiverem corretas.
d) se, e somente se, I, III e IV estiverem corretas.
e) se todas estiverem corretas.

Resposta: A

3. **(UNI-RIO-ENCE)** A consolidação do Estado Imperial brasileiro, na segunda década do segundo reinado, pode ser associado à(ao):
a) Vitória do partido Liberal, acomodando as manifestações autonomistas das Províncias.
b) Reforma da Constituição, limitando a ação do Poder Moderador.
c) Defesa conservadora da continuidade do tráfico negreiro.
d) Antecipação da maioridade, garantindo o apoio farroupilha à monarquia.
e) Domínio conservador, consolidando a centralização política no poder monárquico.

Resposta: E

4. **(UNIFICADO)** A figura de Irineu Evangelista de Souza, barão e visconde de Mauá, simboliza as transformações da economia no século XIX, em razão da sua atividade de:
a) produtor de café no Vale do Paraíba fluminense.
b) comerciante de escravos, representando, no Rio de Janeiro, os principais traficantes internacionais.
c) representante dos principais importadores de produtos ingleses no Brasil.
d) parlamentar defensor das políticas protecionistas adotadas pelo Império.
e) empresário envolvido em atividades capitalistas como bancos, indústrias e estradas de ferro.

Resposta: E

5. (UFG) O processo de urbanização brasileira intensificou-se no século XX. No entanto, havia importantes "centros urbanos" durante os períodos colonial e imperial, quando o Brasil teve algumas cidades de grande porte. Explique a função das cidades brasileiras nesses períodos, segundo o modelo de colonização portuguesa.
a) Período colonial.
b) Período imperial.

Respostas:
a) No período colonial, os principais centros urbanos do Brasil funcionavam como centros administrativos próximos às áreas de importância à metrópole portuguesa.
b) No período imperial, os principais centros urbanos do Brasil se adequaram a preocupação governamental de expressar a modernização através do estímulo às artes, à cultura e à educação das elites.

QUESTÕES PROPOSTAS

1. (FUVEST) Sobre a Guerra do Paraguai (1864-1870), fundamentalmente desencadeada por razões geopolíticas regionais, responda:
a) Quais as divergências e alianças políticas existentes entre os países nela envolvidos?
b) Qual o seu resultado em termos de poder estratégico regional?

2. (UERJ) Leia o trecho a seguir, extraído das memórias do barão e visconde de Mauá.

Era já então, como é hoje ainda, minha opinião que o Brasil precisava de alguma indústria (...) para que o mecanismo de sua vida econômica possa funcionar com vantagem; e a indústria que manipula o ferro, sendo a mãe das outras, me parecia o alicerce dessa inspiração. (Adaptado de Priore, Mary Del et alii. "Documentos de História do Brasil: de Cabral aos anos 90", São Paulo: Scipione, 1997.)

Considerando as ações empreendidas por Mauá, tanto no setor industrial quanto no setor de serviços, exemplifique:
a) duas condições econômicas que possibilitaram essas ações;
b) duas melhorias urbanas introduzidas na Era Mauá.

3. (UFRN) Comparando os princípios do liberalismo clássico com o liberalismo vigente no Brasil durante o século XIX, Emília Viotti da Costa afirma:

"Os principais associados ao liberalismo: o trabalho livre, o governo baseado na soberania do povo, as formas representativas de governo, a divisão dos poderes, a supremacia da lei, a universalidade do direito à liberdade, à propriedade e à igualdade perante a lei, todas essas noções típicas do credo liberal tinham dificuldade em se afirmar numa sociedade que desprezava o trabalho, favorecia os laços de família e negava os direitos de cidadão à maioria da população." (Costa, Emília Viotti da. Liberalismo: teoria e prática. In: "Da monarquia à república: momentos decisivos". 6ª. ed. São Paulo: Editora da UNESP, 1999. "passim")

O texto aponta diferenças entre o liberalismo, em seus princípios doutrinários, e o liberalismo brasileiro.

Apresente dois aspectos em que o liberalismo brasileiro do Segundo Reinado diferia dos valores defendidos pelo liberalismo clássico e explique em que consiste essa diferença.

4. (UFRRJ) "Num mundo onde os grandes empresários privados costumavam ter uma única empresa, Mauá apostou na diversificação. No país onde agricultura parecia destino manifesto, ele montava uma indústria atrás da outra." (Caldeira, Jorge. "Mauá: empresário do Império". São Paulo: Companhia das Letras, p. 18)

Na segunda metade do século XIX, o Brasil destaca-se por uma vocação essencialmente agrária. Neste sentido, o texto acima aponta para o exemplo de uma ação individual empreendida em direção à abertura de indústrias durante o Império. Nessa perspectiva,
   a) aponte dois aspectos da estrutura econômica brasileira no Segundo Reinado;
   b) indique duas características da tentativa de industrialização empreendida por Irineu Evangelista de Sousa, o visconde de Mauá.

5. (UFRRJ) "Enquanto pelo Velho e o Novo Mundo vai ressoando o brado – emancipação da mulher –, nossa débil voz se levanta na capital do império de Santa Cruz, clamando: educai as mulheres!

Povos do Brasil, que dizeis civilizados! Governo, que vos dizeis liberal!

Onde está a doação mais importante dessa civilização, desse liberalismo?" (Floresta, Nísia – 1853. In: "História das Mulheres no Brasil". São Paulo: UNESP/Contexto, 1977 p. 443)

Nísia Floresta constituiu uma exceção na sociedade brasileira de sua época. Dedicada ao ensino e à atividade intelectual, sua biografia é um exemplo marcante de atuação da mulher, num período em que o universo feminino dos setores médios estava reduzido ao domínio da casa.
   a) Descreva um elemento representativo dos costumes e comportamentos da mulher na sociedade brasileira de meados do século XIX.
   b) Indique uma mudança na posição da mulher brasileira no século XX.

Unidade 33 - O Segundo Reinado no Brasil (1840 – 1889) | 475

6. (UFG) (...) Sejamos francos: o tráfico, no Brasil, prendia-se a interesses, ou para melhor dizer, a presumidos interesses dos nossos agricultores; e num país em que a agricultura tem tamanha força, era natural que a opinião pública se manifestasse em favor do tráfico: a opinião pública que tamanha influência tem, não só nos governos representativos, como até nas monarquias absolutas. O que há para admirar em que nós todos, amigos ou inimigos do tráfico, nos curvássemos a essa necessidade?

O texto é parte de um discurso de Euzébio de Queiroz, calorosamente aplaudido na Câmara, que encaminhou a lei antitráfico, em 1850. Acerca do debate sobre o fim do tráfico, use (V) para verdadeiro e (F) para falso:

( ) o tráfico de escravos permaneceu como prática corrente, defendida pelos agricultores com a conivência do Estado brasileiro, apesar dos acordos firmados entre Brasil e Inglaterra para pôr fim a essa atividade econômica.

( ) a luta contra o tráfico de escravos encontrou, no ambiente urbano, o clima propício para empolgar políticos e intelectuais que se mobilizaram, na primeira metade do século XIX, para a luta contra essa atividade.

( ) os argumentos favoráveis à continuidade do tráfico de escravos estavam associados à defesa da soberania nacional, ameaçada pelos ingleses, que aprisionavam os navios negreiros.

( ) os ingleses adotaram o trabalho assalariado, como forma predominante, em seu vasto império colonial, pois estavam coerentes com os princípios democráticos que orientaram sua ação colonizadora; desse modo, era natural que liderassem a luta contra o tráfico de escravos e a escravidão, nos séculos XVIII e XIX.

7. (PUC-PR) Sempre inspirando-se em modelos estrangeiros, o Brasil adotou também o sistema parlamentarista de governo. Analise as informações:

I - O parlamentarismo imperial foi implantada por lei ordinária em 1847. Não se fez por emenda à Constituição.

II - O sistema parlamentar significa a bipartição do Poder Executivo: chefia de Estado e de governo exercidas por diferentes pessoas.

III- Tendo pequena importância durante o Império, o Partido Republicano tentou inutilmente e por várias vezes revogar o sistema parlamentar.

IV - O parlamentarismo republicano foi a fórmula encontrada para acalmar os atritos políticos e possibilitar a posse de João Goulart, tido por esquerdista pelos chefes militares em 1961.

V - O parlamentarismo republicano revelou-se eficiente, e sua flexibilidade permitiu a calmaria nas lutas partidárias e agitações sociais no governo de João Goulart.

Estão corretas as afirmativas:
a) I, II, III e IV.
b) II, III, IV e V.
c) I, II, IV e V.
d) apenas I, II e IV.
e) apenas III, IV e V.

8. **(UEL)** A afirmação segundo a qual "o partido que sobe entrega o programa de oposição ao partido que desce e recebe deste o programa de governo" está relacionada aos partidos políticos atuantes no Brasil do Segundo Reinado (1840-1889). Sobre esse assunto, é correto afirmar:
   a) A forma democrática e descentralizada do parlamentarismo do Segundo Reinado garantiu ao imperador governar em sintonia com os interesses dos partidos e da população.
   b) Os conservadores conduziam a vida partidária do Império, mas quem governava eram os liberais radicais, que ganharam projeção com as revoltas provinciais após 1848.
   c) Sendo a "conciliação" um ideal presente na vida política do país, os partidos pouco se diferenciavam na prática.
   d) Os partidos políticos do Império caracterizavam-se por suas plataformas políticas de atuação bem definidas e diferenciadas.
   e) As reformas eleitorais e o fim do tráfico negreiro no Segundo Reinado asseguraram a liberdade de atuação da Câmara dos Deputados.

9. **(UFES)** A Guerra do Paraguai, considerada o maior conflito armado da História da América do Sul, além de provocar a morte de inúmeros paraguaios, brasileiros, argentinos e uruguaios, foi a causa do desequilíbrio econômico e do aumento substancial das dívidas externas dos países envolvidos no conflito. Apesar disso, a guerra foi "bom negócio" para:
   a) os paraguaios, que conquistaram territórios estratégicos para seu desenvolvimento na Bacia do Prata.
   b) os argentinos, que conquistaram vastas porções do território paraguaio e anexaram áreas do Rio Grande do Sul.
   c) os norte-americanos, que aumentaram a sua exportação de açúcar e trigo para o Uruguai e para o Brasil.
   d) os brasileiros, que não tiveram grandes prejuízos com a guerra e conquistaram parte do território argentino e paraguaio.
   e) os ingleses, que emprestaram milhões de libras para os países da Tríplice Aliança, com juros altos, através de seus bancos.

10. (UFPE) Sobre a situação econômica do Brasil no século XIX, assinale a alternativa correta.

a) Com a abolição do tráfico negreiro, os fazendeiros utilizaram mão-de-obra livre para o plantio de café. Como forma de pagamento, os trabalhadores poderiam usar as terras do senhor para a produção de sua subsistência.

b) O comércio interno de escravos agravou a situação econômica do Norte/Nordeste, mas resolveu o problema de mão-de-obra no Sul e Sudeste.

c) Após 1850, com o final do tráfico negreiro, inicia-se a industrialização no Brasil, pois, a mão-de-obra negra abundante deixará o campo e irá se empregar nos centros urbanos.

d) O êxito da cafeicultura em Minas, Rio de Janeiro e São Paulo deveu-se à política imigrantista do governo, que autorizou a vinda de grandes levas de imigrantes europeus.

e) Com o estabelecimento da lei de terras em 1850, pessoas de poucos recursos tiveram acesso à terra, com ajuda e apoio dos grandes proprietários brasileiros.

Gabarito das questões propostas

Questão 1 - Respostas:

a) O quadro de conflitos que marcou as relações entre os países do Cone Sul, no século XIX, tem suas origens no caudilhismo, que contrapunha grupos agrários e políticos autoritários, cujos objetivos incluíam o controle da navegação na Bacia Platina – área de intenso comércio –, o expansionismo territorial, além da exploração do contrabando, dos roubos de gado nas fronteiras e da concorrência entre o Brasil e o Paraguai no mercado de exportação do mate. Assim, o Império compôs a Tríplice Aliança com a Argentina do governo Mitre e o Uruguai de Venâncio Flores e bateu-se contra o Paraguai de Solano López.

b) A vitória da Tríplice Aliança representou o rompimento do equilíbrio de forças políticas e econômicas na região.

Com o Paraguai destroçado, Brasil e Argentina emergiram como nações determinantes na condução dos destinos da área platina. O Uruguai manteve sua postura pendular, em relação ao Império e à República Portenha, e finalmente a Inglaterra pôde continuar exercendo sua hegemonia sobre esse mercado.

Questão 2 - Respostas:

a) A proibição do tráfico negreiro (1845) disponibilizou capitais canalizados para a industrialização e atividades de prestação de serviço enquanto a tarifa Alves Branco (1844) ao dificultar as importações criava condições para a implantação de indústrias favorecidas pela existência do mercado nacional.

b) Como melhorias urbanas decorrentes dos investimentos do barão de Mauá destacam-se: a iluminação a gás, os transportes coletivos e o serviço de coleta de lixo.

Questão 3 - Resposta: O parlamentarismo implantado no Brasil ("Parlamentarismo às avessas") no qual, na prática, o parlamento não tinha o poder de decisão, uma vez que com o poder Moderador o imperador poderia até dissolvê-lo, e a estrutura social caracterizada pelo escravismo, contrariavam preceitos fundamentais do liberalismo, como a representatividade dos cidadãos no poder do Estado e a igualdade dos homens perante a lei.

Questão 4 - Resposta:
a) O modelo agrário exportador com o café como base da economia naquele momento; a decadência da monocultura cafeeira no Vale do Paraíba e a expansão para o oeste paulista; o fim do tráfico negreiro e a introdução da mão-de-obra do imigrante de origem européia etc.
b) A fundação, em 1846, de uma fundição e um estaleiro em Ponta da Areia em Niterói; a criação da Companhia de Gás do Rio de Janeiro, em 1851; a participação na construção de ferrovias; a instalação do primeiro cabo submarino ligando Brasil e o mundo, em 1872 etc.

Questão 5 - Respostas:
a) O modelo da família patriarcal e seus desdobramentos afetava o mundo feminino, tanto da mulher escrava como da população livre e dos setores médios da sociedade, reservando-lhes a reprodução e os afazeres domésticos.
b) O voto feminino, a liberalização dos costumes no universo da mulher, através da introdução de métodos anticoncepcionais mais seguros e dos novos rearranjos familiares.

Questão 6 - Resposta: V F V F

Questão 7 - Resposta: D

Questão 8 - Resposta: C

Questão 9 - Resposta: E

Questão 10 - Resposta: A

COMPLEMENTANDO OS ESTUDOS

FILME

Mauá, o Imperador e o Rei

LIVRO

Chiavenato, Júlio José. *A Guerra do Paraguai*. São Paulo: Ed. Ática, 1995.

PÁGINA ELETRÔNICA

Museu Imperial de Petrópolis
http://www. npoint.com.br/musimp

AS GRAVURAS FORAM ADAPTADAS DE:

Cotrim, Gilberto. *Saber e Fazer História*. Ed. Saraiva.

Unidade 34

A América Latina no Século XIX

Sinopse teórica
O Populismo

Foi um fenômeno urbano que se caracterizou pela passagem da sociedade rural para a sociedade urbana e industrial.

Normalmente os partidos populistas apresentam as seguintes características: são partidos de massas, com propostas de reformas políticas, econômicas e sociais.

As suas lideranças têm origem nos setores reformistas das altas camadas, tais como burguesas ou mesmo oligárquicas, e nas classes médias. Sua doutrina política é vaga, no sentido de acomodar e reunir os mais diversos objetivos básicos.

O Populismo apareceu como uma ideologia de protesto contra as distorções do sistema oligárquico de poder, contra os excessos da exploração imperialista, mas no entanto, não contrariava o sistema capitalista.

No nosso continente, os regimes populistas apresentaram algumas características, como por exemplo o apelo para o desenvolvimento através da industrialização e a contínua busca pelo apoio das massas populares. Nessa linha de pensamento, os líderes populistas adotaram e colocaram em prática medidas para beneficiar o povo, tais como: aumentos constantes de salários e criação de instituições de assistência médico-social.

A imagem de líder populista, era a imagem de um defensor da classe trabalhadora e o nacionalismo era uma das principais características, procurando, através da criação de um inimigo externo comum, promover a conciliação entre as diversas classes.

Na prática, o Populismo não conseguiu alcançar seus objetivos principalmente porque:
- Os setores populares sonhavam com a autonomia, tentando romper com as classes dominantes.
- A burguesia apoiava o Populismo na medida em que as massas populares continuassem submissas. Rapidamente, as burguesias nacionais foram retirando o seu apoio ao Populismo e esses governos acabaram sendo substituídos por ditaduras militares ou mesmo por militares conservadores.
- O Bolivarismo e o Monroísmo.

a) Bolivarismo

Esta ideologia consiste na visão pan-americana de Simon Bolívar (1783 – 1830). Analisamos aqui momentos anteriores que na Europa, a Santa Aliança, reacionária e conservadora, não admitia a independência da América Latina, e propunha claramente a recolonização, sendo assim, diante desta ameaça, Bolívar defendeu a união da América Latina.

Em 1826, ocorreu o Congresso do Panamá, que de acordo com alguns historiadores foi considerado a primeira grande manifestação do Pan-Americanismo. Esse congresso estabeleceu:
- Um tratado de união, liga e confederação perpétua entre os Estados hispano-americanos;

Reunião em Lima (1864) para discutir a agressão espanhola.

- Manutenção da paz continental;
- Abolição da escravidão;
- A participação financeira e com recursos humanos de cada nação na manutenção de um exército de 60 mil homens.

O Congresso, no entanto, fracassou e podemos citar algumas causas:
- Resistência dos EUA que pretendiam promover uma expansão territorial pelas Antilhas;
- A oposição do Brasil que era um país monarquista e escravista.
- A Inglaterra, que não desejava uma América forte e coesa e que também não desejava o continente liderado pelos EUA, o que prejudicaria os interesses econômicos ingleses.

Diversos outros congressos aconteceram na História da América procurando implantar os ideais do Pan-Americanismo. Destes Congressos, foram excluídos o Brasil e os EUA. O nosso país não participou porque constantemente intervinha no Prata, e essa política contrariava a proposta de solidariedade do continente. Por sua vez, os EUA não participavam porque constantemente promoviam expansões territoriais e que como vimos, acabaram promovendo a anexação de terras mexicanas.

B) O MONROÍSMO

Esta ideologia representa a visão dos EUA sobre o Pan-Americanismo. Embora tenhamos a sensação de que são ideologias parecidas, devemos ficar atentos porque diferentemente do Bolivarismo, o Monroísmo visava manter o predomínio dos EUA sobre os demais países da América.

Conforme analisamos em diversos momentos, na Europa, a Santa Aliança defendia a recolonização da América Latina, e que não era aceito pelos EUA que tinham interesses comerciais na região, defendendo assim a sua independência. Em 1823, o presidente norte-americano James Monroe enviou ao Congresso uma mensagem que negava aos europeus o direito de intervenção no continente americano. Por que os Estados Unidos se opunham a Santa Aliança?

(Aquino e outros, História das sociedades americanas p. 167)

- Temiam pela sua própria segurança;
- Desejavam promover a expansão territorial em direção ao oeste;
- Desejavam garantir a liberdade comercial.

Esta doutrina, resumida na expressão "América para os americanos", atendeu apenas aos interesses dos EUA. Logo depois, em outubro de 1889 e abril de 1890 aconteceu em Washington, a Primeira Conferência Internacional Americana onde foi proposto uma reunião aduaneira continental. Era a expansão dos EUA sobre a América Latina. Repare como os objetivos da ALCA são antigos.

O CAUDILHISMO

Após o processo de independência da América Latina, alguns enclaves coloniais permaneceram, principalmente o modelo de produção agrário-exportador que por imposição do mundo desenvolvido, colocaria o nosso continente em um papel secundário na estrutura do capitalismo internacional.

Nesse contexto, não houve na América Latina o surgimento de uma burguesia nacional que tivesse condição de, por exemplo, impor a sua dominação política sobre a sociedade como um todo. Sob a vigência dessas condições socioeconômicas, abriu-se o caminho ao poder político pessoal de líderes rurais conhecidos como **caudilhos**.

"Podemos definir o caudilhismo como um regime autoritário, aparentemente acima das classes sociais dominado por um líder rural (militar ou civil) e por uma burocracia que desfrutava de uma independência relativa, o que lhe permitia contar com a classe dominante. Seu objetivo era a conservação da ordem e da hierarquia social. Representava um estado de transição entre o poder metropolitano e o poder nacional."

(Aquino, Jesus e Oscar, "História das Sociedades Americanas". Ao Livro Técnico S/A., p. 202)

Existiram dois tipos de caudilhos: o progressista ou liberal, e o conservador. O primeiro apoiava-se no movimento popular, e por este motivo fazia algumas concessões.

O caudilho do tipo conservador tinha o seu apoio nos setores tradicionais da sociedade, como por exemplo, a Igreja e o Exército, apresentando como objetivo manter as estruturas, reprimindo assim qualquer avanço social das massas. Exemplos de caudilhos: Benito Juarez e o Porfírio Dias, no México; Rosas, na Argentina; e José Artigas, no Uruguai.

A ARGENTINA

A principal característica política da Argentina após a independência foi o conflito entre o litoral e as províncias do interior que levou o país a várias guerras civis ao longo do século XIX.

Tivemos a oportunidade de analisar que em 1713 foi assinado o Tratado de Utrecht entre a Espanha e a Inglaterra, e por intermédio deste tratado, os ingleses poderiam vender produtos manufaturados no nosso continente, o que promoveu um grande desenvolvimento do comércio em Buenos Aires. Após a independência, os comerciantes desta cidade pretenderam manter a sua posição hegemônica e centralista, o que por sua vez se chocava com as reivindicações autonomistas das províncias do interior, que tinham as suas terras valorizadas a partir da produção de trigo e da criação de gado. Chocavam-se Unitaristas (Buenos Aires) e Federalistas (interior), conduzindo o país à guerra.

Pela Divisão Internacional do Trabalho, a Argentina participou do mercado internacional com a produção de trigo e a criação de gado, o que acabou atraindo milhares de imigrantes europeus e promovendo a valorização das terras do interior. O latifúndio pecuarista e os agricultores foram os principais motores da economia Argentina, e os grandes criadores de gado constituíram-se nos principais defensores das idéias federalistas.

A formação da República Argentina

De uma maneira geral, os comerciantes de Buenos Aires defendiam uma Monarquia unitária para o país, enquanto as províncias eram republicanas e federalistas. Em 1816, conforme já estudado, foi proclamada a independência da Argentina pelo Congresso de Tucumã e o país passou a ser liderado pelo general Juan Martin de Pueyrredón, que defendia a importação de um príncipe europeu para governar o país. Três anos após a independência, a Constituição tentou centralizar o poder e o país entrou em guerra civil que se estendeu até 1820.

Em 1826, a mesma cena iria se repetir. Neste ano, uma nova Constituição tentou organizar o país e foi escolhido para o cargo de presidente, Bernardino Rivadávia, chefe do Partido Unitário de Buenos Aires. Mais uma vez, tentaram centralizar o poder e mais uma vez as províncias reagiram. Um período turbulento teve início, as lutas entre os caudilhos aconteceram e saiu vitorioso Juan Manoel de Rosas.

Este novo governante representava os interesses federalistas dos grandes proprietários provinciais. Foi nacionalista e procurou atender aos interesses dos produtores de charque.

No âmbito externo, enfrentou intervenções armadas da França e da Inglaterra, que estavam descontentes com as restrições à navegação no Rio da Prata.

O México

A independência do México acabou promovendo uma instabilidade política e social que caracterizaria a sua História ao longo do século XIX e que acabou contribuindo para a Revolução do início do século XX.

As guerras de independência que ocorreram entre 1810 e 1821, tiveram um efeito devastador na economia do país. Com o declínio, por exemplo, da mineração, as classes dominantes mexicanas tiveram que criar uma base econômica na produção e exportação de produtos primários. A economia não era autônoma, a produção atendia aos interesses do capitalismo internacional, assim sendo, não houve a formação de uma burguesia nacional.

A partir de 1830, vamos encontrar um esforço de desenvolvimento econômico nacional que rapidamente sofre a reação das oligarquias tradicionais. A terra era a base do poder. A pequena burguesia urbana representava a oposição liberal ao regime conservador que era sustentado pelo Exército e pela Igreja, e a grande massa da população era a classe social mais afetada pelo principal problema econômico do país – a questão agrária.

A FORMAÇÃO DO ESTADO MEXICANO

Após a independência, o poder no México foi transferido para os senhores da terra. Em 1823, o governo monárquico de Agustín Itúrbide foi derrubado e assumiu o poder Antonio López de Santa Ana, o primeiro de uma séria de caudilhos da História do país. As classes dominantes mexicanas, assim como em diversos outros países da América Latina, estavam divididas em conservadoras e liberais. Os primeiros, admiradores natos da Inglaterra, defendiam o centralismo político, enquanto os liberais defendiam o Federalismo, tomando como modelo os Estados Unidos.

O poder no México ficou centralizado e, assim, os grupos oligárquicos e a Igreja Católica, percebendo que os seus privilégios estavam sendo reduzidos, reagiram e apoiaram Santa Ana no golpe de Estado de 1834.

Em 1836, tivemos uma Constituição conservadora que implantou o voto censitário e um governo autoritário. O México entrou em um período conturbado de sua história política. O caudilho Santa Ana, com apoio dos conservadores tornou-se ditador perpétuo, mas no entanto, em 1854 e 1855, um movimento liberal e federalista (Revolução de Ayutla) retirou os conservadores do poder.

OS ANOS LIBERAIS E O IMPÉRIO DE MAXIMILIANO

Em 1856, os liberais assumiram o poder, e após expulsarem os jesuítas, promoveram uma grande Reforma Agrária e prepararam uma Constituição com bases federalistas, democráticas e liberais.

O novo modelo do governo mexicano provocou entre 1858 e 1860 a Guerra da Reforma, onde o presidente Benito Juarez lutou pela modernização do país.

Derrotados, os grandes proprietários e a Igreja pediram a Napoleão III, imperador francês, que invadisse o México, alegando que a dívida externa não tinha sido paga. Em 1863 os franceses aceitaram o convite, invadiram o México, Juarez fugiu para o interior e Maximiliano de Habsburgo, irmão do imperador da Áustria, assumiu o governo mexicano.

O governo de Maximiliano se estendeu até 1867. Juarez que tinha partido para o interior, apoiado pelos EUA lutou contra os franceses que finalmente abandonaram o país em 1867.

O GOVERNO JUAREZ E A DITADURA DE PORFÍRIO DIAZ

Entre 1867 e 1872 a autocracia representaria a principal característica do governo mexicano. O governo Juarez, sob a influência do positivismo, tornou-se uma verdadeira ditadura. Foi um governo que combateu os setores reacionários e abriu o país aos capitalistas e técnicos estrangeiros.

Leitura complementar

(...) Ao longo de toda a experiência dos povos latino-americanos a liderança fora fornecida pelas metrópoles, pelos reis de Sevilha, de Madri e de Lisboa, e pelos agentes dessa realeza estrangeira na América. Mas o movimento de independência proporcionou aos americanos o ensejo de fornecerem eles próprios a sua liderança. Fizeram-no bem e com êxito. Mas faltava a essa liderança a sanção da legitimidade. Não repousava ela sobre a espécie de autoridade que o rei de Espanha encarnava, mas sobre a violência. Os novos líderes levavam, pois, nos ombros, mais do que a simples responsabilidade de conduzirem uma guerra a bom termo. Esperava-se deles, agora, a espécie de liderança que outrora se pedia ao rei como supremo manancial de justiça, e que por vezes não se pedia em vão. Mas faltava-lhes a autoridade, tanto humana como divina, que desfrutavam os soberanos.

Nesse vácuo de autoridade política surgiram os caudilhos. Após a queda do rei e a desintegração da autoridade vice-real, foram eles que salvaram da anarquia a América espanhola. Voltou à vida o caudilhismo ou sistema de liderança pessoal. (...)

O caudilho possui o dom natural de escravizar a vontade de outros homens e de arrastá-los consigo – à rebelião, à batalha ou mesmo por sobre um abismo. Ganha a afeição de grandes massas e converte-as no seu povo. Detém a confiança desse povo; torna-se o símbolo do seu prestígio; encarna a personalidade da nação. Até os seus rivais ele domina pelo poder pessoal e pela força física. O caudilho é o herdeiro do chefe índio que personificava, ao mesmo tempo, uma divindade solar. É o equivalente moderno do soba das selvas africanas, pátria de origem de muitos "latino-americanos". É também o expoente de um feudalismo militar semelhante ao da Europa medieval ou do Egito Antigo. Está em franca oposição aos dogmas modernos do republicanismo, da democracia, da igualdade e da liberdade. Agindo em nome do povo e afirmando servir os interesses deste, justifica a sua ditadura. (D. M. Dozer, "América Latina")

Segundo o autor, por que o caudilho aparece?

Resposta: Por existir um vácuo no poder no período de transição do Estado Metropolitano para o Estado Nacional.

Questões resolvidas

1. (UFG) "A História do México é a do homem que procura a sua filiação, a sua origem. Sucessivamente afrancesado, hispanista, indigenista, atravessa sua história como um cometa de jade, que de vez em quando relampagueia. Na sua excêntrica carreira, o que persegue? Corre atrás da sua catástrofe: quer voltar a ser Sol, voltar ao centro da vida de onde um dia – na conquista ou na independência? – foi desligado."

O texto foi retirado do livro "O Labirinto da Solidão", de Octavio Paz. O autor define um campo de tensão social e cultural própria do mundo mexicano, mas que responde a um sentimento presente em toda a América Latina. A partir do exposto, comente por que se pode refletir sobre a conquista ou a independência, com base na idéia de catástrofe.

Resposta: A conquista da América Latina, foi marcada por todo tipo de atrocidades aos nativos, por parte dos conquistadores e pela submissão forçada aos colonizadores europeus.

Mesmo a conquista da Independência por seu caráter elitista, não superou as estruturas socioeconômicas do período colonial e ainda favoreceu o domínio do capital estrangeiro no continente.

2. (FUVEST-GV) Que se entende pela expressão "Populismo" do ponto de vista histórico? Mencione três líderes populistas latino-americanos.

Resposta: Do ponto de vista histórico, o termo "Populismo" reflete a postura de líderes que, através de promessas muitas vezes irrealizáveis, conseguem se sobressair na estrutura político-partidária. O líder populista usa o discurso eloqüente como "reformar o Estado", "ampliar horizontes", "nacionalismo" etc. O fracasso na realização das promessas é atribuído a inimigos do regime que se mobilizam nos planos interno e externo.

São líderes populistas sul-americanos: Getúlio Vargas (Brasil), Juan Domingo Perón (Argentina), Victor Paz Estenssoro (Bolívia).

3. (UFG) "Julgamos propícia esta ocasião para afirmar como um princípio que afeta os direitos e interesses dos Estados Unidos: que os continentes americanos, em virtude da condição livre e independente que adquiriram e conservam, não podem mais ser considerados, no futuro, como suscetíveis de colonização por nenhuma potência européia (...)"

A citação contém o argumento que orientou a política estadunidense em relação ao continente americano, em meados do século XIX.

   a) Como ficou conhecida a doutrina derivada da declaração acima?
   b) Destaque os principais elementos da referida doutrina.

Respostas:
   a) Doutrina Monroe (1823).
   b) Reação aos propósitos da recolonização da América pela Santa Aliança sob o lema "A América para os americanos" e caracterização da postura imperialista dos Estados Unidos em relação à América Latina.

4. (UFRJ) "(...) Desejo mais do que outro, ver formar-se na América a maior nação do mundo, não tanto pela sua extensão e riquezas como pela sua liberdade e glória." (Simón Bolívar, "Carta de Jamaica", 1815)

Simon Bolívar (1783-1830), um dos mais importantes líderes da luta pela independência das colônias espanholas na América, formulou uma série de propostas para o futuro do continente que, por diversas razões, não se concretizaram. No entanto, suas idéias servem como fundamento para o pan-americanismo ao longo dos séculos XIX e XX.

a) Identifique, a partir do texto, uma característica da proposta política de Bolívar para a América independente.
b) Explique por que as idéias de Bolívar não foram concretizadas na América hispânica independente.

Respostas:
a) O projeto de unidade da Hispano-América.
b) Devido aos particularismos regionais, às disputas políticas, ao caudilhismo e aos interesses ingleses e norte-americanos na fragmentação.

5. (UFU) "É uma idéia grandiosa pretender formar de todo o Novo Mundo uma só nação com um só vínculo que ligue suas partes entre si e com o todo. Já que tem origem, língua, costumes e uma religião (comuns) deveria, por conseguinte, ter um só governo que confederasse os diversos Estados que hão de formar-se; mas não é possível porque climas distintos, situações diversas, interesses opostos, caracteres dessemelhantes dividem a América".

(Bolívar, Simon. "Carta de Jamaica", Kingston, 6 de setiembre de 1815. In: ZEA, Leopoldo (comp.) "Fuentes de La Cultura Latinoamericana", México: Fondo de cultura econômica, 1993, p.30.)

"Julgamos propícia esta ocasião para afirmar, como um princípio que afeta os direitos e interesses dos Estados Unidos, que os continentes americanos, em virtude da condição livre e independente que adquiriram e conservam, não podem mais ser considerados, no futuro, como suscetíveis de colonização por nenhuma potência européia (...)"

(Trecho da mensagem de Monroe. In: Aquino, R. S. L. e outros. "História das Sociedades Americanas". Rio de Janeiro, Ao Livro Técnico. 1990. p. 159)

Explique o chamado pan-americanismo na visão de Simon Bolívar e da Doutrina Monroe, apontando suas diferenças.

Resposta: Ambos os discursos estabeleciam a idéia de integração da América Latina, sendo o de Simon Bolívar, com ênfase à integração como fortalecimento frente ao imperialismo de grandes potências.

Unidade 34 - A América Latina no século XIX | **491**

A doutrina Monroe, com a máxima "A América para os americanos", contestava a proposta de recolonização da América, apoiada pela Santa Aliança (1823), mas já evidenciava as intenções imperialistas dos Estados Unidos, em relação à América Latina.

QUESTÕES PROPOSTAS

1. (UNICAMP) Esta porção desgraçada de nossos irmãos que gemeu sob as misérias da escravidão já está livre. A natureza, a justiça e a política pedem a emancipação dos escravos; daqui em diante só haverá na Venezuela uma classe de homens: todos serão cidadãos. (Discurso de Simon Bolívar, Venezuela. 1816)

    a) Qual o assunto tratado no discurso apresentado?

    b) Mencione dois outros movimentos políticos que foram liderados por Simon Bolívar.

    c) Cite dois princípios que serviram de inspiração para a ação revolucionária de Bolívar.

2. (UEL) A crise do sistema liberal-oligárquico, estimulada pelos acontecimentos de 1929, colocou em xeque vários sistemas políticos latino-americanos. Este fato, associado ao crescimento da participação popular no cenário social, possibilitou o aparecimento de regimes políticos denominados "populistas" pela historiografia. São exemplos de governos populistas na América Latina:

    a) Augusto Pinochet (Chile) e Alfredo Stroessner (Paraguai)

    b) Juan D. Perón (Argentina) e Augusto Pinochet (Chile)

    c) Getúlio Vargas (Brasil) e Fulgêncio Batista (Cuba)

    d) Juan D. Perón (Argentina) e Getúlio Vargas (Brasil)

    e) Anastacio Somoza (Nicarágua) e Getúlio Vargas (Brasil)

3. (CESGRANRIO) No início do século XIX, a América hispânica, inspirada nas idéias liberais do Iluminismo, travou sua guerra de independência vitoriosa contra o colonialismo espanhol.

Assinale UMA conseqüência importante desta luta:

    a) A unidade continental americana, sonhada por Bolívar em termos econômicos.

    b) A manutenção do monopólio comercial, prática econômica vigente desde os tempos coloniais.

    c) A vitória dos movimentos de Independência liderados pelos mestiços ligados ao pequeno comércio e ao artesanato.

    d) O desenvolvimento da idéia do liberalismo econômico favorecendo a industrialização e a livre-concorrência.

    e) A fragmentação política com governo de caudilhos militares e dependência econômica ao capitalismo industrial inglês.

4. (FUVEST) O caudilhismo como fenômeno característico das sociedades latino-americanas após a independência foi a expressão:
a) das mudanças radicais pelas quais a estrutura fundiária e a economia dessa região passaram com a independência.
b) do aumento da importância política das camadas médias urbanas com a industrialização.
c) do surgimento de um proletariado politicamente forte, decorrente do desenvolvimento industrial.
d) da aliança da burguesia nacional emergente politicamente com os interesses do capitalismo internacional.
e) da manutenção da estrutura fundiária concentrada e de uma economia voltada para o exterior.

5. (FUVEST) Os Estados Nacionais que se organizam depois das independências no Brasil e nos países americanos de colonização espanhola, entre as décadas de 1820 e 1880, são semelhantes quanto à:
a) adoção de regimes políticos e diferentes com relação às posições implementadas sobre a escravidão negra.
b) decisão de imediata abolição da escravidão e diferentes com relação à defesa da propriedade comunal indígena.
c) defesa do sufrágio universal e diferentes com relação às práticas do liberalismo econômico.
d) defesa da ampliação do acesso à terra pelos camponeses e diferentes com relação à submissão à Igreja Católica.
e) vontade de participar do comércio internacional e diferentes quanto à adoção de regimes políticos.

6. (PUC-PR) A Doutrina Monroe teve como motivo _____ e como conseqüência _____ .
a) o apoio à Tríplice Entende – a anexação do Alaska ao território norte-americano.
b) a oposição aos interesses mercantis da Inglaterra e França no Continente Americano – o aparecimento do Estado intervencionista.
c) a oposição ao conservadorismo do Congresso de Viena – a restauração do Império Mexicano.
d) o apoio à política de concessões – compensações territoriais aos aliados da Primeira Guerra Mundial – uma nova configuração geográfica da Europa.
e) a oposição a qualquer tentativa de intervenção da Santa Aliança no continente americano – a irreversibilidade do processo de independência latino-americana.

7. (PUC-RIO) Ao longo de todo o século XIX, a tensão entre forças descentralizadoras e centralizadoras caracterizou as relações políticas em boa parte das regiões latino-americanas recém-libertadas do jugo colonial. Sobre essas relações, é CORRETO afirmar que:
   a) o aumento das disputas regionais intensificou o caudilhismo e favoreceu a solução federalista na maioria das antigas possessões espanholas e portuguesas na América.
   b) à intensificação das disputas entre os caudilhos pelo controle da região do Prata, sucedeu a consolidação do domínio dos unitários, favoráveis à centralização política e alfandegária em torno da cidade de Buenos Aires.
   c) a diminuição generalizada do comércio e da indústria nas regiões da América Central e Caribe decorreu das guerras fratricidas promovidas pelos republicanos ingleses.
   d) a crise sem precedentes que atingiu o federalismo republicano nos países andinos esteve relacionada ao surgimento aí de monarquias constitucionais e governos ditatoriais.
   e) nas regiões de colonização ibérica, ocorreu a intensificação dos conflitos entre republicanos e democratas, cabendo aos primeiros a defesa de um maior controle por parte do governo federal em detrimento da autonomia dos Estados.

8. (UEL) "No âmbito da vida política, os Estados nacionais emergentes da luta anticolonial tiveram que enfrentar dois problemas imediatos. Por um lado, assegurar o aparecimento da sociedade de mercado, requisito fundamental para a consolidação do crescimento econômico e para a acumulação nacional da riqueza. De outro lado, a ruptura do pacto colonial requereu um novo estatuto jurídico-político, representado pelo estabelecimento de regras constitucionais que assegurassem liberdade, porém que ao mesmo tempo contivessem o assédio ao poder dos grupos locais." (Adorno, S. "Nos limites do direito, nas armadilhas da tradição". In: Coggiola, O. (org.) "A Revolução Francesa e seu impacto na América Latina". São Paulo: EDUSP; Brasília: CNPq, 1990. p. 184)

Os dois problemas apontados no texto referem-se ao período de formação dos Estados da América Hispânica. Entre os fundamentos que embasaram as novas regras políticas e econômicas nesse processo, considere os seguintes:
   I - O liberalismo, base teórica do capitalismo, que preconiza a liberdade de ação do mercado em relação ao Estado.
   II - O anarquismo revolucionário de Bakunin, que propõe a derrubada de todos os governos.
   III - "O Contrato Social", de Rousseau, que sugere um regime de igualdade jurídica oferecido por um Estado de bases democráticas.

IV - A "Declaração de Independência dos Estados Unidos da América", que enunciou uma filosofia política cuja essência é a idéia de soberania popular.

V - O "Manifesto Comunista", de Karl Marx e Friedrich Engels, que traça o desenvolvimento da sociedade de classes até o início do capitalismo moderno.

Assinale a alternativa que enumera apenas elementos que influenciaram as políticas dos Estados hispano-americanos em formação.
a) I, III e IV.
b) II, III e IV.
c) III, IV e V.
d) I, III e IV.
e) I, IV e V.

9. (UFF) Ao final das guerras de independência na América Espanhola, o clima de instabilidade política alastrou-se por toda parte multiplicando-se as lutas de facções e a sucessão de governos frágeis em quase todos os territórios hispano-americanos. Assinale a opção que explica melhor a instabilidade política vigente na América Espanhola na primeira metade do século XIX:
   a) Nesse período, não foi possível a formação de blocos de poder hegemônicos que viabilizassem estruturas estatais sólidas nos países resultantes do esfacelamento do império hispano-americano. Isto favoreceu o poder pulverizado e efêmero de vários caudilhos.
   b) As economias hispano-americanas estavam totalmente destruídas, rompendo-se, por conseguinte, o comércio com a Europa, outrora vigoroso, e a possibilidade de alianças políticas no interior das classes dominantes.
   c) A manutenção das heranças políticas coloniais, sobretudo a estrutura dos Vice-Reinados, favoreceu o caudilhismo e retardou a formação dos Estados Nacionais.
   d) A opção pelo regime republicano, ao invés do monárquico, é a chave para se compreender não só a instabilidade política das jovens, nações hispano-americanas, mas também a fragmentação territorial e a descentralização dos regimes nelas instauradas.
   e) A instabilidade política hispano-americana deveu-se, basicamente, à multiplicação de regimes militares, a exemplo do pan-americanismo bolivariano, herança do pós-independência que marcaria a tradição política do continente.

10. (UnB) Buscar as causas da formação dos espaços territoriais nacionais na América Latina não é tarefa isenta de polêmica. Para alguns, a explicação encontra-se nas características geográficas do continente, a isolar regiões umas das outras. Mas freqüentemente, apontou-se para a ação de potências imperialistas, que teriam promovido a desunião do continente, com a finalidade de enfraquecê-lo. (Francisco Doratioto. "Espaços nacionais na América Latina")

Com o auxílio das informações do texto, julgue os itens a seguir, relativos à formação dos espaços nacionais na América Latina e seus desdobramentos nos dias de hoje, usando (C) para certo e (E) para errado.

( ) A geografia continental da América permitiu o desenvolvimento histórico de regiões com graus diferenciados de organização socioeconômica.

( ) A presença britânica na região, no século XIX, foi irrelevante para a conformação dos espaços nacionais bem como para a deflagração de conflitos internacionais na América Latina.

( ) O modelo de Estado norte-americano, assim como as intervenções que este fizera na América do Sul, não interferiram na construção e definição dos Estados latino-americanos.

( ) Atribuir às potências imperialistas toda a culpa pelos infortúnios históricos da América Latina é reduzir a importância das causas domésticas e das crises geradas pelas próprias sociedades e Estados nacionais da região.

GABARITO DAS QUESTÕES PROPOSTAS

Questão 1 - Resposta:
a) Independência da Venezuela e a abolição da escravidão.
b) A Independência da Colômbia e a Independência do Peru.
c) O Liberalismo e o Republicanismo.

Questão 2 - Resposta: D

Questão 3 - Resposta: E

Questão 4 - Resposta: E

Questão 5 - Resposta: E

Questão 6 - Resposta: E

Questão 7 - Resposta: B

Questão 8 - Resposta: D

Questão 9 - Resposta: A

Questão 10 - Resposta: C E E C

UNIDADE 35

A AMÉRICA LATINA NO SÉCULO XIX

SINOPSE TEÓRICA
A EXPANSÃO DOS EUA NO SÉCULO XIX

A CONSOLIDAÇÃO DA INDEPENDÊNCIA (1789-1823)

O primeiro presidente dos Estados Unidos, depois de promulgada a Constituição (1788), foi George Washington (1789-1796). Diante de uma situação econômica difícil, o governo tentou resolver as questões diplomáticas com os países da Europa que tinham colônias que faziam fronteiras com os Estados Unidos, tais como: Inglaterra, França e Espanha.

A imigração européia que chega ao país, promove um surto de prosperidade na área industrial, mas no entanto, o grande sonho dos imigrantes estava nas terras férteis do oeste, principalmente, por causa dos estímulos dados pelo governo, como por exemplo, o de 1787, que estabeleceu que as terras da união situadas entre os Apaches e o Mississipi seriam vendidas e os territórios que ali surgissem se tornariam Estados assim que a população alcançasse 60 mil habitantes.

Na questão da política externa, o objetivo era a defesa da paz, que seria fundamental para a recuperação econômica do país. Os antagonismos com a Inglaterra persistiam e havia um certo receio com a Revolução Francesa.

Entre 1801 e 1809, a nação foi governada por Thomas Jefferson, que caracterizou o seu governo pela expansão da democracia, principalmente porque ampliou o direito de voto; agora os brancos não proprietários poderiam votar. Tivemos também a Marcha para o oeste, a Louisiana foi comprada em 1803, e Jefferson acabou se reelegendo, porém, a intensificação do bloqueio naval inglês acabou desgastando o governo.

Entre 1809 e 1817, os Estados Unidos foram governados por James Madison. A situação com a Inglaterra piorou e a Segunda Guerra de Independência foi inevitável. Esta guerra apresentou as seguintes causas: o recrutamento forçado de tripulantes e embarcações norte-americanos pelos ingleses, as hostilidades dos índios aos colonos do Noroeste, estimuladas por agentes ingleses, a eventual conquista do Canadá pela Inglaterra, que era pretendida pelos EUA.

Entre 1817 e 1825, os EUA foram governados pelo presidente James Monroe. Estudamos aqui, que no Congresso de Viena a Santa Aliança defendia a recolonização da América Latina, fato que era profundamente malvisto pelos EUA, que tinham interesses comerciais na região. Desta forma, o presidente James Monroe, sentindo-se ameaçado pelas potências européias, elaborou a famosa Doutrina Monroe "A América para os americanos", ou seja, os EUA não aceitavam a intervenção da Santa Aliança, defendendo as independências no nosso continente.

A Expansão Territorial (1823 – 1860)

O "índio hostil" e o "mocinho valente". Duas imagens simbólicas divulgadas pela literatura e pelo cinema americano de "Far West". Nas fotografias, vemos: Touro sentado, por volta de 1885; e cowboys em Kansas, ao lado de sua carroça de mantimentos, detalhe de imagem de 1898.

Na época da independência, o território dos EUA era de 130 mil quilômetros quadrados. Posteriormente, em 1803, os norte-americanos compraram a Louisiana da França; em 1809 compraram a Flórida da Espanha; em 1853 compraram o Gadsen do México, ampliando assim o seu território para 8 milhões de quilômetros quadrados. Em 1867, a formação territorial foi completada com a compra do Alasca da Rússia.

A expansão territorial, no entanto, foi marcada por diversas guerras contra os índios e contra os mexicanos. Os índios não se converteram ao Cristianismo e resistiram bravamente ao processo de conquista. A conseqüência, infelizmente, foi trágica, os índios foram massacrados.

O oeste era uma terra rica, ótima para o cultivo do trigo e para a criação do gado. Diversos fatores favoreceram a marcha para o oeste.
- a) O grande afluxo de imigrantes europeus (irlandeses, alemães e ingleses);
- b) A dificuldade de obter terras no litoral atlântico, já ocupado desde o século XVII;
- c) A crescente necessidade de produtos agroindustriais para suprir o norte, que se industrializava;
- d) A busca de metais preciosos, principalmente o ouro.

A Guerra contra o México

Sendo um país fraco e pouco povoado, cujas terras interessavam aos Estados Unidos, principalmente os plantadores sulistas e diante da expansão do consumo mundial de algodão, lentamente os EUA foram ocupando o Texas. A partir de 1836, os invasores proclamaram a República Independente do Texas, mais tarde anexado pelos Estados Unidos.

Outra guerra contra o México aconteceu entre 1846 e 1848 motivada pela indefinição das fronteiras do novo Estado e o interesse pela região do Óregon, que também era cobiçado pela Inglaterra. Como a Inglaterra era um país forte, o interesse mutuo pelo Óregon foi resolvido diplomaticamente, mas no entanto, como o México sempre foi pobre e fraco, a guerra acabou acontecendo.

Esta guerra foi vencida pelos Estados Unidos, e o México foi obrigado a assinar o Tratado Guadalupe-Hidalgo, através do qual reconheceu a perda do Texas e foi obrigado a ceder territórios, tais como: Califórnia, Nevada, Utah, Colorado, Arizona e Novo México.

CONSEQÜÊNCIAS

- **Crescimento Demográfico:** Entre 1820 e 1860, a população norte-americana passou de nove milhões para trinta milhões de habitantes.
- **Desenvolvimento econômico:** A expansão territorial e o crescimento populacional determinaram o crescimento do mercado interno nos Estados Unidos, que associado a grande oferta de mão-de-obra, contribuiu para dinamizar o desenvolvimento econômico do país com a expansão da indústria, do comércio, da agricultura, da pecuária e da mineração.
- **As Transformações Sociais:** Ao norte e ao leste, desenvolveu-se uma rica e poderosa burguesia industrial e comercial, bem como uma classe operária numerosa. Ao centro e ao oeste, aparece uma sociedade de desbravadores que se dedicavam à lavoura e a criação. Ao sul, observamos a consolidação de uma aristocracia rural que possuía imensos latifúndios.

A Guerra de Secessão

ESTADOS UNIDOS (1860) PRINCIPAIS DIFERENÇAS ENTRE OS ESTADOS DO NORTE E DO SUL		
	Norte	**Sul**
Grupo dirigente	Industriais.	Latifundiários.
Principal setor produtivo	Indústrias.	Agricultura exportadora (destaque para o algoodão).
Sistema de trabalho	Trabalho assalariado. Eram favoráveis à abolição da escravidão.	Trabalho escravo. Defendiam a permanência da escravidão.
Política econômica	Os industriais defendiam tarifas protecionistas para limitar as importações de manufaturados. Queriam se proteger da concorrência européia e garantir a venda de seus artigos no mercado interno.	Os latifundiários eram contra as tarifas protecionistas. Queriam vender seus produtos agrícolas no exterior e importar todos os manufaturados de que necessitassem.

Quando estudamos aqui o processo de colonização da Inglaterra na América do Norte, podemos perceber que existiam diferenças entre os modelos de colonização, tendo o norte recebido uma colonização de povoamento, enquanto o sul recebeu uma colonização de exploração. Após a independência, essas diferenças se aprofundaram.

Por volta de 1860, a burguesia norte-americana entendia que o domínio de dois litorais (Atlântico e Pacífico), o crescente aumento do proletariado, os investimentos europeus e a formação do mercado interno, criavam condições para maiores investimentos e uma maior acumulação de capital, fatores que permitiam uma atuação mais ampla na política internacional, mas no entanto, a falta de integração representava um obstáculo, porque o que era bom para o norte industrializado, não era bom para o sul agrário-exportador e vice-versa. As divergências entre essas duas regiões podem ser assim sintetizadas:

Norte:
- Defendiam o protecionismo alfandegário.
- Distribuição das terras do oeste.
- Defendiam a criação de um sistema bancário nacional.
- Desenvolvimento de uma sólida burguesia.
- Defendiam a construção de canais e ferrovias para integrar o mercado interno.
- Defendiam o término da escravidão.

Sul:
- Defendiam o livre cambismo.
- Defendiam a venda das terras conquistadas no oeste.
- Não aceitavam a criação de um banco central.
- Aristocracia escravista.
- Não aceitavam a construção dos canais e das ferrovias, porque não mantinham relações comerciais com o Oriente.
- Defendiam a manutenção da escravidão.

O INÍCIO DA GUERRA CIVIL

Em 1860, o número de abolicionistas no Congresso era maior do que o número de escravistas. Prevendo uma derrota nas eleições presidenciais daquele ano, os escravistas defenderam a tese de que qualquer Estado que se sentisse prejudicado por participar da união, poderia sair, e diziam, que só permaneceriam com a vitória de John Breckinridge.

Pelo Partido Republicano, foi candidato Abraham Lincoln, que incluía em sua plataforma a definição de tarifas protecionistas e a união a todo custo. Lincoln venceu a eleição, e então a Carolina do Sul, acompanhada por outros dez estados escravistas, rompeu com a União, dando origem aos Estados Confederados da América, que teve como presidente Jefferson Davis.

A guerra começou em abril de 1861, com um ataque confederado ao Forte Sumter. Foi considerada a primeira das grandes guerras modernas e contou com cerca de 620.000 mortos. A União era formada por 23 Estados e cerca de 28 milhões de habitantes; os confederados, por sua vez, possuíam 11 Estados e uma população de cerca de 9 milhões de habitantes, dos quais 3 milhões e 500 mil eram escravos. Como os confederados tiveram sempre uma economia agrário-exportadora, dependiam de armas e medicamentos importados.

Os Confederados foram derrotados. Durante o conflito, o presidente Lincoln aboliu a escravidão e como outras conseqüências da guerra podemos destacar: os Estados sulistas foram reintegrados à União; maior desenvolvimento econômico do norte e do oeste; surgimento de sociedades secretas como a Ku-Klux-Klan e os Cavaleiros da Camélia Branca.

Unidade 35 - *A América Latina no século XIX* | 503

LEITURA COMPLEMENTAR

A Idade do Ouro...para a burguesia (1865-1896)

"Depois da Guerra da Secessão, os Estados Unidos conheceram um crescente desenvolvimento econômico, sobretudo nas indústrias do norte. Este desenvolvimento foi facilitado por alguns fatores como a aplicação de tarifas protecionistas, o afluxo de mão-de-obra imigrante e de capitais europeus (...).

(...) Por outro lado, a ocupação do oeste, a construção de ferrovias, a mecanização da lavoura facilitaram a grande expansão da agricultura. No plano econômico, destacaram-se as seguintes realizações:

- 1861 – o estabelecimento de uma elevada tarifa aduaneira;
- 1863 – a criação de um sistema bancário nacional;
- 1869 – a decisão de construir uma estrada de ferro transcontinental;
- A autorização para admissão de trabalhadores mediante contrato.

A mais importante destas medidas foi, sem dúvida, a construção das ferrovias transcontinentais. No final do século XIX, quatro grandes linhas já atravessavam os EUA do Atlântico ao Pacífico. Graças a isto, Chicago converteu-se no centro de comunicações da União e abriu-se o oeste à maior colonização."

(Aquino, Jesus e Oscar. In: "História das sociedades americanas". Ed. Ao Livro Técnico S/A pág. 196)

Explique dois fatores do grande desenvolvimento capitalista dos EUA durante a Idade de Ouro.

Resposta: Este desenvolvimento foi facilitado por alguns fatores como: a aplicação de tarifas protecionistas, o afluxo de mão-de-obra imigrante e de capitais europeus.

QUESTÕES RESOLVIDAS

1. (FUVEST) Quais os fatores que contribuíram para a conquista do oeste nos Estados Unidos do século XIX?

Resposta: A chegada de imigrantes europeus, a falta de terras para a ampliação da lavoura de algodão e o ouro.

2. (UFRJ) Mensagem do presidente Monroe ao Congresso em 02/12/1823:

"(...) Nas guerras das potências européias, em matéria que só a elas diga respeito, jamais tomamos a menor parte, nem cabe à nossa política fazê-lo. E somente quando nossos direitos são investidos ou seriamente ameaçados é que nós ressentimos injúrias ou fazemos preparativos para nossa defesa.

(...) É impossível que as potências aliadas estendam seu sistema político a qualquer porção deste continente sem ameaçar nossa paz e felicidade (...)."

(Citada em Mattoso, Kátia M. de Q. "Textos e documentos para o estudo da História Contemporânea: 1789-1963". São Paulo: Hucitec, Editora da USP, 1977, pp. 79-80.)

Com o fim da Era Napoleônica na Europa, em 1815, as principais potências da época reúnem-se no que se convencionou chamar Congresso de Viena.

A Doutrina Monroe surge, então, como reação à possibilidade de intervenção européia na América, através da ação da Santa Aliança, surgida dos princípios vitoriosos no Congresso de Viena.

a) Analise a Doutrina Monroe no contexto da América nesse período.

Resposta: A Santa Aliança na Europa, defendia a recolonização da América Latina, o que não era bem-visto pelos EUA, que desejavam dominar o mercado consumidor latino-americano.
Por este motivo, o presidente James Monroe lançou a Doutrina que defendia "A América para os americanos", ou seja, que os EUA não aceitariam a proposta de recolonização defendida pela Santa Aliança.

3. (UERJ) "A América para os americanos". Esta frase caracteriza a Doutrina Monroe, formulada em 1823, como resposta às intenções recolonizadoras do Congresso de Viena em relação ao continente americano. Entretanto, após a Guerra de Secessão, com a afirmação do capitalismo nos EUA, a doutrina ganha nova função.

a) Caracterize o novo significado da Doutrina Monroe para os Estados latino-americanos, no final do século XIX.

Resposta: Tornar a América Latina dependente economicamente dos EUA.

4. (UFRJ) "Trens regurgitando com imigrantes de todos os países do mundo chegaram sem parar às terras baixas. (....) todos misturados nessa maré de procuradores de terras que seguia para onde o Sol se punha, onde um vale de terras férteis havia sido destinado pelo bondoso Tio Sam ao enriquecimento de todos os homens...As ruas se enchiam de estranhos. Toda a conversa era sobre quinhões, lotes e terras. Pouco a pouco, à medida que o Sol se punha, os "procuradores" voltavam de suas excursões ao território sem dono, famintos, cansados, mais jubilantes." (Hamlin Garland, século XIX).

A expansão territorial dos EUA no século XIX, ocorrida através da anexação, da compra e incorporação de territórios conquistados em guerras, completou-se em 1867. Nesse processo de expansão, destaca-se a contribuição de milhões de imigrantes europeus no povoamento do território.

Cite duas conseqüências da expansão territorial dos EUA no século XIX.

Resposta: Matança indiscriminada de índios; o México perdeu a metade de seu território; desenvolvimento econômico dos EUA.

5. (PUC-RJ) Considere as seguintes afirmativas a respeito do caudilhismo na América de colonização espanhola:

I – O caudilhismo tem no latifúndio sua base econômica e social;
II – As relações do poder caracterizam-se pelo uso sistemático da violência;
III – O poder político do caudilho instalou-se logo após a chegada dos conquistadores;
IV – As relações de poder incluem as práticas das relações do compadrio.

Assinale a alternativa que contém as afirmativas corretas:
a) somente I, III e IV.
b) somente I, III e IV.
c) somente I e II.
d) somente I, II e IV.
e) Todas as alternativas estão corretas.

Resposta: D

Questões propostas

1. (FUVEST) Aponte duas diferenças entre as estruturas vigentes no norte e no sul dos Estados Unidos que tiveram influência na eclosão da Guerra da Secessão.

2. (FUVEST) Quais os fatores que contribuíram para a conquista do oeste nos Estados Unidos do século XIX?

3. (PUC-RIO) "Quando a Guerra Civil começou, ninguém devia ter ficado muito surpreso, porque os conflitos de interesse entre norte e sul, e a incapacidade crescente de resolvê-los, tinham uma longa história que remonta às próprias origens da república americana."

(Peter Louis Eisenberg. "A Guerra Civil Americana", SP: Ed. Brasiliense, 1982. p. 39.)

Considerando o texto apresentado,
a) cite 2 (dois) conflitos entre a sociedade do norte e a do sul que sejam anteriores à eclosão da Guerra Civil americana;
b) explique por que a emancipação dos escravos tornou-se uma questão ameaçadora e não negociável para o sul.

4. (UFPR) Quais os interesses em jogo nos Estados Unidos da América por ocasião da Guerra da Secessão (1861-1865)?

5. (VUNESP) Relacione a expansão para o oeste com a Guerra de Secessão (1861-1865) nos Estados Unidos.

6. (UFRJ) "Trens regurgitando com imigrantes de todos os países do mundo chegaram sem parar às terras baixas. (....) todos misturados nessa maré de procuradores de terras que seguia para onde o Sol se punha, onde um vale de terras férteis havia sido destinado pelo bondoso Tio Sam ao enriquecimento de todos os homens...As ruas se enchiam de estranhos. Toda a conversa era sobre quinhões, lotes e terras. Pouco a pouco, à medida que o Sol se punha, os 'procuradores' voltavam de suas excursões ao território sem dono, famintos, cansados, mais jubilantes."

(Hamlin Garland, séc. XIX)

A expansão territorial dos EUA no século XIX, ocorrida através da anexação, da compra e da incorporação de territórios conquistados em guerras, completou-se em 1867. Nesse processo de expansão, destaca-se a contribuição de milhões de imigrantes europeus no povoamento do território.
a) Cite DUAS conseqüências da expansão territorial dos EUA no século XIX.
b) Explique UM fator conjuntural europeu que tenha contribuído para o aumento da emigração para a América na segunda metade do século XIX.

7. (FUVEST) Da vitória dos Estados nortistas na Guerra de Secessão resultou:
a) Diminuição do número de pequenos e médios proprietários e o crescimento da aristocracia rural ao sul.
b) Unificação do mercado interno, desenvolvimento capitalista e transformação dos EUA em potência econômica.
c) Anexação da região do Texas ao território dos EUA.

d) Extinção do tráfico de escravos negros para os EUA.

e) Regulamentação, pelo compromisso do Missouri, de territórios que passaram a ser escravistas ou livres.

8. (VUNESP) "A Ku-Klux-Klan foi organizada para segurança própria... o povo do sul se sentia muito inseguro. Havia muitos nortistas vindos para cá (Sul), formando ligas por todo o país. Os negros estavam se tornando muito insolentes e o povo branco sulista de todo o Estado do Tennessee estava bastante alarmado."

(Entrevista de Nathan Bdeford Forrest ao "Jornal de Cincinnati", Ohio, 1868.)

A leitura deste depoimento, feito por um membro da Ku-Klux-Klan, permite entender que esta organização tinha por objetivo:

a) assegurar os direitos políticos da população branca, pelo voto censitário, eliminando as possibilidades de participação dos negros nas eleições.

b) impedir a formação de ligas entre nortistas e negros, que propunham a reforma agrária nas terras do Sul dos Estados Unidos.

c) unir os brancos para manter seus privilégios e evitar que os negros, com apoio dos nortistas, tivessem direitos garantidos pelo governo.

d) proteger os brancos das ameaças e massacres dos negros, que criavam empecilhos para o desenvolvimento econômico dos Estados sulistas.

e) evitar confrontos com os nortistas, que protegiam os negros quando estes atacavam propriedades rurais dos sulistas brancos.

9. (FUVEST) A incorporação de novas áreas, entre 1820 e 1850, que deu aos Estados Unidos sua atual conformação territorial, estendendo-se do Atlântico ao Pacífico, deveu-se fundamentalmente:

a) a um avanço natural para o oeste, tendo em vista a chegada de um imenso contingente de imigrantes europeus.

b) aos acordos com as lideranças indígenas, Sioux e Apache, tradicionalmente aliadas aos brancos.

c) à vitória na guerra contra o México, que, derrotado, foi obrigado a ceder quase a metade de seu território.

d) à compra de territórios da Inglaterra e Rússia que assumiram uma posição pragmática diante do avanço norte-americano para o oeste.

e) à compra de territórios da França e da Espanha, que estavam, naquele período, atravessando graves crises econômicas na Europa.

História no Vestibular

10. (PUC-RS) Responder à questão com base no texto a seguir, que reproduz um trecho de célebre mensagem do presidente dos Estados Unidos ao Congresso desse país, em 1823.

"Julgamos propícia esta ocasião para afirmar como um princípio que afeta os direitos e interesses dos Estados Unidos que os continentes americanos, em virtude da condição livre e independente que adquiriram e conservam, não podem mais ser considerados, no futuro, como suscetíveis de colonização por nenhuma potência européia".

O princípio a que se refere a mensagem presidencial tornou-se um fundamento da política externa norte-americana conhecido como _____ , que seria a base ideológica de um conjunto de ações políticas chamado _____ e que, no contexto original de sua formação, dirigia-se contra os propósitos do grupo de países europeus articulados na _____ .

a) Doutrina Monroe – Isolacionismo – Tríplice Entente
b) Diplomacia do Dólar – Pan-Americanismo – Santa Aliança
c) Diplomacia do Dólar – Isolacionismo – Santa Aliança
d) Diplomacia do Dólar – Pan-Americanismo – Tríplice Entente
e) Doutrina Monroe – Pan-Americanismo – Santa Aliança

Gabarito das questões propostas

Questão 1 - Resposta: Escravismo sulista e o caráter manufatureiro do norte.

Questão 2 - Resposta: Incentivos do governo e a Corrida do Ouro.

Questão 3 - Respostas:
a) Podem ser mencionados conflitos relativos:

1 – à forma específica de ingresso dos territórios tornados Estados na União: segundo o norte, os novos Estados deveriam florescer apenas sociedades livres; segundo o sul, o modelo da sociedade escravista deveria continuar e se estender ao oeste; havia ainda uma terceira posição – a dos próprios novos estados que queriam decidir seu próprio rumo independentemente do disputado equilíbrio entre norte e sul.

2 – à defesa de políticas econômicas diferenciadas: enquanto o norte defendia o protecionismo alfandegário (como defesa de sua precoce industrialização), o sul era a favor do livre-cambismo (mais interessante à exportação de seu principal produto – o algodão).

b) A emancipação dos escravos era vista como ameaçadora no sul, devido à predominância de uma mentalidade aristocrática, que, alimentada pelo racismo, não reconhecia o direito à propriedade e às oportunidades de negócios para os negros.

Questão 4 - Resposta: Confrontaram-se os interesses de um norte industrial e protecionista com o sul agrícola e livre-cambista, além da questão da mão-de-obra.

Questão 5 - Resposta: A expansão para o oeste trouxe a ampliação de mercado e acirrou o conflito do norte manufatureiro e o sul agrário exportador.

Questão 6 - Respostas:
a) Guerra contra o México e com os índios; o aumento das contradições norte-sul; Guerra de Secessão e o fortalecimento da ideologia do Destino Manifesto e do individualismo ("self made man").
b) As crises econômicas e sociais decorrentes da Segunda Revolução Industrial, caracterizadas pela superprodução e o desemprego, e as perseguições políticas durante os processos de unificação da Alemanha e da Itália.

Questão 7 - Resposta: B

Questão 8 - Resposta: C

Questão 9 - Resposta: C

Questão 10 - Resposta: E

COMPLEMENTANDO OS ESTUDOS

Filme
Dança com Lobos (EUA, 1990) Dir. Kevin Costner

Livro
Clark, Philip. *A Guerra de Secessão dos Estados Unidos*. São Paulo: Ed. Ática, 1992.

Página Eletrônica
http://www.hyperhistory.com/online_n2/history_n2/a.html

UNIDADE 36

A 2ª· FASE
DA REVOLUÇÃO INDUSTRIAL

SINOPSE TEÓRICA

A 2ª· fase da Revolução Industrial aconteceu a partir da 2ª· metade do século XIX na Inglaterra e, rapidamente atingiu outros países, tais como a Bélgica, a França, a Itália, a Alemanha, a Rússia, os Estados Unidos e o Japão. Nesta segunda fase, inovações técnicas acontecem e também ocorrem inovações econômicas que modificaram a estrutura de produção capitalista, deixando o capitalismo de ser concorrente, para ser o capitalismo monopolista.

O capitalismo monopolista surgiu no final do século XIX, quando os grandes bancos e instituições financeiras passaram a controlar a indústria, o comércio, a agricultura e a pecuária. A concentração de capital originou as multinacionais.

1815 – 1870: PRIMEIRA FASE

Embora durante essa fase existisse o predomínio inglês, outros países, como por exemplo, a França, desenvolviam tecnologia própria, como o tear de Jacquard e o pente mecânico de Heilmann. O objetivo da Inglaterra nesta primeira fase era intensificar a produção para atender o crescente consumo mundial.

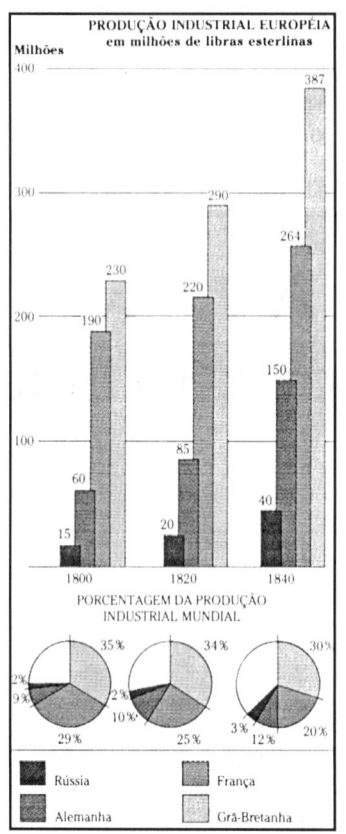

Fonte: Atlas historique. Paris, Perrin, 1987. p. 316.

Com o lucro cada vez maior, a Inglaterra passou a investir o lucro com a construção de ferrovias na Europa ou em regiões ricas em recursos minerais. Aplicavam também boa parte do capital na América Latina.

1870 – 1914: Segunda fase

Com a utilização da energia elétrica na produção, ela se dinamizou, houve aumento da produção de aço, máquinas, ferramentas, produtos químicos etc.

No setor de transportes, as estradas de ferro e os navios melhoraram, o que proporcionou a diminuição do preço dos fretes e, como conseqüência, o comércio se intensificou. Diante do aumento da produção, a crise de superprodução foi inevitável, como aconteceu no final do século XIX.

Principais inventos da Segunda Revolução Industrial

O "Frigorífico", primeiro cargueiro com equipamento de refrigeração para transporte de alimentos, atravessou ao Altântico em 1876.

Grã-Bretanha

- Primeira anilina sintética (William Henry Perkin)
- Processo Bessemer de transformação de ferro em aço (Henry Bessemer)
- Processamento do aço (Sidney Thomas e Gilchrist)
- Turbina a vapor (Charles Algermon Parsons)

Alemanha

- Primeiro motor de combustão interna (Nikolaus Otto)
- Dínamo elétrico (Werner Siemens)
- Automóvel (Gottieb-Daimler e Karl Benz)
- Motor diesel (Rudolf Diesel)
- Dirigível (Zeppelin)

Estados Unidos

- Máquina de costura (Elias Howe)
- Máquina de escrever (Christopher Sholes e Charles Glidden)
- Fonógrafo (Thomas Edison)
- Lâmpada de filamento incandescente (Thomas Edison)
- Telefone (Alexander Graham Bell)

(História Moderna e Contemporânea, Pazzinato, Alceu Luiz, Editora Ática p. 174).

O APOGEU DO CAPITALISMO:
CAPITALISMO FINANCEIRO E OLIGOPÓLIO

Durante a primeira fase da Revolução Industrial, tivemos o desenvolvimento do capitalismo industrial. A partir da segunda Revolução Industrial, gradativamente, este modelo de capitalismo acabou cedendo lugar ao capitalismo financeiro, ou seja, as finanças passaram a dominar a produção e a circulação de mercadorias.

As novas características do capitalismo acabarão provocando um processo de fusão empresarial e esta integração ocorreu de duas formas: a vertical e a horizontal.

A concentração vertical se caracteriza quando um grupo de empresas domina toda fase de produção, desde a produção de matérias-primas até a comercialização. Como exemplo, podemos destacar o Trust e o Holding.

- **Trustes**: são grandes companhias que absorvem seus concorrentes, monopolizando a produção de certas mercadorias, determinando os seus preços e dominando o mercado.
- **Holding**: correspondem a grandes empresas financeiras que controlam vastos complexos industriais a partir da posse da maior parte de suas ações.

A **Horizontal** se caracteriza pelo agrupamento de empresas que trabalham no mesmo nível e setor da produção. Como exemplo, podemos citar os **Cartéis**.

- **Cartéis**: São empresas que fabricam produtos de um mesmo ramo, se associam para evitar a concorrência, estabelecendo a divisão de mercado e definindo preços.

A REAÇÃO CONTRA O CAPITALISMO:
O SOCIALISMO E A DOUTRINA SOCIAL DA IGREJA

Com a consolidação do capitalismo, a burguesia tornou-se a classe economicamente dominante da sociedade. As péssimas condições de trabalho e a excessiva exploração da burguesia tornaram o proletariado uma classe explorada, praticamente excluída das instituições políticas governamentais.

A **Questão Social**, ou seja, a exploração excessiva da burguesia sobre o proletariado, acaba originando ideologias para defender o proletariado, tais como o Socialismo e a Doutrina Social da Igreja.

Crianças operárias no final do século XIX.

As primeiras revoltas operárias, aconteceram na Inglaterra, na primeira metade do século XIX. O primeiro movimento foi o "ludismo", ou também conhecido como movimento de quebra das máquinas. O segundo movimento foi o "cartismo", desenvolvido a partir de uma "carta-programa", através da qual, o operariado apresentava as suas reivindicações. Estes movimentos foram violentamente reprimidos pelo governo.

Num terceiro momento, a luta operária foi dirigida para a formação das "Trade Unions", ou seja, associação de trabalhadores com objetivos, a princípio, assistenciais. A evolução das Trade Unions acabaria originando os sindicatos.

Em 1838, foi elaborada a Primeira Carta do Povo, que apresentava o programa do movimento cartista, podendo ser destacado:

a) O sufrágio universal masculino.
b) Abolição do voto censitário para a Câmara dos Comuns.
c) Representação igual para todos os distritos eleitorais.
d) Votação secreta.
e) Remuneração dos deputados da Câmara dos Comuns, para tornar possível aos trabalhadores candidatarem-se aos postos legislativos.
f) Reeleição anual do Parlamento.

Os socialismos

A) O Socialismo utópico

Com origens na França, acreditavam que pudesse existir um acordo entre as classes e propuseram soluções que não chegaram, no entanto, a constituir uma doutrina. Podemos considerar estes primeiros socialistas como homens decepcionados com os resultados da "razão" iluminista e do grande progresso alcançado a partir da Revolução Industrial.

Seus principais ideólogos foram: Claude Saint-Simon (1760 – 1825), Charles Fourier (1772 – 1837) e Robert Owen (1771 – 1858).

B) O Socialismo científico

Karl Marx e Friedrich Engels foram os fundadores desta ideologia, a partir de 1848, quando lançaram o livro Manifesto Comunista. Esta ideologia, diferentemente da anterior, que criticava o capitalismo, mas não apresentava alternativa de superação do mesmo, procurava fazer uma análise dos mecanismos econômicos e sociais do capitalismo e propunham uma transformação, tornado-se assim numa proposta revolucionária do proletariado.

Karl Max, um dos filósofos mais importantes do século XIX, cujo pensamento exerceu enorme influência na vida política do século XX.

Enquanto a burguesia ficava cada vez mais rica, o proletariado era cada vez mais explorado, portanto, era fundamental estudar os fatores materiais e a forma como os bens eram produzidos, para compreender a sociedade e explicar a sua evolução.

Na teoria marxista, após a Revolução Industrial, a sociedade ficou dividida basicamente em duas classes sociais: a burguesia (classe proprietária dos meios de produção) e o proletariado (classe que vende a força de trabalho). A transformação da sociedade virá da luta de classes, ou seja, o proletariado através da revolução tira a burguesia do poder.

Outro conceito marxista é o da mais valia, ou seja, o lucro excessivo que o patrão obtém sobre o trabalho do proletariado.

O comunismo, estágio mais avançado de organização social, apresentaria as seguintes características: propriedade social dos meios de produção (fábricas, terras, bancos), o fim da exploração do homem pelo homem, a construção de uma sociedade sem classes e o desaparecimento gradual do Estado.

Com o objetivo de conscientizar os trabalhadores, Marx e Engels passaram a organizar a Associação Internacional dos Trabalhadores. A **Primeira Internacional** organizada em Londres, não chegou a resultados concretos no sentido de elaborar um programa de ação comum. A **Segunda Internacional** aconteceu em Paris, em 1889, adotou a greve geral como estratégia de luta e fixou o 1º de maio como o Dia Internacional do Trabalho, exigindo a jornada de trabalho de oito horas. A **Terceira Internacional** somente ocorreu após a Revolução Russa de 1917.

O SINDICALISMO

Inicialmente, influenciado pelas idéias de Proudhon, acabou sendo teorizado pelo filósofo francês Georges Sorel, que defendia a revolução como a única alternativa de superação da ordem existente. Defendia a criação de uma Confederação Geral dos Trabalhadores (CGT) de todos os países, para organizar greves e sabotar a produção.

Desejavam, na realidade, controlar os trabalhadores e os meios de produção, distribuição e comércio, não propondo tirar o governo da burguesia e transferi-lo para o proletariado. Defendiam o fim do Estado, que deveria ser substituído por uma federação de conselhos executivos de sindicatos, responsável pela organização da comunidade econômica.

Cuidado! Sindicalismo é diferente de movimento sindical. O segundo possui a preocupação de organizar associações de defesa e coordenação dos interesses econômicos e profissionais dos trabalhadores.

O ANARQUISMO

Criado no século XIX, pregava a supressão de toda forma de governo, defendendo a liberdade geral. Seus principais ideólogos foram: Bakunin, que escreveu "Catecismo Revolucionário" e Kropotkin, que escreveu "A Conquista do Pão", defendiam a "sociedade anarquista" como um conjunto de pequenas comunidades cooperativas dedicadas à auto-suficiência.

Tanto para os anarquistas quanto para os marxistas, o objetivo final era atingir o comunismo, mas no entanto, os marxistas entendem que, antes, é necessário uma fase intermediária, que é a socialista. Por sua vez, os anarquistas entendem que o comunismo seria instalado imediatamente.

"No final do século XIX, o anarquismo na França, na Itália, na Espanha e nos EUA associou-se ao sindicalismo, formando o anarcossindicalismo. De acordo com esta junção, os sindicatos deveriam transformar-se em agentes sociais de mudanças." (Pazzinato, Alceu Luiz. In: "História Moderna e Contemporânea", p. 182).

No Brasil, com a chegada dos imigrantes italianos que vieram trabalhar na produção de café, a ideologia anarquista acabou se desenvolvendo e foi a principal ideologia de esquerda que liderou o movimento operário no nosso país até a segunda década do século XX. A partir deste momento, a ideologia comunista passou a liderar o movimento operário no nosso país.

A DOUTRINA SOCIAL DA IGREJA

Sentindo a problemática trazida pela Revolução Industrial e pelos movimentos operários, a Igreja Católica resolveu se posicionar diante dos novos problemas sociais. O pensamento católico teve como precursor o sacerdote francês Lamennais que reconheceu a existência da **"Questão Social"** e as características do pensamento do catolicismo social seriam lançadas na Encíclica **"Rerum Novarum"** (1891) do papa Leão XIII.

Podemos destacar as seguintes características: Revigoramento da religião como instrumento da reforma e justiça social. Declarava-se contra a doutrina Marxista de lutas de classes, apelando para o espírito cristão da burguesia, pedindo que respeitassem a dignidade dos operários. Defendia a propriedade como direito inerente ao bem estar do ser humano.

LEITURA COMPLEMENTAR

O Ludismo

"O movimento ludita na Inglaterra, que atingiu o auge em 1811–1812, começou como um levantamento dos fabricantes de meias de Nottingham. Nessa altura, a manufatura de meias era ainda uma indústria caseira. A malha produzia-se em máquinas manuais, em pequenas oficinas, mas os artífices eram empregados por patrões que possuíam as máquinas e as matérias-primas. Em 1811, os operários de meias queixaram-se de que os patrões estavam a lançar no mercado quantidades excessivas do produto, ao mesmo tempo, barato e vistoso, e, para se manterem em concorrência, diminuíam os salários, tornando mais dura a vida dos operários. Estes pediam o regresso aos métodos tradicionais de produção e venda e às tabelas anteriores de pagamento, e serviam-se do terror como principal argumento. Estavam tão bem organizados que se podia pensar que um único cérebro planejava todos os movimentos contra as indústrias. Contudo, parece provável que vários dos chefes de bandos destruidores de máquinas, que aterrorizavam a região, usassem o nome terrível de "General Ludd". Os luditas agiam em grupos de cerca de cinqüenta e desciam, rápidos a uma aldeia após outra para destruir as máquinas de malhas, desaparecendo tão silenciosamente como tinham vindo, sem que as autoridades os conseguissem apanhar. (...)

Supunha-se que os ataques luditas à vida e a propriedade dos industriais faziam parte de uma conspiração geral dos trabalhadores para derrubar o Governo. (...) O Parlamento organizou comissões secretas para inquirir da situação e foi informado de que os insurretos dos distritos revoltados possuíam uma organização do tipo militar. Aos magistrados locais foram então enviados reforços que lhes permitissem lutar contra os destruidores de máquinas e, em janeiro de 1813, foram enforcados 17 em Iorque." (Henderson, W. O. A "Revolução Industrial". São Paulo, Verbo/Edusp. 1979. p.p. 178-9)

(UFMG) O Ludismo, fenômeno que ocorreu durante os séculos XVIII e XIX, caracterizou-se pela destruição das máquinas. Identifique o contexto histórico do Ludismo.

Resposta: Ocorreu no século XIX, durante a 2ª Revolução Industrial, quando o desenvolvimento tecnológico aperfeiçoava as máquinas que substituíam o homem na produção.

QUESTÕES RESOLVIDAS

1. (UFMG) No início do século XIX, na Europa, o proletariado era ainda incapaz de desenvolver uma ação política independente, não representava mais que um extrato social, oprimido e sofredor, incapaz de ajudar-se. A ajuda, no melhor dos casos, teria que vir de fora. A falta de maturidade da produção capitalista e do proletariado como classe, correspondia à falta de maturidade das teorias.

    a) Cite uma doutrina, do início do século XIX, que buscava soluções para os problemas sociais.

    b) Cite os teóricos dessa doutrina.

Respostas:
a) Socialismo científico: defendia a derrubada do capitalismo através da luta de classes, ou seja, a partir do momento que o proletariado retirasse a burguesia do poder através da revolução.
b) Marx e Engels.

2. (UFRJ) Conceitue o socialismo utópico e diga qual movimento popular esta ideologia participou no Brasil.

Resposta: Representou a primeira corrente do ideal socialista. Produto do pensamento francês, suas origens remontam à Revolução Francesa. Atacando a grande propriedade, mas tendo, em geral, muita estima pela pequena, esses teóricos acreditavam que pudesse haver um acordo entre as classes, e por este motivo acreditavam que os ricos dividiriam as riquezas com os pobres. No Brasil, esta ideologia influenciou o movimento popular chamado de Praieira, ocorrido em Pernambuco, em 1848.

3. (UFRJ) Cite duas transformações ocorridas no sistema capitalista, na segunda metade do século XIX, decorrentes das inovações técnicas na produção industrial.

Resposta: Como conseqüência do avanço tecnológico, tivemos o processo de concentração de empresas que acarretou a formação de grandes conglomerados industriais.
Como conseqüência do excesso de exploração da burguesia sobre o proletariado, surgiram ideologias que contestam o capitalismo: os socialismos.

4. (UERJ) "A economia mundial caracterizou-se, desde 1873, por uma agitação sem precedentes e depressão do comércio, afetando tanto nações que se envolveram em guerras como as que mantiveram a paz; as que têm uma moeda estável como o padrão ouro como as que têm moeda estável." (Adaptado de Hobsbawn, E. "A Era dos Impérios: 1875 – 1914". Rio de Janeiro: Paz e Terra, 1988.)

"A crise avança no Brasil e na América Latina e acentua temores de que o mundo pode estar entrando numa dura recessão.

(...) O mundo está ficando cada vez mais perigoso e a decantada globalização vive seu primeiro e implacável teste." Época", 14/09/99

Embora apresentando características próprias, tanto a atual crise econômica quanto a Grande Depressão de 1873 demonstraram a universalidade como um de seus pontos fundamentais. Se hoje a crise apresenta um "implacável teste para a globalização", o sentido da Grande Depressão em 1873 foi:

a) Projetar a Inglaterra como a grande "oficina do mundo".
b) Adotar a libra esterlina como único padrão do sistema de pagamentos.
c) Ser o divisor de águas entre o capitalismo livre-concorrencial e o capitalismo monopolista.
d) Instituir o livre-comércio entre os países europeus industrializados e os ultramarinos agrícolas.

Resposta: C

5. (UFF) Em 1998, comemorou-se o sesquicentenário do Manifesto Comunista. No entanto, entre 1850 e 1860, não se podia antever o brilhante futuro que lhe estava reservado. Inúmeros fatores podem explicar a difusão do "Manifesto" pelo mundo no decorrer da segunda metade do século XIX.

Entre os fatores responsáveis pela difusão das idéias contidas no Manifesto Comunista, destacam-se:

a) A importância do manifesto para a Comuna de Paris e a unificação alemã.
b) A primazia de Lênin junto a I Internacional e o surgimento de dois partidos operários de peso na Alemanha.
c) A primazia de Marx junto à Associação Internacional dos Trabalhadores e o surgimento de novos partidos trabalhistas pelo mundo.
d) A fundação de partidos trabalhistas pelo mundo e o profundo nacionalismo do manifesto.
e) O nacionalismo expresso no texto e a primazia de Marx junto à I Internacional.

Resposta: C

QUESTÕES PROPOSTAS

1. (PUC-CAMP) Ação a distância, velocidade, comunicação, linha de montagem, triunfo das massas, Holocausto: através de metáforas e das realidades que marcaram estes cem últimos anos, aparece a verdadeira doença do progresso...

O século que chega ao fim é o que presenciou o Holocausto, Hiroshima, os regimes dos Grandes Irmãos e dos Pequenos Pais, os massacres do Camboja e assim por diante. Não é um balanço tranqüilizador. Mas o horror desses acontecimentos não reside apenas na quantidade, que certamente, é assustadora.

Nosso século é o da aceleração tecnológica e científica, que se operou e continua a se operar em ritmos antes inconcebíveis. Foram necessários milhares de anos para passar do barco a remo à caravela ou da energia eólica ao motor de explosão; e em algumas décadas se passou do dirigível ao avião, da hélice ao turborreator e daí ao foguete interplanetário. Em algumas dezenas de anos, assistiu-se ao triunfo das teorias revolucionárias de Einstein e a seu questionamento. O custo dessa aceleração da descoberta é a hiperespecialização. Estamos em via de viver a tragédia dos saberes separados: quanto mais nos separamos, tanto mais fácil submeter a ciência aos cálculos do poder. Esse fenômeno está intimamente ligado ao fato de ter sido neste século que os homens colocaram mais diretamente em questão a sobrevivência do planeta. Um excelente químico pode imaginar um excelente desodorante, mas não possui mais o saber que lhe permitiria dar-se conta de que seu produto irá provocar um buraco na camada de ozônio.

O equivalente tecnológico da separação dos saberes foi a linha de montagem. Nesta, cada um conhece apenas uma fase do trabalho. Privado da satisfação de ver o produto acabado, cada um é também liberado de qualquer responsabilidade. Poderia produzir venenos, sem que o soubesse – e isso ocorre com freqüência. Mas a linha de montagem permite também fabricar aspirina em quantidade para o mundo todo. E rápido. Tudo se passa num ritmo acelerado, desconhecido dos séculos anteriores. Sem essa aceleração, o Muro de Berlim poderia ter durado milênios, como a Grande Muralha da China. É bom que tudo tenha se resolvido no espaço de trinta anos, mas pagamos o preço dessa rapidez. Poderíamos destruir o planeta num dia.

Nosso século foi o da comunicação instantânea, presenciou o triunfo da ação à distância. Hoje, aperta-se um botão e entra-se em comunicação com Pequim. Aperta-se um botão e um país inteiro explode. Aperta-se um botão e um foguete é lançado a Marte. A ação a distância salva numerosas vidas, mas irresponsabiliza o crime.

Ciência, tecnologia, comunicação, ação à distância, princípio da linha de montagem: tudo isso tornou possível o Holocausto. A perseguição racial e o genocídio não foram uma invenção de nosso século; herdamos do passado o hábito de brandir a ameaça de um complô judeu para desviar o descontentamento dos explorados. Mas o que torna tão terrível o genocídio nazista é que foi rápido, tecnologicamente eficaz e buscou o consenso servindo-se das comunicações de massa e do prestígio da ciência.

Foi fácil fazer passar por ciência uma teoria pseudocientífica porque, num regime de separação dos saberes, o químico que aplicava os gases asfixiantes não julgava necessário ter opiniões sobre a antropologia física. O Holocausto foi possível porque se podia aceitá-lo e justificá-lo sem ver seus resultados. Além de um número, afinal restrito, de pessoas responsáveis e de executantes diretos (sádicos e loucos), milhões de outros puderam colaborar à distância, realizando cada qual um gesto que nada tinha de aterrador.

Assim, este século soube fazer do melhor de si o pior de si. Tudo o que aconteceu de terrível a seguir não foi se não repetição, sem grande inovação.

O século do triunfo tecnológico foi também o da descoberta da fragilidade. Um moinho de vento podia ser reparado, mas o sistema de computador não tem defesa diante da má intenção de um garoto precoce. O século está estressado porque não sabe de quem se deve defender, nem como: somos demasiado poderosos para poder evitar nossos inimigos. Encontramos o meio de eliminar a sujeira, mas não o de eliminar os resíduos. Porque a sujeira nascia da indigência, que podia ser reduzida, ao passo que os resíduos (inclusive os radioativos) nascem do bem-estar que ninguém quer mais perder. Eis porque nosso século foi a da angústia e da utopia de curá-la.

Espaço, tempo, informação, crime, castigo, arrependimento, absolvição, indignação, esquecimento, descoberta, crítica, nascimento, vida mais longa, morte...tudo em altíssima velocidade. A um ritmo de ESTRESSE. Nosso século é o do enfarte.

(Adaptado de Umberto Eco, "Rápida Utopia". "VEJA, 25 anos, Reflexões para o futuro".

São Paulo: 1993.)

"O equivalente tecnológico da separação dos saberes foi a linha de montagem."

Assinale a alternativa que caracteriza a linha de montagem, introduzida pela Segunda Revolução Industrial.
- a) Método de organização do trabalho que visa à racionalização da produção e aumento da produtividade, suprimindo os gestos e comportamentos desnecessários dos operários.
- b) Emprego de esteiras rolantes que conduzem os componentes até às mãos dos trabalhadores, os quais permanecem fixos em seus postos e em seqüência, de forma a realizarem operações sucessivas.
- c) Aumento da produção com a supressão dos conflitos operários e da rotatividade da mão-de-obra por meio da substituição de força de trabalho por robôs.
- d) Desenvolvimento do espírito de cooperação e de liderança entre os trabalhadores, cujas funções se complementam, culminando com a montagem de grandes trustes e cartéis.
- e) Divisão Internacional do Trabalho, com os países do Terceiro Mundo fornecendo recursos naturais, mão-de-obra e componentes e, os países industrializados do Primeiro Mundo, fornecendo máquinas para montagem dos produtos finais.

2. (UNICAMP) Em julho de 1889, um congresso socialista internacional, reunido em Paris, decide que:

Será organizada uma grande manifestação internacional com data fixa, de modo que, em todos os países e em todas as cidades, ao mesmo tempo, no mesmo dia marcado, os trabalhadores intimem os poderes públicos a reduzir a jornada de trabalho a oito horas. Adota-se a data de 1º. de maio para a manifestação.

(Adaptado de Michelle Perrot, "Os excluídos da história", São Paulo: Paz e Terra, 1988, p. 129)
a) Quais as condições de trabalho na indústria em fins do século XIX.
b) Explique o porquê do caráter internacional da manifestação operária.
c) De que maneira o Estado Novo no Brasil alterou o significado dessa data?

3. (FUVEST) Diferenças afastaram e semelhanças aproximaram comunistas e anarquistas no século XIX e primeira metade do século XX. Identifique e comente essas diferenças e semelhanças.

4. (UERJ) (...) a abolição da Igreja e do Estado deve ser a primeira e indispensável condição para a verdadeira libertação da sociedade; só depois que isso acontecer é que a sociedade poderá ser organizada de outra maneira. (Bakunine, M. apud Woodcock, G. "Os grandes escritos anarquistas". Porto Alegre: L&PM, 1981)
a) Aponte duas características do anarquismo.
b) No Brasil, o anarquismo se fez presente nos movimentos operários das primeiras décadas do século XX, especialmente na conjuntura explosiva de 1917-1920. Cite um motivo que gerou essa conjuntura explosiva.

5. (UFRRJ) "Assim como o progresso da democracia é o resultado do desenvolvimento geral social, uma sociedade avançada, ao mesmo tempo em que detém uma grande parte do poder político, deve proteger o Estado dos excessos democráticos. Se estes últimos predominarem em algum momento deverão ser prontamente reprimidos." (Sir T. Erskine, May, 1877)

O texto citado representa a manifestação de setores da elite inglesa (e européia, em geral) no século XIX, em relação à crescente pressão popular pela conquista de direitos políticos para a maioria excluída.
a) Cite um movimento de luta por direitos políticos na Inglaterra do século XIX.
b) Aponte um instrumento legal de exclusão política existente no Brasil Império, explicando seu funcionamento.

6. (MACK) Sobre a Segunda Revolução Industrial é INCORRETO afirmar que:
a) Implementou nas indústrias as linhas de montagem, esteiras rolantes e o método de racionalização da produção em massa, chamado de fordismo.

b) Possibilitou o desenvolvimento de grandes indústrias e concentrações econômicas, que culminaram nos holdings, trustes e cartéis.
c) A utilização de energia elétrica e do petróleo possibilitaram a intensificação do desenvolvimento tecnológico, permitindo a sua produção em grande escala.
d) Estabeleceu uma nova e acirrada disputa entre as grandes potências industriais que buscavam o aumento de seus lucros e uma saída para seus excedentes de produção e capitais.
e) Caracterizou-se pelos avanços ultra-rápidos que resultaram na obsolescência também veloz especialmente na microeletrônica, na robótica industrial, na química fina e na biotecnologia.

7. (UFU) "A divisão do trabalho e a mecanização complementam-se e reforçam-se mutuamente (...) somente com a introdução da maquinaria, com seu ritmo constante, é possível realizar o sonho – ou pesadelo – de uma administração exata do tempo e dos movimentos do operário, sem a onerosa necessidade de colocar um capataz e um cronometrador através de cada um." (Enguita, Mariano F. "Tecnologia e sociedade: a ideologia da racionalidade técnica, a organização do trabalho e a educação." In: Silva, Tomaz T. da (org) "Trabalho, Educação e Prática Social." Porto Alegre: Artes Médicas, 1991. p. 235)

Tomando como referência a citação acima, podemos afirmar que:

I - o Taylorismo, concepção produtivista desenvolvida por Frederick Taylor, nos Estados Unidos, entre o final do século XIX e início do século XX, tinha como características o controle sobre os gastos e comportamento do trabalhador, com o intuito de evitar "o desperdício de tempo" e a decomposição da produção em movimentos monótonos, causando tédio e idiotização do trabalhador.

II - o Fordismo, desenvolvido por Henry Ford, seguiu a trilha aberta por Taylor ao utilizar a linha de montagem na fabricação em massa de automóveis, ao fixar o operário em um mesmo posto, subordinando-o à máquina.

III - no mundo contemporâneo, a chamada "desindustrialização" - processo de utilização da microeletrônica para a criação de novos postos de trabalho - substituiu os antigos robôs, provocando a diminuição do desemprego, melhorando a distribuição de renda em países emergentes como o Brasil, e criando novas oportunidades de lazer aos trabalhadores.

Assinale:
a) Se apenas I e II são corretas.
b) Se apenas I é correta.
c) Se apenas II é correta.
d) Se apenas II e III são corretas.
e) Se todas são corretas.

8. (PUC-CAMP) Leia o trecho do Manifesto Comunista de 1848, de Marx e Engels.

"A sociedade moderna burguesa, surgida das ruínas da sociedade feudal, não aboliu os antagonismos de classes. Apenas estabeleceu novas classes, novas condições de opressão e novas formas de lutas em lugar das velhas. No entanto, a nossa época, a época da burguesia, possui uma característica: simplificou os antagonismos de classes. A sociedade global divide-se cada vez mais em dois campos hostis, em duas grandes classes que se defrontam – a burguesia e o proletário". (Karl Marx e Friedrich Engels. "O Manifesto Comunista". Tradução. Rio de Janeiro: Zahar, 1978. p. 93)

O socialismo científico de Marx e Engels teve grande repercussão na prática revolucionária da classe operária nos séculos XIX e XX. No texto, os autores enfatizaram um dos principais fundamentos desse socialismo, conhecido por teoria:
   a) Da mais-valia.
   b) Da ditadura do proletariado.
   c) Do cooperativismo sindical.
   d) Da reforma social.
   e) Da luta de classes.

9. (PUC-MG) "A história de toda sociedade existente até hoje tem sido a história das lutas de classes A sociedade moderna, burguesa, surgida das ruínas da sociedade feudal, não aboliu os antagonismos de classes. Apenas estabeleceu novas classes, novas condições de opressão, novas formas de luta em lugar das velhas."

As opções abaixo têm relação com o fragmento do texto apresentado, extraído do Manifesto Comunista redigido por Marx e Engels há 150 anos, EXCETO:
   a) Solidariedade entre as classes, com a superação de suas rivalidades para abolir as injustiças sociais.
   b) Materialismo Histórico, já que a história é feita a partir das condições materiais da vida dos homens.
   c) Materialismo dialético, quando o capitalismo, pelas suas contradições, dá origem ao socialismo.
   d) Mais-Valia, em que ficam evidentes as condições de opressão a que a classe trabalhadora é submetida.
   e) Luta de classes, quando finalmente os oprimidos se libertam de seus opressores.

10. (PUC-MG) A primeira "Internacional", ou seja, associação mundial de trabalhadores foi criada em Londres, no ano de 1864, por Marx e Engels e aglutinava entidades operárias de toda a Europa, de tendências político-ideológicas as mais variadas. Em 1876, essa organização dissolve-se, em parte, pelas agudas divergências entre:
   a) Anarquistas e marxistas.
   b) Revisionistas e revolucionários.
   c) Trotskistas e stalinistas.
   d) Socialistas e comunistas.

Gabarito das questões propostas

Questão 1 - Resposta: B

Questão 2 - Respostas:
   a) De modo geral, os operários eram submetidos a longas jornadas, em péssimas condições de higiene e saúde e remunerados com baixíssimos salários. Explorava-se largamente o trabalho feminino e infantil.
   b) O internacionalismo operário decorria das condições semelhantes nos vários países industrializados e da influência da ideologia marxista no movimento operário.
   c) Durante o Estado Novo, Vargas usou o 1º. de maio como instrumento propagandista do trabalhismo e das concessões feitas aos trabalhadores (leis trabalhistas, previdência social e salário mínimo), visando ao apoio das massas urbanas ao seu governo.

Questão 3 - Resposta:
Diferenças: Os anarquistas contestavam as classes sociais, as tradições e principalmente o Estado, fosse de qualquer natureza.
Semelhanças: São ideologias surgidas no século XIX em decorrência das condições sociais geradas pela Revolução Industrial, propondo o comunismo como alternativa ao capitalismo.

Questão 4 - Respostas:
   a) Duas entre as características:
      - o anticlericalismo
      - a igualdade plena dos direitos
      - a conquista da liberdade plena
      - a rejeição de toda a forma de poder
      - a defesa do espontaneísmo das massas
   b) Um dentre os motivos:
      - sucesso da Revolução Russa

- maior difusão das idéias anarquistas
- alta do custo de vida sem proporcional aumento dos salários

Questão 5 - Respostas:
a) O movimento cartista (1837).
b) O sistema eleitoral brasileiro, baseado no voto censitário, excluía boa parte da população da participação política.

Questão 6 - Resposta: E

Questão 7 - Resposta: A

Questão 8 - Resposta: E

Questão 9 - Resposta: A

Questão 10 - Resposta: A

COMPLEMENTANDO OS ESTUDOS

FILME
Tempos Modernos (1936). Dir. Charles Chaplin.

LIVRO
Harnecker, Marta e Uribe, Gabriela. *Monopólios e Miséria*. Coleção cadernos de Educação popular. Ed. Global.

PÁGINA ELETRÔNICA
Texto sobre as causas do pioneirismo inglês e a Revolução Industrial no século XIX.
http://www.members.tripod.com/~pichelli/revind/htm.

UNIDADE 37

O IMPERIALISMO COLONIALISTA

SINOPSE TEÓRICA

Difundindo-se a partir dos países industrializados da Europa, começou no século XIX, a expansão imperialista que provocou a partilha da África e da Ásia.

Com o crescimento da produção industrial, crises de superprodução acabaram sendo inevitáveis e, por este motivo, a solução encontrada pelas nações européias foi a de buscar novos mercados para escoar a produção. Além do mais, o lucro proveniente da rápida industrialização provocava interesses em investimentos do capital excedente na exploração de minas, ferrovias etc.

Outras causas, no entanto, levariam as metrópoles européias a partirem para a conquista de colônias. A industrialização crescia, e como conseqüência, a necessidade de matérias-primas para promover o desenvolvimento industrial também crescia. Como a tecnologia também avançava, criando novas máquinas, foram diminuindo os postos de trabalho para a

Cartaz francês sobre a iluminação elétrica em 1895. Os novos avanços tecnológicos seduziam as pessoas em função do aumento das comodidades cotidianas.

grande quantidade de mão-de-obra, então por este motivo, também a conquista de uma colônia era fato importante. Outro fato que não podemos esquecer, é que os navios do século XIX não tinham uma grande autonomia de viagem e no caso de uma guerra, ter colônias em pontos estratégicos também era um dado que não poderia ser desprezado.

Durante o século XVI, após a Expansão Marítima e Comercial, as nações européias conquistaram colônias, principalmente no continente americano, e o processo de expansão foi financiado pelo capital comercial, então apresentando diferenças quando comparado à colonização empreendida no século XIX, que aconteceria basicamente na África e na Ásia e seria financiada pelo capital financeiro e industrial. No entanto, no século XIX, como vimos, as colônias americanas, influenciadas pelo Iluminismo, conquistaram a sua independência, porém um outro processo colonizador era iniciado. Como justificar esse novo processo?

Oriundo de um discurso altamente preconceituoso, a atividade conquistadora foi justificada pelo fato dos povos "civilizados" da Europa estarem com o "fardo" de levarem os benefícios da "civilização". Precisamos ficar atentos, porque desculpas esfarrapadas como estas, podem perfeitamente ser utilizadas para justificarem, por exemplo, um interesse pela Amazônia, alvo da cobiça internacional.

O processo de ocupação ocorreu através de três tipos de colônias: a de enquadramento ou exploração, com submissão total a metrópole (ex: Congo Belga); a de povoamento ou enraizamento, onde são alocados os excedentes populacionais (ex: Argélia); e o Protetorado, onde a estrutura do poder local é mantida, embora submetida ao colonizador (ex: Índia).

A PARTILHA DA ÁFRICA

A ocupação do continente atingiu o ponto máximo na Conferência de Berlim (1884-1885), que contou com a presença de 14 países europeus, além dos Estados Unidos e da Rússia. Esta conferência estabeleceu as regras para a ocupação da África.

A Inglaterra foi o país que liderou o Imperialismo, tendo conquistado o maior número de colônias, tais como o Egito, a África do Sul etc. Em relação à dominação inglesa neste país, vale a pena destacar a Guerra de Böers (1899-1902). Os ingleses dominaram a região do Cabo e de Natal e acabaram tendo problemas com os Böers, que eram colonos holandeses. Como a região era rica em ouro e diamantes, os ingleses se interessaram, porém os colonos holandeses tentaram, de todas as formas, impedir que os ingleses explorassem as riquezas, dessa forma, a guerra seria inevitável. Os ingleses foram vitoriosos e formaram a União Sul-Africana.

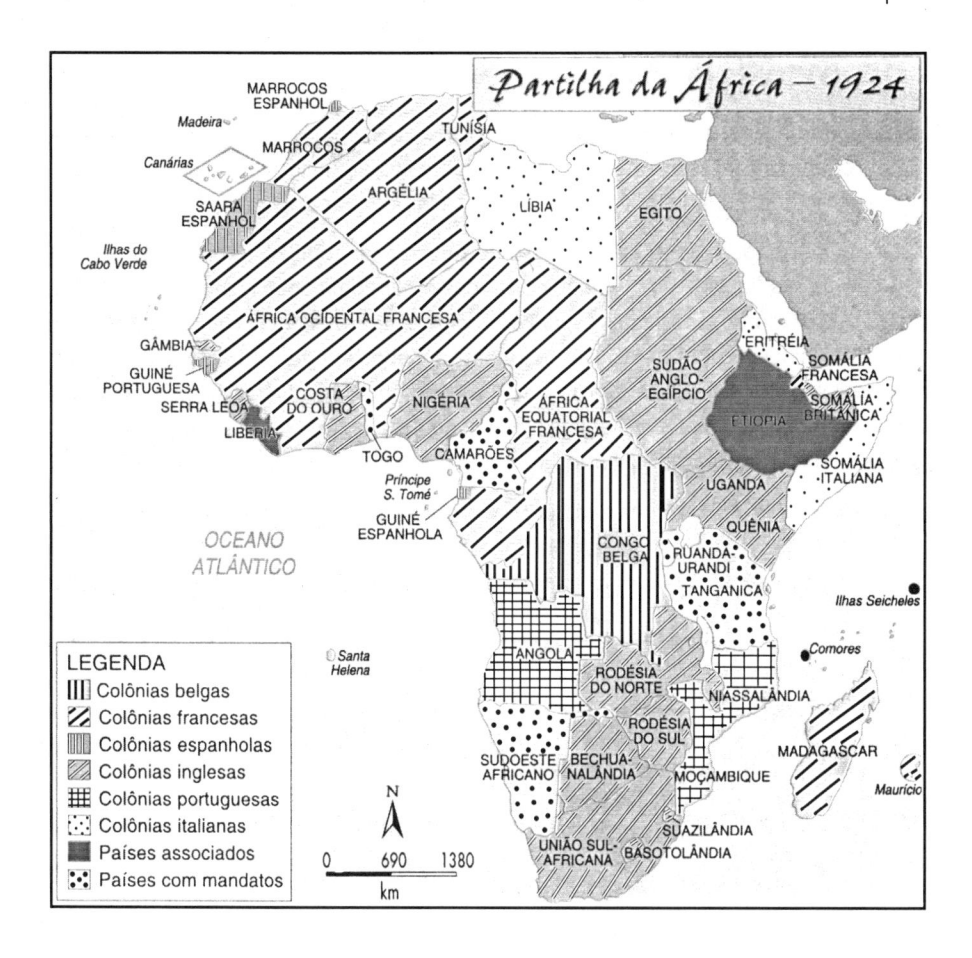

A Alemanha e a Itália, que se retardaram no processo de unificação, ficaram também atrasadas na partilha da África, conquistando assim, regiões de menor expressão. A Alemanha conquistou o Camerun, o Togo, o Sudeste e o Oriente da África, enquanto a Itália conquistou o litoral da Líbia, a Eritréia e a Somália, porém não conseguiu conquistar a Abissínia.

A França dominou a Argélia, a Tunísia, o Marrocos, o Sudão (África Ocidental Francesa), a ilha de Madagascar e a Somália Francesa. A França ainda teve atritos com a Inglaterra, em relação ao Egito, que acabou sendo dominado pela Inglaterra. Com a Alemanha, o conflito foi pelo Marrocos.

A Bélgica dominou o Congo, enquanto a Espanha e Portugal procuraram manter as colônias conquistadas na época da Expansão Marítima e Comercial. No século XX, apenas a Libéria e a Abissínia constituíram Estados africanos "livres".

A OCUPAÇÃO DA ÁSIA

Detentora de um grande mercado consumidor, a Ásia sempre foi um continente cobiçado pelos europeus e outro fator que despertava o interesse, eram as suas riquezas naturais, isso desde a época da Expansão Marítima e Comercial, com as especiarias.

Desde a Guerra dos Sete Anos, a Inglaterra exercia domínio sobre o litoral indiano, entretanto, o desejo inglês de expandir o processo de dominação começou a se cristalizar a partir de 1857, com a Guerra dos Cipaios. Os Cipaios representavam um grupamento militar formado por hindus que não resistiram, embora recebessem treinamento militar europeu e foram derrotados. Após esse conflito, a Coroa Britânica resolveu assumir diretamente o controle da Índia, retirando da Cia. das Índias Orientais os seus privilégios e entregando aos ingleses os altos postos de governo.

As tropas indianas foram reorganizadas com nativos fiéis, os Sikhs e os Gulvras, e somente a partir de 1885, surgiu o Congresso Nacional da Índia, que foi a primeira instituição política a congregar todos os hindus para lutar contra a discriminação racial inglesa.

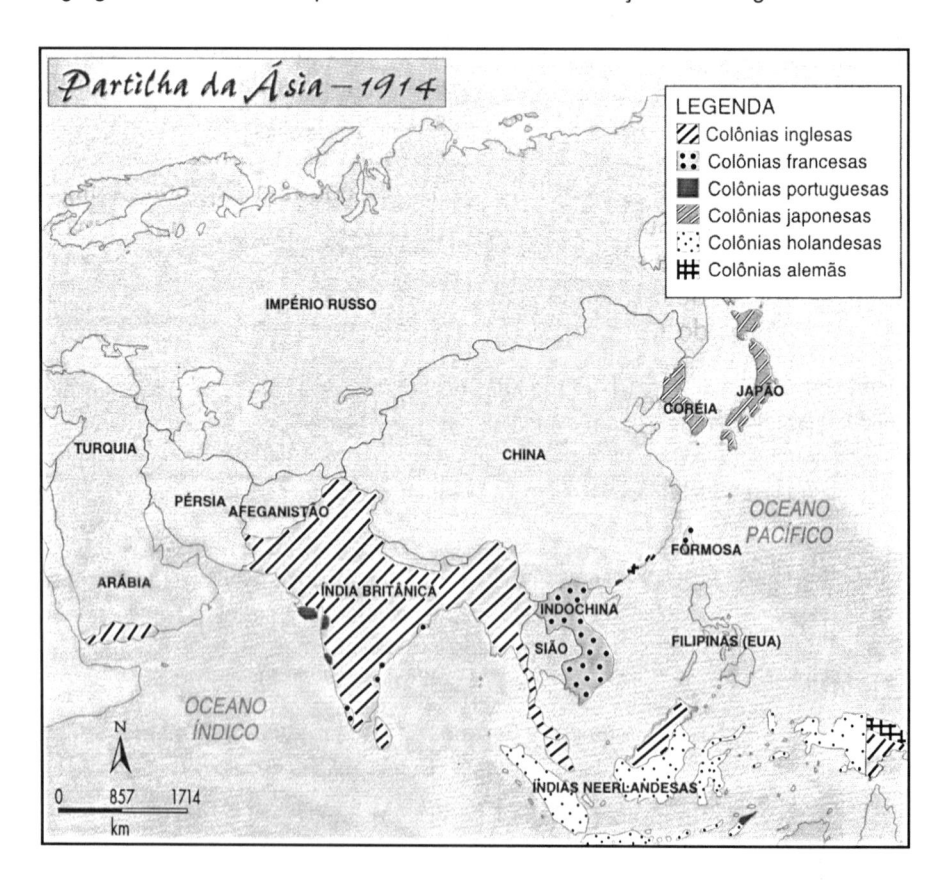

No caso da China, no século XIX, acabou sendo subjugada pelas potências imperialistas, e no caso, a penetração estrangeira, particularmente a inglesa, aconteceu principalmente a partir da Guerra do Ópio (1840-1842).

Os ingleses descobriram que o ópio era uma mercadoria de grande aceitação entre os chineses, assim, com autorização do governo inglês, a Companhia das Índias Orientais passou a vender o ópio, que era produzido na Índia e na Birmânia. A China reagiu à decisão da Inglaterra, mas a reação não surtiu nenhum efeito.

O estopim da guerra ocorreu a partir de 1839, quando as autoridades chinesas em Cantão, destruíram várias caixas de ópio. A Inglaterra reagiu e deu início à guerra.

Com a derrota, em 1842, a China foi obrigada a assinar o Tratado de Nanquim, através do qual era obrigada a abrir cinco de seus portos ao livre comércio, abolia o sistema fiscalizador e entregava a ilha de Hong Kong à Inglaterra.

No entanto, os chineses reagiram às violências do imperialismo com a Revolta dos Taipings (1856-1864) e na Revolta dos Boxers (1900-1901). O Break-up da China (partilha) foi definitivamente imposto após a Guerra Sino-Japonesa (1894-1895), quando o país foi dividido em "áreas de influência" entre a Inglaterra, França, Alemanha, Itália, Rússia e Japão.

Em 1853, os portos chineses foram abertos ao comércio dos Estados Unidos e a partir da década de 60, o Japão iniciou um "subimperialismo" sobre outras nações (China, Coréia e Formosa), o que acabou provocando um surto de industrialização no país, que ficou conhecido como "Era Meiji".

No final do século XIX, a França consolidou seu poder no Sudeste Asiático (Laos, Camboja e Vietnã). Os holandeses mantiveram sua dominação sobre a Indonésia e os Estados Unidos tomaram as Filipinas da Espanha.

Conseqüências

A violência que se abateu sobre as áreas colonizadas foi extraordinária, os europeus foram cruéis, a ponto de dizimarem populações inteiras. A cultura européia e a prática do racismo foram impostas. Atualmente, os noticiários só trazem notícias tristes da África, e com certeza, a miséria, a expansão da AIDS, a fome etc. possuem a sua causa no Imperialismo. Usaram, exploraram e quando deixou de ser interessante, deixaram a África à deriva. Mas o que seria dos irmãos ricos do norte, se não houvesse os irmãos pobres do sul?

LEITURA COMPLEMENTAR

Imperialismo: uma justificativa

"...A Natureza distribuiu desigualmente no planeta os depósitos e a abundância de suas matérias-primas; enquanto localizou o gênero inventivo das raças brancas e a ciência da utilização das riquezas naturais nesta extremidade continental que é a Europa, concentrou os mais vastos depósitos dessas matérias-primas nas Áfricas, Ásias tropicais, Oceanias equatoriais, para onde as necessidades de viver, de criar lançariam o elã dos países civilizados. Estas imensas extensões incultas, de onde poderiam ser tiradas tantas riquezas, deveriam ser deixadas virgens, abandonadas à ignorância ou à incapacidade? (...) A Humanidade total deve poder usufruir da riqueza total espalhada pelo planeta. Esta riqueza é o tesouro comum da Humanidade..." (Sarraut, A. "Grandeur et Servitude Coloniales", Paris, 1931, p.p. 18-19)

Como os europeus justificavam o Imperialismo?

Resposta: Alegavam que a humanidade deveria ter o direito de explorar as riquezas para o bem-estar de todos.

QUESTÕES RESOLVIDAS

1. (UFF) O colonialismo contemporâneo (final do séc. XIX) foi implantado pelas potências industriais européias com o argumento da superioridade racial dos brancos. Este argumento ocultava as crises econômicas do capitalismo financeiro e sua necessidade de controle de mercados.

  a) Indique dois desses países europeus colonialistas e as respectivas áreas que ocuparam no mundo extra-europeu.
  b) Analise a utilização das teorias racistas como justificativa para os processos europeus de afirmação do colonialismo contemporâneo.

Respostas:
  a) I) Inglaterra – colônias ocupadas: Nigéria, Costa do Ouro, Serra Leoa, Uganda, Quênia, Tanganica, Rodésia, Somália Britânica (na África) e Índia (na Ásia);
  II) França – colônias ocupadas: Marrocos, Argélia, Turquia, África oriental francesa, África equatorial, Camarões, Madagascar (na África) e Indochina francesa (na Ásia);
  III) Bélgica – colônia ocupada: Congo Belga (África).
  b) O argumento da superioridade racial dos brancos serviu para encobrir interesses econômicos ligados à conquista de novos mercados consumidores e à exportação de excedentes de capitais pelas metrópoles, além de se tornarem, as colônias da África e da Ásia, fontes expressivas de fornecimento de matérias-primas para a indústria

européia. Todo esse processo correspondeu à superação do capitalismo liberal pelo monopolista (o Imperialismo). O argumento também escamoteou a questão estratégica da disputa e conquista de novos territórios pelas potências européias colonialistas.

2. (UFRJ) "Em nome de Deus Todo-Poderoso (...),

Querendo regular num espírito de boa compreensão mútua as condições mais favoráveis ao desenvolvimento do comércio e da civilização em certas regiões da África, e assegurar a todos os povos as vantagens da livre navegação sobre os dois principais rios africanos que se lançam no oceano Atlântico; desejosos, por outro lado, de prevenir os mal-entendidos e as contestações que poderiam originar, no futuro, as novas tomadas de posse nas costas da África, e preocupados ao mesmo tempo com os meios de crescimento do bem-estar moral e material das populações aborígines, resolveram sob convite que lhes enviou o Governo Imperial Alemão, em concordância com o governo da República Francesa, reunir para este fim uma Conferência em Berlim. (...)" (Trecho da Ata geral da conferência de Berlim, realizada em 26 de fevereiro de 1885).

O imperialismo foi um movimento de expansão das grandes nações européias (seguido mais tarde também pelos Estados Unidos) que se iniciou nas últimas décadas do século XIX e se prolongou por toda a primeira metade do século XX. A Conferência de Berlim tem sido considerada, pelos historiadores, como um dos marcos deste processo.

Apresente duas características do imperialismo.

Resposta:

São características definidoras do imperialismo:
CONCENTRAÇÃO DE CAPITAIS formando grandes monopólios que interferem decisivamente na vida econômica mundial; FUSÃO DO CAPITAL INDUSTRIAL COM O CAPITAL BANCÁRIO, criando o CAPITAL FINANCEIRO: EXPORTAÇÃO DE CAPITAIS (que substitui, em importância, a exportação de mercadorias.); PARTILHA DO MUNDO entre as grandes nações européias capitalistas; DISPUTAS TERRITORIAIS daí decorrentes, DISPUTA POR PONTOS ESTRATÉGICOS DO MERCADO MUNDIAL; impulso de ideologias que justificam a dominação do mundo, como o racismo e a crença na MISSÃO CIVILIZATÓRIA do europeu: DIVISÃO INTERNACIONAL DO TRABALHO.

3. (UFRRJ) "(...) a guerra de 1914-18 foi, de ambos os lados, uma guerra imperialista (isto é, uma guerra de conquista, de pilhagem, de pirataria), uma guerra pela partilha do mundo, pela distribuição e redistribuição das colônias, das 'zonas de influência do capital financeiro' etc.

...O capitalismo se transformou num sistema universal de opressão colonial e de asfixia financeira da imensa maioria da população do globo por um punhado de países avançados. E a partilha deste 'saque' faz-se entre duas ou três aves de rapina, com importância mundial, armadas até os dentes. (América, Inglaterra, Japão), que arrastam consigo toda a Terra na guerra pela partilha de seu saque". (Lenin, Vladimir I. "O imperialismo: fase superior do capitalismo". São Paulo: Global, 1985, p.p. 9-11.)
    a) Explique uma das principais características da fase monopolista do capitalismo.
    b) Relacione capitalismo monopolista à Primeira Guerra Mundial.

Resposta:
    a) O predomínio do capitalismo financeiro, que a partir dos países centrais, passa a monopolizar o mercado de colônias e a determinar suas economias.
    b) As transformações nas relações de poder entre os países europeus com o surgimento da Alemanha enquanto potência; o nacionalismo existente entre várias minorias nacionais que foram anexadas dentro de grandes monarquias européias, sendo o Império Austro-Húngaro o caso mais exemplar.

4. (UFRRJ) "Mas, paradoxalmente, o período entre 1875 e 1914 pode ser chamado de Era dos Impérios, não apenas por ter criado um novo tipo de imperialismo, mas também por um motivo muito mais antiquado. Foi provavelmente o período da história mundial moderna em que chegou ao máximo o número de governantes que se autodenominavam 'imperadores'..." (Hobsbawm, Eric. "A Era dos Impérios: 1875-1914". Rio de Janeiro: Paz e Terra, 1988. p. 88)

O texto do historiador britânico faz referência a um sentido moderno e um sentido tradicional do termo império, na Europa, na passagem do século XIX para o século XX.
    a) Cite dois dos impérios europeus existentes na época, sendo um de cada um dos tipos citados.
    b) Estabeleça uma relação entre imperialismo e nacionalismo.

Respostas:
    a) Inglaterra, França, no primeiro caso, e Rússia, no segundo, por exemplo.
    b) O processo de formação dos grandes impérios, relaciona-se com a consolidação da idéia de Nação, na medida em que as áreas coloniais são alvo de dominação lingüística e cultural. Deve se considerar ainda a autoridade soberana do poder imperial por toda a sua extensão territorial.

5. (UFSCar) O final do século XIX assistiu a um processo de divisão e de ocupação de territórios internacionais pelos países desenvolvidos.

a) Qual é o termo que usualmente se aplica a esta expansão econômica, política e territorial?

b) Em que aspectos essa expansão, característica dos séculos XIX e XX, difere da exploração colonialista do Antigo Regime da época moderna?

Respostas:
a) Neocolonialismo ou imperialismo.

b) A colonização do século XIX atendia às necessidades decorrentes da industrialização, sobretudo da "Segunda Revolução Industrial", tais como a expansão de mercados e de capitais excedentes e a obtenção de fontes de matérias primas. Orientou-se para a África e a Ásia.

No século XVI, a colonização européia restringiu-se basicamente à América, orientada pelas necessidades do capitalismo comercial (mercantilismo).

QUESTÕES PROPOSTAS

1. (UFSCar) A antropologia cultural (que pôde prosperar graças à expansão colonial) procurava reparar os pecados do colonialismo, mostrando que aquelas culturas "outras" eram justamente culturas, com suas crenças, seus ritos, seus hábitos, bastante razoáveis no contexto em que haviam se desenvolvido e absolutamente orgânicas, ou seja, se sustentavam sobre uma lógica interna. A tarefa do antropólogo cultural era a de demonstrar que existiam lógicas diferentes da ocidental, que deviam ser levadas a sério, não desprezadas e reprimidas. (Eco, Umberto. "Simplificação para guerras santas". "Folha de S. Paulo", 7/10/2001)

Considerando o texto, responda:
a) O autor se refere a quais culturas, quando diz "aquelas culturas outras"?
b) Quais as ideologias neocoloniais que se confrontavam com as propostas da antropologia cultural mencionadas no texto?

2. (UFU) Desde meados do século XIX até o início do século XX, as nações industrializadas européias e os Estados Unidos da América empreenderam uma disputa por territórios na África, Ásia e América Latina. Essa disputa ficou conhecida como imperialismo ou neocolonialismo.

Compare o imperialismo do século XIX com a expansão mercantilista ocorridas nos séculos XV e XVI, quanto ao processo de colonização.

3. (UNICAMP) Na origem do pitoresco há a guerra e a repulsa em compreender o inimigo: na verdade nossas luzes sobre a Ásia vieram, inicialmente, de missionários irritados e de soldados. Mais tarde chegaram os viajantes – comerciantes e turistas – que são militares frios: o saque se denomina shopping e as violações são praticadas honrosamente nas casas especializadas (...) Criança, eu era vítima do pitoresco: tinham feito tudo para tornar os chineses apavorantes (...). (Adaptado de Jean-Paul Sartre, "Colonialismo e neocolonialismo")

a) Retire do texto dois personagens da colonização européia da Ásia e da África no século XVI ao século XX e explique qual o seu papel na exploração e dominação colonial.

b) Explique como a Revolução Cultural Chinesa de 1968 se posicionou frente aos valores econômicos e culturais do Ocidente.

4. (VUNESP) "Não há nenhuma dúvida de que a África negra jamais tenha sido considerada, nessas negociações, como um interlocutor válido: a partilha da África era exclusivamente iniciativa das potências européias." (Henri Bruschwig. "A partilha da África negra")

Considerando que a análise do autor se refere ao século XIX e início do século XX, responda:

a) A qual fase do capitalismo corresponde à situação exposta pelo texto?

b) Cite alguns desdobramentos da partilha da África para as potências européias.

5. (FGV) Leia atentamente as afirmações abaixo, sobre a Guerra do Ópio, e assinale a alternativa correta.

I - O estopim da Guerra do Ópio (1839) entre ingleses e chineses foi a queima de milhares de caixas dessa substância, pelos chineses, como represália a esse comércio em suas fronteiras.

II - Como resultado imediato da derrota chinesa, outros portos são abertos às nações estrangeiras e inicia-se um processo revolucionário nacionalista dirigido por Mao Tse-tung.

III - Os tratados de Nanquim e de Pequim definiram, a partir da vitória chinesa, o porto de Cantão como o único para o comércio internacional, possibilitando a não fragmentação do país em áreas de influência de nações estrangeiras.

IV - A transferência de Hong Kong à Inglaterra é um dos símbolos da derrota chinesa.

V - Manifestações e organizações contra a presença estrangeira prosseguiram por mais de 50 anos, após a derrota chinesa, sendo a Guerra dos Boxers, no final do século XIX, uma de suas expressões.

a) apenas I, II e V estão corretas;
b) apenas I, III e IV estão corretas;
c) apenas III e V estão corretas;
d) apenas I, IV e V estão corretas;
e) apenas II e V estão corretas.

6. (FUVEST) Na segunda metade do século XIX, em face do avanço do Ocidente na Ásia, a China:
   a) tornou-se, como a Índia, uma colônia, com a única diferença de ser dominada por várias potências e não apenas pela Inglaterra.
   b) reagiu, como o Japão, realizando, ao mesmo tempo, um processo de restauração imperial e de modernização econômica.
   c) manteve, formalmente, seu estatuto de Império Celestial, mas ao preço de enormes perdas e concessões às potências ocidentais.
   d) conseguiu fechar-se ao Ocidente graças à Rebelião Taiping, depois de derrotada pela Inglaterra na Guerra do Ópio.
   e) resistiu vitoriosamente a todas as agressões do Ocidente até Pequim ser saqueada durante a Guerra dos Boxers.

7. (UEL) "O rei Peter e os chefes Quachi e Wuaka, considerando que é de seu interesse estabelecer relações comerciais com um povo rico e bom, e organizar-se sob a soberania de seu poderoso monarca, instituem:
   Art. 1 – A plena soberania do país e do Rio Grand Bassam é conhecida ao rei dos franceses; (...)
   Art. 3 – Em troca dessas concessões, será outorgada ao rei e a seu povo a proteção dos navios de guerra franceses. Ademais, será pago ao rei, quando da ratificação do tratado, o seguinte: 10 peças de tecidos sortidos, 5 barris de pólvora de 25 libras, 10 fuzis de um tiro, 1 saco de tabaco, 1 barril de aguardente, 5 chapéus brancos, 1 guarda-sol, 2 espelhos, 1 realejo. (...)
   Art 7 – O presente tratado vigorará a partir de hoje quanto à soberania estipulada: do contrário, os signatários exporiam seu país aos rigores da guerra que neste caso lhe fariam os navios de guerra franceses. (...)"
(Extratos do Tratado entre a França e o rei Peter, de Grand Bassam, África, estabelecido em 19/09/1842. In: Marques, A. M. e outros. "História Contemporânea através de textos". São Paulo: Contexto, 1990. p.p. 100-1)

Com base em seus conhecimentos sobre o Imperialismo e na leitura do documento citado, analise as seguintes afirmativas:

I – Os europeus aproveitavam-se das diferenças culturais e trocavam mercadorias de valor irrisório pelo domínio de vastos territórios no continente africano.

II – O processo civilizador, representado pelos franceses, que ofereciam ajuda e proteção às comunidades tribais, teve grande importância na emancipação dos povos africanos.

III – O esgotamento das áreas para a expansão imperialista constituiu um dos principais fatores que levaram os países capitalistas europeus mais desenvolvidos a se enfrentar na Primeira Guerra Mundial.

Assinale a alternativa correta.
a) Apenas as afirmativas I e II são verdadeiras.
b) Apenas as afirmativas II e III são verdadeiras.
c) Apenas as afirmativas I e III são verdadeiras.
d) Apenas a afirmativa III é verdadeira.
e) Todas as afirmativas são verdadeiras.

8. (UFES) Pedra assassina

O diamante é o combustível que alimenta três das mais violentas guerras africanas.

...Nestes lugares, companhias mineradoras ou seus intermediários estimulam o prosseguimento dos combates fornecendo armas e mercenários. Em alguns casos apóiam governos, em outros dão suporte a grupos guerrilheiros. ("Veja", 31/5/2000)

Os conflitos, aos quais se refere a matéria, estão localizados em Angola, no Congo e em Serra Leoa. Esses conflitos:

a) resultaram da partilha colonial européia, que criou Estados, segundo seus interesses, sem respeitar as especificidades africanas.
b) estabeleceram-se após a Primeira Guerra Mundial, quando os países africanos se aliaram aos europeus.
c) não preocupam os organismos internacionais, pois prejudicam áreas restritas do continente, sem importância econômica.
d) diminuíram após a Segunda Guerra Mundial, quando os norte-americanos se retiraram do espaço geográfico africano.
e) não representam ameaça à população civil, pois atingem apenas os governos e os revolucionários.

Unidade 37 - O imperialismo colonialista | **541**

9. (UFG) Após a crise da sociedade liberal, no final do século XIX, a economia capitalista reorganiza-se e inicia um novo estágio de crescimento. As potências industriais, sobretudo os EUA e as nações européias ocidentais, iniciam uma expansão de caráter global, que fica conhecida na História como corrida imperialista. Esse surto expansionista termina por dividir política, econômica e geograficamente os continentes asiático, africano e americano.

Sobre o capitalismo imperialista, pode-se afirmar que:

( ) nessa fase da economia capitalista, a empresa individual tende a ser substituída pelas sociedades anônimas que administram conglomerados transnacionais ou multinacionais: o Estado volta a intervir na economia, recriando o protecionismo, e o mercado passa a ser dominado por oligopólios.

( ) os países europeus de industrialização tardia (Itália e Alemanha) chegam atrasados à partilha colonial e procuram, por meio do comércio, da diplomacia ou da guerra aberta, um espaço no mundo já dividido entre as grandes potências.

( ) o surto expansionista do grande capital, a partir de 1870, vinculado à chamada Segunda Revolução Industrial, é dinamizado pelo uso de novas fontes de energia.

( ) o término da Primeira Guerra Mundial marca o fim da dominação das potências imperialistas e a libertação dos povos da Ásia e da África.

10. (UNI-RIO) "O mundo está quase todo parcelado e o que dele resta está sendo dividido, conquistado, colonizado. Penso nas estrelas que vemos à noite, esses vastos mundos que jamais poderemos atingir. Eu anexaria os planetas se pudesse; penso sempre nisso. Entristece-me vê-los tão claramente e ao mesmo tempo tão distantes." (Cecil Rhodes)

Esta frase, proferida por um dos grandes incentivadores da expansão imperialista do século XIX, expressa as novas formas de:

a) distribuição da riqueza global, norteadas pela manutenção do equilíbrio ecológico entre as nações do hemisfério sul do continente europeu.

b) constituição de megablocos econômicos, priorizando as economias periféricas, potencialmente mais desenvolvidas e ricas do que a Europa.

c) anexação territorial, objetivando a conquista de terras férteis e importação de mão-de-obra imigrante para o centro do capitalismo europeu.

d) globalização da economia e da informação, ultrapassando as fronteiras nacionais, suprimindo a intermediação do Estado Nacional.

e) cobiça pelos mercados da África e da Ásia, visando à exportação de capitais e ao consumo de produtos industriais dos países europeus.

Gabarito das questões propostas

Questão 1 - Respostas:
a) As culturas africanas e asiáticas, diferentes dos padrões ocidentais à época da colonização européia na África e na Ásia, a partir do século XIX.
b) Os princípios do "Fardo do Homem Branco" e da "Missão Civilizadora" fundamentados na superioridade racial e cultural européia. Tais princípios tiveram embasamento na Teoria da Evolução das Espécies, decorrendo daí o "Darwinismo Social".

Questão 2 - Resposta: Nos séculos XV e XVI, o sistema colonial inseria-se no contexto de capitalismo comercial sendo as colônias, sobretudo na América, mercados de suas metrópoles e áreas fornecedoras de metais preciosos e produtos tropicais destinados à Europa.
No século XIX a ação imperialista demandava das necessidades das potências industriais como a obtenção de matérias-primas e a expansão de mercados e de capitais excedentes, sobretudo após a 2ª Revolução Industrial, sendo a África e a Ásia as áreas mais intensamente exploradas.

Questão 3 - Respostas:
a) Soldados: impuseram aos nativos a autoridade do colonizador através do emprego da força.
Missionários: impuseram aos nativos asiáticos e africanos valores culturais e religiosos dos europeus, endossando a tese da superioridade européia.
b) A Revolução cultural chinesa desencadeada por Mao Tsé-tung consolidou o socialismo, abolindo a economia de mercado e desestruturando a sociedade de consumo. Em termos culturais, pregava a destruição da elite burocrática sob influência de valores pré-revolucionários e ocidentais.

Questão 4 - Respostas:
a) A fase do Capitalismo monopolista ou financeiro resultante da Segunda Revolução Industrial que demandava a busca de fontes de matérias-primas, a expansão do mercado de capitais excedentes por parte das potências industriais, sobretudo européias.
b) A desarticulação da estrutura socioeconômica das sociedades nativas, submetendo-se aos padrões europeus e acentuação das disputas territoriais, sobretudo após as unificações italiana e alemã, que conduziram à Primeira Guerra Mundial.

Questão 5 - Resposta: D

Questão 6 - Resposta: C

Questão 7 - Resposta: C

Questão 8 - Resposta: A

Questão 9 - Resposta: C C C E

Questão 10 - Resposta: E

COMPLEMENTANDO OS ESTUDOS

FILMES
   Gandhi

LIVRO
   D'Amorim, Eduardo. *África: Essa Mãe Quase Desconhecida*. São Paulo: Ed. FTD, 1997.

AS GRAVURAS FORAM ADAPTADAS DE:
   Cotrim, Gilberto. *Saber e Fazer História*. Ed. Saraiva.

Unidade 38

A decadência do Império brasileiro

Sinopse teórica

O Movimento Abolicionista

Vimos aqui que no ano de 1850 foi assinada a Lei Euzébio de Queiroz que proibia o tráfico de escravos no Brasil. A partir deste momento ficava claro que a escravidão acabaria; seria apenas uma questão de tempo, e esta certeza fez com que crescesse no Brasil a campanha abolicionista, embora existisse um grupo no país que tentasse sustentar a escravidão.

Ao término da Guerra do Paraguai, antigos problemas ressurgiram nos círculos de discussão e evidentemente o mais importante era a escravidão. No contexto internacional, o término da Guerra de Secessão demonstrava que a escravidão estava fadada ao desaparecimento e esta conclusão levava os grupos abolicionistas brasileiros, a promoverem movimentos, normalmente financiados pela Inglaterra, a favor da abolição.

Diante das pressões, em 1871 foi assinada a Lei do Ventre Livre que declarava livres todos os filhos de escravos no Brasil. O proprietário deveria criar os menores até os oito anos quando poderia entregá-los ao governo e receber uma indenização ou continuar com a criança até os 21 anos, utilizando os seus serviços como retribuição de um Fundo de Emancipação, destinado a libertar anualmente certo número de escravos em cada província.

Analisando a situação que acabamos de descrever, percebemos que poucos escravos eram libertados com o Fundo quando atingiam os oito anos. Rui Barbosa, na ocasião, chegou a calcular que, se fossem esperados os efeitos da lei, a escravidão só acabaria na metade do século XX.

Em 1878, o movimento abolicionista liderado por Joaquim Nabuco foi crescendo e recebendo cada vez mais apoio de políticos notáveis como José do Patrocínio, André Rebouças e outros. Existia, no entanto, um outro grupo chamado de emancipacionistas que lutava pelo término da escravidão, mas no entanto, diferentemente do grupo anterior, não possuía nenhuma preocupação com a adaptação do negro a nova realidade caracterizada pelo trabalho assalariado.

Em São Paulo, a luta contra a escravidão ganhou proporções violentas principalmente a partir da criação do grupo dos Caifazes que atuava incentivando a fuga de escravos e as rebeliões contra os senhores, desorganizando o trabalho na lavoura.

Em 1884, a escravidão foi abolida no Amazonas e no Ceará, enquanto nas outras regiões como São Paulo e o Rio de Janeiro, as tensões entre senhores e abolicionistas aumentavam. Diante deste clima, em 28 de setembro de 1885, foi assinada a Lei Saraiva Cotegipe, também conhecida como Lei dos Sexagenários. Esta lei declarava livres os escravos com mais de 65 anos, o que na prática significava libertar os donos de escravos da obrigação de sustentar alguns raros negros velhos que conseguiam sobreviver.

Finalmente, no dia 13 de maio de 1888, foi assinada pela Princesa Isabel, a Lei Áurea, que acabou com a escravidão no Brasil.

Com a morte de seu irmão mais velho, a princesa Isabel tornou-se herdeira do trono, em 1847. Assim, como regente, assinou a Lei Áurea, que aboliu a escravidão no Brasil. "Juramento da Constituição pela Princesa Isabel". Obra de Vitor Meireles.

Consequências da Abolição

Embora os defensores da escravidão alegassem que a economia entraria em crise com o término do trabalho escravo, isto não aconteceu. A imigração aumentou e houve um intenso crescimento econômico.

No âmbito político, os senhores de terras e de escravos perderam influência, que foi transferida para os fazendeiros do Oeste Paulista.

A abolição reafirmou a idéia da inferioridade do negro porque não promoveu a integração social.

O Movimento Republicano

Entre 1850 e 1900, o Brasil passou por grandes transformações, dentre as quais podemos destacar:

a) A população brasileira aumentou consideravelmente. De 3 milhões em 1822, passamos para 14 milhões de habitantes em 1880;

b) O número de indústrias têxteis passou de 175 para 600 em 1880;

c) A urbanização e o sistema de transporte se desenvolveram etc.

Além do mais, poderíamos destacar também que tivemos nesse intervalo de tempo o término do tráfico de escravos e a abolição da escravidão. Economica e socialmente, o Brasil evoluía, porém, no âmbito político, continuávamos atrasados. É justamente dentro desse contexto que devemos entender a proclamação da República, ou seja, o Estado Imperial, politicamente, não acompanhava a evolução da sociedade e da economia.

A idéia de República sempre existiu no Brasil. Desde a Conjuração Mineira, existia um grupo que defendia o ideal republicano. O ponto de partida surgiu em 1870, com o lançamento do Manifesto Republicano, que procurava na realidade promover reformas e evitar a revolução.

Como vimos, também, a constituição de 1824 implantou o Império unitário, que não concedia autonomia aos Estados e que desagradava as elites estaduais. O Imperador tinha uma prática política de ocupar os altos cargos administrativos nomeando sempre os indivíduos das famílias tradicionais de cada estado, mantendo assim as famílias tradicionais no poder e marginalizando os setores mais dinâmicos do cenário político brasileiro.

O fato das idéias republicanas terem alcançado grande projeção em São Paulo podem ser entendidas porque os grandes fazendeiros paulistas que representavam o setor mais dinâmico da economia, encontravam-se marginalizados do poder, e, associado ao movimento republicano, vinham as idéias do federalismo.

Não poderíamos deixar de mencionar o papel da ideologia positivista principalmente entre os militares que proclamavam a República - ideologia criada na França por Augusto Comte, acabou se difundindo no Brasil, por intermédio de Benjamin Constant que lecionava Matemática na Escola Militar. Em 1876, Miguel Lemos fundou a Sociedade Positivista do Rio de Janeiro, e a partir de 1881, a Sociedade acabaria virando a Igreja Positivista do Brasil. O positivismo caracterizava-se por defender posições anti-revolucionárias, elitistas e ditatoriais. Acreditavam que o Brasil, através da sua evolução política, alcançaria a República.

As Questões

A Questão Religiosa

Em 1864, a Igreja Católica lançou a Bula Syllabus, que além de condenar a Maçonaria, proibia os padres e fiéis de pertencerem a seus quadros. No entanto, a partir de 1872, os Bispos de Olinda e Belém, suspenderam irmandades religiosas que se recusavam a afastar os seus membros que eram maçons. Atendendo a pedidos, D. Pedro II anulou as suspensões, mas no entanto, os bispos mantiveram firme a sua decisão.

A prisão dos bispos não foi bem aceita pela comunidade religiosa e contribuiu para o afastamento da Igreja do governo. Devemos ressaltar que a posição do Imperador foi legal até porque pela Constituição de 1824, havia direito de Padroado, que colocava a Igreja subordinada ao Estado, dessa forma, as bulas papais só poderiam ser aplicadas no Brasil com a autorização do Imperador, o que não tinha acontecido.

A Questão Militar

Até a Guerra do Paraguai, o Exército brasileiro não possuía uma unidade. O Imperador tinha uma grande afeição pela Marinha. No entanto, a partir da vitória sobre o Paraguai, o Exército tomou consciência de sua importância e começou a demonstrar a sua insatisfação com a sua posição secundária no Brasil.

Na realidade, existiram várias questões militares e elas tiveram início em 1884, quando o jangadeiro cearense Francisco Nascimento liderou um movimento para que os outros jangadeiros não transportassem escravos em suas jangadas, tornando-se assim, um símbolo da luta abolicionista no seu Estado.

Francisco Nascimento foi homenageado pelos abolicionistas no Rio de Janeiro e acabou se encontrando com o Tenente-Coronel Sena Madureira. O ministro da guerra interpelou Sena Madureira que respondeu que era subordinado ao Conde D'Eu, não devendo assim explicações, criando um clima desagradável entre o Império e os militares.

Um outro incidente ocorreu no Piauí. O Coronel Ernesto Augusto da Cunha Matos, denunciou irregularidades praticadas pelo Capitão Pedro José de Lima, que era filiado ao Partido Conservador. Um outro deputado do Partido Conservador, atacou o Coronel Cunha Matos na Câmara. O Coronel revidou os ataques na imprensa, e por este motivo, acabou sendo punido pelo Ministro da Guerra. O Tenente-Coronel Sena Madureira deu uma entrevista no Jornal A Federação, defendendo o seu colega de arma, e por este motivo, acabou sendo punido também.

O clima criado pela questão militar, além da difusão do Positivismo entre os oficiais, favoreceu a difusão do ideal republicano no Exército, afastando-o de D. Pedro II.

Caricatura de D. Pedro II, de "malas prontas para partir", feita em 1890, por Rafael Bordalo Pinheiro.

A QUEDA DA MONARQUIA

Como podemos perceber, a situação política da Monarquia estava bastante complicada, assim o Visconde de Ouro Preto iniciou uma reforma com o objetivo de diminuir as críticas que eram feitas pelas pessoas insatisfeitas com a Monarquia.

Como a Câmara rejeitou o programa reformista, foi dissolvida, e uma nova câmara seria convocada. O clima estava tenso e os partidos republicanos do Rio de Janeiro e de São Paulo pediram a intervenção dos militares que foi prontamente atendida pelo marechal Deodoro da Fonseca, que assumindo a liderança do movimento, proclamou a República no dia 15/11/1889.

Principais propostas de reformas apresentadas pelo Visconde de Ouro Preto:
- Ampliação da representação, considerando-se como prova de renda legal o fato de o cidadão saber ler e escrever, desde que provasse ao Exército de qualquer profissão lícita e estivesse no gozo dos direitos civis e políticos;
- Plena autonomia dos municípios e nomeação dos presidentes e vice-presidentes sob lista organizada pelo voto dos cidadãos alistados, mantendo-se o sistema de alistamento vigente;
- Liberdade de culto;
- Final do Senado vitalício;
- Liberdade do ensino e seu aperfeiçoamento;
- Máxima redução possível dos direitos de exportação;
- Lei de terras que facilitasse a sua aquisição, respeitando os direitos dos proprietários;
- Elaboração de um Código Civil.

O povo não participou do movimento. A estrutura política continuou a mesma, deixando marginalizados do processo, os negros recém-libertados, os imigrantes e o proletariado nascente. Da tensão entre os dois pólos sociais antagônicos (as classes sociais conservadoras resistentes às mudanças e os novos grupos marginalizados), resulta um clima tenso. Nesse contexto, ocorreram modificações artísticas que prepararam o terreno para o surgimento do Modernismo.

Na música erudita, temos Alberto Nepomuceno, que faz composições com objetivos nacionalistas. Na música popular, o maxixe, a modinha e a toada se destacam e o carnaval vai se consolidando como a grande festa popular no Rio de Janeiro. Na literatura, o destaque fica com Lima Barreto, que escreveu o Triste Fim de Policarpo Quaresma.

LEITURA COMPLEMENTAR

A Monarquia foi abandonada

A Monarquia Brasileira sofreu um processo de abandono e morreu abandonada. Abandonada pelo grupo político, pela classe clerical, pela aristocracia agrária, pela classe militar. Sob esse aspecto pode-se dizer que ela não foi derrubada e, sim, caiu...

Mas por que foi abandonada? Eis a questão, a verdadeira questão...

Quando se estuda a Monarquia Brasileira é impossível deixar de verificar que ela teve uma missão específica na nossa história: a missão de realizar a unidade nacional. Na época colonial era o Brasil um país disperso, fragmentado em capitanias. Embora a colônia tivesse um centro administrativo, inicialmente a Bahia e mais tarde o Rio de Janeiro, as capitanias, tomadas cada uma isoladamente, comunicavam-se mais freqüentemente com Lisboa do que com a chamada capital da colônia. Cada capitania tinha a sua vida própria, dificilmente se comunicava com as outras capitanias e, tal como, convergia para o verdadeiro centro, situado no além-Atlântico: Portugal.

Nossa independência em 1822 não foi um fato nacional e sim regional. Regional, porque ela se deu efetivamente no sul, isto é, Minas Gerais, Rio de Janeiro, São Paulo. À Monarquia coube nacionalizar a independência, estendendo-a a todas as províncias. Os políticos da Monarquia, apesar das divergências eventuais de interesses e de posições, sempre tiveram uma preocupação comum: a unidade, e a unidade por intermédio da Monarquia.

Todavia, a obra da Monarquia não terminava na realização da unidade nacional. Realizada a unidade, uma tarefa se impunha: preservar a unidade do enorme país, verdadeiro continente, que se erigia em gigantesco se levar em conta a precariedade dos seus meios de comunicação. Trata-se, na realidade, de um aspecto novo da mesma preocupação: a monarquia realizou a unidade, mas agora precisava mantê-la.

O período regencial, o da menoridade do segundo Imperador, foi o momento em que a unidade nacional mais foi posta à prova. Nunca, como naquela ocasião, sentiu-se tanta necessidade da Monarquia.

Foi justamente por isso que se antecipou a maioridade de D. Pedro II, em 1840. Os historiadores brasileiros têm dado ênfase ao sentido histórico da maioridade como um movimento que visava preservar a unidade do Brasil.

À medida que avançamos na evolução do império, a agitação interna vai perdendo em intensidade e as questões externas vão sendo resolvidas. Conhece o Brasil por fim a paz, a estabilidade, a segurança: a Monarquia realizou e, mais do que isso, preservou a unidade nacional. Mas...com isso, terminou a sua missão. Esgotada a seiva que a alimentava, a Monarquia acabou se esgotando, perdendo a sua razão de ser. Tanto se dedicou ao problema da unidade que, se não se esqueceu, pelo menos deu muito pouca atenção a outros problemas que agora, resolvido o da unidade, surgiam como problemas básicos. Referimo-nos ao desenvolvimento econômico, ao estimulo à emigração, à educação pública, às escolas técnicas etc.: problemas que a Monarquia não se apresentava em condições de resolver. Daí a Monarquia ter sido abandonada, e daí se explicar a facilidade pela qual ela caiu.

Surgia a República, recebendo como herança os problemas da Monarquia e aos quais vão ser acrescentados os seus próprios problemas. E com ela, a República, nascia uma nova missão, a da integração nacional, em substituição à missão da Monarquia, a da unidade nacional. A consciência de que há vários "brasis" no Brasil e que tanto no campo econômico quanto social, político, cultural, esses diferentes brasis precisam ser integrados num todo uniforme e homogêneo, mas desenvolvido, é a missão da República. Sob este aspecto a República é que verdadeiramente descobriu o Brasil. Se a Monarquia lutou pela unidade do Brasil e por isso construiu a Pátria Grande, a República luta pela integração do Brasil para construir a Grande Pátria.

Aldo Janotti. "Como e porque terminou a Monarquia brasileira". In: "Revista de História". São Paulo: Departamento de História da FFLCH/USP, v. 17 (86), abr.-jun. 1971 - p. 329-34 (fragmentos)

Qual foi a missão específica que teve de ser desempenhada pela Monarquia brasileira?

Resposta: Realizar a unidade nacional. À Monarquia coube nacionalizar a independência, estendendo-a a todas as províncias.

Questões resolvidas

1. (UERJ) "Glória à Pátria", dizia a Revista Ilustrada, um dia após a proclamação da República no Brasil, num comemoração que representava o desejo de mudanças que trouxessem ampliação dos direitos políticos e da cidadania.

No que se refere ao exercício dos direitos políticos, a primeira Constituição republicana – de 1891– tem como uma de suas características:
   a) o direito de cidadania às mulheres, pela introdução do voto feminino.
   b) a exclusão das camadas populares, com a instituição do sistema eleitoral direto.
   c) o aumento do colégio eleitoral, pela atribuição do direito de voto aos analfabetos.
   d) a possibilidade do controle dos eleitores pelos proprietários rurais, através do voto aberto.

Resposta: D

2. (UNIFICADO) O conceito de crise utilizado para definir as duas últimas décadas da história do Império está associado a uma multiplicidade de processos, dentre os quais destaca-se a:
   a) insatisfação do Partido Conservador com as medidas liberalizantes da Monarquia sintetizadas nas leis abolicionistas;
   b) retração geral da economia do país provocada pela crise da escravidão;
   c) organização dos partidos e dos grupos republicanos representativos de setores sociais insatisfeitos com a Monarquia;

Unidade 38 - A decadência do Império brasileiro | 553

d) crescente militarização do regime graças ao fortalecimento do Exército após a Guerra do Paraguai;
e) grande incidência de movimentos sociais, incluindo desde a rebelião de escravos a greve de operários, todos adeptos da República.

Resposta: D

3. **(UERJ)** Na década de 1870, consolidou-se um conjunto de transformações que levou à crise do sistema monárquico no Brasil.
Dentre os elementos abaixo, aquele que justifica a afirmativa é:
a) a criação dos partidos Conservador e Liberal, rompendo a unidade política existente em torno do poder moderador;
b) o desenvolvimento gradativo, porém contínuo, da burguesia indústria, que, desde 1840, assumia o controle dos gabinetes ministeriais;
c) o crescimento do setor cafeeiro do Vale do Paraíba, que se viu em condições de ocupar um maior espaço político com a proclamação da República;
d) a afirmação de princípios federalistas e do positivismo, os quais, embora em lados opostos, colocaram em questão posições defendidas pela monarquia brasileira.

Resposta: D

4. **(FUVEST)** "Então, senhor barão, ganhei ou não ganhei a partida?", perguntou no próprio 13 de maio a princesa Isabel ao seu ministro Cotegipe, que lhe respondeu: "Ganhou a partida, mas perdeu o trono".
Explique esse diálogo e estabeleça a relação entre os fatos nele implícitos.

Resposta: "ganhei ou não ganhei a partida?" A princesa Isabel fazendo referência a abolição da escravidão. "Ganhou a partida, mas perdeu o trono" o ministro Cotegipe fazendo referência a proclamação da República.

5. **(UERJ)** (...) A imprensa de todo o Império revela que o espírito público vai-se esclarecendo, e que os brasileiros em sua maioria já vão se convencendo que da Monarquia não podem esperar a salvação do país. Venha pois a República e quanto antes. Venha a república sem revolução armada, sem derramamento de sangue de irmãos, venha ela do triunfo das idéias democráticas da grande maioria do país, e da profunda convicção de que a Monarquia é incapaz de salvar o país. (Adaptado do Jornal A República - propriedade do Club Republicano de São Paulo., 08 de dezembro de 1870, n°. 3, ano I)

As décadas de 1870 e 1880 assistiram a um afastamento do Estado Imperial em relação às suas bases de sustentação e forma marcadas pelo crescimento do ideal republicano. Contudo, a República esperada não tinha o mesmo significado para todos os republicanos.
   a) Cite um dos segmentos sociais que serviram de sustentação à Monarquia brasileira e explique o motivo do afastamento desse segmento em relação à sorte do Império.
   b) Enumere duas características da República idealizada pela elite agrário-exportadora.

Respostas:
   a) Uma das possibilidades a seguir:
   Exército: insatisfeito com a posição política subalterna adquirida na Monarquia, apoiado pelas vitórias na Guerra do Paraguai e tendo parcela de seus oficiais influenciada pelo ideário positivista, grande parte do Exército passa a apoiar a proclamação da República.
   Igreja: diante da crescente oposição entre as posições ultramontanas da Igreja Católica, houve um afastamento entre ambos, agravado pela presença do Padroado e Beneplácito, que permitiram uma forte influência do Estado nas questões da Igreja Católica no Brasil.
   Aristocracia escravista: a abolição da escravidão, com o apoio da Monarquia, foi um golpe fatal em sua frágil situação econômica; o não-cumprimento por parte do Estado Imperial de seu papel histórico de sustentação do escravismo, levou-o a aderir ao movimento republicano.
   b) Duas das seguintes características:
   instituições políticas liberais;
   regime federalista;
   laicização do Estado;
   adoção de uma política governamental de subvenção à imigração.

Questões propostas

1. (UFF) No processo de abolição da escravidão nas Américas, observam-se duas vertentes de conflitos: as violentas revoltas sociais e as oriundas da crítica à escravidão através de reformas jurídicas.
   a) Com relação ao caso brasileiro, cite dois registros legais, importantes para a evolução do processo abolicionista.
   b) Analise a Lei Rio Branco, também conhecida como Lei do Ventre Livre, considerando o contexto socioeconômico do Brasil na segunda metade do século XIX.

2. (VUNESP) "Por volta dos anos de 1880, era óbvio que a abolição estava iminente. O parlamento, reagindo ao abolicionismo de dentro e de fora do país, vinha aprovando uma legislação gradualista. As crianças nascidas de mães escravas foram declaradas livres em 1871..." (Emília V. da Costa, Da Monarquia à República).
  a) Além da Lei do Ventre Livre, qual outra teve esse mesmo caráter gradualista?
  b) Justifique o caráter gradualista do movimento da abolição.

3. (CESGRANRIO) O conceito de crise utilizado para definir as duas últimas décadas da história do Império Brasileiro está associado a uma multiplicidade de processos, dentre os quais destaca-se a:
  a) insatisfação do Partido Conservador com as medidas liberalizantes, da monarquia sintetizadas nas leis abolicionistas.
  b) retração geral da economia do país provocada pela crise da escravidão.
  c) crescente militarização do regime graças ao fortalecimento do Exército após a Guerra do Paraguai.
  d) grande incidência de movimentos sociais, incluindo desde a rebelião de escravos a greves de operários, todos adeptos da república.
  e) organização dos partidos e grupos republicanos representativos de setores sociais insatisfeitos com a Monarquia.

4. (FATEC) Considere como possíveis fatores envolvidos no movimento abolicionista os seguintes:
  I - a resistência dos escravos.
  II - o custo do escravo que, a partir do Bill Aberdeen (1845), aumentou, encarecendo e tornando inviável a sua utilização.
  III - os abolicionistas, moderados ou radicais, que lutavam contra esse sistema de mão-de-obra.
  IV - os latifundiários nordestinos, que perceberam que a mão-de-obra livre era mais eficiente para suas lavouras.

Conjugaram-se para a abolição da escravatura no Brasil os fatores expostos em
  a) I, II e III apenas.
  b) I, II e IV apenas.
  c) I e II somente.
  d) I, II, III e IV.
  e) III e IV somente.

5. (MACK) O crescimento do movimento republicano, em fins do século XIX, foi favorecido:
   a) pela unidade dos líderes republicanos, que defendiam a tomada do poder através da revolução.
   b) pela colaboração da Guarda Negra, que protegia os comícios republicanos.
   c) pelo aparecimento de novos segmentos sociais adeptos de idéias como o positivismo e federalismo e pela insatisfação de áreas economicamente ativas, com menor expressão política.
   d) pelo apoio maciço dos velhos militares, inimigos de longa data do regime monárquico.
   e) pela derrota brasileira na Guerra do Paraguai, em virtude da queda do gabinete liberal de Zacarias de Goiás.

6. (PUC-PR) Na conjuntura do II Império Brasileiro, têm destaque, no quadro da Proclamação da República:
   I - Interferência Inglesa na Política Imperial.
   II - Abolição da Escravatura.
   III - Questão Militar.
   IV - Questão Religiosa.
   V - Pressão do Setor Industrial Urbano.

Estão corretas:
   a) apenas I e IV.
   b) apenas I e III.
   c) apenas II, III e IV.
   d) apenas III, IV e V.
   e) apenas I, III e V.

7. (PUC-SP) A luta pela abolição da escravidão no Brasil
   a) contou exclusivamente com a participação de negros, que alcançaram seu objetivo após várias revoltas e organização de quilombos.
   b) resultou do fracasso do emprego de mão-de-obra escrava na produção açucareira e cafeeira, que só obtiveram sucesso com a presença de imigrantes.
   c) aconteceu simultaneamente à independência política brasileira, à semelhança do que ocorreu na América de colonização espanhola.
   d) antecedeu a luta pela abolição da escravidão nos Estados Unidos, o que só ocorreu no início da Guerra de Secessão americana.
   e) ocorreu de forma gradual, dado o interesse crescente de vários setores da sociedade, inclusive alguns fazendeiros, no fim do trabalho escravo.

8. (UFG) "O abolicionismo é um protesto contra a esta triste perspectiva, contra o expediente de entregar à morte a solução de um problema, que não é só de justiça e consciência moral, mas também de previdência política. Além disso, o nosso sistema está por demais estragado para poder sofrer impunemente a ação prolongada da escravidão."

Joaquim Nabuco, em seu livro "O Abolicionismo", define o sentido de debate sobre a escravidão no Brasil, em meados do século XIX. Sobre o abolicionismo no Brasil pode-se afirmar que

( ) a Campanha Abolicionista teve como fundamento a mobilização direta dos escravos que assumiram a direção do movimento.

( ) a Campanha voltou-se, não só, contra os proprietários de escravos, mas questionou o domínio da grande propriedade e da própria estrutura capitalista.

( ) D. Pedro II, com base no Poder Moderador, criou obstáculos para barrar as medidas de proteção ao escravo.

( ) Joaquim Nabuco percebe na Campanha um sentido de prevenção contra possíveis rebeliões e aponta para as conseqüências negativas as relações escravistas em nossa sociedade.

9. (UFMG) Uma estratégia do conservadorismo político é o argumento da perversidade – " a tentativa de empurrar a sociedade em determinada direção fará com que ela, sim, se mova, mas na direção contrária" – ou seja, toda mudança produzirá, por meio de uma cadeia de conseqüências não-intencionais, o exato oposto do objetivo proclamado e perseguido.

Todas as alternativas contêm argumentos utilizados no debate sobre a abolição da escravatura no Brasil.

Assinale a alternativa em que se reproduz o argumento da perversidade, ao afirmar-se que a abolição:

a) "deixa expostos à miséria e à morte os inválidos, os enfermos, os velhos, os órfãos e crianças abandonadas da raça que se quer proteger, até hoje nas fazendas a cargo dos proprietários, que, hoje, arruinados e abandonados pelos trabalhadores válidos, não poderão manter aqueles infelizes, por maiores que sejam os impulsos de uma caridade, que é conhecida e admirada por todos os que freqüentam o interior do país".

b) "é escusada para operar a transformação do trabalho e apressar as emancipações: estas se farão por iniciativa individual em um período muito curto. Estaria em mãos do governo mesmo precipitar por meios indiretos este fato auspicioso..."

c) "ataca de frente, destrói e aniquila para sempre uma propriedade legal, garantida, como todo o direito de propriedade, pela lei fundamental do Império entre os direitos civis do cidadão brasileiro, que dela não poderia ser privado, senão mediante prévia indenização do seu valor".

d) "desorganiza o trabalho, dando aos operários uma condição nova, que exige novo regime agrícola [...]. Ficam, é certo, os trabalhadores atuais; mas a questão não é de número, nem de indivíduos, e sim de organização, da qual depende principalmente a efetividade do trabalho, e com ela a produção da riqueza nacional".

10. (UFPE) Sobre o movimento do republicanismo e do abolicionismo, indique a alternativa correta.

a) A Abolição da Escravatura e o republicanismo no Brasil foram movimentos que caminharam associados, pois estiveram inspirados no Positivismo.

b) O movimento republicano no Brasil, na década de 1870, esteve dissociado da luta abolicionista, porque republicanos e abolicionistas pertenciam a classes sociais divergentes.

c) O movimento abolicionista e o movimento republicano não caminharam associados, pois o primeiro tinha grande apoio do monarca, a ponto de a Lei Áurea ter sido assinada pela Princesa Isabel.

d) O movimento republicano só ganhou força após a abolição, pois significativas parcelas da classe dominante republicana eram proprietárias de escravos e não apoiavam a luta abolicionista.

e) O movimento republicano deu um grande impulso ao movimento abolicionista, como já havia ocorrido em outros países da América do Sul, em que a República acarretou o fim da escravidão.

Gabarito das questões propostas

Questão 1 - A Lei Euzébio de Queirós (1850 - extinção do tráico); Lei do Ventre Livre (1871 - Lei do Rio Branco); Lei dos Sexagenários (1885 - Lei Saraiva Cotegipe); Lei Áurea (1888 - Lei da Aolição da Escravatura).

b) A Lei do Rio Branco, ou Lei do Ventre Livre, inaugurou uma intervenção do Estado Imperial junto à propriedade privada dos fazendeiros representada por seus escravos. A partir de 1871, os filhos das escravas tornar-se-iam livres. Isto representou um enfraquecimento do controle do senhor sobre sua escravaria em função da mediação da Coroa, bem como veio a afirmar o papel do sistema legal como agente ativo para o controle e a mudança social. Através desta lei, a Coroa atuava investida da missão de tornar manifesta a repulsa ao escravismo e operava por meio de um instrumento – a lei – que respondia às exigências de uma economia em crescimento e de uma resistência escrava latente, às vezes, mesmo, explosiva.

Questão 2 - Respostas:
    a) A Lei do Sexagenário.

b) A Lei Euzébio de Queiroz fortaleceu os movimentos abolicionistas, ao abolir o tráfico negreiro.

As campanhas abolicionistas pressionavam a Assembléia Geral do Império que passou a aprovar leis abolicionistas, porém restritas a jovens e idosos, procurando não afetar os interesses dos escravocratas.

Questão 3 - Resposta: E

Questão 4 - Resposta: A

Questão 5 - Resposta: C

Questão 6 - Resposta: C

Questão 7 - Resposta: E

Questão 8 - Resposta: E E E C

Questão 9 - Resposta: A

Questão 10 - Resposta: D

COMPLEMENTANDO OS ESTUDOS

FILME

Guerra do Brasil (BRA, 1987) Dir. Sylvio Back

LIVRO

Faria, Antonio da Costa e Barros, Edgar Luis. *Os Abolicionistas*. São Paulo: Ed. Ática, 1994.

UNIDADE 39

A PRIMEIRA GUERRA MUNDIAL (1914 – 1918)

SINOPSE TEÓRICA

CAUSAS

No ponto de vista de vários historiadores, a causa econômica mais importante foi a rivalidade entre a Alemanha e a Inglaterra. Vimos que a Alemanha teve um processo de unificação tardio, mas, no entanto, depois que foi completado, o país apresentou um grande desenvolvimento e no início do século XX superava a Inglaterra em vários aspectos.

Durante a guerra de unificação travada contra a França, os franceses derrotados, foram obrigados a ceder extensos depósitos de ferro e carvão da Lorena, ferindo o orgulho francês e contribuindo para o desenvolvimento industrial alemão. Vimos também, que durante a corrida imperialista, as duas nações se interessaram pelo Marrocos.

Dentro do quadro das causas políticas, o Nacionalismo foi a mais importante. Desde o início do século XX, a pequena Sérvia desejava dominar todos os povos que fossem da mesma raça e cultura dos seus cidadãos, como, por exemplo, a Bósnia e a Herzegovina, a Croácia e a Eslovênia. Em 1908, a Áustria anexou a Bósnia e a Herzegovina, frustrando o nacionalismo sérvio.

O **Pan-eslavismo** era uma teoria nacionalista que defendia a idéia de que todos os eslavos da Europa Oriental constituíam uma grande família, e se por ventura algum desses povos

(Sérvios, Búlgaros e Montenegrinos), fossem agredidos por alguma outra nação, a Rússia estaria pronta para defendê-los.

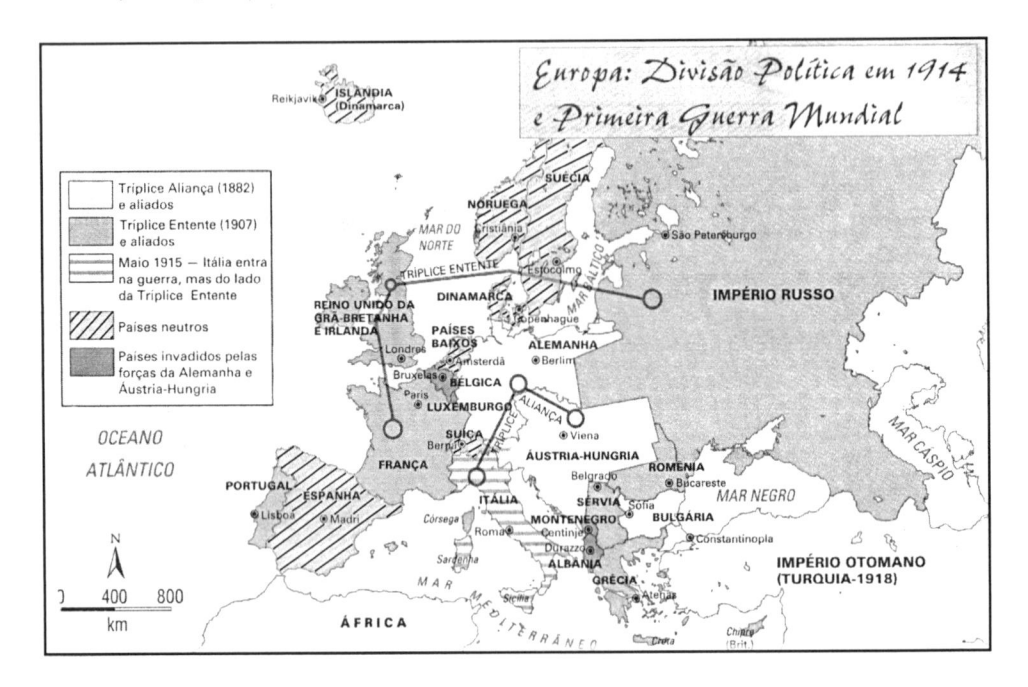

[Mapa: Europa: Divisão Política em 1914 e Primeira Guerra Mundial]

O **Pangermanismo** surgiu a partir da fundação da Liga Pangermânica criada pelo filósofo Fichte em 1895. Este filósofo ensinava que os alemães, em virtude de sua superioridade espiritual, tinham a missão de impor a paz ao resto da Europa. Conceitos de arianismo e de supremacia nórdica também contribuíram para a idéia de que os alemães eram divinamente predestinados a persuadir ou abrigar as "raças inferiores" a aceitarem a sua cultura.

O SISTEMA DE ALIANÇAS

Foi o sistema de alianças que transformou o problema entre a Áustria e a Sérvia numa guerra geral.

Tudo começou em 1870 com Bismarck. Após a derrota da França na guerra de unificação da Alemanha, o orgulho francês ficou ferido e o desejo de vingança era muito forte, então, Bismarck preocupado com esta situação, iniciou o sistema de alianças fundando a Liga dos Três Imperadores com a Áustria e a Rússia, com o objetivo de isolar a França de possíveis aliados. Esta liga fundada em 1873 duraria apenas cinco anos porque a Rússia acusaria os seus aliados de terem roubado o lucro conseguido na guerra da Turquia. Em 1882, Bismarck insistindo no seu objetivo, criou a Tripla Aliança, formada com a Áustria e a Itália.

Até o ano de 1890 a França seguia isolada, mas, no entanto, a Europa neste ano começou a passar pela Revolução Diplomática. Como isso aconteceu? A Inglaterra que até então estava isolada, preocupada com o desenvolvimento econômico da Alemanha, abriu mão do seu isolacionismo e resolveu fazer uma aliança com os franceses (Entente Cordiale) e os franceses por sua vez formaram uma aliança militar com a Rússia. Desses acordos surgiu a Tríplice Entente.

A GUERRA

O estopim da Primeira Guerra Mundial foi o assassinato do Arquiduque Francisco Ferdinando em 28 de junho de 1914. No dia 23 de julho, os austríacos enviaram um ultimato a Sérvia, porém a resposta não agradou aos austríacos, que romperam relações diplomáticas com a Sérvia e mobilizaram o seu exército para a guerra. Em 28 de julho de 1914 a Aústria declarava guerra à Sérvia.

A polícia prende o estudante Gavrilo Princip, autor dos disparos que mataram o arquiduque Francisco Ferdinando.

A primeira etapa da guerra foi marcada pela expansão da Alemanha na frente ocidental, que incluía a Bélgica e o leste da França, embora não tenham tomado Paris. Em setembro de 1914, aconteceram diversos combates denominados primeira batalha do Marne, que conteve o avanço alemão. Essa batalha também foi importante por ter assinalado o fim da guerra aberta. A partir deste momento, os dois exércitos construíram um complicado sistema de trincheiras. Desta data até a primavera de 1918, a guerra na frente ocidental ficou empatada.

Durante a guerra, as mulheres inglesas trabalhavam nas fábricas de armamento. O trabalho fabril feminino já existia desde a Revolução Industrial; agora, porém, com a maioria da mão-de-obra masculina envolvida nos combates, as mulheres assumiram grande parte do trabalho nas fábricas.

O ano de 1917 foi o mais importante da guerra, primeiro porque marcou a entrada dos Estados Unidos no conflito e também importante pela saída da Rússia. Os EUA, além dos laços étnicos e culturais com a Inglaterra, entraram na guerra pelos seguintes fatores:

Soldado corta o cabelo de seu companheiro em uma trincheira, durante a Primeira Guerra.

a) As relações comerciais com a Inglaterra, a França e a Rússia, aumentavam consideravelmente.

b) O desejo do presidente Wilson de que os EUA deviam desempenhar um papel dominante na reestruturação do mundo quando a guerra terminasse.
c) A campanha submarina alemã, que prejudicava o comércio norte-americano com a Europa do Norte.

A Rússia, por sua vez, saiu da guerra porque passou pela Revolução Bolchevique.

Os Tratados de Paz

A mais famosa de todas as propostas de paz foi o programa de Wilson, constante de 14 itens, em resumo:

1- "acordos públicos, negociados publicamente", ou seja, a abolição da diplomacia secreta;
2- liberdade dos mares;
3- eliminação das barreiras econômicas entre as nações;
4- eliminação dos armamentos nacionais "ao nível mínimo compatível com a segurança";

5- ajuste imparcial das pretensões coloniais, tendo em vista os interesses do povos atingidos por elas;
6- evacuação da Rússia;
7- restauração da independência da Bélgica;
8- restituição da Alsácia e da Lorena à França;
9- reajustamento das fronteiras italianas, seguindo linhas divisórias de nacionalidade claramente reconhecíveis";
10- desenvolvimento autônomo dos povos da Áustria-Hungria;
11- restauração da Rumânia, da Sérvia e de Montenegro, com acesso ao mar para a Sérvia;
12- desenvolvimento autônomo dos povos da Turquia, sendo os estreitos que ligam o Mar Negro ao Mediterrâneo "abertos permanentemente";
13- uma Polônia independente e
14- uma Liga das Nações.

Em 18 de janeiro de 1919, reuniu-se no Palácio de Versalhes, a Conferência de Paris, para definir as condições de paz com a Alemanha. Participaram somente os países vencedores. Foi estabelecido pelo Tratado de Versalhes:

- A Alemanha foi responsabilizada pela guerra, e como tal foi condenada a pagar aos Aliados pesadas indenizações em dinheiro, equipamentos, máquinas, minérios e produtos químicos.
- Os exércitos alemães foram drasticamente reduzidos e a fronteira franco-germânica, desmilitarizada.
- A França recebia de volta a Alsácia-Lorena e adquiria direitos de exploração das minas de carvão do Sarre durante quinze anos.
- Os Aliados obtinham concessões de privilégios aduaneiros.
- A Alemanha reconhecia a independência da Polônia.

Além dessas imposições à Alemanha, o Tratado de Versalhes criou a Liga das Nações.

TRATADOS COMPLEMENTARES

1 - TRATADO DE SAINT-GERMAIN

Assinado em 1919 com a Áustria, determinou a independência da Hungria, da Polônia, da Tchecoslováquia e da Iugoslávia. Trieste, Trentino e Ístria – os chamados territórios irredentos – foram anexados à Itália.

2 - Tratado de Nevilly

Assinado em 1919 com a Bulgária, que foi obrigada a ceder para a Romênia, para a Iugoslávia e para a Grécia a maior parte dos territórios anexados durante as guerras balcânicas.

3 - Tratado de Trianon

Assinado em 1920 com a Hungria, que perdeu várias regiões. A Eslováquia foi incorporada à Tchecoslováquia; a Croácia, à Iugoslávia; a Transilvânia, à Romênia.

4 - Tratado de Sèvres

Assinado em 1920 com a Turquia, esse tratado praticamente liquidou o Império Turco. A Armênia tornou-se independente. A Grécia ficou com a maior parte da Turquia européia. Os franceses passaram a controlar a Síria, e os ingleses a controlar a Mesopotâmia e a Palestina.

Conclusão

As duras condições dos acordos de paz impostos aos povos vencidos intensificaram as diferenças entre as nações, não resolvendo a questão básica da disputa imperialista sobre colônias e mercados. **A Europa perde a hegemonia sobre o mundo, acentuando o crescente poderio dos Estados Unidos e do Japão. A Sérvia conseguiu concretizar seu sonho de união dos povos eslavos, com a criação da Iugoslávia em 1919.** Assim, a Primeira Guerra Mundial, que enfraquece a Europa em população e importância econômica, acabou por ressaltar as condições do capitalismo. Essas divergências foram se acentuando e acabaram por originar uma crise que culminou na Segunda Guerra Mundial em 1939.

Leitura complementar

O Brasil na Guerra. Só para esquecer a crise interna.

A declaração brasileira de guerra à Alemanha foi mais um gesto político, pois a fragilidade de nossa Marinha de Guerra (até 1910 considerada a terceira do mundo, mas não reequipada) não permitia a participação efetiva no conflito. Apesar disso, o governo enviou uma força-tarefa à África, que não pôde combater, devido a um surto de gripe espanhola que atingiu 90% da tripulação e provocou dezenas de mortes. Uma missão médica comandada pelo Dr. Nabuco de Gouvêa prestou trabalho na França e diversos navios alemães foram aprisionados em águas brasileiras.

Várias razões levaram o Brasil a suspender a neutralidade decretada pelo governo do Marechal Hermes da Fonseca. A mais divulgada delas foi a série de afundamentos de navios mercantes brasileiros pelos submarinos alemães, que começou com o torpedeamento do Paraná em 5 de abril de 1917; a admiração dos intelectuais brasileiros pela França; a entrada dos Estados Unidos na guerra. E a necessidade de união interna também influenciaram na decisão do presidente Venceslau Brás.

A declaração brasileira de guerra foi sancionada no dia 27 de outubro de 1917 e serviu para que o governo desviasse a atenção popular dos problemas econômicos e sociais internos. Dentro desse espírito, foi decretado o estado de sítio no dia 17 de novembro, medida que agitou a política nacional, pois, utilizando o pretexto da guerra, tinha o objetivo de proibir os comícios de organizações operárias, prender líderes populares e acabar com as constantes greves.

Epitácio Pessoa, que seria eleito presidente em 1919, foi o representante brasileiro na Conferência do armistício. Se a participação do país nos combates foi modestíssima, a comitiva que negociou a paz foi um exagero: eram dez membros com suas respectivas famílias, que quase lotaram um navio.

(*Diário Popular - Um século de lutas pela Liberdade*, 8/11/1984, p. 34, edição comemorativa)

Apresente um fator que levou o Brasil a entrar na 1ª Guerra Mundial.

Resposta: A série de afundamentos de navios mercantes brasileiros pelos submarinos alemães; a admiração dos intelectuais brasileiros pela França; a entrada dos EUA na guerra e a necessidade de união interna.

QUESTÕES RESOLVIDAS

1. (PUC-MG) Caracterize a Liga das Nações e explique sua importância.

Resposta: Foi um dos 14 pontos defendidos pelo presidente Wilson dos EUA e teria como objetivo promover a paz entre as nações.

2. (UFMG) Sobre o Tratado de Versalhes, assinado entre os aliados e a Alemanha, após o término da Primeira Guerra Mundial, cite duas disposições desse Tratado que explicam o descontentamento dos alemães.

Resposta: A Alemanha foi condenada a pagar aos aliados pesadas indenizações em dinheiro, equipamentos, máquinas, minérios e produtos químicos. Os exércitos alemães foram drasticamente reduzidos e a fronteira franco-germânica desmilitarizada.

Unidade 39 – *A Primeira Guerra Mundial (1914 - 1918)* | **569**

3. (UNI-RIO) O equilíbrio da ordem política internacional entre as nações européias, rompido com a eclosão da Primeira Guerra Mundial (1914-1918), fundamentava-se no(a):
a) fim da política de compensações territoriais praticadas pelas nações imperialistas em seu processo de expansão mundial.
b) enfraquecimento do nacionalismo em virtude da ascensão das democracias liberais nos países europeus.
c) sistema de alianças que agrupavam as potências européias em dois blocos políticos, a Tríplice Aliança e a Tríplice Entente.
d) autoridade política da Liga das Nações em arbitrar os conflitos internacionais e situações de beligerância entre seus países membros.
e) liderança internacional dos Estados Unidos, que subordinavam política e economicamente os países ocidentais.

Resposta: C

4. (UNIOESTE) Sobre a História Contemporânea, use (V) para verdadeiro ou (F) para falso.
( ) a Primeira Guerra Mundial (1914-1918) resultou, dentre outros motivos, da concorrência comercial, da disputa por colônias e da luta pela hegemonia dos mares.
( ) a grande vencedora da Primeira Guerra Mundial foi a Alemanha, o que motivou a reação da Itália e do Japão no final dos anos 30, dando início à Segunda Guerra Mundial.
( ) o Tratado de Versalhes foi imposto pela Alemanha aos países europeus, com o apoio dos Estados Unidos.
( ) a ideologia nazista enaltecia o nacionalismo e o militarismo, visando a conquistar as massa e o exército, e pregava o anti-comunismo, visando a conquistar a alta burguesia.
( ) apesar das guerras do século XX, a Europa manteve sempre sua hegemonia econômica e política sobre o mundo.

Resposta: V F F V F

5. (UNESP) As raízes da 1ª Guerra Mundial encontram-se, em grande parte, na história do século XIX. Pode-se citar como alguns dos fatores que deram origem ao conflito desencadeado em 1914:
a) a concentração da industrialização na Inglaterra e o escasso crescimento econômico das nações do continente europeu.
b) a emergência de ideologias socialistas e revoluções operárias que desajustaram as relações entre os países capitalistas.

c) a derrota militar da França pela Prússia, no processo de unificação alemã, e a incorporação da Alsácia e da Lorena à Alemanha.

d) o confronto secular entre a França e a Inglaterra e a crise da economia inglesa provocada pelo bloqueio continental.

e) a política do "equilíbrio europeu", praticada pelo Congresso de Viena, e o fortalecimento militar na Rússia na Península Balcânica.

Resposta: C

QUESTÕES PROPOSTAS

O texto a seguir contém trecho do poema *Epitáfio para o séc. XX*, de Afonso Romano de Santana, no qual a sensibilidade do poeta permitiu-lhe traçar um retrato deste século, que, sob o prisma cronológico, está chegando ao fim. Leia-o para responder às questões seguintes.

1 - Aqui jaz um século
onde houve duas ou três guerras
mundiais e milhares
de outras pequenas
e igualmente bestiais.

2 - Aqui jaz um século
onde se acreditou
que estar à esquerda
ou à direita
eram questões centrais.

3 - Aqui jaz um século
que quase se esvaiu
na nuvem atômica
Salvaram-no o acaso
e os pacifistas
com sua homeopática
atitude
- nux-vômica.

4 - Aqui jaz um século
que um muro dividiu.

Um século de concreto
armado, canceroso,
drogado, empestado,
que enfim sobreviveu
às bactérias que pariu.

(...)

6 - Aqui jaz um século
semiótico e despótico,
que se pensou dialético
e foi patético e aidético.
Um século que decretou
a morte de deus,
a morte da história,
a morte do homem,
em que se pisou na lua
e se morreu de fome.

7 - Aqui jaz um século
que opondo classe a classe
quase se desclassificou.
Século cheio de anátemas
e antenas, sibérias e gestapos
e ideológicas safenas;
século tecnicolor
que tudo transplantou
e o branco, do negro,
a custo aproximou.

(...)

9 - Aqui jaz um século
que se chamou moderno
e olhando presunçoso
o passado e o futuro
julgou-se eterno;
século que de si

faz tanto alarde
e, no entanto,
– já vai tarde.

1. **(UnB)** Com o auxílio do texto, julgue os itens seguintes, referentes aos conflitos que convulsionaram o século XX, usando (V) para verdadeiro ou (F) para falso.
( ) Na estrofe 1 do poema, a expressão "duas ou três guerras mundiais" refere-se às Primeira e Segunda Guerras Mundiais e à Guerra Fria.
( ) As disputas interimperialistas, agregadas ao forte sentimento nacionalista e ao crescente militarismo, compuseram o quadro determinante para a eclosão da Grande Guerra de 1914, cujo resultado assinalou o começo do processo que marcaria o fim da hegemonia mundial européia.
( ) Apesar do bom trabalho da Liga das Nações, a Segunda Guerra Mundial tornou-se inevitável a partir do momento em que a Alemanha nazista e a União Soviética selaram um pacto, que perdurou até 1945, para fortalecê-las frente aos Estados Unidos.
( ) A bipolaridade nas relações internacionais pós-1945, implicitamente mencionada na estrofe 2, fez multiplicarem-se os conflitos regionais, nos quais, quase sempre, os interesses norte-americanos e soviéticos estavam presentes.
( ) As bombas atômicas jogadas sobre Hiroshima e Nagasaki, inferidas do contexto da estrofe 3, não apenas apressaram a rendição japonesa: elas podem ter funcionado com aviso dos EUA à URSS de que, cessada a guerra, iniciava-se um nova era de disputa pelo controle do planeta.

2. **(UFPE)** Na questão a seguir, use (V) para verdadeiro ou (F) para falso:
Após a reunião de Versalhes, em 1919, e a assinatura dos Tratados de Saint Germain, Trianon, Neully e Sevres, o mapa político europeu sofreu as seguintes modificações:
( ) Do desmembramento do Império Austro-Húngaro resultou a formação da Áustria, Hungria, Tchecoslováquia e Romênia.
( ) Pelo Tratado de Saint Germain, a Sérvia e o Montenegro foram unidos para a formação da Iugoslávia, a qual, através do Tratado de Neully, integrou também a Macedônia Ocidental, antes pertencentes à Bulgária.
( ) A Polônia foi reconstruída com parte de territórios da Rússia, da Áustria e da Alemanha.
( ) Com o Tratado de Serves o Império Turco perdeu territórios para a formação do Iraque, da Armênia e do Iêmen.
( ) Pelo Tratado de Trianon a Hungria perdeu a Eslováquia para a Tchecoslováquia, a Croácia para a Iugoslávia e a Transilvânia para a Romênia.

3. (UFRRJ) "(...) a guerra de 1914-18 foi, de ambos os lados, uma guerra imperialista (isto é, uma guerra de conquista, de pilhagem, de pirataria), uma guerra pela partilha do mundo, pela distribuição e redistribuição das colônias, das 'zonas de influência do capital financeiro', etc.

...O capitalismo se transformou num sistema universal de opressão colonial e de asfixia financeira da imensa maioria da população do globo por um punhado de países avançados. E a partilha deste 'saque' faz-se entre duas ou três aves de rapina, com importância mundial, armadas até os dentes (América, Inglaterra, Japão), que arrastam consigo toda a Terra na sua guerra pela partilha de seu saque".

(LENIN, Vladimir I. "O Imperialismo: fase superior do capitalismo". São Paulo, Global, 1985. p. 9-11)

a) Explique uma das principais características da fase monopolista do capitalismo.
b) Relacione capitalismo monopolista à Primeira Guerra Mundial.

4. (UFES) Explique como a questão da Bósnia-Herzegovina influiu na deflagração da Primeira Grande Guerra Mundial.

5. (CESGRANRIO) O clima de tensão oriundo da expansão imperialista na Ásia e determinador do 1º Conflito Mundial pode ser avaliado pelas:
   a) rivalidades entre franceses e ingleses na Indochina, entre ingleses e russos na Ásia Central e entre russos e japoneses na Manchúria e Coréia.
   b) políticas de alianças entre russos e japoneses para bloquear as pretensões inglesas e francesas no sudeste asiático.
   c) tensões entre o Império Inglês e o Império Chinês em torno da Coréia e da Manchúria com o apoio da França à Inglaterra.
   d) rivalidades entre ingleses e franceses no sudeste asiático, entre belgas e alemães em Port-Arthur e entre russos e poloneses na Ásia Européia.
   e) tensões entre o Império Austro-Húngaro e a Grécia na região do sudeste asiático com o apoio da Inglaterra aos gregos.

6. (FATEC) "O clima internacional na Europa era carregado de antagonismos que se expressavam na formação de alianças secretas e de sistemas de alianças, tornando a ameaça de uma guerra inevitável. O desenvolvimento desigual dos países capitalistas, a partir do século XIX, levara países que chegaram tarde à competição internacional, como a Alemanha, a reivindicarem uma redivisão do território econômico mundial. Cada vez mais

aumentou a rivalidade pela luta por mercados consumidores de produtos industriais, pela aquisição de matérias-primas fundamentais e por áreas de investimento."
(Aquino, Rubim Leão de et al. "História das sociedades: da Moderna à Contemporânea". Rio de Janeiro: Record, 2000)

No sistema de alianças, às vésperas da 1ª Guerra Mundial, estavam a Tríplice Aliança e a Tríplice Entente, compostas, respectivamente, pelos seguintes Estados-nações:
 a) Alemanha, Áustria-Hungria e Rússia e, na defesa de interesses antagônicos, Inglaterra, Itália e França.
 b) Alemanha, Áustria-Hungria e Itália e, na defesa de interesses antagônicos, Inglaterra, França e Rússia.
 c) Alemanha, Rússia e Itália, e, na defesa de interesses antagônicos, Inglaterra, Áustria-Hungria e França.
 d) Alemanha, Áustria-Hungria e Inglaterra e, na defesa de interesses antagônicos, Itália, França e Rússia.
 e) Alemanha, França e Rússia e, na defesa de interesses antagônicos, Inglaterra, Itália e Áustria-Hungria.

7. (FUVEST) "As lâmpadas estão se apagando na Europa inteira. Não as vemos brilhar outra vez em nossa existência."

Sobre esta frase, proferida por Edward Grey, secretário das Relações Exteriores da Grã-Bretanha, em agosto de 1914, pode-se afirmar que exprime:
 a) a percepção de que a guerra, que estava começando naquele momento e que iria envolver toda a Europa, marcava o fim de uma cultura, de uma época conhecida como a Belle Époque;
 b) a desilusão de quem sabe que a guerra, que começava naquele momento, entre Grã-Bretanha e Alemanha, iria sepultar toda uma política de esforços diplomáticos visando a evitar o conflito;
 c) a compreensão de quem, por ser muito velho, consegue perceber que também aquela guerra, embora longa e sangrenta, iria terminar um dia, permitindo que a Europa voltasse a brilhar;
 d) a ilusão de que, apesar de tudo, a guerra que estava começando iria, por causa de seu caráter mortal e generalizado, ser o último grande conflito armado a envolver todos os países da Europa;
 e) a convicção de que à guerra de acabava de começar, e que iria envolver todo o continente europeu, havia de suceder uma outra, a Segunda Guerra Mundial, antes da paz definitiva ser alcançada.

Unidade 39 – *A Primeira Guerra Mundial (1914 - 1918)* | 575

8. (MACK) Ao término da Primeira Grande Guerra, as potências vencedoras responsabilizaram a Alemanha pela guerra e foi-lhe imposto um tratado punitivo, o Tratado de Versailles, que teve como conseqüências:
a) degradação dos ideais liberais e democráticos, agitações políticas de esquerda – como o movimento espartaquista, crise econômica e desemprego.
b) enfraquecimento dos sentimentos nacionais, militarização do Estado Alemão, recuperação econômica e incorporação de Gdansk.
c) anexação das colônias de Togo e Camarões, afirmação dos ideais liberais e democráticos e valorização do marco alemão.
d) prosperidade econômica, rearmamento alemão, desmembramento da Alemanha e fortalecimento dos partidos liberais.
e) surgimento da República Democrática Alemã e da República Federal Alemã, fortalecimento do nazismo, militarismo e diminuição do desemprego.

9. (MACK) Dentre as causas da Primeira Grande Guerra, destaca-se a questão balcânica, que pode ser associada:
a) à formação de novas nacionalidades, como a iugoslava sob a tutela da Alemanha.
b) às disputas coloniais na Ásia e na África entre a França e a Inglaterra.
c) ao interesse russo em abrir os estreitos de Bósforo e Dardanelos, ao nacionalismo eslavo e ao temor austríaco quanto à formação da Grande Sérvia.
d) às desavenças entre o Império Austro-Húngaro e a Inglaterra ligadas à anexação da Bósnia-Herzegovina.
e) ao assassinato do Príncipe herdeiro, Francisco Ferdinando, e às questões pendentes relacionadas ao Tratado de Brest-Litowsky e ao desmembramento da Áustria-Hungria.

10. (PUC-CAMP) Em relação às causas da Primeira Guerra Mundial é **correto** afirmar que:
a) a incapacidade dos Estados liberais em solucionar a crise econômica do século XIX colocou em xeque toda a estrutura do sistema capitalista. A instabilidade política e social das nações européias impulsionou as disputas colonialistas e o conflito entre as potências.
b) a desigualdade de desenvolvimento das nações capitalistas européias acentuou a rivalidade imperialista. A disputa colonial marcada por um nacionalismo agressivo e pela corrida armamentista expandiu os pontos de atrito entre as potências.
c) o sucesso da política de apaziguamento e do sistema de aliança equilibrou os sistemas de forças entre as nações européias, acirrando as lutas de conquistas das colônias da África e da Ásia.

d) o expansionismo na Áustria, a invasão da Polônia pelas tropas alemães assustaram a Inglaterra e a França, que reagiram contra a agressão declarando guerra ao inimigo.
e) o desequilíbrio entre produção e consumo incentivou a conquista de novos mercados produtores de matérias-primas e consumidores de bens de produção, reativando as rivalidades entre os países europeus e os da América do Norte.

GABARITO DAS QUESTÕES PROPOSTAS

Questão 1 - Resposta: V V F V V

Questão 2 - Resposta: F V V F V

Questão 3 - Respostas:
a) O predomínio do capitalismo financeiro, que a partir dos países centrais passa a monopolizar o mercado de colônias e a determinar suas economias.
b) As transformações nas relações de poder entre os países europeus com o surgimento da Alemanha enquanto potência; o nacionalismo existente entre várias minorias nacionais que foram anexadas dentro de grandes monarquias européias, sendo o Império Austro-Húngaro o caso mais exemplar.

Questão 4 - Resposta: Em 1908 a Áustria anexou a Bósnia, contrariando o imperialismo sérvio nos Bálcãs e acirrando o nacionalismo sérvio que culminou com o assassinato do arquiduque Francisco Ferdinando, o príncipe austríaco, em 28 de junho de 1914, por um nacionalista do grupo "mão-negra", fato que deu início à Primeira Guerra Mundial.

Questão 5 - Resposta: A

Questão 6 - Resposta: B

Questão 7 - Resposta: A

Questão 8 - Resposta: A

Questão 9 - Resposta: C

Questão 10 - Resposta: B

COMPLEMENTANDO OS ESTUDOS

FILME

Gallipoli. Dir: Peter Weir

Livro

Augustin, Wernet de. *A Primeira Guerra Mundial*. São Paulo: Ed. Contexto, 1991.

Página eletrônica

Participação brasileira na guerra:
http://www.roadnet.com.br/pessoais/avelino/pguerra.htm

UNIDADE 40

A REVOLUÇÃO RUSSA DE 1917

SINOPSE TEÓRICA

A RÚSSIA PRÉ-REVOLUCIONÁRIA

Após a Primeira Guerra Mundial, embora tivesse lutado ao lado das potências vencedoras, foi a primeira das nações a mergulhar na revolução, e não fica difícil entender seus motivos.

Em pleno século XX, a Monarquia russa ainda era absolutista. Socialmente, o país passava por uma crise muito aguda, onde os camponeses reclamavam por terra e o proletariado vivia muito explorado, ou pela burguesia local ou pela burguesia estrangeira que atuava no país.

No ano de 1905, ocorreu o que os historiadores denominaram de "ensaio geral". Após uma derrota para o Japão, os trabalhadores conseguiram arrancar algumas concessões do czar, como por exemplo: o direito de voto, uma Constituição e a Duma, ao mesmo tempo em que surgia uma nova forma de organização, o *soviete*. Mas o que eram os soviets? Eram conselhos de representantes operários, camponeses e soldados, que surgiram como forma de organizar os movimentos populares.

Como o proletariado vivia abandonado pelo governo, qualquer greve acabava ganhando uma grande conotação política, e assim, no dia 1º de maio de 1905, as comemorações do dia do trabalho evoluíram para uma manifestação gigantesca de solidariedade ao proletariado. Acontece uma greve e forma-se um soviete de deputados, ou seja, um conselho de representantes dos operários para dirigir a greve, e que logo se transformou em novo poder revolucionário, onde os bolcheviques, mencheviques e socialistas revolucionários expunham suas idéias.

Manifestação de trabalhadores em São Petesburgo em outubro de 1905.

Como vimos inicialmente, a situação econômica e social do país estava bastante precária, e para piorar a situação, a Rússia entrou na Primeira Guerra Mundial. Os soldados iam para o campo de batalha muitas vezes sem fuzis e insuficientemente supridos de roupas e sapatos. Os feridos não recebiam assistência adequada e acabavam morrendo, enquanto que na retaguarda, o sistema ferroviário desorganizou-se completamente, determinando a falta de alimentos, não só para os soldados como também para as cidades.

Os movimentos grevistas se acentuavam e os choques com a polícia eram inevitáveis, mas uma parte do Exército uniu-se aos manifestantes, desmoronando o poder czarista.

Manifestação de trabalhadores na cidade de Petrogrado, em julho de 1917.

A primeira fase da revolução aconteceu em março de 1917, com a abdicação forçada do Czar Nicolau II, motivada pelo descontentamento com o andamento da guerra, existindo também o problema da inflação e a conseqüente falta de alimentos nas áreas urbanas. O governo passou para um ministério provisório organizado por líderes políticos da Duma, em união com os trabalhadores de Petrogrado. Os membros mais importantes do novo gabinete eram o Primeiro-ministro Lvov, o Ministro do Exterior Paulo Milyuko e o Ministro da Justiça Alexandre Kerensky. Esses políticos tentaram implantar uma Monarquia Constitucional na Rússia.

O grande erro do governo provisório foi ter mantido a Rússia na Primeira Guerra Mundial. O povo estava cansado da guerra.

Camponesas russas, amarradas como animais de carga, puxam um barco no rio Volga, em 1913.

A Revolução de Novembro de 1917

A queda do regime de Kerenski assinala o fim da primeira fase da revolução russa. A segunda fase começou em 7 de novembro de 1917, quando os bolcheviques chegaram ao poder. A origem dos bolcheviques estava no Partido Social-Democrático.

Inicialmente minoritários, eram marxistas ortodoxos e entendiam que a revolução era a única maneira de promover as transformações na sociedade. Uma outra facção era a dos mencheviques, revisionistas que entendiam que a implantação do socialismo aconteceria através da evolução política. Os bolcheviques lançaram-se no soviete (conselho de deputados dos trabalhadores e soldados) de Petrogrado e conseguiram uma guarda vermelha armada, apossando-se assim dos pontos estratégicos da cidade.

A vitória fácil dos bolcheviques foi facilitada pelo colapso da autoridade de Kerensky e porque o lema "Paz, terra e pão" transformara-os em heróis aos olhos dos soldados desgostosos com a guerra, dos camponeses famintos de terra e das pobres das cidades à mingua de pão.

O aprofundamento da Revolução e a organização da URSS

A Contra-revolução e o Comunismo de Guerra (1918-1921)

Período radical da revolução, apresentou as seguintes características: nacionalização das terras; deu aos camponeses o direito exclusivo de fazer uso delas; transferiu para os operários o controle das fábricas; os estabelecimentos industriais mais importantes foram tomados pelo governo; os bancos foram nacionalizados.

Ainda neste período, em março de 1918, foi assinada a Paz de Brest-Litovsky, que oficializava a saída da Rússia da guerra. A Rússia foi obrigada a assinar um tratado violento, onde ficou estabelecido que a Rússia devia se retirar da Estônia e da Finlândia, reconhecer a independência da Ucrânia e permitir às Potências Centrais determinar o "status" da Polônia, da Letônia e da Lituânia, sem contar o fato de que a Rússia foi obrigada a pagar uma pesada indenização.

A partir do momento em que surgiu a paz, os capitalistas e os proprietários, que não se conformavam com a perda de seus bens, deram início a uma contra-revolução, que foi apoiada pelos aliados descontentes com a revolução bolchevique. Começava assim uma sangrenta guerra civil, que de um lado colocava os vermelhos ou bolcheviques, e de outro, os brancos, ou seja, os reacionários e seus aliados estrangeiros. Em 1920 estava praticamente terminada a guerra, com a vitória bolchevique.

Lenin fala ao povo durante a Revolução Russa.

A Nova Economia Política – NEP (1921 – 1928)

Depois de ter enfrentado uma guerra contra o Japão, a Primeira Guerra Mundial e ter sofrido uma invasão estrangeira que conduziu o país a uma guerra civil, a economia da Rússia, em 1920, estava arruinada, produzindo apenas 13% do que tinha sido produzido em 1913. Tentando enfrentar a crise e a escassez de mercadorias, o governo aboliu o pagamento de salários e distribuiu alimentos aos operários. Além do mais, foi proibido o comércio particular e requisitada a produção camponesa.

Diante dessa situação, em 1921 foi adotada a Nova Política Econômica (NEP), que Lênin definiu como "um passo atrás para poder dar dois passos à frente", ou seja, adotar práticas capitalistas em uma economia socialista, assim sendo, autorizava a manufatura privada e o comércio particular em pequena escala, reintroduzia o pagamento de salários e permitia que os camponeses vendessem o seu trigo no mercado livre. Esta política vigorou até 1928, quando foi adotado o primeiro plano qüinqüenal. Seus objetivos principais eram completar o processo de socialização, transformar a Rússia em um grande país industrial e promover a evolução no sentido de uma sociedade comunista sem classes.

Lenin (à esquerda) e Stalin (à direita).

A Revolução após Lênin

A partir da morte de Lênin, em 1924, Trótski e Stálin iniciam uma luta pelo poder. Trótski defendia a tese de que o socialismo só alcançaria êxito na Rússia a partir do momento em que o capitalismo fosse eliminado dos países vizinhos, ou seja, defendia a internacionalização da revolução. Stálin, por sua vez, estava disposto a abandonar temporariamente o programa da revolução mundial para construir o socialismo na própria Rússia. Stálin alcançou o poder em 1927. Trótski foi expulso do Partido Comunista, e dois anos depois foi exilado, e em 1940, assassinado no México.

Leitura complementar

Trótski: O herói banido da História

Perseguido por Stálin, a partir de 1924, Trótski foi exilado na Ásia Central e deportado em 1929. Em 1940, foi assassinado no México pelo comunista espanhol Ramón Mercader, num atentado organizado pelo serviço secreto soviético da época NKVD - precursor da atual KGB.

"Assim como a figura física, também o nome e a história de Trótski foram progressivamente varridos dos registros da União Soviética. Seu verbete na enciclopédia histórica foi apagado, junto com sua imagem, nas fotos da revolução. Durante todo o longo período stalinista,

Trótski encarnou melhor do que ninguém aquilo que George Orwell, em seu livro 1984, batizou de 'uma não-pessoa'.

Foi com a morte de Stálin, em 1953, e a ascensão do reformista Nikita Kruschev, que começaram os primeiros rumores da reabilitação de Trótski. Mas o golpe contra Kruschev e a inauguração da era Brejnev, em 1964, levariam o dirigente maldito outra vez para o silêncio oficial."

Somente em setembro de 1988 na esteira da revisão histórica promovida pela Glasnost (transparência informativa) de Mikhail Gorbatchov, o nome de Trótski voltou a ser mencionado na imprensa oficial soviética. Em janeiro de 1989, o artigo de um historiador apontou pela primeira vez na União Soviética o ex-ditador Stálin como comandante do assassinato de Trótski e permitiu que a população conhecesse resumidamente as idéias e obras proibidas do segundo dirigente mais destacado da Revolução de 1917, depois de Lênin. (O trecho entre aspas foi extraído de: Jornal da Tarde, 10/09/1988, p. 9, citado no livro "História Moderna e Contemporânea", de Alceu Luiz Pazzinato, p. 236)

Baseado no texto programático, cite o fator que provocou o conflito entre Stálin e Trótski.

Resposta: Trótski defendia a tese de que o socialismo só alcançaria êxito na Rússia a partir do momento em que o capitalismo fosse eliminado dos países vizinhos, ou seja, defendia a internacionalização da revolução. Stálin, por sua vez, estava disposto a abandonar temporariamente o programa de revolução mundial para construir o socialismo na própria Rússia.

QUESTÕES RESOLVIDAS

1. (FUVEST) Qual a relação entre a Primeira Guerra Mundial e os acontecimentos políticos que ocorreram na Rússia entre fevereiro e outubro de 1917?

Resposta: As derrotas sofridas pela Rússia na Primeira Guerra Mundial provocaram a crise do czarismo e a derrubada do Estado Liberal que o substituiu, favorecendo a ascensão dos bolcheviques (socialistas revolucionários) que tomaram o poder em outubro de 1917, implantando o Estado socialista.

2. (UFSCar) Os revolucionários russos de 1917 viam-se como herdeiros da tradição de luta dos movimentos operários do século XIX europeu.
   a) Em que revoluções do século XIX houve participação efetiva da classe operária?
   b) Relacione, tendo em vista o entendimento da revolução bolchevista, o tipo de industrialização ocorrido na Rússia, o poder político czarista e a Primeira Guerra Mundial.

Respostas:
   a) A Revolução de 1848 na França (no contexto da Primavera dos Povos) e a Comuna de Paris, em 1871, foram movimentos revolucionários em que a classe operária participou de forma efetiva.

b) No início do século XX, a Rússia assistiu à industrialização de um país agrário marcado pela baixíssima produtividade. Os novos centros industriais sofriam uma crise de abastecimento de produtos agrícolas, o que elevava os preços e dificultava a vida dos operários que recebiam reduzidos salários. Politicamente, o czarismo respondia às insatisfações populares através de repressão e perseguições. Tais insatisfações alimentaram o surgimento de grupos oposicionistas, entre eles os bolchevitas, que questionavam o modelo capitalista adotado pelo Estado russo. Com a Primeira Guerra Mundial e o conseqüente agravamento dos problemas de abastecimento, tanto o czarismo quanto o modelo capitalista mergulharam numa grave crise que abriu espaço para a tomada do poder pelos bolchevistas.

3. (UFVIÇOSA) A guerra Russo-Japonesa (1904-1905), decorrente das ambições imperialistas tanto russas quanto japonesas sobre a Coréia e a Manchúria, terminou com uma vitória arrasadora dos japoneses, a ponto de um cronista da época haver registrado que "os soldados russos morriam como gafanhotos atravessando um rio".

Considerando-se os acontecimentos históricos posteriores, essa guerra teve duas conseqüências importantes, uma para o Japão e outra para a Rússia. Descreva-as.

Resposta: Para o Japão o controle da Manchúria, do sul da ilha de Sacalina e Guangdong, concretizava parte do expansionismo imperialista no Extremo Oriente.
Na Rússia tiveram início manifestações contra o regime czarista conhecidas como "Ensaio Geral" para a revolução Bolchevique de 1917.

4. (FUVEST) Há controvérsias entre historiadores sobre o caráter das duas grandes revoluções do mundo contemporâneo, a Francesa de 1789 e a Russa de 1917; no entanto, existe consenso sobre o fato de que ambas:
a) fracassaram, uma vez que, depois de Napoleão, a França voltou ao feudalismo com os Bourbons e a União Soviética, depois de Gorbatchev, ao capitalismo.
b) geraram resultados diferentes as intenções revolucionárias, pois tanto a burguesia francesa quanto a russa eram contrárias a todo tipo de governo autoritário.
c) puseram em prática os ideais que as inspiraram, de liberdade e igualdade e de abolição das classes e do Estado.
d) efetivaram mudanças profundas que resultaram na superação do capitalismo na França e do feudalismo na Rússia.
e) foram marcos políticos e ideológicos, inspirando, a primeira, as revoluções até 1917, e a segunda, os movimentos socialistas até a década de 1970.

Resposta: E

Unidade 40 - A Revolução Russa de 1917 | 587

5. (PUC-RIO) O Estado alemão durante o regime de Hitler e o Estado soviético sob Stálin costumam ser pensados como Estados totalitários. Considere as seguintes afirmativas sobre esses estados:

I - Em ambos, a organização do partido – quer o nazista, quer o bolchevique - acabou confundindo-se com a organização do Estado, dando origem a uma política de partido único.

II - Os governos da Alemanha hitlerista e da Rússia stalinista fundavam sua legitimidade apresentando-se como únicas alternativas aos fracassos políticos e econômicos dos impérios alemão e russo.

III - Os Estados hitlerista e stalinista utilizaram a propaganda política nos meios de comunicação e a política secreta como armas eficazes na eliminação dos seus adversários políticos.

IV - A crise do capitalismo mundial de 1929 forneceu os principais argumentos para a implementação de uma política de restrição à ação do grande capital monopolista, por parte do Estado, tanto na Alemanha quanto na União Soviética.

Assinale a opção que contém as afirmativas corretas:
a) somente I e II.
b) somente I e III.
c) somente I, III e IV.
d) somente II e III.
e) somente II e IV.

Resposta: B

QUESTÕES PROPOSTAS

1. (VUNESP) "A guerra atual é, por parte de ambos os grupos potências beligerantes, uma guerra (...) conduzida pelos capitalistas pela partilha de vantagens que provêm domínio sobre o mundo, mercadores do capital financeiro (bancário), pela submissão dos povos fracos etc." ("Resolução sobre a guerra", publicada na jornal PRAVDA em abril de 1917.)

O texto oferece uma interpretação característica dos bolcheviques sobre:
a) Guerra Russo-Japonesa.
b) Guerra da Coréia.
c) Guerra da Criméia.
d) Primeira Guerra Mundial.
e) Primeira Guerra Balcânica.

2. (CESGRANRIO) "Desde os primeiros dias da Revolução, o nosso partido teve a convicção de que a lógica dos acontecimentos o levaria ao poder." (Leon Trótsky)

Tal convicção foi posteriormente confirmada e a Revolução Russa de 1917 caracterizou-se como um dos mais importantes acontecimentos históricos da primeira metade do século XX, na medida em que significou a tentativa de se implantar o primeiro Estado socialista, experiência até então, sem precedentes. Dentre os fatores que favoreceram a eclosão dessa Revolução, identificamos corretamente o(a):

a) acirramento da crise econômica e social decorrente da participação da Rússia na Primeira Guerra Mundial, que agravou a carestia generalizada de alimentos e as greves, e enfraqueceu a autoridade governamental do Czar.

b) desenvolvimento tardio do capitalismo industrial na Rússia, que favoreceu o afastamento da aristocracia rural e do exército da base do poder da monarquia czarista, substituídos pela burguesia e pelo operariado.

c) substituição da autocracia czarista por um governo fundamentado em uma monarquia parlamentar liberal, que ampliou os direitos políticos individuais fortalecendo os partidos políticos, inclusive os mencheviques revolucionários.

d) revolução burguesa de 1905, que concedeu autonomia política e administrativa às nacionalidades que formavam o Império Russo, implementando uma política de reforma agrária que extinguiu os privilégios da aristocracia fundiária e da Igreja Ortodoxa.

e) vitória dos bolcheviques e mencheviques nas eleições da Duma legislativa (1906) convocada pelo Czar, após o "Domingo Sangrento", na qual obtiveram uma maioria parlamentar que possibilitou a implantação de diversas reformas econômicas socializantes.

3. (FGV) Leia o seguinte texto:

"É ingênuo esperar a maioria 'formal' dos bolcheviques; nenhuma revolução espera isso... Precisamente as ruinosas vacilações da 'Conferência Democrática' devem esgotar e esgotarão a paciência dos operários de Petrogrado e Moscou! A história não nos perdoará se não tomarmos agora o Poder."

Diga quem o escreveu:
a) Lênin;
b) Yeltsin;
c) Trótsky;
d) Rosa de Luxemburgo;
e) Kerensky.

4. (MACK) "Hoje ainda é moda (...) falar da Revolução bolchevique como de uma 'aventura'. Muito bem, se for uma aventura, trata-se de uma das mais maravilhosas em que já se empenhou a humanidade, aquela que abriu às massa laboriosas o campo da história,..." (John Reed)

Assinale os acontecimentos que levaram o jornalista John Reed a entusiasmar-se com a Revolução.

a) A implementação de um projeto socialista desvinculado do elemento democrático e das inspirações internacionalistas, reafirmando os ideais nacionalistas dos sovietes.
b) A substituição do Estado por uma sociedade de homens livremente associados, sem leis codificadas.
c) A implantação do primeiro Estado socialista, representativo das aspirações operárias e camponesas, alterando, na Rússia, as relações sociais capitalistas de produção.
d) A construção do Estado comunista, através da organização de uma sociedade de classes.
e) O apaziguamento das agitações operárias, através do fortalecimento dos partidos políticos na Rússia czarista.

5. (MACK) Vladimir Ilitch Lênin justificou a Nova Política Econômica sob a alegação de que ia dar "um passo atrás, para dar dois passos à frente".

A NEP (1921-1927) pretendia:

a) a concessão de empréstimos aos fazendeiros arruinados e o desenvolvimento da previdência social.
b) criar um estado corporativo organizado pelo povo e partido e encontrar a harmonização do capital e do trabalho.
c) instaurar os planos qüinqüenais, estatizando toda a economia.
d) manter a economia planejada, permitindo, entretanto, a existência de uma economia de mercado e livre iniciativa em certos setores.
e) implantar as fazendas estatais (Sovkhozes) e as cooperativas (Kolkhozes).

6. (PUC-PR) Relacione as duas colunas:

1 - Revolução Russa – 1905
2 - Revolução Russa – março de 1917
3 - Revolução Russa – novembro de 1917

( ) Derrubou a monarquia.
( ) Foi resultado das derrotas russas frente ao Japão no auge da crise econômica.

( ) Convocação da Duma, legalização dos partidos políticos e ampliação do direito de voto.
( ) Governo provisório integrado por liberais da Duma.
( ) Foi grandemente decorrente da participação da Rússia na Primeira Guerra Mundial.
( ) Levou ao poder os Bolchevistas.

A seqüência correta é:
a) 1, 3, 2, 2, 3, 2
b) 2, 1, 1, 2, 2, 3
c) 1, 2, 2, 1, 3, 3
d) 3, 1, 1, 2, 3, 1
e) 2, 2, 3, 3, 2, 1

7. (PUC-SP) O Governo Provisório foi deposto: a maioria de seus membros está presa.O poder soviético proporá uma paz democrática imediata em todas as nações. Ele procederá à entrega aos comitês camponeses dos bens dos grandes proprietários, da Coroa e da Igreja (...) Ele estabelecerá o controle operário sobre a produção, garantirá a convocação da Assembléia Constituinte (...). O Congresso decide que o exercício de todo o poder nas províncias é transferido para os sovietes dos deputados operários, camponeses e soldados, que terão de assegurar uma disciplina revolucionária perfeita. ("Declaração do Congresso de Sovietes, novembro de 1917." In Ferro, M. a Revolução Russa de 1917". São Paulo: Perspectiva, 1974, p. 126)

Sem a participação das forças locais, sem uma organização a partir de baixo dos camponeses e operários, por si mesmos, é impossível construir uma nova vida. Poderia responder-me que os sovietes serviram precisamente para esta função de criar uma organização a partir de baixo. Mas a Rússia hoje é uma República Soviética só no nome. (...) No momento atual, são os comitês do partido e não os sovietes que governam a Rússia. E sua organização padece de todos os defeitos da organização burocrática. (Kropotkin, P. "Carta a Lenin", 04.03.1920. In: Tragtenberg, M. (org.) Kropotkin. textos escolhidos". Porto Alegre: LPM, p. 179)

Após a leitura dos dois fragmentos, relativos à Revolução Russa de 1917, considere as afirmações a seguir:

I - No primeiro fragmento, o mencionado "governo provisório" é o governo czarista, vigente na Rússia antes da revolução de 1917, e derrubado por esta.
II - A "paz democrática" proposta a todas as nações, mencionada no primeiro fragmento, refere-se à suspensão da participação russa na Primeira Guerra Mundial.

III - O segundo fragmento, escrito dois anos e meio após o primeiro, concorda com a idéia, expressa no primeiro fragmento, de que o poder deve ficar nas mãos dos sovietes.

IV - O segundo fragmento discorda do primeiro, ao afirmar que o poder deve ficar com os comitês do partido, e não com os sovietes.

V - O segundo fragmento concorda com a idéia, indicada no primeiro fragmento, de atribuir todo o poder aos sovietes, mas afirma que isso não ocorreu ainda.

Indique quais das afirmações anteriores são corretas.
a) I, II e V
b) II, III e V
c) I, III e IV
d) III, IV e V
e) I, II e IV

8. (UnB) A respeito da Revolução Russa de 1917, julgue os seguintes itens, usando (C) para certo e (E) para errado.
( ) Ocorrida em meio à Primeira Guerra Mundial, estabeleceu uma ruptura política e social, iniciando uma radical transformação da Rússia dos czares.
( ) Em um primeiro momento, a burguesia russa assumiu o poder; em seguida, com a ascensão bolchevista, a revolução tornou-se proletária.
( ) Nos primeiros anos do novo regime, sob a liderança de Lênin, foram tomadas medidas de nacionalização da indústria, de reorganização da sociedade e de combate à contra-revolução.
( ) Com Stalin, que governou a União Soviética durante vários anos, consolidou-se a abertura política do regime, pela adoção do pluripartidarismo e de medidas descentralizadoras.

9. (UNI-RIO) "O socialismo é a abolição das classes...Para abolir as classes devemos abolir as diferenças entre o operário e o camponês, devemos transformá-los todos em operários." (Lênin, 1918)

A Revolução Russa caracterizou-se como um importante movimento social, que marcou historicamente o século XX, em virtude das transformações estruturais que empreendeu. Sobre o processo de construção do socialismo na Rússia, assinale a afirmativa correta.
a) As anexações territoriais conquistadas pelo exército russo na Polônia e na Ucrânia, durante a Primeira Guerra Mundial (1914-1918), fortaleceram política e economicamente a monarquia czarista.

b) A revolta armada ocorrida na Guarda Vermelha possibilitou o lançamento do Manifesto de Outubro, com o qual foi deposto o Czar Nicolau II e instalada a República da Duma (1917), chefiada pelo líder comunista Trótsky.
c) A vitória dos extremistas revolucionários mencheviques, liderados por Alexandre Kerensky, foi acompanhada da criação da República Soviética Russa (1918).
d) No governo de Lênin, instituiu-se a Nova Política Econômica (1921), NEP, que se caracterizou por estimular a produção em pequenas manufaturas e o comércio privado.
e) A industrialização da Rússia socialista foi alcançada no início do governo de Stálin (1924), com a extinção dos planos qüinqüenais e a liberação de investimentos estrangeiros nas indústrias russas.

10. (UERJ) A rota de colisão entre civilizações dominará a política mundial, sustenta o cientista político americano Samuel Huntington. (Revista "Veja 25 anos: Reflexões para o futuro". 1992)

Se hoje vislumbra-se um conflito entre civilizações, no início do século XX a reação do ocidente contra a Revolução Russa gerou uma tensão que evidenciava um profundo antagonismo ideológico.

A alternativa que identifica essa contraposição é:
a) Comunismo x Capitalismo
b) Liberalismo x Anarquismo
c) Democracia Liberal x Nazi-Fascismo
d) Socialismo Utópico x Socialismo Científico

Gabarito das questões propostas

Questão 1 - Resposta: D

Questão 2 - Resposta: A

Questão 3 - Resposta: A

Questão 4 - Resposta: C

Questão 5 - Resposta: D

Questão 6 - Resposta: B

Questão 7 - Resposta: B

Questão 8 - Resposta: C C C E

Questão 9 - Resposta: D

Questão 10 - Resposta: A

COMPLEMENTANDO OS ESTUDOS

FILME

Doutor Jivago (EUA, 1965). Dir. David Lean

LIVRO

Irene, Sônia. *A República dos Sovietes*. São Paulo: Ed. Atual, 1996.

PÁGINA ELETRÔNICA

Textos sobre a Revolução Russa, desde as criações que antecederam até o governo de Stalin

http://www.cap.ufrgs.br/ ~telmo/ver_rus3.htm

UNIDADE 41

NAZI-FASCISMO

SINOPSE TEÓRICA
OS ESTADOS TOTALITÁRIOS: O FASCISMO E O NAZISMO
A REVOLUÇÃO FASCISTA NA ITÁLIA
CAUSAS

Quando analisamos o fenômeno político do fascismo, percebemos que o sentimento nacionalista do italiano estava em baixa. Desde a época da corrida imperialista, os italianos colheram diversos fracassos no processo de conquista de colônias: em 1881, a Itália tentou apossar-se da Tunísia, mas, no entanto, quem a conquistou foi a França; logo depois, em 1890, os italianos tentaram conquistar a Abissínia e foram derrotados na Batalha de Ádua. Diante dos constantes fracassos, o povo sentia-se humilhado e acusava os seus políticos de serem naturalmente derrotistas e corruptos.

Um outro fator importante que deve ser levado em consideração, foi a participação da Itália na Primeira Guerra Mundial. Como vimos aqui, a Itália teve uma unificação tardia e ficou prejudicada na corrida imperialista, e a participação na guerra poderia representar a conquista de uma colônia. Sendo assim, a Itália mobilizou mais de cinco milhões e meio de homens, gastou mais de 15 milhões de dólares e, na hora da divisão do lucro da guerra, os italianos receberem menos do que esperavam. Mais uma vez, o sentimento nacionalista era ferido.

Se analisarmos a economia italiana no período, percebemos que a situação também não era nada favorável: inflação elevada, especulação, negócios paralisados por greves extensas etc. Diante desta realidade, o avanço do socialismo era uma realidade que despertava o interesse do proletariado e representava uma ameaça para a elite, que começava a perceber o fascismo como uma esperança para o seu projeto de vida.

O estopim para a implantação do fascismo foi o colapso do regime parlamentar. A paralisação dos negócios e a condição de quase anarquia que reinava em muitas partes do país, tornavam praticamente impossível a arrecadação de uma receita adequada, além do mais, os dois maiores partidos, o Socialista e o Popular, não se apoiavam, tornando impossível o funcionamento do governo.

A PRIMEIRA ETAPA DO FASCISMO

Os Fasci surgiram em 1914 como grupos de agitação, que visavam impedir que a Itália aderisse à causa da Entente. Mussolini tornou-se chefe do fascio de Milão. De 1918 a 1921, ocorreu o período chamado de "esquadrismo", caracterizado pelo terrorismo contra todos os que fossem considerados inimigos do povo (espancamento, seqüestro, tortura, assassinatos).

O Programa Fascista elaborado por Mussolini exigia: sufrágio universal, abolição do Senado, instituição da jornada de 8 horas, pesado imposto sobre o capital, etc. Em 1920, essa plataforma política foi substituída por outra mais radical, que condenava o socialismo dos políticos, mas, no entanto, com nenhuma das plataformas os fascistas conseguiram êxito político.

Em 1922 o governo italiano tinha chegado à total decadência, e Mussolini, em outubro do mesmo ano, começou a pressionar o governo para que novas eleições fossem convocadas, exigindo também cinco pastas no gabinete do governo. O Parlamento italiano não tomou conhecimento das reivindicações e Mussolini, então com um exército de cerca de 50.000 fascistas, promoveu a marcha sobre Roma, ocupando a capital italiana. O primeiro-ministro renunciou e, no dia seguinte, Vitor Emanuel III convidou Mussolini para organizar um gabinete.

O ESTADO CORPORATIVO

Este tipo de Estado defendia a idéia de que os interesses individuais e de classe devem subordinar-se aos interesses do Estado. Não deveria haver luta de classe entre o capital e o trabalho e eram proibidas as greves. O Estado Corporativo repudiava o "laissez-faire". Toda atividade econômica do cidadão era submetida à regulamentação e qualquer empresa, industrial ou comercial, podia ser encampada, se assim fosse o interesse nacional.

A FILOSOFIA FASCISTA

1 - Totalitarismo: "Nada deve haver acima do Estado, nada fora do Estado, nada contra o Estado." Só pode existir um partido fascista, uma imprensa fascista e uma educação fascista.

2 - Nacionalismo: A Nação é a mais alta forma de sociedade que a raça humana pode desenvolver. Ela precisa ser forte e grande pela auto-suficiência, por um exército poderoso e pela rápida elevação do índice de natalidade.

3 - Autoritarismo: A soberania do Estado é absoluta. O cidadão não tem direitos, apenas deveres.

4 - Militarismo: A luta é a origem de todas as coisas. As Nações que não se expandem, acabarão morrendo.

REALIZAÇÕES DO REGIME FASCISTA

O governo reduziu o analfabetismo, aumentou cerca de 20% a produtividade do solo, aumentou a produção industrial, duplicou a força hidrelétrica e salvou os bancos da depressão.

O NACIONAL SOCIALISMO ALEMÃO

Parada militar organizada para comemorar o aniversário de Hitler, em 1939. As grandes cerimônias públicas eram um dos meios utilizados para a difusão do nazismo.

Uma das principais causas do nazismo foi o descrédito do nacionalismo e do militarismo em conseqüência da derrota sofrida na Primeira Guerra Mundial. A derrota na guerra veio como uma catástrofe, o país que crescia assustadoramente, chegando a superar a Inglaterra e os EUA em alguns setores da produção industrial, havia perdido a guerra. Começou-se a acreditar que a nação tinha sido apunhalada pelas costas "pelos socialistas e judeus do governo."

Um outro fator importante que explica a adoção no nazismo na Alemanha, foi a violenta inflação de 1923. Em novembro de 1923, o marco tinha perdido todo o seu valor. Milhares de pessoas empobreceram, enquanto especuladores enriqueceram, e, detalhe, muitos deles eram judeus. Na verdade, a classe média estava frustrada com esta situação.

Diante de uma crise violenta como esta, o temor de uma revolução comunista é gigantesco. Muitos empresários, temendo a revolução, apoiavam secretamente os fascistas, que representariam, nesta conjuntura, um mal menor.

Além de tudo que já foi exposto, não poderíamos deixar de mencionar os efeitos da Grande Depressão. A partir da crise de 1929, que amplia a crise na Alemanha com a falência dos bancos, por exemplo, quem ainda não apoiava o nazismo acabou dando o seu apoio incondicional, principalmente os mais jovens, que sofriam com o desemprego. A crise foi tão grande, que em 1932 o comércio e a produção estavam praticamente paralisados. O desespero era tanto que, com certeza, o povo apoiaria qualquer pessoa que aparecesse com um discurso social salvador da pátria, como foi o caso de Hitler.

As meninas na Alemanha nazista eram educadas para exercer o papel de mães devotadas à integração da família aos ideais do Estado. A educação nazista proibia o relacionamento amoroso de mulheres com os judeus.

A Revolução Nazista

Em 1932, o sistema parlamentar entrou em falência. Nenhum chanceler podia conservar a maioria no Reichstag, uma vez que os nazistas recusavam apoio a qualquer gabinete que não fosse chefiado por Hitler, enquanto os comunistas não apoiavam os socialistas.

No ano de 1933, a burguesia alemã convenceu o presidente Von Hindenburg a nomear Hitler chanceler. Assim que assumiu o poder, começou intimidando os seus adversários, suprimindo as uniões trabalhistas e tomando medidas drásticas contra socialistas e comunistas. Persuadiu Von Hindenburg a convocar eleições para o Parlamento, mas, no entanto, poucos dias antes, o Parlamento pegou fogo e os comunistas foram acusados por Hitler. Ao reunir-se pela primeira vez, em 21 de março, o novo Reichstag concedeu a Hitler poderes praticamente ilimitados. Nascia o Terceiro Reich.

"A Alemanha mudou completamente, tornando-se um Estado altamente centralizado com a abolição do princípio federativo. Todos os partidos políticos foram colocados na ilegalidade, o controle totalitário estendeu-se à imprensa, à educação, ao teatro, ao cinema e ao rádio, sem falar em muitos ramos da produção e do comércio. Impuseram-se duras penalidades aos judeus, eliminando-os das posições governamentais, privando-os da cidadania, vedando-lhes toda atividade teatral ou publicitária e fechando-lhes praticamente todas as portas da universidade."

(Burns, Edward McNall, "História da Civilização Ocidental", p. 885)

O Fascismo Alemão Comparado com o Italiano

Ambos eram coletivistas, autoritários, nacionalistas e militaristas, no entanto, uma diferença estava no fato do italiano nunca ter apresentado cunho racista. Uma outra, é que na Alemanha não se desenvolveu o Estado Corporativo.

Congresso nazista de Nuremberg: a massa de militantes exibe ordem e disciplina num espetáculo de força e poder.

A crise social alemã favoreceu a ascensão do nazismo. Na foto, acampamento de desempregados na Alemanha em 1932. Nessa época, havia mais de 6 milhões de desempregados no país.

O TOTALITARISMO NA PENÍNSULA IBÉRICA

Em Portugal, os atritos entre a esquerda e a direita inviabilizavam as reformas econômicas, e a estabilidade do governo; sendo assim, a República Parlamentar Liberal instalada em 1910 foi logo derrubada em 1926.

António de Oliveira Salazar.

Em 1928, foi eleito Presidente de Portugal, o General Carmona, que convidou Antônio de Oliveira Salazar para o Ministério da Fazenda. Inspirado em Mussolini, atende os interesses da burguesia e alcança o cargo de chefe de governo em 1932, outorgando uma Constituição e adotando o Estado Novo. Este Estado apresentou as seguintes características: partido único, proibiu as greves, criou uma polícia política, sindicatos corporativos, propaganda de massa, entre outros.

Salazar morreu em 1970, mas a ditadura continuou com Marcelo Caetano até 1974. Neste ano aconteceu a Revolução dos Cravos, e o país se redemocratizou.

No início do século XX, a monarquia espanhola não tinha condições de enfrentar a crise econômica e impedir a falência do governo parlamentar. Diante da expansão do movimento operário e da organização dos partidos políticos, como o comunista, instalou-se na Espanha uma enorme crise constitucional.

Tentando contornar a situação, o Rei Afonso XIII aliou-se aos grupos dominantes e apoiou secretamente a instalação de uma ditadura militar em 1923, que foi chefiada pelo General Miguel Primo de Rivera. Também seguindo o modelo italiano, realizou reformas e corporações de trabalho e criou o partido único, a União Patriótica de 1924.

A crise de 1929 também foi implacável na Espanha. O primo de Rivera foi demitido, aconteceram eleições gerais em 1931, que deu vitória à coalizão formada por socialistas, comunistas, empresários etc. O rei abdicou e foi proclamada a República.

A República não se estabilizou e as forças de direita se articularam em torno da Falange, novo partido nacional-socialista, fundado em 1931.

Francisco Franco e sua filha Carmen, durante a Guerra Civil Espanhola.

A esquerda venceu nas eleições de 1936 e levantou a bandeira da reforma agrária, o que descontentou os militares conservadores e nacionalistas, que fundaram a União Militar Espanhola (UME). O líder conservador Calvo Sotelo foi assassinado em 1936, e as tropas comandadas pelo General Francisco Franco iniciaram a guerra civil. A ditadura franquista durou até 1975.

LEITURA COMPLEMENTAR

Guernica, de Pablo Picasso. Fonte: História Moderna e Contemporânea - Alceu Pazzinato e Maria Helena Senise.

A destruição de Guernica inspira uma das maiores obras da arte universal

"A pequena vila de Guernica, antiga capital da República basca (norte da Espanha), foi usada como laboratório de testes para as bombas incendiárias, lançadas pela aviação alemã. Na tarde de 26 abril de 1937, quando quase toda a cidade estava na praça principal, fazendo compras, mais de mil pessoas foram mortas e novecentas ficaram feridas entre homens, mulheres e crianças.

Franco, com a reputação internacionalmente abalada pela selvageria do ataque, tentou atribuir a responsabilidade aos comunistas e decretou ser crime qualquer menção ao bombardeio da cidade. O pintor espanhol Pablo Picasso, horrorizado com os acontecimentos, retratou a dor e o sofrimento da população numa tela intitulada "guernica", que se tornou um das obras-primas da história da arte.

Essa tela, que mede 8 m de largura por 3,5 m de altura, foi pintada provavelmente entre 1º de maio e 4 de junho de 1937, por encomenda do governo republicano, para o Pavilhão da

Exposição Internacional de Paris. Em "guernica", Picasso retratou cenas de terrível violência: elementos como a mãe em desespero, com o filho morto no colo, ou o braço decepado que segura uma espada partida e uma flor são símbolos eloqüentes do horror da guerra e da opressão política.

No início do anos 40, após a queda da República espanhola, "guernica" foi emprestada ao Museu de Arte Moderna de Nova York, com o consentimento de Picasso. Deveria voltar à Espanha somente após a queda da ditadura de Franco. Em 1981, a tela foi levada de volta ao território espanhol e está instalada num sala especial do Museu do Prado, em Madri, cercada por um esquema de segurança, com vidro de proteção contra atentados."

(Citado por Alceu Luiz Pazzinato in "História Moderna e Contemporânea", editora Ática, p. 261.)

Quem foi responsabilizado pelo bombardeio a Guernica, de acordo com Franco?

Resposta: Os comunistas.

QUESTÕES RESOLVIDAS

1. (FUVEST) "Havia o professor responsável pela classe que algumas vezes aparecia de uniforme. Ele nos explicou o comunismo: 'Comunismo é quando passamos por um açougue, onde está pendurada uma lingüiça. Quebramos então a vitrine e levamos a lingüiça. Isso é comunismo'." [...] (Heiner Muller. "Guerra sem batalha")

Com base no relato do autor, membro da Juventude Hitlerista, explique

a) a concepção de comunismo do professor.

b) como o regime nazista combatia esse inimigo.

Respostas:
a) Para os nazistas, o comunismo resume-se à ação de desordeiros na luta contra a propriedade.
b) O regime nazista combatia o comunismo através da propaganda e da repressão violenta através da tortura, do envio aos campos de concentração e de execuções.

2. (UFC) "Cheguei tarde à cultura militante. Pertenço a uma geração que saiu do fascismo, que não deixava nenhuma escolha entre a apologia e o silêncio..." (Bobbio, Norberto. "O Tempo da Memória: de Senectude e Outros Escritos Autobiográficos" Trad. Daniela Versiani. Rio de Janeiro: Campus, 1997, p. 91)

A partir do depoimento apresentado, explique como nos regimes totalitários se estabelecem as relações entre:
a) O Estado e a organização da Sociedade Civil.
b) O Estado e os Meios de Comunicação de Massa.

Respostas:
a) A consolidação do regime fascista na Itália anulou a liberdade democrática, excluindo do cenário político os opositores ao regime. Muitas lideranças políticas e intelectuais foram aprisionadas. Por isso, aos que não ousavam desafiar as diretrizes estabelecidas por Mussolini, só havia duas opções: aderir ao regime ou silenciar ante as imposições estabelecidas, a fim de não serem perseguidos.
b) A propaganda oficial suplantou a livre manifestação dos descontentes com o regime fascista, sendo fechados os jornais da oposição e aprisionados os que ousavam desafiar o governo ditatorial. O regime utilizava a imprensa como meio de promoção.

3. **(UFES)** Neonazismo é questão de segurança nacional

Alarmada com aumento da violência no Leste, Alemanha passa a tratar ataques racistas como ameaça ao país.

BERLIM. A violência da extrema-direita corrói a Alemanha de forma nunca vista desde o fim da ditadura de Hitler... ("O Globo", 17/09/2000)

O neonazismo atual tem suas raízes em idéias nazistas que surgiram e se fortaleceram no intervalo entre as duas grandes guerras mundiais.

Relacione, no período de entreguerras,
a) a crise de 1929 com a ascensão do nazismo;
b) a ideologia racista com o nazismo.

Respostas:
a) A crise de 1929 levou os Estados Unidos a retirar a ajuda à República de Weimar, gerando um quadro de desemprego e crise econômica na Alemanha. O temor do crescimento dos partidos de esquerda levou a elite e a classe média alemã a apoiar o partido nazista, nas eleições de 1930, favorecendo a ascensão, em 1933, de Adolf Hitler ao poder.
b) Em sua obra "Minha Luta", Hitler sintetizou o arianismo, superioridade racial dos alemães, e o anti-semitismo, responsabilizando os judeus pelas crises econômicas enfrentadas pela Alemanha. A criação do "espaço vital" da raça ariana justificava o expansionismo alemão.

4. (UFRJ) "(...) porque nunca houve experiências mais desmoralizadas que a experiência estratégica pela guerra de trincheiras, a experiência econômica pela inflação, a experiência do corpo pela fome, a experiência moral pelos governantes". ("Experiência e Pobreza", Walter Benjamin, 1933. IN: Benjamin, "Obras escolhidas", Brasiliense, p. 115)

Na passagem citada acima, extraída do texto do filósofo alemão Walter Benjamin, aparece uma preocupação com o clima tenso da República de Weimar, na Alemanha entre guerras. O nazismo foi o principal produto desta conjuntura.

Explique dois dos elementos citados por Benjamin no texto acima.

Resposta: A experiência da guerra.

A derrota da Alemanha na I guerra foi importante porque ocasionou a perda de seu prestígio, a perda de suas colônias e um sentimento amargo de derrota no povo alemão. A guerra provocou também uma crise econômica sem precedentes, com inflação e desemprego. Além disso, os soldados que voltavam do front, não encontravam trabalho na Alemanha e se constituíram como uma das bases para o crescimento do nazismo.

A experiência econômica pela inflação e a experiência do corpo pela fome.

Economicamente, a situação da Alemanha no período entre guerras era crítica: devia pagar uma pesada soma de indenização aos países vencedores; enfrentava uma crise de reconversão da economia que tinha sido orientada para a produção de indústria bélica, o que gerava, inclusive, grave crise de abastecimento alimentar; inflação sem precedentes, desemprego, desvalorização da moeda alemã.

5. (PUC-RIO) O Estado alemão durante o regime de Hitler e o Estado soviético sob Stálin costumam ser pensados como Estados totalitários. Considere as seguintes afirmativas sobre esses Estados:

I - Em ambos, a organização do partido - quer o nazista, quer o bolchevique - acabou confundindo-se com a organização do Estado, dando origem a uma política de partido único.

II - Os governos da Alemanha hitlerista e da Rússia stalinista fundavam sua legitimidade apresentando-se como únicas alternativas aos fracassos políticos e econômicos dos impérios alemão e russo.

III - Os Estados hitlerista e stalinista utilizaram a propaganda política nos meios de comunicação e a política secreta como armas eficazes na eliminação dos seus adversários políticos.

IV - A crise do capitalismo mundial de 1929 forneceu os principais argumentos para a implementação de uma política de restrição à ação do grande capital monopolista, por parte do Estado, tanto na Alemanha quanto na União Soviética.

Assinale a opção que contém as afirmativas corretas:
a) somente I e II.
b) somente I e III.
c) somente I, III e IV.
d) somente II e III.
e) somente II e IV.

Resposta: B

QUESTÕES PROPOSTAS

1. (UFSM) A Primeira Grande Guerra Mundial promoveu profundas alterações na economia, sociedade e mentalidade dos países diretamente envolvidos no conflito, em especial na Alemanha, o que levaria os nazistas ao poder em 1933.

Com relação ao regime nazista alemão desse período, analise as afirmações indicando se são verdadeiras (V) ou falsas (F).

( ) As origens da Alemanha podem ser encontradas na derrota alemã na Primeira Grande Guerra Mundial e no sentimento de humilhação nacional proveniente do Tratado de Versalhes.

( ) O estado nazista na Alemanha assumiu um caráter totalitário na medida em que tudo era controlado por esse Estado em um regime unipartidário.

( ) No ideário nazista, estão o racismo e o militarismo.

( ) O nazismo, diferente do fascismo, pregava a aversão aos princípios da ideologia socialista e à igreja católica.

A seqüência correta é:
a) V – V – F – V.
b) V – V – V – F.
c) V – F – V – F.
d) F – V – F – F.
e) F – F – V – V.

2. (UFSCar) Em casa de uma velha senhora, que está em pé, com sua filha Erna, junto a uma mesa. Entram dois SA com um pacote de Ajuda de Inverno.

SA1 – Olhe, vovó, é um presente do Führer!

SA2 – Para não dizerem que ele não se preocupa com vocês!

Velha – Muito obrigada, muito obrigada! Batatas, Erna! E uma saia de lã! Maçãs, também...!

(...) A velha morde uma maçã. Todos comem, menos Erna.

Velha - Erna, tome uma! Não fique aí, parada, feito uma boba! Você está vendo que não é como o seu marido diz...

SA1 – O que é que o marido dela diz?

Erna – Nada, é bobagem da velha...

Velha - Bobagem, não! Ele diz, sim! Não é nada de grave, e o que ele diz, qualquer um pode dizer... Que os preços aumentaram um pouco ultimamente... (Aponta a filha, com a mão que segura a maçã.) Ela calculou, pelo caderno de despesas, que neste ano gastou em comida 123 marcos a mais do que no ano passado, não foi, Erna? (Percebe que os SA não gostaram da história.) Mas é claro que o dinheiro é necessário para reequipar o país, não é?...Que foi? Eu disse alguma coisa errada?

SA1 – Moça, onde é que está escondido o seu livro de despesas?

Erna – Em minha casa. Eu não mostro a ninguém!

Velha – Não vão brigar com ela só porque toma nota das despesas, vão?

SA1– E por andar espalhando calúnias, também não devemos brigar?

SA2 – Quando entramos, eu não ouvi ela dizer "Heil Hitler", você ouviu?

Velha – É claro que ela disse "Heil Hitler", eu também disse "Heil Hitler"!

SA1– Acho que caímos num ninho de subversivos, meu camarada! Precisamos ver de perto esse caderno de despesas!...

Vamos até a sua casa, moça! (Agarra a jovem pelo braço.) (...)"

O texto é um trecho da peça de teatro "Ajuda de Inverno", de autoria de Bertolt Brecht, teatrólogo alemão da primeira metade do século XX. Responda:

   a) Qual o regime político que vigorava na Alemanha na época retratada no texto?

   b) Quais as características deste regime político?

3. (UECE) A Guerra Civil espanhola é considerada por muitos autores como um "ensaio para a Segunda Guerra Mundial". Assinale a alternativa que indica corretamente esta idéia.

   a) ao experimentarem novas armas, em mãos espanholas, tanto americanos quanto soviéticos testaram seu poderio militar em estratégias modernas de guerra.

   b) o conflito político espanhol, ao colocar lado a lado liberais e anarquistas, atestou a possibilidade de união desses grupos contra a expansão da URSS.

c) a intervenção dos fascistas italianos e dos nazistas alemães contra as forças republicanas espanholas serviu de teste para as armas que seriam usadas contra os aliados.

d) a vitória do General Franco serviu para demonstrar a fragilidade das armas e da diplomacia alemãs.

4. (PUC-MG) A crise econômica e a instabilidade político-social que dominaram o cenário alemão durante a República de Weimar (1919-33) apresentaram como desdobramento:

a) a afirmação dos princípios morais tradicionais e a frugalidade dos costumes, impedindo a adoção de um estilo de vida desregrado e hedonista.

b) a ascensão dos segmentos intermediários da sociedade, beneficiados com o surto especulativo e a inflação galopante.

c) a elevação dos investimentos internos, reduzindo o nível de desemprego, notadamente no início da década de trinta.

d) a consolidação do partido social-democrata no poder, favorecido pelo caos da economia e pelos termos impostos pelo Tratado de Versalhes.

e) a fragilização das instituições democráticas, abrindo caminho para a difusão de ideologistas radicais de cunho totalitário.

5. (PUC-SP) O período que separou a Primeira Guerra Mundial da Segunda Guerra Mundial caracteriza-se, entre outras coisas:

a) pela radicalização política entre esquerda e direita; no primeiro caso, destaca-se a vitória do projeto bolchevique na Revolução Russa, no segundo, a ascensão do nazifascismo em várias partes da Europa.

b) pelos contrastes econômicos no ocidente, havendo avassaladora crise econômica na Europa e tranqüilidade e progresso financeiro contínuo nos Estados Unidos e nos países latino-americanos.

c) pela presença de governos democráticos e política exterior de neutralidade e autonomia em toda a América Latina, destacando-se o peronismo na Argentina, o varguismo no Brasil e o cardenismo no México.

d) pelos constantes enfrentamentos políticos e armados entre defensores do predomínio militar norte-americano, representado pela OTAN, e os partidários da União Soviética, líder do Pacto de Varsóvia.

e) pelas ações intervencionistas desenvolvidas por algumas das potências mundiais, manifestas, por exemplo, na presença francesa e inglesa no norte da África ou na participação norte-americana na Guerra do Vietnã.

6. (UFES) Embora vitoriosa na Grande Guerra, a Itália se vê envolvida numa séria crise socioeconômica, a partir de 1919. Não obtendo apoio da França, toda a ITÁLIA IRREDENTA, conforme compromisso, sente-se traída, enquanto a mobilização do seu exército provoca o desemprego. Nesse panorama conturbado, surge o fascismo, fundado por Benito Mussolini.

Dificilmente o fascismo teria chegado ao poder, em outubro de 1922, sem o apoio dos representantes do GRANDE CAPITAL. Esse apoio pode ser explicado principalmente pelo(a):

a) medo de que se repetisse na Itália a Revolução Russa de 1917.
b) aliciamento dos representantes do grande capital por parte do rei, que sonhava com uma Itália estável.
c) interferência do papa, que viu em Mussolini o homem da Providência.
d) receio de que o incidente de Fiume, provocada por D'Annunzio, conduzisse a Itália a um confronto com a Iugoslávia.
e) temor de que se concretizasse a aliança entre católicos e socialistas, pretendida por Mateotti.

7. (UFSC) Em 1933, Adolf Hitler assumiu o título de Führer e anunciou ao mundo a fundação do III Reich (Terceiro Império) alemão. Começava uma longa série de crimes que a humanidade não pode esquecer.

Sobre esse fato, use (V) para verdadeiro e (F) para falso:

( ) A ideologia nazista pregava o mito da superioridade da raça ariana, encarnada pelo povo alemão. A necessidade de preservação da "raça pura" justificou a perseguição e eliminação dos judeus.

( ) A ascensão do nazismo pode ser explicada, entre outros fatores, pela incapacidade do governo em solucionar o colapso da economia alemã, provocado pela crise mundial de 1929.

( ) As leis raciais na Alemanha limitavam a liberdade e proibiam os judeus de exercerem atividades comerciais e industriais.

( ) As idéias nazistas tiveram amplo apoio dos nacionalistas e comunistas. Viam-na, os primeiros, na esperança de impedir a influência estrangeira; os segundos, uma forma de combater a burguesia.

( ) Durante a Segunda Guerra Mundial, as autoridades nazistas passaram a executar a "solução final", isto é, o extermínio total dos judeus.

( ) Ao término da Segunda Guerra Mundial, um número significativo de nazistas refugiou-se em países da América do Sul.

8. (UFSC) O sociólogo alemão Robert Kurz escreveu um artigo intitulado "A síndrome neofascista da Fortaleza Europa", no qual, entre outras afirmações, destacam-se as seguintes:

"Claro que a história não se repete. Mas o reprimido sempre volta em nova roupagem, enquanto não é elevado à consciência e superado junto com suas condições. Europa, a mãe da modernidade capitalista, também deu à luz o fascismo e, com a versão alemã do nacional-socialismo, inaugurou o crime contra a humanidade. [...] O pesadelo vivido pela Europa entre 1933 e 1945 parecia não deixar outra alternativa: fascismo nunca mais! No entanto, como os fundamentos sociais desse pesadelo permaneceram totalmente inalterados, as próprias raízes do terror fascista não foram postas de lado. Na efêmera época do "milagre econômico" após a Segunda Guerra Mundial, os demônios desapareceram nos subterrâneos, mas com a crise socioeconômica da terceira revolução industrial eles voltaram à tona.

Desde os anos 80, o novo desemprego estrutural de massas é acompanhado pela ascensão de ideologias neofascistas e sentimentos racistas. O potencial intimidativo com que se enriqueceram as sociedades européias na crise estrutural ao fim do século 20 se descarrega em sucessivas ondas de "radicalismo de direita" amplamente difundido, que ainda não assumiu contornos nítidos".

"Mais!" Folha de São Paulo. 14 de maio de 2000, p. 14.

Assinale (V) para verdadeiro e (F) para falso.
( ) Fascismo na Alemanha, denominado nacional-socialismo, foi responsabilizado por crimes contra a humanidade.
( ) As crises socioeconômicas européias das últimas décadas reacenderam ideologias neofascistas e sentimentos racistas.
( ) As atrocidades cometidas pelos nazistas, durante a Segunda Guerra Mundial, sepultaram definitivamente as atitudes fascistas na Europa.
( ) Há concordância entre os historiadores e sociólogos de que o holocausto judeu, promovido durante a Segunda Guerra, foi fruto da imaginação de indivíduos fanáticos que tiveram seus direitos temporariamente limitados.
( ) Segundo o texto, a história está se repetindo, pois ressurgem na Alemanha, França e Inglaterra, entre outros países, os ideais fascistas e o racismo.

9. (UFU) Em julho de 1936, o general Francisco Franco, sob o pretexto de um avanço comunista, liderou uma revolta militar para derrubar a República, dando início à guerra civil espanhola. Do seu lado estavam a maioria da Igreja Católica e setores da classe média e do Exército. A respeito desta guerra é correto afirmar que:
    I - Os russos se mantiveram neutros enquanto Alemanha e Itália lutaram contra Franco ao lado dos republicanos, sendo derrotados pelas Brigadas Internacionais de comunistas e anarquistas.

II - A mais sensível imagem dos horrores da guerra civil espanhola pode ser vista na obra do artista plástico Pablo Picasso, que retratou, em "guernica", toda sua indignação perante o bombardeio alemão à cidade espanhola.

III - Com a ajuda militar da Itália e da Alemanha e o apoio da Igreja Católica, o general Franco conseguiu, em 1939, derrubar a resistência republicana, abrindo caminho para a expansão dos regimes totalitários na Europa e instalando na Espanha, uma ditadura que duraria até 1975.

IV - Entre os fatores da insatisfação dos setores conservadores, aglutinados no grupo da Falange e liderados por Franco, estava a vitória da coligação da Frente Popular e dos movimentos de esquerda nas eleições de 1936.

Assinale:
a) se apenas I e III são corretas.
b) se apenas I, II e III são corretas.
c) se apenas II é correta.
d) se todas são corretas.
e) se apenas II, III e IV são corretas.

10. (UNI-RIO) "(...) Quando perguntados, em janeiro de 1939, quem os americanos queriam que ganhasse, se irrompesse uma guerra entre União Soviética e Alemanha, 83% foram a favor de uma vitória soviética, contra 17% de uma alemã. Num século dominado pelo confronto entre o comunismo anticapitalista da Revolução de Outubro, representado pela URSS, e o capitalismo anticomunista, cujo defensor e principal exemplar eram os EUA, nada parece mais anômalo do que essa declaração de simpatia (...). A situação histórica era sem dúvida excepcional e teria vida relativamente curta (...)." (Hobsbawm, Eric. "A Era dos Extremos. O breve século XX: 1914-1991", 2ª edição, São Paulo, Companhia das Letras, 1996, p. 145)

Podemos compreender as afirmações do autor se levarmos em consideração que o(a):
a) final da década de 30 viu fortalecer-se, na opinião pública norte-americana, um movimento simpatizante do regime soviético, por sua política de acolhimento aos povos de origem semita, movimento este denominado macartismo.
b) regime alemão, ao exacerbar o princípio do individualismo, acreditava que "os povos vigorosos e dotados de vontade" tinham direito ao expansionismo, o que se contrapunha à democracia liberal americana.
c) regime alemão se voltava contra o princípio do racionalismo, consagrado a partir da Filosofia das Luzes do século XVIII, o qual se constituiu no fundamento ideológico tanto das democracias liberais, quanto do próprio socialismo.

d) o crescimento da simpatia norte-americana pelo regime soviético pode ser explicado por uma decorrência direta dos efeitos da NEP que, em última instância, significaram uma grande abertura da economia soviética para as relações com o ocidente.

e) simpatia da maioria dos norte-americanos pela posição soviética se explicava pela ascensão de um regime democrático e pluralista, plenamente vinculado às diretrizes que nortearam a Revolução de Outubro.

Gabarito das questões propostas

Questão 1 - Resposta: B

Questão 2 - Respostas:
a) O nazismo.
b) Nacionalismo exacerbado, militarismo, anticomunismo, racismo (arianismo), anti-semitismo, monopartidarismo e autoritarismo.

Questão 3 - Resposta: C

Questão 4 - Resposta: E

Questão 5 - Resposta: A

Questão 6 - Resposta: A

Questão 7 - Resposta: V V V F V V

Questão 8 - Resposta: V V F F F

Questão 9 - Resposta: E

Questão 10 - Resposta: C

Complementando os estudos

Filme
O Grande Ditador – Charles Chaplin

Livro
Marabini, Jean. *Berlim no Tempo de Hitler*. São Paulo: Ed. Cia. das Letras, 1989.

PÁGINA ELETRÔNICA

http://www.nethistoria.com/inicio.htm

UNIDADE 42

A CRISE ECONÔMICA DE 1929

SINOPSE TEÓRICA

"Nessas crises uma grande parte não só dos produtos existentes, mas também das forças produtivas anteriormente criadas, é periodicamente destruída. Nessas crises irrompe uma epidemia que, nas épocas anteriores, teria parecido absurda: a epidemia da superprodução. A sociedade verifica, de súbito, que regrediu a um estado de barbárie monetária. É como se uma fome, uma guerra universal de devastação, tivesse interrompido o fornecimento de todos os meios de subsistência, a indústria e o comércio parecem destruídos - e por quê? Porque há civilização demais, indústria demais, comércio demais." (Marx e Engels, "Manifesto Comunista").

Propaganda enaltece o estilo americano de viver.

A palavra crise na História tem duplo sentido. Antes da Revolução Industrial representava a falta de alguma coisa. Nas crises, os preços, ao invés de subirem, caem.

Quais são as características das crises? Desemprego; queda dos lucros; um retardamento geral da atividade industrial, tanto na produção quanto no comércio; a contradição da pobreza em meio da abundância.

"Durante a crise do capitalismo há falta de matéria-prima? Não. Há falta de equipamento de capital? Não. Os donos de fábricas estão ansiosos em ver as máquinas de suas fábricas silenciosas trabalhando novamente. Há falta de trabalho? Não. Os trabalhadores desempregados estão mais do que dispostos a voltar às indústrias para fabricar as roupas que lhes estão faltando. Por que então a produção não ocorre?" ("História da Riqueza do Homem", p. 259)

No sistema capitalista, as mercadorias não são produzidas para uso, e sim para troca com lucro.

Com o desenvolvimento do capitalismo, o lucro acaba sendo empregado em tecnologia. As novas máquinas, embora sejam caras, substituem o trabalho de muitos homens, reduzindo o custo da produção e, possibilitando maiores lucros, e, por outro lado, provocando o desemprego e a redução dos salários, o que provoca diminuição da capacidade de consumo das mercadorias. Podemos perceber, então, que a taxa de lucro sofreu redução porque o poder aquisitivo dos trabalhadores era limitado. Este é o grande problema do capitalismo.

Como resolver essa questão? Aumentando o salário?

O empresário sabe que quanto maior for o salário, menor vai ser o seu lucro, mas, no entanto, reduzindo o salário, ele acaba diminuindo o poder de compra do proletariado, o que provoca a diminuição do lucro do empresário, que vai demitir, diminuindo cada vez o mercado consumidor.

As crises do capitalismo são cíclicas, ou seja, acontecem periodicamente. São, também, basicamente industriais, de superprodução e tendem à internacionalização. O único país na época que não sofreu os efeitos da crise foi a União Soviética, que possuía uma economia planificada.

A CRISE DO PÓS-GUERRA (1920 – 1923):
A DIFÍCIL RECONVERSÃO

A Europa neste período estava em declínio, enquanto os EUA e o Japão se encontravam em pleno desenvolvimento. Na América Latina, houve um aumento das exportações de produtos primários e uma industrialização.

"A GRANDE ILUSÃO" (1924 – 1929)

Neste período houve uma retomada de expansão industrial. A especulação financeira era intensa, principalmente na Bolsa de Valores de Nova Iorque.

A CRISE DE 1929

A quebra da Bolsa de Valores de Nova Iorque aconteceu no dia 24 de outubro de 1929, na Quinta-feira Negra. Nesse dia foram lançados 16 milhões de títulos, que não foram comprados. No início de novembro, os títulos tinham se desvalorizado em pelo menos 1/3 do seu valor.

Na década de 1920, o cineasta Charles Chaplin criou filmes extraordinários, satirizando os problemas sociais de seu tempo. Na foto, protagoniza o personagem Carlitos – um vagabundo melancólico, doce e engraçado -, que tenta comer seu próprio sapato no filme "A corrida do ouro", de 1925.

Havia muita produção, o consumo não acontecia, o preço caía e a ação se desvalorizava. A agricultura também foi atingida e o comércio internacional nunca foi tão protecionista. O número de desempregados chegou a aproximadamente 30 milhões.

As soluções nacionais

EUA — "New Deal, Novo Tratamento"

Durante a campanha para a eleição presidencial, o candidato do Partido Democrata, Franklin Delano Roosevelt, anunciou o seu famoso plano de intervenção na economia. O plano apresentou as seguintes características: fechamento temporário dos bancos e requisição dos estoques de ouro; investimento em obras públicas; interviu na agricultura com a Lei de Ajustamento agrícola, onde o agricultor que reduzisse a produção receberia uma indenização do Estado. Em 1933, aplicou a Lei de Recuperação da Indústria Nacional, que procurava garantir aos trabalhadores um salário mínimo e a liberdade sindical, limitando a jornada de trabalho semanal e impedindo a venda a preços de monopólios.

Leitura complementar

Luiz Roberto Lopez

"O moderno crescimento industrial brasileiro marcou o fim da velha sociedade mandonista, herdeira do período colonial. Em termos gerais, o processo industrial em nosso país inseriu-se no contexto capitalista dos anos 30, marcado por uma profunda recessão, cujo primeiro sintoma tinha sido a queda da Bolsa de Valores de Nova York, em 1929.

Perante o espectro da falência do sistema capitalista, o Estado passou a assumir, no mundo ocidental, o papel de garantidor dos mecanismos capazes de mantê-lo em funcionamento. O mercado livre deixou de ser o principal aspecto a considerar e o Estado passou a manipular o crédito e a moeda para controlar a especulação e evitar nova recessão. (...)

Com a crise econômica dos anos 30, o Brasil viu decair muito a exportação de café, ficando, pois, sem receita para importar a quantidade de produtos manufaturados que costumava trazer de fora. Daí resultou que nossa própria capacidade industrial precisou suprir um mercado necessitado. A possibilidade de semelhante expansão ficou ainda maior por causa de três outros fatores: o desvio de capitais do setor agrário, que vivia um momento de desestímulo; a aquisição dos estoques de café por parte do governo para queimá-los, garantindo destarte o nível do mercado interno na medida que se evitou o desemprego e, finalmente, a possibilidade de importar máquinas a baixo preço, de segunda mão, dado que não poucas indústrias das grandes nações faliram naquela ocasião. Resumindo, não há como negar que o crescimento industrial brasileiro, que datava da República Velha, beneficiou-se em larga margem da conjuntura crítica do capitalismo internacional dos anos 39." (Lopez, Luiz Roberto. "História do Brasil Contemporâneo", 2. ed., Porto Alegre, Mercado Aberto, 1983, p. 77-8)

Unidade 42 - A crise econômica de 1929 | 619

(PUC) A grande crise do sistema capitalista, ocorrido em 1929, trouxe uma série de conseqüências para o Brasil. Pede-se citar uma conseqüência política e econômica para o Brasil.

Resposta: Econômica: Superprodução de café;
Política: Revolução de 1930 e ascensão de Getúlio Vargas.

QUESTÕES RESOLVIDAS

1. (FUVEST) A crise de 1929 foi muito mais do que um crash financeiro, do que uma quebra generalizada das bolsas de valores. Foi uma crise profunda do próprio capitalismo.
  a) Por que houve a crise?
  b) Como repercutiu no Brasil?

Respostas:
  a) A crise de 1929 teve por epicentro a economia dos Estados Unidos, que haviam se transformado no principal centro de expansão do capitalismo mundial. O crash financeiro iniciou-se em outubro de 1929 e decorreu de um conjunto de fatores que marcavam a economia norte-americana nos anos de 1920, especialmente a especulação financeira, a crescente superprodução seguida de estocagem gigante de mercadorias e, não menos importante, da política liberal dos governos republicanos Warren G. Harding, Calvin Coolidge e Herbert Hoover.
  b) Para o Brasil, o efeito mais grave da crise foi a queda na cotação da saca de café, que despencou de aproximadamente 4 libras para 0,80 libras.
  Os efeitos dessa desvalorização foram vários. No que se refere ao comércio exterior, como o café era o principal item de nossa pauta de exportações, as vendas para o exterior reduziram-se à metade, ocasionando uma redução proporcional na capacidade de importação.
  Para o mercado interno, as conseqüências foram também desastrosas, visto que o peso relativo da cafeicultura sobre o conjunto da economia era muito grande. Assim, as falências e o desemprego verificados no setor cafeeiro começaram a se espalhar por outros setores produtivos, ameaçando desestruturar completamente a economia nacional.
  Simultaneamente, e já que a crise era mundial, os bancos estrangeiros que haviam financiado o plano de reforma monetária posto em prática por Washington Luís exigiram a devolução dos empréstimos, o que agravou ainda mais a situação econômica.
  A crise teve também efeitos políticos, na medida em que enfraqueceu os mecanismo oligárquicos de poder e abriu caminho para a Revolução de 1930.

2. (PUC-RIO) A Grande Depressão, iniciada em 1929, com a crise da Bolsa de Nova York, foi, possivelmente, o acontecimento do século XX cujas repercussões se fizeram sentir sobre um maior número de homens e mulheres em todo o planeta.

a) Explique por que os efeitos da Grande Depressão afetaram mais a economia da Alemanha do que a economia da União Soviética.

b) Roosevelt, ao assumir a presidência em 1933, deu início à implementação do New Deal, um conjunto de medidas que visava combater os efeitos recessivos da Grande Depressão sobre a economia norte-americana. Indique 1 (uma) dessas medidas.

Respostas:

a) Os efeitos da Grande Depressão se fizeram sentir mais sobre a Alemanha, pois esta não apenas se encontrava inserida na dinâmica das relações capitalistas internacionais, mas também ressentia-se profundamente com o repatriamento dos capitais norte-americanos que vinham sendo vitais para seu reerguimento econômico, após as crises por ela atravessadas no início da década de 1920. Já a União Soviética sofria, desde o triunfo da Revolução de Outubro de 1917, os efeitos do isolamento imposto pela maioria dos países ocidentais, ao que se somava o fato de seus dirigentes estarem empreendendo uma política econômica comprometida com a implementação do socialismo.

b) Destacam-se como medidas do New Deal:
– A realização de maciços investimentos estatais em obras públicas de grande porte;
– A reorganização do sistema bancário, ampliando o controle do mesmo pela União;
– A criação de um sistema federal de seguro desemprego;
– A concessão de empréstimos a rendeiros, a fim de que pudessem comprar sua própria terra.

3. (UERJ) A Grande Depressão eclodiu num mundo otimista que parecia caminhar na direção de uma prosperidade permanente. Ela iniciou-se com o crack da bolsa de Nova York em outubro de 1929, afetando todas as atividades econômicas dos Estados Unidos e se propagando através do mundo.

a) Caracterize a Grande Depressão e indique o motivo pelo qual seus efeitos foram sentidos em diversas regiões do mundo.

b) Indique e analise uma conseqüência da Grande Depressão para a economia brasileira.

Respostas:

a) A Grande Depressão foi a crise geral da economia, iniciada em 1929, possibilitada pelos efeitos da euforia e da recuperação econômica artificial dos Estados Unidos após a Primeira Grande Guerra, provocando o desabamento da produção econômica e dos preços, o marasmo da agricultura e o desequilíbrio do comércio mundial.

Sua propagação pelo mundo deveu-se ao fato de estarem as economias capitalistas funcionando de forma interdependente, devido à importância do capital norte-americano no pós Primeira Guerra Mundial.

b) Crise da economia cafeeira - a Grande Depressão, ao provocar uma crise nos preços internacionais do café, afetou e já combalida economia cafeeira.

4. (VUNESP) A crença liberal no equilíbrio espontâneo do mercado foi reforçada em 1803, pela "Lei de Say". Formulada pelo francês Jean-Baptiste Say, essa lei afirmava que toda oferta cria a sua demanda e inversamente, de tal modo que excluía a possibilidade de crise de superprodução no capitalismo.

Qual, dentre os seguintes acontecimentos, constitui a refutação mais importante e direta da "Lei de Say"?

a) Revolução Russa de 1917.
b) Crise de 1929.
c) Movimento de independência da América Latina.
d) Unificação da Alemanha.
e) Ascensão dos Estados Unidos depois da Segunda Grande Guerra.

Resposta: B

5. (UFRS) NÃO pode ser considerado(a) conseqüência da crise econômica de 1929:

a) a retração do comércio internacional e da produção industrial, bem como a queda do preço das matérias-primas.
b) o crescimento do desemprego na Alemanha, país cuja economia era baseada na exportação de produtos industrializados.
c) o crescimento econômico da União Soviética baseada na Nova Política Econômica (NEP).
d) a eleição de Franklin Delano Roosevelt para a presidência dos Estados Unidos, com um programa de recuperação econômica.
e) o crescimento eleitoral do Partido Nazista na Alemanha.

Resposta: C

QUESTÕES PROPOSTAS

1. (UNESP) Um periódico norte-americano apresentou uma fotografia de um homem, ao lado de um automóvel luxuoso, com o seguinte cartaz: "$100 will buy this car. Must have cash. Lost all on the stock market." Traduzindo: "Cem dólares compram este carro. Pagamento à vista. Perdeu tudo no mercado de ações." Esta imagem traduz uma das maiores crises da história do capitalismo.
 a) Onde e quando teve início essa crise?
 b) Indique os efeitos históricos desta crise para o Brasil.

2. (UNICAMP) Em 1929, o mundo foi abalado por uma profunda crise econômica e o Brasil sofreu diretamente os seus efeitos.
 a) Cite duas características dessa crise na economia mundial.
 b) Quais foram as conseqüências dessa crise econômica para a agricultura e indústria brasileiras?

3. (VUNESP) Em 1929, a Bolsa de Valores de Nova Iorque quebrou. As ações se desvalorizaram drasticamente; os estoques de cereais se acumularam; os preços dos produtos baixaram. Fazendeiros faliram. As grandes indústrias diminuíram fortemente a produção; as médias e pequenas fecharam. Grandes massas de trabalhadores ficaram desempregadas. O Estado, essencialmente liberal, não intervinha na produção e o mercado sozinho não controlava a crise. Para controlar a crise, Franklin Delano Roosevelt, democrata eleito presidente em 1932, lançou um programa de reconstrução nacional, o New Deal, cuja meta era promover reformas profundas na sociedade norte-americana.

Baseando-se no texto, responda.
 a) Qual a diferença entre o liberalismo econômico clássico e o liberalismo praticado pelo New Deal?
 b) Quais os reflexos da crise de 1929 no Brasil?

4. (CESGRANRIO) A adoção do "New Deal", após a crise de 1929, nos Estados Unidos, identifica-se com:
 a) o intervencionismo do Estado na economia, para controlar o sistema de crédito, regulamentar os salários e garantir o investidor;
 b) a intenção de socializar progressivamente a economia norte-americana através de mecanismos nitidamente estatizantes;

c) a política de juros baixos adotada pelos bancos privatizados pelo governo de F. D. Roosevelt;
d) a recuperação econômica das indústrias falidas (com o "crack" da Bolsa), através da entrada de capitais estrangeiros;
e) o emprego de mão-de-obra, subsidiada pelo governo, tanto na indústria como na agricultura.

5. **(CESGRANRIO)** A solução americana para a crise de 1929 caracteriza-se como:
    a) o processo de busca de alternativas socialistas para a crise do capitalismo com a mudança de regime político.
    b) o resultado das pressões comunistas sobre o governo americano, que acaba assumindo, como política, a eliminação dos interesses privados na economia.
    c) o resultado da insatisfação da sociedade americana com relação aos princípios liberais assumidos pelos partidos de esquerda que se vinculavam ao governo.
    d) a introdução, na cultura americana, de valores europeus através da incorporação de tecnologia à economia americana e de alternativas de seguridade total.
    e) uma saída nacional que acentua o papel dirigente do Estado em determinados setores econômicos, conhecida como "New Deal".

6. **(PUC-CAMP)** A crise de 1929:
    I – estava inserida dentro de um contexto do próprio desenvolvimento do capitalismo e resultou do caráter contraditório desse capitalismo, onde a capacidade de consumo do mercado não acompanhava o ritmo de crescimento da produção.
    II – foi uma crise de superprodução, que atingiu, em maior ou menor intensidade, todos os países do mundo, fenômeno que pode ser explicado pela interdependência da economia capitalista como um todo, fazendo com que a crise se propagasse rapidamente.
    III – estava relacionada ao baixo nível de produtividade existente nas economias centrais, principalmente nos Estados Unidos, provocando a falta de gêneros alimentícios de primeira necessidade e bens de consumo duráveis.
    IV – foi uma crise financeira, que provocou pânico entre os acionistas das principais companhias dos Estados Unidos, não tendo grandes repercussões no processo de produção industrial e agrícola das economias americanas.

Pode-se afirmar que são corretas SOMENTE:
    a) I e II.
    b) I e III.

c) II e III.
d) II e IV.
e) III e IV.

7. (PUC-MG) A crise econômica de 1929 não deixa intocado nenhum ramo da economia e atingiu diferentes segmentos sociais, determinando, EXCETO:
a) diminuição drástica do volume do comércio internacional.
b) afastamento do poder público do cenário econômico.
c) desemprego em massa e aumento do número de falências.
d) a queda acentuada da produção em nível mundial.
e) a retração da taxa de crescimento e da renda nacional.

8. (UEL) A primeira decisão governamental que procurou solucionar a crise econômico-financeira que atingiu o mundo capitalista na década de 30 foi o New Deal, adotado por Roosevelt, presidente dos Estados Unidos. Dentre as medidas principais desse programa, destaca-se:
a) o encerramento dos investimentos governamentais em obras de infra-estrutura.
b) a imediata suspensão à criação de novos empregos.
c) a política de estímulo à criação de novos empregos.
d) a redução dos incentivos à produção agrícola.
e) o fim do planejamento e da intervenção do Estado na economia.

9. (UERJ) "Os estados ocidentais inquietam-se sob os efeitos da metamorfose incipiente. Texas e Oklahoma, Kansas e Arkansas, Novo México, Arizona, Califórnia. Uma família isolada mudava-se de suas terras. O pai pedira dinheiro emprestado ao banco e agora o banco queria as terras. A companhia das terras - que é o banco, quando se ocupa dessas transações - quer tratores, em vez de pequenas famílias nas terras. Um trator é mau? A força que produz os compridos sulcos na terra não presta? Se esse trator fosse nosso, não meu, nosso, prestaria. Se esse trator produzisse os compridos sulcos em nossa própria terra, prestaria, na certa. Não nas minhas terras, nas nossas. Então, aí sim, a gente gostaria do trator, gostaria dele como gostava das terras quando ainda eram da gente. Mas esse trator faz duas coisas diferentes: traça sulcos na terra e expulsa-nos delas (...). Há que pensar sobre isso." (Steinbeck, John. "As Vinhas da Ira". São Paulo, Círculo do Livro, s.d.)

Esse trecho do romance de Steinbeck reflete as dificuldades de famílias de agricultores norte-americanos durante a Grande Depressão de 1929.

A crise de 1929 resultou de um fator acentuado após a Primeira Guerra Mundial, a saber:
a) diminuição da produção agrícola norte-americana, devido a problemas climáticos.
b) recuo da produção industrial, devido à falência das instituições de crédito em todo o mundo.
c) falência da democracia-liberal, devido à não-intervenção do Estado nas questões econômicas.
d) desequilíbrio entre produção e consumo, devido ao crescimento não integrado da economia norte-americana.

10. (UFMG) O Estado apareceu como um agente econômico particular, cuja intervenção assumia um caráter legítimo, não mais em tempo de guerra apenas, mas também em tempo de paz, para sustentar o crescimento econômico. Mudança ideológica considerável, que dominou as idéias desde a Grande Depressão dos anos 30 até meados dos anos 70 – período keynesiano – , ligada ao advento da política econômica.

Assinale a alternativa que apresenta um programa característico do período keynesiano.
a) Doutrina Monroe
b) New Deal
c) Big Stick
d) Guerra Fria

Gabarito das questões propostas

Questão 1 - Respostas:
a) Em outubro de 1929, com a quebra da Bolsa de Valores de Nova Iorque, decorrente da crise de superprodução enfrentada pelos Estados Unidos desde o início da década de 1920.
b) A crise de 1929 agravou a crise política da República oligárquica contribuindo para a Revolução de 1930. A queda das exportações de café aliada à transformações socio-econômicas vivenciadas pelo Brasil desde o início da década fragilizaram a estrutura agroexportadora e o modelo econômico oligárquico.

Questão 2 - Respostas:
a) Retração da produção e desemprego.

b) A crise nas exportações de café desestruturou a República das oligarquias e iniciou-se a implantação da indústria de base conduzida pelo Estado durante a Era Vargas, para a substituição das importações.

Questão 3 - Respostas:
a) O liberalismo clássico pautado em Adam Smith fundamenta-se na economia de livre mercado, sem qualquer forma de intervencionismo, uma vez que a economia se regulamenta por suas leis naturais, sobretudo a da oferta e da procura. Já o liberalismo do New Deal apóia-se nas teorias de J. M. Keynes e na defesa do Estado no gerenciamento da economia para assegurar o equilíbrio na produção e o pleno emprego.
b) No Brasil, a crise de 1929 gerou uma acentuada queda nas exportações e a falência de várias empresas, contribuindo para agravar a crise da República das oligarquias, que culminou com a Revolução de 1930, levando Getúlio Vargas ao poder.

Questão 4 - Resposta: A

Questão 5 - Resposta: E

Questão 6 - Resposta: A

Questão 7 - Resposta: B

Questão 8 - Resposta: C

Questão 9 - Resposta: D

Questão 10 - Resposta: B

COMPLEMENTANDO OS ESTUDOS

PÁGINA ELETRÔNICA

Os Estados Unidos e a Grande Depressão
http://www.doc.ufmg.br/oasis/multimidia961/grupo6/depressão.html

UNIDADE 43

A AMÉRICA NO INÍCIO DO SÉCULO XX

SINOPSE TEÓRICA

A DIPLOMACIA DOS EUA

Assim que o século XX começou, assumiu o poder nos EUA Theodore Roosevelt, que daria uma interpretação ao Pan-Americanismo de acordo com os interesses dos EUA. Foi criado o corolário Roosevelt para substituir a Doutrina Monroe, justificando as intervenções dos EUA na América Central e nas Antilhas.

Na época de sua criação, a conjuntura internacional era marcada por intervenções da Inglaterra, Alemanha e Itália na Venezuela, cobrando o pagamento de dívidas que não tinham sido pagas, assim o corolário Roosevelt servia para afastar a dependência latino-americana da Europa, além de justificar intervenções feitas ou a serem efetuadas exclusivamente pelos EUA.

Uma outra política adotada pelos EUA para a América Latina foi o Big Stick (o grande porrete). Esta política caracterizou-se pela intervenção militar dos EUA em países governados por presidentes que não lhes agradavam, garantindo vantagens do capitalismo americano. Como exemplos podemos citar a adoção da Emenda Platt em Cuba, em 1901, e a assinatura do Tratado Hay Bunau-Varilha, que recriou a zona do Canal do Panamá em 1903.

Na linha do bolivarismo, conferências foram acontecendo com o objetivo de discutir assuntos de interesse continental, especialmente referentes às agressões sofridas pelos países do nosso continente.

Os EUA e a América Latina no século XX
A política da boa vizinhança

O ano de 1933 marcou o abandono da política agressiva do Big Stick e a adoção da Política da Boa Vizinhança, durante o governo de Franklin Delano Roosevelt (1933-1945).

No cenário internacional, o mundo sofria as conseqüências da Grande Depressão, Hitler governava a Alemanha e a corrida armamentista dava sinais de que uma nova Guerra Mundial era inevitável.

O objetivo dos EUA com a nova política era abrir mão da política externa agressiva e adotar uma política mais fraterna, mais cordial, onde procurava conquistar novos aliados no continente para enfrentar a guerra que se mostrava inevitável. Recorrendo até mesmo aos meios de comunicação de massa, tais como cinema, revistas e jornais, os EUA procuraram passar a idéia da união das Américas e de identificar os EUA com a justiça e o bem, sempre na luta contra a opressão e o mal. Pelo que podemos perceber, a tática não foi muito alterada no caso dos conflitos recentes com o Iraque de Saddam Hussein e, mais recentemente, com a Coréia do Norte. Foi seguindo essa linha de pensamento que Walt Disney criou personagens como Pato Donald, Zé Carioca e Panchito, que representavam as 3 Américas, também Hollywood contratou artistas do nosso continente para passar a imagem de amizade. Era a "Boa" Vizinhança.

Vimos que a ameaça da guerra estava cada vez mais presente, e desta forma foi organizada a Oitava Conferência Internacional Americana em 1938, em Lima. Suas principais decisões foram a Declaração de Princípios da América e a Declaração de Princípios da Solidariedade da América. Esta última, proposta pelos EUA e mais conhecida como Declaração de Lima, previa que, no caso de uma ameaça contra a paz, a segurança ou a integridade territorial de uma nação americana, os países deveriam se unir para promover a solidariedade continental.

O presidente norte-americano Harry Truman assina o Plano Marshall, em Washington, em 3 de abril de 1948.

O TIAR E A OEA

Com o término da Segunda Guerra Mundial, a Europa perdeu a sua liderança mundial e os EUA e a URSS surgiram como as duas superpotências. Começava a Guerra Fria, e o mundo se bipolarizou: de um lado os EUA, defendendo o bloco capitalista, e do outro a extinta URSS, defendendo o bloco socialista.

Em 1947, no Rio de Janeiro, ocorreu uma conferência que procurava promover a paz e a segurança no continente e que elaborou o TIAR - Tratado Interamericano de Assistência Recíproca - ou Pacto do Rio de Janeiro, que contou com a adesão de todos os países americanos, com exceção do Canadá. Este tratado constitui uma aliança militar multilateral, porque propõe a obrigação de ajuda mútua e de defesa comum das Repúblicas americanas (1947).

Em 1948, em Bogotá, organizou-se uma nova conferência internacional americana que criou o Pacto de Bogotá, complementando o TIAR. A principal decisão foi a formulação da Carta das Nações Americanas, que criou a Organização dos Estados Americanos (OEA).

Seus principais objetivos eram:
a) Garantir a paz e a segurança continentais.
b) Prevenir as possíveis causas das dificuldades e assegurar a solução pacífica das controvérsias entre seus membros.
c) Organizar a ação destes em caso de agressão.
d) Procurar a solução dos problemas políticos, jurídicos e econômicos que surgirem entre os Estados membros.
e) Promover, por meio de ação cooperativa, seu desenvolvimento econômico, social e cultural."

(Capítulo I, Art. 4º dos Propósitos da OEA. Ferreira de Melo, R. , p. 794 e 795)

DA ALIANÇA PARA O PROGRESSO AOS DIREITOS HUMANOS

O sucesso da Revolução cubana e posteriormente a adoção ao socialismo mostraram ao presidente John Kennedy a necessidade de reforçar o sistema pan-americano. Era evidente que, "para assegurar a continuidade da dominação imperialista e para conter a maré revolucionária em ascensão, era preciso tentar uma política reformista em escala continental. Mediante ela, tratar-se-ia de impulsionar ou realizar-se reformas que, sem alterar as bases fundamentais da ordem econômico-social e política vigentes, satisfizessem de algum modo as prementes inquietações de núcleos sociais descontentes" (...) (Necoche, H. R. "Los Estados Unidos y América Latina: 1930-1965", Editorial Palestra, p. 136).

Para essas "reformas" eram previstos investimentos externos da ordem de 20 bilhões de dólares, no prazo de 10 anos. Na prática, no entanto, 90% desta quantia vieram para a América Latina como empréstimo, e não como doação.

Essa política possuía um duplo objetivo:
1 – Impedir a expansão revolucionária na América Latina.
2 – Aumentar o poder aquisitivo do mercado consumidor latino-americano.

"No terreno político, a aliança para o progresso buscou fundamentalmente um meio para facilitar a existência de governos que se mantenham dóceis às diretrizes de Washington, que garantam a integridade dos investimentos norte-americanos..." (Necoche, H. R. op. cit., p. 156 e 157)

Para encerrar esta parte, vale a pena destacar o governo Jimmy Carter (1977-1981), que adotou uma política externa de valorização dos Direitos Humanos que levariam os EUA, por exemplo, a cortarem o apoio a ditaduras como a da Nicarágua, governada por Anastácio Somoza. Jimmy Carter recebeu o Prêmio Nobel da Paz em 2002.

Contrariando a política de seu antecessor, Ronald Reagan, sob a bandeira do anticomunismo e a pretexto da ameaça cubana, decretou uma série de intervenções armadas no Caribe e na América Central para mantê-los sob o seu controle, e podemos destacar a invasão de Granada em 1983 e a do Panamá.

A questão do Canal do Panamá

Após a Guerra de Secessão, com o grande desenvolvimento econômico ocorrido nos EUA, os norte-americanos começaram a defender a idéia da construção de um canal interoceânico.

Inicialmente, quem conquistou o direito de construir o canal foram os franceses, em 1878, mas em 1889 a cia. francesa foi à falência, e os EUA voltariam a se interessar pelo canal.

Em 1901, assumiu o poder nos EUA, o presidente Theodore Roosevelt, que imediatamente aplicou o Big Stick sobre o Panamá. Como neste momento, o senado colombiano se mostrava reticente em relação ao Canal, os EUA começaram a acionar o seu imperialismo. O objetivo inicial era separar o Panamá da Colômbia.

No dia 4 de novembro de 1903, foi proclamada a Independência do Panamá. Por cláusulas contratuais, os EUA obtiveram uma faixa de terra de 16 km de largura através do Istmo do Panamá. Esta concessão seria eterna, cabendo também aos EUA a jurisdição de segurança da zona do canal. Os EUA também se reservaram o direito de intervir no Panamá quando julgassem necessário, e também afirmavam sua soberania sobre as águas e terras fora da zona do canal, mas consideradas úteis ao funcionamento do canal.

Aspectos do subdesenvolvimento latino-americano

A população na América Latina, nas últimas décadas, tem sofrido transformações importantes. Nos anos 50, cerca de 50% da população eram camponesa e rural, e a taxa de crescimento era de 2,8%, passando para 3,5% na década seguinte.

O crescimento populacional pode ser entendido pelos seguintes aspectos: imigração européia, melhoria das condições sanitárias e o aumento do número de nascimentos.

O continente como um todo atravessa determinados problemas: concentração da renda, concentração da terra, êxodo rural, precárias condições de saúde, educação, qualidade de vida e de trabalho da maioria da população.

Buscando caminhos para a América Latina ...

O mundo no século XX estabeleceu a divisão internacional do trabalho, que determinou que as regiões que não tivessem se industrializado exportariam produtos primários e importariam produtos manufaturados, tendo sido esse o papel do nosso continente até a década de 50 do século XX. O crescimento econômico agravava a situação de dependência e alguns autores, como André Gunder Frank, teriam desenvolvido a teoria do "desenvolvimento do subdesenvolvimento", que defende a idéia de que o desenvolvimento industrial do nosso continente foi uma conseqüência dos países do Primeiro Mundo.

Não houve uma Revolução Industrial no continente, tivemos sim, surtos de industrialização que ocorreram em momentos graves da história, tais como as duas guerras mundiais e a Grande Depressão. Um outro dado importante foi a ascensão dos Estados Unidos a partir da Segunda Guerra Mundial como grande parceiro comercial do continente, em substituição à Inglaterra. O único país que fugiu dessa relação de dependência foi Cuba, que a partir de 1959, passou por uma revolução que conduziu o país ao socialismo.

A balança comercial dos países do nosso continente sempre apresentam déficits por causa da relação comercial mencionada. Os empréstimos são constantes, o que provoca o aumento da dependência e da dívida externa.

No campo, o que se mais presenciou foi a entrada, em larga escala, de empresas multinacionais dedicadas à agroindústria, provocando assim inúmeras conseqüências, como o êxodo rural e os bóias-frias no Brasil. Os problemas se estenderam também para os grandes centros: superpopulação, insuficiência de moradia, precárias condições de saúde, falta de escolas, violência, favelização etc.

Unidade 43 - A América no início do século XX | 633

LEITURA COMPLEMENTAR

Estados Unidos: Trajetória e Influência Mundial

"Depois da Segunda Guerra (1945), os Estados Unidos consolidaram-se como superpotência mundial. Assumiram a liderança do mundo capitalista, espalhando a sua influência por todo o planeta nos campos econômico, militar e ideológico.

Um terço de todos os bens e serviços produzidos no mundo e 12% de todo o comércio internacional são dominados pelos EUA. Refletindo o poderio norte-americano, o dólar tornou-se a moeda padrão das transações internacionais, com a mesma credibilidade do ouro.

No setor militar, os EUA constituem a principal potência bélica do mundo. Foram os primeiros a deter a tecnologia da bomba atômica e, posteriormente, que mais investiram na expansão das armas nucleares. Atualmente, são o país que mais gasta com a manutenção de suas forças armadas. A presença militar norte-americana estende-se por todo o mundo, tanto através de bases próprias, como por meio de assistência econômica e treinamento de exércitos. Depois do colapso da União Soviética, os EUA tornaram-se uma espécie de polícia do planeta.

No setor ideológico, os EUA comandam uma moderna tecnologia de comunicação de massa de penetração mundial: cinema, discos, televisão, jornais e revistas. Essa poderosa tecnologia de massa cumpre importante papel na divulgação ideológica dos valores que correspondem aos interesses do capitalismo norte-americano."

(Gilberto Cotrim, "História e Consciência do Mundo", p. 409)

Comente a frase: "A influência norte-americana por todo o planeta ocorreu nos campos econômico, militar e ideológico."

Resposta: *Um terço de todos os bens e serviços produzidos no mundo e 12% de todo o comércio internacional são dominados pelos EUA. No setor militar constituem a principal potência bélica do mundo e no setor ideológico, comandam uma moderna tecnologia de comunicação de massa de penetração mundial: cinema, discos, televisão, jornais e revistas.*

QUESTÕES RESOLVIDAS

1. (FUVEST) Quais as relações entre a criação do Estado do Panamá, a construção do Canal (1904-1914) e os interesses dos Estados Unidos?

Resposta: No contexto da política do Big Stick do presidente norte-americano Theodore Roosevelt (1901-1909) em relação à América Latina, aliado ao interesse na construção do canal interoceânico para facilitar o acesso à costa Oeste dos Estados Unidos, foi incitada a independência do Panamá em relação à Colômbia, o que facilitou o intervencionismo norte-americano que facilitou a construção e controle do canal a partir de 1914, quando foi concluída a obra.

2. (UERJ) "Bush quer atropelar FH e o Brasil. (...) Um de seus antecessores, Richard Nixon, ensaboou a ditadura militar dizendo ao General Médici que 'para onde o Brasil for irá o resto da América Latina'. Os generais acreditaram nisso. Pois veio o presidente Jimmy Carter e armou incrível encrenca com as violações dos direitos humanos praticados pela mesma ditadura que Nixon besuntara (...) Perderam o seu tempo. Tanto Nixon quanto Carter defendiam o interesse nacional americano." (Gáspari, Élio. "O Globo", 04/04/2001)

Com base na análise do texto, a dificuldade dos governos nas relações com os EUA se manifesta, principalmente, pela seguinte razão:
- a) Os EUA têm defendido políticas unilaterais para a América Latina.
- b) O Brasil não se interessa por acordos com países da América Latina.
- c) Os países da América Latina necessitam de apoio brasileiro para fazer frente aos EUA.
- d) Os países latino-americanos possuem interesses conflitantes com o mundo desenvolvido.

Resposta: A

3. (VUNESP) "Para a grande parte da América Latina, o período que começa em 1944, 1945 ou 1946 (dependendo do país em questão) (...) caracterizou-se por três fenômenos, mas inter-relacionados: democratização, tendência à esquerda e militância trabalhista." (Leslie Bethell e Ian Roxborough (org.), "A América Latina")

O principal fator externo responsável por essa nova situação foi a:
- a) ação norte-americana, através do "corolário Roosevelt".
- b) ação dos países componentes do Eixo.
- c) ação da doutrina americana do "Destino Manifesto".
- d) militância das esquerdas latino-americanas.
- e) vitória dos aliados na Segunda Guerra Mundial.

Resposta: E

Unidade 43 - *A América no início do século XX* | **635**

4. (UNIFESP) "Nosso sistema é impróprio para governar províncias dominadas. Elas não têm lugar nele. Elas se tornariam sedes de corrupção e isto iria afetar nosso próprio corpo político. Se nós admitimos a ilha (Cuba) como sendo um estado ou grupo de estados, deveríamos permitir que ela fizesse parte de nosso governo." (William Graham Summer, em 1986.)

Nesse texto, o autor:
a) alerta para a necessidade de dominação direta norte-americana em Cuba e em outros lugares, para salvaguardar os interesses de seu país.
b) condena a dominação direta norte-americana em Cuba e outros lugares, porque ela poderia comprometer os princípios vigentes em seu país.
c) aprova o domínio direto norte-americano em Cuba e outros territórios e quer que eles tenham o mesmo sistema de governo de seu país.
d) critica a política colonialista praticada pelas potências capitalistas em Cuba e na América Latina, em nome dos valores que regem seu país.
e) defende a presença norte-americana em Cuba como uma exceção necessária, mas não a criação de outras colônias para o seu país.

Resposta: B

5. (UnB) Ao longo da primeira metade do século XX, as relações entre os Estados Unidos e o continente americano variam da frontal intervenção às formas sutis de aproximação. A esse respeito, julgue os itens seguintes, usando (C) para certo e (E) para errado.
( ) A política do "Big Stick" de Roosevelt teve como conseqüência a intervenção direta dos EUA nas repúblicas caribenhas e da América Central, sendo a conquista do Canal do Panamá um de seus efeitos mais significativos.
( ) A Primeira Guerra Mundial, ao golpear seriamente a economia européia, propiciou aos EUA ocuparem crescente espaço na América Latina, em detrimento dos capitais ingleses.
( ) A Grande Depressão, com a extraordinária carga de problemas econômicos e sociais que trouxe para os EUA, levou este país a alterar a sua política externa para a América Latina, substituindo as tradicionais formas de intervenção pela "política da boa vizinhança".
( ) O bom relacionamento entre EUA e América Latina, ao longo da década de 30, foi radicalmente abalado com a majoritária posição dos países latino-americanos de apoiar o Eixo nazi-fascista, na Segunda Guerra Mundial.

Resposta: C C C E

QUESTÕES PROPOSTAS

1. (PUC-RIO) "Na virada do século, o Caribe transformou-se numa espécie de 'grande lago americano', destinado a atender à sede de investimento de uma sólida comunidade de negócios e às nascentes necessidades estratégicas e militares norte-americanas. Para além do Caribe e da América Central, as atenções se voltaram para o Pacífico. Essas áreas conformariam o laboratório para a retomada da doutrina do 'Destino Manifesto', que no passado havia já servido de justificativa para ações expansionistas similares, em que o emprego da força era visto como inevitável." (Marco Pamplona, "Revendo o sonho americano: 1890-1972")

A citação anterior refere-se à expansão norte-americana no Caribe e no Pacífico, em fins do século XIX e início do século XX. A partir do exposto:
 a) Explique como a doutrina do 'Destino Manifesto' foi aplicada em benefício dos interesses expansionistas norte-americanos no Pacífico e no Caribe.
 b) Cite 3 (três) características da presença econômica, cultural e política norte-americana no Caribe a na América Central, à época.

2. (UFF) No final dos anos 50, o mundo recebeu duas notícias de efeitos multiplicadores: a eleição de J. F. Kennedy para a presidência americana e a Revolução de Cuba. Esses eventos, associados ao posterior assassinato do presidente Kennedy, alteraram o curso da política externa dos Estados Unidos.

Considerando os destaques do trecho citado:
 a) Cite o nome do evento que marcou a intensificação das tensões entre os Estados Unidos e a Cuba de Fidel Castro.
 b) Explique as modificações na política externa norte-americana para a América Latina, nos anos 60, provocadas pela revolução cubana.

3. (UFG) "Julgamos propícia esta ocasião para afirmar como um princípio que afeta os direitos e interesses dos Estados Unidos: que os continentes americanos, em virtude da condição livre e independente que adquiriram e conservam, não podem mais ser considerados, no futuro, como suscetíveis de colonização por nenhuma potência européia (...)"

A citação acima contém o argumento que orientou a política estadunidense em relação ao continente americano, em meados do século XIX.
 a) Como ficou conhecida a doutrina derivada da declaração acima?
 b) Destaque os principais elementos da referida doutrina.

4. (UFRRJ) "Não é verdade que os Estados Unidos sintam fome de terra (...). Este país não deseja senão ver os vizinhos estáveis. (...) no hemisfério ocidental, a adesão dos Estados Unidos à Doutrina de Monroe pode forçá-los, ainda que com relutância, em casos flagrantes de malfeitorias ou impotência, ao exército de poder de política internacional."

(Mensagem de Theodore Roosevelt ao Congresso em 1904. In: FARIA, Ricardo de M. et alli. "História" Belo Horizonte, Lê, 1989. V. 3)

A política intervencionista norte-americana, mas primeiras décadas do século XX,

a) voltou-se contra o Canadá, já que havia um desejo histórico de unir as antigas áreas coloniais inglesas na América do Norte em um único país.

b) caracterizou-se pela ação militar contra áreas centro-americanas e caribenhas (Big Stick), sob a justificativa da defesa dos interesses norte-americanos.

c) dirigiu-se contra a Europa, tendo como base a Doutrina Monroe ("A América para os americanos"), principalmente após a Primeira Guerra Mundial.

d) centrou-se na Ásia, em especial no Japão, onde ocorria, desde meados do século XIX, uma forte pressão para abertura de seus mercados.

e) deslocou-se da América Espanhola para o Brasil, como no caso da "Revolução de 1930", procurando diminuir a influência inglesa ao sul do Equador.

5. (UFSM) Que crise(s) internacional(is) impediu(ram) o governo Kennedy de fazer uma "revolução pacífica", ou seja, executar os propósitos da "Aliança para o Progresso"?

I - O episódio da Baía dos Porcos, quando exilados cubanos, treinados pelos EUA, tentaram derrubar Fidel Castro.

II - A escalada do Vietnã, quando Kennedy mandou "conselheiros militares" ajudarem o governo pró-ocidental de Saigon.

III - A crise dos Mísseis, em 1962, quando os EUA descobriram que a URSS instalava bases de lançamento em Cuba, o que levou as relações soviético-americanas a ponto crítico.

Está(ao) correta(s):
a) apenas I.
b) apenas II.
c) apenas III.
d) apenas II e III.
e) I, II e III.

6. (UFMG) Considerando-se as relações entre a América Latina e os Estados Unidos a partir de meados do século XIX, é CORRETO afirmar que:
   a) a abertura do canal no estreito do Panamá possibilitou o desenvolvimento de relações comerciais equilibradas entre as Américas.
   b) a consolidação dos Estados antilhanos e centro-americanos viabilizou o apoio constante do governo norte-americano às democracias dessa região.
   c) a derrota do México, na guerra com os Estados Unidos, significou a perda de quase metade do território mexicano para este país.
   d) a política do Big Stick, implementada pelo presidente Theodore Roosevelt, visava estreitar o diálogo diplomático entre os países americanos.

7. (CESGRANRIO) No período que se estende da década de 30 até o pós-guerra, diversos países da América Latina passaram por transformações de suas estruturas políticas, econômicas e sociais. Como resultado dessas transformações identificamos o surgimento de movimentos reformistas sociais e a emergência de governos populistas em diversos países latino-americanos. Assinale a opção que se relaciona corretamente com essa fase do Populismo.
   a) Enfraquecimento político e social das organizações e representações sindicais e do operariado urbano.
   b) Exclusão do operariado da legislação trabalhista, criada nesse período, que privilegiava os segmentos médios urbanos e industriais.
   c) Monopólio dos grupos empresariais privados no processo de industrialização da América Latina.
   d) Crise do Estado oligárquico baseado nos modelos econômicos agroexportadores.
   e) Fortalecimento dos partidos políticos ideologicamente constituídos em oposição aos movimentos nacionalistas.

8. (PUC-MG) Na América Latina contemporânea, o desenvolvimento industrial tem relação com, EXCETO:
   a) o colapso do modelo primário-exportador na 1ª metade do séc. XX.
   b) a falta de divisas para a importação de bens de consumo.
   c) os efeitos das duas grandes guerras mundiais.
   d) a ação do Estado com o apoio de setores importantes da sociedade.
   e) a integração latino-americana, herança do colonialismo luso-espanhol.

9. **(UFU)** Desde o final da Segunda Guerra Mundial até o início dos anos 70, os Estados Unidos passaram por um período de grande desenvolvimento econômico, acompanhado de importantes mudanças de comportamentos e valores sociais. A esse respeito, assinale a alternativa INCORRETA.

a) O Plano Marshall, além da ajuda externa para reconstrução da Europa, objetivava ajudar as famílias dos soldados norte-americanos que retornaram da guerra, com financiamentos de imóveis e empréstimos para a reconstrução de suas vidas, além de incentivar a natalidade, num momento em que era preocupante a diminuição do número de nascimentos.

b) A partir do final da Segunda Grande Guerra, foram instituídos seguros sociais que permitissem o pagamento em dinheiro ou serviços em situações de dependência, tais como a velhice, as doenças, a maternidade e o desemprego, além de um forte sistema previdenciário e de saúde pública proporcionado pelo Estado de bem-estar social.

c) O desenvolvimento tecnológico estimulou a produção em massa, criando um clima de consumismo e de prosperidade, alimentado por uma eficiente publicidade, alvo também de uma reação crítica dos jovens, nos anos 60, por meio do movimento hippie, que repudiava a sociedade industrial, a guerra e as relações familiares.

d) A luta pela igualdade social nos anos 60 extrapolou as contradições sociais e étnicas, atingindo também a relação homem-mulher, quando bandeiras feministas, como o direito à igualdade com o homem no mercado de trabalho, o direito ao divórcio e o debate sobre os anticoncepcionais fortaleceram o poder da mulher na sociedade americana.

10. **(UFU)** A respeito da política norte-americana em relação aos países da América Central no século XX, podemos afirmar que:

I - em El Salvador, os grupos guerrilheiros, unificados na Frente Farabundo Martí de Libertação Nacional (FMLN) enfrentaram nos anos 80 uma sangrenta repressão de grupos paramilitares, financiados pelos Estados Unidos e ligados aos organismos de segurança do governo e às oligarquias locais.

II - a criação do Panamá como Estado independente, desmembrado da Colômbia, deveu-se à ação dos Estados Unidos, no âmbito da política de intervenções armadas ("Big Stick"), para assegurar os interesses norte-americanos na construção de um canal interligando os oceanos Atlântico e Pacífico.

III - a ameaça representada pela vitória da Revolução Sandinista na Nicarágua levou os Estados Unidos a alterar sua política para a América Central, passando das intervenções diretas e financiamento de governos ditatoriais, à concessão de ajuda financeira destinada a acabar com a pobreza e as desigualdades sociais.

IV - no início dos anos 80, o fortalecimento dos setores populares e nacionalistas na América Central levou à vitória da guerrilha em El Salvador, implantando um governo revolucionário esquerdista e, no Panamá, forçando a devolução da Zona do Canal.

Assinale a alternativa correta.
a) II e IV são corretas.
b) I e II são corretas.
c) I e III são corretas.
d) III e IV são corretas.

Gabarito das questões propostas

Questão 1 - Respostas:
a) A doutrina do "Destino Manifesto" justificou as intervenções militares no Pacífico e no Caribe.
b) ECONÔMICA: a presença de empresas norte-americanas nas atividades primárias e a importância de produtos industriais.
CULTURAL: a difusão da produção musical e cinematográfica norte-americana.
POLÍTICA: a emenda "Platt" presente na então constituição cubana.

Questão 2 - Respostas:
a) A invasão da Baía dos Porcos ou invasão de Cuba pelos Estados Unidos em 1960.
b) Sucederam-se apontes maiores de capitais americanos para manter o controle político do bloco ocidental em plena Guerra Fria. Verificou-se, também, a mudança de orientação política dos Estados Unidos para os países latino-americanos, que foram forçados a se militarizar, e como conseqüência, a abrir mão de regimes democráticos em favor de ditaduras, invertendo a tendência até então vigente da política externa americana. Destaque, também, para a reelaboração da agenda cultural para a América Latina, com a transformação dos padrões culturais como eixo da dependência.

Questão 3 - Respostas:
a) Doutrina Monroe (1823).
b) Reação aos propósitos de recolonização da América pela Santa Aliança sob o lema "A América para os americanos" e caracterização da postura imperialista dos Estados Unidos em relação à América Latina.

Questão 4 - Resposta: B

Questão 5 - Resposta: E

Questão 6 - Resposta: C

Questão 7 - Resposta: D

Questão 8 - Resposta: E

Questão 9 - Resposta: A

Questão 10 - Resposta: B

UNIDADE 44

A REVOLUÇÃO MEXICANA

SINOPSE TEÓRICA

A DITADURA DE DIAZ E SEUS ALIADOS (1876 – 1911)

O governo de Diaz poderia ser caracterizado por um intenso desenvolvimento capitalista, o que não significa dizer que a vida do povo tenha melhorado. Para permanecer tanto tempo no poder, o governo contou com o apoio de aliados importantes, como os políticos científicos que, influenciados pelo positivismo, entendiam que um governo autoritário seria fundamental para o progresso do país. O Exército, por sua vez, atuava no papel de "polícia de Estado", realizando a repressão interna. Outro aliado do governo era o capital estrangeiro e os grandes latifundiários.

A Revolução de 1910 pode ser entendida como uma rebelião contra o modelo de desenvolvimento capitalista baseado na aliança latifúndio-imperialismo. A burguesia mexicana, diante deste cenário, é subordinada aos grandes grupos monopolistas estrangeiros.

A AGITAÇÃO POLÍTICA

A ideologia de esquerda que organizou o movimento operário no México foi a anarco-sindicalista, e posteriormente o socialismo. As greves eram violentamente reprimidas.

Em 1900 foi fundado o Partido Liberal Mexicano, que em 1906 publicou um manifesto à Nação pedindo a derrubada de Diaz e a implantação de reformas econômicas, políticas e sociais. Nas eleições de 1910, Francisco Madero, líder do partido, foi preso, acusado de incitar o povo à rebelião. Conquistando a liberdade, Madero fugiu para o Texas, onde publicou o Plano de São Luís de Potosi, exigindo a renuncia de Diaz e a convocação de eleições livres no país. O plano prometia também a reforma agrária e a elevação dos salários.

A AGITAÇÃO SOCIAL

O principal destaque do movimento popular ficou com os camponeses. Liderados por Emiliano Zapata ao sul e Pancho Villa no norte, incendiavam as fazendas, justiçavam os proprietários, defendendo a reforma agrária.

As mulheres e a Revolução.

A ETAPA MADERISTA

A Revolução começou em maio de 1911. O ditador renunciou e em junho Francisco Madero assumiu o poder.

A partir do momento que começou a governar, os camponeses começaram a cobrar a reforma agrária que ele havia prometido, e o proletariado, por sua vez, começou a cobrar os aumentos salariais. Ao mesmo tempo em que esses grupos oprimidos se uniam para defender os seus interesses, a burguesia e os latifundiários também se uniam para impedir que as promessas fossem cumpridas pelo presidente. Infelizmente, o que acabou prevalecendo é que a revolução popular não triunfou, ou seja, os operários e camponeses não melhoraram de vida.

Os Revolucionários. Detalhe de um afresco de D. Alfaro Siqueiros. A luta por uma sociedade mais justa mobilizou os exércitos de Madero, de Zapata e de Villa.

Em novembro de 1911, os zapatistas que resistiam às incursões do exército mexicano assinaram o Plano de Ayala, que acusava Madero de ser "traidor da pátria", convocando o povo mexicano para pegar nas armas e derrubar o governo. O plano previa devolução de terras usurpadas aos seus legítimos operários (índios e camponeses); a expropriação, mediante indenização, da terça parte dos latifúndios e a nacionalização dos bens dos inimigos da revolução.

A REVOLUÇÃO CONSTITUCIONALISTA

O Golpe de Estado que derrubou o presidente Madero foi aprovado pela Igreja Católica, pelos grandes industriais e comerciantes e pelos banqueiros ingleses, interessados no petróleo e nas minas.

A Primeira Guerra Mundial já era tida como inevitável, e os EUA começaram a praticar uma política externa que visava criar nações democráticas na América. Dessa forma, então, não apoiavam o General Huerta, que tinha acabado de assumir o poder no México. Diante do isolamento, o general aproximou-se da Inglaterra, e essa postura não agradou os norte-americanos, que começaram a tramar a derrubada de Huerta.

No interior do país, Pancho Villa e Emiliano Zapata continuavam a sua luta, enquanto Venustiano Carranza, chefe do Exército Constitucionalista, se colocava contra o General Huerta. Em 1914, os marines americanos desembarcaram no México, e no ano seguinte os EUA reconheciam o novo governo mexicano, que agora seria controlado por Venustiano Carranza.

O Período Carrancista

Durante este período, os camponeses de Villa, no norte, e de Zapata, no sul, continuaram a luta pela reforma agrária, enquanto boa parte do operariado apoiava o governo lutando contra os camponeses. No entanto, na medida em que as vitórias sobre os camponeses iam se consolidando, o governo dissolvia lentamente os Batalhões Vermelhos formados pelo operariado. As promessas que o governo fizera ao operariado não eram cumpridas, e isso acabou provocando uma greve geral em 1916, violentamente reprimida pelo governo, que tomou decisões radicais: pena de morte, suspendeu as atividades da Casa do Operário Mundial, expulsou do país os líderes operários de origem espanhola.

"La Revolución de Madero de 1910. Mural de Diego Riviera. A revolução de 1910 trouxe mudanças significativas para a sociedade mexicana. Os interesses sociais foram assimilados pelos governos posteriores. Riviera colocou os camponeses lado a lado com os proprietários, membros do exército e da Igreja, mostrando cartazes do Plano de São Luís e de Zapata (Tierra y Libertad).

Unidade 44 - *A revolução mexicana* | **647**

A agitação popular levou o governo a tomar decisões que procuravam acalmar os trabalhadores, tais como a distribuição de terras improdutivas, e procurou também melhorar as condições de trabalho nas indústrias. Na questão do petróleo, ele acabou sendo nacionalizado, e entre 1914 e 1920 o México sofreu nova intervenção norte-americana na zona produtora de petróleo. "Pobre México, tão longe de Deus e tão próximo dos Estados Unidos!"

Leitura complementar

"Vitorioso nas eleições, e dizendo-se herdeiro de Zapata, Plutarco Elias Calles subiu ao poder. Em seu governo (1924-1928), realizou-se uma política que a princípio contrariou os interesses dos grandes proprietários de terras, dos industriais, da Igreja e das companhias petrolíferas.

Foram expropriadas algumas parcelas de terras das grandes fazendas, distribuídas às aldeias como propriedade comunal. A classe operária, apesar de estar controlada pelo Estado, pôde beneficiar-se do paternalismo governamental, conquistando direitos de organização e de greve, melhores salários e maior segurança contra os acidentes de trabalho. Os conflitos com a Igreja eliminaram, em 1926, uma verdadeira guerra." ("História das Sociedades Americanas", Aquino, Jesus e Oscar, p. 364, Ao Livro Técnico S/A)

Cite uma vantagem obtida pelo operário mexicano, no governo Calles.

Resposta: Direito de organização e de greve por melhores salários e maior segurança contra os acidentes de trabalho.

Questões resolvidas

1. (FUVEST) Qual a atuação dos grupos camponeses liderados por Emiliano Zapata e Pancho Villa na revolução mexicana?

Resposta: Lideravam camponeses armados que lutavam pela reforma agrária, assassinavam fazendeiros e incendiavam a produção.

2. (VUNESP) "O descontentamento com a desigualdade social crescia em todos os setores populares (...) Uma situação francamente revolucionária só se criou quando a este descontentamento generalizado se somaram dois fatos novos. Primeiro, uma grave dissensão no patriciado político motivada pelo continuísmo de Porfirio Diaz (...) Segundo, e principalmente, o surgimento de duas lideranças camponesas autênticas: a de Emiliano Zapata (...) a de Francisco Villa (...)" (Darcy Ribeiro, "As Américas e a civilização")

O texto refere-se à:
a) Revolução Sandinista.
b) Revolução Cubana.
c) Guerra do Pacífico.
d) Guerra do Chaco.
e) Revolução Mexicana.

Resposta: E

3. (UFV) "E vejam como são as coisas: para que nos vissem, cobrimos o rosto; para que nos dessem um nome, ficamos no anonimato; para ter futuro pusemos em jogo nosso presente; e para viver...morremos.

(...) E os poderosos disseram: 'Falem!' E falamos e lhes dissemos o que queríamos e eles não entendiam e nós repetíamos que queríamos democracia, liberdade e justiça, e eles continuavam a não entender e procuravam em seus planos macroeconômicos e em todos os seus tratados de neoliberalismo e nunca encontravam essas palavras e continuavam a nos dizer: 'Não entendemos' E nos ofereciam um lugar mais bonito no museu da história e uma morte mais a longo prazo e uma corrente de ouro para acorrentar nossa dignidade."

O trecho foi extraído de uma carta escrita e divulgada para a imprensa do mundo todo pelo subcomandante Marcos, líder da revolta de Chiapas nas montanhas do sudeste mexicano. Nas alternativas adiante, assinale aquela que expressa mais precisamente o nome do tratado a que faz referência:
a) de Madrid.
b) de Maastricht.
c) do Nafta.
d) de Guadalupe-Hidalgo.
e) de Vestfália.

Resposta: C

4. (UFF) A Revolução Mexicana, irrompida em 1911, e a ascensão da União Cívica Radical à Presidência da República na Argentina, em 1916, exprimem casos das crises oligárquicas ocorridas na América Latina no início do século XX. Assinale a opção que apresenta corretamente uma importante diferença entre os dois processos mencionados.
a) A Revolução Mexicana foi concebida por oligarquias dissidentes do Porfiriato, enquanto o Radicalismo argentino foi gestado no meio sindical anarquista.

b) No caso mexicano, o desdobramento do movimento revolucionário contou com forte adesão de setores camponeses, ao passo que o Radicalismo argentino se caracterizou, sobretudo em seu início, como um movimento político da classe média urbana.

c) O processo revolucionário mexicano assumiu rumos notoriamente bolcheviques após 1917, influenciado pelo êxito da Revolução Russa, ao contrário do Radicalismo argentino, movimento essencialmente conservador.

d) A Revolução Mexicana foi, desde o início, um processo de insurgência nacional e multiclassista, ao passo que o Radicalismo de Ipólito Yrigoyen se manteve restrito ao meio social portenho da classe média urbana.

e) A Revolução Mexicana pôs em cena a questão social e agrária de forma radical, ao contrário do Radicalismo argentino que, desde o início, demonstrou indiferença em relação às massas.

Resposta: B

5. (UERJ) A Revolução é uma súbita imersão do México em seu próprio ser (...) é uma busca de nós mesmos e um regresso à mãe. Nela, o México se atreve a ser. (Octavio Paz, escritor mexicano. Citado por Grandes Fatos do Século XX. Rio de Janeiro, Rio Gráfica, 1984.)

A Revolução Mexicana, iniciada em 1911, trouxe à tona a organização e a luta de populações camponesas de origem indígena que até hoje utilizam esse movimento como símbolo.

A eclosão da Revolução Mexicana pode ser explicada pelos seguintes motivos:
   a) a influência do ideário positivista e a atuação dos "científicos" nos movimentos camponeses.
   b) a luta do campesinato pela propriedade da terra e as reivindicações de setores burgueses por um maior espaço na política.
   c) a necessidade de uma modernização capitalista e o desejo da burguesia pela ampliação da influência do capital francês no país.
   d) a união dos liberais e dos comunistas mexicanos contra o porfiriato e o interesse dos grandes proprietários na aliança com o capital inglês.

Resposta: B

QUESTÕES PROPOSTAS

1.(FUVEST)
   a) Qual a atuação dos grupos camponeses liderados por Emiliano Zapata e Pancho Villa na Revolução Mexicana?

b) Como foi proposta a solução da questão agrária no Plano de Ayalla?
c) Como foi implantada a Reforma Agrária pela Assembléia Constituinte?

2. **(UNICAMP)** No primeiro dia de janeiro de 1994 teve início em Chiapas, no México, uma rebelião liderada pela Frente Zapatista de Libertação Nacional. A Frente Zapatista exigia mudanças na distribuição de terra e dos benefícios sociais para a população camponesa e indígena da região. Os rebeldes se autodenominavam "zapatistas", fazendo clara referência a Emiliano Zapata, um líder da Revolução Mexicana que, no início do século XX, parecia ser a única esperança para os camponeses do sul do país.
   a) Explique quais foram os objetivos da revolução liderada por Emiliano Zapata.
   b) Por que a Frente Zapatista utilizou a imagem deste revolucionário?

3. **(UNICAMP)** A ditadura de Porfirio Diaz (1876-1911) produziu no México uma situação de superficial bem-estar econômico, mas de profundo mal-estar social. (...) Fizeram-no chefe de uma ditadura militar burocrática destinada a sufocar e reprimir as reivindicações revolucionárias (...) Amparavam-na os capitalistas estrangeiros, tratados então com especial favor. (José Carlos Mariátegui, "A Revolução mexicana, Coleção grandes cientistas sociais", Ática)
   a) Quais as características do desenvolvimento econômico mexicano durante esse período?
   b) Explique a situação socioeconômica da população indígena e camponesa durante a ditadura de Porfirio.
   c) Que grupos sociais e políticos se opuseram à ditadura de Porfirio Diaz e desencadearam o processo da revolução mexicana?

4. **(VUNESP)** "O levante urbano venceu rapidamente a resistência das tropas do General Porfirio Diaz, subindo ao poder Francisco Madero...Simultaneamente, porém, alastraram-se insurreições camponesas cujos líderes não se contentaram com os propósitos de Madero, exigiram a reforma agrária. Era o começo da Revolução..."

A partir dos dados do trecho citado:
   a) Indique o país onde se desencadeou importante revolução social ao final da primeira década do século XX.
   b) Enumere os propósitos moderados e legalistas de Francisco Madero que acabou sendo preso e assassinado.
   c) Faça considerações objetivas sobre o legado da Revolução.

Unidade 44 - A revolução mexicana | 651

5. (CESGRANRIO) Ao longo do século XX, diversos movimentos sociais eclodiram na América Latina. Dentre eles, destacamos a Revolução Mexicana, iniciada em 1911, que se caracterizou em suas origens, como um movimento:
   a) operário, pela implantação de um governo socialista no México.
   b) nacionalista, contrário à dominação política espanhola.
   c) burguês, em defesa da industrialização do país.
   d) camponês, de luta por uma reforma agrária.
   e) liberal, em prol de uma aliança econômica com os Estados Unidos.

6. (FUVEST) A Revolução Mexicana de 1910, do ponto de vista social, caracterizou-se:
   a) pela intensa participação camponesa.
   b) pela aliança entre operários e camponeses.
   c) pela liderança de grupos socialistas.
   d) pelo apoio da Igreja aos sublevados.
   e) pela forte presença de combatentes estrangeiros.

7. (UFVEST) É possível constatar semelhanças entre os governos de Getúlio Vargas (Brasil), Lázaro Cárdenas (México) e Juan Domingo Perón (Argentina), pois esses líderes
   a) assumiram as mesmas posições frente à Segunda Guerra.
   b) buscaram o apoio político das classes populares.
   c) defenderam e puseram em prática idéias fascistas.
   d) nacionalizaram o petróleo e as estradas de ferro.
   e) chegaram ao poder por intermédio de um golpe.

8. (UEL) "Em 1910 um grupo de agricultores mexicanos rebelou-se contra os rumos que o governo impunha a seu país. A revolta seguiu por nove anos, com guerrilhas, sabotagens e cercos continuados aos revoltosos."
Um dos líderes do movimento a que o texto se refere foi:
   a) Virgílio Piñera.
   b) Emiliano Zapata.
   c) Simon Bolívar.
   d) José Artigas.
   e) Pablo Escobar.

9. (UEL) "O movimento guerrilheiro zapatista, desencadeado em 1994, utilizou-se do emprego da luta armada para a obtenção de fins políticos e conjugou reivindicações econômicas e sociais com a defesa de valores culturais das populações indígenas."

O movimento ao qual o texto se refere tem alcançado grande repercussão e está localizado no:
a) Peru.
b) Haiti.
c) Panamá.
d) Equador.
e) México.

Gabarito das questões propostas

Questão 1 - Respostas:
a) Zapata liderava os camponeses ao sul e Villa ao norte, com papéis vitoriosos.
b) Reforma Agrária.
c) Nacionalização do solo, influência americana e impostos elevados.

Questão 2 - Respostas:
a) Promover uma reforma agrária radical e devolver às comunidades indígenas suas terras.
b) Porque ele representa essa luta pela questão agrária.

Questão 3 - Respostas:
a) A política econômica no governo Porfirio Diaz, acentuou a dependência mexicana ao capital estrangeiro, apoiando-se na exportação de matérias-primas e importação de matérias-primas e importação de produtos industrializados.
b) A política econômica favoreceu os latifundiários, que com apoio do governo e grupos militares submetiam as populações camponesas e indígenas à exclusão econômica e social.
Quanto aos indígenas, a política porfirista acabou com as propriedades comunais, os "ejidos".
c) As massas camponesas favoráveis à Reforma Agrária, burguesia e setores médios marginalizados por Porfirio Diaz. Quanto às lideranças camponesas, destacaram-se Emiliano Zapata e Pancho Villa.

Questão 4 - Respostas:
a) México.

b) Democrata-Liberal, pretendia uma moralização do país, sem mudanças profundas, "dentro da ordem".

c) Os sucessores, como Caranza, procuraram atenuar a Revolução cooptando líderes e transformando lentamente em uma nova elite econômica e política.

Questão 5 - Resposta: D

Questão 6 - Resposta: A

Questão 7 - Resposta: B

Questão 8 - Resposta: B

Questão 9 - Resposta: E

Unidade 45

A República Velha ou Primeira República ou República do Café

Sinopse teórica

Deodoro da Fonseca (1889 – 1891)

No dia 15 de novembro de 1889, o Marechal de Campo Manuel Deodoro da Fonseca proclamou a República no Brasil e se tornou chefe do primeiro governo, que seria provisório.

Pelo decreto número 1, foi adotado, a título provisório, o sistema republicano federativo: as províncias do extinto Império foram transformadas em Estados federativos, declarando-se dissolvidas todas as instituições incompatíveis com o novo regime. A família real foi banida e, dias depois, foi adotada uma nova bandeira e escudo de armas para o Brasil.

Retrato do marechal Deodoro, óleo sobre tela de autoria e Antonio Felix da Costa, especialista em pintar retratos de reis e nobres.

No mês de dezembro, tivemos a grande naturalização, que transformou em brasileiros todos os estrangeiros que aqui se encontravam e assim optaram. Separou-se a Igreja do Estado e regulamentou-se o registro e o casamento civil.

A Constituição de 1891

No dia 3 de dezembro de 1889, o governo provisório nomeou uma comissão especial encarregada de elaborar o projeto constituinte. Inspirada na Constituição dos Estados Unidos, apresentava as seguintes características:
- O Brasil ficou constituído por uma federação de vinte Estados, que teriam ampla autonomia econômica e administrativa.
- O mandato do presidente e do vice era de quatro anos.
- O presidente poderia determinar a intervenção federal na administração dos Estados.
- O Poder Legislativo era bicameral, composto pelo Senado Federal e Câmara dos Deputados. Seriam eleitos 3 senadores por Estado, com mandato de 9 anos, e para os deputados, o número de representantes da Câmara seria proporcional à população, sendo eleito 1 para cada 60 mil habitantes. O mandato do deputado era de 3 anos.
- O Supremo Tribunal Federal era o órgão superior do Poder Judiciário, composto ainda de Juízes Federais e de Direito.

Ficou sob responsabilidade da Constituinte eleger o Presidente e o Vice-Presidente do Brasil para o mandato que se estenderia até 1894. Competiram na eleição, Deodoro da Fonseca e o seu opositor, o Presidente do Congresso, Prudente de Morais, saindo vitorioso o Marechal Deodoro.

Durante o seu governo, Deodoro sofreu muita oposição do Congresso, o que levou Deodoro a dissolvê-lo, apesar de não ter autorização constitucional para isso.

"A pátria", pintura realizada em 1919, por Pedro Bruno. Museu da República, Rio de Janeiro. No quadro podemos perceber elementos do positivismo: a bandeira cobrindo a criança (objeto representando a nação); a pátria (título da pintura); o papel da mãe na educação dos filhos e o cultivo dos valores morais da família e da sociedade.

Floriano Peixoto (1891 – 1894)

Assim que assumiu o poder, após a renúncia do Marechal Deodoro da Fonseca, Floriano anulou a dissolução do Congresso, porém oficiosamente promoveu a ilegal substituição de todos os governantes estaduais que haviam dado apoio a Deodoro. A República começava conturbada, muito intranqüila e agitada.

Um outro ponto que tumultuou o cenário político brasileiro foi a questão que tratava do mandato de Floriano Peixoto. O artigo 42 da Constituição de 1891 estabelecia: "Se no caso de vaga, por qualquer causa, da presidência ou vice-presidência, não houver ainda ocorrido dois anos do período presidencial, proceder-se-á a uma nova eleição". Mas no entanto, o artigo 1º das Disposições Transitórias determinava que o primeiro governo fosse eleito por constituintes, e estabelecia no § 2º·: "O Presidente e o vice-presidente, eleitos na forma deste artigo, ocuparão a presidência e a vice-presidência da República durante o primeiro período presidencial". O Congresso entendeu que este parágrafo isentava o primeiro vice-presidente de obedecer à regra geral e, por este motivo, Floriano foi mantido no poder.

A Revolta Federalista e a Revolta da Armada

O fotógrafo Marc Ferrez registrou a zona portuária carioca durante a Segunda Revolta da Armada, em 1893.

Vimos aqui que durante o período imperial, o Exército Brasileiro não possuía prestígio e a Marinha se destacava no cenário nacional. No entanto, após a vitória na Guerra do Paraguai, o Exército começou a se posicionar politicamente e proclamou a República no Brasil, enquanto a Marinha sonhava com o prestígio que perdeu, passando a apoiar os grupos sociais que estavam insatisfeitos com a República.

Um outro fator de discórdia estava na questão da autonomia dos Estados. Vimos aqui que a Constituição de 1824 implantou o Império Unitário, onde os Estados não possuíam autonomia. Percebemos que a centralização do poder provocou inúmeros descontentamentos durante o período imperial. No entanto, a Constituição de 1891 proclamou uma República Federativa no Brasil e a caráter federativo da Constituição, isto é, a autonomia dos Estados era muito forte. Porém, com a renúncia de Deodoro, novamente foi escolhido um governador para o Sul, fato esse que acabou provocando conflitos entre federalistas e os partidários de uma política centralizadora. Insatisfeitos com o presidente estadual (governador), que foi imposto, os federalistas proclamaram, em 1892, a Revolução Federalista do Rio Grande do Sul. A Marinha, como vimos, insatisfeita, apoiou o movimento e reagiu com a Revolta da Armada em 1893.

Dominando a Baía de Guanabara, os navios de guerra brasileiros bombardeiam a Capital Federal. A Revolução Federalista espalha-se pelo Rio Grande do Sul, Santa Catarina e Paraná, e o governo central só dispõe de forças em terra para combatê-las. Diante desta situação, os paulistas resolvem ajudar financeiramente o governo federal, que sufoca as revoltas. Sabemos, no entanto, que toda ajuda exige a sua devida compensação, e ela surgiu nas eleições de 1894, quando foi eleito o primeiro presidente civil, paulista e representante dos barões do café, Prudente de Morais.

A República Oligárquica
Prudente de Morais (1894 – 1898)

Ex-presidente de Congresso Constituinte, tomou posse no dia 15 de novembro de 1894, e no ano seguinte concedeu anistia aos revoltosos federalistas e da Marinha.

O principal episódio do seu governo foi a Revolta de Canudos. Liderados pelo "beato" Antonio Conselheiro, mais de oito mil sertanejos fundaram o Arraial de Canudos, às margens do Rio Vaza-Barris, onde pretendiam fundar uma cidade que se chamaria Belo Monte.

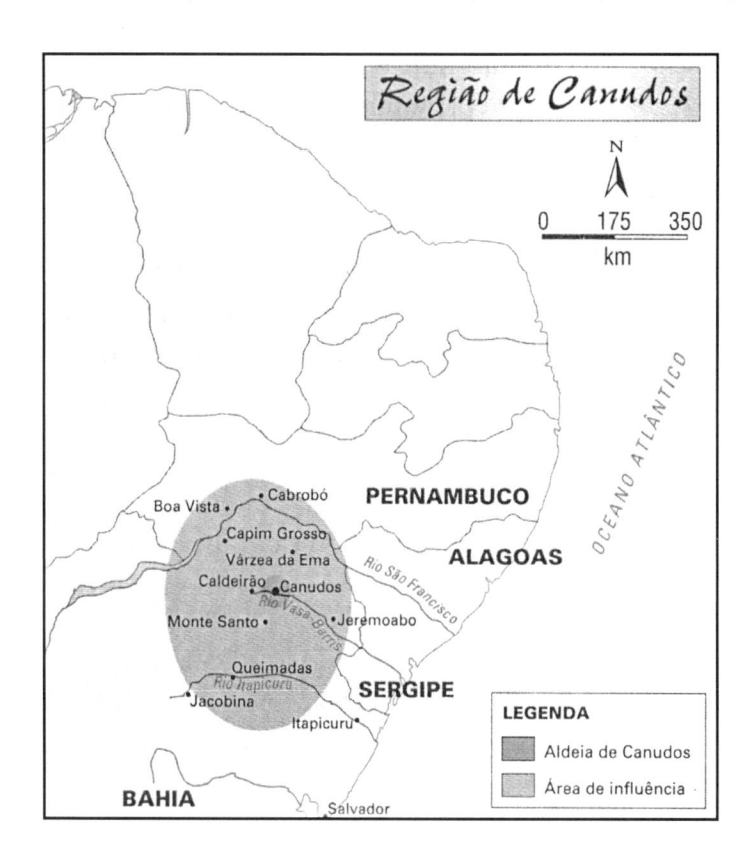

Unidade 45 - A República Velha ou Primeira República ou República do Café | 659

Região de Canudos

Condenando a República, formaram uma verdadeira congregação religiosa, preparando-se para um futuro de justiça e prosperidade que viria depois do juízo final, quando voltaria a reinar Dom Sebastião, rei português que foi assassinado pelos mouros em 1578 e transformado em figura mítica, cujo retorno era profetizado em épocas de calamidade.

Em Canudos não havia propriedade privada, e tudo que era produzido era dividido entre as pessoas que lá moravam. No entanto, o Arraial descontentava três setores da sociedade que passaram a defender sua destruição. A Igreja Católica não concordava com o Arraial porque Antonio Conselheiro possuía muitos seguidores; os latifundiários apoiavam a destruição do Arraial porque a qualidade de vida atraía seguidores e levava os latifundiários a pensar que ficariam sem mão-de-obra para explorar. Finalmente, o Arraial não agradava a República recém-proclamada, principalmente porque Antonio Conselheiro defendia o não pagamento de impostos.

Em 1896, dois contingentes da República, um com 600 homens e outro com 1.500 foram derrotados pelos sertanejos. Somente em 1897, Antonio Conselheiro foi morto e a população de Canudos exterminada por um exército de 6 mil homens, transformando o episódio em uma das maiores covardias da nossa história.

MANUEL FERRAZ DE CAMPOS SALES (1898 – 1902)

O governo deste presidente se tornou profundamente importante porque organizou a estrutura política que vigorou no Brasil durante toda a República Velha e por isso muito cobrado nos concursos.

Líderes políticos do Ceará, entre eles o padre Cícero (quinto homem sentado, da esquerda para a direita) que, por muito tempo, comandou a política local, ajudado pelos coronéis da região.

A fim de obter apoio dos representantes dos Estados no Congresso Nacional, Campos Sales criou a "Política dos Governadores". Esta política consistia no seguinte: o governo prestigiaria o reconhecimento dos deputados e senadores federais indicados pelos governantes dos Estados ou pelos partidos políticos neles dominantes, e estes, em troca, o apoiariam em todos os assuntos relativos à política geral do país. Como conseqüência deste acordo, as oligarquias rurais se consolidaram no poder.

A origem dessa teia corrupta da política brasileira pode ser facilmente encontrada no voto aberto. Na época, o eleitor anunciava publicamente o seu voto para o presidente da mesa e, assim, era sempre obrigado a votar no candidato do coronel. Bem, mas quem era o

Unidade 45 - A República Velha ou Primeira República ou República do Café | 661

coronel? Vimos aqui que durante o período regencial, o padre Diogo de Antônio Feijó criou a Guarda Nacional e o Código do Processo Criminal. Percebemos, naquela ocasião, que o poder dos latifundiários foi ampliado e quando um deles comandava a Guarda Nacional, recebia então o título de Coronel. Então, quem é o coronel? O fazendeiro rico que controlava a política no seu município.

No município, as pessoas, de uma maneira ou de outra, dependiam de um "favor" do coronel para arrumar um emprego, para um empréstimo, para colocar o filho na escola, para internar um parente etc., e evidentemente que em troca dos "favores" concedidos, os coronéis exigiam que as pessoas votassem nos candidatos apoiados por eles, até porque, se não votassem, sofriam a violência dos seus "capangas".

Jagunços do coronel Floro Bartolomeu, um dos mais influentes proprietários de terra do Ceará, que liderou várias revoltas na região de Juazeiro em 1914. Mas a ação dos coronéis não se limitava ao Nordeste do Brasil, espalhando-se também por outras regiões.

Esse voto aberto, dado sob pressão, ficou conhecido como voto de cabresto. O coronel mais importante em cada município ou região estabelecia alianças com outros fazendeiros para eleger o governador do Estado. Depois de eleito, o governador retribuía o apoio recebido dos coronéis, destinando verbas ao município. Era uma troca de favores em todas as esferas políticas, e assim as oligarquias rurais permaneciam no poder.

O mais interessante é perceber que, nesse aspecto, pouca coisa mudou. Na República Velha não existia uma justiça eleitoral idônea e independente e, por este motivo, as eleições estavam sujeitas a diversos tipos de fraudes. No Congresso Nacional, foi instituída uma comissão verificadora das eleições, a quem competia a tarefa de reconhecer ou não a validade dos resultados eleitorais. Bem, acabamos de perceber que as trocas de favores eram comuns no período e assim essa comissão, embora fosse um órgão do Poder Legislativo, funcionava a serviço dos interesses do presidente da República, que aprovava a eleição dos candidatos da situação e rejeitava, ao máximo, os candidatos da oposição.

Com isso, completava-se a estrutura de funcionamento da Política dos Governadores. Por intermédio da ação da local dos coronéis e da Comissão Verificadora, o governo federal evitava que o Congresso fosse ocupado por parlamentares não ligados aos interesses hegemônicos das oligarquias dominantes do país.

FRANCISCO DE PAULA RODRIGUES ALVES (1902 – 1906)

O presidente Rodrigues Alves percebia a necessidade de revigorar a economia do país, aparelhar os portos e sanear as grandes cidades.Conduzindo então o seu governo nesta diretriz, Rodrigues Alves reaparelhou o porto do Rio de Janeiro, ao mesmo tempo que o prefeito Pereira Passos iniciou uma política de urbanização do Rio de Janeiro, abrindo avenidas, alargando ruas etc. O Rio "civiliza-se", diziam os governadores da época.

Desde a época da chegada da Família Real Portuguesa, a cidade do Rio de Janeiro não possuía a menor infra-estrutura, não havia sistema de esgoto, as fezes muitas vezes eram atiradas na rua e a cidade, além de feder muito, era assolada por diversas doenças, como a febre amarela. Diante desta realidade, o prefeito, inspirado em Paris, começou a urbanização botando abaixo o morro do Castelo. Com a sua terra abriu a Avenida Central e iniciou a urbanização de Copacabana. Decidiu também derrubar os cortiços, habitações sem higiene onde poderiam estar os focos das doenças. Devemos perceber que o projeto de urbanização não tinha a menor preocupação com o povo, principalmente porque a derrubada dos cortiços representava um aumento no preço dos aluguéis e a conseqüente interiorização das camadas pobres da população.

Depois de todas essas políticas autoritárias, o prefeito convidou o sanitarista Oswaldo Cruz para cuidar da saúde pública da cidade e saneá-la. No entanto, a ação de Oswaldo Cruz não foi tranqüila. No Congresso, na imprensa, nas ruas, o sanitarista foi alvo da mais acirrada campanha, a ponto de, a pretexto da obrigatoriedade da vacina, e sob inspiração dos princípios positivistas, ter-se levantado a Escola Militar, insuflada por políticos descontentes que visavam derrubar o governo. Por sua vez, a maioria da população acreditava que a vacina era um meio de contrair a doença. Mas Oswaldo Cruz colocou os vacinadores nas ruas, apoiados por policiais que entravam nas casas e vacinavam à força.

No dia 9 de novembro de 1904, foi aprovada e publicada a lei que tornava a vacinação obrigatória, mas, no entanto, a resistência popular já estava nas ruas. No dia 16 de novembro, o governo recuou e revogou a obrigatoriedade da vacina.

O Convênio de Taubaté

No capítulo que analisava a economia no Segundo Reinado, percebemos que o café, a partir da segunda metade do século XIX, se tornou o principal produto da economia nacional, e todas as pessoas que podiam, investiam na sua produção, provocando, no início do século XX, crises de superprodução.

Sendo assim, em 1906, na cidade paulista de Taubaté, os fazendeiros dos três principais Estados produtores do Brasil, Rio de Janeiro, Minas Gerais e São Paulo, se reuniram com o objetivo de combater as crises de superprodução, valorizar o café, regular o seu comércio, promover o aumento do consumo e criar a caixa de conversão. Os fazendeiros propuseram que os governos estaduais comprassem a produção excedente, para evitar a queda dos preços. Esse excedente seria estocado e, posteriormente, vendido quando os preços voltassem a se normalizar. O governo contraía empréstimos internacionais, comprava a produção e nunca vendia o estoque regulador, beneficiando os produtores e assumindo o prejuízo.

Afonso Augusto Moreira Pena (1906 – 1909)

Deu continuidade ao governo anterior, no tocante às obras de melhoramento, construindo estradas de ferro e criando o Instituto de Manguinhos, mais tarde chamado Oswaldo Cruz.

O Cangaço

Entre 1870 e 1940, ocorreu no Nordeste brasileiro o cangaço, ou o banditismo social. Não foi um fenômeno típico do Brasil, tendo aparecido em outras regiões do mundo que apresentavam realidades parecidas com as do Nordeste. Representou uma reação do tradicionalismo rural ao avanço do capitalismo no campo.

Nos últimos anos do Império, depois da grande seca de 1877-1879, com o agravamento da miséria e da violência, começaram a surgir os primeiros bandos armados independentes do controle de grandes fazendeiros. O mais importante cangaceiro foi Virgulino Ferreira da Silva, o Lampião, que aterrorizou o Nordeste de 1920 a 1938.

Cangaceiros do "bando de Lampião".

NILO PEÇANHA (1909 – 1910)

Completou o período governamental de Afonso Pena. Como grande destaque do seu mandato, temos a criação do Serviço de Proteção aos Índios.

HERMES DA FONSECA (1910 – 1914)

O grande destaque deste governo foi a Política das Salvações, que consistiu na intervenção de militares hermistas nos governos estaduais. Qual era o objetivo? O fim do domínio das oligarquias rurais e a moralização das práticas políticas? A volta dos militares ao poder?

Não representou, na realidade, nem uma coisa nem outra. O que houve foi apenas a substituição dos grupos oligárquicos que estavam no poder pelos grupos que lhes fazia oposição, frustrando a política salvacionista. Assim, por exemplo, no Ceará, a família Acioli foi substituída pelos Franco Rabelo, e assim acontecendo nos diversos Estados.

Ainda neste governo aconteceu a Revolta da Chibata. A Marinha brasileira sempre teve prestígio durante o período imperial, e os seus oficiais eram oriundos das famílias importantes da sociedade. Apresentava um código disciplinar remanescente do período

Há muito tempo,
nas águas da Guanabara,
o dragão do mar reapareceu,
na figura de um bravo marinheiro
a quem a história não esqueceu.
Conhecido como Navegante
                        Negro,
tinha a dignidade de um
                mestre-sala [...]

Rubras cascatas
jorravam das costas dos negros
entre cantos e chibatas,
inundando o coração
do pessoal do porão
que, a exemplo do marinheiro,
gritava: não! [...]

Glória a todos as lutas inglórias
que através da nossa história,
não esqueceremos jamais!
Salve o Navegante Negro
que tem por monumento
as pedras pisadas do cais [...]

da Expansão Marítima, caracterizado por castigos corporais. Além disso, o recrutamento era forçado arbitrário e recaía sobre pessoas de origem humilde.

A revolta ocorreu em 1910. O marinheiro Marcelino Rodrigues de Meneses, da belonave Minas Gerais, foi condenado a 250 chibatadas. Na noite de 22 de novembro, a revolta aconteceu liderada por João Cândido, que recebeu o apoio de outros três navios: São Paulo, Bahia e Deodoro. Os objetivos da revolta eram: a extinção dos castigos corporais e a melhoria da alimentação destinada aos marinheiros.

VENCESLAU BRÁS (1914 – 1918)

Governou no intervalo de tempo em que aconteceu a Primeira Guerra Mundial, tendo sido mais uma vítima da campanha submarina sustentada pela Alemanha contra os navios mercantes de países neutros, o que levou o Brasil a reconhecer o estado de guerra em 1917.

Jagunços da Guerra do Contestado. Acervo de Orty de Magalhães Machado.

No ano de 1912, ocorreu, na divisa dos Estados do Paraná e de Santa Catarina, mais um movimento popular caracterizado pelo fanatismo religioso: foi o movimento do Contestado. O nome dado à revolta pode ser entendido pelo fato de a região ser disputada pelos dois Estados citados na hora da demarcação dos seus limites. José Maria, um monge curandeiro, conseguiu revoltar os moradores da região de Curitibanos, procurando obter pelas armas uma reforma da solução dada àquele conflito interestadual.

Para suceder o presidente Venceslau Brás, foi escolhido o conselheiro Francisco de Paula Rodrigues Alves. Falecendo, porém, antes de assumir o cargo, exerceu-o interinamente o vice-presidente Delfim Moreira.

EPITÁCIO PESSOA (1919 – 1922)

Vimos aqui que o sistema político que predominou durante a República Velha era altamente corrupto, e que a Política das Salvações infelizmente fracassou.

O descontentamento dos militares com esta situação era, portanto, antigo, sem contar o fato de que os tenentes formados na Escola de Realengo, no Rio de Janeiro, também estavam revoltados com a cúpula do Exército, que, na sua opinião, atendia os interesses das oligarquias rurais, que tinham implantado um modelo político no Brasil profundamente corrupto.

ARTHUR BERNARDES (1922 – 1926)

Durante este governo, as rebeliões tenentistas aconteceram. O clima estava muito tenso no Brasil, e para piorar a situação, o jornal "Correio da Manhã" publicou uma carta falsa, que era assinada por Arthur Bernardes, contendo imsultos ao Exército. Diante dessa situação, várias unidades militares se revoltaram.

Participantes da Coluna Prestes. O líder –
Luís Carlos Prestes, de barba, é visto ao centro, sentado.

Unidade 45 - A República Velha ou Primeira República ou República do Café

Logo depois, o Clube Militar foi fechado e o Marechal Hermes, que era o seu presidente, foi preso, acusado de interferir indevidamente na política pernambucana. Estava deflagrada a revolta. Na madrugada de 5 de julho de 1922, o filho do Marechal Hermes, capitão Euclides da Fonseca, tomou o Forte de Copacabana, de onde atacou o quartel-general do Exército. A revolta, que também foi sufocada, se estendeu por outros quartéis, alcançando a Vila Militar do Rio, Niterói e o Estado do Mato Grosso.

O movimento tenentista em São Paulo foi mais intenso do que no Rio de Janeiro. Os tenentes lutaram 22 dias contra as tropas legalistas e depois se retiraram para o Paraná. Neste Estado, em abril de 1926, fizeram uma aliança com uma coluna de tenentes que veio do sul, tendo começado, neste momento, sob o comando do general Miguel Costa e de Luís Carlos Prestes, a famosa Coluna Prestes.

Entre abril de 1925 e fevereiro de 1927, os rebeldes percorreram cerca de 24 mil quilômetros pelo Brasil, e, detalhe, não perderam nenhum dos 53 combates travados. O objetivo era derrubar o presidente Arthur Bernardes e acabar com os governos corruptos implantados pelas oligarquias rurais.

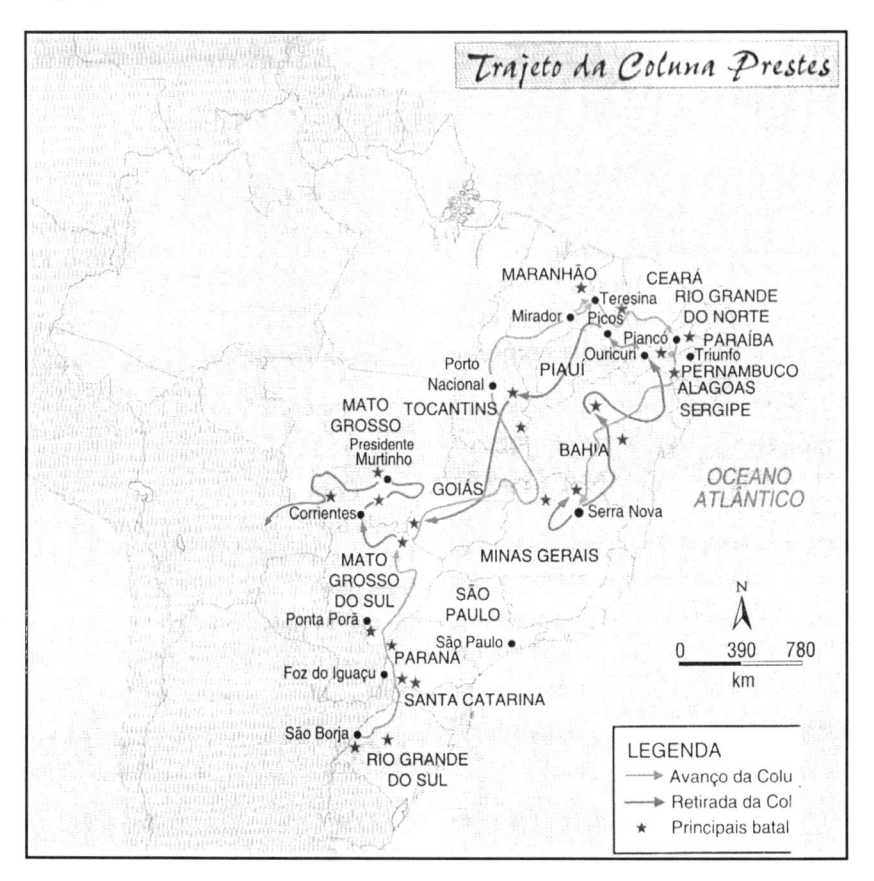

ECONOMIA E FINANÇAS NA REPÚBLICA VELHA

Logo no início da República, no governo Deodoro da Fonseca, o ministro da economia Rui Barbosa lançou uma política econômica chamada de Encilhamento. Essa política ficou caracterizada pela emissão de papel moeda em larga escala a partir de três zonas bancárias criadas pelo governo: a do Norte, sediada em Salvador, a Central, sediada no Rio de Janeiro e a do Sul, em Porto Alegre.

Rui Barbosa, ao centro, na época do encilhamento.

Vimos aqui que durante o Império a Burguesia Industrial não possuía apoio para crescer, e além do mais, o ministro Rui Barbosa entendia que o Brasil tinha amplas possibilidades de se industrializar. Então, esta política tinha como objetivo industrializar o Brasil. No entanto, o aumento da circulação de moedas no mercado sem que houvesse um aumento de produção interna, acabou provocando o aumento da inflação. A facilidade de créditos levou, por outro lado, a uma desenfreada especulação com os papéis e ações das novas empresas. Essa especulação foi apelidada de Encilhamento, pois a euforia barulhenta da Bolsa de Valores lembrava o local de apostas no jóquei, quando os cavalos se preparavam para um páreo.

Muitas firmas fantasmas surgiram, projetos megalomaníacos foram criados, como estradas-de-ferro transcontinentais. A inflação cresceu e, no final de 1890, as falências começaram a surgir. A política econômica de Rui Barbosa teria então o efeito contrário ao proposto.

Durante o governo do presidente Campos Sales, foi assinada, juntamente aos credores internacionais, uma moratória que consistia na suspensão do pagamento da dívida externa, que ficou conhecida como o nome de funding-loan. Pelo acordo, ficava estabelecido que a dívida do Brasil com os banqueiros ingleses seria feita depois de 13 anos, enquanto o pagamento dos juros seria efetuado depois de 3 anos, em títulos da dívida pública, sobre os quais os banqueiros cobrariam taxas de juros quando fossem descontá-los.

Para garantir o empréstimo, o Brasil ofereceu as rendas das alfândegas e o país ficava proibido de tomar novos empréstimos.

Como produtos de destaque na economia, tínhamos o café e a borracha, sendo o café o principal produto de exportação do Brasil. Na região Norte, os seringais da Amazônia produziam em larga escala para abastecer o mercado internacional. O desenvolvimento da indústria do pneumático e as múltiplas aplicações da borracha na atividade industrial, promoviam o aumento do preço da borracha e o aumento da produção na Amazônia. No entanto, o surto da borracha durou muito pouco, e rapidamente a produção feita de forma racional, da Ásia e da Oceania, provocou a queda da produção nacional.

Finalmente, uma outra característica da economia nacional foi o desenvolvimento da política de substituição de importações, principalmente durante a Primeira Guerra Mundial, e também durante a crise de 1929. Como não conseguíamos importar, fomos obrigados a produzir internamente, fator que colaborou para o desenvolvimento industrial brasileiro.

Leitura complementar

O Voto de Cabresto até nossos dias

Hoje em dia, o voto é secreto. O eleitor não revela publicamente o candidato que escolheu, ficando livre para votar em quem quiser.

Apesar disso, o voto de cabresto continua existindo no país. Nas regiões mais carentes, as pessoas pobres e desinformadas ainda votam nos protegidos dos coronéis por medo ou para obter favores.

Para conquistar o voto, o coronel utiliza vários recursos. Distribui, por exemplo, uma nota de dinheiro rasgada ao meio, prometendo entregar a outra metade ao confirmar-se a vitória de seu candidato.

No meio rural, a miséria e a desinformação são tão grandes que muitos elegem candidatos em troca de sapatos, dentaduras ou uniformes para times de futebol.

Defina: Voto de Cabresto

Resposta: Voto induzido. O eleitor, através de favores, é obrigado a votar no candidato do coronel.

QUESTÕES RESOLVIDAS

1. (UFSM) Um dos fatores que contribuíram para a crise da República Velha foi a rebeldia de jovens oficiais do exército que, a partir de 1922, desencadearam um movimento conhecido como "Tenentismo".

Esse movimento se caracterizou:
- I - pela ambigüidade ideológica, à medida que se propôs a "restaurar a pureza" na sociedade e nas Forças Armadas, mas assumiu caráter conservador, autoritário e elitista.
- II - por um vago nacionalismo, à medida em que estavam, entre seus objetivos, a nacionalização de minas e de bancos estrangeiros.
- III - pelo descontentamento com um governo que fraudava eleições e que depunha, pelas armas, governadores que não se ajustavam à política dominante, daí a defesa do voto secreto e da moralização política.

Está(ão) correta(s):
a) apenas I.
b) apenas II.
c) apenas III.
d) apenas II e III.
e) I, II e III.

Resposta: E

2. (UFSM) A posse do paulista Prudente de Morais na Presidência da República (1894) assegurou a defesa dos interesses do grupo agrário-exportador, que passou a controlar o país até 1930.

Esse controle se deu através:
- I - da Constituição, que limitou o direito da intervenção federal nos estados e instituiu o voto não-secreto, permitindo aos coronéis a manipulação das eleições em troca de favores políticos.
- II - de uma articulação entre a "política dos governadores" e o coronelismo.
- III - da valorização do café no mercado internacional, após da Primeira Grande Guerra Mundial, sem intervenção do governo no mercado.

Está(ão) correta(s):
a) apenas I.
b) apenas II.
c) apenas III.

d) apenas I e II.
e) I, II e III.

Resposta: D

3. **(UFSCar)** Segundo o historiador Elias Thomé Saliba ("Cadernos de História de São Paulo". Museu Paulista, n. 5, jan.– dez. 1996, p. 31), no início do século XX, a cidade de São Paulo começa "a viver experiências contínuas e sucessivas de abreviação da temporalidade", que podem ser explicadas
   a) pelo crescimento do número de trabalhadores, como sapateiros, verdureiros, amoladores de tesoura e vendedores de beijus.
   b) pela chegada de imigrantes, como japoneses, italianos e alemães, que trouxeram a cultura européia e asiática para a cidade.
   c) pela presença da cultura nordestina, responsável pela especulação imobiliária e crescimento do número de cortiços.
   d) pela introdução do bonde elétrico, do automóvel, do cinematógrafo e outros artefatos modernos.
   e) pelas novas práticas de lazer, com a criação de agremiações esportivas, campeonatos de remo e expansão do futebol de várzea.

Resposta: D

4. **(UFSCar)** Alguns autores calculam que pelos menos meio milhão de nordestinos sucumbiram às epidemias, ao impaludismo, à tuberculose ou ao beribéri (...) Sem nenhuma reserva de vitaminas, os camponeses das terras secas realizavam a longa viagem pela selva úmida. (...) Iam amontoados nos porões dos barcos, em tais condições que muitos sucumbiam antes de chegar. (...) Em 1878, dos oitocentos mil habitantes do Ceará, 120 mil marchavam (...), porém menos da metade pôde chegar; os restantes foram caindo, abatidos pela fome ou pela doença (...). (Galeano, Eduardo. "Veias abertas da América Latina". 6ª. ed, Rio de Janeiro: Paz e Terra, 1979, p. 100)

O deslocamento populacional descrito insere-se no contexto histórico:
   a) do movimento messiânico de Canudos.
   b) do desenvolvimento das fazendas de gado no rio São Francisco.
   c) da migração nordestina para as cidades grandes da região Sudeste.
   d) da ocupação econômica do Mato Grosso.
   e) da exploração da borracha na Amazônia.

Resposta: E

5. (UFSCar) O processo de industrialização brasileira, esboçado na Primeira República, caracterizou-se por uma estreita dependência com a economia cafeeira porque:
a) os governos republicanos, controlados pela oligarquia do café, estabeleceram medidas de proteção à indústria nacional.
b) atenuava o endividamento do Estado brasileiro com o capitalismo internacional, favorecendo os investimentos públicos.
c) a monocultura do café consolidou a exploração da mão-de-obra escrava, garantindo a formação de capital para a indústria.
d) a política de proteção do preço do café através da desvalorização cambial incentivava a economia de substituição de importações
e) a economia do período não dependia do afluxo de capitais internacionais, trabalhando com um grau reduzido de exportações.

Resposta: D

QUESTÕES PROPOSTAS

1. (UFRS) Recentemente, ao iniciar seu segundo mandato de Presidente da República, Fernando Henrique Cardoso afirmou que faria um governo inspirado no legado de Campos Sales (1898-1902) e de Juscelino Kubitschek (1956-60). Portanto, caberia resgatar as características fundamentais destes dois governos.

Leia os trechos abaixo relativos ao governo de Campos Sales.

I - "...o verdadeiro público que forma a opinião e imprime direção ao sentimento natural é o que está nos Estados. É de lá que se governa a República por cima das multidões que tumultuam, agitadas, nas ruas da Capital da União" (Sales, Campos. "Da propaganda à Presidência". São Paulo": 1908, p. 252)

II - "Coube a Campos Sales 'sanear' as finanças, executando as políticas a que o país se comprometia com o Funding Loan: deflação, equilíbrio orçamentário, restauração do imposto pago em ouro nas alfândegas [...] cortou-se drasticamente o gasto público, tanto o de consumo (que em 1902 estava 44% mais baixo do que em 1897/98) como o destinado ao investimento público, que em 1902 reduzira-se à terceira parte dos níveis já baixos de 1898." (Cardoso, F. H. "Dos governos militares a Prudente-Campos Sales". In: Fausto, B. "História Geral da Civilização Brasileira". Difel, Tomo III, 1984 1º Vol., p. 36)

III - "Se Prudente de Morais deixou a Presidência sob os aplausos do povo, o mesmo não se pode dizer da saída de seu sucessor, Campos Sales. Esse presidente, também paulista, implementou uma política econômica-financeira das mais dolorosas da história da República do Catete debaixo de manifestações públicas de repúdio ao que fora seu governo. Milhares de pessoas, nas ruas, nas praças, nos morros, munidas de apitos, vaiavam o presidente que partia." (Lustosa, I. "História de Presidentes – A República do Catete". São Paulo, Vozes, 1989)

A partir da leitura dos textos, é possível identificar:
a) Política dos Governadores, a política econômico-financeira restritiva e o descontentamento popular.
b) A Política feijão-com-arroz, a política econômico-financeira emissionista e a incompreensão popular.
c) A Política desenvolvimentista, a política econômico-financeira restritiva e a ignorância popular.
d) A Política café-com-leite, a política econômico-financeira emissionista e o apoio popular.
e) A Política dos Governadores, o Encilhamento e o descontentamento popular.

2. (UFRN) Leia o fragmento textual para responder à questão adiante.

A cidade dos tempos do capitalismo do século XX adquiriu uma característica que, até o século XIX, era peculiar aos portos: passa a ser constituir, sobretudo, de uma população estrangeira, de várias origens e regiões, e, quando muito, de uma população apenas de passagem. A produção econômica, voraz em sua fonte de força de trabalho a baixo custo, dispõe, nessa cidade, de um enorme mercado de mão-de-obra. No entanto, a cidade capitalista, apesar de gerar um novo território comum, não consegue garantir espaço para todos. (Adaptado de Rolnik, Raquel, "O que é cidade". São Paulo: Brasiliense, 1995.)

A análise feita no argumento aplica-se ao processo de urbanização no Brasil, durante o século XX.

Considerando a primeira metade do século, é correto afirmar sobre esse processo:
a) O aumento da população urbana resultou da transferência progressiva de população das áreas rurais para as cidades, atraída pela industrialização.
b) A ampliação do operariado urbano nacional consolidou o poder das oligarquias agroexportadoras, em fase de franca expansão nas cidades portuárias.
c) O crescimento da população pobre nos centros urbanos levou o governo a criar uma política de geração de empregos para absorver esse contingente.
d) A reformulação e a ampliação das cidades para receber os novos habitantes desencadearam um processo de enriquecimento, extensivo aos trabalhadores.

3. (FUVEST) Em 1872, a cidade de São Paulo possuía 31.385 habitantes. Em 1920, havia 579.033 pessoas na capital. Explique esse extraordinário crescimento no período.

4. (UFES)

"A implantação do regime republicano não modificou a situação das famílias de trabalhadores do campo que representavam naquela época mais de dois terços da população nacional. As grandes propriedades continuavam imperando tanto no litoral quanto no interior do país [...].

No Nordeste, estagnado economicamente, a situação agravava-se em conseqüência das terríveis secas que se sucederam no final do século passado. [...]

Uma das mais significativas e comoventes demonstrações da resistência sertaneja à opressão foi a Revolta de Canudos, [...].

Seu líder foi o beato Antonio Mendes Maciel, o Antonio Conselheiro."

(Alencar, F. et. al. "História da sociedade brasileira". Rio de Janeiro: Ao Livro Técnico, 1979. pp. 217/218)

O texto comenta o momento histórico no qual ocorreu a guerra de Canudos (1893/1897), no sertão da Bahia, considerada um dos movimentos populares mais violentamente reprimidos no Brasil.

Explique:
   a) O interesse dos "coronéis" em reprimir o movimento.
   b) O anti-republicanismo atribuído ao movimento.

5. (UFRRJ) "A prosperidade econômica, motivada sobretudo pela economia cafeeira de exportação, incentivava o crescimento econômico urbano e aumentava a diferenciação da sociedade brasileira em classes e camadas sociais. Os Estados do Rio de Janeiro (...) e de São Paulo (...), em 1920, eram os centros desse desenvolvimento (...). O desenvolvimento brasileiro era desigual, típico do modo de produção capitalista, onde quer que ele exista. Mas, no caso da sociedade brasileira, que se erguia sobre uma economia subordinada a poderosos grupos capitalistas internacionais - uma economia dependente, portanto - essa desigualdade era mais aguda e tinha aspectos peculiares". (Alencar, Chico, Capri, Lúcia e Ribeiro, Marcus V.. "História da Sociedade Brasileira". Rio de Janeiro: Ao Livro Técnico, 1996 p. 277)

Uma das principais conseqüências do processo de transformações econômicas, apresentado no texto, foi a mudança do perfil rural/urbano no Brasil.
   a) Cite duas principais transformações ocorridas nas maiores cidades brasileiras, no início desse século.

b) Explique uma das características da economia brasileira das três primeiras décadas do século XX.

6. (FGV) Leia atentamente o texto abaixo e depois assinale a alternativa CORRETA:

"As bases de inspiração dessas novas elites eram as correntes cientificistas, o darwinismo social do inglês Spencer, o monismo alemão e o positivismo francês de Auguste Comte. Sua principal base de apoio econômico e político procedia da recente riqueza gerada pela expansão da cultura cafeeira no Sudeste do país, em decorrência das crescentes demandas de substâncias estimulantes por parte das sociedades que experimentavam a intensificação do ritmo de vida e da cadência do trabalho". (Sevcenko, N., "Introdução". "História da vida privada no Brasil". São Paulo: Cia. das Letras, 1998, p. 14)

a) A difusão das teorias cientificistas e evolucionistas ao longo do século XIX forneceram argumentos para a crítica das práticas neocolonialistas, favorecendo o processo de descolonização.

b) A influência das teorias cientificistas no Brasil é exemplificada, principalmente, pela formação de uma elite que estabeleceu uma plataforma de modernização que tinha como base o desenvolvimento comercial e agrícola do país.

c) Apesar de o consumo de café estar adequado à aceleração do ritmo social no século XIX, a industrialização brasileira processou-se independentemente do complexo cafeeiro.

d) A incorporação do positivismo pelos militares brasileiros foi impedida pelas definições de Comte sobre o tipo militar característico do regime teológico, marcado pelo domínio da força, da guerra e do comando irracional, ao contrário do tipo industrial que se manifestava na cooperação, na livre produção e na aceitação racional.

e) A adoção do ideário cientificista favoreceu a separação da Igreja e do Estado, bem como repercutiu no projeto de modernização conservadora das elites brasileiras no período republicano.

7. (PUC-CAMP) Analise trechos das Resoluções do Primeiro Congresso Operário do Brasil.

"O 1º· Congresso Operário aconselha o proletariado a organizar-se em sociedade de resistência econômica (...) sem abandonar a defesa, pela ação direta, dos rudimentares direitos políticos de que necessitam as organizações econômicas, a colocar fora do sindicato a luta política especial de um partido e as rivalidades que resultariam da adoção, pela associação de resistência, de uma doutrina política ou religiosa, ou de um programa eleitoral. O 1º· Congresso Operário aconselha como meios de ação das sociedades de resistência ou sindicatos todos aqueles que dependem do exercício direto e imediato da sua atividade; tais como a greve parcial ou geral, a boicotagem, a sabotagem (...)." (Edgar Rodrigues, "Socialismo e Sindicalismo no Brasil". Rio de Janeiro: Laemmert, 1969, pp. 120-8)

As idéias presentes nas resoluções do Primeiro Congresso Operário do Brasil, realizado em 1906, podem ser identificadas como sendo:
a) dos anarco-sindicalistas.
b) do Partido Comunista do Brasil.
c) do Partido Socialista do Brasil.
d) dos positivistas.
e) do Partido Operário.

8. (UEL) Em 1912, José Maria, um beato e curandeiro de ervas, liderou um movimento de sertanejos entre os Estados do Paraná e Santa Catarina, o Contestado, que persistiu até ser esmagado violentamente em 1916 por tropas governamentais. Sobre o Contestado, é correto afirmar:
a) Os sertanejos consideravam a República usurpadora e adotavam o ideal comunitário de vida, defendendo um mundo fraterno e a distribuição das terras que o Governo havia concedido a uma companhia ferroviária estrangeira.
b) Os posseiros das terras contestadas combatiam as práticas religiosas tradicionais como o casamento e as procissões.
c) Como na Revolta de Canudos, os sertanejos do Contestado desejavam a intervenção do Estado Republicano na saúde e na educação comunitária.
d) O movimento inspirou-se nas revoltas dos camponeses durante a Revolução Francesa e atacou os símbolos da ação governamental, como os cartórios e as câmaras municipais.
e) Os sertanejos receberam o decisivo apoio dos setores intelectuais adeptos da difusão das idéias racistas no Brasil.

9. (UEL) Nas cidades brasileiras, ao longo das três décadas iniciais deste século, o ritmo das mudanças sociais causou certa apreensão nos segmentos mais conservadores da sociedade, que já experimentavam algumas das transformações em curso no país. Sobre o comportamento social nos centros urbanos, nesse período, é correto afirmar:
a) A Igreja e os juristas, através da Constituição de 1891, reconheceram a igualdade de direitos da mulher no casamento.
b) Determinados setores da população - proletários, imigrantes e mulheres pobres - aderiram sem restrições à prática do casamento civil.

Unidade 45 - A República Velha ou Primeira República ou República do Café | 677

c) A rede de distribuição de água e saneamento nas grandes cidades já havia atingido as moradias, o que alterou a rotina de trabalho das donas de casa.

d) As músicas de ritmo sincopado, como o samba, foram incorporadas sem reservas pelas elites sociais.

e) A nova sociedade urbano-industrial manteve reservado às mulheres o papel de esposa e dona de casa e aos homens o de chefe de família.

10. (UEL) "Duas falsificações mais importantes dominavam as eleições da República Velha: o bico de pena e a degola ou apuração. A primeira era praticada pelas mesas eleitorais, com funções de junta apuradora; inventavam-se nomes, eram ressuscitados os mortos, e os ausentes compareciam: na feitura das atas, a pena todo-poderosa dos mesários realizava milagres portentosos." (Leal, V. N. "Coronelismo, enxada e voto". Rio de Janeiro: Nova Fronteira, 1997, pp. 229-30)

O texto mostra que fraudes marcaram as disputas eleitorais brasileiras. Em relação a este e outros mecanismos de eternização no poder de certos grupos locais, é correto afirmar:

a) Com a política dos governadores, os grupos oposicionistas ampliaram as possibilidades de ganhar as eleições.

b) O bico de pena e a degola foram mecanismos que deram ao povo o poder de confirmar ou rejeitar candidatos ao Congresso.

c) O recurso à violência na República Velha visou impedir as fraudes nas eleições estaduais.

d) Com a degola e o bico de pena, a Comissão Verificadora dos Poderes encarregava-se de diplomar e declarar eleitos somente políticos partidários do governo federal.

e) O bico de pena e a apuração foram medidas tomadas pelos coronéis que, colocando seus cabos eleitorais em locais próximos às urnas, direcionavam o voto dos eleitores.

GABARITO DAS QUESTÕES PROPOSTAS

Questão 1 - Resposta: A

Questão 2 - Resposta: A

Questão 3 - Resposta: O crescimento da população de São Paulo no período de 1872-1920 justifica-se pelo processo de industrialização associado à imigração sobretudo italiana, que inicialmente abasteceu a lavoura cafeeira do Oeste Paulista e depois a própria indústria.

Questão 4 - Respostas:
a) O arraial de Canudos atraía milhares de sertanejos - privando os coronéis de mão-de-obra - além de ter seu prestígio ameaçado pela liderança de Antonio Conselheiro.
b) Em suas pregações, Antonio Conselheiro condenava o casamento civil, instituído pelo governo republicano, além de defender a volta da monarquia.

Questão 5 - Respostas:
a) O remodelamento e saneamento das áreas centrais das cidades brasileiras; melhoria nos serviços de transporte; expansão nos serviços de água e esgoto e coleta de lixo.
b) Caracterizaram a economia do Brasil durante a Velha República a subordinação econômica: parte dos lucros eram apropriados pelos representantes do capital estrangeiro; a concentração regional de renda no Sudeste com elevação de níveis de investimento; a diversificação da economia e progresso das cidades; o aumento das desigualdades econômicas e sociais com o enriquecimento da burguesia urbana e rural e o empobrecimento do proletariado.

Questão 6 - Resposta: E

Questão 7 - Resposta: A

Questão 8 - Resposta: A

Questão 9 - Resposta: E

Questão 10 - Resposta: D

COMPLEMENTANDO OS ESTUDOS

Vídeo

Triste fim de Policarpo Quaresma

Livro

Sola, José Antonio. *Canudos: Uma Utopia no Sertão*. São Paulo: Ed. Contexto, 1989.

Página eletrônica

História, notícias e bibliografias sobre Canudos:
http://www.ax.apc.org/-eraldojunior/hp13.htm

UNIDADE 46

A ERA VARGAS NO BRASIL (1930 – 1945)

SINOPSE TEÓRICA

A REVOLUÇÃO DE 1930
O MOVIMENTO OPERÁRIO

No início do século XX, o movimento operário começou a se destacar, surgindo assim as primeiras reivindicações.

Na segunda metade do século XX, milhares de imigrantes europeus, dentre eles espanhóis e principalmente italianos, trouxeram a ideologia anarquista e com a sua experiência em movimentos sindicais, acabaram organizando o movimento sindical brasileiro.

Os anarquistas desejavam controlar o mercado de trabalho. Entendiam que se todos os membros de uma determinada categoria profissional estivessem associados a um sindicato, os patrões não teriam alternativa senão procurar o sindicato da categoria para negociar a contratação de trabalhadores. Eram contra o Estado, e para eles cada categoria organizada no seu sindicato deveria lutar no âmbito da empresa para concretizar as suas reivindicações.

Os comunistas defendiam o oposto dos anarquistas e passaram a exercer liderança no movimento sindical a partir da década de 20 do século XX, quando em 1922 foi fundado o Partido Comunista do Brasil, que era favorável à transformação da luta econômica em luta política, defendia a centralização e, em vez da extinção do Estado, tinha como meta a tomada deste e a instalação da "ditadura do proletariado".

O TENENTISMO

A insatisfação do Exército brasileiro com a situação política do Brasil era muito antiga. Em 1922, a política do café-com-leite sofreu uma violenta crise. Na época, sucessão de Epitácio Pessoa, Minas Gerais e São Paulo resolveram o impasse político indicando Arthur Bernardes para a presidência e o candidato de São Paulo, Washington Luiz, para a sucessão de 1926. Evidentemente que esse arranjo político foi contestado por alguns Estados, dentre eles o Rio Grande do Sul, Bahia, Pernambuco e Rio de Janeiro. Era a chamada Reação Republicana, que indicou Nilo Peçanha como candidato da oposição.

Como a política era um jogo de cartas marcadas, as eleições foram vencidas por Arthur Bernardes e o descontentamento antigo dos militares, como já vimos, estourou no dia 5 de julho de 1922, com a Revolta do Forte de Copacabana. Ideologicamente, os tenentes eram conservadores, não propunham mudanças significativas para a estrutura social brasileira, mas o movimento influenciou a organização da esquerda brasileira.

O MOVIMENTO CULTURAL DE 1922

O movimento modernista no Brasil correspondeu às profundas transformações por que passava a sociedade brasileira, que deixava de ser rural e se tornava urbana-industrial. O movimento então procurou dar conta da nova realidade que estava sendo implantada.

Não podemos entender o movimento de 1922 apenas como uma revolução estética, mas sobretudo como uma importante mudança de atitude mental. A nova estética significava combater a arte tradicional (parnasianismo e simbolismo) que estava diretamente ligada à ordem social, que estava sendo superada. A **Semana de Arte Moderna** aconteceu no Teatro Municipal de São Paulo entre 11 e 18 de fevereiro de 1922.

O GOVERNO DE WASHINGTON LUIS
E A CRISE DA POLÍTICA DO CAFÉ-COM-LEITE

Washington Luiz desenvolveu um governo mais tranqüilo do que o seu antecessor, Arthur Bernardes, porque as revoltas tenentistas e o movimento operário estavam dominados. Em 1927 foi implantada a **Lei Celerado**, censurando a imprensa e restringindo o direito de reunião.

Um dos principais fatores da Revolução de 1930 foi a política de valorização do café. Vimos aqui que pelo Convênio de Taubaté todas as vezes que existia superprodução, o governo comprava o excedente. No entanto, quando chegamos a 1929 e acontece o crack da Bolsa de Nova Iorque, todo o esquema artificial da política de valorização do café iria desmoronar, principalmente porque o mercado consumidor tinha sofrido uma grande retração.

Concentração de pessoal em Wall Street, Nova York, centro financeiro da cidade, durante a crise da Bolsa de Valores de 1929.

Para completar o quadro de crise, em 1930 houve também a quebra da política do café-com-leite. Diante dos problemas surgidos no Brasil como conseqüência da crise mundial de 1929, o governo foi obrigado a negar empréstimos aos cafeicultores; era necessário, neste momento de crise, sustentar a estabilidade financeira. Diante da situação, Washington Luís resolveu apoiar o candidato de São Paulo nas eleições presidenciais, negando apoio ao seu sucessor "natural", que era o mineiro Antonio Carlos de Andrada, rompendo assim com a política do café-com-leite.

O governador de Minas resolveu articular uma candidatura de oposição, que recebeu imediatamente o apoio do Rio Grande do Sul, que deu origem à Aliança Liberal. Este partido lançou Getúlio Vargas, do Rio Grande do Sul, como candidato a presidente e João Pessoa, da Paraíba, como vice-presidente. A Aliança Liberal defendia: voto secreto, anistia política, criação da legislação trabalhista para regulamentar a jornada de trabalho, e outra, voltada para a assistência ao trabalhador.

Embora as propostas políticas da Aliança Liberal fossem modernas, não foram suficientes para conter a vitória de Júlio Prestes em 1º. de março de 1930. No entanto, um grave acontecimento precipitou a revolução: o assassinato de João Pessoa. Embora o crime tenha acontecido por questões pessoais, serviu como bandeira para os aliancistas desencadearem um levante armado contra a oligarquia paulista. Em 3 de outubro de 1930 começou a Revolução.

O Governo Provisório (1930 – 1934)

Uma junta militar formada pelos generais Tasso Fragoso, Mena Barreto, Leite de Castro e o Almirante Isaías de Noronha depôs o presidente Washington Luís. Posteriormente, o governo foi assumido por Getúlio Vargas, presidente revolucionário e provisório.

*Getúlio Vargas e os generais Góis Monteiro e Miguel Costa.
A viagem no " trem da Revolução".*

O governo recém-iniciado enfrentou, logo de início, dois desafios: acabar com a crise econômica e implantar um sistema político que lhe assegurasse condições de governar. Assim que assumiu, Getúlio fechou o Congresso, os Legislativos Estaduais e os partidos políticos. Nomeou os chefes do tenentismo para serem interventores nos Estados e aumentou o poder de ação do Estado na economia, criando conselhos técnicos autorizados a interferir em cada ramo da produção, atingindo em cheio a autonomia da oligarquia paulista.

Os tenentes, através de seu Clube 3 de Outubro, defendiam a adoção de planejamentos econômicos, para atender uniformemente as regiões, e também a adoção de medidas industrializantes e nacionalistas.

Soldados paulistas recebem alimentos da população em 1932.

Os paulistas, insatisfeitos com a perda da autonomia estadual, se uniram e começaram a protestar contra as medidas autoritárias e populistas do interventor João Alberto. Os paulistas não aceitavam o governo provisório e começaram a defender o "estado de legalidade" e do regime liberal.

Cartaz da época exaltando os estudantes paulistas Martins, Miragaia, Dráusio e Camargo, que morreram pela "causa constitucionalista".

Diante dessa situação, em 9 de julho de 1932, começou em São Paulo a "Revolução Constitucionalista", que exigia a deposição do governo e uma Constituição. Embora contasse com o apoio de amplos setores da sociedade do Estado, não teve, porém, o apoio das oligarquias dos outros Estados, resistindo então até outubro. No entanto, o governo reconheceu a importância do movimento e continuou dando uma atenção especial ao café, convocando também uma Assembléia Nacional Constituinte.

A Constituição de 1934

Contando apenas com a participação de uma mulher, Carlota Pereira de Queiróz, eleita por São Paulo, os 254 deputados começaram os seus trabalhos no dia 15 de novembro. Além dos deputados eleitos pelo sufrágio universal, a Constituinte foi formada por 40 representantes classistas, escolhidos por entidades sindicais: 18 pelo Sindicato de Trabalhadores, 17 como Delegados dos Empregadores, 3 pelos profissionais liberais e 2 pelos funcionários públicos.

A participação dos tenentes na Constituinte deu à nova Constituição um aspecto mais progressista, como por exemplo a nacionalização das riquezas do subsolo e das quedas de d'água, o que era uma antiga reivindicação do grupo. Tivemos também outras propostas: salário mínimo, jornada de 8 horas de trabalho e o direito de férias.

A Constituição também defendeu direitos das elites, tais como o direito dos Estados cobrarem impostos sobre as exportações e a preservação da autonomia estadual. A Constituinte deu mais um mandato a Vargas, que de 1934 a 1937 desenvolveu o governo constitucional no Brasil.

O GOVERNO CONSTITUCIONAL (1934 — 1937)

Com a crise de 1929, a democracia liberal entrou em crise, que só terminou após a Segunda Guerra Mundial. Hitler e Mussolini estavam no poder e, por outro lado, o socialismo defendia a superação do capitalismo.

No Brasil, a esquerda estava reunida na Aliança Nacional Libertadora, que era liderada por Luís Carlos Prestes, enquanto a direita estava representada pela Ação Integralista Brasileira, do jornalista Plínio Salgado. Os dois grupos tentaram assumir pela força o controle do Estado.

A Aliança Nacional Libertadora (ANL) defendia a implantação de um governo popular que garantisse as mais amplas liberdades, proteção aos pequenos e médios proprietários, nacionalização das empresas estrangeiras e o não pagamento da dívida externa.

Vargas simpatizava com os integralistas e assim, em julho de 1935, as sedes da Aliança Nacional Libertadora foram ocupadas pela polícia, e o partido foi para a ilegalidade, embora esta condição não tenha dissolvido a ANL.

Cartaz de propaganda do integralismo. Em destaque, a saudação Anauê e o símbolo $\sum$ – a letra sigma do alfabeto grego, utilizada em matemática como símbolo de integral.

INTEGRALISMO

Os integralistas defendiam a idéia de que a extinção do liberalismo era a única opção para acabar com a crise financeira, o desemprego, as revoltas operárias e as desigualdades sociais. O Integralismo foi um movimento político de estilo autoritário, nacionalista, antiliberal e anti-socialista.

Em 1937, Plínio Salgado anunciou a sua candidatura para a Presidência, e até o próprio Vargas ficou feliz. No entanto, a partir da implantação da Ditadura do Estado Novo, os integralistas deixaram de ser interessantes para Vargas, que já estava conduzindo a implantação de um regime autoritário que não tinha os excessos do Integralismo e que era capaz de manter a ordem. Assim, em 2 de dezembro de 1937, um decreto aboliu todos os partidos, e, desta forma, a AIB foi colocada na clandestinidade. Em março de 1938, o governo anunciava a descoberta de uma conspiração de membros da antiga AIB. Plínio Salgado, Belmiro Valverde e outros chefes da AIB foram obrigados a fugir.

A Constituição de 1937: Polaca

Elaborada por Francisco Campos, foi outorgada em 10 de novembro de 1937, tendo como principal característica o fortalecimento da centralização administrativa e do Poder Executivo. Apresentava as seguintes características:

a) O Estado se intitulava bem-comum de todos os cidadãos.

b) Um sistema de governo presidencialista e autoritário sob forma de Estado unitário, podendo o presidente dissolver o Parlamento e tendo autoridade sobre a Câmara, o Exército e as cortes de justiça.

c) O Legislativo seria exercido por um parlamento nacional com mandato de 4 anos e com cada Estado podendo eleger, através do voto classista ou profissional, entre três e dez representantes. Completavam o Legislativo um conselho nacional, com um representante por Estado, e dez membros nomeados pelo presidente da república, e um conselho de economia e outro de administração apartidários.

O Estado Novo (1937 — 1945)

Em setembro de 1937 foi anunciada a descoberta do Plano Cohen, que dizia que os comunistas pretendiam dar um golpe de Estado no Brasil. Na realidade, este plano não existiu, foi apenas um pretexto para a implantação da ditadura do Estado Novo.

O Parlamento, as Assembléias Estaduais e as Câmaras Municipais foram extintos. Políticos liberais foram presos ou expulsos do país e, no Rio de Janeiro, Filinto Mûller intensificava a repressão e a tortura aos presos políticos.

Em dezembro, os partidos políticos foram fechados e as bandeiras dos Estados queimadas em solenidade "cívica". Foi criado o DIP (Departamento de Imprensa e Propaganda), que se encarregava da censura e da propaganda do governo.

Por que esse regime tão autoritário foi implantado no Brasil? Alguns autores alegam que tal situação ocorreu porque Getúlio copiava o modelo nazi-fascista, em expansão na época, enquanto outros atentam para a Intentona Comunista, que ocorreu em Natal, em 1935. Embora os comunistas tenham ficado apenas 80 horas no poder, esse fato foi suficiente para que as elites brasileiras ficassem amedrontadas e passassem a apoiar a implantação da ditadura. Sabiam as elites que Getúlio implantaria um Estado forte e autoritário e que garantiria os seus interesses.

O governo, interessado na centralização, criou o Departamento de Administração e Serviço Público (DASP), que fortaleceria o poder do presidente, na medida em que fiscalizaria os governos estaduais.

No entanto, a política centralizadora de Vargas contava com o apoio da Burguesia industrial e da classe média. O primeiro grupo apoiava, porque esta política tinha conotações industrializantes e nacionalistas, como pode ser percebido com a criação, em 1938, do Conselho Nacional do Petróleo. A classe média, por sua vez, dava o seu apoio porque se beneficiava do crescimento urbano-industrial e da ampliação da oferta de empregos públicos.

Na economia houve uma grande intervenção do Estado. Esta intervenção pode ser entendida sabendo-se que não havia um grupo empresarial forte o suficiente para investir muito dinheiro na construção de uma empresa de porte e também porque não havia capital estrangeiro para investimento no Brasil. Assim, o Estado assumia os investimentos e criava, por exemplo, a empresa estatal.

Embora estivéssemos no período da Segunda Guerra Mundial, a nossa economia apresentou crescimento, principalmente porque o Brasil exportou matérias-primas e minérios para os aliados e também porque

Desembarque de soldados da FEB – Força Expedicionária Brasileira no Rio e Janeiro, regressando da Itália, em agosto de 1945.

Getúlio desenvolveu a política de substituição de importações, dando origem a diversas fábricas de papel e celulose, cimento etc.

A região que mais se desenvolvia no Brasil era a Sudeste, que por este motivo acabava despertando o interesse de milhares de outros trabalhadores do Brasil, principalmente o nordestino. Sonhando com uma vida melhor, milhares de retirantes chegam ao Sudeste, aumentam a oferta de mão-de-obra e automaticamente provocam a redução dos salários. Rapidamente percebem que o sonho é um grande pesadelo e começam então a protestar, exigindo melhores salários e melhores condições de trabalho.

Tentando conter o avanço do movimento dos trabalhadores, o governo passou a intervir na questão social, criando uma Legislação Trabalhista e Previdenciária. Em 1940, Getúlio "doou" o salário mínimo.

A ditadura de Vargas começou a sucumbir a partir de 1942, quando a oposição passou a pressionar o governo, exigindo a entrada do Brasil na guerra contra o fascismo. A entrada do Brasil na guerra colocava o Exército brasileiro em uma posição contraditória: o Brasil lutava no exterior contra o fascismo, enquanto internamente vivíamos um regime fascista.

Continuando as pressões contra Vargas, no dia 3/10/1943 profissionais liberais, em sua maioria de famílias oligárquicas, publicaram o **manifesto dos mineiros** que exigia o direito de voto, habeas-corpus e outras garantias constitucionais.

Em janeiro de 1945, ocorreu em São Paulo o I Congresso Brasileiro de Escritores, que divulgou um manifesto pela democratização. Logo depois, em abril de 1945, foi fundada a UDN (União Democrática Nacional), que passou a exigir a convocação de eleições presidenciais e legislativas, assim como a destituição do presidente. Finalmente, Vargas perdeu o apoio dos EUA.

Tentando reverter o quadro que lhe era desfavorável, Vargas, em 28 de fevereiro do mesmo ano, decretou o Ato Adicional número 9, que convocava eleições para 90 dias. Em abril, concedeu anistia aos presos políticos, tendo sido libertado Luis Carlos Prestes. No mês seguinte, o PCB retornou à legalidade.

Em junho, Getúlio assinou uma lei antitruste (Lei Malaia) e em agosto, fundou o PTB (Partido Trabalhista Brasileiro). Embora Getúlio tivesse tomado todas essas decisões, elas não foram capazes de evitar o golpe militar, que acabou com a ditadura no Brasil. O estopim para o golpe foi a nomeação de Benjamin Vargas para o cargo de Chefe de Polícia do Distrito Federal, que passou para os militares a idéia de que Vargas desejava se perpetuar no poder, sem contar também com o fato de que não fazia mais sentido para os militares apoiar internamente um presidente fascista.

Leitura complementar

– 80 horas de governo comunista em Natal, "o primeiro, o único e fugaz soviete na história do país."

"A difícil conjuntura econômica do Nordeste dava eficaz cobertura às atividades da ANL. Também a crise política (...) falava mais eloqüentemente que os canavieiros clamando pão, terra e liberdade.

(...) O levante de Natal foi uma revolta de cabos, sargentos, operários e funcionários públicos. A maioria nada sabia de comunismo. Nem mesmo os dirigentes do movimento, os poucos declaradamente comunistas, tinham formação marxista. Eram revoltados, simplesmente. O elemento de mais popularidade, o sargento Quintino (...) não era letrado. Acreditava apenas que o comunismo solucionaria os problemas brasileiros. O grosso dos adesistas julgava tratar-se de um movimento para repor o interventor Mário Câmara.

O dia 23 de novembro de 1935 foi um sábado. Ao meio-dia, o comandante e seus oficiais deixaram a sede do 21 BC. O quartel estava entregue exclusivamente aos sargentos, cabos e soldados. (...) Depois de se apossarem do quartel, os rebeldes prenderam o chefe de polícia João Medeiros. (...) O combate começou às 20 horas do dia 23, terminando na manhã seguinte, com o fim da munição. (...) Dominada a cidade, fizeram circular um novo jornal, "A Liberdade". Nele foi publicado o expediente do Governo Revolucionário Popular e o manifesto ao povo, calcado no programa da ANL." (...) A população confraternizava-se com os rebeldes. Era mais uma festa popular, um carnaval exaltado, do que uma revolução (...). Casas comerciais foram despojadas de víveres, roupas e utensílios domésticos que aquela gente não podia comprar."

Segundo depoimento de João Galvão, "naquele tempo todo mundo fez o diabo e jogou a culpa em cima de nós. O povo de Natal topou a revolução de pura farra. Saquearam o depósito de material do 21 BC e todos passaram a andar fantasiados de soldado. Minha primeira providência como "ministro" foi decretar que o transporte coletivo seria gratuito. O povo se esbaldou de andar sem pagar." (Hélio Silva. In: "1935: A Revolta Vermelha")

Apresente uma causa que explique o fracasso da Intentona Comunista.

Resposta: A maioria dos participantes da revolta nada sabia de comunismo; o grosso dos adesistas julgava tratar-se de um movimento para repor o interventor Mário Câmara.

Questões resolvidas

1. (VUNESP) De forma geral, denominam-se populistas os governos de Juan Domingos Perón (1946-1955) na Argentina, e de Getúlio Vargas (1930-45/1951-54) no Brasil.

São características comuns aos governos citados:
a) o atendimento às reivindicações das organizações camponesas, promovendo a reforma agrária e a sindicalização de trabalhadores.
b) a implementação de demandas das populações urbanas por maior participação política e a independência das organizações sindicais.
c) o nacionalismo e criação de condições para a legalização de inúmeros partidos políticos de esquerda, democratizando a disputa pelo poder.
d) a manutenção das Constituições dos dois países, elaboradas por Assembléias Constituintes, eleitas pelo povo.
e) o estabelecimento de forte intervenção do Estado na economia e ampla mobilização das classes populares urbanas.

Questão 1 - Resposta: E

2. (UFVIÇOSA) Em 1937, com a instauração do Estado Novo por Getúlio Vargas, o Brasil passou a viver sob uma nova Constituição, que ficou conhecida como "Polaca", em virtude de sua clara inspiração na Constituição da Polônia. Essa Constituição deu ao presidente Getúlio Vargas os poderes para a organização política, econômica e administrativa do Estado Novo.

Dentre as alternativas a seguir, assinale a que apresenta uma característica da Constituição de 1937:
a) Instauração do direito de greve e de locaute.
b) Instauração do direito de livre associação em sindicatos oficialmente reconhecidos.
c) Descentralização administrativa.
d) Internacionalização da economia.
e) Instauração de princípios democráticos e livre associação política.

Questão 2 - Resposta: B

3. (UFSM) "Mara, filha de Maria (...) tem trinta e um desgostos. Lava a roupa, lava a louça, varre que varre, e a patroa – Jesus Maria José! – a patroa ralhando. (...) Sempre em casa estranha, dormindo em cama-de-vento, comendo em pé ao lado do fogão. Trabalhadeira, de confiança, não tem boca para pedir." ("As Marias", de Dalton Trevisan)

A personagem citada retrata um tipo social presente na fase de crescimento da cidade industrial. Esse tipo social encontra no líder populista um:
a) porta-voz da inserção brasileira no capitalismo internacional.
b) incentivador da luta de classes e do fim da exploração.

c) pai protetor, agente de um Estado emancipador dos trabalhadores.
d) redentor da economia agrária e dos camponeses sem terra.
e) agente do Estado liberal, voltado para a regularização do espaço privado.

Questão 3 - Resposta: C

4. (UFSCar) Os anos trinta do século XX foram marcados por disputas ideológicas, por propostas revolucionárias e pela emergência de regimes centralizadores e autoritários. No Brasil, a polarização ideológica intensificou-se em 1935, opondo:
   a) A Ação Integralista Brasileira, partido político simpatizante do fascismo, à Ação Libertadora, que lutava pela instalação de um governo popular revolucionário.
   b) Os anarco-sindicalistas, líderes do movimento operário em toda a Primeira República, ao Partido Comunista do Brasil, de tendência revolucionária bolchevista.
   c) Os católicos ultramontanos do Centro Dom Vital, situado no Rio de Janeiro, aos partidários do fascismo italiano, e, sobretudo, do nazismo hitlerista.
   d) A social-democracia, representada pelo Partido Democrático de São Paulo, às tendências políticas autoritárias do movimento tenentista.
   e) Os constitucionalistas paulistas, que haviam combatido na Revolução de 1932, ao Estado Novo, dominado pelo presidente Getúlio Vargas.

Questão 4 - Resposta: A

5. (UFRS) Analise as seguintes afirmativas referentes ao Estado Novo (1937-1945).
   I - Os dois principais partidos políticos existentes no período do Estado Novo eram a AIB (Ação Integralista Brasileira) e a ANL (Aliança Nacional Libertadora).
   II - O pretexto utilizado por Vargas para o desfecho do golpe de Estado de 1937 foi o Plano Cohen, documento forjado que denunciava um suposto movimento revolucionário comunista.
   III - Durante o Estado Novo, a política externa brasileira oscilou entre a Alemanha nazista e os Estados Unidos, alinhando-se a este último país no princípio da década de 1940.

Quais estão corretas?
   a) Apenas III.
   b) Apenas I e II.
   c) Apenas I e III.
   d) Apenas II e III.
   e) I, II e III.

Questão 5 - Resposta: D

Questões propostas

O texto a seguir refere-se às questões 1 e 2:

Voltei nos braços do povo. A campanha subterrânea dos grupos internacionais aliou-se à dos grupos nacionais (...) Quis criar a liberdade nacional na potencialização de nossas riquezas através da Petrobras; mal ela começa a funcionar, a onda de agitação se avoluma. A Eletrobrás foi obstaculada até o desespero. Não querem que o trabalhador seja livre. Não querem que o povo seja independente.

Carta-testemunho do presidente Getúlio Vargas, em 24 de agosto de 1954. (Del Priore, Mary et al. "Documentos de história do Brasil: de Cabral aos anos 90". São Paulo: Scipione, 1997. pp. 98-99)

"O Estado começou a ser transformado, para tornar-se mais eficiente, evitar o desperdício e prestar serviços de melhor qualidade à população. (...) Fui escolhido pelo povo (...) Para continuar a construir uma economia estável, moderna, aberta e competitiva. Para prosseguir com firmeza na privatização. Para apoiar os que produzem e geram empregos. E assim recolocar o País na trajetória de um crescimento sustentado, sustentável e com melhor distribuição de riquezas entre os brasileiros."

Discurso de posse do presidente Fernando Henrique Cardoso, em 2 de janeiro de 1999.

(Cardoso, F. H. Por um Brasil solidário. "O Estado de São Paulo", 2 jan. 1999)

1. (UFRN) Os pronunciamentos de Getúlio Vargas e Fernando Henrique Cardoso foram proferidos em momentos históricos diferentes. Contudo, os dois governantes têm em comum o fato de:
   a) sentirem-se pressionados pelas forças democráticas para adotarem um modelo político capaz de assegurar a estabilidade das instituições políticas.
   b) obterem o apoio em massa dos trabalhadores para a implementação de suas respectivas políticas estatais.
   c) sofrerem campanhas contrárias às suas ações políticas, lideradas por movimentos nacionais com o apoio clandestino de grupos internacionais.
   d) referirem-se ao apoio popular para legitimar suas ações, uma vez que chegaram ao poder através do voto direto.

2. (UFRN) A atuação do Estado no Brasil difere nos governos de Getúlio Vargas e Fernando Henrique Cardoso (FHC), uma vez que:
   a) para Vargas, ao Estado cabia explorar as riquezas nacionais, base para a construção de uma nação forte; para FHC, ao Estado cabe estimular os investimentos privados, que inserem o país na economia internacional.
   b) para Vargas, o Estado tinha a função de organizar os trabalhadores em sindicatos internacionais; para FHC, o estado situa-se acima das classes sociais, estando assim impossibilitado de intervir nas questões trabalhistas.
   c) Vargas concebia um Estado capaz de promover a aliança entre a burguesia nacional e a burguesia internacional; FHC concebe um Estado independente em relação aos diferentes grupos econômicos.
   d) Vargas estimulou a criação de empresas privadas com capital nacional em substituição às empresas públicas; FHC defende a privatização das empresas estatais como meio de manter a estabilidade da economia.

3. (UNICAMP) O ato mais importante do Estado Novo foi a construção de uma usina siderúrgica em Volta Redonda, no Estado do Rio de Janeiro. Em fevereiro de 1938, Vargas declarou que a indústria do aço era uma necessidade urgente.

Embora o Estado Novo levasse quais dois anos e meio para decidir-se por uma fórmula apropriada à indústria siderúrgica, o projeto parecia bem concebido.
(Adaptado de Warren Dean, "A industrialização de São Paulo". Difel, 1971, pp. 230-231.)
   a) Qual o contexto internacional que propiciou a construção da indústria siderúrgica no Brasil?
   b) Qual foi a política internacional adotada pelo governo Vargas para a criação da usina de Volta Redonda?
   c) Qual seria a crítica do modelo econômico neoliberal à política econômica de Vargas?

4. (UNESP) A Consolidação das Leis do Trabalho (CLT), criada em 1943, reunia toda a legislação trabalhista existente no país e foi uma das principais marcas do trabalhismo getulista.
   a) Como é denominado, pelos historiadores, esse período?
   b) Cite um acontecimento internacional dessa época.

5. (UFG) (...) Em silêncio, sem uma palma, sem um assobio, o carro avançou entre os espectadores daquela cena histórica. A noite vinha descendo sobre o eclipse da autoridade constitucional, que desaparecia, entretanto, com a majestade que lhe souberam dar a altivez e a bravura de seu último presidente.

O trecho acima foi retirado do livro "A Verdade sobre a Revolução de Outubro", escrito pelo jornalista Barbosa Lima Sobrinho, que descreve a deposição do presidente Washington Luís (1926-1930). O processo sucessório foi marcado pela polarização política e acabou encerrando uma etapa do regime republicano, conhecida como República Velha.

Identifique as correntes políticas em conflito no processo sucessório e analise a ação dos tenentes no Governo Provisório (1930-1934).

6. (PUC-CAMP) O programa de rádio "A Voz do Brasil", retransmitido diariamente pelas emissoras de rádio às dezenove horas, exceto fins de semana, e que tem, hoje em dia, sua constitucionalidade questionada:
  a) teve origem à época do chamado Estado Novo, e fazia parte das estratégias do DIP, Departamento de Imprensa e Propaganda, em busca da legitimação do Estado.
  b) foi uma iniciativa da ABN, Agência Brasileira de Notícias, durante o governo de Collor de Melo, com a intenção de promover as imagens do Brasil como um país moderno e do presidente como líder popular.
  c) começou em 1921, na RDF, Rádio Difusora Fluminense, como programa musical de grande audiência popular, iniciativa pessoal de Mário de Andrade; somente no governo de Eurico Dutra foi transformado em porta-voz oficial do governo.
  d) provocou reações de músicos como Villa-Lobos, Carmem Miranda e Francisco Alves, na década de 60, quando foi criado por Jânio Quadros, pois apenas veiculava noticiário político e músicas estrangeiras.
  e) é uma herança do regime militar no Brasil e sua criação foi decretada pelo AI-5, em 1968, como tática de conscientização das camadas populares da ameaça representada pela ação subversiva da esquerda política.

7. (PUC-PR) Os votos feminino e secreto e direitos trabalhistas foram consagrados, no Brasil, pela Constituição de:
  a) 1824.
  b) 1891.
  c) 1934.
  d) 1937.
  e) 1946.

8. (PUC-PR) O Estado Novo (1937-1945) marcou um período de progresso econômico e repressão política.

Assinale a alternativa correta relativamente a este período:

a) Adquiriu, na Inglaterra, numerosos navios de guerra, incluindo encouraçados, cruzadores e porta-aviões, marcando o reaparelhamento da Marinha.

b) Implantou obras de infra-estrutura, sendo destaques a Companhia Siderúrgica Nacional e a Companhia Vale do Rio Doce.

c) Realizou uma reforma agrária, maneira encontrada para fazer cessar a agitação no campo.

d) Prestigiou partidos políticos liberais, como a UDN (União Democrática Nacional) e o PSD (Partido Social Democrático).

e) Concedeu grande liberdade sindical, podendo esses órgãos de classe reivindicar melhores salários, deflagrando greves, se necessário.

9. (PUC-RS) Em 1939, o Estado Novo criou um Departamento de Imprensa e Propaganda (DIP) que estava encarregado de realizar a censura às idéias contrárias ao regime e difundir a propaganda política do governo. O DIP lançou mão de vários meios de comunicação para atingir o maior número de cidadãos com a ideologia do Estado Novo, visando a mobilizar a sociedade em torno de seu programa político. Entre esses meios de comunicação e propaganda, podemos destacar um novo meio, que, em especial, permitiu às idéias estadonovistas atingirem as classes médias urbanas e o operariado. Estamos nos referindo

a) à imprensa operária.

b) ao rádio.

c) à televisão.

d) ao cinema.

e) às revistas quinzenais.

10. (PUC-SP) "O aspecto técnico-consumista do americanismo não era visto com bons olhos por uma significativa fração do oficialato das Forças Armadas brasileiras. Os militares identificavam a produção em massa das indústrias de bugigangas dos norte-americanos com os desvarios de uma sociedade excessivamente materializada e mercantilizada. Naquele momento, o núcleo autárquico experimentado pela Alemanha nazista era um paradigma aparentemente mais adequado para muitos militares brasileiros." (Antonio Pedro Tota, "O Imperialismo Sedutor." São Paulo: Cia. das Letras, 2000, p. 23)

O fragmento citado retrata divisões nos meios militares brasileiros dentro do contexto da Segunda Guerra Mundial. Essa divisão:

a) manifesta-se na primeira metade da década de 1930 e é provocada, sobretudo, pela presença, nas Forças Armadas brasileiras, de grande quantidade de oficiais formados na Alemanha nazista.

b) ocorre nos últimos anos de guerra e é fruto das vitórias obtidas pela Alemanha nessa fase, associadas, principalmente, ao medo de que a vitória aliada significasse o início do expansionismo militar dos Estados Unidos sobre a América Latina.

c) inicia-se com o final da guerra e dá ao Brasil uma posição neutra no cenário da Guerra Fria, que se instalou após os acordos de paz assinados pelos países participantes no conflito armado.

d) ilustra a posição ambígua que o Brasil teve nos primeiros anos da guerra, oscilando entre o apoio às forças aliadas e a simpatia, inclusive de setores governamentais, pelos países do Eixo.

e) representa a capacidade democrática do Exército Brasileiro e a disposição de acomodar posturas políticas divergentes em suas fileiras, desde que todos atuem unidos na defesa da segurança nacional.

Gabarito das questões propostas

Questão 1 - Resposta: D

Questão 2 - Resposta: A

Questão 3 - Respostas:
a) A Segunda Guerra Mundial, sobretudo em sua fase final, em decorrência da integração do Brasil junto aos Aliados (Estados Unidos, Inglaterra e União Soviética).

b) Habilmente, Vargas iniciou contatos com autoridades e empresas alemães visando à instalação de um parque siderúrgico no Brasil, o que levou os Estados Unidos a conceder empréstimos e técnicos para a construção da CSN, em troca da instalação de bases militares no Norte e Nordeste.

c) O modelo econômico neoliberal iniciado no Brasil, na década de 1990, enfatiza a privatização das estatais, a flexibilização das leis trabalhistas e as facilidades para a entrada do capital externo, contrariando a política econômica nacionalista de Vargas, apoiada no controle pelo Estado das indústrias de base com a criação das estatais e as concessões feitas ao trabalhador através da CLT.

Questão 4 - Respostas:
a) Estado Novo (ou, num sentido mais amplo, Era Vargas).
b) Segunda Guerra Mundial (1939-45).

Questão 5 - Resposta:
Em reação ao domínio político da oligarquia paulista na política nacional, surgiu a Aliança Liberal, formada por Minas Gerais, Paraíba e Rio Grande do Sul e que após a Revolução de 1930 promoveu a ascensão de Getúlio Vargas ao poder.

Dos tenentes fiéis a Vargas, muitos foram nomeados interventores nos Estados e outros, como o grupo de Luis Carlos Prestes, passaram a militar na ANC (Aliança Nacional Libertadora) sob influência do comunismo.

Questão 6 - Resposta: A

Questão 7 - Resposta: C

Questão 8 - Resposta: B

Questão 9 - Resposta: B

Questão 10 - Resposta: D

COMPLEMENTANDO OS ESTUDOS

FILME

Getúlio Vargas. Dir. Ana Carolina.

LIVRO

Bercito, Sônia de Deus R. *Nos Tempos de Getúlio.* São Paulo: Ed. Atual, 1990.

PÁGINA ELETRÔNICA

Museu da República, com amplo acervo sobre o período getulista:
http://www.museudarepublica.org.br/

UNIDADE 47

A SEGUNDA GUERRA MUNDIAL

SINOPSE TEÓRICA

A mais importante causa econômica da Segunda Guerra Mundial foi a crise de 1929. A partir deste momento, o nacionalismo econômico foi intensificado, gerando cada vez mais investimentos em armamentos para estimular os negócios e diminuir o desemprego, o que por sua vez resultou num expansionismo militar orientado para a conquista de territórios que serviriam como meio de solucionar os problemas econômicos. Não podemos esquecer também que a Grande Depressão colaborou para o triunfo nazista.

A falência dos organismos internacionais que foram criados após a Primeira Guerra Mundial também contribuiu para romper o frágil equilíbrio da década de 30.

A POLÍTICA DO APAZIGUAMENTO

Durante a década de 30, a política internacional tornou-se cada vez mais tensa, marcada principalmente pelo avanço militar fascista (japonês, italiano e alemão), e enquanto isso, as potências ocidentais, tentando evitar a guerra, não tomaram nenhuma providência para conter esse avanço. Sofreram agressões a Mandchúria (Japão), Etiópia (Itália) etc.

Vimos aqui que o Tratado de Versalhes foi profundamente cruel com os alemães, que acabaram sendo responsabilizados pela guerra e sofreram várias sanções. Uma de suas cláusulas estabelecia a desmilitarização da Renânia, área fronteiriça entre a França, Bélgica e Alemanha. Hitler não deu atenção ao acordo, e em 1936 remilitarizou a região. Ainda em

1936, durante a Guerra Civil espanhola, os fascistas espanhóis receberam o apoio de Hitler e Mussolini, que em mais uma demonstração de força, utilizariam esta guerra para experimentar suas armas.

Em 1938, os alemães assinaram com a Áustria o Tratado de Saint-Germain, que foi rapidamente desrespeitado, a partir do momento em que, com o apoio dos fascistas austríacos, anexou a Áustria (Anschluss). Mais uma vez, nenhum país europeu se pronunciou sobre o fato.

Em setembro de 1938, Hitler fez a sua "última" reivindicação territorial. A região dos Sudetos, que pertencia à Tchecoslováquia e era ocupada por minoria alemã, passou a ser cobiçada pelos nazistas.

Diante da situação, a extinta União Soviética se opôs e se dispôs, inclusive, a apoiar os tchecos, desde que os franceses e ingleses fizessem o mesmo. No entanto, a França e a Inglaterra se preparavam para assinar um acordo separadamente com a Alemanha. Assim, em setembro de 1938, foi assinado o Acordo de Munique, firmado pela Alemanha, Itália, França e Inglaterra, que determinava a ocupação dos Sudetos pela Alemanha, que, no entanto, se abstinha de futuras pretensões sobre o território tcheco.

Acordo, para Hitler, não servia para nada. Em março de 1939, desrespeitando o Acordo de Munique, Hitler ordenou a invasão da Boêmia, Morávia e Eslováquia, ou seja, do que restava da Tchecoslováquia. Mais uma vez, as potências da Europa Ocidental nada fizeram.

Em 1º. de setembro de 1939, as tropas alemães invadiram a Polônia, dando início a Segunda Guerra Mundial. Um pouco antes, porém, em 23 de agosto de 1939, Hitler, precavendo-se em relação à extinta União Soviética, assinou um pacto de não-agressão. A guerra na Ásia começou em 1937 com o ataque japonês à China. Em dezembro de 1941, os japoneses atacaram a base aeronaval norte-americana de Pearl Harbour, no Havaí, fato que marcou a entrada dos Estados Unidos na guerra.

A Segunda Guerra Mundial pode ser dividida em três fases:

1ª. fase: setembro de 1939 a junho de 1942

Expansão do eixo com a ocupação da Dinamarca e da Noruega em abril de 1940 e Holanda e Bélgica em maio. A França também foi invadida. No leste, a Iugoslávia e a Grécia foram invadidas em abril de 1941 e a URSS foi atacada. Os italianos avançaram no Egito e os alemães desembarcaram na África. Houve avanço japonês no Pacífico. As Filipinas e as Índias Holandesas foram dominadas em 1942.

2ª. fase: junho de 1942 a fevereiro de 1943

Nesta fase, as forças do Eixo foram contidas na Europa, África e Ásia. Em 1943, os russos, a partir da batalha de Stalingrado, iniciaram o contra-ataque. As tropas aliadas rechaçaram os alemães e os italianos no norte da África. Na Ásia, em junho de 1942, começava a contraofensiva norte-americana com a batalha de Midway.

3ª. fase: março de 1943 até setembro de 1945

Em maio de 1943, o Eixo perdeu o domínio sobre o mar Mediterrâneo. No dia 6 de junho de 1944, o famoso Dia D, os aliados desembarcaram na Normandia. Paris foi libertada em agosto e os aliados atravessaram a fronteira alemã em princípios de 1945, unindo-se aos russos. Os alemães aceitaram a rendição incondicional em maio de 1945. Os japoneses se renderam em agosto, após a explosão das bombas de Hiroshima e Nagasaki. Os principais acordos foram:

Inspirado no terrível bombardeio da pequena cidade espanhola, Pablo Picasso pintou "Guernica", denunciando os horrores da guerra. Museu Rainha Sofia, Madri, Espanha.

a) **Carta do Atlântico (1941)**: Roosevelt (EUA) e Churchill (Inglaterra) decidiram que os Estados Unidos e a Inglaterra não visavam ao engrandecimento territorial; defendiam o direito de autodeterminação dos povos: igualdade nas relações comerciais.
b) **Declaração das Nações Unidas (1942)**: EUA, URSS, Inglaterra e China se comprometeram a não assinar a paz em separado.
c) **Conferência do Cairo (1943)**: Roosevelt, Churchill e Chiang-Kai-Shek decidem o destino do Império japonês. Concordaram que todos os territórios tomados à China pelo Japão, com exceção da Coréia, seriam devolvidos à China.
d) **Conferência de Teerã (1943)**: Os três grandes (Inglaterra, URSS e EUA) iniciaram a partilha da Europa. Os aliados decidiram pela invasão da Europa ocupada (a área escolhida foi o norte da França) e determinaram um novo limite entre a URSS e a Polônia.

e) **Conferência de Yalta (1945)**: Roosevelt, Churchill e Stálin elaboraram plano para o avanço dos exércitos aliados e decidiram sobre os planos que seriam impostos à Alemanha. Também foram aprovados os planos para a Organização das Nações Unidas.

f) **Conferência de Potsdam (1945)**: Os três grandes definiram como seria a ocupação da Alemanha – a divisão do país e da sua capital em quatro zonas bem definidas. O acordo de Potsdam foi altamente favorável a URSS, pois esta conseguiu liberdade de ação no Leste Europeu.

Num raio de 3 km do centro da explosão atômica, quase tudo foi queimado. Das pessoas atingidas, só restaram silhuetas gravadas a fogo na rua, como se fossem o "negativo de um filme" de fotografia.

As principais conseqüências da Segunda Guerra Mundial foram:
  a) redefinição da ordem mundial em favor das superpotências: Estados Unidos, que confirmam a sua hegemonia no bloco capitalista, e a URSS, que emerge como potência de primeira grandeza, exercendo uma considerável influência na Europa oriental.

b) declínio da influência política, econômica e mesmo cultural da Europa.
c) descolonização afro-asiática.
d) início da Guerra Fria.

LEITURA COMPLEMENTAR

A bomba explode em Hiroshima

"Para os que lá estavam e sobreviveram, a lembrança do instante em que o homem, pela primeira vez, desencadeou contra si mesmo as forças naturais de seu universo é de um relâmpago de pura luz, ofuscante e intensa, mas de uma terrível beleza e variedade (...). Se houve algum som, ninguém o ouviu.

O relâmpago inicial gerou uma sucessão de calamidades. Primeiro veio o calor. Durou apenas um instante, mas foi de tal intensidade que derreteu os telhados, fundiu os cristais de quartzo nos blocos de granito, chamuscou os postes telefônicos numa área de três quilômetros e incinerou os seres humanos que se achavam nas proximidades, tão completamente, que nada restou deles, a não ser suas silhuetas, gravadas a fogo no asfalto das ruas e nas paredes de pedra.

Depois do calor veio o deslocamento de ar, varrendo tudo ao seu redor, com força de um furacão soprando a 800 quilômetros por hora. Num círculo gigantesco de mais de 3 quilômetros, tudo foi reduzido a escombros.

Em poucos segundos, o calor e o vendaval atearam milhares de incêndios. Em alguns pontos, o fogo parecia brotar do próprio chão, tão numerosas eram as chamas tremulantes geradas pela irradiação de calor.

Minutos depois da explosão, começou a cair uma chuva estranha. Suas gotas eram grandes e negras. Esse fenômeno aterrador resultava da vaporização da umidade da bola de fogo e de sua condensação em forma de nuvem. À medida que a nuvem, formada de vapor de água e dos escombros pulverizados de Hiroshima, atingia o ar mais frio das camadas superiores, condensava-se, caindo sob a forma de chuva negra que não apagava os incêndios, mas aumentava o pânico e a confusão (...).

Depois da chuva veio o vento – o grande vento de fogo –, soprando em direção ao centro da catástrofe e aumentando de violência à medida que o ar de Hiroshima ficava cada vez mais quente. O vento soprava tão forte que arrancava árvores enormes nos parques onde se abrigavam os sobreviventes. Milhares de pessoas vagavam às cegas e sem outro objetivo, a não ser fugir da cidade de qualquer maneira. Ao chegarem nos subúrbios, eram tomadas, a princípio, por negros e não japoneses, tão enegrecidos estavam. Os refugiados não conseguiram explicar como foram queimados. "Vimos um clarão", contavam, "e ficamos assim".

(Trechos do livro "No High Ground", de Fletcher e Charles Bailey. Citado por Watson, C. J. H. "A Bomba Atômica". In: Roberts. Op. p. 2200)

Por que os norte-americanos lançaram as duas bombas atômicas sobre o Japão?

Resposta: Para forçar o término da Segunda Guerra Mundial.

QUESTÕES RESOLVIDAS

1. **(UFMG)** Observe o gráfico.

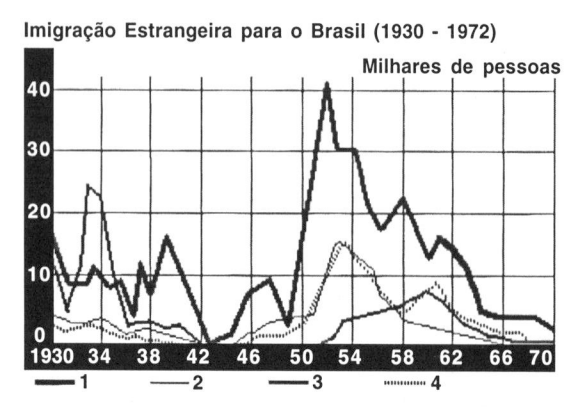

Imigração Estrangeira para o Brasil (1930 - 1972)

Fonte: Ferreira Levy (1974)

Legenda:
1 - Portugueses
2 - Italianos
3 - Japoneses
4 - Espanhóis

Com base nos dados desse gráfico, é CORRETO afirmar que as imigrações para o Brasil aumentaram:

a) durante a Segunda Guerra Mundial, devido às crises de abastecimento e de desemprego.

b) em decorrência da implementação de medidas repressoras contra as revoltas estudantis e as mobilizações operárias.

c) em razão da ascensão de governos nacionalistas de extrema direita nos países europeus.

d) na conjuntura pós-Guerra, em função da crise econômica que assolava os países participantes do conflito.

Resposta: D

2. **(UFSM)**
"A poesia fugiu dos livros, agora está nos jornais.
Os telegramas de Moscou repetem Homero.
Mas Homero é velho. Os telegramas cantam
/um mundo novo
que nós, na escuridão, ignorávamos."

Os versos pertencem à "Carta a Stalingrado", Carlos Drummond de Andrade, e tratam de uma batalha decisiva para os aliados, durante a Segunda Guerra Mundial, assim como apontam a construção de um "mundo novo".

Através desses versos, inferem-se as tensões e esperanças da época, ou seja,

I - a consolidação do socialismo.
II - o esgotamento da literatura.
III - a vitória sobre o nazi-fascismo.

Está(ão) correta(s):
a) apenas I.
b) apenas II.
c) apenas III.
d) apenas I e III.
e) apenas II e III.

Resposta: D

3. **(UFRS)** Nos anos de 1942 e 1943, as batalhas de Midway, no Pacífico, El Alamein, na África, e Stalingrado, na Eurásia, significaram a:
a) confirmação da supremacia do Eixo.
b) reversão da Segunda Guerra Mundial com a ofensiva passando para os aliados.
c) ruptura entre os EUA e a URSS, dando origem à Guerra Fria.
d) conquista da Polônia e da Hungria pelos nazistas.
e) ascensão do poderio militar soviético.

Resposta: B

4. (UFRS) Assinale a linha de tempo que contém a seqüência cronológica correta em relação à Segunda Guerra Mundial.
a) Invasão da Polônia → 'Dia D' → Julgamento de Nüremberg → Batalha de Stalingrado → Operação 'Barbarrosa'.
b) Ataque a Pearl Harbor → 'Anschluss' → Invasão da Polônia → Batalha de Stalingrado → 'Dia D'.
c) Operação 'Barbarrosa' → Batalha de Stalingrado → 'Anschluss' → Ataque a Pearl Harbor → Invasão da Polônia.
d) Invasão da Polônia → Operação 'Barbarrosa' → Batalha de Stalingrado → 'Dia D' → Julgamento de Nüremberg.
e) 'Anschluss' → Operação 'Barbarrosa' → 'Dia D' → Ataque a Pearl Harbor → Julgamento de Nüremberg.

Resposta: D

5. (UFRS) Leia os textos a seguir, extraídos da obra "Memórias da Barbárie", de Roney, Cytrynowicz.

"O extermínio dos judeus começou com a invasão da União Soviética pelas tropas nazistas em junho de 1941. Mas foi a construção de seis campos de extermínio na Polônia com câmaras de gás, a partir do final de 1941, que concretizou um plano organizado de genocídio dos judeus europeus. Pela primeira vez na história da humanidade, milhões de seres humanos foram assassinados num processo industrial, numa linha de produção da morte, em que todos os aspectos de como matar seres humanos foram racionalizados e medidos em termos de economia de tempo e energia, de custo e benefício. Os nazistas queriam matar o maior número de pessoas no menor intervalo de tempo, com o menor custo e de forma que se pudesse aproveitar ao máximo os corpos como matéria-prima para a indústria (ossos e cabelos) e para acelerar o próprio processo de extermínio (a gordura dos corpos era aproveitada como combustível na sua incineração)."

"Entre as empresas alemãs que se instalaram em campos de concentração e de extermínio estão I. G., Farben, BMW, Agfa, Telefunken, Messerschmitt, Henkel e Zeiss-Ikon".

Segundo os textos de Cytrynowicz, pode-se inferir que:
a) o nazismo, além de utilizar métodos racionais e industriais de exploração e extermínio, teve forte vinculação com importantes setores da alta burguesia alemã, que, inclusive, se beneficiaram com tais práticas.
b) o extermínio de judeus e de outros grupos humanos discriminados pelo nazismo ocorreu de forma desordenada e aleatória, sendo responsabilidade direta e exclusiva dos comandantes dos campos de concentração.

c) os dados historicamente apresentados pela maioria dos especialistas sobre a política de extermínio implementada pelo nazismo são evidentemente exagerados, pois, como frisado no texto, a violência nos campos de concentração ocorreu somente em casos isolados.
d) o nazismo foi o projeto de uma elite político-militar, relacionado à pequena burguesia alemã, mas desvinculado do grande capital nacional.
e) os critérios norteadores da política nazista de exploração de judeus, ciganos, eslavos, comunistas e outros grupos humanos foram exclusivamente de ordem racial.

Resposta: A

QUESTÕES PROPOSTAS

1. (FAAP) "Nós, povos das Nações Unidas, resolvemos: - proclamar nossa crença nos direitos fundamentais do homem, na dignidade e valor da pessoa humana, na igualdade de direitos entre homens e mulheres, bem como entre as nações, grandes e pequenas."

Texto extraído:
a) da Constituição do Brasil - 1988
b) da Constituição do Brasil - 1891
c) da Carta das Nações Unidas - 1945
d) dos Direitos proclamados pela Revolução Francesa - 1789
e) dos Direitos proclamados na Independência Americana - 1740

2. (UFPE) O texto a seguir refere-se às questões 2 e 3.

Assinale os itens, usando (V) para verdadeiro e (F) para falso.

A Segunda Guerra Mundial, acontecimento funesto e deplorável, permanece presente na memória da humanidade pelas suas conseqüências sociais e políticas que mudaram a face da Europa. Entre elas podemos destacar:
( ) Na Conferência de Potsdam, realizada em 1945, o território alemão foi dividido em quatro zonas de ocupação: a dos EUA, a da URSS, a da Áustria e a da Inglaterra.
( ) O território da antiga Prússia e a Baviera transformaram-se na República Democrática Alemã, a qual ficou sob a influência soviética.
( ) Com a divisão da Alemanha em dois países, os cidadãos alemães da República Democrática Alemã eram proibidos de transitar pela Alemanha Ocidental sob qualquer pretexto.

( ) A construção do muro de Berlim, sob pretexto de organizar melhor a economia da Alemanha Oriental (RDA) não foi apoiada pela URSS.

( ) A criação do Estado de Israel, conseqüência positiva para os judeus, está diretamente relacionada com um acontecimento dos mais condenáveis: a perseguição aos judeus.

3. (UFPE) Sobre a posição do Brasil diante da Segunda Guerra Mundial, podemos afirmar:

( ) Após a declaração de guerra da Alemanha à Polônia, o primeiro decreto-lei do governo Getúlio Vargas fixava regras de neutralidade a serem observadas em todo o território nacional e que foram válidas até o final da guerra.

( ) Vargas retardou politicamente o apoio aos Estados Unidos, até que este país aceitou financiar o programa siderúrgico, que, segundo Vargas, representava "riqueza e poder para o Brasil", em troca da instalação de bases americanas neste país.

( ) Após o torpedeamento de vários navios brasileiros em águas americanas, Vargas assinou decretos pondo "os bens dos súditos alemães, japoneses e italianos em garantia dos danos causados pelos seus países".

( ) Vargas apoiou as nações do Eixo, juntamente com os presidentes da Argentina e Chile, e, por esta razão, os navios mercantes brasileiros foram torpedeados pelos americanos em águas americanas.

( ) Durante a Segunda Guerra Mundial, Brasil e Inglaterra assinaram um acordo de pagamento, que incluía a compra de carne e algodão por parte da Inglaterra, o que muito beneficiou o Brasil.

4. (FATEC) O término da Primeira Guerra Mundial, em 1918, põe fim às hostilidades militares entre os países em conflito, mas lança as questões que levam à explosão da Segunda Guerra. Na verdade, aquela acelerou as contradições que, não resolvidas pelo Tratado de Versalhes, culminaram na Segunda Guerra Mundial.

I – Nas origens do primeiro conflito mundial predominaram os problemas europeus, e no segundo foram as questões relacionadas ao Oriente Médio.

II – Tanto a Primeira quanto a Segunda Guerra podem ser definidas como "guerras de redivisão de mercados e colônias, questões internas do sistema imperialista".

III – As várias contradições sociais, econômicas e ideológicas entre as principais potências capitalistas levaram, tanto no período anterior a 1914 quanto no que precede a Segunda Guerra, à corrida armamentista e às guerras localizadas.

Dessas afirmações:
a) apenas I e II estão corretas.
b) apenas I e III estão corretas.
c) apenas II e III estão corretas.
d) todas estão corretas.
e) nenhuma está correta.

5. (UNICAMP) Os ataques aéreos às torres gêmeas do WTC em Nova Iorque e ao prédio do Pentágono em Washington, ocorridos nos Estados Unidos em 11 de setembro de 2001, fizeram com que os americanos e a imprensa evocassem o ataque à base militar de Pearl Harbor, no Havaí, em 7 de dezembro de 1941.
a) O que foi o ataque de Pearl Harbor?
b) Qual foi a arma utilizada pelos americanos para obrigar à rendição o país que os atacou?
c) Cite duas diferenças políticas entre o ataque a Pearl Harbor e os ocorridos em 11 de setembro de 2001.

6. (FATEC) A ocupação da Polônia marca o início da Segunda Guerra Mundial. A tentativa de manter a paz a qualquer custo, como foi feito em Munique, se revelou impossível. Hitler não se dava por satisfeito com a reconquista do "espaço vital", queria mais e mais. Sobre a Segunda Guerra, é correto afirmar:
a) A Itália, aliada da Alemanha desde a assinatura do Pacto de Aço, declarou guerra à Inglaterra e à França em junho de 1940. Em setembro do mesmo ano, a Itália atacou o Egito e a Turquia.
b) Em 1941, tropas alemães invadiram o território soviético e dominaram definitivamente Leningrado e Moscou.
c) A partir dos sucessos na frente ocidental, da invasão e da conquista da Bélgica, Holanda e França e do recuo inglês para o outro lado do canal, Hitler voltou sua atenção para a Polônia.
d) O sucesso definitivo alemão deveu-se à sua tática militar, conhecida como "guerra relâmpago"; essa consistia no uso de forças motorizadas, tanques e aviação, conjugados e combinados entre si, em uma ação defensiva.
e) A partir da declaração de guerra, feita por Inglaterra e França contra a Alemanha, outros países foram entrando no conflito, de ambos os lados. A cada novo beligerante, a relação de forças se alterava, e a guerra entrava em uma nova fase. Inicialmente uma guerra européia, estendeu-se paulatinamente à Ásia e a África.

7. (FEI) Não pode ser considerado um fator que propiciou a eclosão da Segunda Guerra Mundial:
   a) A ascensão de regimes totalitários na Itália e na Alemanha nos anos 20 e 30.
   b) Os efeitos da crise de 29 na economia européia.
   c) As cláusulas punitivas do Tratado de Versalhes, imposto à Alemanha ao final da Primeira Guerra Mundial.
   d) A vitória dos republicanos na Guerra Civil Espanhola barrando o avanço do fascismo na Espanha.
   e) A união entre a Áustria e a Alemanha empreendida por Hitler.

8. (FGV) "Asa Heshel lia o jornal; campos de concentração, câmaras de tortura, prisões, execuções. Diariamente chegavam da Alemanha levas de judeus expatriados. Na Espanha, continuavam a liquidar os legalistas. Na Etiópia, os fascistas assassinavam os nativos. Na Mandchúria, os japoneses matavam os chineses. Na Rússia soviética, continuavam os expurgos. A Inglaterra tentava ainda chegar a um entendimento com Hitler. Entretanto emitia um Livro Branco sobre a Palestina, proibindo a venda de terras aos judeus. Os poloneses começavam, finalmente, a perceber que Hitler era seu inimigo; a imprensa alemã fazia campanha de ódio declarado contra a Polônia. Mas no Sejm (parlamento) polonês os deputados ainda tinham tempo para discutir longamente as minúcias dos rituais judaicos para o abate do gado." (Singer, Isaac Bashevis, "A família Moskat". Rio de Janeiro: Francisco Alves, 1982, p.p. 474-475)

O trecho do romance de Bashevis Singer oferece um panorama sobre a situação do mundo às vésperas da Segunda Guerra Mundial. A esse respeito, é CORRETO afirmar:
   a) O regime nazista desencadeou uma ampla campanha de perseguição a grupos considerados inferiores e degenerados, como judeus, comunistas, homossexuais e ciganos, reunindo-os em campos de concentração onde eram submetidos a torturas, trabalhos forçados e experiências médico-científicas, culminando na chamada "solução final", ou seja, no extermínio da população aprisionada.
   b) A posição da Inglaterra em negociar com Hitler devia-se ao receio da expansão comunista na Europa, mas foi alterada com o crescente processo de militarização da Alemanha e com a anexação da Áustria, em 1938.
   c) O temor com relação aos comunistas era comum a quase todos os governantes capitalistas da década de 1930, mas o preconceito contra judeus era um traço específico da cultura alemã, habilmente explorado por Hitler.

Unidade 47 - A Segunda Guerra Mundial | 711

d) Os expurgos que se processavam na União Soviética dirigiam-se sobretudo contra os bolcheviques nacionalistas, críticos do acordo Ribentrop-Molotov, que estabelecia um pacto de não-agressão entre a Alemanha e a URSS. Em nome da revolução permanente e de uma renovação contínua dos quadros dirigentes, o stalinismo promoveu uma furiosa perseguição a suspeitos e opositores, lançando mão de processos e julgamentos viciados, torturas e execuções sumárias.

e) O fortalecimento de ideologias nacionalistas, militaristas e autoritárias ocorreu como uma resposta à crise da democracia após a Primeira Guerra Mundial, num contexto de expansão econômica que garantia pleno emprego, estabilidade monetária e investimentos de capitais privados.

9. (MACK) "No dia 26/04/1937...às 4:40 da tarde, começaram a surgir os Heinkel III bombardeando a cidade e metralhando as ruas. Depois dos Heinkel III, vieram os Junkers 52,... A população começou a abandonar a cidade, sendo metralhada na fuga. Bombas incendiárias e outros explosivos foram lançados por vagas de aviões a cada 20 minutos, até as 7:45. A destruição foi total." (Thomas Hugh)

O massacre de Guernica, que foi retratado pelo pintor Pablo Picasso, relaciona-se com:

a) Cuba – (invasão da Baía dos Porcos, apoiada pelos americanos)
b) Espanha – (auxílio nazista aos nacionalistas)
c) Portugal – (intervenção fascista na Revolução dos Cravos)
d) Itália – (conflito entre republicanos e comunistas)
e) Inglaterra – (batalha da Grã-Bretanha na Segunda Guerra Mundial)

10. (MACK) A batalha que aconteceu em Stalingrado, durante a Segunda Guerra Mundial, marcou:

a) a consolidação das posições alemãs na Rússia, decorrente da expansão fulminante das potências do Eixo (Itália–Alemanha–Japão).
b) a neutralização do exército de Stálin, obrigando-o assinar o Pacto Germano-Soviético de não-agressão e neutralidade.
c) a inversão da situação militar da Segunda Guerra, dando início ao recuo nazista na Europa Oriental e à decadência do Terceiro Reich.
d) a vitória da Blitzkrieg – guerra relâmpago que consistia em ataques maciços, com o uso de carros blindados, aviões e navios.
e) o desembarque aliado nas praias da Normandia – o Dia D, que conteve a ofensiva alemã, destruindo pela primeira vez o mito da invencibilidade da Wehrmacht.

Gabarito das questões propostas

Questão 1 - Resposta: C

Questão 2 - Resposta: F F V F V

Questão 3 - Resposta: F V V F V

Questão 4 - Resposta: C

Questão 5 - Respostas:
   a) O ataque aéreo japonês à base militar norte-americana de Pearl Harbor no Pacífico em 1941, que precipitou a entrada dos Estados Unidos na Segunda Guerra Mundial contra as forças do Eixo (Japão, Alemanha e Itália).
   b) A bomba atômica utilizada nos ataques a Hiroshima e Nagasaki, em agosto de 1945.
   c) O ataque a Pearl Harbor foi motivado pelos interesses expansionistas japoneses no Pacífico e contribuiu para o envolvimento dos Estados Unidos na Segunda Guerra Mundial.

   Os ataques terroristas de 11 de setembro de 2001 simbolizaram uma ofensiva à hegemonia econômica, política, militar e cultural dos Estados Unidos no planeta, mas também revelaram a fragilidade da segurança dos Estados Unidos, quando se trata de grupos que estão dispostos a enfrenta o poder hegemônico.

Questão 6 - Resposta: E

Questão 7 - Resposta: D

Questão 8 - Resposta: A

Questão 9 - Resposta: B

Questão 10 - Resposta: C

Complementando os estudos

Filme
   A Lista de Schindler (EUA, 1993). Dir. Steven Spielberg

Livros
   Pedro, Antonio. *A Segunda Guerra Mundial*. São Paulo: Ed. Atual

PÁGINA ELETRÔNICA
Museu Virtual da Segunda Guerra Mundial
http://www.na.com.br/biblioteca/2guerra

As GRAVURAS FORAM ADAPTADAS DE:
Cotrim, Gilberto. *Saber e Fazer História*

UNIDADE 48

O MUNDO APÓS A GUERRA

SINOPSE TEÓRICA
Os EUA COMO POTÊNCIA MUNDIAL

Após o grande conflito mundial, os EUA se consolidaram como a grande potência do planeta e, com certeza, alguns dos fatores que colaboraram para essa hegemonia foram o Fair Deal (Acordo Justo), que procurou eliminar os problemas internos do desemprego e também resolveu os problemas técnicos de reconversão da indústria bélica para a de bens de consumo e também o Plano Marshall, que financiou a reconstrução da Europa, tornando esse continente um mercado atraente para os EUA.

O sentimento nacionalista do povo americano cresce consideravelmente, motivado pela melhoria da qualidade de vida e também pela Revolução Chinesa em 1949 e pela explosão da primeira bomba atômica soviética e pela Guerra da Coréia.

Capitólio de Washington, sede do Senado e da Câmara dos Representantes dos Estados Unidos.

MACARTHISMO

Neste período, ocorreu nos EUA uma verdadeira "caça às bruxas". O senador republicano Joseph McCarthy inicia uma verdadeira perseguição a intelectuais, artistas etc., marcando essa fase da História dos EUA como uma época de depurações e de processos famosos de conspiração e espionagem contra a Pátria, como do casal Julius e Ethel Rosenberg. Este casal foi acusado de revelar segredos sobre a bomba atômica para os soviéticos, e apesar de não conseguirem provas consistentes, foram condenados à morte.

A ERA EISENHOWER

Teve na economia uma postura contrária ao governo anterior, porque passou a investir mais nos programas sociais e educacionais. Teve grande destaque após sua reeleição, em 1956, a questão racial.

A Guerra Fria leva os EUA e a extinta União Soviética a disputarem a liderança no contexto internacional, e percebemos que, a partir da Guerra da Coréia (1953), a política externa dos EUA procura assinar acordos no Sudeste Asiático para tentar conter a expansão comunista (Otase) e também no Oriente Médio (Pacto de Bagdá).

As relações entre EUA e a extinta URSS tornam-se mais brandas a partir de 1953, com a morte de Josef Stálin, líder soviético, e em 1955 um grupo de países asiáticos e africanos, a maioria ex-colônias, reuniu-se na Conferência de Bandung, na Indonésia, dando origem ao bloco dos países não-alinhados, tornando-se um outro fator que contribuiria para acalmar a tensão internacional, motivada pela Guerra Fria.

A aparente calma dos conflitos internacionais foi passageira. Em 1955, na Conferência de Genebra, houve um início de diálogo entre as duas superpotências, que foi interrompido rapidamente, motivado por uma série de crises políticas, tais como a da Hungria, Berlim, Egito, Líbano etc. Para completar e piorar a situação, surgiria a notícia de que tanto os EUA quanto a URSS já possuíam a bomba de hidrogênio.

A corrida armamentista prosseguia em larga escala e Kruschev, atendendo a pedido de Eisenhower, visitou os EUA, quando foi marcada uma conferência para o desarmamento, que ocorreria em Paris, a partir do ano de 1960. No entanto, um episódio internacional de grandes proporções impediu a realização da conferência: foi o caso do avião U2 que espionava a extinta URSS, a mando dos EUA. Este avião foi abatido pelos soviéticos, o piloto foi capturado e acabou confessando, dando início, assim, às hostilidades.

O GOVERNO KENNEDY

Na eleição presidencial de 1960, venceu o democrata John F. Kennedy, que governou entre 1961 e 1963. No âmbito externo, o presidente lançou a política denominada Nova Fronteira, que procurou conter a extinta União Soviética, na medida em que aumentou o potencial militar americano e fortaleceu os laços com os países aliados. No caso da América Latina, conforme já foi visto, tivemos a implantação da Aliança para o Progresso.

Vimos aqui que o clima entre as superpotências não era muito agradável, principalmente depois do episódio do avião U2. A partir deste momento, houve uma aproximação entre a extinta União Soviética e o governo revolucionário de Cuba. Fidel Castro concedeu à extinta URSS o direito de instalar mísseis em Cuba, gerando uma grave crise internacional, a famosa Crise dos Mísseis.

Kennedy reagiu, implantou um bloqueio aeronaval em Cuba e ameaçou usar suas armas nucleares. Para a sorte da humanidade, os soviéticos recuaram e evitaram uma guerra nuclear. Na política interna, o presidente Kennedy apoiou a organização do Movimento pelos Direitos Civis dos Negros, que lutava contra a segregação racial. Kennedy foi assassinado em 22 de novembro de 1963, em Dallas, Texas.

Lyndon Johnson

O vice-presidente Lyndon Johnson governou entre 1963 e 1968, tendo caracterizado o seu governo no âmbito da política externa com o decisivo envolvimento na guerra do Vietnã. No âmbito interno, a questão racial se intensifica e o movimento divide-se em duas correntes: a pacifista (Martin Luther King) e a radical, dos Panteras Negras.

Neste momento, a guerra contra o Vietnã e a convocação da classe média para a guerra levam a população a protestar intensamente contra o governo, surgindo assim os movimentos pacifistas, alternativos e revolucionários, que estimulavam a deserção.

O governo Nixon

Entre 1968 e 1974, governou os EUA o presidente Richard Nixon. Em 1969, o homem chegou à Lua, e os protestos que antes aconteciam contra o governo, depois de muita repressão, acabaram diminuindo. Na política externa, os EUA reatam diplomaticamente com a China Popular, e vários acordos são assinados com a URSS, mas no entanto, a opinião pública internacional faz severas críticas aos Estados Unidos, pelo fato de ter usado armas de grande efeito mortífero contra populações indefesas do Vietnã.

Este governo foi também o palco do mais famoso escândalo da década de 70, Watergate. A imprensa, o Judiciário e o Congresso conseguiram demonstrar que, além de assessores, os homens do presidente Nixon eram os responsáveis pela tentativa de espionagem à sede do Partido Democrata no edifício Watergate. Nixon renunciou em 8 de agosto de 1974 e foi substituído por Gerald Ford (1974-1976).

Jimmy Carter

Presidente do Partido Democrata, enfrentou uma violenta recessão, conseqüência da crise mundial do petróleo. Na política externa, ponto alto do seu governo, promoveu uma política de valorização dos direitos humanos, que no caso da América Latina, promoveu a suspensão da ajuda dos EUA à ditaduras. No entanto, enfrentou uma grave crise diplomática, quando a embaixada dos EUA foi invadida em Teerã, fruto de um protesto contra a entrada do ex-xá Reza Pahlevi nos EUA, para fazer tratamento de saúde.

Tentando encontrar uma solução para o problema, o presidente Jimmy Carter decidiu suspender a ajuda financeira ao Irã e embargou a compra do petróleo. Embora tais decisões tenham sido tomadas, elas não foram suficientes para resolver o problema. Uma tentativa de resgate aéreo aconteceu, mas, no entanto, fracassou, e a questão só foi resolvida em 2 de janeiro de 1981, quando, com a intermediação da Argélia, os EUA e o Irã entraram em acordo e os 50 reféns foram liberados.

Gorbatchev e Reagan assinam tratado de redução de mísseis nucleares em 1987.

REAGAN

A sua política econômica "reaganomics" apresentou as seguintes características: cortes nos gastos públicos, especialmente nos serviços previdenciários; diminuição de impostos; liberação das importações. Como conseqüência dessas decisões, o PNB cresceu e o desemprego diminuiu.

No segundo mandato, no dia 19/10/1987, em Wall Street, ocorreram vendas maciças de ações. Foi a "Segunda-Feira Negra". Mais de 600 milhões em ações foram transferidas de pessoas com perdas de 1 bilhão de dólares.

Conflitos externos foram comuns no seu governo: problemas com a Líbia de Muhammar Kadhafi, e o mais importante conflito foi o caso Irã/Contras. Armas norte-americanas eram vendidas ao governo do Irã, comandado pelo aiatolá Khomeini, em troca de reféns americanos. Com o dinheiro conseguido, ele financiava os "contras", grupo de direita que lutava para derrubar o governo sandinista de esquerda da Nicarágua.

GEORGE BUSH

No seu governo, as boas relações com a extinta União Soviética foram mantidas. Em dezembro de 1989, autorizou a invasão do Panamá para depor o General Manuel Noriega, acusado de tráfico internacional de drogas.

No Oriente Médio, Saddam Hussein invadiu o Kuwait, e liderando uma coalisão de 28 países, promoveu a Guerra do Golfo, que foi o maior conflito internacional do seu governo.

Bill Clinton

Candidato do Partido Democrata, apresentou as seguintes características de governo: reduzir os gastos públicos e aumentar os impostos das camadas mais ricas, para gerar recursos e possibilitar a retomada do crescimento econômico. Os EUA viveram tempos de prosperidade, tendo alcançado a economia bons índices de produção e o país registrou baixos índices de desemprego.

A União Soviética como Potência Mundial

Embora vitoriosa na Segunda Guerra Mundial, os saldos da guerra foram trágicos para o país: mais de 20 milhões de mortos, campos devastados e fábricas destruídas.

Com Stálin no poder, entre 1946 e 1950, ocorreu o quarto plano qüinqüenal, que privilegiou o setor energético, transporte ferroviário e o desenvolvimento industrial. No quinto plano, entre 1951 e 1955, houve um grande incentivo ao progresso tecnológico, investindo também na indústria bélica. A extinta URSS passou por uma "revolução industrial", e o país se tornou a segunda potência industrial do planeta.

Stálin governou de forma autoritária e perseguiu seus opositores internamente, enquanto no âmbito internacional, atuou com rigidez em relação aos países que não se subordinavam à extinta União Soviética. Após a dissidência de Tito da Iugoslávia, em 1948, começaram as famosas depurações stalinistas, que consistiam no afastamento, prisão, e até mesmo execução de líderes de países do Leste Europeu.

Relações conflituosas também foram mantidas com o Ocidente, principalmente a partir de 1949, quando houve a Revolução Chinesa, e a extinta União Soviética explodiu a primeira bomba atômica.

KRUSCHEV

Assumiu o poder após a morte de Stálin. Neste governo, o desenvolvimento soviético no campo espacial foi notável, perceptível com o lançamento do Sputnik, primeiro satélite ao redor da Terra, em 4 de outubro de 1957. Logo depois, Yuri Gagarin, na nave Vostok I, acabou se tornando o primeiro homem a fazer um vôo orbital.

Politicamente, ocorreu o degelo caracterizado pela reabilitação de inúmeros presos políticos e o fechamento de diversos campos de trabalhos forçados.

Na política internacional, teve início a Coexistência Pacífica. A China acusou a URSS de "revisionismo doutrinário", ou seja, de afastamento do verdadeiro marxismo-leninismo. As relações diplomáticas entre os dois países foram cortadas em 1960, motivadas também por conflitos de fronteiras.

BREJNEV

Kruschev, desprestigiado após o fracasso de tentar instalar mísseis em Cuba, em 1962, acabou sendo substituído por Leonid Brejnev, dois anos depois. O novo líder soviético promoveu a Política da Détente (distensão), promovendo boas relações entre as duas superpotências, que chegaram inclusive a lançar um vôo em conjunto, a Soiuz-Apolo, em 1975. As conversações sobre armas nucleares foram interrompidas após a invasão da União Soviética ao Afeganistão.

GORBATCHEV

Em 1985, assumiu Mikhail Gorbatchev, que iniciou um processo de reformas como nunca antes havia acontecido no país, começando com os quadros dirigentes e alcançando os mais variados setores da esfera econômica e social, que conduziram à abertura econômica do país e levaram a nação à adoção da economia de mercado e ao esfacelamento da URSS.

Em fevereiro de 1986, propôs a Glasnost, uma política de abertura, de transparência no trato das questões soviéticas e finalmente lançou a Perestroika, um ousado plano de reestruturação do sistema político e econômico da URSS. Vejamos agora o porquê da Perestroika.

"A Perestroika é uma necessidade urgente, que surgiu da profundidade dos processos de desenvolvimento em nossa sociedade socialista. Esta encontra-se pronta para ser mudada e há muito tempo que anseia por mudanças. Qualquer demora para implantar a Perestroika poderia levar, num futuro próximo, a uma situação interna exacerbada que, em termos claros, constituiria um terreno fértil para uma grave crise social, econômica e política. (...) Na segunda metade dos anos 70, o país começou a perder impulso, havia uma diminuição do crescimento econômico. (...) Além disso, o hiato existente na eficiência da produção, na qualidade dos produtos, no desenvolvimento científico e tecnológico, na geração de tecnologia avançada e em uso, começou a se alargar, e não a nosso favor.

É normal que o produtor queira agradar ao consumidor, digamos; todavia, entre nós, este viu-se totalmente à mercê daquele, tendo de se contentar com o que o produtor escolhia dar-lhe. Gastamos muito mais em matérias-primas, energia e outros recursos por unidade produzida do que outras nações desenvolvidas.

A URSS, o maior produtor mundial de aço, matérias-primas, combustíveis e energia, apresentava escassez de tais recursos. A melhoria do padrão de vida estava diminuindo e havia dificuldade no fornecimento de alimentos, habitação, bens de consumo e serviços.

A apresentação de uma realidade sem problemas foi um tiro que saiu pela culatra: havia uma cisão entre palavras e atos, que gerou uma passividade no público e a descrença nos lemas proclamados. Tentou-se esconder tudo isso com campanhas pomposas, empreendimentos e comemorações de numerosos aniversários, tanto nacionais como locais. A perplexidade e a indignação jorraram, quando se percebeu que os nobres valores nascidos com a Revolução de Outubro e a luta heróica pelo socialismo estavam sendo pisoteados".

(Gorbatchev, Mikhail. "Perestroika", Best Seller, 23ª· ed., 1987)

Vejamos, a seguir, as principais propostas de Gorbatchev:

Economia:

- Abandono do rígido planejamento econômico;
- Abolição do sistema de preços ditado pelo governo;
- Fim da política de subsídios.

Política:

- Devolução do poder dos soviets (Conselhos revolucionários de operários e soldados);
- Separação entre o Partido Comunista e o Estado;
- Simplificação da estrutura burocrática.

A autonomia política incentivou movimentos de autonomia de várias nacionalidades e, como conseqüência, a União Soviética se desintegrou.

Em 26 de março de 1989, Bóris Yeltsin, nas eleições para o Congresso dos Deputados do povo, recebeu 89,4% dos votos, o que demonstrava o apoio do povo às reformas, principalmente sabendo-se que ele era um político que as defendia com maior rapidez.

Em 1991, uma greve de mineiros piora a situação política do país e Bóris Yeltsin organiza manifestações populares na Rússia, exigindo reformas mais profundas e eleições diretas para presidente.

Em 19/08/1991, Gorbatchev foi afastado do poder pela "linha dura" do Partido Comunista e houve reação popular liderada por Boris Yeltsin. Após a independência de várias repúblicas, como por exemplo, a Letônia, a Lituânia e Estônia, no dia 8 de dezembro de 1991, foi criada a Comunidade de Estados Independentes (CEI) pelos presidentes da Rússia, Ucrânia e Bielorrúsia, decretando o fim da URSS.

LEITURA COMPLEMENTAR

Fim de Era

Tudo o que é sólido se desmancha no ar e a História só se repete com farsa, escreveu Karl Marx. Em 1917, Lênin, o criador do Estado Soviético, subiu num blindado em Petrogrado e pediu ao povo que tomasse o poder e instalasse logo o comunismo. Assim foi feito. Em 1991, Bóris Yeltsin, presidente da Rússia, subiu em outro blindado em Moscou e conclamou o povo a impedir um golpe em andamento – golpe que proclamava querer evitar a desagregação do império soviético. E assim também foi feito. O presidente nominal Gorbatchev, que na verdade não presidia mais, foi solto pelos desastrados golpistas e depois renunciou. Renascia a Rússia dos czares e, em torno dela, catorze outras repúblicas. Como que saídas de manuscritos da História, nações como a Lituânia e a Estônia readquiriram identidade.

Desmancharam-se sete décadas de comunismo. Começava outro ciclo da História. Com comunistas, mas sem comunismo.

Quem foi o responsável pela criação do Estado Soviético?

Resposta: Lênin.

QUESTÕES RESOLVIDAS

1. (FATEC) Sobre o fim da União Soviética afirma-se:
 I - Em 1985, o líder Mikhail Gorbatchev assumiu o cargo de secretário-geral do partido comunista e atingiu o poder máximo na União Soviética. Ele fazia parte de uma nova geração de líderes comunistas que defendiam uma profunda reforma política e econômica para tirar a União Soviética da estagnação.
 II - Gorbatchev foi pressionado pela liderança tradicional do partido comunista (a chamada "linha dura") devido às experiências liberalizantes, e pelos liberais, por acharem as reformas lentas demais. No primeiro grupo encontrava-se Valentin Pavlov, primeiro-ministro desde 1991, e no segundo grupo encontrava-se Bóris Yeltsin, presidente da república russa, fervoroso defensor da rápida introdução da economia de mercado.

III - No dia 25 de dezembro de 1991, a bandeira vermelha com a foice e o martelo foi substituída pela velha bandeira czarista branca, azul e vermelha. Gorbatchev renunciou, e a União das Repúblicas Socialistas Soviéticas desapareceu, dando lugar à Comunidade dos Estados Independentes (CEI).

Das afirmativas feitas:
a) todas são incorretas
b) todas são corretas
c) apenas a I é correta
d) apenas a I e a II são corretas
e) apenas a I e a III são corretas

Resposta: B

2. **(UNI-RIO)** A partir de 1989, com a queda do Muro de Berlim, instaurou-se um novo mundo baseado em novas relações econômicas e geopolíticas, que não trazia mais a marca da divisão leste-oeste e nem mais o velho confronto entre o bloco capitalista e o socialista. (Vicentino, Cláudio. "História geral". São Paulo: Scipione, 1997, p. 462)

A globalização, mobilizada pela eliminação do obstáculo socialista representado pelo Muro de Berlim, passou a empreender novos estímulos como o(a):
a) fechamento das fronteiras nacionais ao capital especulativo, o investimento maciço na indústria e a proteção do emprego.
b) fortalecimento do "Estado de bem-estar", o desenvolvimento de políticas públicas e a intensificação de barreiras protecionistas.
c) formação de blocos econômicos supranacionais, a busca do "Estado mínimo" e a eliminação dos protecionismos.
d) formação de blocos regionais, a intensificação da produção industrial e uma forte barreira ao capital especulativo.
e) criação de moeda única globalizada, o fortalecimento do padrão-ouro e a ampliação do papel do Estado protecionista.

Resposta: C

3. **(UFPE)** Sobre a desagregação do Bloco Socialista, é INCORRETO afirmar que:
a) as reformas iniciadas por Gorbatchev impulsionaram o processo de desmembramento da União Soviética e de democratização dos países do Leste Europeu.
b) a queda do Muro de Berlim assinalou o colapso do socialismo na Alemanha Oriental.

c) a fracassada tentativa golpista do vice-presidente Guennadi Yanayev impulsionou o declínio de Gorbatchev e a ascensão de Bóris Yeltsin.
d) como conseqüência dessa desagregação, houve a abertura econômica e política da China.
e) na Iugoslávia, o fim do socialismo ocorreu paralelamente a uma guerra civil.

Resposta: D

4. (UFPE) Das ruínas da Segunda Guerra, a nova ordem mundial contemporânea foi construída. Assinale a alternativa que reúne o maior número de indicadores desta nova ordem:
a) O fim da Guerra Fria, a dissolução da União das Repúblicas Socialistas Soviéticas, a reorganização do capitalismo internacional – a globalização;
b) O início da Guerra Fria, a intervenção estatal nas economias nacionais e o reaparecimento das manufaturas como base das economias japonesa e chinesa;
c) A política protecionista comercial do Japão, o fundamentalismo árabe ameaçando a universalidade católica e a oposição do Brasil ao Mercosul;
d) Os acordos de paz assinados entre Israel e a OLP, o acirramento da Guerra Fria, diante do crescimento da economia chinesa e o surgimento do terrorismo dentro dos Estados Unidos da América do Norte;
e) A queda do Muro de Berlim, o bloqueio econômico a Cuba e o avanço do socialismo na América Latina.

Resposta: A

5. (UFMG) O ano de 1989 representou o ápice da crise do socialismo real.

Considerando-se os desdobramentos dos acontecimentos desse ano, é CORRETO afirmar que,
a) na Alemanha, apesar da queda do Muro de Berlim, a reunificação foi adiada, em razão do enorme desequilíbrio econômico e social entre as regiões oriental e ocidental.
b) na China, se iniciou um processo de reforma do Estado que possibilitou a democratização das estruturas de poder pela adoção do pluripartidarismo, de eleições livres e da abertura da imprensa.
c) na Polônia, na Hungria, na Tchecoslováquia e na Romênia, os governos foram derrubados e reformas políticas e econômicas liberalizantes começaram a ser adotadas.
d) na Tchecoslováquia, na Hungria e na Romênia, se iniciaram movimentos de reforma do Estado em direção à construção de um novo socialismo, mais humanista e pluralista.

Resposta: C

Questões propostas

1. (UFRS) O texto a seguir refere-se às questões **1** e **2**:

Queridos compatriotas, concidadãos:

Tendo em vista a situação criada com a formação da Comunidade dos Estados Independentes (CEI), concluo minha atividade como presidente da União Soviética. Tomo esta decisão por questões de princípio. (...) Impôs-se a linha de fragmentação do país e desunião do Estado, o que não posso aceitar...

(...) O destino quis que, ao me encontrar à frente do Estado, já estivesse claro que nosso país estava doente. (...) Tudo devia mudar (...) Hoje estou convencido da razão histórica das mudanças iniciadas em 1985. (...) Acabamos com a Guerra Fria, deteve-se a corrida armamentista e a demente militarização do país que havia deformado nossa economia, nossa consciência social e nossa moral. Acabou-se a ameaça de uma guerra nuclear. (...) Abrimo-nos ao mundo, e responderam-nos com confiança, solidariedade e respeito. Mas o antigo sistema desmoronou antes que o novo começasse a funcionar. (...)

(...) Deixo meu cargo com preocupação, mas também com esperança, com fé em todos vocês, na sua sabedoria, e na sua força de espírito. (...) Meus melhores votos a todos.

Mikhail Gorbatchev. Discurso de despedida. Moscou, 25 de dezembro de 1991

(Garcia, F. Espinosa, J. M. "Historia del mundo actual 1945-1995". Madrid: Alianza Editorial, 1996)

Em relação ao texto e aos fatos mencionados anteriormente, são feitas as seguintes afirmativas;

I - A tentativa de golpe, em agosto de 1991, e o fortalecimento de Yeltsin, a seguir, minaram definitivamente o que restava do Estado Soviético.

II - O texto reafirma a valorização histórica das mudanças propostas, nos anos 80, através da Perestroika e da Glasnost.

III - Na sua despedida, Gorbatchov mostra-se satisfeito com a fórmula política da CEI e com o processo de pacificação mundial.

Qual(is) está(ão) correta(s)?
a) Apenas I
b) Apenas II
c) Apenas III
d) Apenas I e II
e) I, II e III

2. (UFRS) Dentre as alternativas a seguir, assinale aquela que NÃO está diretamente vinculada ao teor do documento ou ao seu contexto histórico:
a) Nova Ordem Mundial dos anos 90
b) Nova Guerra Fria
c) Guerra da Chechênia
d) Reunificação Alemã
e) Descolonização Afro-Asiática

3. (FUVEST) Quando o Muro de Berlim foi construído, em 1961, a União Soviética estava no auge da sua força – havia até mesmo se adiantado aos Estados Unidos na exploração espacial. Quando o Muro de Berlim foi derrubado, em 1989, a União Soviética estava em plena crise e desapareceria dois anos depois.
Explique essa reviravolta e a relação entre o Muro de Berlim e a União Soviética.

4. (PUC-RIO) "O fim do bloqueio a Berlim em maio de 1949 não impediu que os Estados Unidos, a Grã-Bretanha e a França mantivessem sua firme presença nos setores de ocupação ocidental da cidade. A partir daí, as fronteiras da Guerra Fria ficaram congeladas na Europa por mais de uma geração. (...) Relutantes em alterar o "status quo" europeu do pós-guerra (...) em função do alto custo das mudanças para ambos os lados (...) o campo de batalha da Guerra Fria foi deslocado para a Ásia e o Oriente Médio." (Adaptado de Robert O. Paxton, "Europe in the 20th Century", p.p. 557-8.)
Considerando o texto apresentado:
a) Cite 2 (dois) exemplos de conflitos asiáticos que exemplifiquem o deslocamento das maiores tensões da Guerra Fria para a Ásia e o Oriente Médio;
b) Explique de que forma ou a partir de que mecanismo foram mantidas, no continente europeu, as respectivas áreas de influência das duas principais potências durante a Guerra Fria.

5. (UERJ) O dia em que a Guerra Fria chegou à Lua

Casa Branca, 21 de novembro de 1962. Na sala de reunião, dez pessoas ouviam o então presidente dos Estados Unidos, John F. Kennedy. Entre elas, o diretor-geral da NASA – a agência espacial americana. (...) O motivo da reunião: a corrida espacial. Kennedy queria da Nasa mais empenho para que os americanos chegassem antes dos soviéticos à Lua. Pela primeira vez, o governo dos EUA dizia abertamente que a ida à Lua não era uma das

prioridades do programa espacial, mas a prioridade. E mais, não era um problema de ciência, mas de política. ("Jornal do Brasil", 25/08/2001)
   a) Caracterize a Guerra Fria.
   b) Aponte um fato histórico ocorrido na América, no início dos anos 60, que exemplifique a inclusão deste continente no contexto da Guerra Fria.

6. (UFRN) Eric Hobsbawm, historiador inglês, afirma que:

...os governos das duas superpotências aceitaram a distribuição global de forças no fim da Segunda Guerra Mundial (...) A URSS controlava uma parte do globo (...) Os EUA exerciam controle e predominância sobre o resto do mundo capitalista, além do hemisfério norte e oceanos, assumindo o que restava da velha hegemonia imperial das antigas potências coloniais.

(...)

Na Europa, linhas de demarcação foram traçadas (...). Havia indefinições, sobretudo acerca da Alemanha e da Áustria, as quais foram solucionadas pela divisão da Alemanha segundo as linhas das forças de ocupação orientais e ocidentais e a retirada de todos os ex-beligerantes da Áustria.

(Hobsbawm, Eric. "A era dos extremos: o breve século XX (1914-1991)". São Paulo: Companhia das Letras, 1995. p. 224)

No texto citado, Hobsbawn analisa acontecimentos que se seguiram à Segunda Guerra Mundial. É possível afirmar que, na Europa, com o fim da Segunda Guerra Mundial:
   a) soviéticos e americanos alteraram fronteiras geográficas, demarcando seus blocos de influência, sem considerar particularidades nacionais.
   b) Roosevelt, Churchill e Stálin assinaram acordos internacionais, restringindo a produção de armas nucleares a determinados países.
   c) os líderes das grandes nações dividiram a Alemanha nazista e a Itália fascista, desrespeitando o princípio da autonomia dos povos.
   d) americanos e soviéticos repartiram a Alemanha para evitar a propagação de regimes autoritários, almejando garantir a democracia no planeta.

7. (UFSM) Diante da hostilidade crescente à revolução socialista, especialmente nos Estados Unidos, o governo soviético adotou algumas medidas. Que medidas são essas?
   I - Centralização do poder nas mãos de Josef Stálin, realizada através do terror político e da repressão.
   II - Organização de um bloco socialista coordenado pela União Soviética.

III - Investimentos maciços de recursos na criação de um arsenal nuclear equivalente ao norte-americano.

IV - Reformulação e ampliação da agência de serviço secreto que passou a chamar-se KGB (1954).

Estão corretas:
a) apenas I e II.
b) apenas I e III.
c) apenas II e IV.
d) apenas III e IV.
e) I, II, III e IV.

8. (FUVEST) Neste final dos anos noventa, a hegemonia mundial dos Estados Unidos parece mais incontestável do que nunca. No entanto, em meados dos anos oitenta, parecia a muitos que, pelo menos no âmbito da economia, os norte-americanos estavam sendo superados:
a) pela China, que depois de reformas de tipo capitalista, empreendidas por Deng-Xiaoping, cresceu por mais de uma década a uma taxa anual de mais de 10% e desenvolveu um sofisticado armamento nuclear;
b) pelo Japão, cuja economia, valendo-se do fato de não ter gastos militares, cresceu, a partir dos anos cinqüenta, a uma taxa constante e extraordinária, combinando alta tecnologia e pleno emprego;
c) pela Rússia, que depois do fim da União Soviética, aliviada do peso morto de muitas áreas atrasadas e estimulada pelas reformas capitalistas, aumentou sua indústria pesada, espacial e armamentista;
d) pela Índia que, graças à sua economia fechada e auto-suficiente, voltada para a fabricação de bombas atômicas, tornou-se uma potência de caráter continental, ambicionando tornar-se também uma potência marítima;
e) pela Alemanha que, depois da queda do muro de Berlim, quase dobrou sua população e seus recursos naturais e passou a contar com uma poderosa indústria voltada para a produção de armas químicas e nucleares.

9. (PUC-CAMP) "A abertura e depois a destruição do muro de Berlim e a reunificação acelerada imposta pelo chanceler Kohl foram surpreendentes: em apenas um ano resolveu-se a questão alemã (...) A experiência alemã também preocupa. Nas atuais circunstâncias, os riscos da reunificação se referem essencialmente à capacidade da Alemanha de superar a curto prazo o desnível entre as duas partes do país."

No período imediatamente posterior a 1989, a Alemanha unificada enfrentou sérios desafios pois,
a) o nível de desenvolvimento e prosperidade das partes integradas (ex-Alemanha Oriental e ex-Alemanha Ocidental) é bastante desigual.
b) a pressão da maioria socialista tem colocado em risco a estabilidade política interna.
c) a despeito da unificação política já ter se concretizado, ainda não se conseguiu fazer a reunificação monetária em função dos altos custos que isso implica.
d) sem o apoio do movimento neonazista não poderá manter-se como a terceira economia mundial.
e) os postos de trabalho nas estatais estão garantidos apenas para os alemães do lado oriental.

10. (PUC-SP) Entre os vários episódios rebeldes e movimentos questionadores presentes no final dos anos 60, podem-se destacar:
a) a Primavera de Praga, na antiga Tchecoslováquia; os Panteras Negras, nos EUA.
b) o peronismo, na Argentina; o cardenismo, no México;
c) o movimento estudantil, no Brasil; o bolchevismo, na URSS;
d) o movimento hippie, nos EUA; os Camisas Negras, na Itália.
e) a rebelião estudantil de maio de 68, na França; a campanha pelo petróleo, no Brasil.

GABARITO DAS QUESTÕES PROPOSTAS

Questão 1 - Resposta: D

Questão 2 - Resposta: E

Questão 3 - Resposta: O Muro de Berlim tornou-se um dos mais expressivos símbolos da Guerra Fria. Na época de sua construção, a URSS controlava todo o Leste Europeu e estendia a sua influência a Cuba e a vários países africanos e asiáticos recém-emancipados.
Por outro lado, a queda do Muro em 1989 – abrindo caminho para a reunificação da Alemanha e para a alteração do mapa geopolítico da Europa centro-oriental – reflete a situação de crise vivida pela URSS, mais grave.
Tal situação, que levaria ao fim da Guerra Fria, do "socialismo real" e da própria União Soviética começou a evidenciar-se com a ascensão de Gorbatchev (1985) e a implantação de seus projetos reformistas ("Glasnost" e "Perestroika").

Questão 4 - Respostas:
a) 1 - A Guerra da Coréia, 1950-53.

Unidade 48 - *O mundo após a guerra* | **731**

2 - O início da escalada americana no Vietnã, 1960; com a guerra se estendendo até 1972.

b) Foram adotadas políticas de cooperação econômica e alianças militares, tais como:
- O Plano Marshall
- Conselho de Assistência Econômica Mútua: Comecon.
- Comunidade Econômica Européia: CEE.
- O Pacto de Varsóvia
- Organização do Tratado do Atlântico Norte: Otan.

Questão 5 - Respostas:
a) A Guerra Fria foi um momento de tensão e hostilidade fundamental e permanente entre a URSS e os EUA, que, através de uma disputa ideológica, buscavam a liderança na nova ordem internacional, estabelecida após a Segunda Guerra Mundial.
b) A fracassada invasão da Baía dos Porcos, em Cuba, com o objetivo de derrubar o regime de Fidel Castro, em abril de 1961 e a "Crise dos Mísseis" de 1962, envolvendo Cuba, Estados Unidos e União Soviética, ilustram a inclusão do continente americano na Guerra Fria e caracterizam a preocupação dos Estados Unidos com a propagação do socialismo e a ameaça à sua hegemonia no continente.

Questão 6 - Resposta: A

Questão 7 - Resposta: E

Questão 8 - Resposta: B

Questão 9 - Resposta: A

Questão 10 - Resposta: A

COMPLEMENTANDO OS ESTUDOS

FILME

Japão – Uma viagem no tempo. Dir. Walter Salles Jr.

LIVRO

Gorbatchev, Mikhail. *Perestroika*. Best Seller.

PÁGINA ELETRÔNICA

Globalização e Neoliberalismo
http://www.terravista.pt/meco/2673/

UNIDADE 49

DA GUERRA FRIA
À COEXISTÊNCIA PACÍFICA

SINOPSE TEÓRICA

A Guerra Fria foi uma expressão que caracterizou o confronto político, militar, econômico e ideológico entre os EUA e a extinta URSS, envolvendo seus respectivos aliados.

Surgiu a partir de mudanças provocadas na política internacional, após a Segunda Guerra Mundial. As potências mundiais do período anterior à guerra (Inglaterra, França e Alemanha) perderam a liderança mundial, ao mesmo tempo em que EUA e ex-URSS surgiram como superpotências mundiais.

Após a guerra, os países da Europa Oriental aderiram ao socialismo e à pregação do Cominform, encarregado de coordenar as atividades dos partidos comunistas, e acabaram se constituindo em ameaças ao mundo capitalista. Sendo assim, os EUA abandonaram a política de cooperação e adotaram uma política de contenção, baseada na construção de armas capazes de manter a ex-URSS em respeito.

Alguns historiadores apontam o ano de 1947 como o que deu início à ruptura entre os EUA e a ex-URSS, quando o presidente Harry Truman formulou a Doutrina Truman, que estabelecia o comprometimento do fornecimento de auxílio econômico e militar à Grécia e à Turquia, e a todos os Estados que estivessem resistindo às tentativas de subjugação promovidas por minorias armadas ou por pressões externas.

Logo depois, foi instituído o Plano Marshall, que consistia na ajuda econômica e técnica aos países europeus arruinados pela guerra, tornando-se num dos meios mais eficazes de consolidar a influência dos Estados Unidos no mundo.

A ex-URSS reagiu e criou o Cominform (1947) e o Comecon (1949). O Conselho de Assistência Econômica Mútua (Comecon) visava à integração econômica do bloco socialista. Em 1991, com as modificações ocorridas a partir da Perestroika, o Comecon se autodissolveu.

Em 1948-49, as atenções internacionais se voltavam para a Alemanha. Os soviéticos estabeleceram o Bloqueio de Berlim, cortando as comunicações fluviais e terrestres dos seus antigos aliados com as zonas que possuíam naquela cidade, em resposta à uniformização administrativa e monetária, reunindo as três zonas capitalistas (EUA, França e Inglaterra). Como conseqüência desse bloqueio, foi criada uma ponte aérea para abastecer o lado capitalista, que se estendeu até 1949, ano em que foi criada a República Federal da Alemanha (RFA). Em resposta, os soviéticos criaram a República Democrática Alemã.

Muro de Berlim: o muro que dividia um mesmo povo.

Diante da explosão da bomba atômica soviética (1949) e a consolidação das democracias populares na Europa Oriental, os EUA criaram a Otan. A Organização do Tratado do Atlântico Norte representou uma união militar dos países capitalistas. Em 1954, a República Federal da Alemanha entrou para a Otan e foi totalmente rearmada. A URSS protestou e, em 1955, organizou o Pacto de Varsóvia, que reunia as democracias populares da Europa Centro-Oriental (com exceção da Iugoslávia). Esse pacto estabeleceu a cooperação e assistência militar entre os países membros. Neste bloco, a Albânia não participou, tendo optado por uma aliança com a China (1978).

*O projeto Apollo 11 levou os primeiros astronautas à Lua, em 1969.
A corrida espacial também fazia parte da Guerra Fria.*

Na Ásia, os EUA criaram a Otase (Organização do Tratado do Sudeste Asiático), que instituiu um sistema de colaboração militar e econômica, para impedir a expansão do comunismo no Sudeste Asiático. Foi dissolvida em 1977.

*Demonstração da indústria de defesa soviética, em plena Guerra Fria.
Desfile de mísseis no Primeiro de Maio de 1964.*

Em 1943, na Conferência do Cairo, ficou estabelecida a independência da Coréia, e em Ialta estabeleceu-se a divisão do país em áreas de influência. O sul sofreria a influência dos EUA, enquanto o norte, da União Soviética, decisão essa que se concretizou em 1948. Dois anos depois, os norte-coreanos invadiram a Coréia do Sul, pretendendo unificar todo o país. As tropas dos EUA desembarcaram rapidamente no país, contiveram o avanço norte-coreano e imediatamente iniciaram uma ofensiva contra os comunistas, seguida da invasão da Coréia do Norte. Um fato, porém, preocuparia o mundo: a intervenção da China no conflito. O equilíbrio militar foi mantido e foi assinado o Armistício de Pan-Munjon, que estabeleceu o paralelo 38° como o limite entre as duas Coréias.

A COEXISTÊNCIA PACÍFICA

A expressão é utilizada para designar a política de distensão ("détente") adotada progressivamente pelos EUA e URSS, a fim de avaliar as tensões e conflitos provocados pela Guerra Fria.

Os fatores que contribuíram para esta mudança de política foram: o resultado da guerra da Coréia, que demonstrou o equilíbrio de forças militares entre os blocos das duas superpotências; a recuperação da Europa, onde a Inglaterra e a França não aceitavam a condição de meros satélites dos EUA; o rompimento da unidade do Bloco Socialista, marcado pelo conflito entre a China e a URSS, que provocou divisões nos partidos comunistas existentes no mundo; a morte de Stálin (1953), e o término do movimento ultradireitista do senador McCarthy pelo presidente Eisenhower e a eleição de John Kennedy (1960).

As manifestações da coexistência pacífica foram:
1) O reconhecimento da República Federal da Alemanha pela URSS (1955).
2) Desocupação militar da Áustria e a sua independência (1955).
3) Cessar-fogo na Coréia (1953).
4) Término do colonialismo francês na Indochina.

Durante a década de 60, entretanto, ocorreram fatos que reacenderam a rivalidade entre as duas superpotências, como por exemplo a construção do Muro de Berlim, em 1961, e também o episódio do avião U2, que foi abatido ao sobrevoar o território soviético, tendo Gary Powers, o piloto, confessado estar espionando a mando dos EUA.

Vários tratados foram assinados entre a URSS e os EUA. Podemos mencionar: 1963 – instalação do "telefone vermelho", com linha direta entre o Kremlin e a Casa Branca; o de proibição de provas nucleares na atmosfera. Igualmente, estabeleceram-se compromissos diplomáticos diversos, como por exemplo, o acordo para diminuir o risco de uma guerra nuclear por acidente.

A GUERRA NAS ESTRELAS

O projeto Guerra nas Estrelas consistia em uma base secreta de alta tecnologia, que se caracterizou pelo desenvolvimento de sistemas antibalísticos e de rastreamento de mísseis no espaço. Tornava-se possível explodir ogivas atômicas no espaço, durante o curto intervalo em que elas se dirigiam para o alvo, e tornava-se possível instalar escudos defensivos antimísseis. O objetivo do projeto era proteger o território americano dos 1.400 mísseis balísticos intercontinentais do arsenal soviético.

LEITURA COMPLEMENTAR

"A década de 80 foi caracterizada por uma série de transformações no bloco socialista: a política de desarmamento iniciada pela União Soviética, que atravessava grave crise econômica; a queda do Muro de Berlim; a abertura política e econômica do Leste Europeu, com o fim dos governos comunistas; a reunificação das duas Alemanhas; e, por fim, o desmembramento da União Soviética. Com a desestruturação do bloco socialista, deu-se o fim da Guerra Fria. O cenário internacional deixou de ser marcado pelo conflito bipolar entre o capitalismo, dos Estados Unidos, e o socialismo, da União Soviética."

De acordo com o autor, o que marcou o fim da Guerra Fria?

Resposta: Desestruturação do bloco socialista.

QUESTÕES RESOLVIDAS

1. (UFC) A organização do Tratado do Atlântico Norte (Otan), instalada após a Segunda Guerra Mundial, sob a liderança dos Estados Unidos, celebrou cinqüenta anos. Recentemente, a intervenção das tropas da Otan na Iugoslávia foi justificada como:
   a) o ressurgimento da Guerra Fria, em virtude do apoio militar da Rússia ao Governo de Slobodan Milosevic.
   b) o resultado do acordo celebrado entre as tropas albanesas e os sérvios, a fim de garantir a unidade territorial do país.
   c) o consenso dos membros da referida organização em impedir o fortalecimento das democracias na Europa.
   d) mudanças registradas no papel desempenhado pela Otan, na política internacional, após o fim da Guerra Fria.
   e) a eficiência dos recursos diplomáticos nas relações internacionais, que afastou a possibilidade de conflitos.

Resposta: D

2. **(VUNESP)** Na década de 60, houve um ritmo acelerado de crescimento econômico e tecnológico das grandes potências, tanto do mundo capitalista quanto do socialista, com realização de feitos espetaculares, e com forte sentido de propaganda. Ao mesmo tempo, a disputa pela hegemonia mundial, entre os Estados Unidos e a União Soviética, que começara no final da Segunda Guerra, provocou na Europa e na América episódios marcantes.

Exemplificam estas afirmações:
a) Invasão da Nicarágua por tropas americanas e fabricação de armas nucleares.
b) Chegada do homem à Lua e construção do Muro de Berlim.
c) Lançamento da primeira nave espacial tripulada e implementação das metas da Doutrina Monroe para a América Latina.
d) Uso da bomba atômica pelos norte-americanos em Hiroshima e invasão da Tchecoslováquia pela URSS.
e) Corrida espacial e intervenção norte-americana no Iraque.

Resposta: B

3. **(UnB)** O curso das duas décadas que vinculam o ano de 1947 ao de 1968 foi ditado pela supremacia de dois gigantes sobre o mundo. Os Estados Unidos e a União Soviética assenhoraram-se dos espaços e criaram um condomínio de poder que só foi abalado no final da década de 60 e início da de 70. Existiam, no entanto, nuanças no sistema condominial de poder. Da relação "quente" da Guerra Fria – 1947 – 1955 – à lógica da coexistência pacífica – 1955 – 1968 – , as duas superpotências migraram da situação de desconfiança mútua para uma mobilidade de convivência tolerável. (Adaptado de José Flávio S. "Relações Internacionais Contemporâneas". Saraiva)

Com o auxílio do texto anterior, julgue os itens que se seguem, relativos ao tempo histórico da Guerra Fria, usando (V) para verdadeiro ou (F) para falso:

1 - O Brasil, na periferia das grandes decisões estratégicas mundiais no tempo da Guerra Fria, manteve uma política de alinhamento automático e incondicional aos Estados Unidos e nunca procurou desenvolver certas margens de autonomia na sua ação externa.

2 - A evolução, nas percepções das duas superpotências, de uma situação de quase confronto direto para certos níveis de coexistência derivaram, em boa medida, do medo da capacidade destrutiva que carregavam em suas armas nucleares.

3 - A América Latina, a África e a Ásia praticamente não se ressentiram do clima da Guerra Fria, uma vez que esta se conteve quase que exclusivamente na política européia das duas superpotências.

4 - Getúlio Vargas, no seu mandato presidencial dos anos 50, defendeu abertamente o controle militar e a segurança nacional do Brasil pelo "gigante ocidental".

Resposta: F V F V

4. (UFU) "Mas, quando os legionários abusam dos seus legítimos privilégios e, sob a capa do patriotismo, utilizam a influência que têm para oprimir outras pessoas, então desrespeitam os próprios fundamentos do Governo americano. Tais superpatriotas poderiam constituir as células capazes de transformar os Estados Unidos numa nação fascista." (Charles Chaplin)

O texto citado faz referência a um dos momentos mais opressivos da História americana do século passado, marcado pelas investigações e perseguições do movimento Macckarthista.

A esse respeito, assinale a alternativa correta.
   a) O Macckarthismo deve ser visto como parte da política externa dos EUA. Seu objetivo era conter o avanço do comunismo e a expansão da União Soviética, financiando a propaganda anti-soviética na Europa e na América Latina.
   b) O Macckarthismo, desenvolvido no contexto da Guerra Fria, era um conjunto de leis aprovadas pelo Congresso, que visava a reforçar a segurança nacional dos EUA, proibindo as atividades comunistas em território americano.
   c) O Mackarthismo durou até o final dos anos 60, quando a Revolução Cubana, ao fazer a opção pelo socialismo, intensificou a histeria anticomunista nos EUA, gerando perseguição, preferencialmente, aos líderes sindicais.
   d) A resolução da questão racial nos EUA, no final dos anos 40, com a conquista dos direitos civis pelos negros, levou os grupos conservadores a se voltarem para a luta contra as tendências políticas esquerdistas.
   e) O episódio da condenação e execução de Saco e Vanzetti em 1927, e do casal de físicos Ethel e Julius Rosenberg nos anos 50, assim como as acusações indiscriminadas do Macckarthismo são exemplos da perseguição às idéias esquerdistas pela tradição conservadora dos Estados Unidos.

Resposta: E

5. (UFSM) A "Guerra Fria", que se desenvolveu após o término da Segunda Guerra Mundial, foi liderada pelos EUA e URSS, dando origem a duas importantes alianças militares, conhecidas como
   a) Comecon e Otan.
   b) ONU e Otan.

c) Otan e Pacto de Varsóvia.
d) Pacto de Varsóvia e Pacto de Washington.
e) Comecon e Pacto de Varsóvia.

Resposta: C

QUESTÕES PROPOSTAS

1. (UFRJ) Ao longo do século XIX, é possível identificar algumas tentativas de integração européia, que não alcançaram grande repercussão. A idéia de uma Europa unida estava ainda distante. Segundo Bismarck, Chanceler da Prússia e depois da Alemanha, "quem fala de Europa, se equivoca. Noção geográfica...ficção insustentável."

Contudo, na segunda metade do século XX, se fortaleceu a proposta de uma maior integração econômica e política do continente, com a assinatura do Tratado de Roma e a constituição da Comunidade Econômica Européia (CEE).

Explique um fator que tenha contribuído para a criação da CEE.

2. (FUVEST) A era de paz e cooperação, que muitos esperavam se seguiria à vitória dos aliados na Segunda Guerra Mundial, não resistiu até o final dos anos de 1940, tendo sido substituída pela "Guerra Fria" entre as grandes potências, e por "guerras quentes" localizadas.

Considerando a "Guerra Fria":
   a) Explique as divergências fundamentais entre as grandes potências;
   b) Relacione a "Guerra Fria" com um conflito de "guerra quente".

3. (UERJ) "Tomando por base o comportamento do eleitorado no último pleito e o número de sufrágios até agora obtidos pelos srs. Juscelino e Jango, veremos que os dois pretendentes terão, no máximo, 33% dos votos depositados nas urnas do dia 3 em todo o país. (...) Há, no entanto, outra circunstância que compromete seriamente a situação eleitoral dos dois candidatos – e é que eles só atingiram aquela porcentagem porque receberam os votos proclamados, ostensivos, negociados do Partido Comunista. (...) Parece-nos que o Estado-Maior considera o Partido Comunista uma organização perigosa e subversiva ligada ao movimento internacional revolucionário dirigido pela União Soviética."

(Oliveira, Rafael Corrêa de. "O Estado de São Paulo", 11/10/55. Apud Carone, Edgard. "A Quarta República" (1945-1964). São Paulo: Difel, 1980.)

"Isso é o que não nos podem perdoar; que aqui, sob seu nariz, façamos uma revolução socialista."

(Declaração de Fidel Castro em 16 de abril de 1961. Apud THOMAS, H. "Cuba, la lucha pro la libertad". Barcelona: Edições Grijalbo, 1974.)

A década de 50 caracterizou-se, na América Latina, pelo crescimento do anticomunismo entre os setores políticos conservadores e entre parcela considerável dos militares, clima que se aprofundou com a declaração de Fidel Castro, citada acima. No Brasil, a posse de Juscelino Kubitschek já fora contestada por um tipo de reação que muitas vezes identificava posturas nacionalistas ou reformistas com o comunismo.

a) Relacione o cenário internacional à conjuntura política brasileira na década de 1950, marcado pelos antagonismos entre nacionalistas/reformistas e conservadores/anticomunistas.

b) Identifique duas características da estrutura econômica vigente em Cuba, antes da Revolução de 1959, combatidas pelos revolucionários de Fidel Castro.

4. (UFG) Entre a Declaração Truman (1947) e o desmantelamento do regime socialista na URSS (1991), o mundo viveu sob o signo da Guerra Fria. Numa avaliação posterior, a Guerra Fria surge como uma "paz regulada", que propiciava, em última instância, o equilíbrio. Assim sendo, era positiva para as potências, pois estas não precisavam assumir um confronto direto; antes, o evitavam. Mas está claro que a Guerra Fria gerou, para os que a vivenciaram, a sensação da ameaça real e constante.

Com base nessas informações, analise os desdobramentos da Revolução Cubana (1959) "no contexto da Guerra Fria."

5. (FGV) Há 25 anos terminava um dos maiores conflitos do século XX: a Guerra do Vietnã. Por mais de dez anos as Forças Armadas dos EUA tentaram destruir a guerrilha vietcongue e impor seu modelo político-econômico aos rebeldes.

Entre os fatos que definiram a derrota dos EUA, não está:

a) a liberação de cerca de US$ 700 milhões ao Vietnã do Sul, impedida pelo Congresso dos EUA;

b) a mobilização internacional contra a Guerra e pela autonomia dos povos;

c) a pressão da opinião pública estadunidense impactada ao receber sua juventude morta ou mutilada;

d) a convocação da Conferência de Paris (1973), que resultou no acordo para a desocupação das tropas estadunidenses da região;

e) o acordo de Ho Chi Minh com Ngo Dihn Dien, unificando os Vietnãs.

6. (PUC-MG) O comércio internacional, após a Segunda Guerra Mundial, sofreu importantes transformações com a ascensão dos Estados Unidos e URSS à condição de principais potências mundiais.

Dentre as mais importantes transformações no comércio, podemos destacar, EXCETO:
a) a sensível diminuição das relações comerciais entre os países da América Latina e da Europa Ocidental.
b) a intensificação do comércio dos Estados Unidos com a América Latina e a Europa Ocidental.
c) o fim do isolamento da URSS, que vai manter vínculos comerciais com os países da Europa Oriental.
d) o importante papel dos EUA na exportação de capitais e importação de matérias-primas.
e) a acirrada disputa entre os EUA e URSS pelos mercados consumidores dos países africanos.

7. (UFMG) Ao longo do período conhecido como Guerra Fria, eclodiram vários conflitos nas zonas de influência disputadas pelas duas superpotências que, então, pretendiam controlar o mundo.

Um dos conflitos gerados no contexto da Guerra Fria foi a:
a) Guerra da Coréia, ocasionada pela invasão da Coréia do Sul, zona de ocupação norte-americana, por tropas norte-coreanas, seguida da intervenção dos EUA no País.
b) Guerra da Criméia, resultante da disputa entre soviéticos e norte-americanos pela posse da Península da Criméia, ponto estratégico para o lançamento de mísseis teleguiados.
c) Guerra do Ópio, motivada pela disputa de interesses comerciais entre ingleses e russos na China, em razão do enorme mercado consumidor deste país.
d) Guerra dos Bôeres, iniciada com a invasão norte-americana na África do Sul, em função das violências do 'apartheid', regime apoiado pela União Soviética.

8. (UFPE) O Plano Marshall, organizado pelos Estados Unidos, após a Segunda Guerra Mundial, visava a:
a) proceder ao desarmamento dos países beligerantes, especialmente o Japão.
b) estabelecer bases militares nos países da Europa que não pertenciam ao bloco soviético.
c) recuperar economicamente os países devastados pela guerra.

d) organizar os exércitos aliados durante a Guerra Fria.
e) impedir o desenvolvimento econômico dos países dominados pela União Soviética.

9. **(UFPR)** Ainda que a face mais óbvia da Guerra Fria fosse o confronto militar e uma corrida armamentista nuclear crescentemente frenética no Ocidente, este não foi o seu maior impacto. (...) As armas nucleares não foram usadas, o caro material tecnológico da competição entre superpotências provou-se indecisivo. A constante ameaça de guerra produziu movimentos internacionais pela paz, essencialmente dirigidos contra as armas nucleares, que de tempos em tempos tornavam-se movimentos de massa em partes da Europa e eram considerados pelos Cruzados da Guerra Fria como armas dos comunistas." (Hobsbawm, E. "A era dos extremos." São Paulo: Companhia das Letras, 1994.)

Sobre o contexto da Guerra Fria e considerando o texto apresentado, use (V) para verdadeiro e (F) para falso.

( ) A Guerra Fria foi um confronto militar de conseqüências trágicas, que aconteceu ao mesmo tempo que a Segunda Grande Guerra.

( ) A característica mais evidente da Guerra Fria foi uma corrida armamentista, em que cada bloco de países procurava superar o outro em número e tipo de armas.

( ) Os países envolvidos na Guerra Fria organizaram-se em alianças militares – Otan e Pacto de Varsóvia – que detinham grande influência na Organização das Nações Unidas (ONU).

( ) Uma política de coexistência pacífica, capaz de amenizar as tensões da Guerra Fria, sempre foi combatida pelos líderes soviéticos, inclusive com a recusa de estabelecer relações diplomáticas com os países da Europa Ocidental.

( ) Segundo Hobsbawn, os "Cruzados da Guerra Fria" estariam representados por regimes autocráticos, reunidos no bloco militar do Pacto de Varsóvia.

( ) A Guerra Fria foi responsável pelo surgimento de movimentos pacifistas no Ocidente, direcionados contra as armas nucleares e denunciados como manobras comunistas pelos estrategistas norte-americanos.

10. **(UFSM)** O fim da Segunda Guerra Mundial provocou várias alterações sociais, políticas e econômicas, resultando no(a):
a) "Crack" da Bolsa de Nova York, explosão da 1ª bomba atômica e Revolução Cubana.
b) Guerra do Golfo, fundação da sociedade das nações e reunificação alemã.
c) Guerra Civil Espanhola, fundação do Estado de Israel e Guerra dos Boxers.
d) Guerra Fria, Independência da Índia e Revolução Chinesa.
e) Revolução Mexicana, instituição do Apartheid e unificação italiana.

Gabarito das questões propostas

Questão 1- Resposta: A reconstrução da Europa Ocidental após a Segunda Guerra Mundial ocorreu sob a influência da Guerra Fria que suplantava as rivalidades anteriores através da bipolarização do mundo entre capitalismo e socialismo. Assim sendo, tornava-se necessária a reconstrução que neutralizasse eventuais rivalidades, levasse ao fortalecimento econômico das nações e afastasse o fantasma do comunismo. Daí, a integração consagrada com a criação da Comunidade Econômica Européia (CEE), em 1957, com o apoio dos EUA, consolidando-se o capitalismo. Formava-se também o embrião da atual União Européia, cuja formação atende as novas necessidades criadas às nações européias com o advento da globalização, a partir da década de 90 do século XX.

Questão 2- Respostas:
a) As divergências entre as grandes potências relacionavam-se às formas de organização social e econômica antagônicas: o socialismo e o capitalismo.

União Soviética e Estados Unidos partiram para um confronto que envolveu formação de blocos de países, intensa disputa pela hegemonia política mundial e acentuada corrida armamentista.

b) Uma das principais "guerras quentes" localizadas foi a da Coréia (1950-53). A intervenção dos Estados Unidos (bloco capitalista) e da República Popular da China (bloco socialista) no confronto entre Coréia do Sul e Coréia do Norte acabou por associar um conflito regional à complexa disputa global entre os blocos.

Questão 3 - Respostas:
a) A bipolarização político-ideológica entre EUA e URSS estabeleceu uma disputa entre as democracias liberais e o modelo socialista soviético. No Brasil, este embate se evidenciou na discussão em torno do monopólio estatal sobre o petróleo e da abertura econômica ao capital estrangeiro na constante redefinição dos perfis partidários e na polarização em face da ampliação ou não da política trabalhista.

b) Duas dentre as características:
– Concentração da propriedade, seja rural, seja urbana.
– Dependência para com o capital estrangeiro, principalmente norte-americano.
– Propriedade norte-americana da maior parte das grandes usinas açucareiras cubanas.
– Propriedade estrangeira da maior parte das atividades econômicas cubanas.

Questão 4- Resposta: O êxito da Revolução Cubana, sobretudo após a implantação do governo socialista, confrontava o imperialismo norte-americano no continente.

A ameaça socialista foi combatida com a instalação das ditaduras militares em toda América Latina com o apoio dos Estados Unidos.

A instalação de mísseis nucleares soviéticos em Cuba em 1962, resultou num dos momentos mais delicados da Guerra Fria.

O acordo diplomático entre Estados Unidos e União Soviética levou à retirada dos mísseis e ao reconhecimento por parte dos Estados Unidos da soberania cubana.

Questão 5- Resposta: E

Questão 6- Resposta: E

Questão 7- Resposta: A

Questão 8- Resposta: C

Questão 9- Resposta: F V V F F V

Questão 10- Resposta: D

COMPLEMENTANDO OS ESTUDOS

FILME

O Dia Seguinte (1983). Dir. Nicholas Meyer

LIVRO

Barros, Edgar Luiz. *A Guerra Fria*. Coleção Discutindo a História. Ed. Atual

Unidade 50

Descolonização

Sinopse teórica

Este processo histórico que provocou a independência das colônias africanas e asiáticas teve como fatores iniciais a Primeira Guerra Mundial, a Grande Depressão e a Segunda Guerra Mundial.

Além dos fatores citados, podemos destacar também que a vitória dos movimentos democráticos e socialistas sobre o Fascismo e o desejo dos EUA e da ex-URSS por áreas de influência, foram fatores também profundamente importantes dentro desse contexto histórico.

A DESCOLONIZAÇÃO DA ÁFRICA

Área de Domínio Colonial de Países Europeus sobre Regiões da África

LEGENDA
- ▨ França
- ⣿ Bélgica
- ▦ Portugal
- ■ Espanha
- ▧ Itália
- ⋯ Independente
- ⟍ Sul-africano
- ‖‖ Inglaterra

No processo de descolonização existiram casos de independências conquistadas com extrema violência (Argélia), como também processos mais tranquilos. Em geral, os processos menos violentos foram os das colônias inglesas. Desde 1947, o governo trabalhista inglês iniciou uma política de concessões gradativas para "não perder colônias", porém "ganhar membros para a Commonwealth".

A Inglaterra procurou favorecer as minorias brancas que eram beneficiadas com privilégios nos conselhos executivos e legislativos locais, possibilitando o predomínio das comunidades brancas nos países cuja independência seria concedida em data pré-estabelecida.

Neste processo de descolonização, vários líderes africanos procuraram adaptar ideologias ocidentais à realidade histórica da África.

Considerado o Pai do Pan-Africanismo, Du Bois organizou entre 1919 e 1945 os cinco primeiros Congressos Pan-Africanos. O V Congresso que ocorreu em 1945 em Manchester, projetou N'Krumah e Kenyatta, defendeu a Carta do Atlântico e a luta contra o analfabetismo e a subnutrição.

A negritude, "expressão literária do Pan-Africanismo", foi formulado por Aimé Césaire e mais tarde teorizada por Leopold Senghor, como o conjunto de valores da Civilização – culturais, econômicos, sociais e políticos, que caracterizam os povos negros." (Pereira, J. M. N., "Descolonização", Centro de Estudos Afro-asiáticos, pág 13).

Em 1958, ocorreu a Conferência de Acra (Capital de Gana) que reuniu dirigentes de nações independentes: Gana, Marrocos, Egito, Líbia, Sudão, Libéria e Etiópia. Ficou decidido que haveria solidariedade face às potências colonialistas.

Em 1961, tivemos a Conferência de Casablanca (Marrocos), onde foi assinada a Carta de Casablanca, que estabelecia uma união militar, econômica, cultural e política. Era previsto também um supremo comando militar comum e um mercado comum africano.

A Conferência de Morávia, na Libéria, reuniu os países moderados, como por exemplo a Costa do Marfim, Alto Volta, entre outros. Este grupo se opõe às propostas revolucionárias do grupo anterior que era socialista. Estabeleceu alguns princípios fundamentais: não recorrer à violência, a não ingerência nos assuntos internos de outros estados, respeito à integridade territorial, igualdade na cooperação.

Conferência de Adis-Abeba (Etiópia – 1963)

Nesta Conferência, foi criada a organização da Unidade Africana e assinada a Carta Africana. A OUA tinha como objetivo promover a unidade e a solidariedade dos Estados Africanos e eliminar todas as formas de colonialismo na África. Em 1964, em Dar-Es-Salaam (Tanzânia), foi criado o Comitê de Libertação Africana para coordenar a assistência financeira e treinamento militar dos combatentes africanos.

As imagens ilustram momentos da presença européia na África e na Ásia. Na foto superior, um colonizador francês da Costa do Marfim acompanhado de seus guarda-costas. Na foto inferior, chá inglês na Índia com serviçais nativos.

Nas regiões da África que receberam colonização de enraizamento, as populações brancas ficaram na posição de minoria privilegiada, como no caso da África do Sul, por exemplo, onde os brancos intensificaram a segregação racial, conhecido como "Apartheid", que se caracterizava pelo fato de privar os não-brancos de todos os direitos políticos e civis e da maior parte dos direitos humanos.

Na última etapa da descolonização, tivemos o caso das colônias portuguesas. Em Cabo Verde e Guiné, desde 1956 existia a PAIGC (Partido Africano para a Independência da Guiné e das Ilhas de Cabo Verde), que desenvolveu a luta armada para se libertar de Portugal. No mesmo ano, Agostinho Neto formou o MPLA (Movimento Popular para a Libertação de Angola), que também travou guerra contra o colonialismo português. Em Moçambique, foi criada a Frelimo

(Frente de Libertação de Moçambique). Em 1973, Guiné-Bissau tornou-se independente, e a partir da Revolta dos Cravos, em 1974, começaram as negociações para que as independências acontecessem, o que ocorreu no caso de Moçambique em 25 de junho de 1975.

Angola, particularmente, sofreu uma sangrenta guerra civil. Neste país, três grupos políticos lutavam pela independência: o MPLA (Movimento Popular para a Libertação de Angola, dirigido por Agostinho Neto e de orientação socialista); FNLA (Frente Nacional de Libertação de Angola) e a Unita (União Nacional pela Independência Total de Angola). O MPLA recebeu apoio cubano e da extinta União Soviética, enquanto a Unita era sustentada pelos EUA. Atualmente, a ONU promove uma política de desarmamento e Angola encontra-se dividida entre Unita e o MPLA.

A DESCOLONIZAÇÃO DA ÁSIA

Um fator fundamental para o processo de descolonização da Ásia, foi o enfraquecimento da França e da Inglaterra, que sofrendo derrotas para o Japão, acabariam contribuindo para o desmoronamento do mito da "superioridade do homem branco".

"Os Quatorze Pontos de Wilson, a declaração de Lloyd George, em 1918, de que o princípio de autodeterminação era tão aplicável às colônias, quanto aos territórios ocupados da Europa, as denúncias do imperialismo por Lênin e o exemplo dos revolucionários russos, ao declararem que os povos subjugados do Império Tzarista eram livres para escolher a separação, tudo isso criou uma fermentação mundial.

As tropas alistadas para combater na Europa, pelos franceses, oriundas da Indochina, e pelos ingleses, da Índia, regressaram a seus países de origem com novas noções de democracia, governo autônomo e independência nacional e uma firme decisão de não mais aceitarem a antiga situação de inferioridade".

(Barraclough, E. "Introdução à História Contemporânea", Zahar Editores, pg. 149 e 150)

A INDEPENDÊNCIA DA ÍNDIA

"Terminada a Primeira Guerra Mundial, na Índia, a burguesia organizou um forte movimento nacionalista, reunido no Partido do Congresso Nacional Indiano, que tinha como líderes Mahatma Gandhi e Jawararlal Nehru. Eram propostas do partido: a autonomia total, uma confederação democrática, igualdade política para todas as raças, religiões e classes, reformas socioeconômicas e administrativas e modernização do Estado." (História das sociedades, Aquino e outros p. 367)

Sem sombra de dúvidas, o maior nome deste movimento de independência foi Gandhi. Defendendo a resistência não-passiva ou não cooperação ou não-violência, Gandhi utilizava recursos como jejuns, marchas e desobediência civil, como por exemplo se recusando a pagar impostos ou mesmo boicotando o consumo dos produtos ingleses. No entanto, as rivalidades entre hindus e muçulmanos retardaram o processo de independência.

O líder indiano Gandhi pouco antes de ser assassinado a tiros pelo extremista Nathuram Godse, em janeiro de 1948.

Durante a Segunda Guerra Mundial, a ameaça de um ataque japonês ao país e a recusa dos hindus em colaborar com a Inglaterra, levaram a Inglaterra a prometer a autonomia, desde que a Índia fizesse parte da Commonwealth, Comunidade britânica das nações.

A Índia ficou dividida em dois Estados: A República do Paquistão (oriental e ocidental), de população muçulmana; e a República da União Indiana (1947).

A REVOLUÇÃO ISLÂMICA

Em janeiro de 1979, a população do Irã derrubou a Monarquia do xá Mohamed Reza Pahlevi e proclamaram a República Islâmica do Irã, chefiada por um Conselho Revolucionário, sob a chefia ao aiatolá Khomeini. Um ano após a revolução, Bani-Sadr foi eleito presidente.

LEITURA COMPLEMENTAR

A OLP e Israel

"No dia 29 de novembro de 1947, a ONU decidiu criar dois Estados na Palestina – um judeu e outro árabe. Em maio de 1948, David Bem Gurion anunciou a criação do Estado de Israel e os árabes começaram a guerra contra ele.

(...) Jerusalém, que deveria ter sido uma cidade internacional, terminou dividida entre Jordânia e Israel, que durou até a guerra de 1967, quando Israel se apossou da cidade toda.

Israel, que deveria ter ficado com 14.942 km^2 (56,47%) da Palestina, ficou com 20.763 km^2 (78%); 20,5% da Palestina (Cisjordânia), ficou com a Jordânia (5.295 km^2) e os restantes 1,5% (Faixa de Gaza) tocaram ao Egito (354 km^2). A Palestina originalmente prevista para os árabes e que deveria ter sido um território de 11.203 km^2 (42,88% do total), nem nasceu (...).

Antes de 1948, os palestinos árabes tinham 475 aldeias no território israelense. Hoje, só têm 90. Em regra, vivem num regime de discriminação tal, que a ONU foi levada a condenar o sionismo como manifestação racista (1975).

O fato de os palestinos árabes não poderem viver em Israel e não conseguirem ser absorvidos nos outros países árabes os levou a se organizarem para lutar por sua causa – um Estado Nacional muçulmano e palestino. Em 1964, o Congresso Nacional Palestino criou a Organização para a Libertação da Palestina (OLP), inicialmente temida pelos governos árabes conservadores. Dentro dessa frente ampla que era (e é), a OLP se aglutinaram diversos grupos guerrilheiros e terroristas, dos quais destacam-se dois: Frente Al Fatah, cujo líder Yasser Arafat, veio a assumir o comando da OLP, e a Frente Popular de Libertação da Palestina (FPLP), de coloração mais nitidamente marxista."

(Lopez, Luiz Roberto. "História do século XX". Porto Alegre: Mercado Aberto, 1983, pp. 129-30)

Quais os grupos guerrilheiros e terroristas que compõem a OLP?

Resposta: Al Fatah e a Frente Popular de Libertação da Palestina.

QUESTÕES RESOLVIDAS

1. (UFSM) Associe as colunas.

1. Subdesenvolvimento
2. Neutralismo
3. Neocolonialismo
4. Apartheid
5. Descolonização

( ) Política defendida na conferência de Bandung (1955) por alguns países afro-asiáticos, ante a oposição entre capitalismo e comunismo.

( ) Estágio em que se encontram países que têm a maioria das atividades econômicas desenvolvidas mediante investimentos de capitais estrangeiros e que ostentam grandes desigualdades sociais.

( ) Política que priva os não-brancos de todos os direitos políticos e civis e da maior parte dos direitos humanos.

( ) Processo histórico que se traduziu na obtenção gradativa da independência das colônias européias situadas na África e Ásia.

A seqüência correta é:
a) 1 – 2 – 3 – 4.
b) 2 – 4 – 3 – 5.
c) 1 – 3 – 5 – 4.
d) 5 – 3 – 2 – 1.
e) 2 – 1 – 4 – 5.

Resposta: E

2. (UFRS) A Revolução dos Cravos, ocorrida em Portugal em 1974, pôs fim ao salazarismo e ao imperialismo colonial lusitano. Analise os itens abaixo, que contêm possíveis conseqüências deste processo.

I - A ocupação militar e a incorporação do Timor Leste pela Indonésia, com o aval dos Estados Unidos, a concordância da Austrália e a retirada unilateral de Portugal.

II - A reforma agrária promovida pelo Movimento das Forças Armadas (MFA) que desapropriou os latifúndios da região do Algarve.

III - A invasão de Angola pela África do Sul em apoio à Unita e a intervenção de tropas cubanas em defesa do governo da antiga colônia portuguesa.

Qual(is) apresenta(m) conseqüências efetivas do processo descrito?
a) Apenas I.
b) Apenas II.
c) Apenas III.
d) Apenas I e II.
e) I, II e III.

Resposta: E

3. (UFES) O presidente sul-africano ficou surpreso ao saber que, no Brasil, o maior país de população negra fora da África, se fala uma só língua e se pratica o sincretismo religioso. ("O Globo" – 23/7/98)

O texto se refere à visita ao Brasil do presidente sul-africano, Nelson Mandela, que combateu duramente os sérios problemas enfrentados pela África do Sul, após se libertar da sujeição efetiva à Inglaterra. Uma das dificuldades por que passou o país foi a política de "apartheid", que consistia no(a):

a) Resistência pacífica, que previa o boicote aos impostos e ao consumo dos produtos ingleses.
b) Radicalismo religioso, que não permitia aos brancos professar a religião dos negros, impedindo o sincretismo religioso que interessava aos ingleses.
c) Manutenção da igualdade social, que facilitava o acesso à cultura a brancos e negros, desde que tivessem poder econômico e político.
d) Segregacionismo oficial, que permitia que uma minoria de brancos controlasse o poder político e garantisse seus privilégios diante da maioria negra.
e) Desarmamento obrigatório para qualquer instituição nacional e exigência do uso exclusivo do dialeto africano nas empresas estrangeiras.

Resposta: D

4. **(UFSM)** Analise as afirmações a respeito da descolonização da África e da Ásia e indique se são verdadeiras (V) ou falsas (F).

( ) A descolonização da Ásia e da África só ocorreu após o término da Segunda Guerra Mundial; o declínio dos países europeus depois da guerra e o avanço do nacionalismo estimularam os movimentos de libertação.
( ) No processo de independência da Índia, o destaque coube ao líder Mahatma Gandhi, responsável pela unidade política da ex-colônia inglesa.
( ) A independência da Argélia se consolidou em 1954, quando se formou a Frente de Libertação Nacional (FLN), que usava a tática de guerrilha contra os franceses.
( ) No processo de descolonização da África, a primeira colônia inglesa a conquistar a independência foi Costa do Ouro, que passou a se chamar Gana, em 1957.

A seqüência correta é
a) V – F – F – V.
b) V – F – V – F.
c) F – F – V – F.
d) F – V – V – V.
e) F – V – F – V.

Resposta: A

5. (UFSCar) No processo de luta pela independência da Índia do domínio britânico, Mahatma Gandhi preconizava a libertação através da desobediência civil e da revolução pacífica. Isto significava:
  a) Greve de fome, negações das tradições ancestrais indianas e ações de solidariedade nos trabalhos nas aldeias.
  b) A recusa da servidão e submissão aos senhores ingleses através de fugas para lugares isolados nas montanhas.
  c) A desobediência às leis do país consideradas violentas e injustas, como boicote aos tribunais e não-pagamento de impostos.
  d) A aceitação das leis britânicas e aliança entre hindus e católicos no processo de unificação nacional.
  e) A luta pela independência através da elaboração de uma Constituição nacional e aliança com as massas populares.

Resposta: C

Questões propostas

1. (UFPE) De acordo com o texto a seguir, use (V) para verdadeiro e (F) para falso.

Com a descolonização da África as colônias portuguesas foram as últimas a tornarem-se independentes. O serviço militar português era bastante rigoroso, o que fazia com que muitos jovens portugueses fossem vítimas da guerrilha africana. Para a população africana a repressão era violenta e sistemática. Organizou-se então, a resistência. Sobre esta reação e a conseqüente libertação desses povos, analise as proposições a seguir:
  ( ) Em Angola surgiram três grupos que lutaram pela libertação e independência: O Movimento Popular de Libertação de Angola (MPLA), a Frente Nacional de Libertação de Angola e a Unita.
  ( ) As lutas internas das colônias têm origem nas antigas rivalidades tribais. A geopolítica dos colonizadores na África não corresponde às divisões naturais entre tribos e seus respectivos territórios.
  ( ) A Frelimo, em Moçambique, fundada em 1962 foi a princípio formada por um grupo de nacionalistas e depois dominada pelos fundamentalistas. Ambos, apesar das divergências, tinham como propósito comum a libertação do país.
  ( ) Após Moçambique libertar-se do jugo português, a África do Sul, aliada à Etiópia, invadiu Maputo e foi responsável pela morte do seu grande líder Samora Machel.
  ( ) Guiné-Bissau e Cabo Verde não conseguiram alcançar a completa independência e estão, até hoje, sob regime tutelar de Portugal.

2. (UNICAMP) Os 450 anos compreendidos entre a chegada de Vasco da Gama, em 1498, e a retirada das forças britânicas da Índia, em 1947, constituem um verdadeiro período histórico. (Adaptado de K. M. Pannikar, "A dominação Ocidental na Ásia", São Paulo: Paz e Terra, 1977, p. 19.)

a) Explique o que representou para europeus e indianos a chegada de Vasco da Gama à Índia em 1498.

b) Caracterize o processo de descolonização da Índia, que culminou com a retirada dos ingleses em 1947.

c) Defina, a partir do enunciado, o que é um período histórico.

3. (UFG) A descolonização – processo que fez desmoronar o poder colonial europeu nas áreas da Ásia e África – tomou forte impulso após a Segunda Guerra Mundial. Entretanto, há um histórico de resistência que possibilitou às regiões dominadas encaminharem a luta anti-imperialista, cujas lideranças adotaram estratégias diferenciadas. Considere especialmente o caso indiano para responder às seguintes questões:

a) Nomeie a(s) principal(is) liderança(s) do movimento nacionalista.

b) Aponte e analise as estratégias assumidas pelo movimento nacionalista indiano para libertar o país do domínio inglês.

4. (UFRJ) "O Marechal Mobutu Sese Seko retornou discretamente à Kinshasa na quarta-feira, 21 de março. As personalidades políticas e os jornalistas que se encontravam no aeroporto não o puderam ver. À noite, um lacônico comunicado oficial informou que o presidente retomaria "as suas atividades normais". Ao mesmo tempo, em Kisangani, ao contrário, era reservada a Laurent Désiré Kabila uma acolhida entusiástica e transbordante. Os habitantes da capital do Alto-Zaire, em mãos dos rebeldes desde 15 de março, receberam o seu chefe como um libertador". ("Le Monde", 23 – 24 de março de 1997)

O fragmento de reportagem retrata um episódio da luta revolucionária no Zaire (atual República Democrática do Congo), em 1997, em que se destacam duas personalidades políticas.

De um lado, o Coronel Mobutu Sese Seko, ditador que assumiu o poder, em 1965, com apoio dos EUA. De outro, Laurent Désiré Kabila, antigo militante comunista e opositor de Mobutu desde os anos 60.

As trajetórias políticas desses dois personagens refletem uma conturbada história de conflitos que se abateram sobre o Zaire após a conquista de sua independência, em 1960.

a) Apresente uma razão para o apoio dos EUA à ascensão de Mobutu ao poder nos anos 60.

b) Explique duas heranças da Era Imperialista que afetaram economicamente os atuais Estados africanos independentes.

c) Cite um movimento de descolonização afro-asiático que tenha resultado na construção de um regime político socialista.

5. (UNI-RIO) "A Conferência Afro-Asiática discutiu os problemas dos povos dependentes, do colonialismo e dos males resultantes da submissão dos povos ao jugo do estrangeiro. A Comissão está de acordo em declarar que o colonialismo, em todas as suas manifestações, é um mal a que deve ser posto fim imediatamente... Em declarar que a questão dos povos submetidos ao jugo do estrangeiro, ao seu domínio e à sua exploração constitui uma negação dos direitos fundamentais do homem... em declarar que apóia a causa da libertação e independência desses povos." (Declaração de Bandung, 1955)

Cite e explique um fator histórico relacionado com o processo de descolonização dos países afro-asiáticos, ocorrido no mundo do pós-guerra.

6. (FATEC) Um dos principais métodos utilizados por Mahatma Gandhi na sua luta contra a dominação inglesa tinha por base o princípio da NÃO-VIOLÊNCIA ATIVA, que pode ser resumido na frase dirigida a um inglês: "Para triunfar a nossa causa, estamos dispostos a derramar o nosso sangue – não o vosso".

Considere as seguintes afirmações sobre o processo histórico hindu.

I - A Índia não estava inteiramente unida em torno das propostas de Gandhi e de Nehru. Havia dentro do país outros grupos de oposição, como a Liga Muçulmana, que tinha como objetivo a criação de Estado Muçulmano independente dos hindus ligados ao Partido do Congresso.

II - Em 1947, o governo inglês viu-se forçado a concordar com a independência da Índia. Estabeleceu-se a condição de que o país fosse dividido em dois Estados: A República do Paquistão (Oriental e Ocidental), de população predominantemente muçulmana, e a República da Índia, de população predominantemente hinduísta.

III - Após a morte de Gandhi, em 1948, coube a Nehru a tarefa de organizar a República federativa. No plano externo, não se alinhou nem com o bloco capitalista, nem com o socialista.

Dentre essas afirmações:
a) somente I e II são corretas.
b) somente I e III são corretas.
c) somente II e III são corretas.
d) todas são corretas.
e) nenhuma está correta.

7. (FUVEST) Portugal foi o país que mais resistiu ao processo de descolonização na África, sendo Angola, Moçambique e Guiné-Bissau, os últimos países daquele continente a se tornarem independentes. Isto se explica:
a) Pela ausência de movimentos de libertação nacional naquelas colônias.
b) Pelo pacifismo dos líderes Agostinho Neto, Samora Machel e Amílcar Cabral.
c) Pela suavidade da dominação lusitana baseada no paternalismo e na benevolência.
d) Pelos acordos políticos entre Portugal e África do Sul para manter a dominação.
e) Pela intransigência do salazarismo somente eliminada com a Revolução de Abril de 1974.

8. (PUC-MG) A Descolonização da África Negra tem relação com os seguintes fatores, EXCETO:
a) O apoio dado aos países africanos pela ONU, visando, inclusive, a evitar um novo conflito mundial.
b) A ação desempenhada pela ONU pelos países africanos já independentes, reivindicando o fim do colonialismo.
c) O vertiginoso crescimento dos movimentos nacionalistas africanos contra a permanência da dominação das metrópoles européias.
d) O estímulo dado pela emancipação da Índia, então sob o domínio inglês, e dos países do Sudeste Asiático.
e) A iniciativa do governo português, que concedeu a independência para as suas colônias na África, mediante acordos pacíficos.

9. (UFG) O filme "Apocalypse Now", dirigido por Francis Ford Coppola, data de 1979 e trata dos horrores da Guerra do Vietnã. Antes dele, "O Franco-Atirador" (1977), de Michael Cimino, e o documentário "Corações e Mentes" (1975), de Peter Davies, também abordaram essa temática. Mais recentemente, são conhecidos os filmes de Oliver Stone e as produções em série de "Rambo". Os comentários anteriores indicam que, além de ainda render bilheteria, a Guerra do Vietnã significa para a sociedade norte-americana um problema mal resolvido.

Sobre o impacto da Guerra do Vietnã para os EUA, use (V) para verdadeiro ou (F) para falso:
( ) a participação norte-americana no Vietnã, circunstanciada pela Guerra Fria, inseriu a economia estadunidense numa crise sem precedentes, o que motivou, desde o início da década de 1970, uma posição governamental contrária à guerra.
( ) a participação dos EUA, na Guerra do Vietnã esteve associada mais a uma lógica econômica do que política. Os americanos buscavam, na verdade, conquistar mercados consumidores e fontes de abastecimento de matéria-prima, visto que o Vietnã possuía vastas reservas petrolíferas.

( ) no final da década de 1960 e no decorrer da década de 1970, um novo estado de ânimo dominou parte da sociedade norte-americana. As imagens da guerra alimentaram uma oposição que teve nas manifestações pacifistas sua expressão maior.

( ) o dilema norte-americano, diante da guerra, persiste porque não foi possível uma vitória, mas sim uma paz honrosa, como havia dito Nixon. No entanto, essa paz não cicatrizou as feridas abertas pela guerra. Os filmes sobre o Vietnã insistem em difundir o sofrimento dos soldados e a insensatez da guerra, abrindo um espaço de discussão acerca de sua memória.

10. (UFPR) Após a Segunda Guerra Mundial, ocorreu o chamado "processo de descolonização", que envolveu uma série de lutas de libertação nacional ocorridas na África e na Ásia.

Sobre esse contexto, use (V) para verdadeiro e (F) para falso.

( ) Todas as independências africanas foram feitas em nome do liberalismo econômico; politicamente, seus líderes adotaram o regime democrático norte-americano como modelo.

( ) Apesar de alguns episódios violentos, o processo de descolonização das possessões portuguesas ocorreu de forma pacífica, permitindo uma transição que assegurou a estabilidade política dos novos países.

( ) Nos processos de descolonização da Ásia, assim como na África, verificou-se a intervenção da União Soviética e dos Estados Unidos, interessados em fazer crescer suas áreas de influência.

( ) Os líderes dos movimentos africanos de independência eram, em sua maioria, intelectuais formados nas universidades das metrópoles européias, preparados para se tornarem administradores coloniais.

( ) Embora importantes na definição das nacionalidades, as etnias e credos religiosos não tiveram papel significativo nos processos de independência africanos e asiáticos.

( ) A Índia foi uma das primeiras possessões coloniais a alcançar sua independência, graças ao movimento de desobediência civil encabeçado por Mahatma Gandhi.

( ) As colônias européias na Ásia e África conseguiram suas independências como parte dos acordos de paz da Segunda Guerra; com esses acordos, os líderes aliados reconheceram o direito de autodeterminação dos povos.

Gabarito das questões propostas

Questão 1 - Resposta: V V F F F

Questão 2 - Respostas:
a) Para os europeus, sobretudo os portugueses, a expansão das atividades comerciais e o início do domínio colonial na Ásia e para os indianos a submissão em todos os níveis ao domínio europeu.
b) O processo de descolonização da Índia está intimamente ligado à desagregação do império britânico após a Segunda Guerra Mundial, destacando-se Gandhi com a defesa da não-violência para conquista da independência.
c) Entende-se por período histórico, a manutenção, por um determinado período de tempo, de estruturas econômicas, sociais, políticas e culturais que caracterizam um povo, segundo critérios de um historiador.

Questão 3 - Respostas:
a) Mahatma Gandhi e Jawaharlal Nehru;
b) Gandhi pregava a não-violência, o boicote às manufaturas inglesas e a desobediência civil.

Questão 4 - Respostas:
a) Os norte-americanos, em decorrência da Guerra Fria, temiam que surgisse um Estado socialista na África central aliado à União Soviética, o que implicaria em um novo equilíbrio estratégico, favorável aos soviéticos.
b) A organização de economias primário-exportadoras destruía as atividades econômicas tradicionais; a insuficiência de mão-de-obra técnica qualificada, de capitais e de know-how tecnológico dificultavam o desenvolvimento de uma indústria nacional capaz de tirar bases materiais para o desenvolvimento nacional independente.
c) MPLA, em Angola, Frelimo, em Moçambique e a ação do PC no Vietnã.

Questão 5 - Resposta: Declínio político e econômico das nações imperialistas após a Segunda Guerra Mundial; emergência dos Estados Unidos e da União Soviética como superpotências, cujas doutrinas, ações e práticas favoreceram a descolonização; criação de uma nova ordem internacional após a Segunda Guerra Mundial, baseada na bipolaridade; papel intervencionista e anticolonialista da ONU; críticas e combates à dependência colonial surgidos no mundo socialista e no capitalista; fortalecimento dos nacionalismos ou dos regionalismos afro-asiáticos; movimentos de independência surgidos no continente africano e no asiático: líderes, concepções, projetos políticos e econômicos, mobilizações pacíficas e armadas, lutas e guerras em suas ações contrárias à presença imperialista; evolução dos movimentos nacionalistas em seus aspectos políticos, culturais, sociais e religiosos.

Questão 6 - Resposta: D

Questão 7 - Resposta: E

Questão 8 - Resposta: E

Questão 9 - Resposta: F F V V

Questão 10 - Resposta: F F V V F V F

COMPLEMENTANDO OS ESTUDOS

FILME
Gandhi. Dir. Richard Attenborough

LIVRO
Canedo, Letícia Bicalho. *A Descolonização da Ásia e da África*. São Paulo: Ed. Atual, 1994.

PÁGINA ELETRÔNICA
Guerra do Golfo (Otan x Iraque)
http://www.doc.ufmg.br/multimedia961/grupo/golfo.html

AS GRAVURAS FORAM ADAPTADAS DE:
Cotrim, Gilberto. *Saber e Fazer História.* Ed. Saraiva.

UNIDADE 51

A AMÉRICA LATINA
APÓS A GUERRA

SINOPSE TEÓRICA
ARGENTINA

Em novembro de 1943, o Grupo de Oficiais Unidos (GOU) depôs o último presidente da década infame. Estabeleceu-se um governo provisório e um desses oficiais, o coronel Juan Domingo Perón, ocupou a secretaria de Trabajo y Previsión. Nesta secretaria, procurou desenvolver uma política de aumentos salariais e de aplicação de leis trabalhistas, conquistando assim uma popularidade entre os trabalhadores, a ponto de seu prestígio levar os militares a decretar sua prisão em outubro de 1945.

A prisão do ex-ministro do trabalho desencadeou a maior manifestação operária na Argentina, e no mesmo dia, Perón foi libertado. Depois deste triunfo, Perón fundou o Partido Laborista e candidatou-se à Presidência em fevereiro de 1946.

O PRIMEIRO GOVERNO DE PERÓN

Eleito depois de uma campanha extremamente violenta, enfrentando a oposição dos latifundiários e dos Estados Unidos, Perón assumiu o poder tendo uma conjuntura extremamente favorável na economia, principalmente porque durante a guerra, os argentinos exportaram muito. O governo procurou incentivar a industrialização, dando impulso às indústrias de base como a siderurgia. Foi realizada uma política de nacionalizações de estradas de ferro, bancos, companhias de eletricidade etc., mas no entanto, essa política nacionalista não foi seguida em relação ao petróleo.

O Peronismo ou Justicialismo baseou-se numa política populista, de cunho nacionalista, também inspirada nas doutrinas fascistas. Houve uma violenta perseguição à oposição, tendo os partidos passado para a clandestinidade.

O SEGUNDO GOVERNO PERÓN

Durante esse governo, morreu Eva Perón, e o governo deu uma balançada, principalmente porque ela desenvolvia toda a política assistencialista do Estado (Fundação Eva Perón) e também porque era a intermediária entre o Estado e a vontade dos trabalhadores.

Na década de 50, o governo entrou em crise marcada pela corrupção e pela queda da economia. A situação política e econômica foi ficando insustentável. Houve um golpe militar e Perón pediu exílio no Paraguai. Os militares que assumiram o poder, realizaram uma intensa repressão, congelando salários e diminuindo as forças dos sindicatos.

A ARGENTINA ENTRE 1955 E 1973

Os militares argentinos desenvolveram uma violenta repressão no país, intervindo na Suprema Corte de Justiça e nas universidades, extinguindo os partidos políticos etc.

Na economia, os militares procuraram desvalorizar a moeda, reduzir os investimentos públicos com o objetivo de acumular divisas para financiar as importações e reduzir a dívida externa, além de reativar os investimentos estrangeiros no país.

Estas decisões trouxeram as seguintes características:
- Queda da inflação.
- Crescimento do produto interno bruto.
- Complementação de obras públicas de grande porte.

No entanto, a participação dos operários no Produto Interno Bruto sofreu uma queda de 42% para 36%.

No final da década de 60, a classe média estava ainda mais pobre e grupos guerrilheiros começaram a surgir, tendo sido o mais importante o chamado Montoneros. Com o crescimento da guerrilha, os EUA começaram a temer uma nova Cuba no continente e passaram a apoiar a idéia de reconduzir Perón ao poder.

A Ditadura Militar

Perón reassumiu o poder em 73, morreu logo depois, e passou a governar a Argentina a sua mulher, Isabel Perón, que foi destituída por um golpe militar em 1976.

O governo passou a ser controlado por Jorge Rafael Videla. O Congresso foi fechado, afastaram-se governadores e ministros do Supremo Tribunal, suspenderam-se os partidos e sindicatos etc.

Na economia, foi implantado um modelo agrário-exportador, e os métodos adotados para conter as forças populares foram a desarticulação das organizações de massa, suspensão da liberdade de imprensa, assassinatos etc. Durante a Copa do Mundo de 78, milhares de argentinos foram assassinados ou desapareceram, capturados pelo governo.

O desaparecimento de milhares de pessoas originou, a partir de 1977, um movimento chamado Las madres de Plaza de Mayo (As Mães da Praça de Maio).

Todas as semanas, essas mães, hoje avós, se reúnem na Plaza de Mayo para protestar contra a falta de notícias sobre o paradeiro de seus familiares e manifestar seu repúdio à ditadura militar.

Apesar de uma política autoritária, o governo não conseguiu acabar com a crise econômica do país, o que provocou a saída de milhares de argentinos do país.

Diante do aprofundamento da crise econômica e da insatisfação popular, o governo, tentando desviar a atenção da população dos problemas internos, lançou o país na Guerra das Malvinas, em 1982. Os militares argentinos acreditavam que o apoio dos EUA seria certo, principalmente porque o presidente Reagan, que era anticomunista, iria apoiá-los. No final, os EUA apoiaram a Inglaterra, desrespeitando o Tiar e a OEA.

Os argentinos perderam a guerra e dois dias depois, o general Galtieri renunciou.

O Governo de Raul Alfonsin

O presidente mandou para a reserva inúmeros chefes militares e condenou a prisão outros dirigentes militares, atendendo assim, às exigências da população.

Os militares argentinos reagiram promovendo quarteladas, eram os "caras pintadas", o que levou o presidente a assinar a Lei de Extinção das Ações Penais, mais conhecida como Ponto Final, que estabelecia um prazo limite aos processos contra os envolvidos na violação dos direitos humanos.

Na economia, o novo governo suspendeu temporariamente o pagamento da dívida externa e decretou Plano Austral que congelou, sem prazos, os preços das mercadorias, os salários e os valores das tarifas.

O governo de Carlos Menem

Diante de mais uma grave crise econômica, assumiu o poder, o peronista Carlos Menem. Implantando o Liberalismo Econômico, escolheu um alto executivo do maior grupo econômico do país para ser o ministro da economia. O ministro decretou um pacote econômico que estabeleceu:
- O reajuste violento nos preços dos serviços públicos:
- Desvalorização do Austral.
- Rígido controle de preços, salários e da política monetária.
- Redução na emissão de moeda.

Deu início à privatização de grandes empresas no país e procurou diminuir o déficit público, criando subsídios e investimentos estatais. A inflação começou a cair e o desemprego cresceu consideravelmente. A inflação retornou e o risco de hiperinflação apareceu.

Em abril de 1991, o ministro da economia, Domingo Cavallo, criou um plano de ajuste econômico e dolarizou a economia. O governo trocou 10 mil austrais por 1 dólar. Preços e salários foram liberados e os impostos sobre as importações reduzidos. Com essas medidas, o governo esperava reativar a procura interna dos produtos, estimular a economia e fazer baixar os preços. O governo continuou cortando os custos, privatizando as empresas estatais, demitindo funcionários e fazendo acertos com o FMI.

A revolução cubana

O processo de independência da Ilha foi totalmente difícil, se comparado com as outras colônias espanholas na América. O Pacto Colonial terminou em Cuba em 1818 e as relações comerciais com os EUA começaram com a venda de cana-de-açúcar.

Meio século depois, terminado e Pacto Colonial, Cuba iniciaria a Primeira Guerra de Independência. Infelizmente, a guerra não alcançou o seu objetivo, porque resolveram acabar com a escravidão, idéia que desagradou à elite local. A Segunda Guerra pela independência ocorreria logo depois. Os espanhóis, que durante a Primeira Guerra tiveram muitas despesas, para se recuperarem, aumentaram os impostos, justamente no momento que o preço da cana caía no mercado internacional.

A luta se radicalizava e os EUA procuraram um pretexto para intervirem na guerra, pretexto esse que ocorreu com a explosão do couraçado Maine. Marinheiros americanos morreram e os EUA entraram na guerra, libertando Cuba do domínio espanhol.

Em 1901, o Senado americano aprovou a Emenda Platt. Por ela, ficava estabelecido que:
- Os EUA possuíam o direito de intervir para preservar a independência de Cuba.
- Todos os decretos dos EUA em Cuba, deveriam ser confirmados, enquanto durasse a intervenção militar.

- O governo cubano deveria vender ou alugar terras aos EUA, necessárias para a extração de carvão, para a construção de ferrovias etc.

Em 1952, Fulgêncio Batista começou a governar Cuba, marcando o seu governo pela violência e repressão. Altamente manipulado pelos EUA, liberou o país para a ação da máfia do tráfico de drogas e da prostituição. Nesse período, um jovem advogado chamado Fidel Castro, processou o presidente Fulgêncio Batista, alegando que o golpe de estado dado por ele, tinha ferido o Código de Defesa Social. Como a justiça cubana era profundamente corrupta, Fidel resolveu iniciar a revolução.

Fidel atacou o quartel de Moncada e o presídio político de Santiago, mas no entanto, o ataque fracassou. Fidel foi preso, condenado a 19 anos de trabalho forçado. Em 1955, Fidel foi anistiado e viajou para o México e em novembro de 1956, retornou a Cuba com cem guerrilheiros que se refugiaram na Sierra Maestra.

A partir de 1958, a ditadura de Batista começou a entrar em decadência. Em 24 de fevereiro foi criada a Rádio Rebelde e dois meses depois, o governo iniciou uma ofensiva contra os guerrilheiros na Sierra Maestra. A partir de agosto de 1958, os guerrilheiros iniciaram uma contra-ofensiva, e no dia 2 de janeiro de 1959, Cuba entrou em greve geral. Os comandantes guerrilheiros Camilo Cienfuegos, Che Guevara, Fidel Castro e Raul Castro, entraram triunfalmente em Havana.

CHILE: DE ALLENDE A PINOCHET (1970 – 1989)

Na história da América do Sul, este país, na maior parte da História, constituiu uma exceção, enquanto no século XIX, durante o governo Diego Portales, viveu um período de prolongada estabilidade política. O restante da América Latina vivia uma crise.

Durante a crise mundial de 1929 e momentos posteriores, o Chile passou por um desenvolvimento industrial caracterizado pela substituição de importações. Após a Segunda Guerra Mundial, o presidente Videla colocou o Partido Comunista Chileno na ilegalidade, em 1948. Enfim o Chile esteve sempre em sintonia com a História Internacional.

Em 1953, foi fundada no Chile a CUT (Central Única dos Trabalhadores), que unificou o movimento operário no país. Posteriormente, esse movimento operário acabou dando origem a UP (Unidade Popular), que passou a reunir apenas partidos de esquerda: socialistas, comunistas e cristãos de esquerda. Durante duas campanhas eleitorais consecutivas, 1958 e 1964, a Unidade Popular lançou Salvador Allende como candidato à Presidência do país, mas no entanto, acabou sendo derrotado, primeiro por Alessandri e posteriormente por Eduardo Frei, do Partido Democrático Cristão.

O governo da Unidade Popular (1970 – 1973)

Logo no início do governo, Salvador Allende nacionalizou o cobre, controlou a exploração do petróleo, carvão e ferro, elaborou a reforma agrária e estatizou o sistema bancário. Diante dessas decisões, tivemos como conseqüências a expansão da economia, a queda da inflação e do desemprego, sem contar também que houve um aumento da renda dos trabalhadores.

A relação oferta-procura de gêneros sofreu um desequilíbrio no país, e o governo foi obrigado a importar, fator que provocou constantes déficits na balança comercial. Para completar a crise do Chile, o preço do cobre, principal produto de exportação do país, caiu no mercado internacional, e os EUA, que não simpatizavam com o governo Allende, passaram a cortar as fontes de crédito internacional do país e elaborar uma estratégia que visava a desestabilização econômica do governo.

No segundo semestre de 1972, com o aumento da crise econômica no Chile, os comerciantes de Santiago e os donos de empresas de transporte, realizaram greves, obrigando o governo a decretar o toque de recolher. Em 1973, o general Pinochet chefiou o golpe de Estado que tirou a vida de Allende.

A Ditadura Militar de Pinochet (1973 – 1989)

Ao contrário do Brasil e da Argentina, a ditadura militar chilena, foi exercida o tempo todo pelo general Pinochet, mas no entanto apresentou as mesmas conseqüências: desmantelamento das organizações populares, terrorismo de Estado, censura, tortura etc.

No entanto, na economia, a novidade surgiu com a forte presença de economistas ligados a Milton Friedman, da Universidade de Chicago, os Chicago Boys, que aplicaram o receituário monetarista e neoliberal no país.

As empresas estatizadas no governo anterior, retornaram à iniciativa privada, a inflação caiu e a economia voltou a crescer, claro que acompanhada de um imenso sacrifício, imposto aos mais pobres, que sofreram com o aumento do desemprego e a redução dos investimentos do Estado em educação, saúde e moradia.

O Chile foi aberto ao capital estrangeiro e milhares de pequenos e médios empresários acabaram falindo. Por fim, o "milagre chileno" foi o aumento drástico da dívida externa do país.

A Revolução Sandinista (Nicarágua – 1979)

Em 1912, pela primeira vez na história da Nicarágua, o Big Stick foi aplicado, terminando com uma série de governos nacionalistas no país. Logo depois, em 1916, os EUA assinavam com a Nicarágua o Tratado Bryan-Chamorro, onde conquistavam o direito de construir um canal interoceânico na Nicarágua, além de ter o direito de arrendar a Ilha de Maiz e o Porto de Fonseca por 99 anos.

Como acabamos de ver, a Nicarágua, tornava-se um protetorado dos EUA. Em 1925, marines americanos saíram do país e quando todos acreditavam que a Nicarágua finalmente entraria em paz, surpreenderam-se com a eclosão de uma guerra civil.

Diante do fato, os EUA foram obrigados a retornar em 1926, permanecendo até 1933. Antes de sair, no entanto, criaram a Guarda Nacional, presidida por Anastácio Somoza, que teria a função histórica de aproximar os EUA da Nicarágua.

A retirada das tropas americanas em 1933, ocorreu pelas mudanças no cenário internacional. Em 1929, estourou o crack da Bolsa de Nova Iorque, o nazi-fascismo se espalhava pelo mundo e a Segunda Guerra Mundial tornava-se cada vez mais, uma realidade. Diante deste novo contexto, os EUA abandonariam o Big Stick na política externa e adotariam a Política da Boa Vizinhança, que conforme já vimos, procurava conquistar aliados para os EUA enfrentarem a Segunda Guerra Mundial. Um ano após a retirada norte-americana, Somoza matou o líder popular de oposição política, Augusto César Sandino e três anos depois, apoiado pelos EUA, deu um golpe de Estado no país.

A partir deste momento, a Nicarágua ficaria totalmente aberta aos interesses dos norte-americanos, e a família Somoza iniciaria um processo vergonhoso de enriquecimento ilícito, a Nicarágua ficou conhecida como a fazenda da família Somoza.

Em 1956, o poeta Rigoberto López matou Anastácio Somoza Garcia, mas infelizmente, o somozismo já estava enraizado no país. A presidência da República foi assumida por Luiz Somoza Debayle, enquanto Anastásio Somoza Debayle se tornou o comandante da Guarda Nacional.

O surgimento da Frente Sandinista de Libertação Nacional e o fim do Somozismo

A Revolução Cubana foi um marco divisor de águas na história da América e também, por sua vez, influenciou diversos grupos de esquerda no continente, como no caso da Nicarágua, quando em 1961, Carlos Fonseca Amador criou a Frente Sandinista de Libertação Nacional (FSLN) que vai ter como objetivo lutar contra a Ditadura Somozista.

Em 1967, assumiu o poder, o último dos Somoza, que foi Anastácio Somoza Debaylle (1967-1979). Dando continuidade ao governo corrupto iniciado pelo pai e mantido pelo falecido irmão, enriqueceu vergonhosamente com a tragédia marcada por um violento terremoto, que destruiu Manágua. O inescrupuloso Somoza recebeu ajuda do mundo para diminuir os sofrimentos das vítimas, mas infelizmente, não repassou para a população, tendo sim, na prática, comercializado e enriquecido.

O ato vergonhoso de Anastácio Somoza serviu também para provar para a humanidade que a ditadura era completamente insana e alguns países começaram a cortar o apoio à Nicarágua, dentre eles a Costa Rica, o México, o Brasil, os EUA de Jimmy Carter, entre outros.

Em 19 de julho de 1979, os sandinistas chegaram ao poder.

A Nicarágua sandinista

A Nicarágua passou a ser governada pela junta de Reconstrução Nacional, integrada por representantes da FSLN, da Igreja e do empresariado. A nova sociedade se caracterizou pelo misto de socialismo e capitalismo, onde foi mantido o pluripartidarismo, a liberdade de atuação da Igreja etc.

No processo de reconstrução, o governo adotou algumas medidas, tais como:
- Extinção da Guarda Nacional e criação do Exército Popular Sandinista e das Milícias Populares.
- Confisco das propriedades da família Somoza e de seus colaboradores.
- Nacionalização do comércio exterior, do sistema bancário, companhias de seguro e minas de ouro e prata.
- Reforma agrária.
- Cruzada nacional de alfabetização.

A relação dos EUA com a Revolução apresentou dois momentos distintos: No governo Jimmy Carter (1977-1981) com a Política de Valorização dos Direitos Humanos, os EUA cortaram o apoio ao país e a ditadura foi deposta; a partir do governo de Ronald Reagan (1981-1989), os EUA tentaram de todas as formas desestabilizar a Nicarágua, utilizando desde agressão econômica até o financiamento da contra-revolução (ex-militares da Guarda Nacional – os Contras), para derrubar o governo de Daniel Ortega.

Leitura complementar

A contra-revolução no Chile

"Talvez seja este o único dos quatro países que estamos examinando, em que o potencial revolucionário era consistente, pelo menos a médio prazo. A Unidade Popular (UP), coligação de três partidos de esquerda e centro-esquerda (Socialista, Comunista e Radical, a versão chilena da social-democracia européia) e de três grupos esquerdistas menores, chegou ao poder pela via eleitoral em 1970, com Salvador Allende à cabeça.

Propunha-se a criar a "primeira sociedade construída de acordo com o modelo democrático pluralista e libertário", conforme a primeira mensagem do Congresso enviada por Allende. E pegou-se estritamente a esse modelo, batizado, mais simplificadamente, como via chilena ou via pacífica para o socialismo. A essência dessa via era o respeito integral à legalidade burguesa para implantar o socialismo, caminho absolutamente original e jamais repetido, antes ou depois de Allende.

Acontece que os setores não-socialistas da sociedade chilena recusaram-se a aceitar o jogo, ainda que ele estivesse rigorosamente de acordo com as regras e a legalidade construídas por esses mesmos setores, antes da ascensão de Allende.

A esse respeito, há um dado fundamental, mas que é freqüentemente menosprezado pelos analistas do período: Allende não obteve, na votação popular, a maioria absoluta necessária para dispensar uma segunda votação (esta no Congresso), que ratificasse sua indicação para a Presidência da República. Pois bem: entre a primeira e a segunda votações, grupos de extrema direita assassinaram o comandante do Exército, o general e constitucionalista René Schneider, com a clara intenção de provocar uma intervenção militar que abortasse a posse de Allende.

O governo norte-americano da época, chefiado por Richard Nixon, participou ativamente dessa conspiração, como ficou provado na investigação conduzida pelo Congresso nos Estados Unidos, a respeito das ações secretas no Chile, no período 63/73."

(Rossi, Clóvis. "A contra-revolução na América Latina". São Paulo: Atual, Campinas.
Editora da Universidade Estadual de Campinas, 1986, p.p. 17-8)

Qual era o propósito do governo Allende no Chile?

Resposta: Propunha-se a criar a primeira sociedade construída de acordo com o modelo democrático pluralista e libertário.

QUESTÕES RESOLVIDAS

1. (UNI-RIO) A doutrina populista latino-americana, de cunho nacionalista, inspirada no nazi-fascismo, apresentada como uma "terceira posição" entre o comunismo e o capitalismo, e definida como justicianismo, foi implementado pelo governo de:

a) Raul Alfonsin.
b) Lázaro Cárdenas.
c) Juan Domingo Perón.
d) Anastácio Somoza.
e) Fulgêncio Batista.

Resposta: C

2. (UFU) "Trabalhadores, há quase dois anos, deste mesmo balcão, afirmei ter três pontos de honra: o de ser soldado, o de ser patriota e o de ser o primeiro trabalhador argentino. (...) Por isso, senhores, quero nesta oportunidade, misturado com esta massa suada, estreitar profundamente a todos contra meu coração, como faria com minha mãe." (Pronunciamento de Perón, em outubro de 1945)

Tomando como referência o trecho do discurso e seus conhecimentos sobre o Peronismo na Argentina, assinale a alternativa correta.

a) O Peronismo até hoje é um movimento político predominante na Argentina, em função do apoio dos operários e dos Estados Unidos, país favorecido com a política de abertura da economia às multinacionais feita a partir do governo Perón, o que provocou fortes reações da Igreja Católica e da burguesia nacional.

b) O governo de Juan Domingo Perón, de cunho populista, foi marcado pela defesa dos ideais democráticos, pela garantia da liberdade de imprensa e pelo respeito às instituições e partidos de oposição.

c) Apesar do apoio de Perón às reivindicações dos operários, o governo combatia o corporativismo dos sindicatos e as questões trabalhistas permaneceram subordinadas à lógica do mercado, provocando constantes quedas do poder aquisitivo dos trabalhadores.

d) O Peronismo baseou-se numa política populista também inspirada em doutrinas fascistas, divulgando através dos jornais, cartilhas e do rádio, imagens de um presidente que protegeria os trabalhadores e os mais pobres, com a distribuição de roupas, alimentos e medicamentos aos "descamisados", feita pela figura mítica de sua esposa Eva Perón.

Resposta: D

3. (UFSM) A vitória da guerrilha cubana, em 1959, fortaleceu a idéia de que as forças populares são capazes de enfrentar e vencer um exército regular, assim como demonstrou que as condições para uma revolução socialista podem ser criadas por um foco de insurreição. A(s) conseqüência(s) desse tipo de revolução para a América Latina foi (foram):

a) A ampliação das lutas guerrilheiras no campo e o êxito de várias revoluções socialistas.

b) A transformação dos partidos comunistas reformistas em "centrales" da luta armada.

c) O fortalecimento das democracias liberais existentes e a implantação de reformas sociais.

d) O recuo dos grupos políticos conservadores, especialmente as Forças Armadas e a Igreja Católica.
e) A difusão de focos guerrilheiros e a contra-reação armada de governos ditatoriais.

Resposta: E

4. (UFSM) O fenômeno do populismo na América Latina está diretamente vinculado ao (à):
I - Ruptura da hegemonia política tradicionalmente exercida pelas oligarquias agroexportadoras.
II - Modernização da economia, aceleração do processo de industrialização e de urbanização.
III - Tomada do poder pelas classes populares.
IV - Fortalecimento da ação do Estado, que assume feições autoritárias e paternalistas.

Estão corretas:
a) Apenas I e II.
b) Apenas I e III.
c) Apenas II e III.
d) Apenas I, II e IV.
e) Apenas III e IV.

Resposta: D

5. (UFSCar) Ainda que controlados e distribuídos com austeridade, há alimentos, roupas e moradia para todos. A educação e a saúde são gratuitas e o direito ao trabalho é sagrado. Permanecem na memória apenas como lição e advertência as imagens de tempos mais ásperos, quando a Revolução engatinhava e seus dirigentes buscavam substituir, em poucos meses ou anos, uma tecnologia que o capitalismo desenvolveu e explorou ao longo de décadas – e que em janeiro de 1959, ao ser derrotado, levou embora.

O texto, escrito pelo jornalista Jorge Escosteguy ("São Paulo: Alfa-Omega", 1978), trata da História:
a) Cubana.
b) Macedônica.
c) Moçambicana.
d) Nicaragüense.
e) Congolesa.

Resposta: A

Questões propostas

1. (UFRRJ)
"Há coisas que não se pode dizer, porque não há palavras para dizê-las (...).
Vocês me entendem se eu pedir pão e água (...), mas nunca poderiam entender
Nem tirar essa mão escura que não sei se me esfria ou se me abrasa o coração,
Toda vez que fico sozinha." (Lorca, Federico Garcia. Dona Rosita a solteira)

"Já parte o galgo terrível
a matar meninos morenos
Já parte a cavalgada
A matança se desata
Exterminando chilenos
O que faremos, o que faremos?
Já parte a cavalgada
O que faremos, o que faremos? ("Ya parte el galgo terrible", Pablo Neruda e Victor Jara)

Neste ano comemora-se o centenário do nascimento de Lorca, poeta andaluz, assassinado em 1936 pelos franquistas durante a Guerra Civil Espanhola. Lembramos ainda, o assassinato, há 25 anos, do compositor Victor Jara, quando do golpe de Estado no Chile.
  a) Estabeleça uma relação entre os regimes políticos surgidos na Espanha após a Guerra Civil e no Chile a partir de 1973.
  b) Analise o papel dos Estados Unidos da América no golpe de Estado do Chile.

2. (UFES) "A palavra silenciada do poeta chileno Victor Jara"

"Victor foi, no melhor sentido, um patriota. Politizado, era mais um nacionalista do que o comunista que os militares temiam. Sua adesão à juventude comunista e o subseqüente apoio a Salvador Allende (...) pareceu-lhe o único caminho para lutar por um Chile livre do jugo americano." ("O Gobo" – 18/09/98)

O texto trata, 25 anos depois, de um poeta conhecido como símbolo da resistência chilena, na época em que se deu o golpe de Pinochet, em 1973, e a deposição de Salvador Allende.

Analise:
  a) O contexto em que ocorreu o golpe de Pinochet.
  b) O tipo de governo que foi implantado.

3. (UFES) Juan Domingo Perón foi um dos governantes populistas mais conhecidos da América Latina. Explique as seguintes características do governo peronista:
a) O justicialismo.
b) O controle do Estado sobre a economia.

4. (UERJ) Nas duas últimas décadas, diversos países da América Latina viveram um processo de transição de regimes autoritários para uma democracia formal. No Brasil, na Argentina, no Chile, no Uruguai, entre outros, a redemocratização tem enfrentado várias questões no âmbito econômico, social e político.
Apresente três características deste processo de transição.

5. (UFRRJ) "Nos primeiros dias de 1992, Alberto Fujimori era um presidente acuado. O Congresso do Peru, que já tinha aprovado uma lei que o impedia de modificar o orçamento, decidira investigar uma denúncia segundo a qual integrantes do Governo haviam posto à venda roupas de segunda mão recebidas como donativo de famílias japonesas, e o governo dos Estados Unidos ameaçava impor sanções ao país por causa de uma lista com 140 oficiais apontados como suspeitos de envolvimento com o tráfico de drogas. (...)" ("Coleção Globo 2000", nº 33, p. 765)

Desde o seu início, o governo Fujimori no Peru arrasta-se em sucessivas crises. Para manter-se no poder, utilizou-se de diversas práticas autoritárias.
Neste ano de 2003, após um doloroso processo eleitoral para conseguir a reeleição, seu projeto continuísta sofreu forte abalo.
a) Aponte as medidas autoritárias utilizadas para combater a crise sociopolítico-econômica do Peru na primeira metade dos anos 90.
b) Cite o elemento gerador da atual crise política peruana e dê um exemplo de como ela se manifesta.

6. (FGV) Leia atentamente as afirmações abaixo sobre as transições na Argentina, Chile e Uruguai e assinale a afirmativa correta.
I - Assim como no Brasil, a transição dessas ditaduras à democracia deu-se sob controle militar, com pactos de eleições indiretas e anistia recíproca.
II - As vitórias, em eleições diretas, de Alfonsin em 1983, Sanguinetti em 1984 e Aylwin em 1989 são os marcos da retomada democrática pós-ditatorial nesses países.
III - Julgados e condenados pela justiça civil, seis militares, oficiais superiores argentinos, foram condenados por violação aos Direitos Humanos durante a ditadura e indultados, posteriormente, pelo governo Menem.

IV- A Lei de Caducidad de la Pretensión Punitiva del Estado, que anistiava os responsáveis por crimes durante a ditadura uruguaia, passou por um plebiscito (referendum) no qual foi aprovada, impedindo oficialmente o conhecimento e a responsabilização dos militares criminosos.

V - O apoio de todos os setores políticos chilenos a Pinochet impede o conhecimento da verdade sobre a Ditadura e o julgamento de militares criminosos até hoje.

a) Apenas I, III e IV estão corretas.
b) Apenas I, II e IV estão corretas.
c) Apenas I, III e IV estão corretas.
d) Apenas II, III e V estão corretas.
e) Apenas III, IV e V estão corretas.

7. (PUC-MG) Os países latino-americanos, na década de 90, vinham enfrentando sérios desafios, entre os quais podemos citar, EXCETO:
a) Crescente endividamento externo agravado com a abertura dos mercados ao comércio internacional.
b) Crise fiscal do Estado, apesar das privatizações e desregulamentações.
c) Agravamento das desigualdades de renda, mesmo com a queda significativa da inflação.
d) Atuação de movimentos revolucionários da luta pelo poder sob a influência do marxismo internacional.
e) Problemas sociais da política neoliberal dificultando o desenvolvimento.

8. (UFMG) Considerando-se as relações internacionais com Cuba após a vitória da Revolução, em 1959, é CORRETO afirmar que:
a) O Governo norte-americano estabeleceu, progressivamente, retaliações políticas e econômicas ao regime socialista cubano, acabando por romper relações diplomáticas com a Ilha.
b) O Governo soviético, envolvido com os problemas econômicos e políticos internos, não forneceu aos cubanos o apoio necessário para sustentar o regime socialista.
c) O regime revolucionário cubano contou com o apoio da maioria dos países da América Latina, numa fase em que o Continente presenciava a ascensão de governos nacionalistas.
d) Os governos social-democratas europeus apoiaram firmemente o novo regime cubano, com o objetivo de contrabalançar o papel hegemônico dos Estados Unidos das Américas.

9. (UFPR) Use (V) para verdadeiro e (F) para falso. Com relação à América Latina da última década do século XX.

( ) Diversos governos adotaram o neoliberalismo, cujas práticas diferem das políticas econômicas típicas da fase de industrialização iniciada após a Segunda Guerra Mundial.

( ) Os governos de orientação neoliberal privatizaram inúmeras empresas estatais e iniciaram processos de reformas administrativas que acarretaram redução dos quadros do funcionalismo público.

( ) Seguindo os preceitos neoliberais, os governos abriram a economia ao capital estrangeiro, derrubando ou reduzindo, em grande parte, as barreiras protecionistas até então vigentes.

( ) A adoção do neoliberalismo por governos latino-americanos enfrentou a hostilidade aberta de organismos financeiros internacionais, como o Fundo Monetário Internacional e o Banco Interamericano de Desenvolvimento.

( ) As políticas neoliberais contaram com o apoio da URSS, interessada em implementar alianças com os países latino-americanos, numa conjuntura marcada pela intensificação da Guerra Fria.

( ) A prática do neoliberalismo mostrou-se incompatível com a criação de mercados comuns e áreas de livre comércio, como o Mercosul e o Nafta.

( ) As reformas neoliberais implicaram elevados custos sociais. Entre os mais graves, figurou o aumento dos índices gerais de desemprego.

10. (UFRRJ) "Apenas 37% dos habitantes da América Latina estão muito satisfeitos ou, ao menos, satisfeitos com o funcionamento da democracia. (...) Não que a democracia, como valor básico, está desmoralizada. (...) O problema não parece ser com o sistema, mas com seu funcionamento. Um dos fatores que talvez ajudem a entender a insatisfação majoritária com o funcionamento da democracia é o fato de que os latino-americanos não confiam uns nos outros." (Rossi, Clóvis. In: "Folha de São Paulo": maio de 2000. p. A21)

De acordo com o texto acima, constataram-se problemas quanto ao bom funcionamento da democracia na América Latina. Em 2000, no Peru e na Venezuela ocorreram fatos que parecem comprovar a afirmação do texto, pois em ambos houve:

a) Revoluções armadas que culminaram em guerra civil.
b) Processos eleitorais distorcidos ou com suspeita de fraude.
c) Ataques de guerrilheiros às grandes cidades.
d) Pedido de interferência à ONU para envio de tropas que garantissem a paz.
e) Guerra com os países vizinhos por disputa de fronteiras.

Gabarito das questões propostas

Questão 1 - Respostas:
a) Os dois regimes podem ser caracterizados como ditaduras militares, tendo seus representantes assumido o poder a partir da derrubada de governos legalmente eleitos.
b) Os EUA tiveram papel relevante na organização e deflagração do golpe, já que pela ótica da Guerra Fria não era aceitável um governo socialista na América do Sul.

Questão 2 - Respostas:
a) O golpe militar liderado pelo general Augusto Pinochet, em 1973, relaciona-se ao intervencionismo norte-americano, aliado às forças conservadoras chilenas que temiam, após a eleição de Salvador Allende, o êxito do socialismo no Chile e sua eventual difusão pela América Latina; a exemplo do que ocorreu após a Revolução Cubana.
b) Ditadura militar.

Questão 3 - Respostas:
a) O justicialismo constitui-se numa alternativa aos radicalismos ideológicos dos anos 30 e 40, do século XX, e na proposta de equilíbrio entre as classes sociais para o desenvolvimento nacional, através de estímulos à industrialização e atitudes paternalistas junto às classes trabalhadoras.
b) O estado populista nacionalizou as atividades estratégicas, como transporte e comunicações, estimulou a indústria de base e o aparelhamento da indústria leve, além de favorecer a elevação de salários, entre outras políticas sociais.

Questão 4 - Respostas: A transição política para regimes democráticos, na América Latina, apresenta uma DUPLA FACE: de um lado, AMPLIA A PARTICIPAÇÃO DE DIVERSOS SEGMENTOS DA POPULAÇÃO NA VIDA POLÍTICA DO PAÍS: ELEIÇÕES LIVRES E DIRETAS, LIBERDADE DE ORGANIZAÇÃO, EXPRESSÃO E MANIFESTAÇÃO, AMPLA LIBERDADE DE IMPRENSA etc. De outro, uma CRISE CONÔMICA, marcada pelo DESEMPREGO e pela RECESSÃO.
Problemas de MARGINALIDADE E EXCLUSÃO SOCIAL tem aumentado, assim como a questão da SEGURANÇA E DA CRIMINALIDADE. O AUMENTO DA POBREZA tem acompanhado a redemocratização da maioria dos países latino-americanos.

Questão 5 - Respostas:
a) A dissolução do Congresso, da Suprema Corte e suspensão da Constituição.
b) O pagamento a deputados da oposição para que se bandeassem para as hostes governistas e a proposta de Fujimori de realizar novas eleições em 2001 sem participar delas, as manifestações da oposição a favor da democratização e o auto-exílio de Fujimori no Japão abandonando a Presidência da República.

Questão 6 - Resposta: C

Questão 7 - Resposta: D

Questão 8 - Resposta: A

Questão 9 - Resposta: V V V F F F V

Questão 10 - Resposta: B

Complementando os estudos

Filme

Chove sobre Santiago

UNIDADE 52

O BRASIL DE 1945 A 1964

SINOPSE TEÓRICA
O GOVERNO DUTRA (1946 – 1951)

O presidente Dutra venceu a eleição liderando a coligação PSD-PTB. PSD – Partido Social Democrático e PTB – Partido Trabalhista Brasileiro, criado no final do Estado Novo por Getúlio Vargas para "defender" os trabalhadores. O PSD, por sua vez, reunia os setores mais conservadores da sociedade, inclusive as antigas oligarquias.

No contexto internacional, conforme já foi visto, estávamos no início da Guerra Fria e o governo dos Estados Unidos, que agora não investia muito nas forças armadas, procurava aumentar a sua participação nos negócios da América Latina. Dutra, seguindo orientações dos Estados Unidos, rompeu com a extinta União Soviética, prendeu Luís Carlos Prestes (líder comunista) e cancelou os direitos políticos do Partido Comunista que foi lançado na clandestinidade.

Um outro destaque do seu governo foi a promulgação da Constituição de 1946, que apresentava as seguintes características: distribuição eqüitativa dos impostos, direito de greve, planos regionais de valorização econômica etc. A forma de governo era a República; a forma de Estado, a Federação e o sistema de governo era o presidencialismo. Voto secreto e universal e mandato presidencial de 5 anos.

O fim da ditadura do Estado Novo, a anistia aos crimes políticos, os novos partidos e as eleições foram os grandes marcos da abertura democrática de 1946. Na foto, um comício do líder Luís Carlos Prestes, do PCB (Partido Comunista Brasileiro) nas ruas de São Paulo.

Na economia, o seu governo lançou o Plano Salte (Saúde, Alimentação, Transporte e Energia). Vimos aqui, que durante a Segunda Guerra Mundial, a economia brasileira prosperou diante do aumento das exportações de minério de ferro e de matéria-prima; conseguimos, ao final da guerra, apresentar uma Balança Comercial com superávit. No entanto, como diz o bom ditado: "alegria de pobre dura pouco", e realmente durou. Como dissemos, estávamos no início da Guerra Fria e a pressão dos Estados Unidos sobre o Brasil era violenta, e desta forma, Dutra acabou com as reservas cambiais, na medida em que promoveu a importação de milhares de produtos supérfluos, tais como: chiclete, trenó, aparelhos de TV (sendo que ainda não havia rede transmissora) etc.

O GOVERNO GETÚLIO VARGAS (1951 – 1954)

O presidente venceu a eleição apoiado pela coligação PTB e PSP (Partido Social Progressista). Procurou uma aproximação com os trabalhadores e desenvolveu uma política econômica nacionalista que teria como destaque, a criação da Petrobras e do BNDE (Banco Nacional de Desenvolvimento Econômico) e a tentativa de criar a Eletrobras, que só foi conseguida no governo de João Goulart.

A campanha "O petróleo é nosso" mobilizou grande parcela da opinião pública. Defender a criação da Petrobras era sinônimo do nacionalismo.

Neste governo, Vargas sofreu violenta oposição da UDN (União Democrática Nacional) que era um partido ligado ao capital estrangeiro e que não aceitava o nacionalismo de Vargas. Nesta época, o jornalista Carlos Lacerda criticou impiedosamente o presidente Vargas e assim, os seguranças de Getúlio, liderados por Gregório Fortunato, tentaram matar o jornalista. O tiro acabou matando o major da Aeronáutica Rubens Vaz, o que provocou a pressão da Aeronáutica contra o governo. Diante da crise, Getúlio acabou cometendo suicídio em 24/08/1954.

O retrato de Vargas à venda nas ruas, em 1954.

O governo Juscelino Kubitschek (1956 – 1961)

Enterro de Vargas, em São Borja. Oswaldo Aranha discursa emocionado. O suicídio provoca grande comoção pública.

JK venceu liderando a coligação (PSD-PTB), tendo recebido apenas 36% dos votos. A coligação UDN e PDC (Partido Democrático Cristão), que lançou Juarez Távora, conquistou 30% dos votos. Mais uma vez derrotados, a UDN começou a argumentar que JK não poderia assumir, porque não tinha conquistado a maioria dos votos, ou seja 50% + 1. Como a alegação era inconstitucional, a UDN convocou os militares para o golpe. As Forças Armadas ficaram divididas, e assim o general Henrique Lott evitou o golpe.

Brasília, no dia seguinte à inauguração, em 22 de abril de 1960.

A sua política econômica ficou conhecida como o Plano de Metas. Por este plano, era previsto a continuidade da política de substituição de importações, o investimento do Estado no setor público, e aí tivemos, por exemplo, a construção de Brasília; e os investimentos nas indústrias de base, tendo sido a Usiminas e a Cosipa.

O objetivo de JK era industrializar a "qualquer preço" o país, tanto que o lema do governo era "50 anos em 5". Dessa forma, enquanto Getúlio, no governo anterior, promoveu um desenvolvimento industrial nacionalista, JK não possuía esse tipo de preocupação e através da instrução 113 da Sumoc (Superintendência da Moeda e do Crédito), abriu o Brasil para o capital estrangeiro, e assim multinacionais vão entrando no Brasil.

Embora a maioria da população não se beneficiasse com o desenvolvimento, o governo era apoiado. Vale a pena destacar que os investimentos estrangeiros foram feitos no Brasil também porque estávamos no período pós-guerra e desta forma sobrava capital norte-americano para ser aplicado no nosso continente.

O GOVERNO JÂNIO QUADROS

O presidente Jânio Quadros venceu a eleição para o quadriênio 1961–1965, pelo PTN (Partido Trabalhista Nacional), que era apoiado pela UDN, conquistando 48% dos votos. Ficou apenas 7 meses no poder e assumiu um país em crise econômica, com uma dívida externa de 3 bilhões e 802 milhões de dólares, um déficit público de 108 bilhões de cruzeiros e uma inflação de 25% ao ano.

Vários retratos de Jânio Quadros.

Jânio prometeu combater a inflação, que crescia no país, e possuindo uma postura moralista, defendia o combate à corrupção e à especulação. Assim, quando assumiu o governo, lançou a instrução 204 da Sumoc (Superintendência da Moeda e do Crédito), que, dentre várias outras coisas, extinguia os subsídios ao combustível, trigo, papel etc., que acabou trazendo como conseqüência o aumento do custo de vida.

O ponto de maior relevância do seu governo, no entanto, foi a sua política externa independente: Com o objetivo de ampliar o mercado brasileiro e fortalecer a posição do Brasil na América Latina, resolveu reatar diplomaticamente com a extinta União Soviética, enviou missão comercial à China e a África e condecorou, com a ordem do Cruzeiro do Sul, um dos líderes da Revolução cubana, o famoso Che Guevara. As posições internacionais assumidas por Jânio, provocaram críticas da Europa e dos Estados Unidos e também dos setores conservadores da sociedade brasileira. Mais uma vez, o jornalista Carlos Lacerda apareceria no cenário político brasileiro de forma avassaladora. No dia 24 de agosto de 1961, este jornalista fez um pronunciamento que denunciava um suposto golpe de Quadros, e no dia seguinte Jânio renunciou, alegando por exemplo que "forças ocultas", impediam o desenvolvimento de seu governo.

O GOVERNO JOÃO GOULART (1961 – 1964)

João Goulart assume a presidência: a posse difícil.

João Goulart era vice-presidente de Jânio Quadros e no momento da renúncia, estava em missão comercial na China. Os ministros militares não aceitavam João Goulart e uma nova crise política assolou o país. A solução foi a adoção de um Ato Adicional, que implantou o Parlamentarismo no Brasil.

O presidente João Goulart fala à multidão no comício da Central do Brasil, no Rio de Janeiro, em 13 de março de 1964. No final do mês, seria derrubado pelo golpe militar.

Como de costume, foi um período de crise na economia, caracterizado pela redução da capacidade de importação, elevação da dívida externa, aumento da inflação etc.

Tentando combater a crise, o ministro da Economia, Celso Furtado, elaborou o Plano Trienal. Por este plano, era previsto um crescimento da economia, a redução da inflação e a implantação das reformas de base (agrária, bancária e educacional).

A partir de 1963, as dificuldades encontradas pelo presidente João Goulart foram crescendo. Em janeiro deste ano, o Brasil retornou ao regime presidencialista de governo, após a elaboração de um plebiscito, e ainda neste ano, o governo abandonou o Plano Trienal, que não apresentou os resultados esperados. Finalmente, o governo dos EUA não aceitou renegociar a dívida externa brasileira.

Diante da situação adversa que o governo atravessava, o presidente João Goulart procurou organizar uma aliança com Leonel Brizola e Miguel Arraes, que defenderam a idéia de convocação de uma Assembléia Nacional Constituinte, para aprovar as reformas de base. No Congresso Brasileiro, por sua vez, os partidos progressistas organizaram a Frente Parlamentar Nacionalista, para defender também as reformas de base. Ao mesmo tempo em que os progressistas se uniam para defenderem as reformas de base, a direita, através do IPES (Instituto de Pesquisas Econômicas e sociais) e do Ibad (Instituto Brasileiro de Ação Democrática), também se mobilizava para barrar as pretensões do governo.

Finalmente, o ano de 1964. Neste ano, a burguesia brasileira corta o seu apoio ao governo, e no dia 13 de março, o presidente João Goulart realizou um comício na Central do Brasil, onde anunciou a nacionalização das refinarias de petróleo e a desapropriação de terras à margem das ferrovias, para realizar a reforma agrária. Seis dias depois, na cidade de São Paulo, ocorreu a "marcha da família com Deus e pela liberdade". Começava a reação da direita; havia o medo da "cubanização" do país.

Militantes paulistas da CAMDE – Campanha da Mulher pela Democracia – em manifestação contrária ao governo Goulart.

Na última semana de março, uma revolta de marinheiros no Rio de Janeiro, levou o presidente a quebrar a hierarquia militar. Um cabo, que liderava um movimento de marinheiros por melhores salários, acabou sendo preso, e João Goulart, pressionado, acabou substituindo o ministro da Marinha. No dia 30 de março, o governador de Minas, Magalhães Pinto, convocou o povo para a "restauração da ordem constitucional comprometida". No dia seguinte, começou o golpe.

O governo dos Estados Unidos foi o primeiro a reconhecer o novo governo instaurado no Brasil.

LEITURA COMPLEMENTAR

"Fui vencido pela reação, e assim deixo o governo. Nestes sete meses, cumpri o meu dever. Tenho-o cumprido dia e noite, trabalhando infatigavelmente, sem prevenções nem rancores. Mas, baldaram-se os meus esforços para conduzir esta Nação pelo caminho da sua verdadeira liberdade política e econômica, único que possibilitaria o progresso efetivo e a justiça social, a que tem direito seu generoso povo.

Desejei um Brasil para os brasileiros, afrontando, nesse sonho, a corrupção, a mentira e a covardia, que subordinam os interesses gerais aos apetites e às ambições de grupos ou indivíduos, inclusive do exterior.

Sinto-me, porém, esmagado. Forças terríveis levantam-se contra mim e me intrigam ou infamam, até com a desculpa da colaboração. Se permanecesse, não manteria a confiança e a tranqüilidade, ora quebradas e indispensáveis ao exercício da minha autoridade.

Creio, mesmo, que não manteria a própria paz pública. Encerro, assim, com o pensamento voltado para a nossa gente, para os estudantes e para os operários, para a grande família do País, esta página de minha vida, e da vida nacional. A mim não falta a coragem da renúncia.

Saio com um agradecimento e um apelo. O agradecimento aos companheiros que, comigo, lutaram e me sustentaram dentro e fora do governo, e de forma especial, às Forças Armadas, cuja conduta exemplar, em todos os instantes, proclamo nesta oportunidade.

O apelo é no sentido da ordem, do congraçamento, do respeito e da estima de cada um dos meus patrícios para todos; de todos para cada um.

Somente assim, seremos dignos deste País e do mundo.

Somente assim, seremos dignos da nossa herança e da nossa predestinação cristã.

Retorno, agora, a meu trabalho de advogado e professor.

Trabalhemos, todos. Há muitas formas de servir a nossa Pátria."

Brasília, 25 de agosto de 1961.

(a) Jânio Quadros

("História do povo brasileiro". São Paulo: J. Quadros, 1988 V. 6, pp. 237-8)

Enumere as razões que Jânio apresenta para a sua renúncia.

Resposta: "Sinto-me, porém, esmagado. Forças terríveis levantam-se contra mim e me intrigam ou inflamam, até com a desculpa da colaboração." A idéia de que não teria condição de manter a paz pública.

Questões resolvidas

1. (VUNESP) Juscelino Kubitschek (1956-1960) se propôs a fazer o Brasil crescer "cinqüenta anos em cinco". Para tanto, fazia parte do Plano de Metas de seu governo:
   a) Consolidar as atividades industriais no país, nacionalizando as companhias de energia e transporte.

b) Construir Brasília para facilitar o acesso às plantações de algodão e área de mineração do Brasil central.
c) Investir no setor de energia, transporte e indústria de base, concedendo vantagens aos investidores estrangeiros.
d) Ligar o Brasil central, através de ferrovias, às Regiões Norte e Nordeste, para integrá-las ao mercado interno.
e) Executar projetos que reforçassem a participação do setor agroexportador na economia brasileira.

Resposta: C

2. (UFSM) Na década de 50, o Brasil viveu os "Anos Dourados". Imerso na euforia da Era do Rádio (e suas rainhas), na vitória da Copa de 58, na eleição da baiana Marta Rocha como Miss Universo, entrou numa política modernizante que modificou tanto o perfil do país quanto o cotidiano das pessoas.

Sobre esse período, é correto afirmar que:
 I - o governo JK implementou esse projeto de modernização com base exclusiva no capital nacional.
 II - o governo JK permitiu que grandes empresas estrangeiras instalassem suas filiais no país e controlassem setores industriais, como eletrodomésticos, carros, tratores, produtos químicos.
 III - a construção de Brasília, cidade moderna e arrojada para a época, e a abertura de importantes rodovias fizeram parte desse projeto de modernização.

Está(ão) correta(s):
a) apenas I.
b) apenas II.
c) apenas I e III.
d) apenas II e III.
e) I, II e III.

Resposta: D

3. (UFSM) No período que antecedeu o suicídio de Vargas, o jornal "Tribuna da Imprensa", ostensivamente antigetulista, apresentava manchetes que refletiam o(a):
a) crise do modelo agrário-exportador e o início de uma campanha pró-desenvolvimento industrial do país, com base exclusiva no capital nacional.

b) pressão da oposição conservadora para pôr fim ao nacionalismo econômico em prol de uma política mais adequada aos interesses do capital oligopolista.
c) descontentamento popular com a política nacionalista de Vargas.
d) fim do pacto populista no Brasil, resultando na eleição de Juscelino Kubitschek pelas forças contrárias a Vargas.
e) fim do acordo de Vargas com a União Democrática Nacional (UDN) e a sua aproximação com o Partido Trabalhista Brasileiro (PTB)

Resposta: B

4. (UFSCar) De 1945 a 1964, a História da República brasileira distinguiu-se da República Velha, entre outros aspectos, pela grande instabilidade política. Com a renúncia do presidente Jânio Quadros, em 25 de agosto de 1961, o vice-presidente João Goulart, para tomar posse no executivo nacional, foi obrigado a aceitar uma emenda constitucional que, no dia 2 de setembro do mesmo ano, instituía:
a) o Conselho de Estado, composto por oficiais militares.
b) uma junta militar, composta por oficiais das três armas.
c) o parlamentarismo, como forma de governo.
d) a Superintendência de Desenvolvimento do Nordeste.
e) a lei que regulamentava a remessa de lucros para o exterior.

Resposta: C

5. (UFPR) "A nova democracia brasileira difere radicalmente do modelo registrado na tradição. E a diferença mais notável está em que, nesta democracia de massas, o Estado se apresenta de maneira direta a todos os cidadãos. Com efeito, todas as organizações importantes que se apresentam como mediação entre o Estado e o indivíduo são, em verdade, antes anexos do próprio Estado que órgãos efetivamente autônomos (...) O sistema partidário, por outro lado, tem base nos dois agrupamentos (PSD e PTB) criados por Getúlio e, em larga medida, dependentes do seu prestígio pessoal (...) Neste quadro político – em que o Estado, através dos líderes populistas, se põe em contato direto com as massas – não há lugar de destaque para as ideologias. Os aspectos decisivos da luta política – as formas de aquisição e preservação do poder – estão vinculados a uma luta entre personalidades." (Weffort, F. "O populismo na política brasileira". Rio de Janeiro: Paz e Terra, 1980)

Considerando o período da história do Brasil situado entre 1946 e 1964, use (V) para verdadeiro e (F) para falso:

( ) A democracia brasileira, no período em questão, foi sustentada mais por lideranças carismáticas do que por partidos fortes, amparados em ideologias claras.

( ) No período histórico mencionado, as oligarquias agrárias de São Paulo e Minas Gerais organizaram um sistema partidário que buscava, acima de tudo, a inclusão da classe trabalhadora na vida política.

( ) No populismo, a estrutura política brasileira afastou-se do modelo tradicional de democracia, na medida em que o Estado procurava manter as massas sob seu controle.

( ) Nos anos 50, teve destaque a participação da Ação Integralista Brasileira como a principal organização política mediadora das relações entre Estado e trabalhadores.

( ) A tentativa de domínio político das massas pelo governo tornou-se manifesta em 1947, quando o Partido Comunista do Brasil foi novamente colocado na ilegalidade.

( ) A época mencionada no texto refere-se à complexa conjuntura produzida pela crise do governo do general Dutra, líder de um regime militar cujo fim proporcionou a reorganização partidária em torno de lideranças de esquerda.

Resposta: V F V F V F

QUESTÕES PROPOSTAS

1. **(UFRS)** Recentemente, ao iniciar seu segundo mandato de presidente da República, Fernando Henrique Cardoso afirmou que faria um governo inspirado no legado de Campos Sales (1898-1902) e de Juscelino Kubitschek (1956-60). Portanto, caberia resgatar as características fundamentais destes dois governos.

Leia os trechos a seguir relativos ao governo de Juscelino Kubitschek.

I - "[...] o programa de governo que me proponho a realizar prevê, inicialmente, a adoção de um Plano Nacional de Desenvolvimento no qual se determinam os objetivos e as condições necessárias para que a iniciativa privada nacional, com o auxílio do capital estrangeiro e a eficaz assistência do Estado, possa realizar a grande tarefa de nosso progresso..." (J. K. Oliveira. "Diretrizes gerais do plano nacional de desenvolvimento". Belo Horizonte, 1955. p.p. 17-18)

II - "Contudo, a intransigência do Fundo [Monetário Internacional] forneceu ao presidente um álibi exemplar para unir os desenvolvimentos em torno de si, bem como para transferir os problemas da inflação e, particularmente, do grave endividamento externo de curto prazo que se seguiu, para seu sucessor, mantendo intacta sua reputação desenvolvimentista, provavelmente com vistas às eleições presidenciais de 1965." (Malan, P. S. "As relações econômicas internacionais do Brasil". In: Fausto, B. "História Geral da Civilização Brasileira". Ed. Difel. Tomo III, 1984, Vol. 4, p. 92)

III - "Embora durante sua administração o processo inflacionário brasileiro tenha sofrido uma aceleração, o crescimento da população 'per capita' evidencia o grande desenvolvimento do país. Com as garantias e as facilidades concedidas pelo governo, instalaram-se fábricas de caminhões, tratores e automóveis. Construíram-se grandes obras hidrelétricas, abriram-se estradas e rodovias. A expansão da indústria do aço e do petróleo, a construção naval contribuíram também para mudar o aspecto geral do país [...] A 21 de abril de 1960 inaugurou a cidade de Brasília..." (Souto Maior, A "História do Brasil". São Paulo, Cia. Ed. Nacional, 1967. p. 409)

A partir da leitura dos textos, é possível identificar:
a) o Programa de Metas, o enfrentamento ao FMI e o desenvolvimento.
b) o Plano Salte, o enfrentamento ao FMI e o populismo.
c) o Programa de Metas, o apoio ao FMI e o populismo.
d) o Plano Salte, a ajuda do FMI e o desenvolvimento.
e) o populismo, a criação da Petrobras e o Programa de Metas.

2. (PUC-RIO) O desenvolvimento econômico nacional foi um tema central dos debates políticos que, no início dos anos 60, mobilizaram diversos grupos sociais e os governos brasileiros da época. Particularmente, durante o governo João Goulart, esta temática figurou em projetos que a associaram à possibilidade de criação de uma ordem política democrática no Brasil. O movimento militar que ocasionou a deposição do presidente João Goulart, em 1964, por seu turno, acabou por implementar ações que redirecionaram tais perspectivas de desenvolvimento econômico.
a) Identifique 2 (duas) propostas do governo João Goulart (1961-1964), relacionadas à associação entre desenvolvimento econômico e democracia.
b) Explique em que direção os governos militares reorientaram a política de desenvolvimento econômico que vinha sendo formulada pelo Governo Goulart.

3. (UFF) Como decorrência do Plano de Metas da gestão JK, o país entrou, desde fins da década de 50, num dos mais tumultuados momentos de sua história. Nesse contexto, inúmeros movimentos sociais ganharam fôlego, demonstrando a insatisfação com a situação vigente.
a) Cite a principal forma de organização dos movimentos rurais verificados no período entre os anos 50 e início dos anos 60, no Brasil.
b) Explique o papel dos movimentos rurais de oposição e de que forma se articularam com os movimentos sociais urbanos, no processo que originou o Golpe Militar de 64.

4. (UFSCar) O nome de República Populista designa o período histórico que se estende da queda de Getúlio Vargas em 1945 ao golpe militar de 1964. Alguns presidentes da República, por razões diversas, não completaram seus mandatos neste período.
   a) Indique os nomes destes presidentes.
   b) Em março de 1964, o presidente João Goulart participou de um comício no Rio de Janeiro com a finalidade de formalizar o início das reformas de base. Que medidas foram tomadas pelo presidente em consonância em este projeto de reformas e quais foram as suas conseqüências?

5. (UFU) Leia os versos da música a seguir:

"O Subdesenvolvido"

Carlos Lyra / Chico de Assis
*Lançada em 1963 pelo CPC (Centro Popular de Cultura) da UNE (União Nacional dos Estudantes).

E passado o período colonial
O país se transformou num bom quintal
E depois dadas as contas a Portugal
Instaurou-se o latifúndio nacional, ai!
Subdesenvolvido, subdesenvolvido (refrão)

   a) Analise os significado destes versos.
   b) Em que contexto histórico esta música foi lançada?

6. (UNI-OESTE) Com relação ao Brasil Contemporâneo, use (V) para verdadeiro e (F) para falso.
   ( ) O governo Juscelino Kubitschek dava ênfase ao dinamismo empresarial, vinculado a grupos internacionais.
   ( ) Jânio Quadros teve um governo de quatro anos, durante o qual foi implantado o parlamentarismo, referendado por um plebiscito popular.
   ( ) O movimento de março de 1964, que culminou em golpe militar, buscava realizar as reformas de base e a nacionalização de refinarias.
   ( ) O Regime Militar desta época fortaleceu o parlamentarismo e eliminou o federalismo e os três poderes, mantendo somente o poder executivo.
   ( ) O governo Ernesto Geisel anunciou o II Plano Nacional de Desenvolvimento e criou o Ministério da Previdência Social.
   ( ) O governo Figueiredo deu continuidade à abertura política iniciada por Geisel.

Unidade 52 - O Brasil de 1945 a 1964 | **795**

7. (PUC-MG) O Programa de Metas do Governo Kubitschek, referencial na evolução global da economia brasileira, tem como características, EXCETO:
a) estabilização dos índices de inflação.
b) diversificação das importações.
c) ingresso maciço de capitais estrangeiros.
d) deslocamento de força de trabalho do setor agrário para o industrial.

8. (UFES) Desastre no Paraná: 4 milhões de litros de óleo no ambiente

"Até quando? Petrobras — Acidentes acontecem, mas a paciência tem limite!"
("Superinteressante", nº 8, agosto, 2000, p. 26)

O Espírito Santo na corrida do petróleo

"Os novos desafios estão lançados. Na corrida do petróleo a Petrobras procura definir sua linha de atuação no Estado." ("Talismã", edição 32, 2000, p. 11)

As citações referem-se aos problemas que a Petrobras vem enfrentando e ao propósito de ampliar sua atuação no Espírito Santo. A Petrobras foi criada na década de 50, no seguinte contexto:
a) Estado Novo, decretado por Getúlio Vargas, com base no autoritarismo político e no nacionalismo econômico.
b) Governo de João Figueiredo, cuja política populista previa a prospecção petrolífera em várias partes do Brasil.
c) Presidência de Getúlio Vargas, eleito pelo voto no seu segundo governo, com grande apelo nacionalista.
d) Governo de Juscelino Kubitschek, marcado pelo antinacionalismo e voltado para os interesses norte-americanos no setor automobilístico.
e) Governo provisório de Getúlio Vargas, numa situação de colaboração ao esforço de guerra imposto pelos ingleses e americanos.

9. (UFF) Bossa-Nova mesmo é ser presidente/ Desta terra descoberta por Cabral/ Para tanto basta ser tão simplesmente/ Simpático, risonho, original./ Depois, desfrutar da maravilha/ De ser o presidente do Brasil/ Voar da "velhacap" pra Brasília/ Ver o Alvorada e voar de volta ao Rio./ Voar, voar, voar, / Voar pra bem distante/ Até Versailles, onde duas mineirinhas/ Valsinhas, dançam como debutantes/ Interessante./ Mandar parente a jato pro dentista/ Almoçar com o tenista campeão/ Também pode ser um bom artista/ Exclusivista/ Tomando, com Dilermando umas aulinhas de violão./ Isso é viver como se aprova/ É ser um presidente bossa-nova/ Bossa-nova/ Nova mesmo/ Ultra nova. (Chaves, Juca. "Presidente bossa-nova". In: "História da Música popular Brasileira". SP: Abril Cultural, fascículo e LP n°· 41)

Esta letra de música deixa transparecer uma crítica política ao presidente Juscelino Kubitschek, bem como o clima de inovação que marcou a História do Brasil a partir da segunda metade dos anos 50.

Assinale a opção que faz alusão a movimentos culturais brasileiros neste período:
a) A construção de Brasília representou a associação entre os ideais dos movimentos culturais brasileiros que tinham como inspiração a cultura americana do pós-guerra.
b) A euforia promovida pelo Plano de Metas, que prometia um crescimento de nossa economia na base de "50 anos em 5", favoreceu a emergência do movimento conhecido como Jovem Guarda, liderado por Roberto Carlos.
c) A década de 50 abriu caminho para o desenvolvimento da música nordestina que se transformou, nos anos 60, em referência nacional.
d) O nacional-desenvolvimentismo deste período sepultou a cultura brasileira, mediante a imposição dos padrões culturais hollywoodianos.
e) O nacional-desenvolvimento vigente neste período originou manifestações culturais como o cinema novo, a bossa-nova e o teatro político.

10. (UFPE) Sobre o governo do presidente Jânio Quadros, identifique a afirmação INCORRETA.
a) Sua renúncia gerou uma crise política, assumindo a Presidência da República o presidente da Câmara dos Deputados, Ranieri Mazzili.
b) Afonso Arinos, então ministro das Relações Exteriores, procurou estabelecer uma política externa independente dos Estados Unidos.
c) Sua política externa buscou um relacionamento mais intenso com os países socialistas.
d) Durante seu governo foram restabelecidas as relações diplomáticas com a União Soviética.
e) Sua política externa de governo foi totalmente apoiada pelo governo dos Estados Unidos da América.

Gabarito das questões propostas

Questão 1 - Resposta: A

Unidade 52 - O Brasil de 1945 a 1964 | 797

Questão 2 - Respostas:
a) A perspectiva do Governo João Goulart caracterizou-se, entre outros aspectos, por enfatizar propostas de desenvolvimento econômico capitalistas desconcentradoras de renda, valorizando e buscando legitimar a participação dos trabalhadores na conquista de novos patamares de bem-estar social. São propostas do governo João Goulart:
– A legalização dos sindicatos rurais; tolerância em relação à CGT (Comando Geral dos Trabalhadores).
– A proposta das Reformas de Base; reforma agrária, reestruturação da Universidade, reforma tributária (inversão na carga de impostos), reforma bancária (crédito para pequenos e médios proprietários), reforma eleitoral (voto para analfabetos).
– A continuação da Política Externa Independente.
– A formulação do Plano Trienal (como um pacto para viabilização das reformas);
b) Os governos militares deram ênfase à associação entre desenvolvimento e segurança nacional, conforme a Doutrina formulada pela Escola Superior de Guerra (ESG). Nesses termos, o desenvolvimento econômico esteve associado aos grandes capitais internacionais e a participação democrática sofreu restrições em função da defesa da segurança do Estado; assim diversos grupos e suas respectivas reivindicações foram enquadrados como ameaças internas à segurança da Nação e do Estado.
São ações relacionadas à formulação acima:
– A política econômica de crescimento que redundou no "milagre brasileiro".
– O estrito controle da participação e da expressão dos diversos movimentos sociais, através de censura e/ou intervenções nas respectivas associações.
– A política centralizadora de concessão de benefícios previdenciários.
– A extinção do pluripartidarismo e a implantação do bipartidarismo.

Questão 3 - Resposta:
a) A criação das Ligas Camponesas.
b) O núcleo da resposta consiste em articular a ameaça representada pelas Ligas Camponesas, organizadas principalmente na zona rural nordestina, aos grandes proprietários de terra, ou latifundiários, que passaram a denunciar tais movimentos sociais como comunistas ou desordeiros, ou ainda perturbadores da ordem estabelecida.
Em face dessa conjuntura, somada à eclosão de inúmeras greves de operários fabris nas cidades – reivindicando aumentos salariais – bem como ao efetivo poder de pressão que muitos sindicatos detinham junto ao então presidente João Goulart – identificado pelas classes dominantes como de esquerda – efetivou-se o Golpe, ou Revolução de 64, para assegurar o retorno da ordem ao país.
Também poderá ser analisada a relação entre as ameaças à burguesia agrária, aos empresários industriais e, mesmo, às classes médias, que tais movimentos – no campo e na cidade – representavam, gerando a insegurança geral e o temor do domínio dos

comunistas, que pode ser identificado às Reformas de Base iniciadas pelo presidente Goulart. Visando a combater operários e camponeses, as elites conclamaram os militares a reinstaurar a ordem no Brasil.

Outra possibilidade será o candidato relacionar as Ligas Camponesas com o temor dos grandes latifundiários de uma reforma agrária; articular as greves de trabalhadores urbanos ameaçados dos lucros dos empresários industriais, com a organização por parte destes últimos – através do Ipes e do Ibad – do golpe de 64, para o que conclamaram o apoio dos militares, em particular os da ESG.

Questão 4 - Respostas:
a) Getúlio Vargas (suicídio em 1954).
   Jânio Quadros (renunciou em julho de 1961, após sete meses de governo).
   João Goulart (deposto em 1964 pelo Golpe Militar).
b) João Goulart assinou a desapropriação de terras para a reforma agrária e a nacionalização das refinarias de petróleo. Tais medidas provocaram a reação dos setores civis e militares contrários ao seu governo, que culminaram com o Golpe Militar de 31 de março de 1964.

Questão 5 - Respostas:
a) Os versos enfatizam o caráter agrário da economia brasileira durante o período colonial até a ascensão de Vargas. Sugerem ainda a dependência da economia brasileira ao capital estrangeiro.
b) O contexto histórico da música corresponde à fase final da República Liberal, mais especificamente ao governo João Goulart.

Questão 6 - Resposta: V F F F V V

Questão 7 - Resposta: A

Questão 8 - Resposta: C

Questão 9 - Resposta: E

Questão 10 - Resposta: E

COMPLEMENTANDO OS ESTUDOS

Filmes
  Os anos JK: Uma trajetória política (BRA, 1980). Dir. Silvio Tendler
Livro
  Toledo, Caio Navarro de. *O Governo João Goulart e o Golpe de 64*. Ed. Brasiliense.

UNIDADE 53

OS GOVERNOS MILITARES

SINOPSE TEÓRICA
O GOVERNO CASTELO BRANCO (1964 – 1967)

Logo após a queda de João Goulart, as organizações classificadas de "subversivas", como a CGT (Comando Geral dos Trabalhadores), as Ligas Camponesas e a UNE (União Nacional dos Estudantes), foram dissolvidas. A liderança política "subversiva" foi presa, submetida aos IPMs (Inquéritos Policiais Militares) e assim, os primeiros exílios começaram a surgir.

Lançada em 1964, a revista "Pif-Paf" teve vida curta. Sua ironia para com o regime não agradou aos militares, sendo rapidamente censurada. Nessa charge, Millôr Fernandes critica os militares que assumiram o poder.

Em 9 de abril, foi editado o Ato Institucional nº 1. Por este ato, a Constituição de 1946 era mantida, o Presidente poderia decretar estado de sítio; promover cassações de mandatos e coagir o Congresso a eleger como Presidente, o General Castelo Branco.

Em 1965, foi promulgado o Ato Institucional nº 2. Por este ato, os partidos políticos foram extintos e posteriormente uma outra lei determinou a criação da Arena (Aliança Renovadora Nacional) e o MDB (Movimento Democrático Brasileiro). O primeiro partido era o que apoiava o governo, enquanto o segundo, representava na realidade, uma frente de oposição.

As eleições presidenciais que eram previstas para 1965, não aconteceram, ocorrendo apenas eleições estaduais, que possibilitaram a vitória do MDB em alguns Estados importantes, tais como o Rio de Janeiro e Minas Gerais. Com a derrota nestes Estados, os militares reagiram e editaram imediatamente o AI-3. Por este novo Ato Institucional, foi estabelecido as eleições indiretas para governadores de Estado e para prefeitos de municípios considerados área de segurança nacional. Em 1966, foi editado o Ato Institucional nº 4, que estabeleceu as normas para a aprovação da nova Constituição.

Na esfera econômica, acentuou-se a internacionalização da economia, procurando o governo facilitar ao máximo a entrada de capitais estrangeiros no Brasil. Implantou-se o Paeg (Plano de Ação Econômica do Governo), elaborado pelos ministros Roberto Campos e Otávio Gouveia de Bulhões, que apresentava as seguintes propostas: combater a inflação; corrigir os déficits da balança de pagamentos.

A Constituição de 1967

Esta Constituição tinha como principal objetivo, fortalecer o poder do presidente da República e enfraquecer o Legislativo e o Judiciário. Foi assinada a Lei de Imprensa (fevereiro de 1967) e a Lei de Segurança Nacional.

O governo Costa e Silva (1967 – 1969)

No ano de 1967, foi fundada a Frente Ampla de oposição à ditadura, tendo sido composta por Carlos Lacerda, Juscelino Kubitschek e João Goulart. Esta frente exigia uma Constituição democrática e a convocação de eleições.

O golpe de 1964 impôs severa censura aos meios de comunicação. Na foto, tropas de choque em frente à sede da TV Excelsior.

Os protestos contra a ditadura militar cresciam cada vez mais no Brasil, e quando entramos no ano de 1968, os conflitos entre estudantes e militares se intensificariam a partir do assassinato do estudante Edson Luís, no Rio de Janeiro. Para protestar contra esse fato, os estudantes organizaram a Passeata dos Cem Mil. De ambos os lados existia violência, por parte dos militares, universidades eram invadidas, lideranças políticas eram presas, torturas eram cometidas. Eram os Anos de Chumbo da ditadura militar.

"A necessidade de organizar a luta, levou os estudantes a realizarem em Ibiúna (SP), um Congresso para reorganizar a UNE. A repressão atuou, acabando com o Congresso e prendendo seus participantes." ("História do Brasil", Luís Koshiba e outros, p. 334)

No final do ano de 1968, o deputado Márcio Moreira Alves, do MDB, fez um discurso na Câmara que os militares não gostaram e o governo, pressionado pelos mais radicais, a "linha dura", pediu à Câmara a cassação do deputado. No entanto, como a Constituição garantia a imunidade parlamentar, o deputado não foi cassado, os militares se revoltaram, o Congresso foi fechado e foi promulgado o Ato Institucional número 5, o famoso AI-5. Por este Ato, ficava estabelecido que o crime que infrigisse a Lei de Segurança Nacional, não teria direito a habeas-corpus; em casos de enriquecimento ilícito, o governo poderia confiscar os bens; poderia o presidente fechar o Congresso, as Assembléias Legislativas e as Câmaras de Vereadores etc.

O GOVERNO MÉDICI (1969 – 1974)

Neste governo, o Brasil começa a sentir o crescimento das organizações guerrilheiras, como por exemplo: ALN (Aliança Libertadora Nacional), chefiada por Carlos Marighela; o MR-8 (Movimento Revolucionário 8 de outubro, em alusão ao dia da morte de Guevara na Bolívia), Guerrilha do Araguaia etc.

Adesivos com slogans de propaganda da ditadura militar.

Na época, os guerrilheiros atuaram de diversas formas, como por exemplo, promovendo assaltos a bancos, seqüestros, como no caso do embaixador dos EUA, Charles Elbrick, que tinham como objetivo conseguir dinheiro para comprar armas, ou mesmo, trocar as pessoas seqüestradas por presos políticos.

A repressão dos militares foi implacável, e durante a Copa do Mundo de 1970, por exemplo, aproveitaram a euforia do povo com as vitórias da Seleção Canarinho e fizeram com que milhares de pessoas desaparecessem.

Na economia, ocorre o "milagre econômico brasileiro". Pela primeira vez, o Produto Interno Bruto alcançava índices de 10% ao ano. Como isso aconteceu? A partir de 1964, como destacamos, tivemos a abertura ao capital estrangeiro. Assim, esses investimentos associados ao arrocho salarial, conduziram ao milagre.

Diante do fantástico crescimento econômico, o presidente Médici começou a pregar a idéia de que o Brasil era o "país do futuro". O governo, com os seus órgãos de propaganda, criavam frases do tipo: "Brasil, ame-o ou deixe-o". Até mesmo compositores foram contratados para fazer músicas nacionalistas como no caso Dom e Ravel, que criaram a seguinte letra:

"Eu te amo, meu Brasil,

Eu te amo,

Meu coração é verde e amarelo,

Branco, azul e anil".

Obras faraônicas, destinadas a causar impacto, como a Transamazônica, foram feitas, o que provocou um aumento substancial da dívida externa brasileira.

O GOVERNO GEISEL (1974 – 1979)

Assumiu o poder prometendo desenvolver um projeto de "distensão" política, o que significava abandonar de "forma lenta, gradual e segura", os instrumentos e execução, até eliminar definitivamente o AI-5.

No contexto internacional, o período é marcado pela crise do petróleo, que trouxe graves conseqüências para o nosso país. Como o Brasil era auto-suficiente na produção de petróleo, fomos obrigados a cada vez mais, gastar dinheiro com as importações deste óleo, o que comprometeu a economia do nosso país. Um fato político de destaque do governo foi a Lei Falcão, decretada às vésperas das eleições de 1976. A partir desta lei, a propaganda eleitoral gratuita, no rádio e na televisão, sofreu uma alteração, ou seja, os partidos somente poderiam expor os nomes e os números dos candidatos, sendo lido um currículo de cada um, sendo mostrado na televisão um retrato dos candidatos. O objetivo da lei era impedir que a oposição fizesse discursos contrários ao governo.

Enterro do metalúrgico Santo Dias da Silva, morto por torturadores ligados à ditadura militar.

Em 1977, foi editado o Pacote de Abril, que estabelecia que as eleições para governadores continuariam sendo indiretas; o número de deputados federais seria proporcional à população total do Estado e não mais à quantidade de eleitores: criava a figura do "senador biônico", um terço do Senado não seria mais eleito e sim nomeado; o mandato presidencial passara para 6 anos.

O GOVERNO FIGUEIREDO (1979 – 1985)

O projeto de "distensão" iniciado no governo anterior, agora passou a ser denominado de "abertura". Foi decretada a anistia aos presos políticos e àqueles que cometeram violência contra os opositores ao regime. As eleições para os governos estaduais, voltaram a ser diretas, foi implantado o pluripartidarismo. Os novos partidos foram: **PDS**, que era formado praticamente pelos políticos da antiga Arena; **PMDB**, formado pelos antigos políticos do MDB; **PP**, Partido Popular, criado por Tancredo Neves e Magalhães Pinto, mas que no entanto, foi logo dissolvido; **PTB** de Iara Vargas; **PT**, Partido dos Trabalhadores, criado pelos sindicalistas do ABC paulista, sob o comando de Luiz Inácio da Silva, o Lula.

O pluripartidarismo alcançou o objetivo esperado. Embora tenha conquistado uma votação expressiva em todo o país, a oposição não conseguiu a maioria no Congresso.

Lançamento das 1001 assinaturas em favor da criação do Partido dos trabalhadores em São Paulo, 1980.

Em 1984, tomou conta do país, a campanha das diretas já. Esta emenda, elaborada por Dante de Oliveira, foi rejeitada pelo Congresso, no dia 25 de abril de 1984.

Passeata pela anistia.

Os partidos de oposição, associados a alguns descontentes do PDS, lançavam a candidatura de Tancredo Neves para disputar no Colégio Eleitoral, a eleição presidencial. Pelo governo, foi indicado Paulo Maluf. A eleição foi vencida por Tancredo.

Na economia, a inflação superava os 100% e a dívida externa crescia, chegando a 80 bilhões de dólares. O governo, diante desta realidade, recorreu ao FMI.

A Nova República
O governo Sarney (1985 – 1990)

Tancredo, embora tenha conquistado a vitória, não chegou a assumir, tendo falecido antes. O novo presidente foi o seu vice, na chapa da Aliança Liberal, José Sarney, que sempre esteve ao lado da ditadura militar e votou contra as Diretas Já.

O ministro da Economia do novo governo foi Dílson Funaro, que diante da crise econômica que o país atravessava, lançou o Plano Cruzado. O plano estabelecia: extinção do cruzeiro e a criação do cruzado; término da correção monetária; congelamento de preços; reajuste imediato dos salários, sempre que a inflação atingisse 20%, era o "gatilho salarial".

Inicialmente, a inflação foi contida e o povo se animou, mas no entanto, o congelamento de preços rapidamente começou a ser derrubado pelos produtores e comerciantes. Vários produtos só eram encontrados no mercado, mediante o pagamento do ágio, ou seja, um preço superior ao tabelado.

Nas eleições estaduais de 1986, ainda sob a euforia do Plano Cruzado, o partido do governo conquistou o maior número de cadeiras no Congresso. Outros planos existiram no seu governo: Cruzado II, que reajustava os preços das tarifas públicas, do álcool, da gasolina e de uma série de outros produtos. Logo depois veio o Plano Bresser em 1987, o Plano Verão em 1989. Todos os planos fracassaram.

A Constituição de 1988

A Constituição trouxe inúmeras novidades, dentre as quais, podemos destacar:
- O racismo e a ação de grupos armados contra o Estado democrático são crimes inafiançáveis.
- O voto é obrigatório para os maiores de 18 anos e facultativo para os analfabetos, para os maiores de 70 anos e para os maiores de 16 anos e menores de 18.
- Os analfabetos e os jovens de 16 e 17 anos, embora possam votar, não podem ser eleitos para nenhum cargo político.
- Jornada de trabalho = 44 horas semanais.
- Horas extras = 50% a mais que a hora normal.
- Férias remuneradas = 1/3 a mais que o salário normal.

- Direito de greve estendido a, praticamente, todas as atividades e serviços.
- Licença maternidade de 120 dias.
- Licença paternidade facultativa de 5 dias.

O GOVERNO COLLOR

Fernando Collor de Melo venceu as eleições, com a imagem de caçador de "marajás" (funcionários públicos com altos salários). Empreendeu a modernização administrativa, privatizando empresas estatais, combatendo os monopólios e abrindo o país à concorrência internacional.

Na economia, o governo lançou o Plano Collor, no dia 16/03/1990. As contas foram bloqueadas, assim como as aplicações financeiras, confiscando aproximadamente 80% do dinheiro que circulava no país. Extinguiu o cruzado e restabeleceu o cruzeiro. O plano conseguiu, no momento inicial, reduzir a inflação, porém, como os planos anteriores, acabou fracassando.

Em fevereiro de 1991, houve um novo choque na economia, acontecendo um novo congelamento de preços e salários, um novo fracasso.

Collor começava a governar, no momento em que o Neoliberalismo despontava, e algumas de suas práticas foram adotadas no seu governo. Inicialmente, extinguiu 24 órgãos e empresas estatais, realizou leilões de carros oficiais e desenvolveu um grande programa de privatizações de estatais.

Depois de dois anos de mandato, a imprensa começou a denunciar um gigantesco escândalo de corrupção no governo. Em entrevista publicada na revista "Veja", em 19 de maio de 1992, o seu irmão, Pedro Collor de Melo, acusava o presidente de ser "testa-de-ferro" de negócios irregulares de Paulo César Farias.

Como as acusações eram muito graves, a Câmara dos Deputados instaurou uma CPI (Comissão Parlamentar de Inquérito), que aos poucos, foi desvendando a existência de uma rede de corrupção, sonegação fiscal e contas-fantasmas, o chamado esquema PC. Em 29 de dezembro de 1992, Collor enviou ao Congresso a sua carta-renúncia.

O GOVERNO ITAMAR FRANCO

Com reputação de homem honesto e nacionalista, Itamar Franco procurou montar um governo de entendimento nacional. Assumiu com uma herança de graves problemas socioeconômicos: inflação, elevação da concentração de renda, recessão econômica e desemprego, fome etc. Infelizmente, não conseguiu resolver estes problemas.

O GOVERNO FERNANDO HENRIQUE CARDOSO

No dia 1º· de janeiro de 1995, além da entrada em vigor do Mercosul, assumia no Congresso Nacional o presidente FHC. Foi o governante que mais tempo exerceu o poder em períodos democráticos.

Assim como no plano econômico, o governo Fernando Henrique Cardoso existiu antes e depois da desvalorização do Real. FHC saiu das urnas de 1994 como príncipe eleito, à frente de um governo já parcialmente vitorioso pela implantação do Plano Real, prometendo as reformas que levariam o país a modernidade e à globalização.

Perguntado sobre possível arrependimento de ter feito aliança com o PFL e conservadores em geral, ele sempre disse que poderia ter ganho a eleição de 1994, sem eles, mas não governaria.

A reeleição foi aprovada na Câmara, em 28 de janeiro de 1997, por 336 votos a 17. E ainda deu ao presidente, o direito de disputar sem deixar o cargo. Três meses depois, a "Folha de São Paulo" publicou as fitas em que alguns deputados são acusados de vender seu voto por R$ 200 mil. Sérgio Motta aparece como interlocutor. O escândalo passou, mas a nódoa ficou.

O primeiro Ministério do segundo mandato é inteiramente diferente do original. Os partidos indicam, o presidente nomeia, de olho nos votos para garantir o ajuste fiscal, que a partir de então seria uma constante.

O mau desempenho da economia, as imposições do FMI, os juros altos e a queda do emprego, encarregaram-se de desgastar crescentemente o presidente e o governo, e a prova disso vem da eleição municipal de 2000, da qual o PT emergiu como o partido mais votado.

A economia brasileira completou, em 2002, o décimo ano de crescimento consecutivo. Embora os índices sejam modestos – esse resultado é incomum na nossa História contemporânea – a palavra recessão não fará parte da biografia de FHC, seja como presidente da República ou ministro da Fazenda.

Com o fim da superinflação de 40% ao mês, depois do lançamento do Real, todos os brasileiros – principalmente os mais pobres – viram o seu poder aquisitivo aumentar, nessa mesma proporção. Essa grande demanda por bens e serviços somente não trouxe de volta a inflação porque na época o país contava com créditos abundantes em moeda estrangeira e pôde importar o necessário para equilibrar os mercados.

Assim, o Brasil passou a ter déficits crescentes na balança comercial, pois faltaram produtos para exportar e as importações começaram a inundar as prateleiras das lojas. A solução encontrada pelas autoridades econômicas, foi elevar as taxas de juros para a estratosfera. O crédito ficou caro e muitos brasileiros não conseguiram pagar suas prestações em dia. A inadimplência contribuiu para quebrar instituições e grupos financeiros que estavam mais frágeis, obrigando o Banco Central a criar um programa de saneamento do setor. O Proer, pelo qual, bancos tidos como saudáveis, absorveram os que estavam à beira da ruína.

Crises financeiras no Sudeste Asiático, em 1997, e a moratória da Rússia, em agosto de 1998, deixaram o Brasil como a bola da vez nos mercados internacionais. Por duas ocasiões, o país chegou a perder US$ 30 bilhões de reservas em apenas um mês.

Todo o segundo mandato de Fernando Henrique seria marcado por crises financeiras agudas, mas grandes progressos foram feitos na política econômica nesse período. O setor público finalmente passou a acumular superávits primários (receitas menos despesas, excluindo-se encargos financeiros), criando condições para se estabilizar a dívida pública a médio e longo prazos. O arcabouço institucional para que as finanças públicas permaneçam em ordem foi assegurado pela Lei de Responsabilidade Fiscal, que pune os governantes que criarem despesas sem garantirem previamente o equivalente em receitas.

Fernando Henrique acelerou as privatizações, em todas as áreas, mesmo vivendo com juros infernais, a indústria e a agricultura ficaram mais competitivas. Trata-se da quinta maior indústria automobilística do mundo. A produção de grãos passou, pela primeira vez, de cem milhões de toneladas, o Brasil gera mais de US$ 20 bilhões de saldo na balança comercial, só com o agronegócio. Porém tal salto de produtividade se deu à custa de empregos.

A forte desvalorização cambial de 2002, comprometeu as metas de inflação estabelecidas para o ano. Assim, Fernando Henrique estará passando a faixa presidencial para seu sucessor com um índice superior a 10%.

O Censo 2002 mostrou avanços consideráveis, principalmente nas áreas de Saúde e Educação, ao mesmo tempo em que revelou números dramáticos sobre violência e reforçou a idéia de que os últimos anos não foram suficientes para atenuar a mais perversa das características de nossa sociedade: a distribuição desigual das riquezas nacionais.

Das crianças entre 7 e 14 anos, 94% estão na escola, a esperança de vida aumentou quase três anos de 1991 a 2001, e a quantidade de domicílios com oferta de água, subiu sete pontos percentuais em uma década. Mas, ao mesmo tempo, o número de mortes violentas cresceu dois pontos percentuais para os homens. O salário médio do Brasil era de R$ 768,33.

Leitura complementar

Novo programa exige muita articulação e competência

Congelamento geral de preços e salários na nova moeda, substituição de Cr$ 1.000 por um cruzado, conversão dos salários pela média com 4% de produtividade, fim da correção monetária. O "Plano para um Programa de Estabilidade Econômica", a ser divulgado hoje, inclui ainda reajustes salariais automáticos, sempre que a inflação na nova moeda superar 20%, uma tabela de conversão em cruzados dos contratos fixos em termos nominais na velha moeda e a introdução de taxas de juros flutuantes para ativos financeiros, exceto a caderneta de poupança, que renderá IPCA mais 6% ao ano.

A adoção, no Brasil, do programa de estabilização adotado em Israel e na Argentina era só uma questão de tempo, pois com uma inflação de 12% ou 14% ao mês, tanto faz, a inflação era mesmo irreversível devido ao fator inercial. Mas também, diga-se de passagem, ainda não era explosiva. A inflação de janeiro e agora de fevereiro precipitavam a decisão do governo. Cabe indagar se este era o momento oportuno para o choque. Observada a história recente de pacotes, nota-se que todos eles foram expedidos às pressas e não foram devidamente implementados. [...] Não há como evitar a conclusão de que tudo está sendo feito muito às pressas.

Isto é um mau começo para um programa que, para o seu sucesso, depende fundamentalmente da credibilidade dos seus patrocinadores. A indefinição na área econômica do governo quanto à escalação da sua própria equipe do segundo escalão, é um sintoma adicional de insegurança. Pode mesmo ter havido precipitação no desencadeamento do processo que levou ao choque. Aos problemas que ainda é preciso resolver acrescem-se agora uma batelada de questões técnicas, envolvendo a passagem para a nova moeda, que certamente ocupará boa parte da atenção do governo. Diante disto, cabe indagar se não teria sido melhor introduzir a reforma monetária abertamente, discutindo-a inclusive no contexto das próximas renegociações salariais.

A primeira dúvida que ocorre é como ficarão as aplicações do overnight? Em princípio, não há razão para pânico. [...] Mas, se o público não acreditar na reforma e exigir taxas de juros elevadas, a velocidade de circulação dos cruzados aumenta e com ela a inflação.

Há uma infinidade de questões como essa que exigirão do governo, a partir da segunda-feira, muita competência e articulação. Como os juros, nem todos os preços poderão ser administrados – serviços pessoais, por exemplo. Portanto, se logo nas primeiras semanas ficar caracterizado o insucesso, a inflação em cruzados poderá abortar o programa de estabilização.

(Carlos Alberto Longo. Artigo publicado na "Folha de São Paulo", 28/2/86.)

a) Assinale, no texto, as principais medidas trazidas pelo Plano Cruzado.
b) Destaque as principais críticas feitas pelo autor no lançamento do Plano Cruzado.

("História do Brasil". Luiz Koshiba e Denize Manzi Frayze Pereira. Editora Atual, p. 365)

Resposta:
a) Congelamento geral de preços e salários na nova moeda, substituição de Cr$ 1.000 por um cruzado, fim da correção monetária. Reajustes salariais automáticos, sempre que a inflação da nova moeda superar 20% etc.

b) O momento para o choque era inoportuno; tudo foi feito às pressas; a indefinição na área econômica do governo, quanto à escalação da sua própria equipe do segundo escalão, é um sintoma adicional de insegurança.

QUESTÕES RESOLVIDAS

1. (PUC-CAMP) A Constituição Brasileira de 1988 introduziu alterações significativas no plano jurídico-político nacional. Dentre elas, pode-se citar:

a) Instituição do habeas data, que torna passível de fiança crimes como racismo, tráfico de drogas e terrorismo.

b) Extensão do direito de elegibilidade às mulheres e voto facultativo aos jovens entre 16 e 18 anos.

c) Proibição da greve aos setores considerados essenciais: saúde, transportes, polícia e funcionalismo público.

d) Extensão do voto a analfabetos, proteção ao meio ambiente e reconhecimento de cidadania aos índios.

e) Restrição dos direitos trabalhistas apenas ao setor produtivo urbano e eleições em dois turnos para presidente, governador e prefeitos.

Resposta: D

2. (UFVIÇOSA) Leia atentamente as afirmativas a seguir:

I - Nos anos 60, sob o regime da ditadura militar, iniciou-se no Brasil um fase de desenvolvimento na agricultura caracterizada como "modernização conservadora".

II - O governo JK pautou-se por um projeto de crescimento econômico baseado no setor industrial, pela implementação do Plano de Metas, que privilegiava os setores da geração de energia, transportes, alimentação, educação e construção civil.

III - O Plano Trienal do governo João Goulart compreendia as Reformas de Base, entendidas como um projeto de caráter conservador.

Sobre as afirmativas apresentadas, é CORRETO afirmar que:

a) Somente a afirmativa I é correta.
b) Somente a afirmativa II é correta.

c) Somente a afirmativa III é correta.
d) São corretas as afirmativas I e II.
e) São corretas as afirmativas I, II e III.

Resposta: D

3. (UFSCAR) O tratamento aos estrangeiros no Brasil é dos mais liberais do mundo...não há restrições de nacionalidade aos acionistas...não existe limite à percentagem de capital registrado, que pode ser remetido como lucro...não há limitações à repatriação de capital, e a reinvenção dos lucros será considerada um incremento do capital original... (Suplemento especial do "The New York Times", 19 de janeiro de 1969)

As conseqüências da política econômica brasileira mencionada no texto foram:
a) A consolidação do neoliberalismo no país e o desenvolvimento social e econômico da população de baixa renda.
b) A desnacionalização das empresas brasileiras e o monopólio de corporações estrangeiras em determinados setores da nossa economia, como no caso da indústria automobilística.
c) O fortalecimento do governo militar no poder e o crescimento dos investimentos em setores econômicos estratégicos, como o transporte ferroviário.
d) A expansão da democracia no país, o crescimento da indústria de eletrodomésticos e a ampliação do poder de compra da classe média.
e) As restrições políticas ao Congresso pelo governo militar, evitando protestos e possibilitando o domínio de capitais ingleses e japoneses no país, principalmente na indústria química.

Resposta: B

4. (UFRS) Leia as afirmativas abaixo sobre o Regime Militar no Brasil (1964–1985).
I - Houve relação estreita entre a instauração da ditadura militar brasileira de 1964 e o processo de militarização na América do Sul, configurando um período de fechamento política no Uruguai, na Argentina, no Paraguai e no Chile, entre outros.
II - Há evidências do apoio, da simpatia, da aprovação e da atuação indireta e ostensiva do governo norte-americano na preparação e organização do golpe de Estado que depôs o governo de Jango em 1964.
III - O regime militar extinguiu os partidos políticos e instituiu duas novas agremiações: A Aliança Renovadora Nacional – ARENA – e o Movimento Democrático Brasileiro – MDB. Com elas, tentou legitimar o regime ditatorial com um bipartidarismo artificial e manter o Congresso Nacional funcionando sob seu comando.

IV - O governo do general Ernesto Geisel iniciou a distensão lenta, segura e gradual do regime político e lançou o II Plano de Desenvolvimento Econômico, que estimulava e ampliava significativamente os investimentos nas empresas estatais do país.

Qual(is) está(ão) correta(s)?
a) Apenas IV.
b) Apenas I, II e III.
c) Apenas I, II e IV.
d) Apenas II, III e IV.
e) I, II, III e IV.

Resposta: E

5. **(PUC-SP)** O período militar brasileiro recente (1964-1985):
a) destacou-se pelo forte crescimento econômico nacional, associado à aplicação de vários projetos à diminuição das diferenças sociais e a superação das barreiras entre as classes.
b) ocorreu simultaneamente à presença das ditaduras militares em outros países latino-americanos, como a Argentina, o Chile e o Uruguai, o que caracteriza uma fase militarista na História latino-americana.
c) caracterizou-se pela preservação da democracia, a despeito da disposição autoritária de alguns grupos militares, que desejavam suprimir direitos políticos de membros da oposição.
d) iniciou-se com o golpe militar que depôs o presidente João Goulart e encerrou-se com as eleições presidenciais diretas e a convocação da Assembléia Constituinte ao final do governo Médici.
e) contou com forte presença militar e política dos Estados Unidos, que utilizaram o território brasileiro como base para a instalação de mísseis anti-cubanos, dentro do cenário da Guerra Fria.

Resposta: B

QUESTÕES PROPOSTAS

1. **(UFRN)** "Voltei nos braços do povo. A campanha subterrânea dos grupos internacionais aliou-se à dos grupos nacionais (...) Quis criar a liberdade nacional na potencialização de nossas riquezas através da Petrobras; mal ela começa a funcionar, a onda de agitação se avoluma. A Eletrobras foi obstaculada até o desespero. Não querem que o trabalhador seja livre. Não querem que o povo seja independente."

Carta-testamento do Presidente Getúlio Vargas, em 24 de agosto de 1954. (Del Priore, Mary et al. "Documentos de história do Brasil: de Cabral aos anos 90". Scipione, 1997, p.p. 98-99)

O Estado começou a ser transformado para tornar-se mais eficiente, evitar o desperdício e prestar serviços de melhor qualidade à população. (...) Fui escolhido pelo povo (...). Para continuar a construir uma economia estável, moderna, aberta e competitiva. Para prosseguir com firmeza na privatização. Para apoiar os que produzem e geram empregos. E assim recolocar o País na trajetória de um crescimento sustentado, sustentável e com melhor distribuição de riquezas entre os brasileiros.

Discurso de posse do presidente Fernando Henrique Cardoso, em 2 de janeiro de 1999.

(Cardoso, F. H. Por um Brasil solidário. "O Estado de São Paulo" 2 jan. 1999)

A atuação do Estado no Brasil difere dos governos de Getúlio Vargas e Fernando Henrique Cardoso (FHC), uma vez que:

a) para Vargas, ao Estado cabia explorar as riquezas nacionais, base para a construção de uma nação forte; para FHC, ao Estado cabe estimular os investimentos privados, que inserem o país na economia internacional.

b) para Vargas, o Estado tinha a função de organizar os trabalhadores em sindicatos internacionais: para FHC, o Estado situa-se acima das classes sociais, estando assim impossibilitado de intervir nas questões trabalhistas.

c) Vargas concebia um Estado capaz de promover a aliança entre a burguesia nacional e a burguesia internacional; FHC concebe um Estado independente em relação aos diferentes grupos econômicos.

d) Vargas estimulou a criação de empresas privadas com capital nacional em substituição às empresas públicas; FHC defende a privatização das empresas estatais como meio de manter a estabilidade da economia.

2. (UFVIÇOSA) Tropas militares começaram a se movimentar na terça-feira, 21 de abril de 1970. Deslocavam-se para o Vale do Ribeira, ao sul de São Paulo, onde, segundo informações levantadas pelos serviços de inteligência, um grupo de subversivos havia montado um centro de treinamento de guerrilheiros. Estradas e aeroportos passaram a ser bloqueados ao longo de toda a região, enquanto unidades fortemente armadas, com a cobertura de aviões e helicópteros, iniciavam seu avanço silencioso sobre a extensa Floresta do Vale do Ribeira. Ali, em 1945, ocorreram intensas agitações sociais, com jagunços atacando lavradores e queimando as suas plantações a mando de supostos proprietários de terras. No mesmo vasto cenário, de uma das regiões mais pobres de São Paulo surgiam, agora, centros de preparação para a guerrilha rural.

Desencadeou-se a operação, que só terminará com a limpeza completa da área.

(Manchete, 09.05.1970)

Aponte 3 elementos conjunturais associados com a origem dos movimentos guerrilheiros no Brasil no período relatado no trecho citado.

3. (PUC-RIO) O desenvolvimento econômico nacional foi um tema central dos debates políticos que, no início dos anos sessenta, mobilizaram diversos grupos sociais e os governos brasileiros da época. Particularmente, durante o governo João Goulart, esta temática figurou em projetos que associaram à possibilidade de criação de uma ordem política democrática no Brasil. O movimento militar que ocasionou a deposição do presidente João Goulart, em 1964, por seu turno, acabou por implementar ações que redirecionaram tais perspectivas de desenvolvimento econômico.
   a) Identifique 2 (duas) propostas do governo João Goulart (1961–1964), relacionadas à associação entre desenvolvimento econômico e democracia.
   b) Explique em que direção os governos militares reorientaram a política de desenvolvimento econômico que vinha sendo formulada pelo Governo Goulart.

4. (PUC-RIO) São exemplos de práticas centralizadoras e intervencionistas do Estado brasileiro ao longo do século XX:
   I - A criação de associações e sindicatos de trabalhadores urbanos, no início do século.
   II - A atuação do Departamento de Imprensa e Propaganda na regulamentação dos meios de comunicação, durante o Estado Novo.
   III - O crescimento da indústria do entretenimento, nos anos cinqüenta, através da expansão do rádio, da criação da televisão e da popularização do cinema.
   IV - A política econômica de concessão de subsídios às exportações agrícolas como estratégia de sustentação do "milagre brasileiro", no início dos anos 70.
Está(ão) correta(s):
   a) Apenas a afirmativa I.
   b) As afirmativas I e III.
   c) As afirmativas II e IV.
   d) As afirmativas II, III e IV.
   e) Todas as afirmativas.

5. (PUC-RS) A vitória de Fernando Henrique Cardoso nas eleições presidenciais de 1994 possibilitou a continuidade e o aprofundamento do modelo de desenvolvimento baseado no Plano Real, que fora lançado em julho daquele ano, sob a articulação do futuro presidente,

à época ministro da Fazenda do governo Itamar Franco. Compõem esse modelo de desenvolvimento os itens a seguir, com EXCEÇÃO da:
a) Necessidade de aprofundar a internacionalização da economia brasileira.
b) Preservação da estabilidade da moeda.
c) Ampliação da atuação direta do Estado em setores estratégicos da economia.
d) Liberação dos mecanismos de mercado como forma de estímulo à competitividade.
e) Abertura ao capital estrangeiro como meio potencial de financiar o crescimento.

6. (UGF) Ninguém em sã consciência deixa tantas pistas óbvias para se incriminar, na copa, na cozinha, nos jardins da casa da Dinda. Planejou minuciosamente seus erros. Nunca renunciará. Ele quer ser deposto, como numa cruza de Getúlio e Jânio, neto do trabalhismo (Lindolfo) e casado com o latifúndio. Quando Collor sair, deposto ou não, haverá uma real fome de sanidade no país. Uma sanidade menos hipócrita. Analisando-o o país se reviu.

A crônica de Arnaldo Jabor, publicada no livro "Os canibais estão na sala de jantar", captou com precisão a conjuntura política que motivou a queda do governo Collor.

Comparando o governo Collor com outros momentos de nossa história política, use (V) para verdadeiro e (F) para falso:
( ) Collor assumiu o poder numa conjuntura de estabilidade econômica, motivada pelo sucesso do Plano Cruzado.
( ) Entre Collor, Jânio e Vargas percebe-se a formação de uma cultura política, fundada no personalismo, no uso das imagens como arma política e no apelo direto ao povo, características associadas ao populismo.
( ) A queda de Collor foi uma decorrência da ação do Tribunal de Contas da União, que ao encontrar sérios indícios de desvio de recursos públicos, iniciou o processo de "impeachment"; investigação semelhante motivou a renúncia do presidente Vargas, nos anos 50.
( ) A herança do governo Collor pode ser percebida nos governos subseqüentes, no que se refere à orientação econômica acentuadamente liberal.

7. (UFU) Sobre os anos 90 no Brasil, assinale a alternativa correta.
a) Enquanto a pressão do desemprego levou os sindicatos a perderam força nas negociações salariais, o Movimento dos Trabalhadores Sem-Terra (MST) foi se tornando um dos principais movimentos sociais dos anos 90, lutando pela ampliação da reforma agrária.

b) A política de moralização da vida pública foi a tônica do primeiro governo de FHC, levando-o a exigir que todos os escândalos financeiros e as denúncias de corrupção fossem investigados pelo Congresso, por meio de CPIs, que conseguiram julgar e prender todos os envolvidos.

c) A política de privatizações, marca do governo FHC, permitiu que o Estado investisse os recursos obtidos em Saúde e Educação, contribuindo para diminuir significativamente as desigualdades sociais, de acordo com os mais recentes indicadores do Índice de Desenvolvimento Humano – IDH.

d) A orientação política predominante nos anos 90, de cunho neoliberal, foi responsável pela diminuição acentuada dos níveis de pobreza, pelo aumento da participação dos salários na renda nacional e pelo fortalecimento da capacidade do setor público em atender as demandas sociais.

8. (FGV) A respeito do quadro partidário brasileiro, é CORRETO afirmar:
   a) Ao final de 1965, os partidos políticos existentes foram extintos pelo regime militar, e no ano seguinte, foi estabelecido o bipartidarismo com a formação da Arena e do MDB.
   b) PCB, PC do B, PSB e PDT foram legalizados em 1985, durante o governo José Sarney.
   c) O processo de fusão do PT e o PDT foi proibido pela legislação eleitoral da Ditadura Militar, receosa da criação de uma forte agremiação de esquerda.
   d) Com a implementação do pluripartidarismo, estabeleceu-se também a fidelidade partidária, o voto distrital e o financiamento público das campanhas partidárias.

9. (PUC-RIO) A música, como produção cultural de ampla circulação entre diversos segmentos sociais, é muitas vezes apropriada por dirigentes governamentais como instrumento da divulgação de valores e idéias do regime vigente. As alternativas abaixo reproduzem trechos de músicas brasileiras. Assinale a alternativa que NÃO apresenta idéias valorizadas e apropriadas pela propaganda e pela censura política do governo Médici (1969-1974):
   a) "90 milhões em ação, pra frente Brasil do meu coração..."
   b) "Eu te amo, meu Brasil, eu te amo. Meu coração é verde, amarelo, branco e azul anil... Ninguém segura a juventude do Brasil".
   c) "Este é um país que vai pra frente...De uma gente alegre e tão contente..."
   d) "Apesar de você, amanhã há de ser outro dia..."
   e) "Moro num país tropical, abençoado por Deus e bonito por natureza."

10. (UNICAMP) "Democracia é a vontade da lei, que é plural e igual para todos, e não a do príncipe que é impessoal e desigual para os favorecimentos e privilégios." (Ulysses Guimarães)
   a) Retire a definição de democracia expressa no texto anterior.
   b) Por que, segundo esta definição, a democracia deixa de existir nos regimes totalitários?

GABARITO DAS QUESTÕES PROPOSTAS

Questão 1 - Resposta: A

Questão 2 - Resposta:
   a) A reação à ditadura militar, através da luta armada, sobretudo após a publicação do Ato Institucional número 5 (AI-5).
   b) A polarização ideológica decorrente da Guerra Fria após o regime militar ter adotado a Lei de Segurança Nacional, para conter opositores, rotulados de subversivos ou comunistas.
   c) O êxito da Revolução Cubana em 1959, que serviu de inspiração para os grupos de esquerda, contrários à política do Regime Militar.

Questão 3 - Respostas:
   a) A perspectiva do governo João Goulart caracterizou-se, entre outros aspectos, por enfatizar propostas de desenvolvimento econômico capitalistas desconcentradoras de renda, valorizando e buscando legitimar a participação dos trabalhadores na conquista de novos patamares de bem-estar social. São propostas do governo João Goulart:
   – A legalização dos sindicatos rurais; tolerância em relação a CGT (Comando Geral dos Trabalhadores).
   – A proposta das Reformas de Base: reforma agrária, reestruturação da universidade, reforma tributária (inversão na carga de impostos), reforma bancária (crédito para pequenos e médios proprietários), reforma eleitoral (voto para analfabetos).
   – A continuação da Política Externa Independente.
   – A formulação do Plano Trienal (como um pacto para a viabilização das reformas).
   b) Os governos militares deram ênfase à associação entre desenvolvimento e segurança nacional, conforme a Doutrina formulada pela Escola Superior de Guerra (ESG).
   Nesses termos, o desenvolvimento econômico esteve associado aos grandes capitais internacionais e a participação democrática sofreu restrições em função da defesa da segurança no Estado; assim diversos grupos e suas respectivas reivindicações foram enquadrados como ameaças internas à segurança da Nação e do Estado.
   São ações relacionadas à formulação acima:

Unidade 53 - Os governos militares | 819

– A política econômica de crescimento que redundou no "milagre brasileiro";
– O estrito controle da participação e da expressão dos diversos movimentos sociais, através da censura e/ou intervenções nas respectivas associações.
– A política centralizadora de concessão de benefícios previdenciários;
– A extinção do pluripartidarismo e a implantação do bipartidarismo.

Questão 4 - Resposta: C

Questão 5 - Resposta: C

Questão 6 - Resposta: F V F V

Questão 7 - Resposta: A

Questão 8 - Resposta: A

Questão 9 - Resposta: A

Questão 10 - Respostas:
a) Democracia liberal-constitucional.
b) Pois no regime autoritário o Poder Executivo acumula forças submetendo o Legislativo.

COMPLEMENTANDO OS ESTUDOS

FILME
Lamarca (BRA, 1994). Dir. Sérgio Rezende

LIVRO
Barros, Edgar Luiz de. *Os Governos Militares*. São Paulo: Ed. Contexto, 1991.

PÁGINA ELETRÔNICA
Resumo dos governos militares e dos fato que os marcaram, principalmente nos movimentos de oposição e a repressão
http://www.geocities.com/capitolHill/3038

UNIDADE 54

AS NOVAS RELAÇÕES INTERNACIONAIS

SINOPSE TEÓRICA
A GUERRA DO GOLFO

Após o fim da guerra entre o Irã e o Iraque (1980-88), o Iraque entrou em crise financeira e começou a acusar o Kuwait de ser o responsável pela queda do preço do petróleo, o que levou o Iraque a invadir o Kuwait, em agosto de 1990.

Os EUA lideraram uma aliança de mais de 30 países contra o Iraque, e qual foi o objetivo? Respeitar o direito internacional e defender Israel e o aprovisionamento de petróleo.

O ocidente venceu a guerra, Saddam Hussein permaneceu no poder, e atualmente o presidente Bush, filho do presidente dos EUA na época da guerra, acusa Sadam Hussein de manter arsenais de armas de destruição em massa, o que seria o pretexto para essa nova guerra contra o Iraque.

A IGREJA NO MUNDO ATUAL
CONCÍLIO DO VATICANO II:

Convocado pelo papa João XXIII e concluído pelo papa Paulo VI, visava a modernizar a Igreja em vários aspectos, como: celebração do culto na língua nacional; participação dos leigos na Igreja; reaproximação com os não-católicos; liberdade religiosa e de consciência; utilização dos meios de comunicação.

Na Encíclica Mater et Magistra, a Igreja começou a tomar posições importantes diante dos problemas da atualidade, defendendo a socialização da riqueza; a idéia de que o progresso social deve acompanhar o desenvolvimento econômico – de que a propriedade privada deve atender a uma necessidade social; nações economicamente mais desenvolvidas devem respeitar a autodeterminação dos povos mais pobres.

Na Encíclica Pacem in Terris, João XXIII doutrinou sobre a paz dos povos fundamentada na verdade, justiça, caridade e liberdade; defendeu os direitos do homem; relembrou que o direito de propriedade se situa num contexto de uma função social.

"Em 1968, ocorreu em Medellín, na Colômbia, a reunião do II Conselho Episcopal Latino-Americano (Celam), quando a Igreja Católica fixou o seu novo posicionamento. Em um documento, foram analisados a explosão demográfica, o analfabetismo, a má distribuição de riquezas, a dependência ao capital estrangeiro, as tensões entre as classes e os países latino-americanos, bem como as tensões internacionais. O documento apontou a necessidade de promover uma radical modificação nas estruturas políticas, econômicas e sociais, devendo a Igreja comprometer-se nesse processo". ("História das Sociedades, das Modernas às Atuais", Aquino e outros, p. 412)

No III Celam, realizado em Puebla, no México, em 1979, houve confronto entre conservadores e progressistas da Igreja Católica, tendo, estes últimos, se destacado e reafirmado a Teologia da Libertação que reafirma as propostas de mudanças profundas nas estruturas do continente em benefício dos pobres.

O NEOLIBERALISMO

O prefixo "neo" significa "novo", então podemos dizer que o liberalismo criado no século XVIII, por Adam Smith, sofreu algumas alterações no século XX. Os neoliberais entendem que a crise dos países ocorre devido ao aumento dos gastos sociais feito pelo Estado. Os neoliberais defendem a criação do "Estado Mínimo", que atuaria nos setores essenciais como saúde, habitação, educação, segurança etc. e para equilibrar a economia, defendem o processo de privatização das empresas estatais, defendem também a abertura do mercado, o fim das leis e das tarifas protecionistas e a organização de mercados regionais, como o Mercosul, por exemplo.

Um caminho intermediário entre o neoliberalismo e as teses estatizantes da social-democracia foi a Terceira Via, do primeiro-ministro britânico Tony Blair.

Tendo surgido no Brasil durante o governo Collor, o Neoliberalismo sofre várias críticas. No momento em que defende o processo de privatização, acabou contribuindo para o aumento do desemprego, para a desnacionalização da economia e para o encarecimento das tarifas das prestadoras de serviços privatizadas, principalmente de energia elétrica. No entanto, os defensores da privatização defendem o processo alegando que houve ampliação na oferta de serviços, como no caso da telefonia.

Globalização

Introdução

O mundo começou a ficar globalizado no início dos anos 80, quando a tecnologia de informática se associava a tecnologia de telecomunicação e com a queda das barreiras comerciais.

Existe interligação acelerada dos mercados internacionais, possibilidade de movimentar grandes quantias de valores em segundos, é a **"TERCEIRA REVOLUÇÃO TECNOLÓGICA"** (processamento, difusão e transmissão de informações.)

O mercado financeiro é uma massa mundial dentro da qual se aposta em tendências conflitantes, modelos de empresas, abertura de comércios, a mundialização das máquinas e produtos mais ágeis, viabiliza o fechamento de negócios em segundos. O mercado financeiro saiu da mão dos bancos. Os especuladores ganham maior poder de fogo. Em poucos instantes, o valor de negócios pode ganhar transformações radicais.

A globalização é um fenômeno com ramificações industriais de prestação de serviços, comerciais ou financeiros, graças à queda do custo da comunicação e as novas tecnologias de troca de dados. A rapidez, o barateamento e a confiabilidade caracterizam a globalização do ponto de vista tecnológico. A velocidade de informações pelo mundo é a característica atual da globalização.

O que é Globalização?

Existem diversas definições, variando do ponto de vista de cada um. A explicação mais didática é:

O fenômeno da globalização resulta da conjunção de três forças poderosas:

1 – A terceira revolução tecnológica (tecnologia ligada à busca, processamento, difusão e transmissão de informações)

2 – A formação de áreas de livre comércio e blocos econômicos integrados (Mercosul e União Européia).

3 – A crescente interligação e interdependência dos mercados físicos e financeiros, em escala planetária.

O jornal Francês **"Le Monde"** discorda: ele define globalização como sendo mundialização, ou seja, a mundialização é bem mais que uma fase suplementar no processo de internacionalização do capital industrial em curso, desde mais de um século. E lembra que "o comércio entre nações é velho como o mundo, os transportes intercontinentais existem há vários decênios, as empresas multinacionais prosperam já faz meio século, os movimentos de capitais não é uma invenção dos anos 90, assim como a televisão, os satélites e a informática". O fim do comunismo permite globalizar o capitalismo, com todas as implicações decorrentes: (Aumento no fluxo de comércio de informação e expansão das empresas multinacionais em mercados antes fechados).

O especialista Antony McGrew lista três tendências dos analistas da globalização:
1 – Os hiperglobalizantes – os que acham que a globalização define uma nova época na História da humanidade.
2 – Os céticos – os que entendem que os fluxos atuais de comércio, investimentos e mão-de-obra não são superiores aos do século passado.
3 – Os transformistas – admitem que os processos contemporâneos da globalização não têm precedentes. Têm uma visão intermediária. Apontam um novo padrão de exclusão social na economia globalizada.

CARACTERÍSTICAS DA GLOBALIZAÇÃO

Uma das facetas da aceleração capitalista está no campo financeiro, o volume de empréstimos internacionais de médio e longo prazo passou de um trilhão de dólares. Além desse dinheiro, há outro, o dinheiro volátil, que gira pelos vários mercados financeiros, como o da bolsa de valores, do câmbio ou dos juros.

A outra faceta do processo de globalização está na indústria. Metade dos prédios, máquinas, laboratórios e funcionários estão em unidades fora do país de origem. Quem tomava as decisões econômicas eram os governos, agora são as empresas.

O terceiro elemento da globalização está no consumidor. Ele usava produtos nacionais, e agora usa produtos sem pátria (produtos em que cada componente é produzido em um país diferente).

Quando se fala em globalização, tende-se a destacar a produção de riqueza e de consumo. Isso é apenas o primeiro resultado da mudança. O processo de aceleração econômica sempre provoca alterações em outros setores da atividade humana, é impossível dizer que conseqüências ela trará.

GLOBALIZAÇÃO E O MERCADO FINANCEIRO

O mercado financeiro internacional tem poder, adquirido pelo avanço tecnológico nas comunicações, fazendo com que capitais percorram o mundo.

O avanço das comunicações e a liberdade de fluxos de capitais uniram os mercados, que hoje operam 24 horas por dia.

GLOBALIZAÇÃO E A QUESTÃO DO DESEMPREGO

O processo está evoluindo rapidamente, e é difícil detê-lo. Como tudo na vida, ele possui, além dos aspectos positivos, um lado negativo. A primeira denúncia é de que muitos empregos vão desaparecer e num ritmo muito veloz. No fim da linha, dizem os críticos, haverá uma crise social de proporções nunca vistas.

O desemprego atualmente no mundo é conhecido pelos economistas pelo nome de **desemprego estrutural**. Neste tipo de desemprego, as fábricas robotizadas não precisam mais de tantos operários. É diferente do desemprego que se conhecia até bem pouco tempo, motivado por recessões que, cedo ou tarde, passavam. Alguns economistas apontam o desemprego estrutural uma contradição da globalização. Esta surgiu para produzir coisas boas e baratas, mas por cortar o emprego, não terá para quem vender.

De acordo com alguns críticos, a outra faceta negativa da globalização está no desaparecimento das fronteiras nacionais. Os governos também estão perdendo a capacidade de proteger o emprego e a renda das pessoas. Se um país estabelece uma legislação que protege e encarece o trabalho, é provavelmente excluído da lista de muitos projetos de investimentos.

TECNOLOGIA NA GLOBALIZAÇÃO

O mundo passou por uma integração comercial importante, mas não podia trocar informações na velocidade nem quantidade de hoje. Fusões de empresas da área de informática, telefonia e comunicação mudam o mercado da informação. O avanço tecnológico andou lado a lado com o mercado financeiro.

Três fatores vão derrubar ainda mais os custos de telecomunicação:

1 – Avanços técnicos que reduzem o custa da infra-estrutura.
2 – Excesso de capacidade de transmissão internacional – que acaba transbordando para ligações de longa distância nacionais;
3 – Desregulamentação e erosão das margens de lucro. A queda dos monopólios de comunicação e a revisão dos acordos tarifários internacionais devem reduzir as altíssimas margens de lucro das empresas telefônicas.

A tendência é que telecomunicações, difusão de rádio e TV e transmissão de dados, passem a circular indiferentemente por fibras óticas e satélites. Apesar das barreiras políticas e econômicas à integração das comunicações, do ponto de vista tecnológico, os avanços nunca foram tão rápidos. Apontam para uma comunicação rápida e barata.

O ritmo acelerado de evolução dos telefones celulares atropelou o vernáculo. Na versão atualizada do dicionário, ele é definido como aparelho portátil capaz de transmitir a palavra falada e sons. Hoje, o conceito precisaria incluir, no mínimo, imagens e textos. Os celulares estão cada vez mais parecidos com os computadores de mão e a tendência é que os dois produtos se transformem num só.

O computador não é mais imprescindível para a transmissão de dados, pois o celular faz tudo sozinho.

Questões resolvidas

1. (FUVEST) Nunca, na história contemporânea mundial, como nesta virada de século e de milênio, a propriedade privada dos meios de produção em geral e da terra em particular foi tão forte e os ideais coletivos tão enfraquecidos. Essa situação pode ser atribuída:
- a) à vigência cada vez mais ampla dos Direitos Humanos e do multiculturalismo étnico.
- b) às exigências da divisão internacional do trabalho e ao avanço da democracia social.
- c) à imposição da política econômica keynesiana e à adoção da terceira via ou política do possível.
- d) à vitória do capitalismo na guerra fria sobre o chamado socialismo real e à crise das utopias.
- e) à força cada vez maior das religiões e das Igrejas, favoráveis, por princípio, ao individualismo.

Resposta: D

2. (UnB) O Estado contemporâneo é um bom exemplo das relações entre política e economia. Ele ajudou a economia a sair da crise internacional dos anos 30. Nos últimos vinte anos, assiste-se ao fim do keynesianismo e do Estado intervenção. A contradição é que hoje, em certa medida, os neoliberais pregam o funcionamento livre do mercado, mas, ao mesmo tempo, falam de um Estado regulador. Com relação a esse tema, julgue os itens a seguir, usando (V) para verdadeiro e (F) para falso:
- ( ) A crise econômica dos anos 30 decorreu do abrupto declínio da capacidade de produção das economias ocidentais, especialmente da norte-americana, resultante do ônus decorrente da Primeira Guerra Mundial.

( ) Para Keynes e seus seguidores, o Estado deveria investir recursos tributários arrecadados na execução de grandes empreendimentos (aeroportos, barragens, estradas etc.) para estimular os setores produtivos e gerar empregos.

( ) A política e a economia, ao caminharem juntas, tornam as discussões relativas à formação do Estado contemporâneo um tema de grande ressonância junto à opinião pública.

( ) A implementação do Estado-Mínimo, uma das idéias centrais ao argumento neoliberal, amplia a área de proteção social do Estado aos setores menos competitivos e mais alijados do acesso à modernidade tecnológica.

Resposta: F V V F

3. **(UNI-RIO)** "(...) os acontecimentos da segunda metade deste século geraram (...) novos problemas materiais que todas as sociedades e (...) todos os seres humanos precisam enfrentar." (Hobsbawm, Eric. "A Crise Atual das Ideologias". In: SADER Emir. (org) "O Mundo depois da Queda". São Paulo: Paz e Terra, 1995, p. 215)

A afirmação do historiador Eric Hobsbawn aponta principalmente para três problemas fundamentais que as sociedades humanas atuais deverão enfrentar e que podemos constatar nos nossos dias. São eles a(o):
   a) crise de confiança dos governos socialistas, a expansão do modelo liberal burguês, a bipolarização do mundo, na década de 90.
   b) poluição sonora decorrente dos conglomerados urbanos, o tráfico de drogas internacional e a política de apaziguamento.
   c) violência urbana, a explosão de doenças infecto-contagiosas e os problemas derivados da desinformação global.
   d) explosão demográfica, a crescente desigualdade entre países ricos e pobres e o conjunto de problemas ecológicos.
   e) desemprego estrutural, a ameaça das guerras atômicas e o perigo do ressurgimento dos modelos liberais burgueses.

Resposta: D

4. **(UFU)** A respeito da globalização da economia no mundo contemporâneo, assinale a alternativa correta:
   a) São componentes da globalização, entre outros, a crescente terceirização de atividades, a formação de blocos econômicos e o crescimento da intervenção estatal na economia, com o chamado Estado-Máximo.

b) A crise das bolsas mundiais em 1998 e as recentes vitórias de candidatos oposicionistas ao governo de países como a Inglaterra, França e Alemanha revelam, respectivamente, os limites do equilíbrio econômico do capitalismo e as reações aos efeitos sociais do processo de globalização e do neoliberalismo.
c) As crises financeiras do Japão, da Rússia e dos chamados Tigres Asiáticos, em 1998, não afetaram o equilíbrio da economia internacional, pois os países emergentes, como Brasil, México e Bolívia são protegidos por investimentos de capitais estrangeiros na área produtiva, capitais esses que propiciam a formação de um Estado de bem-estar social.
d) A integração econômica do mundo tem ocorrido com a manutenção de políticas protecionistas das economias nacionais, permitindo a diminuição dos índices de miséria e fome dos países africanos e preservando altos níveis de crescimento e distribuição de renda nos chamados países "emergentes".
e) A globalização vem esbarrando na preservação de monopólios estatais do petróleo, das telecomunicações e dos recursos minerais, como no Brasil, e na formação de mercados nacionais socialmente regulados, como na Rússia, a partir de exigências do Fundo Monetário Internacional.

Resposta: B

5. (UFSC) Os Estados Unidos têm levado a cabo testes de interceptação de mísseis intercontinentais, como parte de um programa para desenvolvimento de um sistema nacional de defesa antimísseis (NMD).
Em relação à repercussão desse projeto, use (V) para verdadeiro e (F) para falso:
( ) O presidente George W. Bush vem afirmando que o objetivo da construção do sistema de defesa antimíssil é a proteção contra Estados inimigos, como a Coréia do Norte, Irã e Iraque.
( ) Os testes norte-americanos têm provocado a desconfiança da Rússia e da China, que temem uma nova corrida armamentista.
( ) Os países da Europa Ocidental demonstram apoio aos Estados Unidos, preocupados com o crescente desenvolvimento econômico, tecnológico e militar da Rússia, novamente capaz de ameaçar a comunidade européia.
( ) O governo do presidente George W. Bush, buscando apoio político para o seu plano, tem-se comprometido com outras causas, como a ambiental. Recentemente, ratificou o Protocolo de Kyoto, determinou a redução das emissões de gases na atmosfera e proibiu a extração de petróleo no Alasca.

( ) Os planos norte-americanos podem ser explicados pela recente aproximação da diplomacia russa e chinesa, ocorrida devido ao afundamento, em águas chinesas, do submarino nuclear russo Kursk, por um avião de reconhecimento dos Estados Unidos.

Resposta: V V F F F

QUESTÕES PROPOSTAS

1. MODELOS PRODUTIVOS
(da 2ª Revolução Industrial à Revolução Técnico-científica)

TAYLORISMO
- separação do trabalho por tarefas e níveis hierárquicos
- racionalização da produção
- controle do tempo
- estabelecimento de níveis mínimos de produtividade

FORDISMO
- produção e consumo em massa
- extrema especialização do trabalho
- rígida padronização da produção
- linha de montagem

PÓS-FORDISMO
- estratégias de produção e consumo em escala planetária
- valorização da pesquisa científica
- desenvolvimento de novas tecnologias
- flexibilização dos contratos de trabalho

(UERJ) A posição central ocupada pela técnica é fundamental para explicar a atual fase do capitalismo em que se insere o pós-fordismo.

Esta nova forma de organização da produção promove o seguinte conjunto de conseqüências:
   a) retração do setor de comércio e prestação de serviços
       ampliação de um mercado consumidor seletivo, diversificado e sofisticado

b) intensificação das estratégias de produção e consumo em termos internacionais. redução do fluxo de informação e dos veículos de propaganda
c) redução da distância entre os estabelecimentos industriais e comerciais acelerado ritmo de inovações do produto com mercados pouco especializados
d) crescente terceirização das atividades de apoio à produção e à distribuição elevados níveis de concentração de capitais com formação de conglomerados

2. (UFRRJ)

A PEDAGOGIA DOS AÇOS

"(...)
Há uma Nação de homens
excluídos da Nação
Há uma Nação de homens
excluídos da vida
Há uma Nação de homens calados
excluídos de toda palavra
Há uma Nação de homens
combatendo depois das
cercas
Há uma Nação de homens
sem rosto,
soterrados na lama,
sem nome
soterrados pelo silêncio.

Eles rodeiam o arame
das cercas
alumiados pelas fogueiras
dos acampamentos
Eles rondam o muro
das leis e ataram no peito
uma bomba que pulsa:
o sonho de uma terra livre.

(...)
Candelária
Carandiru
Corumbiara
Eldorado dos Carajás não
cabem
na frágil vasilha das
palavras...
se calarmos
as pedras gritarão..."
> (Terra, Pedro. In: Aquino, Rubim Santos Leão de. et. Alli. "Um sonho de Liberdade". Rio de Janeiro: Moderna, 1998, p. 139.)

O poema trata de problemas sociais do Brasil contemporâneo.
a) Identifique um dos setores sociais da "Nação de homens excluídos da Nação" existentes no Brasil, segundo o autor do poema.
b) Explicite um dos conflitos sociais citados no poema.

3. (FUVEST) Se é, como se diz comumente, pelo estudo do passado que se pode compreender o presente, utilize seu conhecimento de História para comentar criticamente:
a) a manchete de capa da revista "Época/Globo", em outubro de 2001: "A Globalização do Medo. Viver ficou perigoso"
b) O ataque terrorista ao Pentágono e ao W.T.C., em 11 de setembro do mesmo ano.

4. (PUC-CAMP) O reconhecimento, por parte dos teóricos do capitalismo, de que o atual estágio da economia mundial requeria a reformulação das concepções liberais, especialmente no que toca à atuação do Estado, deu origem a uma doutrina batizada de neoliberalismo. Algumas de suas bases são:
a) a revisão do sistema de propriedade agrária com a promoção de reforma agrária gradual, com o que se busca reequilibrar a distribuição da população entre o campo e os centros urbanos.
b) a criação de políticas assistencialistas com o objetivo de reduzir as diferenças sociais por meio do apoio financeiro a centrais sindicais e as Organizações Não-Governamentais.
c) a intervenção estatal nos mais amplos setores produtivos a fim de garantir empregos, salários e estimular a participação dos trabalhadores nos lucros a partir de determinados índices de produtividade.

d) a atuação do Estado para garantir estabilidade econômica por meio do controle das taxas de juros, estabelecimentos de políticas cambiais e privatização de setores antes considerados estratégicos.
e) o redimensionamento do papel do setor financeiro na economia por meio da estatização escalonada de instituições bancárias originárias da iniciativa privada e regulação do mercado de ações.

5. (UFF) Com o estabelecimento da chamada globalização, observa-se a quebra das barreiras protecionistas entre países e dos sistemas de regulação econômica nacionais.

Assinale a opção que melhor reflete este processo.
a) Um dos efeitos positivos da hegemonia norte-americana na América Latina é o apoio à consolidação do Mercosul, em razão das vantagens oferecidas pela Alca.
b) A globalização implica, necessariamente, o fim dos Estados-nação.
c) A reação ao processo de globalização, nos anos 90, foi iniciada pela política de unificação da antiga URSS.
d) A globalização é a versão atualizada da Guerra Fria em que EUA e URSS continuam a deter a hegemonia política.
e) Brasil e Argentina vivenciaram, recentemente, em suas relações comerciais, conflitos decorrentes da tensão entre dois blocos econômicos distintos: o Mercosul e a Alca.

6. (UFPR) Recentemente, Alan Greenspan, o presidente do Federal Reserve (Banco Central dos Estados Unidos), declarou:

"Antes dos trágicos eventos de 11 de setembro, as discussões de economia internacional concentravam-se cada vez mais em questões relacionadas à crescente integração de nossas economias. A contenda que vínhamos testemunhando em torno da globalização econômica era a versão do século XXI de debates sobre organização social que remontam pelo menos ao alvorecer da Revolução Industrial, sendo que muitas das raízes intelectuais desses debates remontam há mais tempo ainda".

(O "Estado de São Paulo", 28 out. 2001 p. B12.)

Com relação ao atual processo de integração e interdependência das economias nacionais, use (V) para verdadeiro e (F) para falso:
( ) A globalização é um processo complexo: além da dinâmica dos mercados, os aspectos culturais também desempenham aí um papel relevante.
( ) No início de 2001, o Brasil aderiu à Área de Livre Comércio das Américas (Alca), atendendo a disposições contidas no acordo assinado com o Fundo Monetário Internacional (FMI).

( ) Visando à integração de mercados, o Mercosul prevê a eliminação de tarifas de importação e o livre trânsito de trabalhadores e de capitais entre os países signatários do acordo.

( ) A Organização Mundial do Comércio (OMC) foi criada para mediar conflitos e facilitar a realização de acordos entre empresas mundiais, de modo a viabilizar o comércio internacional.

( ) A economia globalizada tem gerado a criação de mercados regionais, como é o caso do Mercado Comum do Sul (Mercosul), do Acordo de Livre Comércio da América do Norte (Nafta) e do Mercado Comum Europeu (MCE).

( ) Para racionalizar a produção e diminuir seus custos de operação, as grandes empresas transnacionais têm concentrado suas instalações industriais nos países mais desenvolvidos.

7. (UFRS) Após a crise do petróleo da década de 70, desenvolveram-se novas tendências de políticas econômicas e sociais com o objetivo de recuperar a economia capitalista. O conjunto dessas tendências de aplicação generalizada recebeu o nome de neoliberalismo.

Analise os itens a seguir.

I – Estabelecimento do estado de bem-estar social com a regulamentação das relações trabalhistas e dos investimentos.

II – Precarização do trabalho sob as formas de flexibilização e desregulamentação das relações trabalhistas.

III – Ampliação dos limites de circulação internacional de capital, possibilitando que os investimentos externos no campo financeiro superassem os realizados na produção e no comércio.

IV – Substituição dos regimes autoritários da Segurança Nacional pelos regimes representativos, baseados na democracia liberal e privatizadores das riquezas nacionais na América Latina.

Quais apresentam características e/ou conseqüências do neoliberalismo?

a) Apenas I, II e III.
b) Apenas I, II e IV.
c) Apenas I, III e IV.
d) Apenas II, III e IV.
e) I, II, III e IV.

8. (UNESP) "Um carro esporte Mazda é desenhado na Califórnia, financiado por Tóquio, o protótipo é criado em Worthing (Inglaterra) e a montagem é feita nos Estados Unidos e México, usando componentes eletrônicos inventados em Nova Jérsei, fabricados no Japão (...) As roupas japonesas, consumidas no mercado americano, são fabricadas em Hong Kong, Taiwan, Coréia do Sul e Cingapura (...) Os objetos transformaram-se em compostos resultantes da combinação de pedaços dispersos aleatoriamente pelo planeta."

(Renato Ortiz. "Cultura e Mundialização".)

A situação descrita no texto pode ser explicada:
a) pela competição em âmbito mundial, que fez com que as grandes empresas descentralizassem a produção, visando ao aumento da produtividade e da lucratividade.
b) pela melhor distribuição de renda entre os habitantes do planeta, o que deu origem a novos consumidores, mais exigentes quanto à qualidade dos produtos.
c) pelo multiculturismo, uma vez que as empresas vendem os seus produtos em diferentes países, o que as obriga a levar em conta gostos e hábitos diversos.
d) pelo crescimento da preocupação com os recursos naturais do planeta, o que incentivou a busca de novas fontes de matérias-primas e locais de produção.
e) pela ação coordenada de governos de países ricos e de países em desenvolvimento, que visa a estabelecer uma divisão econômica mais equilibrada em âmbito internacional.

9. (UNI-OESTE) Com relação à globalização e à formação de blocos, use (V) para verdadeiro e (F) para falso:
( ) o Mercosul busca, única e exclusivamente, exportar produtos brasileiros e argentinos para a Europa e para os Estados Unidos.
( ) as idéias de Simon Bolívar e o bolivarismo sempre se constituíram em empecilho à idéia de integração latino-americana.
( ) dentro do Mercosul, o Brasil apresenta o maior mercado consumidor entre os países-membros.
( ) a Europa forma um bloco que se desenvolve gradativamente, tendo, inclusive, o objetivo de ter uma moeda única.
( ) os processos de integração estão possibilitando a formação de grandes grupos econômicos que atuam em quase todos os continentes.

10. (UNI-RIO) O tema da Globalização está na ordem do dia. Ele aparece nos meios de comunicação, faz parte do cotidiano do mais comum dos cidadãos. Parece uma novidade, mas se atentarmos para a História poderemos perceber que o capitalismo é em si globalizante.

O que mudou foi a forma, a intensidade, a qualidade de que se têm revestido esses processos universalizantes. Podemos afirmar corretamente que a Globalização favoreceu a(o):
a) concentração de empresas multinacionais estabelecendo mais igualdade entre os países pobres e ricos do mundo contemporâneo.
b) formação de megablocos econômicos polarizando o mundo entre socialistas e capitalistas.
c) chamado Estado de bem-estar social para dar atendimento às políticas públicas e ao trabalhador urbano desempregado.
d) surgimento de grandes empresas capazes de se interrelacionar diretamente, limitando-se a intermediação do Estado e gerando desemprego em massa.
e) aparecimento de formas artesanais domésticas em oposição ao trabalho fabril, em virtude de uma nova divisão internacional do trabalho.

GABARITO DAS QUESTÕES PROPOSTAS

Questão 1 - Resposta: D

Questão 2 - Respostas:
a) Os milhares de trabalhadores rurais sem terra para viver.
b) Os conflitos de Corumbiara e Eldorado dos Carajás que estão associados à luta dos trabalhadores rurais sem-terra contra o latifúndio e pela reforma agrária.

Questão 3 - Respostas:
a) A manchete expressa o fenômeno da violência crescente no mundo como reflexo da globalização econômica. O medo gerado em relação à violência sempre preocupou os povos do mundo ao longo do tempo, porém em função de conflitos localizados. Atualmente, o crescimento da criminalidade nas grandes cidades, as ações terroristas de fanáticos religiosos e a dimensão internacional do tráfico de drogas e armas, associados aos preocupantes índices sociais alimentam o quadro de incertezas quanto à redução da violência, disseminando o medo em escala global.
b) O ataque terrorista de 11 de setembro de 2001 visando símbolos do poder dos Estados Unidos, é fruto das ações intervencionistas norte-americanas que desencadeiam o sentimento anti-americano e a disposição de luta dos povos que julgam corrompidas suas tradições por influência da hegemonia cultural norte-americana.
A disposição dos Estados Unidos em retaliar com o emprego da força grupos ou nações que considerarem inimigos, faz aumentar as incertezas quanto a uma paz duradoura e conseqüentemente o medo.

Questão 4 - Resposta: D

Questão 5 - Resposta: E

Questão 6 - Resposta: V F V V V F

Questão 7 - Resposta: D

Questão 8 - Resposta: A

Questão 9 - Resposta: F F V V V

Questão 10 - Resposta: D

(DOBRE E COLE)

FAÇA PARTE DE NOSSO MAILING LIST

Nome: _____

Endereço: _____
_____

Bairro: _____
Cep: _____ - _____
Cidade: _____ Estado: _____

E-mail: _____

Profissão: _____
Professor: ☐ sim ☐ não
Disciplina: _____

Áreas de interesse:
☐ Informática   ☐ Didáticos
☐ Auto-ajuda   ☐ Jogos
☐ Saúde   ☐ Outros _____

De que forma tomou conhecimento deste livro:
☐ amigo   ☐ revista   ☐ jornal
☐ Internet   ☐ Outros _____

Sugestões: _____
_____
_____

EDITORA CIÊNCIA MODERNA
WWW.LCM.COM.BR

HISTÓRIA NO VESTIBULAR

EDITORA CIÊNCIA MODERNA

Rua Alice Figueiredo, 46
20950-150 – Riachuelo – Rio de Janeiro

Nome:
Endereço:
Cep:
Cidade:
Estado:

Conheça outras obras da coleção Vestibular

- Língua portuguesa no Vestibular
- Redação no Vestibular
- Literatura no Vestibular
- Química no Vestibular
- Física no Vestibular
- Biologia no Vestibular
- Geografia no Vestibular
- Matemática no Vestibular

Conheça outras obras de nossa editora

Auto-ajuda

A arte de improvisar
272 págs.

Como fazer as pazes em qualquer situação
256 págs.

Como lidar com a raiva
208 págs.

Como se tornar um grande chefe/ patrão ou gerente
218 págs.

Como tornar seus sonhos realidade
198 págs.

Conquiste quem você ama (com segurança e inteligência)
240 págs.

Entendendo a Síndrome de Parkinson
240 págs.

Livre de dietas para sempre
264 págs.

Uma jornada para a cura
368 págs.

Xadrez

Xadrez na escola
176 págs.

Xadrez para iniciantes
128 págs.

Xadres – 202 Xeques-mates surpreendentes
118 págs.

Xadrez – nocautes fulminantes
136 págs.

Xadres – 200 testes geniais
142 págs.

Matemática

Teoria ingênua dos conjuntos
192 págs.

Teoria elementar dos números
296 págs.

O que é matemática
656 págs.

Segurança

Segurança pública
168 págs.

A luta pela sobrevivência está brutalizando o ser humano. O livro apresenta a proposta para que possamos, finalmente, ter uma vida melhor. A proposta para construir um mundo novo, onde a paz não seja apenas um sonho, mas uma realidade.

Segurança pessoal
152 págs.

A Segurança privada patrimonial tem sido o ramo que mais tem crescido, inclusive com tecnologia. O autor aborda vários temas, como conceitos doutrinários, exigências para seleção de pessoal, planejamento das medidas de segurança e técnicas contra a ação dos agentes do crime, desde o assalto no trânsito até o seqüestro.

Segurança x sensação de segurança
220 págs.

"Uma obra em que o autor soube, com rara competência, aliar a simplicidade do texto com a grandeza dos ensinamentos voltados para os profissionais de segurança privada, mas que podem ser aproveitados, sem dúvida, pelos agentes públicos que realizam o policiamento preventivo."

Dr. Josias Quintal de Oliveira, ex-Secretário de Segurança Pública do Rio de Janeiro.